히브리어 발달사

샌즈-바딜로스 지음 최명덕 · 박미섭 옮김

도서출판
기혼

지은이/ Angel Sáenz-Badillos

마드리드 Universidad Complutense 히브리어문학 교수,
현재 Harvard University, the Real Colegio Complutense 책임자,
이스라엘 The Academy of the Hebrew Language 명예 회원,
European Association for Jewish Studies 회장(1994–1998),
Universidad de Granada, Facultad de Filosofía y Letras 학장(1978–1982).

저서

Anotaciones críticas al texto griego del Genesis (in coll. with N. Fernandez Marcos), 1972,
Los judíos en la Historia y la cultura de la Andalucía Medieval. Notas breves, 1980 외 총 20권.

옮긴이/ 최명덕 & 박미섭

최명덕

건국대학교 문과대학 히브리중동학과 교수,
현재 한국이스라엘연구소 소장,
현재 한국이스라엘학회 회장,
현재 한국이스라엘문화원, 한국이스라엘친선협회, 한국중동학회, 한국기독학생회 이사.

박미섭

장로회 신학대학교 신학과(Th. B.),
이스라엘 Jerusalem University & College 히브리어학과(M. A.),
이스라엘 Hebrew University of Jerusalem 히브리어학과(M. A., Ph. D.),
현재 이스라엘 관광청 서울사무소 소장, 이스라엘 문화원, 장로회신학대학교 강사,
건국대학교 강의 교수, 평택대학교 겸임 교수, 장로회신학대학교, 서울여자대학교, 숭실대학교,
한국 성서대학교, Rothberg International School(Hebrew University of Jerusalem) 강사 역임.

히브리어 발달사(A History of the Hebrew Language)

찍은 날 2011년 9월 2일 초판 찍음
펴낸 날 2011년 9월 7일 초판 펴냄
지은이 Angel Sáenz-Badillos
옮긴이 최명덕, 박미섭
펴낸이 장경희
펴낸 곳 도서출판 기혼
주소: 서울시 서초구 서초동 1350-3 서초실버타운 A동 B02호
전화: 02-3474-9553, 팩스: 02-3474-9551
이메일: publisher@iktinos.net
등록: 제2004-67호(2004. 12. 29)
찍은 곳 열린문화
정가 19,000원

ISBN 978-89-956151-1-9

도서출판 기혼(基混) 성경에서 기혼은 에덴동산의 두 번째 강 이름이며(창 2:13), 이후에 솔로몬이 왕으로 등극할 때에 기혼 샘에서 기름부음을 받는다(왕상 1:33). 주후 701년 앗시리아의 대왕 산헤립이 예루살렘을 포위했을 때, 히스기야 왕이 기혼 샘을 막고 터널을 뚫어서 예루살렘 성 안으로 물줄기를 돌렸으며 지금도 이 샘에서 솟은 물이 흐르고 있다. 한문으로 基混은 기독교의 진리가 창일하게 온 세상에 흘러가는 영상에서 가져온 것이며, 도서출판 기혼의 로고는 노아 방주와 비둘기, 중앙에 있는 원은 세계 속의 십자가를 표상화 한 것이다.

A History of the Hebrew Language

Angel Sáenz-Badillos

Translated into English by J. F. Elwolde

Cambridge

Translated into Korean by Myungduk Choi & Misop Park

Publishing House Gihon Seoul 2011

저작권 표시

| 서론 |

샌즈-바딜로스(A. Sáenz-Badillos)의 『히브리어 발달사』(*Historia de la lengua hebrea*)는 본래 대학 교재로 집필되었으나 현존하는 책 중에서 가장 포괄적인 히브리어 발달사로 자리 잡았다.[1] 이런 책이 꼭 필요하다는 생각은 히브리 연구가가 아니어도 히브리어와 관련된 학생과 학자는 물론, 유대 민족의 문화와 역사에 관심 있는 독자라면 누구나 갖고 있었다. 꼭 필요했던 영어 번역을 환영하며(원본은 스페인어로 저술되었으며 한국어 번역본의 대본은 영어 역본을 사용하였다-역자 주), 이제 더 폭넓은 독자층이 이 책이 제공하는 풍부한 정보에 접할 수 있게 되었다.

히브리 언어의 역사를 완성하는 것은 불가능하다. 3천 년 이상 오래된 언어의 역사적 시간도 방대하지만 그 긴 역사를 거쳐 간 언어의 모습을 끊어지지 않고 연속적으로 묘사하기에는 우리가 갖고 있는 가용 자료가 충분하지 못하고 언어의 역사를 완성하기에 필요한 정보를 모두 얻는 것은 불가능하기 때문이다.

저자는 가나안 방언에서 시작하여 현대 히브리어에 이르기까지 히브리어 역사를 추적하면서 그 주요 시기들에 대한 연구 결과들을 철저하게 조사하였다. 풍부한 참고 문헌은 목록 자체만으로도 대단한 자산이며 이 책이 어떻게 집필되었는지 그 연구 과정을 입증한다. 저자가 여러 중요한 주제들의 상반된 견해들을 제시하면서도 논지를 충분히 설명하는 점이 돋보

1) 다른 현대 학자들의 저서들은 더 짧은 기간이나 같은 기간을 다루지만 세부 정보가 부족하다: 하다스 레벨(M. Hadas-Lebel, 1981)의 *Histoire de la langue hébraïque*는 네 번째 개정판이 1986년에 출판되었는데 미쉬나 시대를 넘지 못하고 있다. 쿠처(E. Y. Kutscher)의 사후 출판물인 *A History of the Hebrew Languag*는 쿠처가 편집했는데(1982) 미완성 작품이라는 한계가 있다. 히브리어에서 영어와(Rabin 1973) 다른 언어들로 번역된 라빈(C. Rabin)의 *A short history of the Hebrew language*는 86쪽 짜리 분량이다.

인다. 이 책은 상당 부분 히브리어에 대한 학문적 연구의 역사이기도 하다.

이 책은 히브리어 발달사에 대한 학자들의 다양한 견해를 모아둔 축적물 이상의 가치를 지닌다. 샌즈-바딜로스 교수는 굴곡이 심했던 유대 민족의 역사 속에서 히브리어에 대한 그림을 분명히 그려내며 언어 역사를 따라 연속적으로 설명해내는 과업을 성공적으로 수행하였다.

『히브리어 발달사』는 스페인의 히브리어 언어학 학파가 그동안 이룬 의미심장한 업적 위해 또 하나의 결정적인 공헌이 되었으며, 강의와 연구에 필수적인 도구가 될 것이다.

예루살렘 히브리대학교,
비알릭(Bialik) 히브리어 교수,
슐로모 모라그(SHELOMO MORAG)

| 감사의 글 |

쉐필드(Sheffield) 대학교의 엘울드(J. F. Elwolde) 박사는 이 책 원문(스페인어판-역자 주)의 번역과 출판을 위해 인쇄 원고를 준비하는 등 어려운 임무를 맡았다. 그는 지난 3년 동안 필자와 꾸준히 연락하며 이 책이 히브리어 전문가가 아닌 독자들에게 더욱 유용하게 쓰이도록 원문 본문을 발전시키기 위해 여러 제안을 해 주었다. 그는 또한 원래 음역으로만 표시된 자료에 히브리어와 발음 부호를 덧붙이고,[1] 각주와 참고문헌(이 번역본을 위해 상당히 확장되고 개정되었다.)을 재구성했으며 용어 색인을 편집했다. 이 책은 스페인어 판을 기초로 한 개정판이라 할 수 있다.

번역이 진행되는 동안 꾸준히 검토하고 용어 색인의 초안을 잡아 준 왓슨(W. G. E. Watson) 박사와 교정에 많은 도움을 준 베일리(N. K. Bailey) 씨에게 특별히 감사한다. 또한 이 작업의 초기 단계에서 도와주고 격려해 준 랑게(N. R. M. de Lange)와 탈쉬르(D. Talshir) 박사, 컴퓨터와 기술적인 부분을 아낌없이 도와 준 윌리엄스(J. Williams), 출판을 주저 없이 동의하

1) 히브리어 형태들과 관련 발음 부호들은 주로 티베리아 서법과 발음에 대한 전통적 해석을 따르나[예를 들어 다게쉬 포르테(dagesh forte, 강다게쉬)는 자음이 중복된 발음 부호로 카마쯔 가돌(qameṣ gadol, 큰 카마쯔)은 장모음 a 곧 ā로 표시된다.], 강세로 인한 장모음(tone-long vowels)과 순수한 장모음(pure-long vowels)이 서로 구별되지는 않는다. 티베리아의 것이 아닌 서법이나 발음이 뚜렷하게 관련된 곳을 제외하고(예를 들어 쿰란 문서, 사마리아, 특정한 랍비 시대 형태들에서), 이 책의 대다수 히브리어 형태들은 랍비 시대, 중세, 이스라엘 히브리어 형태들을 포함하여 자음과 모음의 서법과 발음에서 티베리아식 표준을 따른다. 그렇지 않으면 모음 부호가 없는 형태들은 특정한 랍비 시대나 중세 작품에 나타나는 구조들을 인용할 때만 사용되고, 그런 형태들도 여전히 일반적인 방법으로 음역되었다. 사마리아 히브리어와 관련된 경우들을 제외하고는 발음 부호 앞에 때때로 사용되는 '발음'은 모음 부호가 없는 형태의 예상되는 티베리아식 발음을 표시한다. 6장 5단락에서 '바빌론'(Bab.)과 '팔레스타인'(Pal.)은 랍비 시대 히브리어의 바빌론과 팔레스타인 전통들을 표시한다. 가능한 곳에서는 인용구들의 서법이 원래 자료와 다르게 확인되었다. 히브리어 고유명사들, 출판물의 제목들, 기술적인 용어들 등을 표현할 때 이 영문판은 일반적으로 『유대 백과사전』(*Encyclopaedia Judaica*)을 따르고 있다.

고 책이 완성될 때까지 긴 시간을 기다려 준 캠브리지 대학교 출판부에 감사드린다.

재판(reprint)인 본서는 특히 블라우(J. Blau), 볼로츠키(S. Bolozky), 무라오까(T. Muraoka), 뇌겔(S. Noegel) 등이 서평에서 제기한 여러 가지 작은 문제점들을 수정하고 개선할 수 있었다.

마드리드에서,

엔젤 샌즈-바딜로스(A. Sáenz-Badillos)

| 추천사 1 |

나의 책꽂이에는 빌헬름 게제니우스와 폴 주옹의 책이 꽂혀 있다. 나하고는 오랜 세월 동거했다. 나는 그들의 성서 히브리어 문법을 문법책보다는 히브리어 문법 백과사전처럼 사용해 오고 있다. 학생들에게는 페이지 켈리의 성서 히브리어, 빅토리아 호퍼의 성서 히브리어를 읽혔다. 제임스 마틴의 것을 교재로 써 보기도 했다. 문법의 재미있는 경지로 들어선 이들에게는 이젠 성서 히브리어가 포함된, 셈어에 속하는 히브리어라고 하는 그 독특한 언어의 역사에 관한 "이야기"라면 그냥 지나칠 수 없는 매혹으로 다가올 것이다.

이제 우리나라 성서학도들에게 샌즈-바딜로스의 히브리어 발달사가 주어진 것은 은총이다. 셈어 일반, 구약 관련 고대 근동 언어인 서북 셈어 히브리어, 성서 히브리어, 랍비 문학의 히브리어, 중세 히브리어, 현대 히브리어에 이르기까지 3천 여 년의 역사를 이렇게 일목요연하게 정리해 준 것은 샌즈-바딜로스의 공헌이다. 성서학도뿐 아니라 언어학도들도 그에게 결코 실망하지 않을 것이다. 히브리어 낱말마다 라틴 문자 음역(音譯)이 병기되어 있는 것은 저자가 독자들에게 베푼 또 한 번의 친절이다.

번역자들의 노고에 무조건 감사한다. 이런 번역이 얼마나 어려운 것인데 번역을 두고 왈가왈부하는 것은 얻을 수 있는 귀한 지식을 놓쳐버리는 어리석은 일이다.

도서출판 기혼의 희생적인 헌신에 감사한다. 생명수 강이 기혼에서 흘러 그 물이 닿는 곳마다 죽었던 것들이 다시 살아나길 바란다. 죽었던 언어도 다시 살아나고…….

2011년 8월,
대한성서공회 번역 자문,
세계성서공회연합회 번역 컨설턴트 **민영진**

| 추천사 2 |

주후 1세기에 로마가 예루살렘을 함락시키고 유대인들이 세계 각처로 흩어져 디아스포라 생활을 시작하면서 하나님의 계시와 말씀을 담기 위해 사용된 특별한 언어인 히브리어가 구어로서 수명을 다한 듯 했으나, 지난 세기에 현대 이스라엘 국가의 등장과 함께 기적처럼 부활하여 이스라엘인들의 생활언어가 되었다.

디아스포라 시기에도 유대인 후손들이 "내년에는 예루살렘에서!"(유월절 만찬 기도문, 『하가다, Hagadah』 중)라고 외치며 희망의 끈을 놓지 않고 성경에 뿌리 깊게 새겨진 그들의 신앙 유산을 토대로 독특하고 풍부한 문화를 발전시켜 많은 부분을 히브리어로 기록하고 보존하였다니, 이스라엘 민족의 역사와 이 언어는 서로 떼어서 생각할 수 없을 듯하다.

일반적으로 신학교에서 히브리어 문법을 배우기는 하나 이스라엘 민족에 대한 우리의 이해가 주로 성서 시대에 머물듯이 그들이 사용하는 언어인 히브리어에 대한 지식도 대체로 성경에 쓰인 문법이나 어휘에 국한되어, 성서시대 이후 히브리어의 특성이나 히브리어 문헌에 대한 자료를 접하는 게 쉽지 않다. 샌즈-바딜로스의 『히브리어 발달사』는 고대부터 현대까지 이스라엘 민족의 삶을 담아낸 이 언어의 변천사를 엿볼 수 있도록 안내해 주는 가장 우수한 책으로 알려져 있다. 히브리어와 히브리어 문헌을 좀 더 심도 있게 공부하고 연구하고자 하는 이들에게 이 책이 매우 유용한 자료를 제공해 주리라 믿는다.

2011년 8월,

장로회신학대학교 총장 **장영일**

| 추천사 3 |

20세기 최고의 실존주의 철학자 마틴 하이데거는 "언어는 존재의 집이다."(Language is the home of the Being)라는 유명한 말을 하였다. 그리고 시인 김춘수는 『꽃의 소묘(素描)』(1959)에서 이 어려운 철학적 명제를 누구나 알기 쉽게 풀어내었다. "내가 그의 이름을 불러 주기 전에는 그는 다만 하나의 몸짓에 지나지 않았다. 내가 그의 이름을 불러 주었을 때 그는 나에게로 와서 꽃이 되었다."

우리는 새삼 이 세상의 모든 존재가 언어의 포근한 집에서 현존하게 됨을 깨닫게 된다.

샌즈-바딜로스의 『히브리어 발달사』는 인류의 정신사에서 가장 고귀한 빛을 비추어준 『성경』을 존재하게 한 히브리어의 역사를 그 시초부터 현대에 이르기까지 가장 포괄적이며, 정교하게 학문적으로 논증하고 있다.

히브리어는 그 이름이 '히브리인', '이스라엘인', '유디인', '유대인' 등으로 다양하게 불린 한 민족을 존재하게 하였고, 수천 년 동안 국가와 영토 없이 온 세계를 떠돌던 '유랑하는 백성들'을 부활하게 하였다. 또한 히브리어는 고대의 언어들인 수메르어, 셈어, 함어, 그리스어, 라틴어뿐 아니라, 근·현대 유럽의 주류 언어인 스페인어, 독일어, 폴란드어와 교류하고 융합하여 인류 문명사의 나이테를 온전히 보존해 왔다.

샌즈-바딜로스의 『히브리어 발달사』를 그들의 대학원 시절에 가장 애독한 최명덕 교수와 박미섭 박사가 심혈을 기울여 번역한 이 책은 혼돈의 복합계(複合界)를 네트워크으로 이루는 포스트모던 세계를 창조적으로 살 수 있는 지혜의 빛을 독자들에게 비추어 줄 것이다.

2011년 8월,

총신대학교 신학대학원 교수,

한국신학정보연구원 원장 **김정우**

| 옮긴이의 글 |

고대 서북 셈어의 가나안 방언에 속하는 히브리어는 기독교와 유대교 경전인 구약 성경의 언어이자 현대 이스라엘 국가의 공용어로 3천 년 이상 유대 민족 역사적 굴곡과 함께 변천해 왔다.

기원후 70년 예루살렘이 로마에게 함락당하고 이스라엘 땅과 주변 지역에 당시 공용어였던 아람어의 영향이 더욱 커지면서 기원후 3세기 무렵부터 히브리어는 더는 유대인의 구어로 사용되지 않았다. 중세에는 세계 각처로 흩어진 디아스포라 유대인들이 그들이 살고 있는 나라의 언어를 구어로 사용했고, 히브리어는 상업 활동과 회당 예배나 학문적인 글에 한정되어 사용되었으며, 때때로 그들이 살던 곳에서 사용하던 구어의 특징들이 히브리어 안에 반영되었다. 18-19세기 유대 계몽주의 시대에 이르러 성서 히브리어와 랍비 시대 히브리어를 사용한 유대인들의 문학 작품들이 등장했고, 히브리어와 독일어가 혼합된 이디쉬어 문헌들도 나타났다.

19세기 말부터 디아스포라 유대인들은 조상의 땅 팔레스타인으로 돌아오기 시작했다. 러시아 제국 시대에 빌나(Vilna, 현재 리투아니아의 수도 Vilnius)에서 태어나 1881년 팔레스타인 땅으로 이민 온 언어학자 엘리에제르 벤-예후다(Eliezer Ben-Yehuda, 1858-1922년)도 그 중 하나였다. 영국 위임 통치 시기인 1922년, 엘리에제르를 선두로 한 지식인들의 노력의 결과로 현대 히브리어는 영어, 아랍어와 더불어 팔레스타인 지역의 공용어로 선포되었다. 그리고 마침내 1948년, 이스라엘의 독립과 더불어 현대 히브리어는 국가 공식 언어로 부활했다. 이와 같이 한 지역에서 자연스러운 언어적 발달 과정을 거치지 못한 히브리어의 특수성을 고려할 때 이 언어의 역사를 체계적으로 기술하는 일은 결코 쉬운 일이 아니다.

『히브리어 발달사』는 1988년 스페인에서 대학 교재로 출판된 샌즈-바딜로스 교수의 스페인어 원서 *Historia de la lengua hebrea*를 쉐필드 대학교의 엘욷드 박사가 영어로 번역하여 1996년에 출판한 히브리어 역사서로, 모라그(S. Morag)가 서론에서 밝혔듯이 현존하는 히브리어 관련 서적 중에서 가장 포괄적인 내용을 담고 있는 히브리어 발달사 관련 책이다. 샌즈-바딜로스는 약 70페이지에 이르는 방대한 참고문헌을 통해 그동안 진행된 수많은 히브리어 연구와 관련 자료들을 소개하며, 히브리어의 기원부터 현대에 이르기까지 우리에게 잘 알려지지 않은 히브리어의 다채로운 변천 과정을 유대 민족 역사의 흐름에 따라 총 8장에 걸쳐 상세하게 설명한다.

1장 '셈어 배경 속의 히브리어'에서 저자는 히브리어가 속한 고대 근동 셈어를 역사, 지리적 측면에서 검토하고, 중세에 시작되어 19세기에 절정을 이룬 비교 셈어 연구의 역사를 소개한 뒤, 셈어 방언들의 분열 과정과 지역별 분류법에 대한 학자들의 제안을 살펴보고 대표 방언들의 특징을 설명한다. 또한 '공통 셈어'(Common Semitic)나 '원시 셈어'(Proto-Semitic)라는 관례적 표현 아래, 셈어 방언들이 초기에 공유했을 것으로 추정되는 공통 특징들을 문자 체계, 음운 조직, 형태론 중심으로 관찰하고, 현재 계속 진행 중에 있는 함-셈(아프리카-아시아) 어족에 속하는 언어들의 상호 연관성, 함-셈 어족과 인도-유럽 어족 관계 연구를 소개한다.

2장 '서북 셈어 히브리어'에서는 근세기에 들어 고고학 발굴로 우리에게 알려진 고대 비문 자료들과 그 안에 나타나는 언어적 공통 특징들에 근거하여, 아모리어(Amorite), 우가릿어, 엘-아마르나 서신의 언어, 아람어, 가나안 방언들(페니키아어, 암몬어, 에돔어, 모압어, 히브리어)을 포함하는 서북 셈어의 여러 방언들의 세부 특징들과 전반적인 발달 과정을 설명한다.

3장부터 8장까지 저자는 3천 년 이상 지속된 히브리어 발달사를 네 개의 다른 언어 자료에 따라 네 개의 시대 곧 성서 히브리어(Biblical Hebrew, BH), 랍비 시대 히브리어, 중세 히브리어(Mediaeval Hebrew, MH), 현대 히브리어나 이스라엘 히브리어(Modern/Israel Hebrew, IH)로 구분하여 통시적으로 묘사한다. 다양하고 광범위한 히브리어 문헌과 비문들과 많은 학자들의 연구 자료들을 토대로 각 시대별 히브리어의 음성론, 형태론, 문장론, 어휘 영역을 관련된 예를 들어가며 구체적으로 다룬다. 저자는 히브리어의 기본적인 구조와 형태론 영역에서 드러나는 역사적 일관성을 인정하되 각 시대에 나타나는 언어 차이를 세밀하게 검토한다.

3장 '포로기 이전의 히브리어'에서 저자는 많은 이들이 궁금해 하는 히브리어의 기원에 대한 학자들의 견해를 소개한 뒤, 히브리어의 초기 형태들이 남아 있을 것으로 보이는 고대(archaic) 성서 운문의 언어 특징을 묘사한다. 관련 성경 본문으로 모세의 노래(출 15장), 드보라의 노래(삿 5장), 야곱의 축복(창 49장), 모세의 축복(신 33장), 발람의 신탁(민 23-24장), 모세의 시(신 32장), 시편 68편 등을 언급한다. 또한 고대 히브리어를 이해하는 데 중요한 정보를 제공하는 포로기 이전의 비문들, 곧 게셀 달력과 실로암 터널 비문, 하솔, 사마리아, 라기스(Lachish)와 아랏 등지에서 발견된 여러 비문들을 바탕으로 후대 편집자들의 손을 거치지 않은 이 시대 히브리어의 특징을 설명한다.

곧이어 저자는 구약 성경의 많은 부분을 포함하는 바빌론 포로기 이전의 산문을 기록한 고전 성서 히브리어(Classical Biblical Hebrew)에 나타나는 언어 특징과 그 시대에 발생한 것으로 보이는 여러 변화들, 예를 들어 파열음(plosive)으로 발음되던 브가드크파트(bgdkpt) 여섯 자음이 마찰음(fricative)으로도 발음되기 시작한 것과 한 단어에 두 자음이 연속적으로 오는 것을 막기 위해 두 자음 사이에 모음을 첨가하는 '쎄골화'(segolate) 현상 등을 살펴본다.

4장 '다양한 전통에 나타나는 성서 히브리어'는 고전 히브리어의 보존과 밀접한 관계가 있는 성경 본문의 전승 과정을 다룬다. 기원후 6-7세기에 자음 본문의 히브리어 성경에 히브리어 모음 체계와 악센트 체계를 도입하여 발전시킨 마소라 학파(Masoretes)가 성경 본문을 정확하게 보존하기 위해 매우 신중했지만, 본문이 정경화 된 시기부터 마소라 학파가 모음 부호를 첨가한 시기까지는 상당히 긴 시간적 간격이 있는 것을 고려할 때 성경 외 자료들, 특히 기원전 3세기에서 기원후 4세기 사이에 기록된 많은 헬라어와 라틴어 필사본의 음역들에 나타나는 히브리어 이름과 표현들을 통해 마소라 이전 시대의 히브리어에 대한 정보를 얻을 수 있다고 한다.

저자는 칠십인역과 아퀼라(Aquila), 심마쿠스(Symmachus), 테오도시온(Theodotion)을 포함하는 헬라어 '삼대 역본'(the T1hree), 오리겐의 세쿤다(Secunda)와 제롬의 라틴어 음역들을 분석한 학자들의 연구를 소개하며 음역들 속에 반영된 히브리어를 묘사하는 한편, 헬라어와 라틴어의 음운론이 히브리어 음운론과 매우 다르고 음역이 기록된 시기나 장소도 서로 다르므로 음역의 증언들을 평가할 때는 매우 신중해야 한다고 강조하며, 아마도 마소라 이전 시대에 팔레스타인과 주변 지역에 다양한 히브리어 전통이 공존했을 것이라고 언급한다.

또한 저자는 이 장에서 중세 유대 문헌들과 성경 사본들에 반영된 다양한 마소라 전통들 곧 팔레스타인, 바빌론, 티베리아 전통에 관한 학자들의 연구와 특징을 소개하고 이 전통들의 유사점과 차이점, 상호 연관성을 살펴보며, 저마다 독특한 모음 체계를 통해 성서 히브리어를 어떻게 전수했는지 관찰한다. 특히 우리가 가지고 있는 히브리어 성경 인쇄본(Biblia Hebraica Stuttgartensia=BHS)에 사용된 레닌그라드 사본(Codex Leningradensis B 19a) 속에 나타나는 티베리아 전통의 특징과 알레포 사본(Aleppo Codex)을 비롯한 관련 성경 사본들에 대한 정보뿐 아니라 이 전통을 확립한 벤-아쉐르(Ben-Asher) 마소라 가문의 활동에 관한 상세한 설명은 주목할 만하다.

5장 '제2성전 시대 히브리어'는 바빌론 포로기를 겪으며 상당히 많은 변화를 수용한 포로기 이후의 후기 성서 히브리어(Late Biblical Hebrew)를 검토한다. 저자는 이 시기에 아람어 정방형(Aramaic square) 서체가 고대 히브리어(palaeo-Hebrew) 서체를 대신하기 시작했을 것으로 보고, 이 시대에 기록된 성경 문헌들 중 여러 작품에 뚜렷이 나타나는 아람어의 흔적을 추적한다. 또한 이 문헌들 중에 전기 성서 히브리어를 따르는 것들과 랍비 시대 히브리어 형태가 나타나는 것들을 구분하고, 포로기 이후에 등장한 사해 사본, 집회서, 기도문, 사마리아 히브리어, 랍비 시대 히브리어 등과 비교하면서 후기 성경 문헌 각 책의 서로 다른 언어적 성격을 규명한다.

특히 저자는 기원전 2세기에서 기원후 2세기 사이에 기록된 뒤 20세기 중반에 이르러서야 발견되어 전 세계적인 관심을 불러일으킨 사해 사본과 쿰란 공동체에 주목하며 당시의 사회·역사적 배경을 살펴본다. 특히 사해 사본 언어 연구에 큰 기여를 한 이스라엘 학자 쿠처의 이사야서 두루마리(1QIsa[a]) 히브리어 연구를 자세히 소개하면서, 히브리어 발달 과정에서 성서 히브리어 시대와 랍비 시대 히브리어 시대 사이에 연결고리를 제공한 이 언어의 독특한 성격을 관찰한다. 이와 더불어 기원전 2세기 후반 무렵에 하나의 전통으로 자리 잡기 시작한 것으로 보이는 사마리아 공동체(약 500여 명의 사마리아 후손들이 지금까지 이스라엘 세겜과 텔아비브 부근의 홀론 지역에 살고 있다.)의 히브리어 자료와 언어적 특징에 대한 소개는 이 시대에 팔레스타인 지역에 존재한 다양한 언어적 상황을 이해하는 데 도움이 된다.

6장 '랍비 시대 히브리어'는 이 시대 히브리어에 관한 중세 유대인 학자들의 서로 다른 입장부터 후대 편집자들이 성서 히브리어에 맞추려고 의도적으로 수정한 랍비 시대 문헌의 인쇄본들에 근거하여 이루어진 19-20세기 초의 초기 비평적인 연구에 이어, 20세기 초에 우수한 미쉬나(Mishnah) 필사본들을 비롯한 랍비 시대 문헌의 중세 필사본들의 발견으로 더욱 박차를 가한 새로운 접근 방법에 이르기까지 학자들의 면밀한 분석과 평가를 소개한다.

저자는 오늘날 학계에서 받아들이는 것처럼 랍비 시대 히브리어를 두 가지 시대, 곧 히브리어가 여전히 구어로 사용된 타나임(Tannaim, 기원후 약 70-200년 사이의 랍비들) 시대와 아람어가 구어로 대체되고, 히브리어는 문헌 언어로 남은 아모라임(Amoraim, 타나임의 가르침을 해석한 기원후 200-500년 사이의 랍비들) 시대로 구분한다. 그리고 이 언어의 형성과 발달 과정을 묘사하기 위해 바빌론 포로기 이후, 중간사, 예수의 시대를 포함하는 신약 성서 시대에 팔레스타인 지역에서 사용된 언어들을 관찰한다. 또한 랍비 시대 히브리어의 철자법, 음성학, 음운론, 형태론, 문장론과 어휘를 성서 히브리어와 아람어뿐 아니라 헬라어와 라틴어 등과 비교 검토하며, 이 언어가 갖고 있는 독립된 방언의 성격을 상세히 설명한다.

7장 '중세 히브리어'는 대략 6-7세기부터 팔레스타인과 디아스포라 유대인 공동체들 사이에 주로 문헌 언어와 회당 언어로 사용된 히브리어의 역사·지리적 배경을 살펴보고, 이 시대의 히브리어로 기록된 다양한 유대 문헌들의 언어를 묘사한다. 그 당시 유대인들 사이에 구어로 사용된 아랍어와 유럽 언어들이 중세 히브리어에 어떻게 반영되었는지 살펴보고, 중세 히브리어를 성서 히브리어와 랍비 시대 히브리어와 비교, 검토하며 히브리어 발달사에서 차지하는 이 언어의 위치에 대한 중세와 근, 현대 학자들의 서로 다른 견해를 소개한다.

특히 히브리어 형태들을 자유롭게 변형시켜 회당 예배 의식을 위한 종교시, 곧 피유트(piyyuṭ, 유대인들의 종교 의식용 시)를 지은 팔레스타인 지역 시인들인 파이타님(payṭanim)과 10세기 초 활발한 히브리어 작품 활동으로 히브리어의 부활을 예고한 사아디아 가온(Saadia Gaon, 9세기 말 이집트에서 태어나 10세기 전반기에 팔레스타인에서 활동한 랍비, 유대 철학자, 히브리어 학자)의 언어를 분석하고, 9-10세기부터 히브리어 문학이 번성한 스페인과 이탈리아 등지의 유대인들의 작품 속에 나타나는 히브리어의 특징을 설명한다.

8장 '현대 히브리어'에서 저자는 16세기 무렵에 시작된 것으로 보이는 현대 히브리어의 역동적인 부활 과정을 다룬다. 현대 히브리어로 기록된 초기 작품들을 소개하고, 18-19세기 유럽 유대인들의 하스칼라(Haskalah, 유대 계몽주의 운동)가 히브리어의 부활에 미친 중요한 역할과 19세기 말 팔레스타인 지역에 정착하여 히브리어의 부활을 위해 고투한 엘리에제르 벤-예후다와 동시대 인물들의 활동을 그린다.

이어서 새로운 국가로 이민 온 유대인들의 출신 지역에 따른 다양한 발음 전통이 현대 히브리어 형성 과정에 어떤 작용을 했는지 관찰한다. 크게 세 가지 전통 곧 예멘 전통, 스파르디(Sephardi, 스페인과 포르투갈 등을 포함하는 남부와 서부 유럽과 북부 아프리카 지역 출신의 유대인 공동체) 전통, 아쉬케나지(Ashkenazi, 독일을 비롯한 동부와 중부 유럽의 유대인 공동체) 전통으로 구분하여 각 전통의 발음 특징들을 묘사하고, 이 전통들이 현대 히브리어 발음에 남긴 흔적을 살펴본다. 또한 현대 히브리어가 이스라엘 국가의 공용어로 선포된 뒤 일어난 급속한 발달 과정과 여러 학자들의 연구와 논쟁을 소개하고, 현대 히브리어의 기초가 된 히브리어의 고대 층들(성서 히브리어와 랍비 시대 히브리어)뿐 아니라 현대 히브리어에 영향을 준 외래어들과 비교하면서 여전히 변화하고 있는 이 시대 히브리어의 음운론, 형태론, 문장론의 특징을 관찰한다.

『히브리어 발달사』는 단순히 문법적인 설명만 나열해 놓은 문법서와 달리 히브리어의 발달 과정을 유대 민족의 역사와 함께 살펴볼 수 있는 매우 흥미로운 책이다. 특히 바벨론 포로기, 디아스포라, 약 2천 년 만의 국가 재건을 포함하는 유대 민족의 독특한 역사가 이 언어에 남긴 흔적들을 묘사하고, 고대 셈어 방언들뿐 아니라 헬라어, 라틴어, 아랍어, 여러 현대 언어에 이르기까지 히브리어 발달사에 영향을 준 언어들과의 관계를 설명하면서, 히브리어가 고립된 언어가 아니라 주변 언어들과 크고 작은 접촉을 하며 변천한 언어인 것을 생생하게 보여준다. 이를 위해 구약 성서를 비롯해 풍부한 히브리어 문학 유산뿐 아니라 중세에서 현대에 이르기까지 학자들이 이루어 놓은 광범위한 히브리어 연구를 종합적이면서도 비평적으로 소개하고 있다.

이 책에 설명된 시대별 히브리어의 배경과 특징들은 종종 셈어 전반과 히브리어에 대한 깊은 지식을 전제로 할 만큼 전문적일 뿐만 아니라 다양한 유대 문헌들에 대한 이해를 필요로 한다. 또한 현대 히브리어 부분에서 히브리어의 부활 과정은 상세히 묘사되었으나 저자가 본문에서 언급한 것처럼 언어 특징과 그 예들은 충분히 설명되지 않고 있다. 이 책은 절반 이상의 분량이 성서 히브리어를 다루고 있어 구약 성서의 언어를 공부하는 이들에게 심도 있는 정보를 제공해 줄 뿐 아니라, 히브리어의 기원에 대한 궁금증이나 예수 시대의 언어에 대한 일상적인 질문에 대한 학문적인 해답을 제시해 준다. 또한 성경 본문 전승과 관련된 마소라 전통과 성경 사본들의 언어를 이해하고자 하거나 구약 성경 문헌들의 기록 연대를 언어적 측면에서 파악하고자 할 때도 많은 도움을 얻을 수 있어 구약과 관련된 여러 수업에서 좋은 참고 교재가 될 것이다.

히브리어뿐 아니라 유대 문헌과 관련된 방대한 자료들을 정리하고 활용하여 훌륭한 히브리어 발달사 교과서로 모습을 갖추기까지 심혈을 기울인 저자 샌즈-바딜로스 교수의 열정과 노력이 존경스럽다. 역자는 단락이 넘어갈 때마다 넓어지는 히브리어의 세계 앞에서 이 언어에 대한 지식이 부족한 것을 실감한다. 이 책은 고대부터 현대에 이르기까지 히브리어의 끈질긴 생명력을 탐구하고자 하는 모든 이들에게 매우 유용한 자료가 될 것이다.

*A History of the Hebrew Language*의 한글 번역판 『히브리어 발달사』가 나오기까지는 많은 분들의 수고가 있었다. 이 책의 학문적인 중요성을 보고 출판을 맡아준 기혼 출판사의 김정우 교수님, 번역하는 동안 질문에 성실히 답해 준 저자 샌즈-바딜로스 교수님과 히브리대학교 히브리어학과 파스버그(S. Fassberg) 교수님, 번역을 한층 부드럽고 매끄러운 우리말로 다듬어 준 한님성서연구소의 강지숙 박사님과 예슈아성서연구원의 김인철 원장님, 히브리어 단어들을 꼼꼼하게 타이핑해 준 건국대 히브리학과 출신의 김미혜 씨, 정성스럽게 편집해 준 한국신학정보연구원의 김홍련, 최인정 간사에게 깊이 감사한다.

2011년 8월,

역자 **최명덕 · 박미섭**

▌차 례▌

1장 셈어 배경 속의 히브리어

1. 셈어 히브리어

히브리어는 기원전 이천 년대 후반에 근동의 서북 지역인 요단 강과 지중해 사이에서 발달한 셈족 방언, 셈족 언어이다. 그리고 이 지역을 포함하는 나라는 가나안으로 초기 기록 자료에서 언어와 관련하여 나타나는 이름이기도 하다: שְׂפַת כְּנַעַן(śᵉp̄aṯ kᵉnaʻan) '가나안어'(사 19:18)라고 하였고, 다른 곳에서는 이 언어를 יְהוּדִית(yᵉhūḏīṯ) '유다 방언'(왕하 18:26, 28 등)이라고 불렀다. 헬레니즘 시대의 저자들은 이 언어를 헬라어로 Hebraios, Hebraïsti라 하였고[요세푸스(Josephus), *Antiquities* I, 1:2 등],[1] 로마 제국 시대에는 עִבְרִית('iḇrīṯ)나 לָשׁוֹן עִבְרִי(ת)[lāšōn 'iḇrī(ṯ)] '히브리어'로 알려졌다(미쉬나, 기틴 9:8 등). 이 용어들은 아브라함처럼(창 14:13) '히브리인'이라는 이름으로 전해진 민족의 조상인 에베르(Eber, 창 11:14)를 상기시킨다.[2]

문화적 관점에서 살펴볼 때 히브리어는 그 말을 사용한 민족의 역사뿐만 아니라 서구 문화 전반에 매우 중요한 역할을 했다. 이 언어는 성경의 언어였을 뿐만 아니라 유대 민족이 산문과 운문을 포함한 문학의 많은 부분에서 사용한 방언이며, 분명하게 드러나지 않은 시기들이 있었으나 결코 완전히 사라지지 않았으며, 삼천 년 이상의 문화적 부속물들과 더불어 이

1) 그러나 달만(G. H. Dalman, 1905, 1)은 요세푸스와 요한복음 저자가 이 용어를 히브리어와 아람어 모두를 위해 사용하고 있다고 지적한다.

2) 이 이름의 기원은 아직까지 충분히 설명되지 않았다. 그것을 강의 다른 쪽에서 이동을 암시하는 עבר('br) '건너가다.' 어근과 연결시키는 것은 대중적인 어원을 따른 것으로 보인다. 그 이름이 원래 하나의 명칭으로 사용되다가 나중에야 민족을 일컫는 용어로 사용되었다는 것을 내포하긴 하나, 오늘날 더 널리 알려진 견해는 그것을 이집트와 근동의 많은 자료에 언급된 하비루(Ḫabiru)나 하피루(Ḫapiru)와 연관시킨다. 물론 그와 같은 이론은 자세한 설명을 필요로 한다. Greenberg 1970; Loretz 1984를 보라.

시대까지 살아남은 언어이기도 하다.[3]

얼마 지나지 않아 이 언어에 특별한 기운이 생겨났다. 유대인들에게 히브리어는 לְשׁוֹן הַקֹּדֶשׁ(l^{e}šōn haq-qōḏæš) '거룩한 언어'였다.[4] 그들은 많은 기독교인들처럼 히브리어를 가장 최초의 언어, 곧 랍비들과 초기 교부들에 따르면 '창조의 언어'였다고 생각했다. 그들은 '지구의 모든 거주자들이 하나의 언어와 하나의 말만 사용했다. 그들은 성전의 언어로 말했다. 태초에 히브리어로 세상이 창조되었기 때문이다.'[5]라고 말하였다. 이 주장은 אִישׁ('îš) '남자'와 אִשָּׁה('iššā) '여자'(창 2:23)라는 말놀이가 히브리어만 가능하다고 지적하여 정당화될 수 있었다. 이 점에서 미드라쉬는 세상이 히브리어를 통해서 창조되었다고 결론짓는다.[6]

합리주의 시대에는 히브리어가 수세기에 걸쳐 축적된 경건한 미사여구에서 자유로울 수 있었으며, 18세기 이후에는 '셈어'(Semitic)로 알려진 아시아 극남동 지역의 언어들이나 방언들 가운데 또 하나의 언어로 간주되었다. '셈어'라는 용어는 라이브니츠(G. W. Leibniz)가 처음 소개했고, 슐레처(A. L. Schlözer)가 널리 퍼뜨렸다. 이 용어는 창 10:21 이하에 나오는 노아의 후손 목록에 근거하며,[7] 이 목록은 아랍어, 히브리어, 아람어의 어족 관계에

---

3) Chomsky 1969, 206ff.; Federbush 1967을 보라.

4) 랍비 시대에 이와 같이 명명했다: 미쉬나, 쏘타 7:2, 예루살렘 타르굼 창 31:11 등. 이 명칭은 중세에 널리 사용되었고, 히브리어 문헌 속에 관례적으로 쓰인다. 때때로 그것은 언어학 영역에서 갈등을 빚어내어 므나헴 벤 사룩(Menaḥem b. Saruq) 같은 중세 언어학자들은 이 언어를 다른 언어들과 비교하는 것을 삼갔다.

5) 창 11:1에 대한 타르굼 네오피티(Targum Neofiti), 디에즈 마초(A. Díez Macho)의 편집과 번역을 따른 것이다(Madrid/Barcelona, 1968, 56). 유사한 의견이 타르굼 요나탄(Targum Jonathan, E. Levine, *Neofiti II: Exodus*, Barcelona, 1970의 번역을 보라.)과 피르케 라비 엘레아자르(Pirke Rabbi Eleazar, 24)에도 나타난다. Díaz Esteban 1982를 보라.

6) Bereshit Rabbah 18. 이 본문은 라쉬(Rashi)가 이 구절에 대한 자신의 주석을 언급한 것이다. 하지만 이 전통과 함께 유대인, 아랍인, 시리아 기독교인, 교부들 사이에 다른 전통이 내려오고 있는데, 그 전통에 따르면 '아람어'나 '시리아어'가 가장 오래된 언어이자 창조 언어이다. Renan 1855, 223을 보라. 예를 들어 키르루스(Cyrrhus)의 테오도레트(Theodoret)는 가장 오래된 사람들의 이름들이 아람어였던 반면, 히브리어는 토라와 함께 하나님이 모세에게 주신 거룩한 언어로서 자연 언어라기보다 가르쳐진 언어라고 주장했다(*Quaestiones in Octateuchum*, N. Fernández와 A. Sáenz-Badillos, Madrid, 1979, 56f.).

대한 초기 견해를 반영한다. 그 후 새로운 언어들을 알게 되면서 셈어 어족이 '아프리카-아시아' 언어 틀에서 더욱 적절한 위치를 잡게 되었으며 다른 이름들을 갖게 되었다.

오늘날에는 약 칠십 개의 언어나 방언을 셈어로 인정한다. 이 언어들은 수세기 동안 넓은 지역에서 사용해 온 언어부터 거의 문서화되지 않고 최근에 발견된 비문 자료들을 통해서만 알려진 작은 방언에 이르기까지 다른 공간과 다른 시간 속에 고르지 않게 퍼져 있으며, 그 중요성도 매우 다르다. 그러나 그 언어 모두에서 음운론, 형태론, 문장론, 어휘 같은 공통점들을 찾을 수 있는데, 때로는 인도-유럽어 같은 다른 어족의 언어들이 공유하는 것보다 공통점이 훨씬 더 두드러져 보인다.

지리적 측면에서 셈어는 북동쪽 메소포타미아부터 남부 아라비아와 에티오피아 해안 지역까지 이르며 서북쪽으로 시리아-팔레스타인 지역을 포함하는 광활한 지역에서 발견된다.

사천오백 년 전 북동쪽 지역에서 고대 아카드어(Old Akkadian)가 수메르어를 대신하게 되었다. 수메르어는 여러 면에서 아카드어에 영향을 준 비셈어로 이 언어에서 아카드어가 쐐기 문자 체계를 받아들였다. 에블라(Ebla) 같은 도시들이 있는 서북쪽 지역에서도 이 시기에 셈어가 사용되었다. 기원전 이천 년대에 북동쪽 지역에서 아카드어가 바빌론어와 앗시리아 방언들로 분열되는 한편, 더 서쪽에 위치한 지역에서는 아모리어, 나중에 우가릿어와 원시 가나안어 비문들, 비블로스와 시나이 비문들, 엘아마르나 주석(gloss)으로 알려진 다른 언어들이 등장했다. 이천 년대가 끝날 무렵에 가나안어와 아람어 두 어족의 차이점이 더욱 뚜렷해졌고, 두 언어는 기원전 천 년대에 독립적으로 발전했다. 페니키아어와 덜 알려진 몇몇 다른 언어와 함께 히브리어는 가나안어 그룹에 속한다. 길고도 복잡한 역사를 거친 이 언어는 몇몇 아람어 방언과 함께 오늘날까지 살아남은 몇 안 되는 서북 셈어 중 하나이다.

서남쪽에는 더 후대에 남방 아랍어, 아랍어, 에티오피아어가 그에 딸린

---

7) *Miscellanea Berolinensia* (Berlin, 1710, 4)와 아이히호른(J. G. Eichhorn)의 *Repertorium für biblsche und morgenländische Literatur*, VIII (Leipzig, 1781, 161)을 보라.

여러 방언들과 함께 등장한다. 이 지역에서 나온 가장 오래된 비문들은 기원전 8세기까지 거슬러 올라간다. 역사적으로 이 언어들이 가장 널리 퍼진 그룹이며, 바로 오늘날까지도 가장 눈에 띄는 영향력을 행사하고 있다.

셈어가 지배하는 지역은 절대적으로 고정된 것도, 완전히 외부에서 차단된 것도 아니다. 지역 안에서 비셈어의 흔적이 발견되기 때문이다. 게다가 어떤 특정 언어를 셈어로 보아야 하는지 아닌지 결정하기 어려운 극단적인 경우들도 있다. 예를 들어 몇 년 전 리비아어가 셈어인지 아닌지 논쟁이 있었으나,[8] 나중에 일반적으로 받아들여지지 않았다. 미케네 선형 문자 A(Linear A) 언어와 히타이트어 같은 언어들을 셈어로 애써 분류하려는 것도 이와 유사한 경우이다.

셈어의 주된 특징들을 묘사하려고 온갖 시도를 한 데 이어 울렌도르프(E. Ullendorff)는 자신의 잘 알려진 책에서[9] 한 언어를 셈어로 확증할 수 있는 기준을 개관했다. 울렌도르프가 표준으로 적용한 원칙들 중 어느 것도 그 자체로 결정적이지는 않다. 예를 들어 셈어에서 더 우세한 자음과 모음 간에 특별한 관계가 있다는 주장은 종종 통계학 증거에 맞아 떨어지지 않는다. 셈어에서 자음만 의미를 전달한다는 주장도 완전한 설명이 될 수 없다. 특히 두 자음 명사나 불변화사에서는 모음이 단순한 의미론적 '수식어' 이상의 역할을 하기 때문이다. 또한 세 자음 어근의 사용이 다른 언어들에서 알려진 현상이라는 점을 감안하더라도 셈어의 세 자음 사용에 대한 주장은 분명히 의문의 여지가 있고, 여러 셈어의 명사와 동사까지 보존된 두 자음 어근보다 더 고대의 것이라는 점은 아직 입증되지 않았다. 셈어의 전형적 형태라 알려진 후음과 강조음은 종종 쿠쉬어(Cushitic languages, 소말리아와 에티오피아 언어, 구스어-역자 주) 같은 다른 언어에서도 발견된다. 셈어의 초기 단계 특징인 병렬 구조(parataxis, 접속사 없이 문장, 절, 구를 나열하는 형태-역자 주)도 여러 현대 셈어에서 우월한 역할을 상실했으므로 명확한 기준으로 볼 수 없다.

그럼에도 울렌도르프의 긍정적인 제안은 이러한 비판을 뛰어넘는다. 함-

---

8) 참조, Rössler 1952; 1964.

9) Ullendorff 1958.

셈어는 하나로 취급해야 하는데, 두 언어의 공통된 주요한 언어 특징들은 두 언어의 친밀성뿐 아니라 '기원적인' 연관성도 설명하기 때문이다. 언어에 대한 확인과 분류는 예를 들어 구조적 형태의 검토, 음운론적 상반성, 어휘에 대한 신중한 비교, 다양한 언어 특징들에 대한 통계 분석의 적용, 등어선(isogloss, 공통된 언어적 특징을 가진 지점들을 연결한 언어 지도 상의 선-역자 주)의 발견, 나아가 함-셈어 사용자들이 개념화하는 데 특별한 방법을 공유하는지에 대한 조사 등의 도움을 받을 수 있다.

10세기 초부터 이슬람 문화의 영향 아래 있던 많은 유대 학자들은 히브리어를 아랍어나 아람어 같은 다른 인접 언어들과 비교하며 성경의 불명료한 구절들과 한 번만 나타나는 단어나 형태들(하팍스 레고메나, hapax legomena)을 이해하는 데 도움을 얻고자 했다. 그리하여 셈어 비교 연구를 시작했는데, 처음에는 여러 이유에서 히브리어가 주된 역할을 했으나 나중에는 보다 과학적이고 언어학적으로 이 연구를 발전시켰다.

기독교 시대에 이르러 카스텔(E. Castell)의 *Lexicon Heptaglotton* 같은 다국어 사전들과 16세기와 17세기의 다국어 성경책들이 비교 언어 연구에 기초를 놓았으며, 18세기에는 네덜란드의 슐텐스(A. Schultens)가 더욱 박차를 가했다.

19세기에는 게제니우스(F. H. W. Gesenius), 르낭(E. Renan), 뇔데케(T. Nöldeke), 딜만(A. Dillmann), 브로클만(C. Brokelmann)과 다른 학자들의 중요한 문헌들과 더불어 비교 셈어 연구가 절정에 이르렀다. 이때는 일반 비교 언어학이 진전을 보이고 고고학 발굴과 힘겨운 판독 과정 덕분에 새로운 셈어들이 발견된 시기였다. 학자들의 이러한 노력 덕분에 이 언어들 중에서 어느 한 언어를 연구하려고 할 때 다른 언어의 구조와 발전 과정을 비교하지 않고 연구한다는 것은 생각도 못 할 일이 되었다.[10)]

금세기에도 많은 유명한 셈어 학자가 나왔는데, 오늘날까지 생존하는 여러 저명한 학자 가운데 나중에 언급하게 될 가장 주목할 만한 이들로 베르그슈트래쎄르(G. Bergsträsser), 코헨(M. Cohen), 올브라이트(W. F. Albright), 드라이

---

10) Brockelmann 1944; Polotsky 1964; Hospers 1966; Ullendorff 1961; 1970을 보라. Hospers 1973, 365ff.에 참고문헌이 있다.

버(G. R. Driver)와 폴로츠키(H. J. Polotsky)가 있다.[11]

2. 셈어

셈어에 대한 관심은 엄밀히 말해 언어에서 출발했으나, 몇몇 최고 학자를 포함한 많은 연구자들이 인종의 기원과 인류학이나 종교를 포함한 문화 영역까지 과감하게 도전하여 연구 영역이 확장되었다. 여러 현대 학자들은 셈어 어족에 속하는 서로 다른 언어에 언어적 통일성이 있는 것은 그들이 공통된 기원에서 비롯되었기 때문이라고 주장한다.[12] 그들에 따르면 다양한 셈어 사용자들이 하나의 민족을 이루었고, 심지어는 하나의 특정한 인종을 형성했다고 생각할 만한 충분한 증거가 있다. 공통의 지리적 거주지와 언어, 역사와 문화의 통일성이 그것이다.

이 이론에 관한 논쟁에 깊이 들어가지 않고도 문제의 영역이 역사적으로 접근 불가능한 시간과 연관되었다고 가정할 때, 단순한 가설 이상으로 그 논의를 진전시킬 수 있다고는 생각되지 않는다. 이 이론이 옳든 그르든 간에 같은 언어를 사용하면서 같은 문화 속에 사는 셈족의 이미지가 유일한 이미지는 아니다. 역사적 자료는 광활한 지역에 퍼져 있는 구별된 민족들이 일정한 공통 요소들을 가진 언어를 사용하고 일부 문화적 측면을 공유하는 동시에 여러 독립된 발달 과정도 겪는 통일성보다는 다양성이 존재하는 단계로 우리를 안내할 수밖에 없다.

'역사적' 관점에 대한 가능성을 타진하며, 고대 셈족의 고향이나 출발점이 어디냐를 두고 기나긴 논쟁이 이어져 왔다. 중앙아시아 평원, 메소포타미아, 시리아-팔레스타인, 북부 아프리카, 마지막이자 가장 일반적으로 아라비아가 이 연구에서 지지를 받아왔다.[13] 고대 셈족을 아라비아 사막의 유

11) Hospers 1966; Sáenz-Badillos 1975를 보라.

12) 이것은 참고문헌에 수록된 많은 글에서 모스카티(S. Moscati)가 지지했다. 그의 견해는 르낭, 레비 델라 비다(G. Levi della Vida), 스미스(W. R. Smith), 닐슨(E. Nielsen) 같은 저자들의 것과 같다.

13) Hadas-Lebel 1981, 10f.에 다른 이론들이 열거되어 있다.

목민들로 보는 견해가 비교적 널리 받아들여진다. 다양한 집단이 경작할 수 있는 땅 주위에 정착하면서, 이곳저곳에서 많은 이민자들이 주변 지역으로 모여들었을 것이다. 어떤 전문가들은 셈족 집단들이 기원전 삼천 년대 전에 시리아 지역에 정착했다고 주장한다.[14] 함-셈어의 단일성 개념을 가정할 때 처음 셈어 사용자들이 북부 아프리카에서 왔고, 나중에 그들이 한 장소에 정착했거나 곧이어 근동 전체에 퍼졌을 것이라는 여러 학자의 주장은 전혀 놀랍지 않다.[15]

역사 문제와 관련된 어려움은 순수하게 언어에 대한 쟁점에도 그 흔적을 남겼다. '역사적' 접근을 지지하는 이들은 셈어의 정확한 '어족 계보'를 그리려고 시도하면서, 문헌 자료가 전혀 남아 있지 않은 일련의 원시 언어(원시 서북 셈어 등)의 존재를 가정해야 했다. 반대로 비교 자료에 대한 더 냉정하고 객관적인 접근은 일련의 특징들을 공유하는 별개의 셈어들의 모습을 보여준다.

셈어의 다양성은 특히 '역사적' 이론의 지지자에게 이슈가 되었으며 다양한 가설을 야기하였는데 7-8년 기간으로 계속된 셈족 물결이 아라비아 사막에서 주변 영토로 계속 밀려들어 그들 특유의 방언을 이 지역에 강요했다는 이론이다. 예를 들면 기원전 2000-1700년에 아모리어(초기 서쪽 셈어)의 물결이, 기원전 1400-900년에는 아람어(후기 서쪽 셈어)의 물결이, 마지막으로 기원후 8세기에는 아랍어의 물결이 있었다는 것이다.[16] 처음 두 '침략'에 대한 역사적 근거는 마지막 침략만큼 명확하지 않아서 일부 학자들은[17] 최근 연구에서 '물결' 이론보다 덜 엄격한 '침투' 이론을 발전시켰다.

셈어를 사용하는 집단들의 이주가 여러 언어를 전파하는 역할을 한 것은 분명하지만, 이러한 방법으로 셈어와 다른 특정 셈어 사이에 있을 수 있는 많은 기원의 차이점을 설명하기는 쉽지 않다. 우리가 '물결' 이론을

14) R. Meyer 1966-72, I, 13f.를 보라.

15) Rabin 1982, 339f.를 보라. 아프리카 기원의 가능성을 이미 뇔데케(1899, 11)가 표명했다.

16) R. Meyer 1966-72, I, 14f.를 보라.

17) 모스카티와 다른 학자들.

옳다고 해도 이전에 강조한 것처럼[18] 서로 다른 '물결'에 속하는 언어들 간에 명확하게 정의된 경계도 없고, 먼 지역끼리 공유하는 유전적 특징도 없다.

방언 지리학(dialect geography)으로 실제 상황을 잘 설명할 수 있다. 방언 지리학에 따르면 언어적 특징은 보통 중심에서 바깥쪽으로 주변 지역으로 전파되며, 한 지역과 다른 지역의 방언 사이에 분명한 차이점과 동시에 일관된 등어선을 결과적으로 유지한다. 예를 들어 특정 언어 자체의 내적 발전 과정에서 생기지 않은 특징이 멀리 떨어진 다른 지역의 언어에서 동시에 발견되면 그것은 보존된 공통 원시 요소로 여겨야 하는 한편, 새로운 언어적 특징들이 그러한 지역의 영토에 퍼져 나갔다고 보아야 한다.

우리는 이 방법으로 셈어 사용 지역을 중심부인 아라비아 반도와 주변의 두 지역으로 구분할 수 있다. 주변의 두 지역은 팔레스타인에서 우가릿을 포함한 메소포타미아까지의 지역과 에티오피아로 구분할 수 있다. 북쪽 주변 지역에서는 그 지역이 갖고 있는 환경이 그에 맞는 주요 문화의 발전을 가능하게 하였으며, 결과적으로 그 지역을 가장 덜 보수적이며 가장 중요한 혁신의 중심지로 만들었다. 이와 같은 방법으로 셈어 사이의 분화는 역사적으로 입증된 것처럼 처음부터 지리적으로 같은 상황에 처한 동종의 방언 군에서 그 지역 내에 혁신적 형태들이 확산되었다는 식으로 설명할 수 있다. 등어선들과 등어선의 그룹이 특정 셈어들을 다른 셈어들과 구분 가능하게 하고, 똑같이 중요한 다른 등어선들이 여러 언어 그룹 속에 나타난다.

그러나 '물결' 이론은 최근에 큰 논쟁 없이 지지를 받고 있는데,[19] 이 이론을 지지하는 것은 소수 민족들의 이주를 가정하기 때문이 아니라 여러 셈어 방언들의 문화적 접촉과 유사한 발달 과정을 촉진시켰을 기원전 이천 년대 아카드어나 천 년대 아람어 같은 공용어(lingua franka)의 존재 때문이다. 방언 지리학의 지지자들이 혁신적 형태들의 확산 증거로 보는 현상들도 언어들 사이의 접촉이나 유사한 발달 과정으로 설명할 수 있다.

---

18) Rabin 1963, 106을 보라.

19) Blau 1978을 보라.

셈어 분류 작업은 새로운 발견물들이 나오면서 오랜 논쟁과 수정을 계속해 왔다. 아카드어, 가나안어, 아람어, 아랍어, 에티오피아어 등 다섯 개의 주요 언어로 구분한 전통적 관점이 오늘날에는 적절하지 못한 것으로 드러났다. 만일 방언 지리학이나 크게 바뀐 '물결' 이론의 형태에 힘입어 어떻게 아카드어와 에티오피아어, 아랍어와 우가릿어가 특정한 특징들을 공유하는지 설명하더라도, 기본이 되는 일치점이 없는 방언들의 그룹 나누기와 분류 문제가 여전히 남아 있다.

일반적인 견해는 기원전 삼천 년 전에 셈어 지역에 첫 분열이 일어나서 북동 셈어(아카드어)가 다른 셈어들로부터 분리되었다고 본다. 기원전 이천 년 전에 서쪽 셈어가 이미 북부와 남부 두 개의 가지로 분열되었을 수 있다. 이천 년대 말에 가나안어와 아람어 그룹이 서북 셈어에 등장했다. 남쪽에서는 아랍어(북부 아라비아어)와 남부 아라비아어, 에티오피아어 사이에 차이점이 나타났다. 마침내 이 가지들은 저마다 오늘날의 언어들과 방언들로 진화했다.

라빈(C. Rabin)은 방언 지리학의 관점에서 셈어를 북쪽과 남쪽, 두 주변 지역과 지중해에서 아라비아로 펼쳐진 중앙 지역으로 구분한다.[20] 디아코노프(I. M. Diakonoff)는 북부 주변 지역(아카드어)과 북부 중앙 지역(서북 셈어)을 남부 중앙 지역(아랍어)과 남부 주변 지역(남부 아라비아어와 에티오피아어)으로 구별한다.[21]

그러나 이런 지역 구분에는 많은 문제점이 남아 있다. 예를 들어 서북 셈어에서 1974년에야 발견된 에블라어(Ebla)의 올바른 정체와 특성을 아직 제대로 파악하지 못했다. 이 언어의 발견자 중 하나인 페티나토(G. Pettinato)는 에블라어를 서북 셈어의 세 번째 그룹으로 분류하자고 제안했다.[22] 하지만 다른 제안들도 많다. 에블라어가 동 셈어나 서북 셈어에서 비교적 독립적이라는 주장이 눈길을 끄는데, 이는 에블라어를 북동 셈어나 단순히 북쪽 셈어로 분류한다.[23] 한편 가나안어와 아람어 방언들 사이의 전통적 구분도

---

20) Rabin 1963, 107을 보라.

21) Diakonoff 1965, 11f.를 보라.

22) Pettinato 1975를 보라.

23) 예를 들어 Hecker 1982, 8을 보라. 에블라어에 관심이 늘어나는 것은 에블라어를 위한

위기를 맞고 있다. 아모리어, 우가릿어(Ugaritic), 야우드어(Ya'udic), 나바테아어(Nabataean), 팔미르어(Palmyrene) 같은 언어들의 증거도 초기 분류를 상당히 흐트러뜨렸다.[24]

쐐기 문자 서판에서 고유명사로만 입증되고 서북 셈어의 특징들을 지닌 아모리어에 대한 지식이 전혀 충분하지 못한데다, 최근 연구에서 야우드어, 아람어 방언들, 히브리어, 페니키아어, 북쪽 아라비아어처럼 동떨어진 언어들을 아모리어의 방언들로 제안하는 바람에 이 문제가 더욱 복잡해졌다.[25]

1929년 우가릿어의 발견도 전통 이론들을 수정하게 만들었다. 우가릿어를 판독한 첫 몇 년 동안 비롤로드(C. Virolleaud), 해리스(Z. S. Harris), 고돈(C. H. Gordon) 등 다른 학자들이 이 언어를 가나안 방언들 속에 분류하였다.[26] 코헨(M. Cohen)은 그것을 서쪽 셈어와 동쪽 셈어의 가운데로 배정했고,[27] 투르-시나이(N. H. Ṭur-Sinai)는 그것이 남쪽 셈어의 한 분파라고 결론 내렸으며,[28] 괴체(A. Goetze), 칸티노(J. Cantineau)와 후대 연구자 중 고돈은 우가릿어의 특별한 특징들을 강조하고 이 언어의 독립성을 주장했다.[29] 다후드(M. J. Dahood)는 많은 글에서 우가릿어와 히브리어가 매우 가깝다고 주장했다.[30] 오늘날 우가릿어를 서북 셈어로 간주하지만 에블라어와도 어느 정도 가깝기 때문에 일종의 '북쪽 셈어'에 속하는 특별한 하위 그룹으로 다루어야 할지, 아니면 히브리어와 모압어로 구성된 하위 그룹이 아니라 페니키아어와 함께 구분하고자 한 긴스버그(H. L. Ginsberg)[31] 같은 학자

국제회의에서 볼 수 있다. 그 회의들 속에 다양한 의견들이 표현되었다. Cagni 1981, 1984; Fronzaroli 1984를 보라. 디아코노프(1990)는 에블라어가 동방 셈어와 서방 셈어 사이에 위치하는 공동 원시 셈어 방언 연속체의 일부였다고 제안한다. 고돈(1990)은 그것을 '경계 언어'(border language)라고 부른다.

24) 예를 들어 Moscati 1956; Friedrich 1965; Ginsberg 1970을 보라.

25) 가르비니(G. Garbini, 1972, 43f.)를 따른 것이다. 그는 셈어의 새로운 구분법도 제시했다: (1) 가나안어, (2) 아카드어, (3) 아모리어 그룹, (4) 남방 아랍어, (5) 에티오피아어(155ff.). von Soden 1960을 보라.

26) Virolleaud 1931; Harris 1939, 97ff.; Gordon 1940a, 88을 보라.

27) M. Cohen 1952, 104ff.를 보라.

28) Ṭur-Sinai 1951-2를 보라.

29) Goetze 1941; Cantineau 1932-40; 1950; Gordon 1947a 등을 보라.

30) Dahood 1959 등을 보라.

가 제안한 것처럼 가나안어 그룹에 배치해야 할지 더 논의가 필요하다.

가나안 언어들과 우가릿어에 대한 아람어의 차이점은 오늘날 일반적으로 받아들여진다. 그러나 이 두 주요 그룹 사이의 구분은 기원전 이천 년대 말 이전에는 유효하지 않은데, 이는 이 언어들이 서북 셈어의 가장 초기 단계에서는 아직 갈라지지 않았기 때문이다.[32] 게다가 아람어 방언들의 전통적인 통일성은 기원전 이천 년대가 끝날 무렵 시리아 북쪽에서 나타난 야우드어를 포함시키려는 시도로 위협받아왔는데, 이것은 야우드어가 가나안 방언들과 유사한 고대 특성들을 지니고 있기 때문이다.[33] 또한 아랍어 그룹과 관련하여 팔미르어와 나바테아어 방언들의 성격에 관한 논쟁이 있으며, 이 방언들은 아람어 문자를 사용하고 주로 아람어 그룹에 포함되지만, 일부 전문가들에 따르면 실제로는 아랍어 방언일 가능성이 있다.[34]

남 셈어 그룹의 확실성에 대한 논의도 여전하다. 어떤 학자들은 아랍어가 기원적으로 가나안어, 우가릿어, 아람어와 관련이 있다는 그다지 설득력 없는[35] 주장을 하고,[36] 또 다른 이들은 남아라비아어와 에티오피아어가 북동 셈어와 특별한 관련이 있다고 믿는다.[37]

북동쪽 지역에서는 기원전 이천 년대에 고대 아카드어(약 기원전 2800-1950년)가 바빌론 방언(Babylonian)과 앗시리아 방언(Assyrian)으로 대체되었다. 아카드어는 기원전 6세기경 아람어에 완전히 자리를 내어주기 전까지 광활한 영토에 확산되었다. 아카드어에 미친 수메르어의 영향은 쐐기 문자 체계 사용과 후음(laryngeal)과 인두음(pharyngeal) 약화에 분명히 나타난다. 다른 셈어들과 달리 아카드어는 서쪽 지역 전체에 알려진 qatala 동사 형태나 qutila 내적 수동태(internal passive, 특정 동사 형태의 발음을 변경하여 만든 수동태-역자 주)를 상태 동사 외에는 사용하지 않는다.[38] 아카드어의 두 번

31) 1970, 105.

32) Garbini 1960, 9ff; Moscati 1969, 4ff.를 보라.

33) Dion 1974를 보라.

34) Hecker 1982, 9를 보라.

35) Blau 1978, 31ff.를 보라.

36) 헤쯔론(R. Hetzron, 1974, 191)은 남방 아랍어와 에티오피아어로 된 남방 셈어 그룹과 달리, 아랍어, 가나안어, 아람어를 포함하는 새로운 중부 셈어 그룹을 제시한다.

37) Hetzron 1974, 183f.를 보라.

째 접두형 동사인 iparras(=yaqattal)가 특별히 새로운 형태인지, 아니면 많은 전문가들이 믿고 있듯이 원시 셈어 형태인지, 함-셈어의 형태인지조차 확실하지 않다.[39] 아카드어는 근동 전역에서 행정에서 사용되는 언어로 확산되어 인도-유럽어들과 접촉하게 되었고, 히브리어 같은 언어들도 쉽게 수백 개의 아카드어 어휘를 차용하게 되었다.

최근 연구 결과만으로 에블라어를 제대로 분류하기에는 아직 충분하지 않다. 1974년에서 1975년 사이에 출토된 기원전 2500년에서 2300년 사이의 기록물인 약 15,000개의 토판에는 수많은 서북 셈어 유형의 고유명사와 지금까지 많은 논쟁 대상이 되고 있는 단어와 구절들이 포함되어 있다.[40]

역시 논쟁거리가 되는 아모리어는 기원전 2250-1000년에 시리아와 메소포타미아에서 사용되었고, 주로 마리(Mari)와 그 인접 지역에서 발견된 토판에 나오는 고유명사들과 일부 일반 명사들 때문에 알려졌다. 많은 어려움에도 아모리어는 지금까지 발견된 가장 오래된 서북 셈어라는 것이 일반적 견해이다.

북동 셈어의 다양성과는 달리 서 셈어는 qatala 동사 형태의 사용이 혁신적이다. yaqtulu 형태에 관해서는 의견이 나뉘는데, 다수의 셈어 학자들은 원시 셈어나 함-셈어 형태로 보는 반면, 다른 학자들은 서쪽 셈어의 새로운 형태라고 주장한다.[41]

2장에서 더 자세히 검토할 서북 셈어의 전반적인 특징들 가운데 특히 주목할 것은 단어 처음에 오는 w가 y로 바뀐 것과(이 점은 음운론에 근거하여 그렇게 쉽게 설명될 수 없다.), 무성음 눈(nun)이 다음 자음에 완전히 동화되는 점이다(이 특징이 서북 지역에서만 나타나는 것은 아니다.). 어떤

---

38) Blau 1978, 25를 보라.

39) 이 특정한 문제는 von Soden 1952, 126ff.와 Polotsky 1964, 110f.를 보라.

40) Pettinato 1975를 보라. 그 뒤로 에블라어 연구가 급증했다. 각주 23에 인용된 연구 외에, Pettinato 1981; Dahood 1982; H.-P. Müller 1984 등을 보라. 시리아에 있는 Missione Archeologica Italiana는 *Archivi reali di Ebla: testi* 시리즈를 출판하기 시작했다. 그 중 I(Archi 1985), II(Edzard 1981), III(Archi and Biga 1982), V(Edzard 1984)가 출판되었다. Beld, Hallo, Michalowski 1984; Gordon, Rendsburg, Winter 1990도 보라. 에블라어를 위한 학술지도 있다.

41) Blau 1978, 27ff.를 이 주제에 관한 참고문헌과 함께 보라.

전문가들은 특정한 단음절 명사의 '쎄골' 모음화의 발달도 포함시킨다.[42]

아랍어는 서북 셈어와 몇몇 특징을 분명하게 공유하고 있으며, yaqtulu 동사 형태, t와 함께 오는 접미형 동사의 접미어들(남쪽 셈어의 k와 달리), 여성 명사의 휴지 형태(pausal form, 절대형-역자 주)에서 -at>-ah의 발달(이 현상은 우가릿어나 페니키아어에는 없다.), 의문사 mah 등에서 볼 수 있다. 그러나 이 같은 유사점들이 양쪽 모두에서 평행한 발달 과정 때문이라고 가정하여 아랍어를 가나안어와 아람어가 속하는 '중앙' 그룹에 포함시키는 것은 불가한데,[43] 아랍어에는 남쪽 그룹의 다른 언어들과 공유하는 특징들이 훨씬 더 결정적이기 때문이다. 이 특징들 중에 주목할 것이 깨어진 복수 형태(broken plurals, 쎄골 명사의 복수 형태처럼 명사의 단수 형태와 다른 유형에서 온 복수 형태-역자 주)와[44] qatala 동사 형태의 발달을 들 수 있으며, 이 둘은 이 그룹을 다른 셈어 분파들과 형태론적으로 구분하게 하는 혁신적인 형태들이다. 한동안 남쪽 아라비아어와 에티오피아어가 아랍어와는 구별된 다른 단일체라는 견해가 수용되었다.[45]

남쪽 지역 내에서 가장 초기의 남쪽 아라비아 비문들은 주로 기원전 8-5세기 사이의 것으로 추정된다.[46] 고내 방인에는 기원후 천 년경에 사라진 사바어(Sabaean, 아라비아의 옛 왕국 사바의 언어-역자 주), 미네아어(Miaean), 하드람어(Ḥaḍrami)가 있다. 오늘날 사용되는 메흐리어(Meḥri)와 슈하우리어(Shḫawri) 등의 언어들은 같은 어족에서 나온 한 분파를 대표한다.

아프리카 동쪽의 해안 지역은 남부 아라비아가 식민지로 개척하여 게에즈어(Ge'ez, 기원후 3-12세기) 같은 에티오피아 방언들이 발달하게 되었다. 그리고 북쪽 지역에서는 게에즈어에서 티그리나어(Tigrina)와 티그레어(Tigre)가 나왔나. 남쪽에서는 암하리어(Amharic, 기원후 14세기에 첫 자료가 등장한다.)와 기원이 불분명한 하라리어(Harari)와 구라즈어(Gurage) 같은 다른 방언들을 주목해야 한다.[47]

---

42) Ginsberg 1970, 103을 보라.

43) Hetzron 1974, 191에 제안된 것과 같다.

44) Blau 1978, 29f.를 보라.

45) 예를 들어 Cantineau 1932를 보라.

46) Hecker 1982, 9f.를 보라.

북쪽 지역에서 타무드(Thamud), 리흐얀(Liḥyan) 등의 북쪽 아라비아 비문들은 기원전 5세기에서 기원후 5세기 것으로 추정된다. 고전 아랍어(Classical Arabic)는 비교적 늦게 나타나는데, 다마스쿠스 남쪽에서 발견되었고 기원후 328년 것으로 추정되는 마르알카이스(Mar'alqais) 왕의 비문이 아랍어로 기록된 첫 문헌 자료로 알려져 있다.[48] 아라비아 반도의 여러 방언들 가운데 고전 아랍어는 기원후 천 년대의 중반에 잠재적인 공용어로 떠오르면서 기원후 6세기의 이슬람 이전 시문학과 특히 코란에 나타나는 초기 문헌 자료들에서 발전하여 칼리프의 정복과 더불어 그 영향력이 눈부시게 확장되었으며, 오늘날까지 다양한 방언들 속에 살아있는 언어로 활발하게 사용되고 있다.

3. 공통 셈어나 원시 셈어

셈족들이 단일 민족에서 기원하였다는 견해는 공통 셈어를 원시 언어(proto-language)로 간주하게 했다. 이러한 경향은 원시 셈어의 특별한 특징들이 복원될 수 있다고 믿게 하였으며, 공통 셈어나 원시 셈어의 복원은 역사적 문헌에 남겨진 다양한 셈어로부터 원시적이라고 할 수 있는 특징들에 그 기반을 두고 있다.[49]

그러나 오늘날은 언어 계보 이미지 타당성은 물론, 이와 연관된 아이디어로서 하나나 그 이상의 여러 언어가 다른 언어를 생성할 수 있다는 사실을 의심한다. 그러한 주장이 현존하는 언어 자료의 증거를 넘어서기 때문이다. 공통 언어를 복원하려는 여러 시도는 학문적으로 수용되지 못했다.[50]

그럼에도 '원시 셈어'라는 용어를 여전히 사용해야 한다면, 그것은 단순

47) 계통별 구분의(특히 에티오피아 언어들의) 중요한 시도들 중 하나는 Hetzron 1974이다.
48) Hecker 1982; Altheim and Stiel 1965, 313ff., 357ff.를 보라.
49) 예를 들어 Moscati 1960을 보라.
50) R. Meyer 1966-72, I, 17 등. Garbini 1972, 162f.: 'una lingua comune alla base del semitico, e ancora più alla base del semitico-camitico, mi sembra che sia assolutamente da escludere.'

히 셈어 방언들이 초기에 공유했을 역사적으로 관찰 가능한 셈어의 전반적인 공통 특징들(등어선)을 말하는 것이다.[51] 따라서 '원시 셈어'는 특정 집단이 사용한 고대의 실제 언어라기보다는 하나의 가설이나 언어 관례라고 할 수 있다.

고대 셈어에는 공통된 문자 체계가 없고, 현존하는 문자의 종류들은 다른 기준들을 따르는 셈어의 분류와 정확하게 일치하지 않는다. 북동쪽에서는 아카드어가 비셈어인 수메르어에서 쐐기 문자를 빌려왔고, 이 점이 그 언어에 큰 영향을 끼쳤다. 서북쪽과 남쪽에서는 새로운 체계가 발달하여 나중에 헬라어, 라틴어 등 다른 인도-유럽 언어에 전해졌다. 그러나 기원전 이천 년대에 서북쪽 지역에서 특정 언어들이 여전히 아카드어 문자 체계나 우가릿어처럼 쐐기 문자 알파벳을 사용했다.

나베(J. Naveh)에 따르면[52] 셈어 알파벳이 원시 가나안어(기원전 18-17세기)에 기원하며, 여기서 남쪽 아라비아어와 에티오피아 문자 체계들의 조상인 원시 아랍어 문자가 기원전 1300년경에 파생되었다. 페니키아 문자는 원시 가나안어에서 온 형태이고, 여기서 고대 히브리어 서체(약 기원전 800년)와 아람어 서체(약 기원전 700년)가 발전했으며, 후자는 바벨론 포로기 이후 히브리어에 채용되었다. 기원전 200년 무렵에 나바테아어라고 알려진 일종의 아람어 서체가 등장했는데, 이것에서 후대 아랍어의 체계가 발전했다.

이와 같은 순수한 셈어 문자 체계들은 역사적으로 메소포타미아 쐐기 문자나 이집트 상형 문자보다 후대의 것이고, 히타이트(Hittite)와 크레타(Cretan) 그림 문자와는 다소 비슷한 시기의 것이다. 또 다른 체계가 시리아-팔레스타인에 위치한 비블로스(Byblos)와 발루아(Balu'ah)의 비문들에 나타나며, 기원전 이천 년대의 것으로 보인다. 이 비문들은 아직 판독하지 못했으나, 나중에 사라진 음절 문자(syllabic script)의 시도로 보인다.[53]

세겜, 게셀, 라기스에서 발견된 원시 가나안어 그림 문자 본문들(기원전

---

51) Ullendorff 1961; 1970; Moscati 1969, 15를 보라.

52) 1982, 9ff.

53) Naveh 1982, 21f.를 보라.

17-16세기)도 그림 문자인 세라빗 엘-카뎀(Serabit el-Khadem, 약 기원전 1500년)의 원시 시나이어 비문처럼 서북 셈어 지역에서 가장 오래된 알파벳 문자이다. 이 비문들에 쓰인 부호들은 종종 단어의 첫 음을 따르고 있는데(acrophonic, 두음서법), 이 문자의 창시자들이 이집트 상형 문자 본문들을 알고 있었던 게 분명하다. 본래 문자 체계는 완전히 자음 문자 체계였고 27개의 서로 다른 글자를 도입한 것으로 보인다. 기원전 14세기 무렵의 우가릿어 알파벳은 서른 개의 글자를 사용했으며, 쐐기 문자 기술을 알파벳의 원리에 적용시켰다. 정도는 약했으나 팔레스타인 다른 지역에서도 이 기술이 사용되었다.

일반적으로 하나의 문자 체계를 특정한 언어의 음소 체계(phonemics)에 맞추었는데, 이 점에서 히브리어와 아람어 서체의 조상인 페니키아어 체계가 기원전 12세기경에 이미 다섯 개의 글자를 상실하여 페니키아어에 스물두 개의 자음 음소만 남았다는 사실이 주목할 만하다.[54)]

쐐기 문자 음절표에 모음들을 표시하긴 하지만 서북쪽과 남쪽 지역의 알파벳 문자에는 존재하지 않는다. 우가릿어는 a, i, u 모음이 있는 알렙(alef)을 쓸 때 세 개의 다른 글자를 쓴다. 다른 알파벳들은 모음 발음을 표시하기 위해 점차 모음 글자 체계(matres lectionis)를 소개했는데, 초기에는 단어 끝에만 사용하다가 나중에는 단어 중간에도 사용했다. 매우 제한적인 성격의 광범위한 장치들을 사용한 특별한 모음 부호가 도입된 것은 훨씬 후대의 일이다.

원시 셈어의 음운 조직은 스물아홉 개의 자음 음소를 포함하는 것으로 보이며,[55)] 이 음운 조직은 어느 정도의 변형되었지만 아랍어 같은 언어에 원래 모습과 꽤 유사하게 보존되어 왔다.

이 음소들의 발음 위치에 따라 원시 셈어 자음은 양순음(bilabial /p b m/), 고치경음(high alveolar) 또는 치간음(interdental)이나 전설배음(predorsal /ṯ ḏ ṯ̣ ḏ̣/), 저치경음(low alveolar)이나 치음(dental /t d ṭ/), 유음(liquid /r l n/),

---

54) Naveh 1982, 31ff.를 보라.

55) 셈어의 자음 체계에 관한 가장 중요한 연구는 칸티노(1951)의 것이 틀림없다. 마르티네(A. Martinet, 1953)와 모스카티(1954)의 연구가 그 뒤를 잇고 있다.

치찰음(sibilant /s z ṣ/),[56] 경구개음(prepalatal /š/), 측음화 된 음(lateralized, /ś/), 후설구개음(dorsopalatal)이나 중후설음(mediodorsal /k g q/), 연구개음(velar)이나 후설배음(postdorsal /ḫ ġ/), 인두음(pharyngeal /ḥ ʻ/이나 후두음(laryngeal /ʼ h/)으로 구분한다. 이 밖에도 반자음(semiconsonants) /w/와 /y/가 있다.

발음 방법에 따라서는 일곱 쌍이 유성음(voiced)과 무성음(voiceless)으로 구분된다-/p/:/b/, /ṯ/:/ḏ/, /t/:/d/, /s/:/z/, /k/:/g/, /ḫ/:/ġ/, /ḥ/:/ʻ/. 다른 쌍들은 일반음과 강조음(emphatic)으로 대조된다-/t/:/ṭ/, /ṯ/:/ṯ̣/, /s/:/ṣ/, /k/:/q/. 그러나 강조음들의 정확한 특징은 논쟁거리가 되고 있다. 에티오피아어에 나타나는 성문 방출음(glottal ejective) 종류가 더 오래되어 보이지만[57] 이 강조음들이 에티오피아어처럼 성문 파열음(glottal occlusion)을 표현하는지, 아랍어처럼 연구개음화(velarization)를 표현하는지 분명하지 않다. 자음 도표에서 이 체계의 일부가 무성음: 유성음: 강조음의 대립 구조에 따라 때때로 삼각형의 피라미드로 나타난다.[58]

셈어의 자음이 발음될 때 발음 기관 사이의 틈새의 정도에 따라 파열음(p b t d ṭ k q g), 마찰음(ṯ ḏ ṯ̣ s z ṣ š ḫ ġ ḥ h), 측음(l)이나 측음화 된 음(ḏ̣ ś), 떨림음(vibrant /r/)이나 비음(nasal /m n/)으로 나뉜다(그림 1, 원시 셈어의 자음 음소).

원시 셈어에는 반자음(이나 반모음)적인 두 개의 수축음, 곧 양순음 /w/와 경구개음 /y/도 있는데, 이 두 음소는 여러 언어에서 많은 변화를 겪었다. 특히 서북 셈어에서 /w/가 단어의 처음에 올 때 /y/로 바뀐 것이 중요하다. 따라서 아카드어, 아랍어, 에티오피아어의 wld는 우가릿어, 히브리어, 아람어에서 yld에 해당한다.

원시 셈어 모음 음소는 /a/(열린 연구개음), /i/(닫힌 경구개음, front palatal)와 /u/(닫힌 후연구개음, back velar)이며, 저마다 단모음과 장모음이

56) 셈어에서 짜딕의 파찰음 발음에 관해 쉬타이너(R. C. Steiner, 1982)의 중요한 연구를 보라. 일반적인 치찰음에 관해 방대한 참고문헌이 있다. Faber 1984와 그곳의 참고문헌을 보라.

57) Moscati 1969, 23f.를 보라.

58) Cantineau 1951이 그렇다. 마르티네는 이 모델에 동의하지 않았다.

〈그림 1〉 원시 셈어의 자음 음소

발음 위치	발음 방법			틈새 정도
	무성음	유성음	강조음	
양순음	p	b		파열음
		m		비음
치간음	ṯ	ḏ	ṯ̣	마찰음
			ḏ̣	측음화 된 음
치음	t	d	ṭ	파열음
	s	z	ṣ	마찰음
		l		측음
	ś			측음화 된 음
		r		떨림음
		n		비음
경구개음	š			마찰음
후설구개음	k	g	q	파열음
연구개음	ḫ	ġ		마찰음
인두음	ḥ	‘		마찰음
후두음	’			파열음
		h		마찰음

있다.

통시적인 관점에서 원시 셈어 자음 음소들에 일어난 주요 변화는 남쪽 지역에서 무성음인 양순 파열음 /p/가 마찰음 /f/로 대체된 것과 서북쪽 지역에서 기원전 천 년대 후반부부터 /b g d k p t/가 마찰음화된 것, 인두음과 후두음이 약화된 것이 여기에 속한다. 또한 치간음 /ṯ ḏ ṯ̣ ḏ̣/이 특히 많은 변화를 겪는데, 특히 기원전 천 년대부터 그렇다. 따라서 히브리어에서 /ṯ/가 /š/으로(우가릿어 ṯr, 히브리어 šor ‘황소’), /ḏ/가 /z/으로(우가릿어 ’ḫḏ,

히브리어 'ḥz '붙잡다.'), /ṯ/가 /ṣ/로(우가릿어 ṯl, 히브리어 ṣel '그늘') 바뀌고, 유사하게 /ḏ/가 /ṣ/로(남쪽 아라비아어 'rḏ, 히브리어 'ereṣ '땅') 바뀐다. 최소한 다섯 개의 뚜렷한 음소로 구분되는 치찰음(여섯 개 음소가 제안되었다.)도[59] 특이한 방법으로 발전되었다. 특히 /s/, /ś/, /š/에서 그러한데, 대부분의 언어에서는 세 음소의 대립에서 두 음소의 대립 체계로 축소되었고 언어마다 중화된 대립 상황이 다르다(아카드어 ešir, 히브리어 'eśer '십, 열'; 히브리어 ḥameš, 아랍어 ḫams '다섯').[60] 연구개음들도 큰 변화를 겪는데, 인두음과의 대립이 중화된 히브리어와 아람어에서 특히 그러하다(아카드어 aḫu, 히브리어 'aḥ; 우가릿어 ġlm, 히브리어 'elem '젊은이').

형태론에서 셈어의 세 자음 어근(triconsonantal) 안에 자음들이 양립할 수 있는지 공시론적 연구가 특히 중요했고, 이 연구는 여러 현대 작업들에서 매우 세밀하게 다뤄졌다.[61] 연구 결과로 다음과 같은 점을 꼽을 수 있다. 같거나 동질의(homorganic) 자음들은 첫째와 둘째 자리에 나타나지 않는다. 같은 자음들이 둘째와 셋째 자리에 나타날 수 있지만, 동질의 자음들은 그 위치에 나타나지 않는다(이 규칙이 앞에 것만큼 엄격하게 지켜지지는 않는다.). 또한 첫째와 셋째 자리와 관련하여 동질의 자음들이 그렇게 엄밀하게 배제되는 것은 아니다.

셈어에서 대부분의 단어들은 어근(root)과 형태(pattern) 면에서 완전하게 규정할 수 있다.[62] 역사 문헌 자료에서 셈어는 주로 세 자음 형태의 어근을 사용하지만, 원시 셈어의 함-셈어적 측면을 포함하여 두 자음 어근의 중요성을 강조한 연구가 많았다.[63] 모든 함-셈어 어근이 본래 두 자음이었고, 셈어가 나중에 세 자음 어근으로 발전했다는 것이다. 이런 주장에 대해서는 증거가 불충분하지만, 특히 특정 부류의 명사들과 '약'(weak) 동사에 두

59) Goetze 1958을 보라.

60) Rabin 1963, 107f.를 보라.

61) J. H. Greenberg 1950을 보라. 이 연구가 약 4,000개의 아랍어 어근에 대한 분석에 주로 기초하고 있지만, 그 결과는 최소한 동사 형태소들과 관련하여 원시 셈어에 똑같이 적용된다. 쿠릴로비츠(Kuryłowicz, 1972, 9ff.)의 각주와 추가 자료를 보라.

62) Cantineau 1949에 강조되고 있다.

63) Moscati 1947, Botterweck 1952와 Kuryłowicz 1972, 6ff.의 섬세한 연구를 보라.

자음 어근이 존재하며, 같은 두 자음을 가진 여러 세 자음 어근들이 의미론적으로 관계가 있는 점은 오늘날 셈어 초기 단계에 두 자음 어근이 중요했음을 시사하는 분명한 증거이다.

자음이 셈어의 기본이요 가장 전형적 요소이며 의미를 표현하는 데 결정적이라는 전통적 견해와 달리 최근 들어서는 모음의 중요성을 상당히 강조한다. 쿠릴로비츠(J. Kuryłowicz)는 셈어 동사 체계를 모음 교체(apophony, 영어의 begin-began-begun 변화-역자 주)로 설명하면서, 인도-유럽 언어군에서 우수한 결과를 이룬 것과 똑같은 방법론들을 셈어에 적용하려고 했다.[64] 유사한 방법으로 프론자롤리(P. Fronzaroli)는 원시 셈어의 모음의 역할을 강조하며, 모음도 형태론적이고 의미론적인 기능을 할 뿐 아니라 어휘 속에 포함되어 있었을 것이라고 주장했다.[65]

셈어의 내적인 어형 변화(internal inflection)에 대해서는 패트라첵(K. Petráček)이 상세히 연구했다.[66] 그는 프라하학파(Prague School)의 방법론들을 사용하여 여러 셈어 명사와 동사 가운데 삽입된(infixed) 문법적 형태소들의 기원과 발전 과정에 특히 더 관심을 기울였다. 명사에 관한 그의 논의가 최근 몇 년 동안 많은 논쟁거리가 되어 왔는데, 그는 집합 단수 명사 형태[브로클만(C. Brockelmann)과 다른 학자들], 추상 명사 형태(뵐데케), 모음 교체 기능(쿠릴로비츠) 등 많은 설명들이 존재하는 '내적인', '깨어진' 복수 형태에 특별한 관심을 기울였다.[67] 머토넨(A. Murtonen)은 이 복수 형태들과 그와 관련된 단수 형태들을 자세히 분석했다. 패트라첵에 따르면 복수 형태에 두 개의 독립 어휘소가 결합되었는데, 하나는 단수이고 다른 하나는 집합 명사나 추상 명사 형태이며, 이 둘 사이에 형태상의 관계가 확고하게 형성되고 결국 패러다임으로 발전하여 복수 형태를 위한 형태론적 표시가 되었다. 이와 같이 복수를 표시하는 형태상 다소 기술적인 체계가 등장했는데, 여기에서 원래 순수하게 어휘적(집합 명사)이었던 복수 형태들이 복수 형태를 위한 일반 형태론적 표시로 발전했다.

---

64) Kuryłowicz 1957-58; 1972, 32ff.를 보라.

65) Fronzaroli 1963을 보라.

66) 1960-1964.

67) 특히 Murtonen 1964와 Corriente 1971을 보라.

코리엔테(F. Corriente)는 이러한 유형의 구조가 남쪽 셈어 밖에서도 나타나는지 질문했는데, 이는 다른 지역의 유사한 경우에 남쪽 셈어의 깨어진 복수 형태가 갖는 독특한 모음 교체가 없기 때문이다. 통시적으로는 깨어진 복수 형태가 단지 내적인(internal, 단어 내부에 삽입하여 만들어진-역자 주) 것으로 보일 뿐인 외적인(external, 단어 외부에 첨가하여 만들어진-역자 주) 어형 변화의 한 유형을 표현하지만, 공시적으로 그는 이 복수 형태를 모음 교체의 예로 보았다.

격조사(case endings)도 여러 논쟁 대상이 되어 왔다. 많은 전문가들은 원시 셈어가 인도-유럽어의 격조사에 해당되는 격조사들을 사용하는 어미 변화 체계를 가지고 있다고 받아들인다. 주격(단수 -u, 복수 -ū, 쌍수 -ā), 소유격(단수 -i, 복수 -ī, 쌍수 -ay), 목적격(단수 -a, 복수 -ī, 쌍수 -ay)의 예를 살펴보라.[68] 그러나 라빈은 널리 알려진 이 견해에 의혹을 갖고 다른 방법으로 조사의 기능에 접근한다.[69] 그는 이 조사들의 주요 쓰임이 인도-유럽어의 격조사와 같지 않고, 특히 셈어의 '상태'(states 곧 절대형, 강조형, 서술형, 연계구조에서 첫째 명사의 형태) 체계를 반영한다고 믿는다.

특기할 만한 다른 현상은 다양한 경로와 서로 다른 시기에도 아랑곳없이 많은 셈어에서 여성 어미 -at가 유사하게 발전한 점으로, 이 어미의 -t가 절대형에서 탈락되지만 연계형에서는 유지된다. 블라우는 여러 언어에서 이 과정이 매우 유사한 기본 구조에서 시작된 비슷한 발전 과정들을 반영한다고 논증했다.[70]

셈어의 동사는 1910년에 바우어(H. Bauer)가 제기한 문제들이 여전히 해결되지 않은 채 논쟁거리가 되고 있다. 바우어에 따르면 동사의 가장 오래된 형태는 미완료(imperfect)이며, 그것이 완전히 시간을 초월하기 때문에 '주관적'이거나 '객관적' 시간을 표시하는 것이 아니라 '모든 가능한 순간'을 표시한다. '마지막 모음이 탈락된' yaqtul 형태가 사실상 더 오래된 형태이고 나중에 yaqtulu로 길어졌다.

68) Moscati 1969, 94ff.를 보라.

69) Rabin 1969를 보라.

70) Blau 1980을 보라.

셈어의 시제(tenses)가 시간상의 시점들을 가리킨다는 오래된 견해를 바우어가 지지하는 것과는 달리, 드라이버는 부분적으로 쿠르티우스(G. Curtius)의 헬라어 문법 같은 인도-유럽어에 관한 연구에 기초하여 히브리어 시제의 '상'(aspectual) 이론을 주장했다.[71] 브로클만에게[72] '시제'는 주관적인 상을 나타내며, 발생이 완료되었거나(완료형, perfect) 진행되고 있는 과정(cursive, 미완료형)을 나타낸다. 룬트그렌(F. Rundgren)은[73] 매우 다른 언어적 정황에서 끌어낸 '상'의 개념을 도입하는 위험에 대해 경고하는 한편, 셈어 동사에 두 개의 상, 즉 상태형/완료형(stative/fientive나 cursive/constative)이 있으며 이 두 개의 상은 상호 관계 속에서만 이해될 수 있다고 받아들인다.

오늘날은 일반적으로 원시 셈어에 qatala(그리고 그것의 변형인 qatila, qatula)가 존재했다고 받아들인다. 아카드어에 비추어 볼 때 qatala는 원래 접미어를 가진 명사 형태였던 것으로 생각된다. 서북 셈어에서는 이것이 완성된 상태나 조건을 표현하는 동사 형태로 발전했다. 지금 단계에서 현존하는 접두형 동사(prefix-conjugations)의 수는 논쟁 대상이다. 어떤 이들은 yaqtulu 유형의 한 가지 형태가 있다고 주장하며, 그 형태가 완성된 동작인지 아닌지 명시하지 않은 채 하나의 동작을 표시했을 것이라고 한다(그리고 그것이 특히 서쪽 셈어에서는 완성되지 않은 동작에 사용되었을 것이라고 본다.). 다른 이들은 아카드어 iparras에 대응되고 다른 서쪽 셈어 방언에도 나타나는 계속적인 현재(durative present)를 표현하는 두 번째 접두형 동사 yaqattal이 있다고 주장한다.[74] 한편으로는 아랍어에 다른 한편으로는 우가릿어에 나타나는 것처럼 이 동사 형태들이 접사들(affixes)로 동사의 여러 가지 법(직설법, 가정법, 희구법, 강조법)을 표현했을 것으로 보인다.[75]

---

71) S. R. Driver 1892를 보라.

72) 1951.

73) 1963.

74) Goetze 1938; Rössler 1961; R. Meyer 1966-72; Friedrich and Röllig 1970; Blau 1978을 보라. 반대하는 견해가 Goshen-Gottstein 1969와 T. L. Fenton 1970에 나타난다.

75) Moscati et al 1969, 134f.를 보라.

4. 함-셈 어족이나 아프리카-아시아 어족

셈어는 고립된 언어군이 아니고 북부 아프리카 전역에서 발견되는 다른 언어 그룹들과 밀접하게 관련되어 있다. 이 아프리카 언어군들은 셈어 그룹과 다를 뿐 아니라 저마다 차이가 있다. 셈어와 아프리카어 사이의 '가족관계' 연구는 18세기에 등장했는데,[76] 선구자적 연구로는 볼네이(Volney)와 스페인 예수회 신부 판두로(Hervás y Panduro)의 것이 있다. 19세기와 20세기에 이 견해가 점차 힘을 얻었고,[77] 마침내 학문적으로 확산, 발전되었다.

1947년 코헨이 연구 발표한 *Essai comparatif sur le vocabulaire et la phonétique du chamito-sémitique*는 함-셈 언어의 비교 연구에 새로운 시대를 열었고, 함-셈 언어가 명확한 언어 공동체라는 것이 의심의 여지가 없게 되었다. 성경에서 비롯한 함-셈어라는 명칭은 모호하다. 이 명칭의 가장 큰 약점은 셈어와 함어라는 두 개의 큰 언어 그룹의 존재를 전제한다는 점인데, 이러한 전제는 함어 자체 내에 많은 그룹이 있다는 점을 고려할 때 적절하지 못하다. 이 명칭보다 더 나을 것이 없는 다른 명칭들 외에[78] 오늘날 일반적으로 수용하는 명칭은 '아프리카-아시아어'이다. 이 명칭은 그린버그(J. H. Greenberg)가 처음으로 제안했고[79], 현재 영어권에서 널리 쓰고 있다.[80] 함어 그룹들 가운데 가장 대표적인 것은 이집트-콥트어(Egypto-Coptic, 기원전 사천 년대부터 문헌이 남아 있다.), 리비아-베르베르어(Libyco-Berber, 기원후 2세기부터 비문이 있다.),[81] 쿠시어(동아프리카 지역)이며, 어떤 이들은 차드어(Chadic)[82] 그룹도 포함시킨다. 통계적 방법론을 사용한 그린버그와 터커(A. N.

76) M. Cohen 1947에 자세한 참고문헌이 있다.

77) T. Benfey, J. C. Adelung, J. S. Vater, U. F. Kopp, M. G. Schwartze, T. N. Newman, E. Renan, J. G. Müller, M. Schultze, F. Müller, F. Praetorius, H. Zimmern, T. Nöldeke, 20세기에 C. Brockelmann, H. Möller, W. Schmidt, J. Pedersen, 특히 1931년과 1934년에 각각 파리와 레닌그라드에 세운 함-셈 언어학 그룹 회원들 덕분이다.

78) 예, M. A. Bryan(1947)과 A. N. Tucker(1967)가 제안한 'Eritrean.'

79) 1952.

80) 예를 들어 Hodge 1970을 보라.

81) 17세기까지 카나리아 제도(Canary Islands)에서 사용한 구안체어(Guanche)가 이 그룹에 속한다.

82) D. Cohen 1968을 보라.

Tucker), 특히 디아코노프는 이 어족(phylum)을 형성하는 약 200개 언어를 분류하는 데 따르는 문제점 검토를 그들의 주요 연구 대상으로 삼았다.[83)]

비교 연구는 많은 어려운 문제점을 제기했다. 주로 여러 언어의 시간상 격차가 크기 때문인데, 어떤 경우에는 거의 6,000년이나 차이가 난다. 이것은 많은 아프리카 언어들이 지난 세기는 물론 금세기까지도 적절한 방법으로 문헌화되지 않았기 때문이기도 하다. 게다가 주로 형태론, 음성학, 어휘에 기초한 비교 연구법 자체가 계속 재고되고 있다.[84)] 에티오피아에서 쿠시어와 셈어의 만남처럼 다른 그룹들 사이의 접촉으로 나타나는 언어들 사이의 간섭은 이런 종류의 연구를 더욱 복잡하게 만든다.

음운론 분야에서 디아코노프가 두 개의 새로운 음소, 곧 성문음화 된 무성 양순음(glottalized voiceless bilabial) /p'/와 또 다른 치찰음 /s̠/의 존재를 제안했지만,[85)] 코헨의 연구가 발표된 이래로 함-셈어의 자음과 모음 음소 체계가 원시 셈어의 체계와 차이가 거의 없다는 점에 어느 정도 동의했다.

비교 형태론에서 함-셈어의 어근, 동사, 대명사에 특별한 관심이 모아졌는데,[86)] 이들 모두 여전히 논의 중이다. 그러나 강조점이 다르긴 하지만 일반적으로 함-셈어에서 두 자음 어근이 우세했다고 받아들이고, 최소한 한 개의 접두형 동사 형태가 있었고, 어근의 둘째 자음이 중복된 또 다른 형태가 있었다고 주장한다. 뢰슬러(Rössler) 같은 학자가 지지하지만,[87)] 접미형 동사 형태(suffix-conjugation)의 존재는 다른 이들이 매우 의심스러워한다.[88)]

더 많은 어려움 때문에 문장론적 분석은 훨씬 더 천천히 발전해 왔다.

---

83) J. H. Greenberg 1952; Diakonoff 1965; Tucker 1967을 보라. 이 문제의 발달 과정을 처음부터 잘 설명해 놓은 글을 Hodge 1970에서 볼 수 있다.

84) 예를 들어 von Soden 1965를 보라. 얼마 전에 묄러(H. Möller)와 크리스찬(V. Christian) 같은 언어학자들은 함-셈어들의 추정상의 조상들이 다양하게 이동한 뒤 언제, 어디에 정착했는지 여전히 관심을 보였다(참조, A. Cuny 1946). 이런 종류의 논쟁점이 지금은 시대에 한참 뒤쳐진다.

85) Diakonoff 1965를 보라. 코헨의 함-셈 언어학에 대한 개괄적인 연구(1968, 1300ff.)도 보라.

86) Hodge 1970, 243ff.를 보라. 참조, D. Cohen 1968, 1307ff.

87) 1950.

88) D. Cohen 1968, 1307ff.; Hodge 1970, 247ff.를 보라.

최근에 특히 이집트어와 다른 셈어의 관계를 연구한 것들이 있기 하지만,[89] 비교 어의학(lexicology)은 여전히 코헨의 관련 자료에 의존하고 있다.

Comptes rendues 보고서가 보여주듯이 파리에 적을 두고 있는 함셈 언어학회(Groupe Linguistique d'Études Chamito-Sémitiques)의 역동적인 활동과 특히 함셈어 분야에 대한 학술 모임들은 이 분야에 대한 지속적 학문적 관심과 우리 앞에 놓인 많은 과제에 대한 증표로 보인다.

5. 함-셈어와 인도-유럽어

아프리카-아시아 어족과 인도-유럽 어족의 관계에 대한 연구에 문제점들이 있지만 20세기 초 묄러(H. Möller)의 출판을 시작으로[90] 많은 연구가 이루어졌다. 묄러와 호노라트(M. Honnorat)의[91] 어휘 비교는 그다지 주목할 만하지 않지만, 쿠니(A. Cuny)의[92] 비교 음성학과 형태론 연구는 두 어족 사이의 관계를 밝히는 데 선구자적인 역할을 했다. 그러나 당시 널리 퍼져 있던 인종의 역사에 경도된 쿠니, 페데르센(H. Pedersen), 아스콜리(G. I. Ascoli) 등이 인도-유럽어와 함-셈어의 공통 조상인 원시 언어에 대한 가설을 발전시켰으나 공통의 언어적 특징들에 대한 증거를 보여주지는 못했다. 추정되는 이 언어를 아스콜리는 '아리요-셈어'(Aryo-Semitic)라고 부른 한편, 페데르센과 쿠니는 '노스트라트어'(Nostratic)라고 부르고자 했다. 메리기(P. Meriggi) 등도 이 견해를 지지했지만, 이 견해는 기초가 충분하지 못하다.

이런 종류의 분석에서는 일차적으로 사용된 방법론이 중요한데, 이제 와서 볼 때 묄러와 쿠니의 접근 방법은 의심스럽다. 모음 부호가 있는 본문을 우선으로 하여 '셈어 변종'인[93] 히브리어와 헬라어, 산스크리트어 간에 많은 공통점들이 있다고 주장한 레빈(S. Levin)의 더 최근의 분석에도 어

89) 예, Lacau 1970.
90) 예를 들어 Möller 1906; 1911을 보라.
91) 1933.
92) 1943; 1946.
93) S. Levin 1971, 704. von Soden 1974에 이 책의 서평이 소개되었다.

려움이 있기는 마찬가지다. 묄러가 닦아 놓은 길을 따라간 프랭켈(M. Fraenkel)[94] 등 다른 연구는 지나치게 단순화되었고 다소 조잡하고 비과학적인 어휘 비교에 머물고 있다.

더 받아들일 만한 견해는 마이어(M. L. Mayer)의[95] 연구인데, 그는 언어계보라는 이미지를 도입하지 않고 아카드어-히타이트어와 우가릿어-히타이트어의 등어선, 헬라어의 셈어 차용어 등에 집중하여 두 언어 그룹의 접촉 지역들을 검토했다. 우리는 선사 시대에 인도-유럽어 그룹과 셈어 그룹이 공존했거나 최소한 아주 근접하여 존재했을 가능성이 있고, 아마도 필요한 조사가 완성된 뒤에는 '모국어'(아스콜리, 묄러, 페데르센이나 쿠니가 의도한 의미로)가 아니라 인도-유럽어와 셈어를 가로지르는 일련의 등어선을 말할 수 있다는 결론에 동의한다.

94) 1970. Sáenz-Badillos 1974를 보라.
95) 1960.

2장 서북 셈어 히브리어

1. 서북 셈어

지리·역사적인 관점에서 볼 때 히브리어는 서북 셈어 그룹에 속한다. 때로는 증거가 빈약하여 여전히 이 언어들이나 방언들의 성격과 특징, 그것들 사이의 관계를 정확히 판단할 수 없지만, 최근의 고고학과 금석학(epigraphic) 발견물 덕분에 이 그룹의 언어 지리학에 관한 지식을 늘릴 수 있게 되었다.[1)]

서북 셈어를 두 개의 하위 그룹, 곧 가나안어와 아람어로 나누는 전통적 구분법과 달리 오늘날은 기원전 천 년대 이전에는 가나안어와 아람어의 대립에 대해서 말할 수 없고, 다양한 특징을 공유하는 언어들의 그룹에 대해서는 말할 수 있다는 모스카티(S. Moscati)와 가르비니(G. Garbini)의 제안을 받아들이는 추세다.[2)] 이미 1장에서 언급한 것처럼 대략 기원전 삼천 년대 중반에 기록된 에블라어를 서북 셈어에서 제외시키는 점에는 논쟁의 여지가 더 적다.

기원전 삼천 년대 말 동쪽 지역에 아모리어가 등장했다. 이 언어는 쐐기 문자 문헌에 아무루(Amurru)라고 불리는[3)] 유프라테스 강 서쪽 마리 부근에 정착하여 아기드어를 문자로 쓴 유목민 집단이 사용했다. 일부 일반명사들과 여러 고유명사들이 사실상 이 서북 셈어의 유일한 흔적이다. 이 명사들을 포함하는 문헌들은 주로 시리아(마리, 알랄라크)에서 발견되었고 메소포타미아(우르)에서도 발견되었다. 바우어(T. Baur)가 스스로 '동쪽 가나안인들'이라고 부른 민족을 처음 연구한 데 이어,[4)] 기원전 2300-1600년 것

1) 최근의 우수한 연구는 Garr 1985이다.

2) Moscati 1956 등; Garbini 1960, 11f.를 보라.

3) 이 이름의 의미에 대하여 Altman 1980을 보라.

으로 추정되는 이름들 일부를 연구했다.[5] 몇 년 전에 생각보다 훨씬 더 많은(가장 최근의 연구에 따르면 6,662개) 이 이름들에 현대 분석 방법론을 적용한 것은 훨씬 더 정확한 결과를 얻게 해 준다.[6]

쐐기 문자 표기는 아모리어의 자음을 정확히 알려 주지 못하지만 모음에 관해서는 중요한 정보를 준다. 셈어의 원래 격조사 모음들이 남아 있고, ', h, w나 y로 분리되는 모음들이 축약되어 장모음을 등장시키며, aw와 ay 이중 모음이 유지되고, 단어 처음의 w가 y로 바뀐다.[7] 형태론적으로는 1인칭 접미형 대명사가 두 개이고(-na와 -ni), 수동 분사 형태도 두 개이다(qatilum과 qatulum).[8]

서북 지역에서는 1929년 라스 샤므라(Ras Shamra) 발굴로 수많은 우가릿 문헌을 접하게 되었다. 이 문헌들은 쐐기 문자 알파벳으로 기록되었고, 기원전 14-13세기로 추정되는 고대 운문, 편지, 법률 문서, 산문으로 된 다른 공식 문서들뿐 아니라 덜 공식적인 산문 본문들도 포함한다. 이 본문들을 공식적으로 *Mission de Ras Shamra*에 발표하면서[9] 곧바로 우가릿어의 성격과 다른 셈어들과의 관계를 다루는 긴 논쟁으로 이어졌다.[10] 우가릿어로

4) 1926.

5) 이 언어의 정보는 다음과 같은 연구에서 상당히 향상되었다: Jean 1946; 1950; Finet 1956; Gelb 1958; 1968; Goetze 1959; Huffmon 1965; Bucellati 1966; Greenfield 1969; Krahmalkov 1969; Priebatsch 1977.

6) Gelb 1980을 보라.

7) Beyer 1969, 17ff.를 보라.

8) Garbini 1960, 175ff.를 보라.

9) *Le Palais royal d'Ugarit*와 *Ugaritica*, I-VII를 포함하고, 쉐이퍼(C. F. A. Schaeffer), 비롤로드(C. Virolleaud), 누개롤(J. Nougayrol), 라로쉬(E. Laroche), 허드너(A. Herdner)와 다른 이들이 제작한 본문과 연구물을 포함하여 18권(Paris, 1936-78)이다. 많은 다른 판들과 다양한 언어의 번역본들도 출판되었다. 예를 들어 Caquot, Sznycer and Herdner 1974, Caquot, de Tarragon and Cunchillos 1989, 그리고 특히 Dietrich, Loretz and Sanmartín 1976을 보라. Dietrich, Loretz, Berger and Sanmartín 1973과 Dietrich, Loretz and Delsman 1986에 4권으로 수집된 이 언어에 대한 방대한 문헌이 들어 있다.

10) 우가릿어에 대한 수많은 연구 중에 Gordon 1965가 기초 연구로 눈에 띈다. J. Cantineau(1932-40; 1950), A. Goetze(1938), C. Brockelmann(1941), E. Hammershaimb(1941), A. Jirku(1953, etc.), J. Aistleitner(1954; 1967), P. Fronzaroli(1955), H. Goeseke(1958), T. L. Fenton(1963), F. Grøndahl(1967), M. Dietrich and O. Loretz(1968), S. Segert(1968; 1983), D. Marcus(1968, etc.), J. Sanmartín(1971), K. Aartun(1974-78), E. Verreet(1984-85)도 마찬가지이다. 휘태커(R. E.

기록된 또 다른 본문들이 지난 몇 십 년 동안 라스 샤므라와 인접한 라스 이븐 하니(Ras Ibn Hani)와 지중해 연안의 다른 지역들에서 발견되었다.[11]

우가릿어의 특징들 가운데 다음과 같은 점들이 두드러진다. 우가릿어는 연구개음과 치간 마찰음을 포함하여 대부분의 원시 셈어 자음 음소들을 보존하고 있고, 세 개의 기본 모음 a, i와 u가 결합된 알렙의 세 가지 자소(字素, grapheme)를 도입한 쐐기 문자 알파벳을 사용한다. aw와 ay 이중 모음은 일반적으로 o와 e로 축약된다. 서북 셈어에서 일반적으로 그렇듯이 단어 처음에 오는 w가 y로 교체된다. 다른 한편, 일반 경향과 달리 강세 있는 ā 장모음이 강세 있는 ō 장모음으로 바뀌지 않는다. 일반적으로 n이 다음 자음에 동화되고, 모음 동화 현상도 일반적이어서 a-i가 i-i로, a-u가 u-u로 바뀐다.

š-를 가진 사역 동사 형태가 우가릿어에 나타난다(아카드어, 원시 시나이어 비문 및 일부 남쪽 셈어에도 유사한 형태들이 발견된다.). 이 언어는 명사의 격조사 모음, 명사와 동사의 여성 어미 -t, 쌍수 접미어 -am(주격)과 -em(소유격과 목적격), 부사 접미어 -h, -t, -ny, -m도 보존하고 있다. 또한 독립 인칭대명사 소유격과 목적격 hwt, hyt, hmt '그의(그를), 그녀의(그녀를), 그들의(그들을)'과 부사 p('여기'-역자 주) 및 같은 형태에서 온 접속사도 있다. 우가릿어에는 더 후대의 가나안어들과 달리 정관사가 없다.[12] 분명히 이 특징들 가운데 일부는 보수적인 형태로 분류해야 하는데, 그것들에 고대성이 있고 우가릿이 지리적으로 주변에 위치하기 때문일 것이다.[13]

Whitaker, 1971)가 만든 우가릿 문서의 콘코던스가 있다. Segert 1984는 잘 정돈된 최신 우가릿어 문법서이다. 앞의 각주에 언급된 참고문헌 자료들도 보라. 1952년부터 다후드가 행한 히브리어와 관련한 우가릿어의 많은 사전적 연구를 특별히 언급해야 한다. Martínez 1967을 보라. 우가릿어가 계속해서 불러일으키는 관심에 대한 증거가 그 언어만을 위한 두 개의 정기 간행물인 *Ugarit-Forschungen*(Neukirchen-Vluyn)과 *Newsletter for Ugaritic Studies* (Saskatoon)에 나타나고, 이 언어는 오리엔탈 연구에 관한 많은 다른 전문 학술지에서도 주목받고 있다.

11) 이 발견물들에 대한 참고문헌을 Cunchillos 1982; 1985; del Olmo 1986, 36, 각주 24에서 보라.

12) Garbini 1960, 178ff.; Beyer 1969, 20; Ginsberg 1970, 106ff.를 보라.

13) Segert 1984, 14를 보라.

특히 풍부한 파생 동사 형태들과 동사의 법이 눈에 띈다. 동사의 용법은 특별한 관심을 받아왔고 여전히 논쟁거리이다.

고어체 본문과 시 본문에서 접두·접미형 동사 형태들이 일차적으로 상(진행형/완료형, cursive/constative)을 표현하는 한편, 후대의 산문 본문에서는 그것들의 주된 기능이 시제를 표현하는 것이었을 가능성이 있다.[14] 어떤 학자들에 따르면 우가릿어에는 두 개의 접두형 동사 형태, 곧 서술을 위한 '미완료형' yaqtulu, '현재-미래형' yaqattalu와 특정한 동사 그룹에만 나오는 '완료형' 상태 동사 qatila가 있다.[15] 그러나 많은 학자들이 지지하는 것처럼 qatala 형태가 존재하는지[16] 아니면 qtl이 qatila나 qatula로만 읽어야 하는지[17] 논란이 있다. 또한 존재 가능성이 있는 '현재-미래' 형태에 대한 논쟁도 있다. 이것을 받아들이지 않는 고돈은 yqtl 형태를, 과거·현재·미래 시제로 쓰이고 모음 발음을 변화시켜 다른 법들을 표현할 수 있는 이야기 속의 일반 형태인 '보편적 시제'로 간주한다. 직설법 yaqtulu와 더불어 가정법 yaqtula가 있고, -an과 -anna 접미어를 사용하는 두 개의 강조법 형태가 있는 것으로 보인다.

히브리어처럼 연속 바브(waw-consecutive)가 산문에서 발견되지만 운문에서는 발견되지 않는다. 모든 능동 동사 형태에 내적 수동태가 존재한 것으로 보이는데, 그 중 Shaf'el과 Hishtaf'el 형태가 주목할 만하다. 종종 3인칭 남성 복수에서 접두어 t-가 y- 대신 사용된다.

특히 다후드가 연구한 전치사와 불변화사의 용법은 있을 만한 고대의 용례들과 성서 히브리어에서 이전에 놓친 의미들에 빛을 던져주었다. 많은 히브리어 학자들이 우가릿어에 관심을 가지면서 우가릿과 이스라엘의 매우 분명한 유사점들과 언어·문학·문화적인 접촉점들을 정립하는 데 도움이 되었고, 전반적으로 성서 문헌에 대한 이해를 높이는 데 중요한 역할을 했다.[18]

---

14) Segert 1984, 56, 88f.를 보라.

15) Goetze 1938; Hammershaimb 1941; Gordon 1965, 67ff.를 보라.

16) Dahood 1965, 20; Segert 1984, 58이 그렇다.

17) Gordon 1965, 68이 그렇다.

18) 문학·어휘적 평행구절들은 특히 Dahood and Penar 1972와 Schoors 1982를 보라.

기원전 이천 년대에 서북 셈어의 중앙 지역 언어는 많은 고대 이집트 자료들, 특히 이른바 기원전 20-19세기의 저주 문서(Execration Texts),[19] 기원전 18세기 이후의 일부 원시 가나안어 비문과 인장들,[20] 기원전 14세기의 엘-아마르나(El-Amarna) 서신, 기원전 이천 년대 전반부 비블로스(Byblos)의 의사 상형 문자 본문을 통해 간접적으로 알려졌다.

텔 엘-아마르나의 379개 서신은 1887년에 발견되기 시작했다. 이 서신은 메소포타미아 국가들의 군주들과 시리아와 팔레스타인에 있던 이집트의 봉신들이 이집트의 통치자들과 통신을 한 쐐기 문자로 된 토판들이다. 많은 토판들이 비블로스, 게셀, 예루살렘, 므깃도 같은 중부·남부 지역에서 나왔다. 이 토판들은 기원전 약 1385-1355년의 것으로 추정되고, 주로 가나안어 난외 주석과 서기관들이 기록한 아카드어에 그들의 모국어가 영향을 준 다른 흔적들이 들어 있다. 초기 연구와 출판이 지난 세기 말에 이루어져 많은 관심을 끌게 되었다.[21] 그 서신들은 뵐(F. M. T. Böhl), 에블링(E. Ebeling), 드호름(D. Dhorme) 등이 언어학적 관점에서 검토했다.[22]

난외 주석의 모음 체계는 e의 광범위한 사용, 이중 모음의 축약, 강세 없는 단모음의 탈락, 상세 있는 a 장모음의 강세 있는 ō 장모음으로의 변화(후대의 가나안어들처럼, 그러나 우가릿어는 그렇지 않다.) 같은 발전 과정의 흔적이 엿보인다. 예를 들어 부사 접미어 -um 같은 형태가 보존된 것처럼 아마도 격조사(case-endings) 모음의 고대 체계가 보존되고 있었을 것이다. 관계대명사 ašar, 1인칭 단수 대명사 anuki, 1인칭 단수 대명사 접미어 -ya, 1인칭 복수 대명사 접미어 -nu가 있다. 다른 특징들로는 칼(Qal) 수동태, 사역 동사 hiqtil과 수동 분사 qatul이 있다.[23] 동사 시제는 완료형 qatala, 희구법(jussive) yaqtul, 직설법 yaqtulu를 포함하고, 소원, 명령, 의도

19) 예를 들어 M. Burchardt(1909-10), K. Sethe(1926), J. Simons(1937), G. Posener(1940), W. F. Albright(1941), W. L. Moran(1957)이 연구했다.

20) Suder 1984, 96ff., Israel 1986, Lemaire 1988에서 참고문헌을 보라.

21) 레이니(A. F. Rainey, 1978)가 증보판을 낸 Knudtzon 1907-1915와 F. Thureau-Dangin(1922), G. Dossin(1934), C. H. Gordon(1947), R. Borger(1967), P. Artzi(1968), A. F. Rainey(1975)의 연구가 특히 중요하다.

22) Böhl 1909; Ebeling 1910; Dhorme 1913-14를 보라.

23) Beyer 1969, 23ff.; Garbini 1960, 180f.를 보라.

등을 표현하고 히브리어 청유법(cohortative)의 이전 형태였을 법한 일종의 가정법인 yaqtula 형태도 있다.[24]

비블로스에서 나온 의사 상형 문자 본문의 판독에 앞장선 학자들 중 한 사람이 드호름이다.[25] 그의 견해는 그 당시 완전히 수용되지 못했고[26] 지금까지 충분히 확인되지 않았다. 해석상의 어려움 때문에 페니키아어와 가나안어의 조상일 수 있는 그 언어를 제대로 평가하지 못하고 있다.

남쪽 지역은 45개의 원시 셈어 비문이 대표적이다. 이 비문들은 현세기 초에 시나이 반도 서쪽 세라빗 엘-카뎀 광산 근처에서 처음 발견되었고, 기원전 이천 년대 중반 것으로 추정된다.[27] 올브라이트가 많은 연구를 통해 이 본문들을 판독하려고 꾸준히 애쓰고 헌신했지만[28] 여전히 성과가 적다. 이 비문들이 원시 아랍어의 성격을 지녔을 것이라는 제안은 적절하지 않은 것으로 보인다.[29] 그것들이 광부들이 사용한 서북 셈어라는 올브라이트의 이론이 훨씬 더 그럴듯하다.[30]

해석상 어려운 점이 있지만 /ḏ/, /ṯ/, /ḫ/, /ġ/ 음소가 나타나고 눈이 뒤에 오는 자음에 부분적으로 동화하며, 이중 모음 aw와 ay가 축약되고, 여성 어미 -t, 남성 쌍수와 복수 어미 -m, 사역 동사 접두어 š이 나타나는 특징이 있다.[31]

남쪽 지역의 일부 이름들과 다른 단어들도 이미 언급한 이집트 저주 문서와 므깃도와 예루살렘 같은 장소에서 온 엘-아마르나 서신에서 발견된다.

기원전 이천 년대 말에는 나중에 가나안어나 아람어로 분류될 일부 언어들이 기록된 형태로 나타난다. 드보라의 노래(삿 5장)와 다른 고어체 본

---

24) Moran 1960; Rainey 1973을 보라.

25) 1946-48.

26) 랑게(R. de Langhe. 1948)의 유보적인 견해와 얀센스(G. Janssens, 1957), 마틴(M. Martin, 1961; 1962), 소벨만(H. Sobelman, 1961)의 계속적인 판독 시도를 보라.

27) 연대 측정에 대한 논쟁이 계속되고 있다. Puech 1986, 187을 보라.

28) Albright 1948; 1966을 보라.

29) van den Branden 1958; 1962; 1962a; 1979를 보라.

30) 최근에 같은 지역에서 새로운 비문들이 발견되었다. Beit-Arieh 1981; 1981a; 1982를 보라.

31) Beyer 1969, 27을 보라.

문들처럼 성경의 가장 오래된 대목들이 원래 기원전 12-13세기에 쓰였을 법하다. 가장 오래된 페니키아 비문들은 기원전 약 1100년 것으로 추정된다. 어떤 학자들에 따르면, 나중에 야우드어와 아람어로 발전될 언어들이 기원전 1400년 이후에 미래의 가나안어 그룹에서 분리되었다. 아람어와 야우드어가 발전 과정 중에 같은 형태를 얼마 동안 공유했지만 야우드어는 기원전 천 년대 초부터 뚜렷하게 독립 언어로 등장하기 시작했다.[32]

방언 지리학의 관점에서 볼 때[33] 서북 셈어는 한쪽 끝에 페니키아어를, 다른 쪽 끝에는 아람어를 가진 방언의 연속체(continuum)로 볼 수 있다. 두 언어와 그 사이의 언어들은 하나의 방언 사슬을 형성하는데, 그것들 중 두 그룹 곧 가나안어와 아람어가 가장 눈에 띈다.

정치·경제·군사·문화·종교적 환경뿐 아니라 언어 혁신의 주된 두 중심 곧 페니키아어와 아람어의 지리적 거리나 근접성이 기원전 천 년대 전반에 레반트 지역(Levant, 지중해 동쪽 해안 지역-역자 주)의 언어적 통일성과 다양성을 결정하는 요소들이었을 것이다.

가나안어 그룹은 각 그룹의 등어선에서 나타나는 것처럼 아람어와 아주 다르다. 이 등어선들의 일부는 음운론적(phonological)이기나 음성상의(phonetic) 성격에 관한 것인데, 예를 들어 가나안 언어들은 /ḏ/와 /ṯ/의 /ṣ/로 변화, /ḏ/의 /z/로 변화, 강세 있는 ā의 강세 있는 ō로 변화, 이중 모음의 거의 전반적인 축약, 두 모음 사이에 오는 헤(he)의 탈락, 단어 처음이나 중간 눈의 다음 자음에로 동화(아람어에서는 이 현상이 특정 지역, 특별한 조건에서만 나타난다.) 같은 일련의 변화를 공유하고 있다.[34] 아람어 그룹의 전형적 특징은 고대 비문들 속에 나타나는 /ḏ/에서 /q/로의 변화이다.

어휘상의 등어선들도 존재하는데,[35] 가나안어에 hlk '가다'의 이차 형태 곧 접두형 동사로 사용된 ylk나 '지붕'(히브리어 gag), '탁자'(히브리어 šulḥan), '창문'(히브리어 ḥallon), '오래된'(히브리어 yašan), '늙은'(히브리어 zaqen), '추방하다.'(히브리어 grš) 등을 위한 단어들이 있다. 다른 한편, 아람

---

32) Dion 1974, 338ff.를 보라.

33) 예를 들어 최근에 가르(W. R. Garr, 1985, 229ff.)가 발전시켰다.

34) Harris 1939, 9ff.를 보라.

35) Ginsberg 1959; 1970, 103을 보라.

어 그룹은 예를 들어 '진실'(qušṭ), '아들'(baru/bir, banu와 달리), '주인'(mari) 등의 단어들이 있다.

다른 등어선들은 성격상 형태론적이다. 예를 들어 가나안어 그룹에서 남성 복수 접미어는 -m(아람어 방언들처럼 -n을 사용하는 모압어는 제외), 1인칭 단수 대명사는 'anaku(아람어와 공통 셈어의 'ana와 달리), 의문 대명사는 mi이고, 정관사는 h에 모음 부호가 붙은 형태이다. 동사에서 3인칭 복수 여성형에 y- 접두어 대신 t- 접두어가 나타나고, 두 자음 동사들(hollow verbs)이 Pi'el과 Hithpa'el 대신 파생 동사인 Po'lel과 Hithpo'lel을 사용하며, 두 자음 동사들과 대부분의 상태 동사들의 능동 분사는 접미형 동사 형태의 기본 형태와 같다. 동사 접두어의 모음 부호와 파생된 동사 형태에서 접미어가 붙은 형태의 첫음절에 오는 a의 약화는 가나안어 그룹의 언어들이 공유하는 또 다른 특징이다.

아람어 방언들의 특징적인 새로운 형태로 다음 같은 것이 있다. 단어 뒤에 붙는 정관사 -', 관계사 di, 숫자 ḥad(남성), ḥadah(여성) '하나'('aḥad, 'aḥadah 대신), 복수 명사에 붙는 3인칭 남성 단수 소유격 접미어 -awh(i), Pe'al 수동태 분사 qatil, a-i 모음 유형과 특정 어근에서 단어 처음의 y-가 다음 자음에 동화되는 현상이 있다.

많은 언어들은 여전히 분류하기가 어렵다. 예를 들어 기원전 700년경에 기록된 데이르 알라 비문에 관한 논쟁이 계속되고 있다. 이 비문의 조각들이 1967년 요단 계곡 동쪽에서 발견되었고,[36] 완전한 본문은 1976년에 출판되었다.[37] 처음에는 이 언어를 이전에 알려지지 않은 아람어 방언으로 생각했으나 최근에는 가나안 방언에 가깝다고 보는 추세이다.[38] 이 언어가

36) 그것들을 페르시아 시대 것으로 보는 Franken 1967을 보라.

37) J. Hoftijzer, G. van der Kooij의 것.

38) J. Hoftijzer, G. van der Kooij 1976, 300을 보라. 피츠마이어(J. A. Fitzmyer, 1978)는 이 언어를 고대 아람어의 한 유형으로 본다. 카코(A. Caquot)와 르메르(A. Lemaire, 1977, 208), 맥카터(P. K. McCarter, 1980, 50f.)도 같은 생각이다. 로페(A. Rofé, 1979)는 그것이 미디안 언어의 예라고 제안하면서 새로운 접근을 시도하지만 거의 관심을 끌지 못했다. 카우프만(S. A. Kaufman, 1980, 73)은 이 언어를 아람어로 보는 것을 꺼린다. 해켓(J. A. Hackett)이 쓴 1980년의 하버드대 박사 학위 논문은 많은 전통적인 '아람어 형태들'을 배제하고 이 비문 조각들을 새롭게 읽도록 제안하며, 이 본문이 하나의

한편으로는 고대 아람어와(*/ḏ/>q 변화와 인칭대명사 접미어 -wh의 사용 등), 다른 한편으로는 가나안 언어들과(특히 동사 체계, 어휘, 관계사 'š의 사용) 중요한 등어선들을 공유하는 점으로 봐서, 데이르 알라 비문을 이 두 그룹 언어들 사이에 위치한 대표적인 방언으로 보는 것이 적당할 것 같다.[39]

가나안어 그룹에서 지리·언어적 특징에서 히브리어와 매우 가까운 언어는 서북 셈어 지역 중앙에 위치한 페니키아어, 남쪽·동쪽에 위치한 암몬어, 에돔어, 모압어인데, 모두 기원전 천 년대 초의 기록을 통해 알려져 있다.

페니키아어(페니키아 푼어, Phoenicio-Punic)에 대한 금석학적 증거는 두로, 시돈, 아르바드 같은 고대 레바논 해안 도시들과 키프로스와 지중해 동쪽 전역에서 출토된 기원전 10세기에서 기원후 5세기에 이르는[40] 수천 개의 비문들에서 나온다. 이 언어는 나중에 이라크와 대서양 연안으로 퍼졌다. 그리고 특히 푼어의 형태로 북부 아프리카로 퍼졌는데, 그곳에서 기원후 2세기까지 문헌 언어로 계속 사용되었고, 몇 세기 더 구어체 방언으로 살아남았다.[41] 기원전 5세기까지는 순전히 자음 문자만을 사용했으나 나중에 아람어와 라틴어의 영향 아래 반자음과 후음 글사들을 가지고 모음을 표현했다. 가나안어보다는 페니키아어와 더 관련이 있는 것으로 보이는 팔

가나안어 방언을 표현하고 있다고 결론지었다. 책으로 출판된 논문은(Hackett 1984) 본문에 대한 철저한 연구로서 같은 논쟁을 발전시켰는데, 이 방언이 아람어 등어선에 속하지만 남방 가나안어에 더 가깝다(124). 이 비문을 논하는 다른 연구물들로는 Naveh 1967; Cross 1969; 1973; 1975; Lapp 1970; Hammershaimb 1977; Ringgren 1977; H.-P. Müller 1978; 1982; Garbini 1979; Lemaire 1979-84, 1985; B. A. Levine 1981; Weinfeld 1981-82; Weippert and Weippert 1982; Hackett 1984a가 있다. 뿌에쉬(E. Puech, 1985, 10ff.)는 이 비문이 암몬어의 예라고 생각하는데, 이를 Hackett 1984에 대한 서평(Puech 1986a)에서 주장했다. 여러 학자들의 가장 최근 견해들이 Hoftijzer and van der Kooij 1991에 언급되어 있다.

39) Garr 1985, 229ff.를 보라.

40) Herr 1978, 171f.를 보라.

41) 페니키아어에 대한 가장 중요한 연구로 Harris 1936; Sznycer 1967; Friedrich and Röllig 1970(1st ed. by Friedrich, 1951); Segert 1976이 있다. 톰백(R. S. Tomback, 1978)과 푸엔테스(M. J. Fuentes, 1980)가 페니키아어의 어휘를 연구했다. 델 올모(G. del Olmo)와 오베트(M. E. Aubet, 1986)의 페니키아 언어와 문화에 관한 글모음을 보라. 페니키아 비문들에 관한 스페인어 작품은 Fuentes 1986에서 보라.

레스타인 언어 아스돗어가 그렇듯이[42] 비블로스에서 사용한 언어는 페니키아어의 특별한 방언으로 볼 수 있다.[43]

최근에 강조하는 것처럼 페니키아어가 지리·역사·문화적 관점에서도 분명히 우가릿어와 밀접한 관련이 있지만,[44] 이 언어들이 공유하는 음운론, 형태론, 문장론, 어휘 속의 등어선들만 봐도 그 관계는 언어 영역까지 확장되고 있다. 그럼에도 우가릿어와 페니키아어에는 저마다 독특한 특성이 있는데다 이 두 언어의 유사점들이 '기원적인' 관계를 형성할 만큼은 충분하지 않다.

히브리어처럼 페니키아-푼어에는 비슷한 수의 음소(phonemes), 곧 스물두 자음 자소가 있다. 원시 셈어의 치간음은 히브리어와 같은 방향으로 발전했고, 연구개음과 인두음도 중화되었으며, 나중에는 인두음과 후음의 약화·혼합 현상이 나타났다. 브가드크파트(bgdkpt) 자음에 이중 발음 흔적이 있고, 눈은 일반적으로 그 뒤에 오는 자음에 동화되며, 서북 셈어 지역 전체가 그런 것처럼 단어 첫 자리의 바브(w)가 요드(y)로 바뀌고, 다른 가나안 방언들같이 강세 있는 ā 장모음이 강세 있는 ō 장모음으로 바뀌다가 나중에 u로 바뀌고, 반모음 바브와 요드의 발음이 자주 생략된다. 이중 모음들은 대개 축약되어, aw는 o가 ay는 e가 되고, 강세 있는 단모음들은 장모음화 하는 경향이 있다.[45]

형태론에서는 히브리어와 많은 접촉점들이 있다. 예를 들어 페니키아어는 정관사 h-를 사용하고, 1인칭 단수 대명사 ’nk가 있으며, 적어도 나중에는 목적격 불변화사(nota accusativi)를 도입한다. 명사에서 오래된 여성형 어미 -t가 사용된다. 3인칭 남성 단수 대명사 접미어는 고대 형태인 -h이고 나중에 -y로 축약되며(푼어에서는 -’로), 복수 대명사 접미어는 -nm이다. 포로기 이전의 히브리어처럼 *qatl 유형이 단음절 명사 형태로 유지된다. 소유격 접미어 -i가 동사의 몇몇 법을 표시하는 어미들과 함께 보존된다. 사역 동사 형태 yiqtil, 관계사 ’š, 부정어 bl(’y와 함께)은 페니키아어의 특징들

42) Ginsberg 1970, 110ff.를 보라.
43) Ginsberg 1970, 108ff.를 보라.
44) del Olmo 1986을 보라.
45) Beyer 1969, 25; Garr 1985, 23ff.를 보라.

이다.[46]

어휘론에서는 히브리어와 일부 다른 점이 있는데, 예를 들어 hyh '이다, 있다.' 대신 kwn 동사가, 'śh '하다, 만들다.' 대신 p'l 동사가, zhb '금' 대신 ḫrṣ가 사용된다.[47] 페니키아 용어들과 우가릿어가 종종 유사한 점에 주목할 만하다.[48]

암몬어는 기원전 7-6세기 비교적 짧은 시간의 여러 인장들과 비문 파편들을 통해 알려졌다.[49] 지난 수십 년 사이에 기원전 9세기 중반 것으로 추정되는 비문 파편 하나가 암만의 요새에서 발견되었다.[50] 이것과 더불어 조각상과[51] 암만 극장의 파편 조각,[52] 텔 시란(Tell Sirān)에서 발견된 기원전 600년경의 완벽한 문양이 새겨진 청동 병,[53] 텔 히스반(Tell Ḥisbān, Heshbon)의 토기 몇 조각,[54] 님루드(Nimrud)에서 토기 조각 하나가 발견되었다.[55] 또한 기원전 7세기경 것으로 보이는 암몬 인장이 61개 이상 발견되었다.[56]

46) Beyer 1969, 25ff.; Ginsberg 1970, 109; Garr 1985, 79ff.를 보라.

47) Harris 1939, 52; Segert 1976, 23을 보라.

48) del Olmo 1986, 45-49를 보라.

49) Diringer 1934, nos. 98, 103; Vattioni 1969, nos. 98, 115-117, 157, 165, 166, 194, 225, 229; Donner and Röllig 1971-76, III, 78f.를 보라.

50) 호른(S. H. Horn, 1967-68; 1969)이 출판했고, 크로스(F. M. Cross, 1969), 올브라이트(W. F. Albright, 1970), 가르비니(1970)가 연구했다. Garbini 1972, 97ff.; Palmaitis 1971; R. Kutscher 1972; Veenhof 1972; Puech and Rofé 1973; Dion 1975; van Selms 1975도 보라. 풀코(W. J. Fulco, 1978)는 이 비문의 새로운 읽기를 시도했다. Shea 1979; 1981; Sasson 1979; D. Sivan 1982, 219; Jackson 1983, 9ff.도 보라.

51) Aharoni 1950-51; Barnett 1951; Puech 1985를 보라.

52) Dajani 1967-68; Oded 1971; Cross 1975; Fulco 1979; Jackson 1983, 45ff.를 보라.

53) F. Zayadine and H. O. Thompson(1973; 1973a); H. O. Thompson(1973); H. O. Thompson and F. Zayadine 1974; F. M. Cross(1973); K. R. Veenhof(1973); P.-E. Dion(1975); C. R. Krahmalkov(1976); O. Loretz(1977); W. H. Shea(1978); R. B. Coote(1980); M. Baldacci(1981); B. E. J. H. Becking(1981); K. P. Jackson(1983, 35ff.)이 출판하고 연구했다.

54) 크로스(1969a; 1973a; 1975; 1976; 1986)가 출판했다; Jackson 1983, 51ff.를 보라.

55) 세갈(J. B. Segal, 1957)이 출판했고, 올브라이트(1958)가 연구했다. 올브라이트는 그것을 북 왕국에서 추방된 이들의 것으로 보았으나, 나베(1980)는 암몬인들 것으로 재해석했다; Jackson 1983, 63ff.를 보라.

56) Heltzer 1976; Avigad 1977; Israel 1977; 1987; Herr 1978, 58ff.; Jackson 1983, 69ff.;

이 발견물들은 암몬어에 대한 이해를 어느 정도 높여주었다.[57] 이 언어는 예를 들어 복수 연계형 어미 -e(초기 페니키아어처럼 -ey 대신), 남성 복수 접미어 -m, 눈의 다음 자음으로의 동화, 때때로 치찰음 앞에 알렙(alef) 첨가어 사용, 이중 모음 ay의 축약, 그러나 aw는 축약되지 않음, 두 모음 사이에 오는 요드(y)의 발음 생략, 여성 접미어 -t, 관계사 'š/š,[58] 정관사 h-,[59] 접두형 동사 3인칭 남성 복수 형태 마지막에 눈의 일반적인 사용,[60] 2인칭과 3인칭 단수 형태에 인칭대명사 접미어 -k와 -h의 사용, 목적격 불변화사로 보이는 t-의 사용 같은 특징이 있다.[61] 어떤 학자들은 아랍어의 영향이 있다고도 보지만 그런 것 같지 않다.[62]

에돔어는 기원전 7-6세기의 다양한 인장들과 항아리에 새겨진 비문들과 토기 조각들,[63] 움 엘-비야라(Umm el-Biyāra)에서 나온 토기 조각,[64] 최소한 여섯 개의 인장들(여덟 개일 수도 있다.),[65] 쐐기 문자와 헬라어에 나타나는 몇몇 이름을 통해 알려져 있다.[66] 기원전 5세기의 것으로 보이는 라기스의 향료 제단 비문은 이 언어의 또 다른 예일 가능성이 있다.[67] 기원전 8-7세기 쐐기 문자 본문에 나타나는 에돔의 신명 Qauš의 음역은 이중 모음 aw가 한동안 축약되지 않은 점을 암시하는 것으로 보인다. 기원전 5세기 본문에 이르러서야 Quš가 처음으로 나타난다.[68] 또한 눈의 다음 자음으로의

Abbadi 1985를 보라.

57) 암몬어에 관한 개괄은 D. Sivan 1982; Jackson 1983; Aufrecht 1983에서 보라.

58) 이 중 두 번째 것은 의심스러우며, 출처가 불분명한 인장에 한 번만 나타난다. Jackson 1983, 77ff.를 보라.

59) Israel 1979; Jackson 1983, 41; Garr 1985, 223을 보라.

60) Jackson 1983, 33을 보라.

61) D. Sivan 1982, 228을 보라. 잭슨(K. P. Jackson, 1983, 21f.)은 암만의 성채 비문에 새겨진 *tdltbdlt*의 첫 타브가 목적격 표시어로 해석될 가능성이 거의 없다고 한다.

62) 예를 들어 Landes 1962, 109를 보라. 가르비니(1972, 107ff.)는 이것이 북방 아랍어 방언이라고 결론지었다. 참조, Garbini 1974.

63) Glueck 1938 등을 보라.

64) M. Bennet 1966; Israel 1979a를 보라.

65) Herr 1978, 161ff.; Beit-Arieh and Cresson 1985를 보라.

66) Geraty 1972를 보라.

67) Cross 1969a; Naveh 1971, 27을 보라.

동화, 정관사 h-와 bd '손에'(ba-yad에서 옴)에서 y의 중간음 탈락 현상 등이 나타난다.[69]

모압어는 주로 메사 왕의 비문(기원전 약 835년)과[70] 케락(Kerak)과[71] 같은 곳에서 발굴된 다양한 작은 파편들과 일곱 개의(아홉 개일 수도 있다.) 인장들에[72] 보존되어 있다. 여러 면에서 이 언어와 히브리어는 굉장히 유사하여 메사 비문이 이스라엘 서기관의 작품이라는 제안까지 나왔다.[73]

모압어는 원시 셈어처럼 한정되지 않은 단수 명사는 멤으로 끝나고 복수와 쌍수 명사는 눈으로 끝나는(nunation) 형태를 띠었을 가능성이 있다.[74] 눈이 다음 자음에 동화되고, 이중 모음 aw와 ay가 일반적으로 축약되고(lelah '밤'), 강세 있는 장모음 ā가 강세 있는 장모음 ō로 바뀌었을 수 있으며,[75] 치찰음 앞에 알렙 첨가어가 왔다. 남성 복수 연계형이 -ay로 끝나고,[76] 여성 단수 표시어는 -t이다(bmt, 히브리어 bamah '높은 장소, 신전').[77] 접미형 동사 형태에서 1인칭 단수가 -ti로 끝난다. 여성 지시대명사는 히브리어처럼 z't '이것'인데, 이 형태에서 알렙이 모음 글자로 사용되었음을 암시할 수도 있다.[78] 히브리어처럼 관계사는 'šr이고 정관사는 h-이다. hlk '가다.' 동사의 접두형 변화 형태에서 h를 생략하지 않는다. 히브리어처럼 불변화사 't를 직접 목적어와 함께 사용하지만(초기 페니키아어의 'yt),[79] 목적어가 인명이나 지명일 때만 그런 것 같다.[80]

68) Beyer 1969, 29를 보라.

69) Garr 1985, 225를 보라.

70) Donner and Röllig 1971-76, I, 33; II, 168-79; B. Mazar(Maisler) and Rabin 1970을 보라.

71) Murphy 1952; Reed and Winnett 1963; Freedman 1964; J. C. L. Gibson 1971, 83f.; Swiggers 1982를 보라.

72) Avigad 1970; 1977; Herr 1978, 154ff.를 보라.

73) Segert 1961을 보라. 이 비문의 문장론은 Andersen 1966에서 분석했다.

74) Blau 1979-80, 143f.를 보라.

75) Blau 1979-80, 147f.를 보라.

76) Garr 1985, 224f.를 보라.

77) Beyer 1969, 29를 보라.

78) Blau 1979-80, 148을 보라.

79) 블라우(1979-80, 150f.)가 제시한 것처럼 *iyyat에서 왔을 가능성이 있다.

가나안어 그룹에서 히브리어가 특별한 위치를 차지하는데, 페니키아어와 고대 아람어(Old Aramaic)의 거의 중간쯤에 놓여 있고, 변화의 중심지로서 주변에 영향을 끼쳤다.[81] 수세기에 걸쳐 개정되긴 했지만 가장 오래된 성경 본문들은 기원전 12세기로 추정되는 대목들을 포함하고 있다. 그러나 그 규모에도 히브리어 성경은 성서 시대의 모든 히브리어 단어를 포함하지는 않는다. 히브리어로 기록된 가장 오래된 비문들은 기원전 10세기의 것으로 추정된다.

이 언어는 이미 그 체계 속에 들어 있는 다른 요소들에서 유추하여 다양한 구조들을 받아들였다. 예를 들어 1인칭 단수 대명사 'ani가 고대 형태 'anoki와 함께 사용되고, 남성 복수와 쌍수 접미어 -m, 접미형 동사 형태에서 1인칭 단수 접미어 -ti, 접두형 동사 형태에서 3인칭 여성 복수 접두어 t-가 사용된다. 다른 특징들로는 눈이 동사의 셋째 자음으로 나타날 때 종종 동화되지 않는 점, 모음 뒤에 오는 알렙의 발음 생략, 여성 명사 절대형에서 -t 어미의 상실, 일반적으로 명사에서 격조사의 상실(마지막 두 경우에는 예외도 있다.) 등을 들 수 있다.

히브리어는 다른 서북 셈어 방언들과 다음과 같은 새로운 형태들을 공유한다. 남성 복수 연계형 접미어 -ay, 두 모음 사이에서 요드의 중간음 탈락 현상, 3인칭 대명사 접미어들과 사역 동사의 접두형 동사 형태들에서 두 모음 사이에 오는 헤의 중간음 탈락 현상, 남성 단수 지시사 zeh(때때로 관계사 역할을 한다.), 의문 대명사 mi, 정관사 ha-, 목적격 불변화사 'et, 관계사 'ašer(히브리어 외에 모압어에서만 알려져 있다.), 부사 접미어 -ah, 동사의 여러 희구법 형태와 연속 바브 형태에서 마지막 음절의 상실 등이 그것이다.[82] 북쪽 방언에서 이중 모음 aw와 ay가 축약되며(yen<*yayn '포도주', qeṣ<*qayṣ '여름'), 예외는 아주 적다. 이 현상은 단어의 마지막뿐 아니라 가운데에서도 나타나고, 우가릿어, 엘-아마르나 서신, 페니키아어에서

80) Blau 1979-80, 151ff.를 보라.

81) Garr 1985, 229f.를 보라. 긴스버그(1970)에게는 심지어 두 개의 대립되는 그룹, 즉 '히브리어' 그룹과 '페니키아어' 그룹에 대해 얘기하는 것도 가능하다. 전자는 모압어 뿐 아니라 암몬어와 에돔어도 포함할 수 있을 것이다.

82) Garr 1985, 225ff.를 보라.

도 발견되는 하나의 경향이다. 다른 한편, 남쪽 방언에서는 이 축약 현상이 일어나지 않고, 고대 아람어와 데이르 알라 언어처럼 기원전 천 년대 중반에 첨가된 두 자음 사이의 모음이 이중 모음 뒤에 나타난다(bayit '집', yayin '포도주').[83)]

마찬가지로 l-과 ki 같은 불변화사들의 다양한 용법들과 정형 동사(finite verb) 대신 부정사 절대형을 사용한 점이 다른 서북 셈어에서도 발견된다.[84)] 이따금 3인칭 남성 단수 대명사 접미어가 -i(y)를 갖고, 여성 단수 명사가 -ot로 끝나며, 파생 동사 Shafʿel과 Ishtafʿel이 나타나고, 불변화사들의 새로운 용법, 접미어가 붙은 연계형, 이중 역할을 하는 접미어, 숫자나 신체 부위를 의미하는 명사들에서 파생한 동사, 고대의 격조사 모음들과 Qal 동사 수동형의 흔적들도 나타난다.[85)]

히브리어의 특별한 형태들로는 고대 3인칭 복수 대명사 접미어 -mo, hall-이 첨가된 지시대명사들, yeš가 독립된 존재 부사로 발달, 부사 접미어 -am, 희구법과 청유법의 용법들, 어근의 셋째 자음이 요드인 동사들의 3인칭 여성 단수 접미형, 접미형 동사 변화의 3인칭 여성 단수에서 -t 접미어 상실 등이 있다.[86)]

2. 방언의 발달과 그 결과

여러 서북 셈어 방언들의 발달에 관한 고전적인 연구로 해리스의 *Development of the Canaanite Dialects* (1939)가 있다. 이 책의 주요 관심이 통시적이긴 하지만 발달 과정의 결과들에 관한 공시적인(synchronic) 관점도 제공한다. 이

83) Garr 1985, 38f.를 보라.

84) 모란(W. L. Moran)의 훌륭한 소논문(1961)을 보라.

85) 이 특징들과 다른 특징들은 1960년대부터 다후드와 그를 따르는 이들이 부각시켰다. 그들은 히브리어와 다른 서북 셈어들 특히 페니키아어와 우가릿어 사이의 관계에 관한 중요한 연구를 발표했다. 예를 들어 van Dijk 1968; Tromp 1969; Blommerde 1969; Dahood and Penar 1970; van der Weiden 1970; Sabottka 1972; Cathcart 1973 등을 보라. 그러나 다후드의 더 극단적인 주장들은 오늘날 대체로 받아들이지 않는다.

86) Garbini 1960, 186을 보라.

연구에서 의문스러운 부분들은 당시의 지식 정도를 반영하고 있다. 예를 들어 우가릿어, 하트라어(Hatra), 야우드어를 가나안 방언에 포함시킨 것은 비중 있는 작업 성과를 떨어뜨린다.[87] 이 연구에서 해리스는 서북 셈어 지역에서 일어난 다양한 언어 변화들에 대해 가능한 한 멀리까지 절대적인 연대표를 만들거나 실패할 경우에는 상대적인 연대표를 만드려고 노력한다. 이 일은 이런 종류의 연구에서 가장 많은 논쟁을 불러일으키는 것들 중 하나이다.[88]

기원전 이천 년대 후반부 전에 일어났을 것으로 보이는 변화는 이중 모음의 축약, 한정되지 않은 단수 명사 끝에 오던 멤의 상실, 치간음의 발달, 특정 치찰음의 발음 중화 현상, 눈이 다음 자음으로 동화되는 현상 등을 포함한다. 기원전 1365년(엘-아마르나 서신의 시기) 이전에 다음 같은 변화들이 일어났다. 격조사 모음들의 상실, 강세 있는 장모음 ā에서 강세 있는 장모음 ō로의 변화, qatala 동사 유형의 발달과 단순 과거(preterite) yaqtulu 형태의 포기.

기원전 13세기 이전에 yaqatalu 동사 유형이 상실되고 특수한 어휘 형태들이 발전하며, 두 자음 어근들이 증가하면서 강세 있는 위치에서 변화가 일어났다. 두 모음 사이에서 헤(h)가, 강세 없는 단모음들 사이에서 바브(w)와 요드(y)가 탈락되는 중간음 탈락 현상은 기원전 9세기 전에 일어났는데, 이 현상은 단어 끝에 오는 단모음의 상실과 일부 방언들에서는 3인칭 여성 단수 접미형 동사 -t 어미의 상실과 더불어 나타났다. 기원전 9세기 무렵 연구개음과 인두음의 발음이 차이가 없어졌다. 기원전 700년 이전에 일어났을 변화로는 강세 전후 모음들의 축약, 브가드크파트 자음들의 마찰음화, 여성 명사 절대형에서 -t 접미어의 상실, 관계사 (ʼa)š/ʼašer의 관계사 zu 대체, 1인칭 대명사 ʼanoki가 점차 사라지고 ʼani를 선호하는 현상 등이 있다. 인두음과 후음의 약화와 단어 끝에 두 자음이 연속해서 오는 것을 막기 위해 명사의 두 자음 사이에 모음을 넣어주는 것 등 다른 후대의 변화들은

87) 가르비니(Garbini, 1960)는 다양한 서북 셈어 방언들을 공시적 관점에서 검토했다. 몇 페이지(173-192)는 발달 과정을 다루긴 한다. 이 연구는 쿠처(1965)의 꼼꼼한 서평에서 많은 취약점들이 드러났지만 매우 중요한 특징들을 가지고 있다.

88) 예를 들어 긴스버그(Ginsberg, 1940a)의 서평과 가르(1985, 4f.)의 논찬을 보라.

히브리어와 페니키아어에서 포로기 이후에 발생했을 것으로 보인다.89) 예상하듯이 모든 학자가 해리스의 연대표를 이의 없이 받아들이지는 않으며90) 실질적으로 수정해야 할 여러 구체적인 시기들도 있는데, 이 점은 나중에 다시 다루게 될 것이다.

해리스는 가나안 방언들이 두 개의 부류, 곧 해안 방언과 내륙 방언으로 나뉠 수 있다고 생각하는데, 전자는 더 개혁적이고 후자는 더 보수적이라고 본다.91) 가나안 방언들의 기원이나 확산과 관련된 언어 변화는 외국인의 부재나 존재, 서로 다른 지역들 사이의 상업·정치적 관계의 정도에 상응한다. 그러나 서로 다른 방언들 속에서 독립적으로 어떤 변화가 생기기도 했다.

지역 내 방언들이 공유하는 특징들이 모두 공통된 조상에게서 유래하는 것처럼 설명하는 '원시 가나안어'나 '원시 셈어'의 복원에 관해서는 일부러 말하지 않는다. 그 문제를 언급하여 평행한 발달 과정들과92) 서로 다른 방언들 사이의 접촉이나 혼합의 결과들을 놓칠 수 있기 때문이다.93) 전반적으로 진화라는 틀 안에서 이 같은 평행한 발달 과정들과 접촉들을 고려한다면 여러 가나안 방언들 사이의 차이점은 사실상 후대보다도 더 컸을 수 있다는 것이다.94)

서북 셈어들 특히 가나안 방언들의 발달 과정에서 다음과 같은 모습을 볼 수 있다.

자음과 관련하여 기원전 이천 년대 전반부에 서북쪽에서 보존된 원시 셈어 양순음이 후반부에 두 가지 위기를 맞게 되는데, 이것은 /p/와 /b/의 마찰음화 경향과 때때로 무성음이 그에 대응되는 유성음으로 대체되는 불안정성 때문이다. 앞에서 언급한 것처럼 치간음에서 페니키아어와 히브리어

89) Harris 1939, 29ff.를 보라.

90) 예를 들어 베르그슈트래쎄르(1918-29, I, 163ff.)와 비르켈란트(Birkeland, 1940, 49ff.)가 제안한 꽤 다른 연대표와 대조해 보라.

91) Harris 1939, 98을 보라.

92) Meillet 1921, 36ff.를 보라.

93) U. Weinreich 1953, 31ff.를 보라.

94) Blau 1968, 36을 보라.

에 변화가 일어났는데, 이 점은 더 보수적인 아람어 방언들에서 발생한 다른 발달 과정들과는 대조적이다. 후설구개음과 일반적으로 치음은 안정성이 높은데, 숫자상으로 줄어든 치찰음은 예외이다. 기원전 이천 년대에 다소 불안정해진 연구개음은 천 년에 걸쳐서 인두음과 중화되었다. 기원전 이천 년대에 잘 보존된 인두음과 후음은 축소되어 천 년대에는 점차 약화되었다.[95]

반모음(semivowels)과 관련하여 단어 처음에 오는 바브(w)가 요드(y)로 바뀌는 것은 서북 셈어의 전형적인 특징이다. 기원전 천 년대에 반모음들이 약화되고 일부 방언에서는 두 모음 사이에서 사라지기도 한다. 모음 체계가 음량(quantity, 장단)의 차이보다는 모음의 음색(quality) 구분과 함께 더 풍부해지는 경향이 있었다. 더 오래된 모음들이 더 새로운 모음들로 점차 대체되었다. 서북 셈어 지역의 넓은 영토에서 강세 있는 ā가 강세 있는 ō로 변했고, 일부 방언에서 특별한 경우에 이중 모음이 살아남긴 했지만, 대개는 전 지역에서 축약되었다. 기원전 천 년대에 슈바(shewa)가 여러 가나안 방언들에 등장한다.

강세가 주로 끝음절 전에(penultimate) 왔을 법하지만 강세의 위치는 확실하지 않다. 단어 끝에 오는 단모음이 사라졌을 때 종종 강세가 마지막 음절이 되어버린 음절에 남는다. 강세 변화는 강세에서 먼 모음을 잃어버리거나 가까운 모음을 장모음으로 바꾸었다.

형태론에서 (접미어가 없는) 독립 인칭대명사가 여러 방언들에서 매우 유사한 형태로 나타나는데, 아카드어와 남부 아라비아어처럼 š-와 함께 오지는 않는다. naḥnu '우리'와 같이 우가릿어, 페니키아어, 히브리어에 고대 형태들이 일부 있다. 인칭대명사 접미어들에는 1인칭 단수 -i와 후대 형태인 -ya가 있다. 보통 n이 이런 종류의 여러 접미어들 앞에 온다. 지시대명사들은 여러 방언들에서 매우 다른 형태로 나타난다. 관계대명사 š과 d 두 형태가 사용되는데, 후자가 더 오래된 것으로 보이고 틀림없이 더 널리 확산된 형태이다. 의문사와 부정(indefinite) 대명사로는 일부 방언들에 새로운 형태인 my가 등장하지만 mn이 전 지역에서 사용된다.

---

95) Harris 1939, 81ff.; Garbini 1960, 19ff.를 보라.

명사에서 여성 단수 접미어 -t가 종종 히브리어와 아람어에서 생략된다. 격조사가 기원전 이천 년대에만 보존되고, 그 뒤로는 거의 완전히 사라진다. 한정되지 않은 단수 명사 뒤에 오는 멤이 쓰이지 않고, 복수 명사의 몇몇 경우에만 유지된다. 기원전 이천 년대에는 정해진 것을 표현하는 뚜렷한 표시가 없었으며, 단어 앞에 붙는 정관사는 그다음 천 년대에 대부분의 가나안 방언에 나타난다.

동사 유형과 법은 기원전 이천 년대에 더욱 풍부했고, 나중에 점진적으로 더 단순해졌다. '시제' 문제는 특히 더 어렵다. 접미형 동사 형태 qatala가 '단순 과거'의 의미로 급속히 발전하여, 그것에 대응하는 동쪽 셈어 형태와 차이를 두게 되었다. 접두형 동사 형태 yaqtulu는 분명하지만 느리게 발전했고, 현재와 미래에서 동작의 계속을 표현하게 되었다.[96] 서북 셈어의 yaqattalu는 논쟁 대상이다. 가정법 yaqtula와 강조형 yaqtulan(na)가 축약된 yaqtul과 함께 거의 전 지역에서 나타난다. 접두형 동사의 접두어 a가 i로 점차 변하는 현상이 나타난다. 페니키아어와 히브리어에서 3인칭 여성 단수 접미어 -t가 사라지듯이 다른 변화들은 특정한 방언들에만 영향을 미쳤다. 부정사 연계형은 서북 셈어의 새로운 형태일 가능성이 있고 동명사 형태로 시작되었을 수 있다.[97]

불변화사들과 관련하여 특정한 새 형태들이 전 지역에 공통으로 나타나고, 방언들끼리 지역적인 차이가 존재한다. 더 엄밀하게 정의된 불변화사들의 수가 점차 증가하는 경향이 있다. 어휘 면에서도 특정한 어근들이나 다른 요소들, 새로운 유형들의 사용, 다양한 형태들의 빈도수 변동 등의 공통된 변화들과 더불어 평행한 발전 과정들이 나타난다.[98]

---

96) R. Meyer 1966-72, I, 26f.를 보라.

97) Harris 1939, 83ff.; Garbini 1960, 85ff.를 보라. 가르(1985, 79ff.)는 상당히 다르게 취급한다.

98) Harris 1939, 85f; Garbini 1960, 161ff.를 보라.

3장 포로기 이전의 히브리어

1. 히브리어의 역사적 일관성과 발달

히브리어의 역사는 오래되었다. 삼천 년 이상이나 문어(written language)로 지속되었다. 히브리어 구어(spoken language)는 유대 민족의 복잡한 역사적 과정에서 여러 상황을 겪으며 살아남아야 했으며, 역사의 절반 이상을 두 가지 언어를 써야 하는 광범위한 문화적, 언어적 환경에 적응해야 했다. 이러한 역사는 언어에 선명하고도 중요한 흔적을 남겨 놓았다.

그럼에도 특히 히브리어 문어(文語)에 집중하여 잘 살펴보면 역사적으로 일관성을 유지해왔다고 말할 수 있다. 히브리어는 긴 세월 동안 내용상으로 상당 부분 동일하게 유지되었으며 어휘에는 큰 변화가 있었으나 선반적으로는 기본적인 형태론, 음운론은 물론 문장론에도 큰 변화가 없었다. 이것은 환상적인 부활의 과정을 겪은 오늘날의 구어와 문어 히브리어에도 적용된다. 히브리어의 근본적 일관성은 언어와 문헌, 두 분야 모두에서 의심의 여지가 없다.

히브리어의 기본 구조와 형태론적 체계와 특히 동사의 형태론은 여러 세기에 걸쳐 큰 변화 없이 보존되었다. 더구나 성경 어휘가 시대마다 다양한 변화를 겪었다고 해도 그러한 어휘 변화 자체가 후대를 위한 토대를 제공했다고 볼 수 있다.[1)]

그러나 히브리어의 각 단계를 특징짓는 큰 차이점과 역사적으로 히브리어를 다양하게 한 많은 요인들을 무시할 수 없다. 다양성과 일관성은 히브리어의 삼천 년 역사를 지속시킨 동반자이다. 그러나 이 역사를 시대별로 분명하게 구분하고자 할 때 사용되는 기준은 상당히 다를 수 있기 때문에

---

1) 특히 Ben-Ḥayyim 1985를 보라.

일반적인 합의에 이르기란 쉽지 않다.

기록자가 구어로 사용한 주된 언어가 히브리어(구어와 문어로 살아 남았던 세기 동안)든 아람어든 아랍어든 유대인들이 디아스포라에서 함께 산 다양한 민족들의 방언이든 간에 해당 언어를 반드시 고려해야 한다.[2] 순수한 언어 기준 말고도 히브리어의 여러 단계들과 실질적인 관계가 있으며, 뚜렷한 '언어 통합'을 이룬 다른 사회 · 역사적인 요소도 고려해야 할 것이다.[3] 히브리어를 여러 단계와 전통별로 적절하게 구분할 수 있으려면 히브리어에 흔적을 남긴 다른 요인들도 반드시 함께 고려해야 한다. 이 요인은 방언의 차이점, 한 방언이 다른 방언들을 주도하게 된 역사적 변화, 히브리어를 계속 사용한 여러 그룹과 공동체들의 다양성 등을 포함한다.

이 책의 나머지 부분은 주로 실용적인 이유에서 히브리어를 네 개의 시대로 나누어 설명할 것이며, 각 시대는 그 시대에 상응하는 상당히 다른 네 개의 언어 자료를 갖고 있다. 성서 히브리어, 랍비 시대 히브리어, 중세 히브리어, 이 책에서는 요점만을 다룬 현대, 곧 이스라엘 히브리어이다. 이 구분이 관습적이고 모험적이지 못한 것으로 보일 수 있으나 이 구분은 히브리어에 대한 통시적 관점을 제공하려는 이 책의 목적에 하나의 틀이 되어 주는 한편, 랍비 시대 히브리어가 성서 히브리어와 많은 요인들로 특히 형태론과 어휘 면에서 분명하게 구분된다는 주장을 수용하는 것이기도 하다. 물론 중세 히브리어가 종종 기본 요소들을 묘사하기 위해 성서 히브리어와 랍비 시대 히브리어를 다양하게 이용하는 한편, 앞선 두 시대의 히브리어보다 훨씬 덜 명확하게 규명되었음을 인정한다. 이스라엘 히브리어는 거의 완전히 사용되지 않던 언어가 회복된 예로서 매우 흥미롭다. 그러나 이스라엘 히브리어는 그 언어의 자연스러운 발달 과정의 유형을 깨뜨리고 있어서 이 책의 주요 논의 밖에 속한다.

성서 히브리어 자체 안에서는 언어의 시대나 단계에 따라 하위 구분이 가능하다. 지금까지 전달된 가장 오래된 히브리어 자료는 기원전 이천 년대 말의 것이다. 기원전 14-13세기에 가나안에 정착한 이스라엘 부족들은

---

2) 이것은 벤 하임(Z. Ben-Ḥayyim, 1985)이 만든 기본적인 잣대이다.

3) 라빈(1985)이 그렇다.

그 전에 사용한 언어가 무엇이었든 간에 기원전 587년 예루살렘의 함락까지 히브리어를 구어와 문어로 사용했다. 정확히 단정할 수는 없지만, 제1성전 시대에 구어와 문어 사이에 꽤 큰 차이가 있었을 가능성이 높다. 지금 성서 히브리어로 알고 있는 것은 근본적으로 의심할 바 없이 바벨론 포로기까지 생활 언어, 곧 구어 방언들과 함께 존재한 문헌 언어이다. 포로기에는 이 언어가 일상생활에서 사라져 제2성전 시대에 문헌과 예배 의식에서만 계속 사용된 것이다. 다소 인위적인 방법으로 살아남은 사해 사본의 성서 히브리어와 중세 문헌에 있는 특정 종류의 성서 히브리어를 제외시킨다면 가장 후대의 성서 문헌은 기원전 2세기의 것이다.

성서의 운문 중 일부는 포로기 이후의 개정 가능성을 아주 배제할 수 없지만 매우 오래된 것으로 여겨진다. 이와 더불어 기원전 10세기에서 6세기 사이의 비문에 담긴 가장 오래된 금석학 자료에 나타난 히브리어를 고대 히브리어(Archaic Hebrew)라고 부른다. 그러나 이 용어에 학자들이 다 동의하는 것은 아니다. 모세 오경의 산문과 포로기 이전의 선지서와 성문서에 사용된 히브리어는 고전 성서 히브리어(Classical Biblical Hebrew)나 성서 히브리어라고 부른다. 후기 성서 히브리어는 포로기 이후에 기록된 성경의 책들에 사용된 언어이다.

성서 히브리어는 충분한 의미에서 하나의 언어가 아니라 단지 하나의 '언어의 단편'으로서[4] 포로기 이전에 이스라엘 백성들이 실제로 사용한 언어의 한 부분에 지나지 않는다는 이야기가 종종 있었다. 두말할 나위 없이 이 점은 히브리어의 역사를 제대로 연구하는 데 가장 심각한 제한 중 하나이다. 몇몇 코르도바 출신의 학자들이 명시한 것처럼 10세기 전에 스페인의 유대인들이 이러한 사실을 충분히 의식하고 다음과 같이 말하였다. '만일 우리가 우리 고국을 떠나 유배지로 끌려가지 않았더라면 이전 시대들처럼 오늘날 우리 언어 전체를 소유했을 것이다.'[5] 성경에 보존된 약 8,000개의 어휘는 일상 언어의 필요를 충족시키기에는 충분하지 않았을 것이다.

---

4) Ullendorff 1971을 보라.

5) S. Benavente, *Tešubot de los discípulos de Menaḥem contra Dunaš ben Labraṭ* (Granada, 1986), 20.

2. 히브리어의 기원

때때로 '족장들이 사용한 언어는 무엇이었을까?', '가나안 정복자들의 언어는 무엇이었을까?' 같은 질문을 야기하는 히브리어의 기원에 대한 역사적인 문제점은 더 협소한 언어적 논점들에만 몰두하는 이 책의 논의 밖에 있다. 진실이 어떻든 간에 히브리어의 정확한 시작이 여전히 신비에 둘러싸여 있음을 인정해야 한다.6)

앞 장에서 보았듯이 기록된 문서 형태로 처음 등장한 순간부터 히브리어는 고유의 특징들을 지니고 있으면서 가나안어 그룹에 속한다는 명확한 증거가 있다. 이것은 이스라엘 지파들이 가나안에 정착했을 때 최소한 문서를 기록하기 위해 그 나라의 언어를 수용했다는 의미일 수 있다. 이러한 반 유목민에 대한 고대의, 그리고 틀림없이 시대착오적인 전통이 아람 조상을 암시하지만(신 26:5) 원칙적으로 언어적 성격을 이런 식으로 단정하는 것은 위험하다. 여러 학자들은 야곱과 그의 자손들이 라반과 마지막으로 결별하는 본문을(창 31:47) 이스라엘 백성이 아람어를 버리고 거주할 나라의 가나안어를 수용한 시점을 암시한다고 보았다. 여하튼 역사적으로 입증되는 히브리어와 이스라엘 백성이 가나안에 정착하기 전에 기록된 엘-아마르나 서신의 언어 사이에 분명한 연속성이 있다. 이는 이스라엘의 유일신 사상이 특정한 의미론 영역에서 분명한 의미를 가져왔다는 사실이나 결과적으로 히브리어를 다른 가나안 언어와 구별하는 것을 부인하려는 것이 아니다.7)

역사적 논점과 언어적 논점을 결합하면서 금세기의 첫 수십 년 동안 히브리어가 단일한 언어 체계가 아니라 아카드어에 매우 가까운 초기 가나안어 층과 아람어와 남쪽 셈어에 더 가까운 보다 후대의 다른 층으로 구분될 수 있는 '혼합 언어'(Mischsprache)라고8) 제안했다. 이 이론의 가장 분명한

6) Rabin 1979, 71을 보라.

7) Morag 1985를 보라.

8) 처음으로 이 이론을 표명한 사람은 바우어였는데, 그는 이미 1910년 논문(23ff.)에서 연속 시제(consecutive tenses) 같은 히브리어의 일부 요소들이 아카드어와 밀접한 관계를 가지고 있다고 주장했다. 이 가설은 *Historische Grammatik*(H. Bauer and Leander 1922,

증거는 קָם(qām) '그가 일어났다.'와 רָם(rām) '그가 높여졌다.' 같은 형태가 존재하는 점이다. 이 형태에는 다른 가나안 방언들의 현상인 강세 있는 ā에서 강세 있는 ō로 변화지 않았고, 이렇게 변한 נָקוֹם(nāqōm) '우리가 일어날 것이다.'와 מָרוֹם(mārōm) '높은 곳' 같은 형태들과 대조된다. צֹאן(ṣōn) '가축 떼' 명사에서 같은 변화가 일어났을 법하다. 이 명사의 자음 형태 צאן(ṣ'n)은 o 대신 a 모음을 갖는 더 이전 발음을 반영한다.

이 이론은 뜨거운 논쟁을 불러일으켰다. 이 이론의 반대자들은 인용된 자료가 두 자음 어근 동사(위에 인용된 동사 형태의 예들을 보라.)에 두 개의 다른 형태론적 구조가 있다는 개념을 수용할 필요 없이 강세 없는 a에서 왔거나 방언의 한 형태로 볼 수 있다고 믿었다. 더욱이 이러한 언어 차용은 히브리어처럼 예를 들어 qaṭṭāl 유형이나 ָן-(-ān)으로 끝나는 명사가 직업을 표시하는 것처럼 형태론을 따르기보다 (사회 문화적 요인들 때문에) 의미상으로 밀접한 단어들에서 더 많이 일어난 것으로 여겨진다. 또한 동사의 연속 시제들이 더 오래된 층에 속하고 다른 형태들은 더 후대의 층에 속한다는 것도 단순하게 받아들일 수는 없다.[9)]

최근까지는 지속적으로 어느 정도 지지를 받아 온 '혼합 언어' 가설의 수정된 견해들뿐 아니라[10)] 이른바 역사적 성격을 고려한 히브리어의 기원 속에 아람어의 분명한 흔적이 있다는 주장도 종종 나오고 있다.[11)] 그러나 '혼합 언어' 이론에 대한 다양한 반박들에서[12)] 일반적으로 오늘날에는 이

16ff.)에서 더 분명한 표현으로 발전된다.

9) Bergsträsser 1923, 253ff.를 보라. 바우어의 응답(1924)은 그의 이론을 위해 실질적으로 새로운 논증을 제시하지 못하고 있다.

10) 예를 들어 드라이버(G. R. Driver, 1936, 151)는 '분명히 히브리어를 식소한 두 개의 주된 끈은 아카드어와 아람어이다.'라고 주장한다. 드라이버(1953)는 일부 '아람어 형태들'이 공통 셈어로 거슬러 올라간다는 것을 받아들이긴 하지만, 히브리어 운문에 대한 아람어의 영향을 많이 강조한다.

11) 예를 들어 Birkeland 1940; Baumgartner 1959, 222-25를 보라. 마이어(R. Meyer, 1966-72, I, 29)는 이러한 주장들을 어느 정도 지지하는 것으로 보이지만, 그의 1957년 논문에서 그 주장들에 분명한 거리를 두었다. 그러나 그는 고대 가나안어부터 중간 시대의 아모리어 단계를 거쳐 이스라엘 히브리어에 이르기까지 여러 단계가 존재한다는 것을 인정한다.

12) Landsberger 1926; Harris 1939, 11, n; Beyer 1969, 12ff.를 보라.

이론을 더는 그럴듯한 것으로 여기지 않으며, 그 이론에 불을 붙인 문제에 다른 방식으로 접근할 수 있다는 점이 확실하게 드러났다.

최근의 다양한 연구는[13] 히브리어가 처음 등장했을 때가 아니라 여러 세기 후에, 기원전 천 년대 후반부에서 기원후 초기에 이르기까지 아람어가 히브리어에 매우 큰 영향을 주었을 것이라고 강조한다. 따라서 랍비 시대 히브리어뿐 아니라 후기 성서 히브리어의 음성론·형태론·어휘에 상당한 아람어 요소가 들어 있다는 사실이 일반적으로 받아들여진다. 마찬가지로 마소라 학파의 언어 체계에도 아람어 발음의 특징들이 히브리어에 나타난다.

만일 다양한 방법을 동원하여 히브리어 안에서 히브리어를 주변 가나안 방언들과 구분 짓는 요소들을 찾는다면, 그 요소들은 이스라엘 백성이 가나안에 정착하기 전에 사용했을 아람어나 아모리어에서 유래한 것이 아니라, 언어적 보수주의, 즉 히브리어 내에서 독립적인 발달 과정과 방언적 다양성(우리는 항상 이에 관한 증거 자료를 얻고 있다.)을 거친 결과라는 것을 알 수 있다. 성서 히브리어는 문헌과 행정을 위한 언어였던 반면, 포로기 이전에 구어로 사용된 언어는 후대에 랍비 시대 히브리어가 된 언어의 초기 형태였다는 것이 더욱 믿을 만하다.[14] 북쪽 방언과 남쪽, 곧 예루살렘 방언 사이에 차이점이 있었을 뿐 아니라 운문 언어 유형(주변 나라들에서 발견되는 언어들에 더 가까워 보인다.)과 전형적인 산문 언어 유형 사이에도 눈에 띄는 차이점이 있다.[15] 또 다른 중요한 특징은 여러 세기에 걸쳐 다양한 외국어들이 히브리어에 영향을 끼친 점이다.[16]

---

13) 예를 들어 Beyer 1969; Vogt 1971.

14) M. H. Segal 1936, 7; Bendavid 1951, 69ff.; Rendsburg 1980.

15) G. R. Driver 1953을 보라.

16) 예를 들어 라빈은 '히브리어의 일부 혼합적인 성격은 가나안어가 이스라엘 정착민들이 수용한 그 순간에 발생한 것 때문이라기보다 방언들 사이의 차용과 외부 영향에 지속적으로 노출되었기 때문일 것이라고 추측할 수 있다.'(1970, 313)고 했다.

3. 고대 성서 운문의 언어

다른 서북 셈어 문학의 운문과 마찬가지로 성서 운문은 여러 면에서 산문 언어와 다른 언어를 사용한다. 운문은 대체로 히브리어의 더 이른 단계를 반영하고 언어·양식·내용 면에서 주변 방언들, 특히 북쪽 방언들에 더 가깝다.

고대 히브리어를 가장 잘 반영하는 성서 본문으로는 모세의 노래(출 15장), 드보라의 노래(삿 5장), 야곱의 축복(창 49장), 모세의 축복(신 33장), 발람의 신탁(민 23-24장), 모세의 시(신 32장), 시편 68편, 다른 초기 시편들이 있다. 기록된 자료의 양은 비교적 적은 편이고 특정한 고대 형태들이 여전히 분명하게 보존되긴 하지만, 철자법에 일어난 변화에 따라 수세기에 거쳐 변형되었다. 이 문서들을 규명하고 마소라 학파가 인식하지 못한 고대 형태들을 복원시키기 위해서 최근 수십 년 동안 자음 본문이 관심의 대상이 되어 왔고 자음 본문은 운율 구조 분석과 동시대의 비문들에 반영된 철자법에 근거하여 많은 연구의 대상이 되어 왔다.17)

이 가운데에는 나음과 같은 형태들이 포함된다. 3인칭 접미어 מוֹ-(-mo)[예, יְכַסְיֻמוּ(y^{e}ḵasyūmū) '그들이 그들을 덮을 것이다.'(출 15:5, 이 형태에 어근의 원래 y가 남아 있다.), יֹאכְלֵמוֹ(yōḵlēmō) '그것이 그들을 소멸시킨다.'(출 15:7)]; 2인칭 여성 접미어 כִי-(-ky); 3인칭 남성 단수 접미어 ו-(-w) 대신 ה-(-h)[예, עירה('yrh, 발음 'īrō) '그의 나귀'(창 49:11)]; 복수 명사 다음에 오는 יהו-(-yhw, 발음 -ēhū)처럼 יו-(-yw, 발음 -āw) 대신 הו-(-hw)와 함께 오는 형태; 시간의 의미를 가진 부정사 절대형[예, MT(=Masoretic Text, 마소라 본문)에 נֶאְדָּרִי(næ'dārī)로 나타나는 nc'dori '영화롭다.'(출 15:6)]; וַאֲרֹמְמֶנְהוּ(wa 'ᵃrommæn^{e}hū) '내가 그를 높일 것이다.'(출 15:2)와 תִּשְׁלַחְנָה(tišlaḥnā) '그녀가 뻗친다.'(삿 5:26)에

---

17) 이와 관련하여 올브라이트와 그의 학파의 연구가 두드러진다. 예를 들면 올브라이트의 발람 신탁(1944), 하박국 시(1950), 시 68편(1950-51), 크로스와 프리드만(F. M. Cross and D. N. Freedman)의 모세의 축복(1948), 시 18편(1953), 미리암의 노래(1955), 바우터(B. Vawter)의 창 49장(1955)에 대한 연구가 있다. 일반적인 연구로는 Albright 1945, Cross and Freedman 1952; Freedman 1960; 1972; 1980, Hummel 1957이 있다. 그러나 이러한 유형의 연구에 도입된 방법론들에 대한 굿윈(D. W. Goodwin)의 비평(1969)을 보라. Soggin 1981에는 드보라의 노래에 등장하는 문제점들이 잘 소개되어 있다.

나타나는 강조 형태들; 관계사로 사용된 זֶה(zæ), זוֹ(zō), זוּ(zū); 관계사 -שֶׁ(šæ-)나 -שַׁ(ša-)[예, שַׁקַּמְתִּי(šaq-qamtī) '네가 일어난 (때에)'(삿 5:7, 이 형태에서는 2인칭 여성에 תִי-(-ty)를 사용한 예도 나타난다.)]. 다른 고대 형태들로는 부정어 לֹא(lō') 대신 בַּל(bal), מִן־יְקוּמוּן(min yequmūn) '누가 일어나든지'(신 33:11)에 나타나는 의문대명사 מן(mn), אָזְלַת('āzelaṯ) '그녀가 갔다.'(신 32:36)처럼 3인칭 여성에 오는 동사 접미어 ת-(-ṯ), 마소라 본문에 מָתְנַיִם קָמָיו(moṯnayim qāmāw) '그의 적들의 허리들'(신 33:11)로 기록된 motne-m qamaw의 멤 전접어(enclitic mem, 앞 단어에 붙어 나타나는 mem-역자 주)의 부사적 용법 등이 있다. 또한 연계형에 i나 o가 붙은 명사에서 고대 격조사 어미의 흔적을 찾아볼 수 있는데 그 예로, בְּנִי אֲתֹנוֹ(benī 'aṯōnō) '그의 암나귀의 아들'(창 49:11), בְּנוֹ צִפֹּר(benō ṣippōr) '십볼의 아들'(민 23:18), אֵימָתָה('ēmāṯā) '공포'(출 15:16) 같은 형태가 있다. 마지막 형태는 현재 본문의 더 오래된 형태 속에서 אֵימָה('ēmā)에 목적격 어미가 붙은 것으로 분석될 수 있었을 것이다.

יוּלַּד(yullāḏ) '그가 태어났다.' 같은 칼 수동태나 신 33:3 마소라 본문에 הֵם תֻּכּוּ(hēm tukkū, 뜻이 분명하지 않다.)로 기록된 מוך(mwk)나 מכך(mkk) 어근에서 온 himtakkū '그들이 절했다.'처럼 -t-를 가진 동사처럼 분명하게 입증되지는 않지만 이 시기에 존재했을 법한 형태들을 복원시키려는 시도도 있었다. 정관사는 드물게 운문의 원래 본문의 일부였을 것으로 간주되나 הַגֶּבֶר(hag-gæḇær) '그 사람'(민 24:3) 같이 그것이 사용될 때는 특별한 지시사의 의미를 띠었고, 지시사로서의 정관사의 원래 역할을 상기시켜 준다(참조, 우가릿어 *hn*).

심지어 연속 바브를 동반하지 않은 경우에도 단순 과거를 표현하기 위해 사용되는 접두형 동사, לָרֹכֵב(lā-rōḵēḇ) '오, (~를) 탄 자여'(시 68:34) 같은 형태의 호격 -לְ(l-)처럼 불변화사의 다양한 용법, 관계대명사 없이 오는 '형용사적' 문장과 접속사가 생략된 병렬, 종속 문장 구조를 광범위하게 사용한 것은 초기 성서 운문에서 더 두드러진 문장론적 특징이다.[18)]

고대 운문에는 형용사나 형용사로 사용되는 명사가 거의 없다. 같은 기

18) Freedman 1960; Moran 1961, 59ff.; E. Y. Kutscher 1982, 79f.; Hadas-Lebel 1981, 64ff.

능을 하는 소유격 구조(때로는 세 요소로 이루어진다.)가 있긴 한데, זִבְחֵי־צֶדֶק(zibḥē ṣædæq) '의로운 제사들'(직역: '의로움의 제사들', 신 33:19)이 그 예이다. 목적격 불변화사 אֵת('ēṯ) '~을, ~를'은 매우 드물게 쓰이며, 그것이 나타날 때는 역시 특별한 지시어적 기능을 할 수 있다. 관계사 אֲשֶׁר('ᵃšær)는 거의 항상 관계사가 생략된 수식절이 대체하며, 때때로 이미 언급된 -שֶׁ(šæ-), זֶה(zæ), זוֹ(zō)와 분사 형태를 동반하는 -הַ(ha-)가 이를 대체한다.

동사와 관련해서는 전반적으로 볼 때 일정 정도의 변동이 있고 일관성이 결여되어 있으며, 과도기 단계의 체계로 추측된다. 접미형 동사가 과거를 표현하기 위한 수단으로 견고하게 자리 잡은 것으로 보이며, 이야기 속에서 가장 널리 사용된 형태로서 주로 이미 완료된 동작과 관련하여 한 번에 일어난 동작의 상(punctual aspect)을 표현한다. 상태 동사가 사용되는 경우도 있다. 접두형 동사는 일반적으로 지속적인 동작의 상(durative aspect)을 표현하며, 화자가 아직 완료되지 않았다고 보는 동작이다. 이 형태가 특히 연속 바브나 אָז('āz) '그런 뒤에'와 함께 고대의 단순 과거를 나타내기도 하고 현재나 미래와 관련하기도 하는 것으로 보아 이 형태의 시간적 중요성은 분명하게 한정될 수 없다. 이 형태는 종종 소원이나 희구법 같은 법(mood)을 표현하기 위해 사용되는데, 부분적으로 청유법과 함께 고대의 가정법(subjunctive) 기능을 유지한다. 접두형 동사 뒤나 앞에 접미형 동사나 때때로 분사 형태가 오는 경우가 발견되는데, 문체상의 목적 이외에 다른 목적이 있는 것 같지 않다.

능동 분사는 명사나 동사로 사용될 수 있으며, 종종 과거나 현재에서 사건을 묘사하기 위해 사용된다. 다른 경우에는 수동 분사처럼 형용사의 역할을 한다. 부정사 절대형은 같은 동사의 일반 형태와 함께 올 때 강조의 기능이 있다. 하지만 때때로 과거나 현재 시제를 가리킨다. 전치사를 동반한 부정사 연계형은 종종 부사절이나 다른 절들을 이끈다.

불변화사들의 사용은 특히 흥미롭다. 히브리어의 더 후기 단계들보다 훨씬 적게 불변화사가 쓰이며, 그 용법은 다른 서북 셈어에서 나타나는 것과 유사하다. 예를 들어 -לְ(lᵉ-)가 'לַי(la-Y.) '정말로 여호와는 ~'(시 89:19)처럼 단언적이거나 호격으로(시 68:34, 위를 보라.) 사용되고, כִּי(kī)와 어쩌면 -וְ(wᵉ-)도 강조를 표현하며, 특별한 의미 없이 오는 멤 전접어와 -הַ(ha-)와 הֵם(hēm) 같은 형태들이 지시사의 역할을 한다.

문장론에서는 명사절과 병렬 구조와 종속 구조에서 접속사가 생략된 절이 아주 널리 쓰였다. 형식적으로는 병렬 구조이지만 논리적으로는 종속 관계인 경우들이 흔하다. 종속 구조는 일반적으로 제한된 수의 불변화사로 시작하는데, -וְ(wᵉ-)와 같이 일부는 다양한 기능을 한다. 여러 종류의 독립절(casus pendens)이 있으며 이 구조에서는 흔히 주어를 강하게 강조한다. 명사절에는 주어-서술어가, 동사절에서는 서술어-주어가 일반 어순이지만 다른 어순들도 많다. 주로 강조하기 위해서일 것이다.

전문 어휘도 꽤 나타난다. 어떤 단어들은 운문 본문에만 나오고, 산문에는 다른 용어들이 쓰인다. 예를 들어 고대 성서 운문에 산문에서 사용하는 ראה(r'h) 대신 חזה(ḥzh) '보다.', שמע(šm') 대신 אזן('zn)(히필 동사) '듣다.', היה(hyh) 대신 הוה(hwh) '이다, be', בוא(bw') 대신 אתה('th) '오다.', אמר('mr) 대신 חוה(ḥwh)(피엘) '말하다.', נטע(nṭ') 대신 שתל(štl) '심다.', עשה('śh) 대신 פעל(p'l) '하다, 만들다.', הלך(hlk) 대신 צעד(ṣ'd) '걷다.', אור('wr) 대신 נגה(ngh) '빛나다.', ידע(yd') 대신 שער(ś'r) '알다.', ברא(br') 대신 קנה(qnh) '창조하다.', שפט(špṭ) 대신 דין(dyn) '심판하다.', כעס(k's) 대신 זעם(z'm) '화나다.', נכה(nkh)(히필) 대신 מחץ(mḥṣ) '치다.', דָּבָר(dāḇār) 대신 אֹמֶר('ōmær) '말, word', דֶּרֶךְ(dæræḵ) 대신 אֹרַח('ōraḥ) '길', אָדָם('āḏām) 대신 גֶּבֶר(gæḇær)와 אֱנוֹשׁ('ᵆnōš) '사람', יַיִן(yayin) 대신 חֶמֶר(ḥæmær) '포도주', זָהָב(zāhāḇ) 대신 חָרוּץ(ḥārūṣ)와 פַּז(paz) '금', אֹכֶל('ōḵæl) 대신 טֶרֶף(ṭæræp̄) '음식', גָּדוֹל(gāḏōl) 대신 כַּבִּיר(kabbīr) '큰, 위대한', שָׂרִים(śārīm) 대신 רֹזְנִים(rōzᵉnīm) '왕자들'이 나타난다.[19] סוּתֹה(sūṯō) '그의 의복'(창 49:11)이라는 명사는 성경에 단 한 번만 나오지만(하팍스 레고메나), 다른 서북 셈어들에서 발견된다.[20] 신 32:13의 שָׂדַי(śāḏay)는 성경의 다른 곳에 사용된 שָׂדֶה(śāḏæ) '들판'에 해당되는 형태이다.

거의 전적으로 운문에만 사용된 표현들에는 단 한 번만 나타나는 형태와 드문 단어도 포함되는데, 이러한 형태와 단어는 가장 오래된 성경 본문

19) G. R. Driver 1953; Rabin 1971a, 66; E. Y. Kutscher 1982, 80을 보라.

20) E. Y. Kutscher 1982, 80을 보라.

들에 몰려있는 편이다. 개괄적으로 말해 이 형태들이 히브리어의 고대 단계에 존재했으나 후대에는 일반 용례에서 사라진 것 같다. 따라서 발람의 신탁(민 23:7 이하)에 아카드어 같은 다른 셈어들에 나타나는 רֹבַע(rōḇaʻ) '먼지', 이 본문 속에서만 '산들'을 의미하는 צֻרִים(ṣūrīm), 동음이의어(homophone)인 '(물의) 흐름'과 구별되는 נְחָלִים(n^{e}ḥālīm) '종려나무들', 랍비 시대에 사용된 어근에서 온 שְׁתֻם(š^{e}ṯūm) '구멍이 뚫린', עַד('aḏ) '약속'에서 왔음직한 עֲדַי('āḏay), '통치하다.'의 의미로 보이는 דרך(drk), '후손'의 의미로 추정되는 כּוֹכָב(kōḵāḇ) 등의 예들이 발견된다. 한 본문 속에 이런 종류의 어휘가 이렇게 많이 등장하는 것은 이 본문의 고대성을 입증한다.[21)]

고대 운문에 사용된 특유의 어근들 일부가 다른 서북 셈어들에도 나타난다. 따라서 예를 들어 פעל(p'l) '하다, 만들다.', מחץ(mḥṣ) '치다.', חָרוּץ(ḥārūṣ) '금' 등은 가나안어와 우가릿어 본문들에 흔히 나타나는 반면에, יְתַנּוּ(y^{e}ṯannū) '그들로 하여금 이야기하게 하라.'(삿 5:11)와 מָחֲקָה(māḥ^{a}qā) '그녀가 파괴했다.'(삿 5:26)는 음운론적으로 히브리어보다는 아람어에 더 부합된다. 뒤의 두 형태들 대신 히브리어는 동족 어근인 שנה(šnh)와 מחץ(mḥṣ)를 사용한다. 이와 같은 상황은 아마도 다른 언어들이 히브리어에 직접 어떤 영향을 미쳐서 일어나기보다는 이 본문들이 기록된 시기에 그 지역 방언들이 공유한 등어선의 존재나 흔히 사용되는 단어 쌍들의 잘 알려진 예에서 입증되듯이 일종의 분명한 문헌적 접촉에서 비롯된 것일 수 있다.[22)]

고대 히브리 운문의 언어적 특성은 운문의 고대성과 운문의 기원이 북쪽일 것이라는 사실에 기인하며, 북쪽 지역은 주변 민족들의 문화적 선호도와 변혁에 더 많이 노출되어 있고 그들의 문헌과 보다 빈번하게 접촉했다. 그러나 이 언어가 단순히 더 후대에 지배적인 언어가 된 남쪽 방언과는 다른 북쪽 지파들이 사용한 방언인 것으로는 보이지 않는다. 서북 셈어 지역의 상황과 비교해 볼 때, 이 운문들은 문헌 언어를 반영하는 것으로 보이며 충분히 설명할 수 있는 자료는 부족하지만, 이 운문들은 일상생활 언어와는 분명하게 구별된다.

---

21) Morag 1980-81을 보라.

22) Avishur 1974 등을 보라.

4. 비문 언어

히브리어 비문은 상대적으로 매우 적은 편이지만, 고대 히브리어를 알기 위해 매우 중요한 정보 자료이다. 가장 오래된 비문들은 기원전 이천년대가 끝날 무렵까지 이르며, 비문 자료의 대부분은 성경의 상당 부분과 동시대의 것으로 수세기 동안 수정 작업을 거치지 않았다는 장점을 갖고 있다.

포로기 이전 시대의 히브리어 비문 자료는 디링거(D. Diringer), 모스카티, 특히 도너-뢸릭(H. Donner and W. Röllig), 깁슨(J. C. L. Gibson)과 가장 최근의 데이비스(G. I. Davies) 같은 학자들이 개괄적 연구서에서 다루었다.[23]

이즈베트 짜르타('Izbet Ṣarṭah)에서 출토된 토기 조각에 다소 불분명하게 기록된 기원전 12세기의 알파벳을 히브리어 비문으로 분류해야 할지 아직 확실하지 않다.[24] 기원전 10세기 것으로 소위 게셀(Gezer) 달력이 있다.[25] 시나이 북부 지역에서 온 그릇에 새겨진 비문은 기원전 9세기 것이고,[26] 텔 카실레(Tell Qasile)의 두 개의 토기 조각,[27] 쿤틸레트 아즈루드(Kuntillet 'Ajrud)에서 나온 소원을 비는 내용의 비문들,[28] 하솔(Hazor)에서 발견된 짧은 본문들도[29] 기원전 9세기나 8세기 초의 것으로 추정된다. 사마리아와[30]

---

23) Diringer 1934; Moscati 1951; Donner and Röllig 1971-76(특히 II, 180-201); J. C. L. Gibson 1971; Davies 1991; 또한 Hestrin, Israeli, Meshorer, A. Eitan 1973; Avigad 1979; Naveh 1982, 65ff. 더 폭넓은 셈어 금석학에 관한 연구에 Académie des Inscriptions et Belles-Letters 1881-83; 1900-33; Lidzbarski 1898; 1902-15; Cooke 1903; Degen, W. W. Müller, Röllig 1972-78; Teixidor 1986(1967년부터 시리아에 처음 출판되었다.) 등이 포함된다. 수더(R. W. Suder, 1984)의 분류된 참고문헌을 보라.

24) Kochavi 1977; Demsky 1977; Garbini 1978a; Naveh 1978a; Cross 1980; Dotan 1981; E. Y. Kutscher 1982, 64; Puech 1986, 170ff.를 보라. 도탄(A. Dotan)은 이 토기 조각의 첫 네 줄이 몇 개의 짧은 히브리어 구를 포함하고 있다는 다소 흥미로운 읽기를 제안했다.

25) Albright 1943; Février 1948; Cross and Freedman 1952, 45ff.를 보라. 게셀 달력의 문장론이 Honeyman 1953에서 검토되었다.

26) Meshel and Meyers 1976을 보라.

27) Maisler(Mazar) 1950-51, 208-10; 1951을 보라.

28) Meshel 1978; Chase 1982; Weinfeld 1984; Lemaire 1984; Hadley 1987a를 보라.

오펠(Ophel)의[31] 토기, 님루드의 상아에 새겨진 비문,[32] 여러 인장들도 이 시기에 속한다. 기원전 700년 무렵의 것으로는 실로암 터널 비문과[33] 실로암 지역에서 발견된 고위 관료 셉나(Shebna)의 무덤에 새겨진 두 개의 비문,[34] 가데스 바네아(Kadesh-Barnea) 토기 조각,[35] 기브온에서 출토된 항아리 손잡이에 새겨진 비문이[36] 있다. 야브네 얌 근처의 메짜드 하샤브야후(Meṣad Ḥashavyahu)에서 나온 여섯 개의 토기 조각,[37] 키르베트-엘-콤(Khirbet-el-Qom)에서 나온 세 개의 장례식 관련 비문과[38] 몇몇 인장들과 항아리 손잡이 비문들은 기원전 8세기 것이다. 라기스에서 출토된 21개의 토기 조각,[39] 아랏에서 나온 백여 개 자료 중의 많은 비문들,[40] 키르베트 베이트 레이(Khirbet Beit Lei)의 무덤 동굴 벽에 새겨진 낙서,[41] 아조르(Azor)의 공동묘지에서 나온 항아리는[42] 기원전 6세기 것이다. 여러 시대에 사용된 160개 이상의 인

29) Yadin 1960; S. Yeivin 1969; J. C. L. Gibson 1971, 18f.를 보라.

30) Reisner, Fisher, and Lyon 1924; Albright 1936; B. Maisler(Mazar) 1948; Yadin 1959, 1961; 1962; 1968; Aharoni 1962; 1966a; I. T. Kaufman 1966; Shea 1977을 보라. 토기 조각들에 대한 일반적 연구를 Lemaire 1977a에서 보라.

31) Cook 1924; Y. Sukenik(Yadin) 1946-47; Prignaud 1970; J. C. L. Gibson 1971, 25f.; Lemaire 1978; Naveh 1982a; Shiloh 1984를 보라.

32) Barnett 1957; Millard 1962; J. C. L. Gibson 1971, 19f.; Röllig 1974, 44f.를 보라.

33) J. C. L. Gibson 1971, 21ff.와 Puech 1974를 보라. 이 논문들에는 1880년에 이 비문이 발견된 후부터 이루어진 220여 개의 글이 언급되어 있다.

34) Avigad 1953a, 1955; 1979, 23f.; Ussishkin 1968-69; 1969; J. C. L. Gibson 1971, 23f.를 보라.

35) Lemaire and Vernus 1980; 1983; R. Cohen 1985를 보라.

36) Pritchard 1956; Avigad 1959; J. C. L. Gibson 1971, 54ff; Frick 1974를 보라.

37) Naveh 1960; 1961; 1962; 1964; Amusin and Heltzer 1964; J. C. L. Gibson 1971, 26ff.; Lemaire 1977a, 259ff.; Pardee 1978; Suzuki 1982, Sasson 1984를 보라.

38) Dever 1969-70; Lemaire 1977; Avigad 1979, 24; Zevit 1984; Catastini 1984; Hadley 1987; O'Connor 1987; Margalit 1989를 보라.

39) Torczyner, Harding, Lewis, and Starkey 1938; Ginsberg 1935; 1938; 1940; Albright 1938; de Vaux 1939; Tufnell 1953; J. C. L. Gibson 1971, 32ff.; Lemaire 1977a, 83ff.; Ussishkin 1978; 1983; Cross 1985를 보라.

40) Aharoni 1966; 1968a; 1968a; 1970; 1981; J. C. L. Gibson 1971, 49ff.; Rainey 1971; 1977; Lemaire 1977a, 145ff.; Pardee 1978a; van Dyke Parunak 1978; Sasson 1982를 보라.

41) Naveh 1963; Cross 1970; Lemaire 1976; P. D. Miller 1981을 보라.

장이 보존되어 있다.[43] 최근 고고학 발굴들을 통해 광범위한 지역들에서 다양한 크기의 새로운 비문들이 계속 발견되고 있다.[44] 힌놈 골짜기에서 기원전 7세기경의 것으로 추정되는 은으로 만든 두 개의 작은 부적이 발견되었는데, 그 중 하나에 민 6:24-26의 제사장 축복문이 들어 있다.[45] 최근 예루살렘의 이스라엘 박물관은 짧은 히브리어가 새겨진 상아 재질의 석류를 소장하게 되었다.[46]

무라바트(Murabba'at)에서 발견된 가장 오래된 히브리어 파피루스(Mur 17)[47]도 기원전 8-7세기 무렵의 것으로 편지 조각 하나와 경제 관련 본문을 담고 있다. 이 모든 비문들과 문헌들의 내용은 매우 간단하여 포로기 이전 시대에 그 지역에서 사용한 언어를 구체적으로 분석하는 데는 큰 도움이 못 된다.

의심할 바 없이 가장 폭넓게 분석하고 논의한 본문은 1908년에 발견된 게셀 돌판이다. 일부 학자들은 이것이 사실상 북쪽 지역 히브리어의 특징을 이루는 형태들을 사용하고 있지만 히브리어보다 더 오래된 방언을 표현한다고 확신했다.[48] 특히 어려운 점은 이 '농경 달력'이나 '소원을 비는 돌판'에 네 차례 나타나는 yrḫw 형태에 대한 해석인데, 이 형태는 일반적으로 3인칭 단수 접미어가 붙은 쌍수 형태 yarḫayhū>yarḫēhū>yarḫēw '그의 두 달들'로 이해된다.[49] 이 본문의 특징은 한 때 이중 모음이었던 모음의 축약

42) Dothan 1961을 보라.

43) Vattioni 1969; 1971; 1978; Herr 1978, 80ff.; Hestrin and Dayagi-Mendeles 1978-79; Garbini 1982를 보라.

44) 예, Ramat Raḫel (Aharoni 1961; Lemaire 1977a, 257f.); Beth Shean (Tzori 1961); En Shemesh (Grant and G. E. Wright 1939); Khirbet Raddana (Aharoni 1971; Cross 1971); Tell al-Rimaḥ (Cody 1970); Giv'at ha-Mivtar (Naveh 1970); Beer Sheba (Lemaire 1977a, 271ff.); Khirbet el-Meshash (Lemaire 1977a, 275); Aroer (Lemaire 1980); Tell 'Ira (Beit-Arieh 1983; Garfunkel 1988).

45) 1975년에 발카이(G. Barkay)의 지도 아래 발굴되었다. Barkay 1984를 보라.

46) Lemaire 1981a; 1984a를 보라(그러나 후에 그 글씨가 조작된 것으로 판명되었다. 역자 주).

47) 밀릭(J. T. Milik, 1961, 93-100)이 출판했다; J. C. L. Gibson 1971, 31f.를 보라.

48) Garbini 1954-56을 보라.

49) 올브라이트(1943)가 제안한 것과 같다. 그 전에 그는 이것이 주격 쌍수 연계형 yarḫa이

으로, 이 점은 예루살렘 방언과 달리 북쪽 방언의 특징이었다. 예를 들어 성서 히브리어에서 kyl(kayil)로 예상되는 형태 대신 kl '(양을) 측정함'이, 성서 히브리어의 qyṣ(qayiṣ) 대신 qṣ '여름 (수확)'이 나타난다.

축약된 이중 모음은 사마리아 토기 조각에서도 발견되는데, 예를 들면 성서 히브리어의 yyn(yayin) '포도주' 대신 yn(참조, 아랏 토기 조각에 기록된 yyn)이 있다. 텔 카실레에서 발견된 토기 조각에는 이중 모음이 축약되지 않은 형태인 byt '(~의) 집'이 축약된 형태인 ḥrn '호론(Horon)'(즉, ḥoron<*ḥawran)과 함께 나타난다.[50] 사마리아 토기 조각의 또 다른 특징은 성서 히브리어의 b-šnh(ba-šanah) 대신 나타나는 b-št '그 해에' 형태이다. 이것은 페니키아어와 모압어처럼 눈이 동화되고 오래된 여성 어미를 보존한 형태이다. 3인칭 남성 단수 인칭대명사 접미어 -h가 라기스 서신과 야브네 얌 비문에 나타나는데,[51] 후자에서는 1인칭 접미형 동사 klt '내가 측량했다.'도 발견된다.[52] 라기스의 한 서신에는 성서 히브리어의 'th('attah) '지금' 대신 구어체 형태로 보이는 't가 있다.[53] 오펠에서 발견된 토기 조각에 기록된 'ḥyhw '아히야(Ahijah)'처럼 남쪽 방언의 신명들 중에는 -yhw가 일반적인 형태이지만 북쪽에서는 h-가 사라지고 단축 형태인 -yw가 남았다.[54] 많은 인장과 항아리와 다른 비문에서 인명과 함께 사용되는 전치사 l-은 다양한 방법으로 해석했으나, 아마 단순히 소유를 표시하는 라메드일 것이

며, 서북 셈어의 형태 변화를 거쳐 yarḥo가 된 것이라는 긴스버그의 해석(1963a)을 받아들였다. 올브라이트는 모음 글자를 사용하지 않은 고대 히브리어의 서법이 더 잘 알려지면서 이 견해를 받아들이지 않았다. 가르비니(1954-56년)는 이 형태가 우가릿어와 유사하게 -u를 가진 주격 복수 연계형이라고 제안했는데, 이 제안은 깁슨(1971, 3)도 수용한 해결책이었다. 올브라이트(Cross and Freedman 1952, 46f., 각주 11에 언급됨)는 이 구조가 'ㅗ 뒤에 오는 명사와 동격 관계의 접미사를 포함한' 것으로 분석했다. 세갈(J. B. Segal, 1962)은 마지막에 오는 바브가 사실상 고대 히브리어 서체에서 바브 글자와 유사한 형태를 지닌 신관 문자(hieratic)의 숫자 2라는 가설을 발전시켰다.

50) Cross and Freedman 1952, 48; J. C. L. Gibson 1971, 15ff.를 보라.

51) Donner and Röllig 1971-76, II, 191, 200을 보라.

52) J. C. L. Gibson 1971, 30을 보라.

53) 겔 23:43과 시 74:6의 크티브(ketiv)에도 보존되어 있다; Cross and Freedman 1952, 52f.를 보라.

54) Cross and Freedman 1952, 51; Ṣarfatti 1982, 81f.를 보라.

다.[55]

비록 때때로 단어 가운데 요드나 바브 형태가 발견되지만(이 경우에 요드와 바브가 단순히 축약되지 않은 이중 모음만을 반영하는 것은 아니다.), 비문들은 불완전 서법을 사용하는 경향이 있다. 예를 들어 기원전 8세기의 실로암 무덤 비문에 'rwr('arur) '저주받은'이 기록된 반면, 실로암 터널 비문에는 'wd '아직'과 mwṣ' '근원'이 나타나는데, 이 형태들은 이중 모음을 보존한 'awd와 mawṣa'일 것이다. 비문들의 서법에 대한 분석은[56] 기원전 10세기 이전에 히브리어 문자가 페니키아어처럼 순수하게 자음 문자였다는 것과 9세기에는 아람어의 영향으로 모음 글자가 소개되었는데, 처음에는 단어 끝에만 오다가 나중에는 중간에도 왔다는 것을 명확하게 보여준다. 실로암 터널 비문에 기록된 r'w '그의 동료' 같은 형태는 re'ew(<re'ehu, 성서 히브리어에 re'o로 종종 나타나는 후대의 발전 과정 없이)로 읽혔다. 이러한 해석과 함께 같은 비문에 나타나는 hyt '그녀가 ~였다.'가 랍비 시대 히브리어처럼 hayat로 읽혀야 할지 아니면 고전 성서 히브리어에 더 가까운 hayata로 읽혀야 할지 알 수 없다.[57] 기원전 6세기의 라기스 토기 조각에는 단어의 중간에 오는 많은 모음 글자들이 있다. 거의 유사한 시기인 아랏 지역 토기 조각에는 바브(w)가 이미 u로서 일반적으로 쓰였고, 요드는 종종 i를 표현한다. 그러나 단어 중간에 다른 모음 글자들은 오지 않았으며, 단어 끝에 오는 *h*(헤)는 *e*, *a*, *o*를 나타내었다.[58]

비문에 사용된 형태들은 비록 마소라 학자들이 크레(qere, 읽기 전통)로 그것들을 표준화하려고 시도했지만, 아주 종종 성경에 크티브(쓰기 전통)로

---

55) 예, 아비가드(N. Avigad, 1979, 27ff.). 야딘(Y. Yadin, 1959; 1962; 1968)은 이것이 세금을 내고 선물을 보내는 등의 활동을 하던 중요한 지주들이나 포도주, 기름, 곡물 생산자들의 이름들을 소개한다고 주장했다. 다른 한편, 레이니(A. F. Rainey, 1962; 1967; 1970; 1971; 1982)는 이것이 농산물을 받은 이들을 언급한다고 믿는다. 참조, Lemaire 1981; Mommsen, Perlman, and J. Yellin 1984.

56) 특히 Cross and Freedman 1952, 45ff.를 보라. 이들의 일부 견해는, 예를 들어 단어 가운데 오는 모음 글자의 후대 발전과 관련하여, 오늘날 대체로 수정된 형태로만 수용되고 있다. 참조, Zevit 1980; Şarfatti 1982, 60f.

57) Puech 1974, 201을 보라.

58) van Dyke Parunak 1978을 보라.

만 보존된 형태들과 일치한다. 예를 들어 ʼnšw '그의 사람들'처럼 복수 명사와 함께 오는 3인칭 남성 단수 접미어 -yw 대신 -w가 오거나, 단수 명사가 -h와 함께 오는 형태, ḥy yhwh '여호와께서 살아 계신다.' 대신 ḥyhwh로 나타나는 하플로그라피(haplography, 중자 탈락-역자 주) 형태의 경우, ʻth '지금' 대신 ʻt로, ktyym 'Kittim 깃딤' 대신 ktym으로 기록한 불완전 서법의 예들이 있다.59)

라기스 토기 조각에는 2인칭 단수 동사 접미어가 -th이지만 아랏에는 그것이 -t와 교체되어 나타난다. 긴 형태에서 헤는 성경 거의 전반에서 그랬듯이 단어 끝 모음 글자의 역할을 하는 것이 분명해 보인다. bytk '너의 집'에서 볼 수 있듯 비문에서 남성 2인칭 대명사 접미어가 일반적으로 -k이며, 이 점은 다양한 방법으로 설명되었다.60)

규칙적이지는 않지만 정관사가 생략되는 몇몇 흥미로운 예들이 있다. 7세기의 공문서용 인장(bullae, 점토로 만든 고대 인장 종류-역자 주) 두 개에 나타나는 śr h-ʻr '그 도시의 (그) 장관'-그리고 예상되는 성서 히브리어 형태-과 달리 쿤틸레트 아즈루드에서 발견된 l-śr ʻr '(그) 도시의 (그) 장관에게/장관을 위하여'라는 기록은 아마도 구어체를 반영하고 있는 것 같다.61)

분명히 성서 히브리어의 מַעֲצָד(maʻᵃṣāḏ) '낫'과 관련 있을, 게셀 달력의 ʻṣd처럼 알려지지 않은 몇몇 단어들이 있지만, 비문의 어휘는 대체로 성서 히브리어와 일치한다. 가장 논쟁이 많이 되는 단어는 실로암 터널 비문에 기록된 zdh인데, 이 단어는 '갈라진 틈', '좁은 장소', '열심', '공명', '구멍 뚫기' 등 여러 가지로 이해되었다.62) 비문 자료를 분석하다가 무게를 가리키는, nṣp와 pym이라는 두 명칭도 발견했다.63) 라기스 서신에 종종 나타나고 엘-아마르나 서신과 성경에도 나타나는 klb는 '노예'를 표현하는 표준어의 유사어로 사용되었을 것이다.64) 장례와 관련된 비문들에서 여러 번 나오는

59) Ṣarfatti 1982, 65ff.를 보라.

60) Ṣarfatti 1982, 68f.를 보라.

61) Ṣarfatti 1982, 71ff.를 보라.

62) Puech 1974, 201ff.; Görg 1980을 보라.

63) E. Y. Kutscher 1982, 67f.; Hadas-Lebel 1981, 75f.; Ṣarfatti 1982, 73을 보라.

64) Margalith 1983과 이 비문들의 여러 단어들을 검토하는 박사 논문인 Sasson 1979a를 보

'mh 명사는 아마도 여성 고위 관료의 호칭이었을 것이다.

어떤 단어들은 성경의 것과 다른 의미로 쓰인다. 예를 들어 아랏 토기 조각의 'wd는 '잔류물'이라는 뜻인 한편, 성서 히브리어에서는 '여전히'라는 부사 역할을 한다. 어떤 단어들은 의미가 불분명하다. 예를 들어 사마리아 토기 조각에 기록된 šmn rḥṣ는 '씻긴, 정제된(raḥuṣ)'이나 '목욕을 위한(raḥaṣ)' '기름(šemen)'으로 해석할 수 있다. 라기스 서신들의 시작 부분에 나오는 안부 문구는 성경에 나타나지 않으며, 다른 사회 환경에서 온 것으로 보인다.[65]

5. 포로기 이전의 히브리어 산문

사사 시대에 문화, 종교의 중심지가 이스라엘 북쪽 지역인 에브라임과 베냐민 산지였다는 점을 고려한다면, 고대 성서 운문의 언어가 가나안 북쪽 지역의 운문과 명백한 연관이 있다고 해서 놀랄 일은 아니다. 반대로 고전 히브리어(Classical Hebrew) 산문은 다윗, 솔로몬, 예루살렘 후계자들의 통치 지역과 분명하게 관련된다. 이것은 다윗 왕국의 출현으로 북쪽 언어가 남쪽 언어로 대체되었다는 것이 아니라 예루살렘 궁정과 교육받은 집단들이 사용했고 남쪽 특징들이 지배적이었을 것이 분명하지만, 남쪽 같이 북쪽에서도 이해할 수 있는 의도된 '공식' 언어가 만들어졌다는 것을 의미한다.[66] 이 시기의 예언서와 예배용 시의 언어는 산문 문학의 언어와 확연히 구분된다.

지난 장에서 살펴본 포로기 이전 시대의 히브리어는 다른 서북 셈어들과 함께 발달하면서 원시 셈어와 구분되는 많은 특징들을 발전시켰다. 예를 들어 단어 처음의 바브가 요드로, 장모음 ā가 장모음 ō로 바뀐 점, 이중모음의 단축(모든 경우에 다 그런 것은 아니지만), 단어 끝의 단모음 상실, 명사와 동사에서 여성형 어미 -t 생략, 치간 자음(interdental consonants)의

라.

65) Pardee 1982; Ṣarfatti 1982, 74ff.를 보라.

66) Rabin 1979를 보라.

치찰음으로의 전환, 뒤의 자음에 동화되는 눈(nun, 몇 가지 예외), 접두형 동사가 단순 과거의 의미를 상실하는 점(연속 바브 뒤에 올 때 제외, 단순 과거의 의미가 접미형 동사로 확장됨), 청유법의 발달, Shaf'el 동사가 실질적으로 사라진 점, -ti 접미어가 1인칭 단수에 사용된 점, 정관사의 사용 등을 들 수 있다.[67]

포로기 이전 시대 히브리어의 자음 체계가 일반적으로 만족스러울 만큼 잘 보존되었다는 가정 아래, 천오백 년 이후에 마소라 학파가 만든 것과 상당히 다른 고전 성서 히브리어의 모음 체계와 발음을 복원하려고 여러 가지 시도를 했다. 학자들은 우선 비교 문법에 기초하여 가장 중요한 변화들, 주로 기원전 600년 이후의 히브리어에서 찾을 수 있는 음성론 부분의 변화들을 강조하려고 했다.[68]

포로기 이전에 이미 일어나기 시작한 것들을 포함하여 가장 중요한 변화는 다음과 같다. 음절이나 단어 끝에 오는 알렙의 발음이 생략되는데, 이 현상은 아마도 꽤 일찍 발생했을 것이다.[69] 브가드크파트 자음이 마찰음화 현상을 일으켜, 결과적으로 이 자음들이 이중 발음, 곧 파열음과 마찰음으로 발음되었으며, 마찰음이 나중에 더 우세해진 것이 분명하다. 연구개음과 인두음의 발음이 중화되는데(/ḫ/>/ḥ/, /ġ/>/ʻ/), 이 현상의 정확한 연대는 알 수 없다.[70] /ś/와 /s/의 발음이 중화된다. 두 자음이 연속적으로 오는 것을 막기 위해 모음을 첨가하는 '쎄골화' 현상이 일어난다(*kalbu>keleb, *sipru>seper).[71] 강세 전 음절 모음의 장모음화와 자음 중복 현상이 일어나는데, 아마도 강세가 마지막 음절로 이동하면서 생긴 현상일 것이다.[72] 강세 있는 폐음절에서 짧은 /i/가 /a/로 바뀌는(*ḥapiḏta>ḥapaṣta) 필리피 법칙(Philippi's law)과[73] /a/가 특정

67) Rabin 1971a, 58f.를 보라.

68) 특히 Bergsträsser 1918-29, I, 11ff., 163ff.; Harris 1941; Beyer 1969, 37f.를 보라. Birkeland 1940, 59ff.는 티베리아 마소라 학파가 소개한 변화들에 집중한다.

69) Blau 1976, 22f.를 보라.

70) Wevers 1970과 Blau 1982를 보라. 이들은 오경이 헬라어로 번역되던 시기에(약 기원전 3세기) 이 두 음소 그룹 간에 여전히 차이가 있다는 것을 보여준다.

71) Blau 1976, 34를 보라.

72) Bergsträsser 1918-29, I, 165를 보라.

73) 블라우(1981)는 잘 알려진 이 법칙의 상대적인 연대를 매우 자세하게 검토했다. 그는 이

한 환경에서 /i/로 바뀌는(*massima>missim) 모음 미세 법칙(law of attenuation)이 일어난다. 특정 모음들이 슈바로 단축되고 후음에서는 복합 슈바로 단축된다. 단어 끝의 중복 자음들이 단축된다. 후음 앞뒤에 오는 모음이 바뀐다. 이중 후음이나 이중 /r/이 단축된다.[74] 두 모음 사이의 /h/가 사라진다. 인두음과 후음이 약화된다. 이중 모음들의 축약 현상이 더 많이 나타났거나, 두 자음 사이에 모음이 첨가되었을 가능성이 있다(*baytu>bayit, *mawtu>mawet).[75]

다른 현상들은 더 후대에 일어났으며 특정한 히브리어 전통에만 영향을 미친다. 예를 들어 종종 원시 셈어의 /ā/에 해당되는 카마쯔가 티베리아 전통에서는 /å/로 발음된다. 쩨레와 쎄골(이 두 모음은 팔레스타인 전통에서 파타흐와 카마쯔처럼 서로 구분되지 않는다.), 홀람, 레쉬 등의 발음도 여러 전통 사이에서 눈에 띄는 차이점이 있다.[76]

언제 이런 변화가 일어났는지 정확한 시기를 확정하는 것은 언제나 쉬운 일이 아니다. 그러나 이러한 변화가 히브리어가 아직 일상 언어였을 시기와 마소라 학파 시대 사이에 일어난 것은 확실하다. 마소라 학파의 모음 부호 체계는 언어에 발생하는 실질적인 변화에 대한 기록으로 마소라 학파의 언어적 견해를 다양한 방법으로 반영하는데, 많은 경우 히브리어에만 제한되지 않고 아람어의 영향과 과도한 주관적인 복원에 대한 증거를 갖고 있다.[77] 이 문제에 반대 방향으로 접근하면서, 다시 말해 마소라 히브리어에서 위에 열거한 과정의 결과로 이루어진 형태들을 제거하면서, 단어 형태를 포함하는 포로기 이전 시대의 히브리어를 복원하려는 다양한 시도가 있었는데 정도의 차이는 있지만 그런대로 성공을 거두었다.[78]

전혀 다른 관점에서 볼 때, 포로기 이전의 언어는 정관사와 목적격 불

법칙이 휴지 형태에서 일어나는 장모음화보다 더 늦게 작용하기 시작했지만, 폐음절로 끝나는 휴지 형태들에서 악센트가 마지막 음절로 바뀐 뒤에도 여전히 작용하고 있었다고 입증했다.

74) Harris 1941, 145; Blau 1976, 31f.를 보라.

75) Beyer 1969, 38f.; Rabin 1971a, 59를 보라.

76) Rabin 1971a, 59를 보라.

77) 베이어(K. Beyer, 1969, 33)의 판단을 주목하라. 또한 칼레의 잘 알려진 견해도 보라. 그의 견해에 대해 우리가 나중에 언급하겠지만 모든 사항들을 다루지는 않을 것이다.

78) 특별히 좋은 예는 베이어(1969)의 것이다.

변화사의 사용, 동사의 일반 형태와 바브 연속형의 구분이 상당히 안정적이라는 점에서 고대 운문의 언어와 다르다. אֲשֶׁר('ᵃšær)와 כִּי(kī) 같은 불변화사들을 훨씬 더 자주 사용하고, 접속사가 생략된 문장 구조가 줄어든다.[79]

포로기 이전 시대에 여러 방언이 틀림없이 존재했을 텐데도, 이중 모음 사용의 몇 가지 차이점과 shibboleth의 발음에 관한 삿 12:1 이하에 소개된 잘 알려진 본문 말고는 분명한 흔적이 없다.[80] 호세아서 같은 일부 예언서는 북 왕국의 언어적 환경을 반영하며, 몇몇 특정 방언의 특성을 보존하고 있는 것으로 보이며, 다른 가나안어나 서북 셈어와 유사한 구문이나 어휘가 많다.[81] 현존하는 포로기 이전 시대의 산문 책들과 아주 고대의 것이 아닌 운문 본문의 언어는 기본적으로 동일하고 고전 성서 히브리어라는 이름으로 적절히 불릴 수 있긴 하지만, 그들 사이에 현저한 문체 차이가 있고, 어떤 경우에는 본문의 서로 다른 기록 연대를 암시하는 언어 흔적도 존재한다.

모든 히브리어 전통은 성서 히브리어에 스물두 개의 글자로 대표되는 스물 한 개의 자음과 두 개의 반자음이 있다고 동의한다. 이들 중 하나는 두 개의 다른 음, 즉 /š/과 /ś/을 표시하는 한편, 최소한 다른 여섯 개는 다중 음가를 가지고 있는데, 이들은 브가드크파트로, 음성론적 주변 환경에 따라 파열음과 마찰음으로 발음되며, 이 두 종류의 발음은 구별된 음소가 아니라 이음(allophones, 같은 음소에 속하는 음들-역자 주)의 성격이 있다.[82] 스물아홉 개의 원시 셈어 자음으로 추정되는 음소 중에 치간음은 마찰 치음과 연구개음은 각각에 대응되는 인두음과 중화되었다. 모음 음소의 수는 서로 다른 마소라 전통들에 따라 차이가 있다.

티베리아 전통의 표현과 같이 히브리어에는 강세가 일반적으로 마지막 음절에 오며 드물게 마지막 전 음절에 온다. 그러나 히브리어 강세는 복잡한 역사를 갖고 있으며 자체 내에서 여러 단계를 확인할 수 있다.[83] 만일

79) Rabin 1971a, 66을 보라.

80) E. Y. Kutscher 1982, 14f.를 보라.

81) Kuhnigk 1974를 보라.

82) Cantineau 1950b; M. H. Segal 1928; Schramm 1964; Blau 1976, 5ff.를 보라.

83) Blau 1976, 30ff.를 보라.

강세가 원래 주로 마지막 전 음절에(때때로 마지막 전전 음절에) 왔다면, 마지막 단모음을 상실하면서 강세가 마지막 음절이 된 음절에 남게 되었을 것이다. 휴지 형태와 접미어가 붙은 특정한 형태들은 더 이른 시기의 강세와 모음 부호를 보존하고 있다. 강세의 발전 과정과 밀접하게 관련된 것들로는 강세 전에 오는 일부 모음의 장모음화, 강세에서 비교적 멀리 위치한 개음절에 오는 모음의 최단 모음(슈바와 복합 슈바-역자 주)으로의 단축, 몇몇 단어의 형태에서 두 자음이 마지막에 연속적으로 오는 것을 피하기 위해 모음이 첨가되는 현상이 있다. 이 모든 변화들은 아마 포로기 이후에 일어났을 것이다.[84)]

모든 마소라 전통에 따르면 동사는 접두형과 접미형을 갖는다. 원래 (상태보다는) 동작을 표현하는 접두형 동사는 현재나 미래에 발생하는 동작이나 과정이 계속되거나 진행되는(cursive) 상(aspect)을 표시한다. 원래 상태를 표현하는 접미형 동사는 과거에 발생한 존재의 상태를 표시하고 일회적인 동작의 상을 전달한다.[85)] 이 밖에도 원시 셈어 접두형의 단순 과거 역할이 성서 히브리어의 '연속' 시제에 보존되었는데, 그 기원과 의미는 아직까지

---

84) Grimme 1896; Brockelmann 1904; Hommel 1917; Cantineau 1931, 1932a; Artom 1931-32; Goetze 1939; Poebel 1939; 1939a; Rabin 1960; J. C. L. Gibson 1966; Blau 1978a; 1979; 1979a; 1981을 보라.

85) 히브리어 동사의 시제 체계와 가능성이 있는 상의(aspectual) 기능은 지난 세기에 수많은 연구 대상이 되었다. 드라이버(S. R. Driver, 1892)는 쿠르티우스가 헬라어에 사용한 범주들을 히브리어에 적용해 보았다. 그는 히브리어 동사가 행동이 일어나는 시간이 아니라 행동의 성격을 표시한다고 주장했다. 따라서 미완료형은 시작하려는 행동을, 분사는 계속되는 행동을, 완료형은 완성된 행동을 표현한다는 것이다. 많은 히브리어 학자들이 드라이버의 이론을 수용했다. A. B. Davidson 1901; Williams 1967 등을 보라. 바우어(1910) 같은 다른 학자들은 그러한 견해를 완전히 거부하며, 히브리어에서 시제가 서로 다른 시점들도 표현한다고 주장했다. Bergstässer 1918-29, II, 9-14; G. R. Driver 1936; Blake 1951a; Hughes 1970을 보라. 다른 한편, 브로클만(C. Brockelmann, 1956), 마이클(D. Michel, 1960), 룬트그렌(F. Rundgren, 1959; 1961; 1963), 제니(E. Jenni, 1968), 마미어(R. Meyer, 1966-72, III, 39ff.), 커스타(P. Kustár, 1972), 쿠릴로비츠(1972; 1973)와 다른 학자들은 히브리어 동사가 상을 표현한다는 가설을 여러 가지 방법으로 지지해 왔다. 참조, Mettinger 1974; McFall 1982; Zuber 1986; Niccacci 1990(원래 1986년에 이태리어로 출판되었다.). 토레스(A. Torres, 1982)는 이 문제에 관한 여러 견해들에 대한 평가를 제시한다.

완전하게 밝혀지지 않았다.[86]

고대의 서술(narrative)-직설법(indicative), 목적법(final), 단순 과거-희구법, 명령법(imperative), 강조법(energic)의 잔재를 여전히 찾아볼 수 있지만, 성서 히브리어에서 동사의 법이 크게 축소되었다.[87] 지속형(durative, *yaqqattalu)이 존재한다는 주장도 있었다.[88] 접두형 동사에서 마지막 -n(nun paragogicum, 눈 파라고기쿰)이나 1인칭에서 마지막 -ah(청유법)를 갖는 확장 형태뿐만 아니라 단축형(희구법, jussive)도 드물긴 하지만 사용된다. 부정사 절대형은 훨씬 축소된 서술이나 강조 기능을 하는 반면, 새로운 형태인 부정사 연계형이 널리 사용되었는데, 일반적으로 인칭대명사 접미어와 함께 오고 그 앞에 불변화사를 갖기도 한다.

오늘날은 마소라 학파가 확인하지 않은 형태들을 인정하는 경향이 있지만, 성서 히브리어에 더 적은 수의 파생 동사가 있다. 그러한 형태의 예로 Qal 동사의 수동태,[89] Shaf'el 사역형,[90] Nif'al의 수동태 Nuf'al과 Hithpa'el의 수동태 Hothpa'el이 있다.[91] 지난 몇 년 동안 이들 중 일부 형태의 역할이 특별한 관심을 받아왔다.[92]

접미형 동사에서 3인칭 여성 단수 어미가 원래의 타브를 상실하여 -at>-ah가 된다. 3인칭 여성 복수 형태가 특정한 크티브 형태에만 흔적을 남기고 사라진다.[93] 그러나 접두형 동사에서 3인칭 여성 복수 형태가 남성 접두어인 y-와 함께 나타날 수 있다는 것을 보여주는 몇 가지 예가 있긴 하지만, 성서 히브리어의 특징은 특정 여성 형태에 있으며, 이 형태는 2인

86) Lambert 1983; Gordon 1938a; Cazelles 1947; Hartom 1950-51; Schramm 1957; Sheehan 1970; T. L. Fenton 1973을 보라. 반스(O. L. Barnes, 1965)는 연속 시제 이론으로 돌아갈 필요가 없다는 것을 입증하면서 히브리어 시제 체계를 재해석한다.

87) R. Meyer 1966-72, II, 96ff.를 보라.

88) Rössler 1961; 1962; R. Meyer 1966-72, II, 97을 보라. Bloch 1963과 대조해 보라.

89) Williams 1970; Blau 1976, 51; E. Y. Kutscher 1982, 36을 보라.

90) 예를 들어 Rabin 1969a; Wächter 1971을 보라.

91) Qimron 1988을 보라.

92) 특히 자동사로 작위적(factitive) 역할을 하고 타동사로 결과(resultative) 역할을 하는 Pi'el 동사에 관해 제니(1968)의 연구를 보라.

93) E. Y. Kutscher 1982, 39f.를 보라.

칭 여성 복수 형태와 동일하다.[94]

성서 히브리어에 등장하는 명사 중 약 사분의 일이 원래 단음절이며, 단어 마지막에 두 자음이 연속적으로 오는 것을 피하기 위해 보조 모음이 삽입되었다(이것은 팔레스타인 전통과 팔레스타인-티베리아 전통에서 드문 현상이고, 바빌론 전통의 모음 첨가와는 다르다.). 이 현상은 *baytu>bayit '집'과 *mawtu>mawet '죽음'처럼 이중 모음이 있는 형태들에도 나타난다. 이 이중 모음은 *baytahu>beto '그의 집'처럼 일반적으로 연계형에서 단축된다. 일부 qᵉṭāl 형태들은 아람어의 영향으로 생겼을 것으로 보인다.[95] 티베리아 전통의 발음 규칙에 따라 ma- 접두어가 mi-로 바뀌어 מִשְׁפָּט(mišpāṭ) '재판' 같은 형태가 형성되었다.[96] 형용사에는 특별한 형태론적 유형이 없다.[97]

성서 히브리어의 어휘는 성서 히브리어 특유의 환경 때문에 살아 있는 언어의 어휘에 비해 매우 적은 수이지만, 특정 분야의 어휘는 매우 풍부하다. 예를 들어 농부나 목동의 삶, 산, 구름, 자연적으로 발생하는 모든 종류의 물과 그것이 모이는 장소, 사막, 가시 등이다.[98] 어떤 지명과[99] 인명은[100] 다른 종류의 기록된 문헌에 없는 흥미로운 문법, 사전적 특징을 보존하고 있다.[101]

성경의 단어 중 사분의 일 이상이 단 한 번만 나오고 이 중 289개는 성서 히브리어에서 한 번만 쓰인 어근에 속한다. 이 단어들은 초기부터 언어학자들의 주목을 받았으며 그들은 이 단어들을 설명하기 위해 랍비 시대

---

94) E. Y. Kutscher 1982, 41f.를 보라.

95) Malone 1971을 보라.

96) Baumgartner 1953을 보라.

97) de Lagarde 1889; Barth 1894를 보라. 베르너(F. Werner, 1983)는 명사와 분사에 기초하거나 공통된 의미를 공유하는 형용사들에 대해 광범위한 연구를 수행했다(색깔, 행동의 가능성, 허약함과 결점 등). 그러나 자료가 랍비 시대 히브리어와 심지어는 이스라엘 히브리어 뿐 아니라 성서 히브리어에서도 왔다.

98) E. Y. Kutscher 1982, 53ff.를 보라.

99) 특히 Borée 1930을 보라.

100) Noth 1928을 보라.

101) E. Y. Kutscher 1982, 57ff.를 보라.

의 히브리어나 비교 셈어에 의존해야 했다. 온갖 노력에도 어떤 경우에는 문맥에서만 그 단어의 대략적인 의미를 찾을 수 있었다.[102)]

셈어와 비셈어, 특히 역사적으로 그 지역에서 중요한 문화적 영향력을 행사한 다른 언어에서 차용한 단어가 꽤 많다. 우리가 알고 있는 모습의 히브리어가 생기기 이전에 가나안 지역에 흔적을 남긴 수메르어, 아카드어,[103)] 이집트어가[104)] 그런 언어이다. 한편으로 우가릿어, 페니키아어와 다른 한편으로 남 셈어 방언들이 성서 히브리어에 나타나는 많은 외래어의 근원이 되었다.[105)] 바벨론 포로기와 2차 성전 시대 이전에는 아람어의 영향이 훨씬 제한적이었던 반면에, 이 시기에는 아람어의 영향이 컸다.[106)] 훨씬 미약하지만 페르시아어와 헬라어의 영향도 있었다. 어떤 히브리어는 히타이트어 같은 아나톨리아 언어들이나[107)] 심지어는 산스크리트어에서 유래되었다.[108)] 이러한 차용어들의 많은 부분은 식물, 금속, 보석, 기구, 의복, 치수, 농업 전문 용어, 항해, 건축, 군사·정치적 행정에 관한 어휘이다.[109)]

---

102) Rabin 1962; Greenspahn 1984를 보라.

103) Theis 1912; Landersdorfer 1916; Zimmern 1917을 보라.

104) Yahuda 1933(원래 1929년에 독일어로 출판되었다.); Lambdin 1953을 보라.

105) Ullendorff 1956; Leslau 1958; Guillaume 1965를 보라.

106) Kautzsch 1902; Wagner 1966; E. Y. Kutscher 1982, 75ff.를 보라.

107) Rabin 1963a를 보라.

108) Rabin 1962a를 보라.

109) Ellenbogen 1962를 보라.

4장 다양한 전통에 나타나는 성서 히브리어

1. 성서 히브리어의 전승

고전 히브리어의 보존은 성서 본문이 수세기에 걸쳐 어떻게 전승되었는가 하는 주제와 뗄 수 없는 연관성이 있다. 다양한 본문이 확장되고 수정되며, 포로기 후에 여러 방법으로 조정되었으며[1], 고대 히브리어 서체는 점차 아람어 정방형 서체를 받아들였으며, 본문 형성 기간이 상당히 경과한 후 비로소 성서의 본문이 안정되기 시작했다. 본문 안정화가 전적으로 획일화된 과정을 거친 것은 아니다. 초기 필사본들과 번역본들의 차이가 이를 입증한다. 보다 분명하고 철저한 작업은 타나임 시대에 이루어졌다.

기원후 1세기 말이나 2세기 초에 이르러[2] 자음 본문이 완전히 안정된 것으로 보이며 이로서 다양한 본문의 시대를 마감하게 되었다. 그동안 지역 본문이 다양했을 것이고,[3] 서로 다른 종교 그룹이나 집단에서 특정 본문을 사용하느라[4] 본문이 여럿일 수밖에 없었을 것이다.

유대 공동체에서 가장 작은 세부 사항까지도 성경 본문이 신성하다고 인식했기 때문에 가정에서나 특히 공동체의 교사들과 종교 관료들이 성경 본문을 한 세대에서 다른 세대로 전승하게 되었다. 본문 보존에 대한 정밀한 표시들이 기록으로 정하되기 전에 훨씬 더 오래된 구두 전승이 발전되었으며, 이는 본문을 한 글자라도 수정, 첨가하거나 삭제하지 않고 정확한 세부 사항까지 확실하게 하기 위해서였다.[5]

---

1) 예, Eissfeldt 1965, 562ff.; Fohrer 1968, 488ff.; McCarthy 1981을 보라.

2) M. Greenberg 1956; Barthélemy 1978, 341ff.를 보라.

3) 올브라이트(1955)가 처음으로 표현한 이론에 이어, 크로스(1958; 1964; 1966)가 이 견해를 가장 두드러지게 옹호했다. 하지만 이 견해는 최근에 지지를 거의 받지 못하고 있다.

4) Talmon 1970; Cross and Talmon 1975, 321ff.를 보라.

소프림(soferim), 곧 전문 서기관들은 본문을 잘 보존하고 본문이 어떻게 읽히고 발음되어야 할지 정확한 형태를 결정하는 데 주된 역할을 했다. 랍비 시대의 기록물은 코트바님(kotvanim)과 라블라림(lavlarim), 곧 본문의 모든 세부 사항을 베끼는 임무를 맡은 필사자들과 서기관들, 불분명한 형태의 정확한 의미를 풀어낸 다른 전문가들의 힘든 작업을 암시하고 있다.[6]

이미 아모라임 시대에 할라카(halakhah, 탈무드에서 법률을 다루는 부분-역자 주)는 성경 본문을 어떻게 읽고 기록해야 하는지 정확한 지침을 세워 놓았다. 전수받은 자음 본문을 전혀 건드리지 않고 본문을 더 쉽게 이해하기 위해 특정 표시들과 부호들을 필사본들 속에 넣었다. 본문을 올바르게 음악적으로 낭송하게 하는 휴지(pauses)와 악센트 규칙들도 이 시기에 유래한 것으로 보인다.[7]

본문에 완전 서법(scriptio plena)으로 쓸지 불완전 서법(scriptio defectiva)으로 쓸지 마소라 학파가 최초로 관찰한 내용이 기원후 8세기 이전의 필사본 형태로 존재한다. 모음 체계와 다양한 성경 본문 낭송 전통들이 고정되고 수세기 동안 구두로 전승된 후에야 그 내용을 기록으로 표현할 필요성을 느끼게 되었다. 마소라 학파가 성경 본문에 도입한 다양한 악센트와 모음 체계는 기원후 6세기나 7세기 무렵에 발전하기 시작했다.[8] 잘 알려진 것처럼 10세기부터는 그러한 체계 중 하나가 마침내 다른 체계에 대해 권위를 갖고 티베리아에서 전 유대 세계로 확산되었다. 이 체계는 벤-아쉐르 마소라 학파 가족이 힘겨운 학문적 분석과 함께 어렵게 고안한 것으로 수세기 동안 전수되어 온 고도의 발전된 발음 전통과 회당 낭송을 반영한다. 야곱 벤-하임(Jacob b. Ḥayyim) 판부터[9] 오늘날의 판본에 이르기까지 가장 중요한 히브리어 성경 판본들은 벤-아쉐르의 모음 부호 체계를 보존하는 여러 사본에 기초한다. 그리고 성서 히브리어에 대한 분석은 다른 전통을

5) *Contra Apionem* 1:42에 나오는 요세푸스의 말을 보라.

6) Dotan 1971, 1405를 보라.

7) Dotan 1971, 1412f.를 보라.

8) Morag 1974; Chiesa 1979, 37; Dotan 1981a를 보라.

9) 1524/25년에 베니스에서 다니엘 봄베르크(Daniel Bomberg)가 출판했다. 그것은 다양한 마소라 전통들을 포함하는 본문을 대표한다.

얼마간 주목하고 있긴 하지만 약간의 차이를 무시한다면 벤-아쉐르 전통과 정확하게 일치하는 텍스트를 재현한 본문에 근거한다.

약술한 것처럼 전승 과정의 전반적인 신뢰성은 거의 의심할 수 없다. 성경 본문에 나타나는 겉보기에 이질적, 이례적 형태들은 실제로 후기 성서 히브리어에서 알려진 현상들이나 방언 형태들, 동족 언어들의 분명한 영향을 반영한다.10) 그럼에도 성경 본문의 편집과 정경화와 마소라 학파의 모음 부호 사이에는 긴 시간 차이가 있었다. 여러 세기를 거쳐 다국어를 사용하는 환경에서 구두 형태로만 전승된 원래의 모음 체계는 상당히 바뀔 수밖에 없었다. 이것은 부분적으로 히브리어 자체의 발전 과정 때문이었고, 부분적으로는 주도권을 쥔 언어들, 특히 아람어와 후대의 아랍어의 영향 때문이었다. 통일된 표준 본문을 형성하는 과정에서 아마도 자료가 처음 기록된 지 수세기가 지난 너무 고대의 것이라 이해할 수 없는 용어나 구조를 삭제할 필요가 있었을 것이다.

폴 칼레(Paul Kahle)의 잘 알려진 논문에 따르면11) 마소라 모음 부호 체계, 특히 티베리아 체계는 단순히 히브리어가 6-8세기에 실제로 어떻게 발음되었는지를 보여주는 것이 아니다. 그 체계는 히브리어가 아람어의 영향을 받은 이전 몇 백 년 동안의 실제 발음이 아니라 '제대로 발음되도록' 확실하게 하려고 의도적으로 다양하게 수정하고 재구성한 마소라 학자들이 적극적으로 개입했다는 것을 입증한다.12) 이전에 쓰이지 않게 된 음운론 체계에 대한 마소라의 변혁과 재구성은 후음의 발음(아랍어에 근거하여 재구성됨), 브가드크파트 자음의 이중 발음, 인칭대명사 접미어 ךָ-(-ḵā), 동사 접미어 תָּה-(-tā)와 특별한 연관이 있었다. 다른 연구에도 반영되어 있지만,13) 마소라 학파의 활동에 대한 그러한 이미지는 오늘날 일반적으로 받아들여지지 않는다.14) 하지만 칼레의 논문과 별도로 마소라 히브리어와 포

10) Morag 1972a; 1974를 보라.

11) Kahle 1921에 처음으로 표현되었다; Kahle 1959(초판, 1947), 164ff.를 보라.

12) Kahle 1921; 1927-30, 25ff.; 1959, 156ff.에서 칼레는 팔레스타인과 사마리아 전통들, A. Sperber 1937-38에 소개된 헬라어 음역, 피유트의 리듬 검토에 그의 이론의 기초를 두었다.

13) Leander 1936; R. Meyer 1951; Murtonen 1968a를 보라.

로기 이전 문헌의 언어 사이에 중요한 차이점이 있다는 것은 수용할 만하다.

성서 히브리어를 어떻게 다양한 마소라 전통(팔레스타인, 바빌론, 티베리아 전통)이 전수했는지 검토하기 전에, 포로기 이전 시대로 가능한 한 가까이 가서 '마소라 이전 시대' 유형에 대한 전통을 보여주는 자료를 살펴 다른 측면에서 전승 과정을 검토해 볼 가치가 있다. 예를 들어 쿰란과 사마리아 전통(5장을 보라.)을 비교하거나 앞 장에서 그랬듯이 히브리어에 나타난 현상과 발달 과정을 다른 서북 셈어들과 비교하는 것 외에도 마소라 이전 시대의 히브리어에 대한 추가 정보는 기원전 3세기에서 기원후 4세기까지 기록된 많은 헬라어와 라틴어 필사본을 분석하면서도 얻을 수 있다.

2. 헬라어와 라틴어 음역의 증언

주로 기원전 4세기에서 3세기까지 상당수의 헬라어와 라틴어 음역들에 나타난 히브리어 이름들과 표현들은 의심할 것 없이 마소라 이전 시대의 성서 히브리어에 관한 일차 정보이다.[15] 우리가 셈어보다 헬라어나 라틴어의 음운론과 발음을 훨씬 더 잘 알고 있기 때문에 이 언어들의 음역은 이 시기의 히브리어에 대한 매우 귀중한 증거 자료가 된다. 그러나 한편으로는 어려움도 꽤 있다는 점을 인정해야 한다. 우선 헬라어와 라틴어 음운론은 히브리어 음운론과 매우 다르고, 이 언어들은 히브리어의 음들을 정확하게 옮길 수 있는 글자들을 갖고 있지 않다. 매우 다른 언어를 음역할 때

14) 저명한 셈어 학자들은 칼레의 이론에 전적으로 반대했다; 예를 들어 Bergsträsser 1924, 더 최근의 Brønno 1940 등, E. Y. Kutscher 1949-52, III, 43f., 1982, 19ff., Ben-Ḥayyim 1954, 63f., 97ff., Dietrich 1968, 124ff.를 보라.

15) 이 주제에 관한 많은 연구 논문들의 예는 다음과 같다. Frankel 1841; Siegfried 1884; Könnecke 1885; Mercati 1895-96 등; Růžička 1908; Margolis 1909-10; 1925-26; Schlatter 1913; Wutz 1925 등; Speiser 1925-34; Pretzl 1932; A. Sperber 1937-38; Staples 1939; Lisowsky 1940; Brønno 1940 등; Sutcliffe 1948; Kahle 1961; 1962; Barr 1966-67; 1967; 1967a; Emerton 1970; Wevers 1970; Sáenz-Badillos 1975a; Harviainen 1977; Janssens 1982; Murtonen 1981-82; 1986.

어떤 판단 기준이 실제로 적용되었는지 알 수 없지만, 음역을 한 저자들은 틀림없이 자신들의 언어의 음운론적 관점에서 히브리어에 접근했을 것이다. 이미 일상 언어로 쓰이지 않게 된 성서 히브리어가 알렉산드리아와 팔레스타인이나 다른 지역에서 통일된 발전 과정을 겪었다고 단순하게 받아들일 수 없기에 장소와 시간 차이도 문제가 된다. 음역들이 제공하는 자료가 이 시기의 표준인 다소 공식 발음과 일치하는지 방언이나 하위 형태들과 일치하는지 알 수 없다. 이 모든 어려움들 중에 가장 어려운 것은 종종 후대의 것이며 결함이 있는 필사본들을 가지고 음역들을 연구해야 한다는 사실인데, 이러한 필사본들에는 필사자들이 완전히 이질적으로 느낄 수밖에 없는 여러 다른 형태와 변조된 형태의 이름들이 나타난다.

기원전 3세기에서 2세기 사이 알렉산드리아의 지적, 언어적 분위기를 반영하는 칠십인역(Septuagint)의 음역들은 원시 셈어의 연구개음 /ḫ/와 /ġ/가 그에 대응되는 인두음과 중화된 것을 어느 정도 밝혀주는데, 이 과정은 모세 오경 헬라어 번역이 만들어진 시기에는 아직 이 과정이 다 끝나지 않은 것 같다. 최근의 한 연구에 따르면,[16] 원래 /ḥ/를 포함하는 이름의 거의 대부분에서 이 음이 묵음이나 모음으로 음역되는 한편, 원래 /ḫ/를 가진 대다수의 이름에서는 일반적인 음역이 카파(kappa)나 키(chi)이다. 따라서 이 두 히브리어 음소(phoneme)가 하나의 글자로 표현되긴 했지만, 여전히 두 음 사이에는 차이점이 느껴졌다. 다소 유사한 설명이 /ġ/에도 적용된다. 성경의 후대 책들을 제외하고 /ʻ/는 꽤 체계적인 방법으로 묵음이나 모음으로 음역하는 한편, 원래 /ġ/는 감마(gamma)로 표시한다.[17] 따라서 모세 오경의 헬라어 번역이 만들어졌을 때 /ġ/는 아직 구별된 음소였지만, 나머지 책들을 번역할 때는 그것이 최종적으로 완전히 사라지기 전에 공적인 성경 낭송에만 살아남고 더는 발음되지 않았을 것이다.[18]

16) Wevers 1970을 보라. 이 연구에서 위버스(Wevers)가 루지카(Růžička)의 입장 같은 그 이전의 입장들과 분명하게 거리를 두지만, 그의 결론들은 일반적으로 잘 받아들여지고 있고(예를 들어 Steiner 1977, 120, 각주 28을 보라.), 특히 블라우의 결정적인 1982년 논문(146ff.)에서 더 정교하게 발전되었다.

17) Blau 1982, 113ff.를 보라.

18) Blau 1982, 143f.를 보라.

폴 칼레와 그 추종자들 중 특히 스펄버(A. Sperber)는[19] 이러한 증거를 꽤 다른 방법으로 평가했다. 스펄버에 따르면 칠십인역이 기록된 시대에 후음들이 실제 자음 음가를 갖고 있지 않았고,[20] 주로 모음으로 음역되었다. 브가드크파트 자음은 헬라어에서 하나의 음, 곧 마찰음만 있었다.[21] 오리겐(Origen)의 세쿤다(기원후 3세기)에[22] 나타나는 헬라어 음역과 제롬(Jerome)의 라틴어 음역(기원후 4세기) 분석으로 스펄버는 후음과 브가드크파트 자음에 관한 칼레의 이론을 공고히 하였다.

후음과 브가드크파트 자음은 많은 논쟁을 불러일으켰다. 우선 음역 시기가 전적으로 명백한 것이 아니고, 어쨌든 이것을 칼레의 추종자들이 제안한 방법으로 설명할 필요는 없다. 브가드크파트 자음과 관련하여 기원후 2세기의 아퀼라, 심마쿠스, 테오도시온으로 이루어지는 이른바 헬라어 '삼대 역본'의[23] 음역에 각 자음에 대한 하나의 음역만 있는 편이나, 특히 이 자음들에 다게쉬가 있을 때는 두 개의 음으로 발음되는 흔적도 분명히 있다. 더욱 통일된 음역 체계가 키(chi), 피(phi)와 세타(theta)를 체계적으로 사용하는 세쿤다와 ch, ph와 th를 사용한 제롬의 음역에서 발견된다.[24] 하지만 여러 학자들이 지적했듯이[25] 이런 종류의 자료만으로 관련 히브리어 자음들이 마찰음으로만 발음되었다고 추론할 수는 없다. 칠십인역과 '삼대 역본'의 음역에 헬라어에서 항상, 그리고 오로지 파열 음가를 띠는 카파(kappa), 피(pi)와 타우(tau)도 발견되는데, 이 사실은 카프(kaf), 페(pe), 타브(taw)가 그 당시에 이중 발음, 곧 파열음과 마찰음이었다는 증거다. 세쿤다와 제롬의 예들은 평가하기 더욱 어렵다. 여기서는 기식음(adspiratio)이나 마찰음에 해당되는 일련의 헬라어나 라틴어 자음 글자가 사용된다. 그러나

19) 1937-38.

20) 스펄버는 /ḥ/가 더 앞선 시기에 키로 음역되었다고 한다(그러나 Wevers 1970을 보라.).

21) 그러나 칠십인역에 때때로 카파가 키 대신 나타나고, 중복이 있는 곳에 타우-세타(tau-theta)와 같은 순서로 나타난다.

22) 오리겐의 헥사플라의 두 번째 열에 관해 Jellicoe 1968, 106ff., Fernández 1979, 191ff.를 보라.

23) Sáenz-Badillos 1975a를 보라.

24) 단 11:45에 아파드노(appadno)의 잘 알려진 예외가 있다.

25) 특히 세쿤다와 관련하여 브레노(1943 등)를, 제롬에 관해 바르(J. Barr, 1967)를 보라.

다시 말하지만 이와 같은 음역에서 이음의 차이가 명백히 표시되지 않는다고 해서 히브리어 음소가 마찰음으로만 발음되었다고 추정할 수는 없다.[26)]

좀 더 폭넓은 관점에서 이 문제를 바라보면 인용 자료가 같은 시기 다른 셈어들의 헬라어 음역이 제공하는 정보와 일치한다는 것을 알 수 있다. 기원전 6세기부터 그 지역 전역에 걸쳐 브가드크파트 자음이 처음으로 기식음화 과정을 겪게 되고, 나중에는 모음 뒤에서 마찰음화 현상이 나타나긴 하지만, 동시대의 아람어 방언들과 모든 히브리어 전통에 이중 발음의 분명한 흔적들이 있다. 파열음으로 발음되는 것을 멈추었거나 히브리어가 중요한 음운 변화를 겪었다는 증거가 없는데, 이 점은 칼레와 그의 학파가 주장하는 것처럼 마소라 학자들이 극단적으로 개입하지는 못했음을 의미한다.

후두음과 인두음에 또 다시 점진적 약화와 혼동의 과정이 일어난다. 칠십인역에서 /ḥ/, /ḫ/나 /ʻ/를 표시하기 위해 자음 글자를 사용하지만 헬라어 '삼대 역본'에는 /ḥ/와 관련해서만 드물게 나타나는 한편, 세쿤다에는 이러한 과정에 대한 한 가지 예만 발견된다. '삼대 역본'과 세쿤다의 표준 음역 표기 방법은 후두음과 인두음 뒤에 오는 모음만 보존하는 것이다. 제롬은 /h/의 기식음이나 /ḥ/의 이중 기식음을 표현하기 위해 체계적으로 h를 사용하고, 이 시기의 유대인들이 후음과 여러 다른 자음들을 정확하게 발음하지 못하는 기독교인들을 보고 즐거워했다고 하면서 후두음과 인두음이 각각 기식음으로, 또는 강한 후음과 함께 발음되었다고 한다. 제롬의 다른 설명들은 덜 분명하다. 예를 들어 제롬이 /ʻ/가 단순히 모음 글자라고 지적할 때, 아마도 /ʻ/가 g로 읽히는 것을 막으려는 그의 시도를 이해해야 할 것이다.[27)]

그렇다면 오리겐(세쿤다)이나 제롬의 음역에서 그들의 시대에 후두음과 인두음이 더는 전혀 발음되지 않았다고 추론해서는 안 된다. 우선 헬라어 알파벳이 이 자음들의 발음을 적절하게 표현할 수 없다는 점을 기억해야

26) 예를 들어 Brønno 1968, 195f.; Barr 1967, 1ff.를 보라.

27) Barr 1967을 보라. 바르는 'adspirationes suas vocesque conmutant'(*De nominibus hebraicis*, PL 23, 773)라는 표현이 후음들이 서로 혼동되었다는 것이 아니라, 히브리어에서 각각 다르게 발음되었다는 의미로 이해해야 한다고 확신한다.

한다.[28] 게다가 전체 음역에서 볼 때 최소한 그 음들이 발음에서 완전히 사라지지 않았다는 흔적이 있다. 그러나 일부 지역에서는 이 자음들의 음가가 더 잘 보존되었지만, 이 자음들에 영향을 미친 음의 약화 과정을 기원전 천 년대 후반부부터 기원후 초기까지 히브리어와 가까운 많은 가나안어와 아람어 방언들뿐 아니라 모든 히브리어 전통에서 인지할 수 있다는 점을 지적해야 한다. 후음 약화 현상이 확산되기 시작한 두 중심지로는 동쪽 중심지(바빌론 탈무드, 만다어 Mandaean)와 서쪽 중심지(사마리아, 쿰란, 갈릴리의 여러 지역들)를 들 수 있다. 동쪽에는 아카드어 계통의 방언이 서쪽에는 헬라어가 존재한 것도 한 몫 했을 것이다.[29] 하지만 칼레와 그의 학파가 생각하듯이 후음들이 완전히 사라졌다가 마소라 학파가 재생했다는 이론을 지지할 만한 내용은 인용 자료들에서 찾기 어렵다.[30]

음역에서 동시대의 히브리어 음운론과 형태론의 많은 다른 측면의 실질 정보를 얻을 수 있다. 음역의 발음이 후대 티베리아 지역의 마소라 학파가 완성한 발음과 항상 일치하는 것은 아니고, 가끔 다른 히브리어 전통에서 발견되는 것과 더 가깝다. 티베리아 발음의 카마쯔는 때로는 알파로, 때로는 오미크론으로 표현되고, 파타흐와 쎄골은 알파와 엡실론으로 때로는 오미크론으로 표현되며, 쩨레는 일반적으로 에타로 표현된다. 히렉은 이오타로 표현되지만 때때로 여러 가지 이유에서 알파('음의 미세 현상'이 작용하지 않을 때)나 엡실론으로 대체된다. 히렉과 요드가 함께 올 때는 엡실론-이오타나 단순히 이오타로, 홀람은 오미크론이나 오메가로, 키부쯔와 슈룩은 대체로 오미크론-윱실론으로 표현된다. 유성 슈바는 일반적으로 음역되지 않고, 가끔 엡실론으로, 드물게 알파나 다른 모음으로 표현된다. 복합 슈바처럼 무성 슈바는 때때로 완전 모음으로 표현되지만 대부분 음역되지 않는다. 또한 다른 히브리어 전통과 마찬가지로 이 자료와 유사한 자료들은 끝음절 전 강세가 지배적이었음을 암시한다. '필리피 법칙'은 적어도 세쿤다의 음역에서는 작용하지 않았다.[31]

28) Brønno 1968, 193을 보라.

29) Sáenz-Badillos 1975a를 보라.

30) Janssens 1982, 41ff.를 보라.

31) Brønno 1943, 448을 보라. 그러나 Ben-Ḥayyim 1988-89, 119f.를 참고하라.

단어 첫 부분에 오는 바브는 일반적으로 오미크론-윱실론으로 음역되며, 단어 첫 부분에 오지 않을 때는 오미크론-윱실론이나 오메가로 음역된다. 초기에는 다른 치찰음들처럼 자인이 시그마로 표현되었으나 나중에는 제타로 표현되었다.

형태론적 발전 과정은 항상 일직선으로 진행되는 것은 아니다. 예를 들어 쎄골 명사와 관련하여 칠십인역과 헬라어 '삼대 역본'에는 a-e 모음이 지배적이고, 두 자음 사이에 모음이 첨가되어 두 음절 단어를 이루는 한편, 세쿤다는 원래의 단음절 형태를 더 잘 반영한다. 티베리아 전통처럼 miqṭāl로 바뀌지 않은 maqṭāl 유형의 명사에 대한 더 일관된 음역이 나타난다.[32] 세쿤다와 후대의 작품에서 정관사가 a-로 표현되며 다음에 오는 자음이 중복된다. 단어 앞에 붙어서 나타나는 전치사는 e-나 모음 없이 나타날 수도 있지만 ba-, cha-, la- 형태를 갖는다.[33] 2인칭 남성 단수 대명사 접미어는 -ach이다. 히브리어의 다른 전통처럼 접미어가 붙은 형태들을 포함하여 동사들이 어간에 두 모음을 보존하고 있다. 2인칭 남성 단수 접미형(완료형-역자 주)은 주로 테타(theta)로 끝나고, 접두형(미완료형-역자 주)에서 접두어가 일반적으로 a나 e가 된다.[34] 피엘과 히필 동사의 첫 모음은 e이다.[35]

물론 칼레와 그의 추종자들의 입장은 제쳐두고라도 여러 자료들을 해석하는 데 문제가 있다. 브레노는 중간에 어떤 발전 과정이 있었다는 것을 인정하지만, 세쿤다가 티베리아 전통의 신뢰성을 확신시켜준다고 믿었다.[36] 다른 한편, 쿠처는 음역 자료가 회당의 성경 낭송으로만 표현되는 공식, 표준 히브리어와 일치하지 않기 때문에 티베리아 히브리어와 다르며, 오히려 방언이나 '하위' 형태와 일치한다고 본다.[37] 그러나 회당 낭송 전통에 대한 어떠한 정보도 없으므로 쿠처의 구별은 입증하기 어렵다. 헬라어와 라틴어 음역들은 마소라 전통보다 더 이전 단계의 히브리어를 표현하며, 그 음역

32) A. Sperber 1937-38, 135ff., 191f.; Brønno 1943, 451을 보라.

33) A. Sperber 1937-38, 194f.; Brønno 1943, 452를 보라.

34) A. Sperber 1937-38, 156f.를 보라.

35) A. Sperber 1937-38, 164ff.; Brønno 1943, 448을 보라.

36) Brønno 1943, 462f.를 보라.

37) E. Y. Kutscher 1974, 61-71을 보라.

들은 다양한 히브리어 전통 속에서 발견되는 보수적인 특징과 여러 측면에서 일치한다. 우리에게 있는 자료들은 표준 전통과 다른 전통들을 이분법적으로 구분하는 대신, 각각의 전통을 평가하게 한다. 우리가 주목한 광범위한 특징은 언어 발전 과정이 결코 획일적이지 않았다는 점을 보여준다. 비록 많은 공통적인 경향을 공유하긴 하지만, 이 시기에 다양한 히브리어 전통이 공존하고 있었다.

3. 팔레스타인 전통에 따른 성서 히브리어

1839년에 루짜토(S. D. Luzzatto)가 처음으로 *Maḥzor Vitry*에 사용된 티베리아 모음 체계와 '우리의 모음 체계'(our pointing)에[38] 대비되는 표현인 נקוד ארץ ישראל(niqqūḏ 'æræṣ yiśrā'ēl) '이스라엘 땅의 모음 체계, 팔레스타인 모음 체계'에[39] 주목했다. 이런 종류의 모음 부호 체계를 가진 문헌들이 알려지지 않았지만, 그때부터 가장 중요한 세 개의 마소라 전통 중 하나가 글자 위에 모음을 표기하는 방법과 관련하여, 최소한 기원후 7세기부터 팔레스타인 지역에서 사용하던 히브리어 방언이나 방언 그룹을 반영하는 '팔레스타인 모음 체계'라는 용어가 통용되기 시작했다. 지난 세기 말부터 카이로 그니자(Cairo Genizah) 문서의 중요한 발견 덕분에 최소한 부분적인 팔레스타인 모음 체계를 사용한 다양한 성서 문헌과 피유트 문헌이 알려지게 되었다.

첫 팔레스타인 문헌을 노이바우어(A. Neubauer)가 출판했다.[40] 그 뒤 얼

38) *Kerem Ḥemed*, IV (1839), 203을 보라. 오랜 논쟁 끝에 이 표현은 오늘날 매우 다른 방법들로 해석된다. 프리드랜더(M. Friedländer, 1896, 94f.)는 '우리의 모음 체계'(our pointing)가 바빌론 체계를 말한다고 믿었는데, 이 견해는 칼레(예, 1927-30, 24)가 받아들였다. 알로니(N. Allony, 1964)는 그것이 팔레스타인-티베리아 발음을 일컫는다고 생각했다. 엘다(I. Eldar, 1978, I, 172ff.)는 글자 위에 모음 부호를 붙이는(supralinear) 팔레스타인 모음 체계는 그 당시에 유럽에 알려지지 않았고, 저자가 중세에 중부 유럽에 널리 알려진 팔레스타인-티베리아라는 발음 유형을 언급하면서 '팔레스타인 모음 체계'라는 표현을 사용했다고 한다. 따라서 '우리의 모음 체계'는 프랑스와 독일의 일부 지역에서만 발견되는 다른 체계일 것이라고 본다.

39) 허위쯔(S. Hurwitz)의 판(Berlin, 1889-93), 462에 나타난다.

마 지나지 않아서 프리드랜더(M. Friedländer)가 그 문헌에 사용된 모음 체계에 관한 두 개의 연구 문헌을 썼고,[41] 레비아스(C. Levias)는 많은 의식용 본문들을 편집했다.[42] 20세기 초에 폴 칼레는 나중에 결정적인 공헌을 한 첫 주제 연구를 내 놓았다.[43] 서쪽 마소라(*Masoreten des Westens*)라는[44] 그의 위대한 책은 팔레스타인 모음 체계와 그것을 사용하는 의식용 본문들, 성서 본문들에 대한 중요한 분석을 담고 있다. 칼레의 견해는 바우어와 레안더의 *Historische Grammatik*에[45] 끼친 그의 공헌과 더불어 나중에 카이로 그니자의 발견으로 더 발전되었다.[46] 그에게 팔레스타인 체계의 기초를 이루는 발음은 기원후 6세기에서 8세기까지 팔레스타인의 공적 그룹들이 사용한 발음이다. 그 발음은 다소 비실용적으로 티베리아 체계의 초기 단계를 이루고, 티베리아 체계는 결코 실제로 존재하지 않은 언어 형태의 이상화된 모델을 기초로 한, 더 이전 체계의 수정된 형태를 표현할 뿐이다.[47]

다른 학자들이 수십 년에 걸쳐 새로운 단편 자료들 편집과 연구 작업을 계속했다.[48] 특히 디에즈 마초(A. Díez Macho),[49] 알로니(N. Allony),[50] 디트리히(M. Dietrich),[51] 레벨(E. J. Revell),[52] 야할롬(Y. Yahalom)[53], 치에사(B.

40) 1894-95.

41) Friedländer 1894-95; 1896.

42) Levias 1898-99를 보라.

43) Kahle 1901; Kahle 1901a; 1925도 보라.

44) Kahle 1927-30.

45) Kahle 1922, 98ff.를 보라.

46) Kahle 1959(초판, 1947), 66ff., 336ff.

47) Kahle 1921; 1922, 84를 보라.

48) 예를 들어 Spanier 1929; Kober 1929; Edelmann 1934; Ormann 1934; Leander 1936; Bar 1936; Murtonen 1958; Weil 1961-62를 보라. Dotan 1971, 1433ff.; Morag 1972, 34ff.도 보라.

49) 1954; 1957; 1963a; 1967; 1971; Díez Macho 1971a, 61-77에 팔레스타인 체계와 관련된 문제들에 대한 전반적인 개관이 들어 있다.

50) 디에즈 마초와 함께: 1958; 1958a; 1959; 1959a. 중요한 연구 하나는 팔레스타인 모음 체계를 가지고 있는 랍비 시대 본문들에 대한 알로니의 1973-74판이다.

51) 1968.

52) 1969; 1970; 1970a; 1972; 1977(레벨은 팔레스타인 체계를 사용하는 모든 알려진 성경 본문들의 목록을 제공한다.).

Chiesa)의 연구가 중요하며,[54] 이들은 팔레스타인 모음 체계를 가진 많은 단편 본문들을 이용할 수 있게 해 주었고, 이 전통과 그것의 발달 과정에 대한 지식을 향상시켜 주었다.

다양한 사본들 간에 차이점이 꽤 많지만, 성경 본문에 사용된 가장 일반적인 팔레스타인 체계는 모음 음소들을 표현하기 위해 일곱 개의 부호를 사용한다. ˉ는 티베리아 체계의 파타흐를, ı는 카마쯔를(때때로 앞의 부호로 표현한다.), ·˙는 쎄골을, ˙·는 쩨레를, ˙는 히렉을, ∴는 홀람을, ¨는 슈룩과 키부쯔를 표현하고,[55] 슈바는 여러 가지 방법으로 표시한다.[56] 모든 모음 음소들을 표시하지만, 이음들은 그렇지 않다. 음소가 아닌 다른 요소들은 여러 가지 가치를 갖는 부호들을 가지고 일관되지 않은 방법으로 표현한다.[57] 티베리아 체계의 파타흐와 카마쯔, 쩨레와 쎄골에 해당되는 부호는 바꿔 사용하는데, 일부 초기 사본들은 이 모음들에 하나의 부호만을 사용한다. 이와 같은 비일관성에 대한 다양한 설명이 제시되었다. 예를 들어 그것이 나크다님(nakdanim, 모음 부호 첨가자들-역자 주)의 전문성 부족,[58] 서법,[59] 다른 시대에서 유래한 사본들 간의 차이점,[60] 더 많은 모음 음소들을 구별한 더 이전 단계의 전통적인 발음 때문이라고 설명한다.[61]

이 체계의 발달 과정과 특히 관련 있는 것은 팔레스타인 피유트인데, 이 피유트는 대부분의 알려진 성서 단편들보다 더 오래된 것으로 보인다. 다양한 그니자 단편들에서 이런 종류의 문헌을 연구한 야할롬은[62] 8세기에

---

53) 1969-70.

54) 1978.

55) 이것은 최소한 전통적인 해석으로, 예를 들어 칼레의 논문들과 Morag 1972에서 볼 수 있다. 그러나 도탄(1971, 1434f.)은 일곱 개의 팔레스타인 부호들이 바로 다섯 개의 기본적인 모음에 해당된다고 믿는다.

56) 그러나 디트리히(1968, 119ff.) 같은 일부 학자들은 팔레스타인 체계가 그것의 순수한 형태로는 성경 필사본들에서 다섯 개의 모음만을 사용한다고 주장한다. 다른 팔레스타인 부호들의 사용에 관해 Fassberg 1987을 보라.

57) Morag 1972, 37f.를 보라.

58) Díez Macho 1971a, 73이 그와 같다. 벤다비드(A. Bendavid)를 따르고 있다.

59) Dietrich 1968이 그와 같다.

60) 예를 들어 Yahalom 1988, 121ff.

61) Morag 1972, 37이 그와 같다.

서 9세기까지의 가장 오래된 단편들이 더 제한된 모음 체계를 사용한다고 결론지었다. 그 체계의 발음 유형은 다섯 모음과 슈바를 표현하기 위해 여섯 개의 부호만을 사용한다. 이 발음 유형은 파타흐와 카마쯔, 쩨레와 쎄골을 구분하지 않으며, 전통적인 스파르디 발음이 이 발음 유형에 가까운 것 같다.[63] 더 후대의 사본들에서 일곱째 부호인 ∵가 특별히 슈바에 쓰였고, 어떤 사본들에서는 쩨레에 쓰이기도 한다. 소수 그룹의 사본은 제쳐두더라도 점점 티베리아 체계에 가까워지고 더욱 더 잘 구별되는 모음 체계로 나아가는 발달 과정이 있었던 것으로 보인다. 야할롬의 중요한 연구에 비추어 팔레스타인 성경 단편들의 더 이전 해석을 매우 조심스럽게 검토할 필요가 있다.

팔레스타인 전통과 티베리아 전통의 차이점이 너무 커서 그들이 서로 다른 방언들을 반영할 수도 있다는 점에 일반적으로 동의한다. 팔레스타인 체계가 일관성이 떨어지기는 하지만 슈바와 a와 e 모음에 해당되는 부호의 다른 사용법, 하나의 모음이 다른 모음 특히 유사한 음색의 모음으로 대체되는 많은 경우들, 접속사 바브의 모음 부호,[64] 단어 끝에서 두 자음의 연속을 막기 위해 e 모음을 삽입하는 것[65] 등은 언급할 만하다. 칼레의 견해에도 불구하고 후음들이 팔레스타인 발음에서 쓰이지 않았다는 것은 증명할 수가 없다.

레벨은 티베리아 전통과 일치하는 정도에 따라 열두 종류의 모음 체계로 구분하면서 성서 사본들을 유형론적으로 분류하려고 했다.[66] 아주 초기 연구자들의 견해와 달리 레벨은 가장 오래된 팔레스타인 사본들이 각 음소에 하나의 부호를 사용했다고 생각한다. 음소의 사용에 기초한 외적인 분류 외에도 레벨은 더 나아가서 사본들을 두 개의 기본 유형들로 나누어 히브리어 발음의 두 층, 곧 하나는 팔레스타인에서 다른 하나는 이집트에서

62) 1988.

63) 팔레스타인 체계를 세 모음 체계 중에 가장 최근 것으로 간주하긴 했으나 이미 모델(P. Mordell, 1928-29년)이 스파르디 발음과의 관계를 주장했다.

64) Revell 1970, 61ff.를 보라.

65) Dietrich 1968, 124ff.를 보라.

66) Revell 1970a, 32ff.를 보라.

사용되었을 두 방언 그룹을 대표한다고 주장한다. 그의 연구의 이러한 측면은 특히 논쟁의 여지가 있다.[67] 더 후대의 연구에서는 성서 문헌들을 그 안에 사용된 악센트 부호들에 따라 분류하는데, 레벨은 결국 티베리아 악센트 체계와 근본적인 차이점이 없다고 결론짓는다.[68]

기본적인 쟁점은 팔레스타인 체계와 티베리아 체계의 관계 문제이며 이에 대하여 많은 이론이 생겼다. 가장 일반적인 견해는 팔레스타인 체계가 티베리아 체계보다 더 오래되었지만, 후자의 영향 아래 벤-아쉐르 학파가 사용한 전통과 훨씬 더 가까워졌다는 것이다.[69]

반면에 레벨은 팔레스타인 전통과 티베리아 전통이 공통의 기원에서 출발하지만, 팔레스타인 전통이 더 발달되어 티베리아 전통보다 더 후대의 언어 형태를 나타낸다고 주장한다.[70] 그의 견해에 따르면, a와 e 모음에 다른 부호들을 일관되게 사용하는 것은 초기의 특징이며 이 현상은 나중에 사라지는 경향이 있다. 레벨에 따르면 팔레스타인 체계에서 모음 변화는 티베리아 전통의 덜 발달된 단계에서 알려진 과정과 일치하며, 때때로 티베리아 전통에서 시작된 과정의 끝부분을 나타낸다. 티베리아 전통은 잘 보존된 고대의 발음을 수용한 한편, 팔레스타인 전통은 '통속적인' 성경 문헌에 기초하며 외부의 세력과 구어체에 더 영향을 받은 히브리어로 보존이 덜된 형태의 언어이다. 모음 부호 체계로서의 팔레스타인 전통은 티베리아 전통보다 먼저 만들어졌거나 그것과 동떨어진 곳에서 만들어졌음에 틀림없다. 하지만 두 체계가 공존하면서 티베리아 전통이 팔레스타인 전통에 영향을 주고, 마침내 팔레스타인 발음을 계속 사용해 온 사람들까지 전적으로 지배하게 된 시기가 있었다.

그러나 팔레스타인 체계가 적은 수에서 많은 수의 부호로 발전된 것이

---

67) Díez Macho 1971, 550ff.를 보라.

68) Revell 1977, 37ff.를 보라.

69) 이것이 가장 전문적인 학자들의 입장이다. Kahle 1927-30, 24; Bendavid 1958; Dietrich 1968; Allony 1973-74 등을 보라. 이것은 도탄(1971, 1436)도 수용한 것으로 보인다. 그러나 그의 견해에 따르면 스파르디 발음보다 티베리아 발음에 더 가까웠을(동일하지는 않지만) 원래 팔레스타인 체계는 우리에게 없다. 후대 팔레스타인 본문들에 대한 티베리아 체계의 영향은 원래의 상황을 어느 정도 복원시켜 주었다.

70) Revell 1970a, 104ff.; 1972, 34ff.를 보라.

아니라는 라벨의 견해나 그의 연대순 배열을 받아들이는 학자들은 거의 없다.[71] 팔레스타인 전통이 티베리아 전통의 영향 아래 티베리아 형태에 가까운 형태를 발전시켰지만, 티베리아 전통보다 더 이전 것이라는 가설이 계속 유력해지고 있다. 한동안 두 체계가 두 개나 그 이상의 발음 전통을 반영하면서 공존했다.[72]

팔레스타인 전통의 소유자들이 로마 정복 이후에 북부 아프리카에 재정착했고, 그들이 칼리프 오마르 시대에 팔레스타인으로 돌아온 예루살렘의 제사장 가문 출신이라는 것을 증명하기 위해 복잡한 역사, 언어적 배경을 발전시킨 치에사의[73] 이론은 북부 아프리카 지역에서 사용되던 아랍어가 팔레스타인 체계에 영향을 미쳤을 가능성을 이야기하는데 이것도 수용하기 어렵다. 팔레스타인 전통의 중심지는 지리적으로 본다면 아무래도 갈릴리 중심 지역에서 멀리 떨어진 곳에서 찾아야 하겠지만, 팔레스타인 남부일 것이라는 막연한 추측[74] 이외에 이를 보다 더 정확히 규명하는 것은 불가능하다.

히브리어 발달 과정에서 팔레스타인 전통의 정확한 위치를 단정하기가 쉽지 않다. 어떻게 보면 사마리아 히브리어에 가까운 것으로 보인다.[75] 매우 중요한 차이점도 있지만, 다른 견지에서 보면 단순한 바빌론 모음 체계와 일치한다.[76] 티베리아 전통과의 관계는 앞서 언급한 것처럼 논쟁 대상이다. 더 나아가 팔레스타인 전통이 다섯 개의 기본 모음을 사용한다는 점이 아직까지 보편적으로 받아들여지지 않고 있다. 이 이론이 받아들여진다면 스파르디 발음과 일치할 것이다. 많은 논쟁점들이 아직 해결되어야 할

71) Díez Macho 1971, 564; Yahalom 1988, 122ff.를 보라.

72) 두 전통의 관계의 역사에 대해 뉴욕에 있는 Jewish Theological Seminary of America의 MS 594 Box B, Env. 12가 특히 중요하다. 이 자료는 칼레(1959, 336ff.)와 마초(1957e, 28f.)가 연구했다. 칼레의 견해로는 이 필사본에서 티베리아 모음 부호법이 팔레스타인 것을 대신했다. 디에즈 마초는 그것이 두 모음 부호 체계 사이의 과도기를 표현한다고 본다.

73) 1978.

74) M. Weinreich 1963-64, 142ff.를 보라.

75) Morag 1972, 35f.를 보라. 칼레는 밀접한 관계가 있다고 벌써 지적했다.

76) Kahle 1927-30, 32ff.를 보라.

필요가 있다.

그러면 여기서 특별한 구두법 체계를 다루어 본다. 이 체계는 팔레스타인 전통과 티베리아 전통의 특징들을 공유하며 다른 히브리어 발음을 가지고 있으며 티베리아 부호를 다르게 사용한다. 이 체계를 묘사하는 여러 명칭들 가운데 '팔레스타인-티베리아'(Palestino-Tiberian)라는 알로니의 명칭을 따르고자 한다.

이러한 종류의 체계를 사용한 몇몇 사본에 익숙한 칼레는 그 사본들을 벤-납달리(Ben-Naphtali) 사본 전통으로 분류했다.[77] 그러나 티베리아 마소라 학자들과 벤-납달리 학파와의 실제 관계는 비교적 제한되어 있다. 마초는 이와 같은 사본의 기원, 팔레스타인 체계 안에서 지적하여 생긴 그 체계를 '원시 마소라'(proto-Masoretic)라고 불렀다.[78] 그 뒤에 그는 '의사 벤-납달리'라는 이름을 제안했고, 다양한 세목을 정립한 뒤 그때까지 발견된 이런 종류의 사본의 가장 완전한 목록을 출판했다.[79]

스펄버는 히브리어 성서 사본 연구에서 '마소라 이전'(pre-Masoretic) 모음 체계를 가진 네 개의 사본을 발견했다. 로이클리니아누스 사본(Codex Reuchlinianus, 1105/06년), 파르마(Parma) MSS 1848과 2808, 런던 성경이 그것이다. 스펄버는 이 사본들이 히브리어의 매우 초기 단계를 이해하는 데 지대한 공헌을 했다고 확신하고 그 사본들을 편집하는 임무를 맡았다.[80] 하지만 문제가 있는 문헌들이어서 그의 견해는 매우 비판받았다. 모라그는[81] 이 사본들의 모음 체계가 팔레스타인 전통의 후기 발달 단계를 표현하는 암시가 있고, 그 체계가 사실상 '마소라 이후'(post-Masoretic) 것이므로 '마소라 이전' 것이라고 불릴 수 없다고 한다. 모라그는 나중에 자신의 연구에서[82] 부호들이 팔레스타인 전통을 반영하긴 하지만 티베리아 부호들과 같다고 강조하면서, 그 체계를 '더 온전한 팔레스타인'(fuller Palestinian) 체

77) Kahle 1927-30, 45*를 보라.

78) Díez Macho 1956, 204ff.를 보라.

79) 특히 Díez Macho 1963a, 18ff.; 1971a, 79ff., 199ff.를 보라.

80) A. Sperber 1956-59; 1970을 보라.

81) 1959.

82) Morag 1972, 38ff.

계라고 묘사한다.

예빈은 이 사본들을 '비마소라'(non-Masoretic)라고 부르고 싶어하고,[83] 고쉔-고트슈타인(M. H. Goshen-Gottstein)은 '비수용'(non-receptus) 티베리아 전통이라고 한다. 예빈은 연대기적 우위와 팔레스타인 전통과의 관계에 대한 어떤 암시도 회피한다. 그와 달리 고쉔-고트슈타인은 그것이 다른 부호 체계를 사용하긴 하지만, 기본적으로 벤-아쉐르와 벤-납달리 전통들의 조상과 유사하다고 강조한다.[84] 얼마 후 알로니(A. Allony)가 '팔레스타인-티베리아'라는 용어를 만들었으며,[85] 현재 학자들은 이 용어를 널리 받아들인다.[86]

이러한 유형의 모음 부호 체계의 기원은 동쪽 지역에서 찾아야 하는데, 팔레스타인 지역이 가장 가능성이 높다. 이 체계는 특히 중부 유럽으로도 확산되었으며, 그곳에서 12세기 중반부터 아쉬케나지 필사자들의 활동과 밀접한 연관을 맺게 되었다.[87] 아쉬케나지 유대인들이 그들의 문헌에 모음 부호를 첨가해야 했을 때, 아직 동쪽 지역에 남아있던 두 체계 곧 티베리아 체계와 팔레스타인-티베리아 체계를 선택할 수 있었던 것 같다. 후자가 아쉬케나지 발음에 더 적합했기 때문에 그들은 종종 그것을 선택하곤 했다. 하지만 그들은 상당히 변형시키기도 했다. 이 두 가지 모음 부호 체계가 성경 본문과 예배용 본문에 사용되던 시기가 지난 뒤에, 티베리아 체계가 점점 더 우세해져서 14세기 중반 경에는 경쟁자인 팔레스타인-티베리아 체계를 완전히 밀어냈다.[88]

팔레스타인-티베리아 전통은 모음 부호 체계가 통일되어 있지 않고, 분명한 하위 구조들을 명확하게 정립하기 어렵지만,[89] 다음과 같은 기본 특징이 확인되었다. 자음이나 비자음으로 쓰이는 י(y), ו(w), א('), ה(h)를 글자

83) I. Yeivin 1959-60을 보라.

84) Goshen-Gottstein 1963, 108ff.를 보라.

85) Allony 1964를 보라.

86) 그것은 예를 들어 Morag 1968, 842f.에 이미 사용되었다.

87) Eldar 1978, I, xviff.를 보라.

88) Eldar 1978, I, xviiiff.를 보라.

89) Díez Macho 1963a; 1971a를 보라.

의 위나 안에 오는 부호가 구분해 주고, 음절의 경계를 표시하며, א('), ח(ḥ), ו(w)가 단어 끝에 슈바와 함께 오는 등 위치와 상관없이 모든 자음이 발음되고, ה(h), ח(ḥ), ע('), ר(r) 외의 모든 자음에 다게쉬가 사용되며, 팔레스타인 체계와 마찬가지로 파타흐가 카마쯔와, 쩨레가 쎄골과 교체되어 사용되는 경우가 많으며, 어떤 본문에서든 이런 한두 개의 흔적이 발견된다. 그러므로 팔레스타인-티베리아 전통은 가장 완전한 모음 부호 체계를 표현하고 있는데, 우선 자음이나 비자음 글자들 문제와 음절의 경계를 표시하여 이중 성격을 띤 슈바의 사용으로 생기는 어려움을 풀고자 시도한다.[90] 이 체계의 독특한 특징 중에는 י(y)로 시작하는 단어 앞에서 후접어(clitics, 단독으로 오지 못하고 특정 단어 앞에 붙어 나타나는 요소들-역자 주)가 wi-, bi-, ki-, li- 발음으로 표시되고, y^e 대신 yi로 발음되는 점이 포함된다.

4. 바빌론 전통에 따른 성서 히브리어

9세기 말부터 특별한 히브리어 바빌론 방언 증거 자료가 나타난다. 이 방언의 존재는 예를 들어 마르 쩨마흐 벤 하임 가온(Mar Ṣemaḥ b. Ḥayyim Gaon)의 랍비 회답서(responsum)에서 확인된다.[91] 각별히 중요한 증거는 937년 바빌론 유대인에게 고유한 발음이 있다고 발표한 알-키르키사니의 진술이다.[92] 또한 여러 중세 작가들이 이 전통의 확산을 확증해 주며,[93] 중세 문헌에는 자음과 불변화사와 크레/크티브 읽기에 관한 동쪽(madneḥa'e)과 서쪽(ma'arava'e) 지역의 차이점을 두고 자주 언급한다. 그러한 차이점의 목록이 여러 교정본에 존재한다.[94]

1839년에 추푸트-칼레(Chufut-Kale) 회당에서 카라이트(Karaite, 랍비들의 구두 전승을 받아들이지 않고 성경만을 경전으로 받아들이며, 랍비들의 주

90) Morag 1972, 38f.를 보라.

91) I. Yeivin 1985, 28을 보라.

92) Klar 1953-54, 320-28을 보라.

93) I. Yeivin 1985, 29ff.를 보라.

94) Chiesa 1979, 15ff.를 보라.

석적 성경 해석과 달리 성경을 있는 그대로 해석하는 경향이 있는 중세 유대이즘 운동-역자 주) 학자 피르코비치(A. Firkowich)가 예언서 본문을 포함하는 사본을 발견했다. 이 사본은 916년의 것으로서 지금까지 알려지지 않은 글자 위에 모음 부호를 표시하는 체계를 사용했다. 피르코비치는 오데사(Odessa)에 있는 그 사본을 역사 유물 공회(The Society of History and Antiquities)에 건네주었고, 1863년에 상트페테르부르크(St Petersburg)에 있는 황실 공공 도서관(The Imperial Public Library)으로 옮겼다. 그 도서관은 피르코비치의 다른 수집품들을 소장하게 되었는데, 여기에는 최근에 카파(Kaffa)에서 온 것과 유사한 세 문서가 포함된다.[95] 같은 종류의 모음 체계를 사용한 다른 사본들도 1874년에 그가 사망한 뒤에 두 번째 피르코비치 수집품들 속에서 발견되었고, 나중에 러시아 정부가 소장하게 되었다. 이 단편들은 피르코비치가 사망하기 몇 년 전 동방으로 여행하다 카이로 구도시의 회당에서 발견한 것으로 추정된다.

바빌론 사본에 관한 초기 정보는 핀너(E. M. Pinner)의 안내서(*Prospectus*)로 학계에 알려졌다.[96] 루짜토,[97] 에발트(H. Ewald),[98] 가이거(A. Geiger)의[99] 다양한 연구 뒤에 핀스커(S. Pinsker)가[100] 바빌론 전통에 관해 처음으로 광범위하게 분석했다. 핀스커는 슈트락(H. L. Strack)이[101] 얼마 뒤에 출판하고 하르카비와 스트락의 목록(*Catalog*)에[102] 등장한 예언서 사본(Prophets Codex, Kb 13)을 연구하여 이 발음 전통의 세부 사항을 파악했다. 스트락은 동시에 두 번째 피르코비치 수집품에 관한 세부 사항과 바빌론 발음 전통을 위한 여섯 개의 새로운 문헌 단편들을 발표했다.[103] 윅스(W. Wickes)는 히브리어 악센트의 연구에서[104] 예언서 사본으로 대표되는 체계를 논의

---

95) Kahle 1913, xxvif.를 보라.

96) Pinner 1845.

97) G. Falk, *Sefer halikhot kedem*, II (Amsterdam, 1847), 22f.를 보라.

98) 1848.

99) 1857, 484-90.

100) 1863.

101) 1876.

102) 1875.

103) Strack 1875를 보라.

했다. 그 뒤 여러 해에 걸친 몇몇 연구는 다양한 방법으로 그 체계를 더 잘 이해하는 데 공헌했다.105)

바빌론 모음 부호 체계를 밝혀내는 데 가장 영향력 있는 인물은 두 말할 것 없이 폴 칼레이다. 그는 1902년에 베를린에서 자신이 발견한 사본(Or qu 680)에 대한 연구 내용을 출판하였고, 이 사본을 예멘의 바빌론 본으로 정확하게 분류하였다. 무엇보다도 이 전통을 위해 기초적인 참고문헌이 된 것은 그의 동쪽 전통(*Masorten des Ostens*)이었다.106) 이 책은 육십 개의 바빌론 필사본에 대한 본문 검증(Textproben, 설명도 덧붙였다.), 열일곱 개 단편의 사진 재생, 바빌론 모음 체계 분석, 그 사본들의 분류 시도(이것은 후대에 널리 수용되었다.), 바빌론 전통에 따른 타르굼(Targums)의 히브리어와 아람어 문법 개관을 포함하고 있다. 칼레가 수집한 대부분의 문서들은 캠브리지에 소장된 카이로 그니자 본문들이며, 레닌그라드, 베를린, 런던에서 가져온 일부 필사본들도 있다. 폴 칼레는 그 뒤의 논문에서 이 모음 체계를 사용한 필사본의 수를 상당히 늘려 1937년경에는 약 130개에 이르렀다.107)

1954년부터 디에즈 마초는 바빌론이나 예멘에 기원을 둔 여러 필사본과 단편들을 발견하고 출판했는데, 그 중 상당수가 뉴욕의 미국 유대 신학교에 보관되었다.108) 바빌론 모음 체계에 관한 중요한 연구로는 바일(G. E. Weil), 뤼거(H. P. Rüger), 디아즈 에스테반, 모라그, 디에즈 메리노(L. Díez Merino), 나바로(A. Navarro)와,109) 가장 두드러지게는 예빈의 연구가 있다. 예빈의 바빌론 모음 체계 속에 반영된 히브리어 전통(*The Hebrew language tradition as reflected in the Babylonian vocalization*)은110) 이 전통이 처음 발견된

104) Wickes 1970, II(원래 1887년에 출판되었다.), 143ff.

105) Margoliouth 1893; Friedländer 1896; Praetorius 1899; Weerts 1906을 보라.

106) Kahle 1913.

107) Kahle 1928; 1937을 보라.

108) Díez Macho 1954a; 1954b; 1955; 1956a; 1957a; 1957b; 1957c; 1957d; 1958; 1959; 1959a; 1959b; 1960a; 1971a를 보라.

109) Weil 1963; Rüger 1963; 1966; Díaz Esteban 1966; Morag 1972; 1973; Díez Merino 1975; Navarro 1976.

110) I. Yeivin 1985. 같은 저자의 더 이전 연구도 보라: 1962; 1962a; 1964; 1965; 1968,

이래로 이 전통을 이해하는 데 가장 큰 공헌을 했다.

칼레의 초기 연구 이후에, 바빌론에서 두 개의 구별된 모음 체계가 발전했다는 것을 알게 되었다. 즉, 단순한(einfach, ‘E’) 체계와 복잡한(kompliziert, ‘K’) 체계이다. 단순한 체계는 다음과 같은 모음 자소들을 사용했다. /a/에 ˀ, /ā/에 ˀ', /e/에 ¨, /i/에 ˙, /o/에 ⁚, /u/에 ', 유성 슈바에 ′가 사용되어, 여섯 개의 기본 모음을 표현한다. 이 ‘단순한’ 체계에는 어떤 이음도 없고, 티베리아 모음 체계의 쎄골이나 카마쯔 하툽에 해당되는 부호도 없다. 이 체계는 티베리아 모음 체계의 다게쉬와 라페(rafeh, 브가드크파트 글자에 다게쉬가 없음을 표현함-역자 주)와 비슷한 특별한 부호들을 사용하지만 다소 다르게 쓰인다. 무성 슈바는 표시되지 않는다. 많은 바빌론 본문에 모음 부호가 불완전하게 붙어 있다.[111] 어떤 필사본들은 점들로만 형성된 유사한 체계를 사용하는데, 그 체계는 모음 중 세 개의 그래픽 형태에 영향을 미친다.[112]

‘복잡한’ 바빌론 체계는 다수의 모음 체계를 사용하는데, 가장 두드러진 것이 ‘완전한’ 체계와 ‘불완전한’ 체계이다. 완전한 체계는 각 음절에 특별한 부호들을 쓰되 일관되게 사용하는 반면, 불완전한 체계는 그렇지 못하다.[113] 다양하게 해석할 수 있긴 하지만 완선한 체세는 일반적으로 /a/, /e/, /i/, /u/의 이음을 위한 특별한 부호들도 함께 사용한다.[114] 중복은 하나의 음가를 가진 부호(앞에 오는 모음 위에 작은 가로 줄)를 표시하고, 브가드크파트의 파열음은 ‘단순한’ 체계처럼 표시한다. 유성 슈바와 무성 슈바는 하나의 부호를 쓴다. 알렙과 헤의 모음 음가와 자음 음가를 신중하게 구별하고, /i/는 그것이 중복된 자음 앞에 나타날 때나 강세가 없는 폐음절에 나타날 때, 두 개의 음가를 가진 하나의 부호를 쓴다.

역사석으로 난순한 체계가 디 오래된 것이 분명해 보인다. 단순한 체계의 기원은 6세기에서 7세기로 추정되며, 그 뒤에 더 포괄적이며 티베리아

1972.

111) Morag 1972, 30ff.를 보라.

112) I. Yeivin 1985, 61ff.를 보라.

113) I. Yeivin 1985, 64ff.를 보라.

114) Morag 1972, 33, 각주 55를 보라.

모음 체계처럼 정밀하고 총괄적인 복잡한 체계로 발전했다. 한동안 두 체계 곧 바빌론 체계와 티베리아 체계가 독립적으로 존재했다. 알-키르키사니의 것 같은 증거 자료들은 바빌론 체계가 10세기 전반기에 널리 사용되었음을 보여준다.[115] 그러나 아마도 바빌론 유대 공동체의 쇠퇴와 관련하여 점점 티베리아 체계의 압력에 길을 내어주고 마침내 티베리아 체계가 바빌론 체계를 대체했던 것 같다. 바빌론 모음 부호의 단순하거나 복잡한 체계를 사용하는 필사본들과 더불어 다른 중간 형태의 필사본들도 있고 제2의 손이 어떤 사본들의 원래 '단순한' 본문들에 복잡한 체계나 티베리아 체계의 부호들을 첨가하기도 했다. 훨씬 더 이른 시기에는 의심할 여지없이 시리아 문법학자들의 영향 아래 오로지 점으로만 이루어진 모음 부호 체계가 사용되었다.

칼레는 모음 체계(E, K)와 성경 부분(a: 토라, b: 예언서, c: 성문서)에 따른 필사본의 분류 체계를 Ea, Eb, Ec, Ka, Kb, Kc로 처음 제안한 학자였다. 예빈(I, Yeivin)이 필사본들을 발음법의 종류에 기초하여 아래와 같이 다섯 개의 그룹으로 구분하여 이 체계를 보충하긴 했지만, 오늘날까지도 이 체계를 여전히 사용하고 있다.

① 완전한 티베리아 발음법으로 바빌론 발음법의 흔적이 약간 있음.

② 기본적으로 티베리아 발음법으로 바빌론 문법의 특징이 일부 있음.

③ 중간 단계이거나 근년의 바빌론 발음법이지만 후음의 사용은 일관성이 없음.

④ 중간 단계이거나 초기 바빌론 발음법으로 후음에 모음이나 슈바가 일관되게 붙음.

⑤ 초기 바빌론 발음법으로 후음들에 완전 모음을 씀.[116]

때로 어떤 필사본은 이 그룹들 중 어느 것도 완전하게 따르지 않아 중간 단계로 분류해야 한다. 다른 관점에서 바빌론 전통의 발달 과정을 세

115) Chiesa 1979, 44를 보라.

116) I. Yeivin 1985, 91을 보라.

시기로 구별할 수 있다. 장년기(OB, 위의 5번), 중년기(MB, 3-4번), 청년기(YB, 1-2번)이다.[117]

OB는 단순하거나 다소 불완전한 모음 표기 체계를 사용한다. 모음 부호를 붙일 때는 알렙과 아인에 완전 모음을 붙인다. 히렉이 자음으로 사용되는 요드 다음에, 파타흐가 단어 마지막의 아인에 붙는다. 유성 슈바가 쓰이고, 때때로 무성 슈바도 표시된다. 보조 모음들도 있다.

MB는 일반적으로 완전 서법을 사용하고, 모음 부호 체계가 더 체계적이다. 후음에 때로는 완전 모음을, 때로는 슈바를 쓴다. 자음 요드가 단어 처음에서 주로 슈바를 쓰고 보조 모음을 드물게 사용하며 모음 변화가 일반적으로 나타난다. 어떤 학자들에 따르면, 이 단계의 음성 조직은 OB에서 발전한 것이라기보다는 더 이전 것에서 온 것 같다.[118]

YB의 대표 문서들 중에는 단순한 체계와 복잡한 체계 양쪽에 따라 모음 부호가 붙여진 예멘 필사본들이 많이 있다. 티베리아 체계의 영향은 각양각색으로 서로 다르게 나타난다. 때때로 그 문서들은 쩨레와 홀람, 파타흐와 슈바의 교체 같은 전형적인 예멘적 특징을 보여준다.

사실 예빈은 히브리어에서 두 개의 실질적인 시기, 곧 더 이전 것(OB)과 더 후대의 것(MB)만 말할 수 있으며, YB는 히브리어의 한 단계보다 전통들의 혼합 단계라고 여긴다. OB와 MB는 모음 부호의 사용에서 가장 뚜렷하게 차이가 난다. OB는 불완전하고 비교적 제한적인 모음 부호 체계를 사용하는 한편, MB는 모음 부호를 완전하게 붙여준다. OB에서는 슈바가 다소 일관성 없이 사용되고 때로 무성 슈바를 쓰는 한편, MB에서는 슈바 부호가 유성 슈바만을 의미한다. 후음에 모음 부호를 붙이는 점, 보조 모음과 자음으로 사용되는 요드 뒤에 오는 히렉 등의 차이점은 발음상 차이도 있었을 것이라는 점을 시사한다. 따라서 OB와 MB는 바빌론 방언 히브리어의 두 단계를 반영한다고 볼 수 있다. 예빈은 더 나아가서 페르시아와 예멘이라는 지리적 차이의 가능성도 제안한다. 가장 오래된 MB 본문들이 950년의 것인 반면에, 900년부터 1450년 사이에 만들어진 YB 필사본들이

117) I. Yeivin 1985, 92를 보라.

118) Díez Macho 1971a, 53f.를 보라.

있다. 가장 오래된 OB 자료는 약 800년대의 것이다. 또한 OB 필사본들의 랍비 시대 히브리어가 MB의 성서 히브리어의 특정한 발음상의 특징들을 공유하고 있는 것을 볼 수 있다.

그렇다면 바빌론 전통을 단지 하나의 발달 과정을 따르는 단독적이거나 단일한 현상으로 보기에는 어렵다. 그럼에도 계속 바빌론 히브리어 전통이나 방언을 말하려면 이 진술에 많은 조건들을 덧붙여야 한다. 그러나 예빈은 티베리아 히브리어와 바빌론 히브리어가 상당히 후대에 갈라진 방언이라는 증거가 실제로 충분하며 발음 발달 과정에서 동일한 규칙을 공유하고, 상대적으로 후대의 문법적 특징만 차이가 난다고 믿는다. 예를 들면 음의 미세 현상, 후음에 보조 모음 사용, 강세 없는 폐음절에서 쩨레와 홀람의 단축 현상 등이 두 방언이 공유하는 특징들인 반면, 발음상 변화의 결과로 보일 수 없는 형태론적 차이점은 매우 드물다.

바빌론 악센트 체계는 티베리아 체계와 유사하며, 몇몇 작은 차이점이 있다. 예를 들어 OB에서는 (티베리아 것을 따르는) 복잡한 체계와 달리 악센트가 강세 있는 음절에 오지 않고 연결 악센트는 없고 분리 악센트만 나타나며 마픽(mappiq)이 없다.[119]

독특한 것은 자음 요드 뒤에 히렉이 온 것으로 이때 요드는 OB에서 단어 처음이나 꽤 자주 단어 마지막에 나타나지만 중간에 오는 일은 드물다. 다른 한편, 바빌론 전통에서 히렉은 자음 요드 앞에는 오지 않는다.[120]

후음은 티베리아 전통과 분명한 차이가 많아 특히 주목할 만하다. 바빌론 전통에서 헤와 헤트를 점점 더 후음이 아닌 것처럼 다루는 경향이 있다. 다른 한편, 알렙과 아인 뒤에 오는 단모음이 완전 모음이 되는 반면, 그 자음 앞의 단모음은 불완전한 모음(murmured vowels, 슈바와 복합 슈바-역자 주)으로 단축된다. 이런 점과 특정 보조 모음들의 삽입 때문에 이 두 전통 간에 여러 소소한 차이점이 생겼다. 그럼에도 바빌론 전통은 티베리아 전통과 관련하여 차이점보다는 유사점이 더 많다. 후자가 더 눈에 띄게 후음을 특별히 취급하기는 한다.[121]

---

119) I. Yeivin 1985, 243ff.를 보라.

120) I. Yeivin 1985, 269를 보라.

다게쉬가 바빌론 전통에서 단어 마지막에 더 자주 나타나긴 하지만 다게쉬와 라페 규칙은 두 전통이 유사하다. OB에서는 다게쉬가 레쉬와 함께 나오기도 하고, 티베리아 마소라 학파가 부적절하다고 여길 만한 다른 상황에도 나타난다.122)

모음에서는 두 체계에 차이점이 몇 가지 존재한다. 바빌론 모음 부호 체계는 단순한 형태에서 여섯 개의 모음 부호를 쓰고, 티베리아 체계의 파타흐와 쎄골에 하나의 부호만을 사용하며, 모음의 장단을 두고는 어떤 표시도 없다. 역사적으로 장모음은 작은 변화를 겪었으나(주로 YB와 예멘 전통에 나타남), 단모음은 더 많은 변화를 겪었다. 강세 없는 개음절의 단모음이 티베리아보다 바빌론 체계에 더 흔한데 이는 바빌론 전통에서 후음 뒤에 단모음이 오기 때문이고, 히렉이 자음 요드 뒤에 나타나며 삽입 모음(anaptyctic vowels, 연속되는 자음군의 발음을 쉽게 하기 위해 자음 사이에 삽입되는 모음-역자 주)도 사용된다. 동사 마지막 음절에 파타흐가 사용되는 경향과 필립의 법칙이 더 많이 적용되고 음의 미세 현상은 더 적은 관계로 바빌론 전통에는 단모음 파타흐가 히렉보다 더 많다.

삽입 모음은 OB에 매우 흔하고(YB에는 드물지만), 특히 후음 알렙과 아인 뒤나 단어 가운데 비음, 떨림음, 측음 자음 앞에 나타난다. 쎄골 명사에서 삽입 모음 규칙은 티베리아 체계의 것과 유사하다. 파타흐가 그 앞 자음이 후음이든 아니든 관계없이 가장 흔하게 사용된다. 희구법 형태에서 어떤 동사들은 보조 모음(auxiliary vowel)으로 쩨레를 사용한다.123)

슈바의 사용이 티베리아 전통의 것과 유사하지만 바빌론 전통은 여러 가지 방법으로 표시한다. MB와 YB에서는 유성 슈바와 무성 슈바가 뚜렷하게 구별되지만 OB에서는 분명하지 않다. 이 점은 자음 요드 뒤에 오는 히렉, MB나 YB에 없는 여러 삽입 모음의 사용, 유성 슈바와 파타흐가 교체될 수 없는 점 같은 OB의 분명한 특징들의 근간을 이룬다.124)

동사 형태들은 기본적으로 티베리아 전통의 것과 같지만, 예를 들어 파

121) I. Yeivin 1985, 283ff.를 보라.
122) I. Yeivin 1985, 333ff.를 보라.
123) I. Yeivin 1985, 364ff.를 보라.
124) I. Yeivin 1985, 398ff.를 보라.

타흐나 쩨레와 함께 오는 마지막 자음의 모음 부호, 후음 때문에 생기는 변화에 분명한 차이가 있다. 2인칭 여성 단수 접미형 동사 형태의 마지막 -t에 종종 다게쉬가 온다. 접두형 동사 형태에서 1인칭 단수의 알렙 접두어에 규칙적으로 히렉이 온다. 피엘 동사의 접두·접미 형태의 둘째 음절에 파타흐가 온다. 호팔 동사의 첫째 음절에 주로 티베리아 전통의 홀람 대신 슈룩이 온다. 히트파엘 동사의 마지막 음절에 주로 파타흐가 온다.[125)]

명사에서 티베리아 전통과 가장 큰 차이점은 후음의 모음 부호, 티베리아 쎄골 명사에 해당되는 형태들, 강세 없는 폐음절에서 파타흐와 히렉의 사용 등이다. m- 접두어를 가진 대부분의 명사들은 티베리아 전통의 히렉 대신 파타흐를 쓴다.[126)] 티베리아 전통과 달리 바브 접속사에 대개 슈바가 오는데 심지어는 순음(labial) 앞에서도 그렇고, 바브 뒤의 자음이 슈바를 가질 때만 바브에 히렉이 오며, 가끔씩 바브 뒤의 자음이 후음일 때 바브에 파타흐가 온다.[127)]

YB를 대표하는 많은 필사본들이 예멘 지역에서 왔다. 예멘의 유대 공동체들이 처음에는 그들만의 다양한 발음 전통들이 있었을 것이나,[128)] 그들의 본문 전통과 발음 체계가 바빌론 전통과 밀접한 관계가 있으므로 여기서 예멘 전통을 논의한다. 바빌론 히브리어는 전성기였던 8세기-9세기에 페르시아에서 예멘으로 확산되었다. 바빌론 히브리어는 10세기에 모슬렘 세력의 위세에 눌려 주요 교육기관들이 사라지면서 쇠퇴하여 티베리아 체계로 대체되었다. 그러나 예멘 전통의 기원은 여전히 비교적 모호한 편이다.

지난 세기 중반에 사피르(J. Sappir)는 서양 세계에 예멘 모음 부호를 사용한 필사본에 대한 정보를 제공했다.[129)] 19세기 말부터, 특히 유대인들이 예멘에서 대거 이주한 뒤로 학자들은 글자 위에 붙인 예멘 모음 부호에 관한 풍부한 본문 자료를 얻게 되었다. 예멘 필사본의 발견과 검토에 참여한

125) I. Yeivin 1985, 419ff.; Kahle 1902, 51ff.; 1913, 183ff.를 보라.

126) I. Yeivin 1985, 745ff.를 보라.

127) I. Yeivin 1985, 1152ff.를 보라.

128) Morag 1983a, 146을 보라.

129) Sapppir 1866-74. 사피르는 1857-1858년에 예멘을 여행하던 중에 만난 예멘 유대인들에 대해 상세히 설명했다.

주요 인물이었던 마초에 따르면[130] 세 개의 주된 유형이 있다.

① 예멘-바빌론 유형: 바빌론 전통과 그 모음 체계를 표현한다. 그러나 바빌론 모음 부호가 남아 있기는 하나 티베리아 발음이 예멘을 점점 주도하게 되어 예멘-바빌론 필사본보다 예멘-티베리아 필사본이 더 많다.

② 예멘-티베리아 유형: 대부분의 필사본들에 나타나고 13-14세기 후에 예멘에서 기록된 유일한 본문들이다. 바빌론 모음 부호가 사용되고는 있으나 점점 티베리아 형태들이 소개되고 있다.

③ 혼합된 예멘 유형: 글자 위에 쓰는 모음 부호들 이외에 이 유형의 필사본들에는 바빌론과 티베리아 전통의 특징들이 혼합되어 있다. 혼합 유형의 기원과 예멘 필사본들에 혼합 바빌론 모음 부호 체계(complex Babylonian pointing)가 없는 점은 여전히 풀리지 않는 의문이다.

쉽게 예상되듯이 예멘 발음에 대한 연구는 이 언어의 현재 상태에 집중하지만 이 언어는 바빌론 모음 체계를 사용하는 한 방언에서 온 것으로 간주된다. 가장 중요한 분석은 위대한 선구자인 얄론(Ḥ. Yalon)과[131] 특히 모라그가[132] 했다. 모라그가 구분한 다섯 개의 하위 방언들 중 하나인 하바니(Habbani)어는 이 지역에서 히브리어의 초기 발음을 반영하는 고대 형태들을 보존하고 있다. 예를 들면 슈바 앞 바브 접속사의 바빌론 모음 부호, 카마쯔를 (å 대신) a로 발음하는 점, /v/와 /p/처럼 주변 언어들에는 없는 특정 음소들의 보존 등이다. 쿠처는 모라그가 후대의 새로운 형태들로 간주한 여러 특징들을 고어 형태들(archaisms)로 해석했다.[133]

130) Díez Macho 1957c, 무엇보다도 1971a, 22ff.를 보라.

131) 1963-64a.

132) 특히 Morag 1963의 폭넓은 연구와 모라그의 1955-57, 1973의 논문들을 보라.

133) E. Y. Kutscher 1966을 보라.

5. 티베리아 전통에 따른 성서 히브리어

세 번째로 그리고 가장 중요한 마소라 히브리어 전통은 티베리아 전통이다. 여러 전통들의 연대는 측정하기 어려우므로 '세 번째'라는 표현을 연대기적 중요성을 갖는 것으로 이해해서는 안 된다. 마소라 학파들이 이 전통을 다양하게 표현하고 있어, 이것을 하나의 덩어리나 동질의 것으로 취급할 수도 없다. 비록 어느 누구도 벤-아쉐르 가문의 명성을 따라가지 못하지만, 그들의 탁월함도 모세 벤 다비드 벤-납달리(Moses b. David Ben-Naphtali, bN)의 도전을 잠깐 받았다. 레닌그라드 B 19a 사본의 가장자리에 기록된 큰 마소라(masorah magna)에 '티베리아의 교사들'(masters of Tiberias)이라는 언급이 있는데, 그들은 아마도 모세 벤-아쉐르보다 더 이전의 벤-아쉐르나 벤-납달리가 아닌 마소라 학파 그룹일 것이다. 역시 이 여백 주에 언급된 '티베리아의 남자들'(men of Tiberias)은 마소라 학파이거나 다른 그룹이었을 것이다.[134]

벤-납달리에 대한 직접적인 정보는 매우 제한적이다. 그 이름은 그가 벤-아쉐르 학파와 벌인 논쟁과 관련해서만 남아 있는데, 엘리야 레비타(Elijah Levita) 자신이 그것을 잘못된 형태로 소개한다. 벤-아쉐르 가문 중에 다섯 세대의 이름이 전해지고 있다.[135] 랍비 아쉐르(Rabbi Asher)와 그의 아들 느헤미야(Nehemiah), 아쉐르 벤 느헤미야(Asher b. Nehemiah), 모세 벤-아쉐르, 아론 벤 모세 벤-아쉐르(Aaron b. Moses Ben-Asher)이다. 마지막 두 사람은 분명 그 가문에서 가장 중요하고, 이들의 연구는 긴 작업 과정 중 그 정점을 보여준다.

현재 벤-아쉐르 학파가 모음 부호를 첨가했다고 주장하는 몇몇 필사본들이 전해지는 반면에, 어떤 현존하는 필사본도 벤-납달리 전통을 순수한 형태로 재현하지는 못한다.[136] 많은 중세 목록들이 두 학파 사이의 차이점

---

134) Díaz Esteban 1968, 65를 보라.

135) 다양한 복사본으로 존재하는 슈바에 관한 논문에서 왔다. Oxford, Bib. Bodl., MS heb. e. 74, ff. 59-60을 보라.

136) Pérez Castro 1956, 140ff.를 보라. 벤-납달리에 가장 가까운 것은 의심할 바 없이 카이로의 예언서 사본이지만, 그것은 순수한 벤-납달리일 리가 거의 없다.

을 언급하지만[137] 그 목록들은 모순으로 가득하고 제한적 가치만 갖고 있다.[138] 그런 기록들은 일반적으로 기본 틀이 같다고 전제할 때 차이가 있다고 하지만, 그 차이가 정확하게 무엇인지 확신할 수는 없다.

아론 벤-아쉐르와 같은 시대나 조금 후대에 매우 활동적인 인물이었던 미샤엘 벤 우지엘(Mishael b. 'Uzziel)은 두 학파 사이의 차이점을 두고 *Kitāb al-Ḫulaf*라는 아랍어 논문을 썼는데, 그 논문은 벤-아쉐르와 벤-납달리의 특징을 연구하는 많은 학자들에게 가장 중요한 자료가 되었다.[139] 어떤 학자들은 벤 우지엘 목록의 고대성과 진정성을 의심하긴 했으나 그 목록은 여전히 특정 읽기의 성격을 결정하는 데 중요한 수단이다.[140] 이 아랍어 논문은 차이점 목록을 포함하여 많은 부분이 요셉 하-코스탄디니(Joseph ha-Qostandini)의 히브리어 책 *'Adat Devorim*에 재생되었는데 이 책은 11세기 후반에 기록된 *Hidāyat al-Qāri*의 여러 개작물 가운데 하나이다.[141] 아론 벤-아쉐르의 *Dikdukei ha-Ṭe'amim*이나[142] *Sefer Okhlah we-Okhlah*[143] 같은 마소라 학파의 다른 기록물들은 다른 읽기들(readings)의 성격을 결정하는 데 많은 도움이 된다.[144] 물론 전문가들은 이런 종류의 중세 목록에 오류가 많다는 것을 잘

---

137) 이것들 중 일부는 긴스버그(C. D. Ginsburg)가 1880-1905년 마소라 판에 목록을 만들었다. Bendavid 1956-57; 1957-58을 보라.

138) Díaz Esteban 1968, 73을 보라. 긴스버그(1880-1905년, IV, 414)가 이미 언급했다.

139) 예, 칼레의 제자들 중 한 명인 립쉬쯔(L. Lipschütz, 1962)는 일곱 개의 잘 알려진 사본들에서 벤 우지엘의 논문에 대한 비평본을 마련했다. Pérez Castro and Azcárraga 1968을 보라.

140) 이 목록들과 관련하여 매우 다른 견해들이 있다. 예를 들어 페레츠 카스트로(Pérez Castro)는 MS Leningrad B 19a 속에 도입된 수정들에 관해 논의하면서 다음과 같이 언급한다. '이 수정들이 벤 우지엘이 벤-아쉐르에게 속하는 것으로 본 읽기들과 일치하는 것은 벤 우지엘이 벤-아쉐르의 모음 부호법에 대해 잘 알고 있었다는 것을 보여준다.'(1965, 314). 훨씬 덜 긍정적인 맥락에서 고셴-고드슈타인은 이 차이점의 목록이 '이차적인 편집물에 대한 복사물'이라고 믿는다(1963, 100). 디아즈 에스테반은 B 19a의 여백 주들과 벤 우지엘의 목록들 사이에 종종 불일치점들이 있는 것을 관찰했다(1968, 73f.).

141) Dotan 1971, 1474를 보라.

142) Dotan 1967.

143) Díaz Esteban 1975.

144) Pérez Castro, 1955a, 4를 보라.

알고 있다.145)

그러나 이제 이 문제에 더 직접 접근할 수 있게 되었는데, 이는 아론 벤-아쉐르 자신이 모음 부호를 첨가하여 벤-아쉐르 전통을 유일하고 완벽하게 표현한 알레포 사본을 분석해서 가능하게 되었다.146) 얼마 동안은 1948년에 이 사본이 보관된 회당이 불탈 때 함께 소실되었다고 생각했으나 5분의 4 정도가 복구되어 현재 예루살렘 벤-쯔비(Ben-Zvi) 연구소에 소장되어 있다. 모든 전문가들이 알레포 사본의 절대적인 우월성에 동의하는 것은 아니지만147) 오늘날 보편적인 경향은 다른 필사본들이나 목록들에서 어느 정도로 벤-아쉐르 전통의 순수한 특징들을 보존하고 있는지 검토하는 기준으로 받아들인다.148)

마이모니데스(Maimonides, 1137/8-1204년, 저명한 중세 유대 철학자이자 토라 학자-역자 주)는 아론 벤-아쉐르가 모음을 첨가한 그 사본의 탁월한 가치를 결정적으로 확정한 점에서 공이 크다. 아마도 벤-아쉐르는 마이모니데스 시대에 이미 위대한 권위자로 여겨졌을 것이다. 마이모니데스의 칭송은 주로 그 사본 안에 열리고 닫히는 단락들과 운문 구절들이 배열된 방법과 관련 있다. 그는 또한 벤-아쉐르가 신중하게 그 일을 검토했다고 강조한

---

145) Bendavid 1956-57; 1957-58; Pérez Castro 1955a; 1956; L. Lipschütz 1962; 1965; Pérez Castro and Azcárraga 1968; Goshen-Gottstein 1963; I. Yeivin 1980 141ff.를 보라. 고쉔-고트슈타인(1963, 99)은 알레포 사본을 열렬히 칭송하면서, 이 문서가 그 자체로 읽기들이 정말로 벤-아쉐르에 돌려질 만한 것인지 결정하고, 벤 우지엘의 본문이 옳은지 아닌지 판단하기 위해 충분한 정보를 제공해 준다고 주장한다(아래 각주 148을 보라.).

146) 이 사본의 신빙성에 대해 가장 확고한 지지자들 중 한 명은 고쉔-고트슈타인이다(1960, 1960a 1ff.; 1963, 112ff.). 다음은 (고쉔-고트슈타인이 시종일관 강조한) 가장 직접적인 표현이다. '알레포 사본은 우리에게 알려진 티베리아 성경의 가장 오래되고 완전한 사본일 뿐 아니라, 벤-아쉐르 가문이 완성한 마소라 하위 체계에 대한 가장 초기의 완전한 사본이다.'(1963, 88) Löwinger 1960; Ben-Zvi 1960도 보라.

147) 예를 들어 바일(1963a, 특히 197)은 이 사본이 정말로 티베리아에서 기록된 것들 중 가장 우수한 것인지에 대해 의구심을 표현했다. 도탄(1965)은 이 사본이 실제로 아론 벤-아쉐르가 모음 부호를 붙인 게 아니라고 결론지었다.

148) 예, 고쉔-고트슈타인: '알레포 사본의 성격이 규명되었으니 절차가 바뀌어야 한다. 이제 다른 사본들의 성격을 판단하기 위한, 그리고 미샤엘을 판단하기 위한 우리의 비교 척도는 바로 알레포 사본이다.'(1963, 99). 참조, Menachem Cohen 1983-84.

다.[149]

알레포 사본은 마소라 성경 전체를 담고 있는 가장 오래된 필사본이며 티베리아 성경 본문의 원형이다.[150] 예빈은[151] 이 사본이 *ḥillufim*의 목록들이나 *Dikdukei ha-Ṭe'amim*에 표시된 특징들과 항상 일치하지는 않지만, 그 특징들에 가장 가까운 사본이라고 꼼꼼하게 분석하는데 그의 분석은 설득력이 있다. 그럼에도 알레포 사본은 하템 히렉(ḥaṭef ḥireq)의 사용이나 비후음(non-guttural) 다음에 복합 슈바가 오는 등 이상한 점들도 있으며 체계화와 단순화 과정을 거친 뒤에 확산된 것보다 더 이른 시기의 모음 체계와 악센트법을 보여준다. 알레포 사본의 티베리아적 성격과 티베리아 마소라 학파의 가장 중요한 인물인 아론 벤-아쉐르가 발전시킨 하위 체계와의 관계는 뚜렷하다. 이 사본은 벤-아쉐르 학파의 다른 어떤 사본들보다 더 완전하고, 본문이 어떻게 발음되어야 하는지 정확하고 상세하게 지시하는 모음 체계를 보여준다. 게다가 이 사본은 실질적으로 필사자의 오류가 적으며 본문과 마소라의 차이점이 거의 없다. 알레포 사본은 더 최근 사본에 없는 악센트법의 오래된 특징들을 매우 순수한 형태로 반영한다.

벤-아쉐르 가문과 밀접하게 관련되어 있다고 여겨지거나 최소한 그 가문이 번성했던 10세기에 기록된 다른 중요한 사본들도 몇 가지 있다.

① 레닌그라드 사본

키텔(R. Kittel)과 칼레는 이를 *Biblia Hebraica*의 셋째 판과 도탄(A. Dotan) 판의 기초로 삼았다.[152] 이 사본은 본문을 벤-아쉐르에 더 가깝게 일치시키기 위해 제2의 손이 많이 삭제하고 변화시켜 수정했다.[153] 물론 이 사본은 여전히 몇몇 벤-납달리 읽기를 보존하고 있다. 레닌그라드 사본의 간기(colophone)는 1008/9라는 연대를 보여주고 있고, 필사자에 따르면 이 사본은 마소라를 제공한 아론 벤-아쉐르가 모음 부호를 첨가한 한 필사본의 사본이었다. 이

149) *Mishneh Torah*, Sefer Ahavah, Hilkhot Sefer Torah, 8:4.

150) Goshen-Gottstein 1963, 86ff.를 보라.

151) 1968.

152) 1973.

153) 페레츠 카스트로(F. Pérez Castro, 1955a)가 보여준 것과 같다.

사본은 가끔씩 모음 부호와 악센트에서 알레포 사본과 다르지만, 알레포 사본에 가장 가까운 사본이다. 이 사본의 마소라는 더 후대의 것이고 때때로 본문과 어긋난다.[154]

② 모세 오경의 영국 박물관 사본(British Museum Codex Or. 4445 of the Pentateuch)[155]

이 사본에 두 개의 필적이 구별된다. 첫 번째 필적에서는 벤-아쉐르 읽기가 벤-납달리 읽기를 숫자상으로 많이 초과하는데, 두 번째 필적에서는 둘 사이의 비율이 훨씬 더 비슷하다.[156] 이 사본은 알레포 사본과 같은 시기인 925년경에 기록된 것으로 보인다. 알레포 사본보다 주의를 덜 기울여 기록했다. 어떤 면에서는 이 사본이 알레포 사본의 전통보다 덜 발달된 단계의 전통에 속하는 것일 수 있다.[157]

③ 카이로 예언서 사본(Codex Cairensis of the Prophets)

이 사본의 간기에 따르면 895년에 모세 벤-아쉐르가 마련했다.[158] 이 사본은 매우 주의 깊게 기록되었지만, 큰 마소라의 분량이 아주 적다. 이것은 알레포 사본과 여러 부분에서 다르며, 벤-납달리 유형의 순수한 대표 사본이라고 할 수는 없지만 종종 벤-납달리 읽기와 일치한다. 같은 마소라 학파의 가문에서 아버지와 아들의 작업이 다른 것은[159] 더 오래된 전통들(두 개의 마소라 하위 그룹이나 하위 체계)을 반영한 것으로 해석할 수 있다.

---

154) I. Yeivin 1980, 18ff.를 보라. 이 필사본은 로윙어(D. S. Löwinger, 1970)가 팩시밀리(facsimile)로 출판했다.

155) 긴스버그는 820년과 850년 사이로, 칼레는 10세기로 연대를 측정했다.

156) Pérez Castro 1955a를 보라.

157) I. Yeivin 1980, 19ff.를 보라. 칼레(1959, 117f.)는 이 필사본이 아론 벤-아쉐르의 초기 작품이며, 레닌그라드 사본은 그의 최종 본문에 대한 복사물이라고 제안했다. 디아즈 에스반은 이 필사본에 아론 벤-아쉐르에 대한 찬사가 빠진 것은 그것이 그가 살아 있을 동안 기록되지 않았다는 증거라고 믿는다.

158) 로윙어(1971)가 팩시밀리로 출판했고, 페레즈 카스트로(1979-88)와 그의 협력자들이 비평본으로 출판했는데, 이것은 *Biblia Poliglota Matritense*(마소라에 대한 알파벳순의 색인을 포함하는 제8권이 발표되었다.)를 위한 기초 작업의 일부였다.

159) 페레즈 카스트로(1955a, 26)가 강조했다.

모세 벤-아쉐르의 제자이기도 한 모세 벤-납달리는 스승의 전통에 충실했고, 아론은 다른 하위 체계를 완성시켰다.[160]

④ MS Heb. 24, 5704 사본(이전에 MS Sassoon 507 사본으로 불림)

예루살렘 국립 도서관에 소장되어 있으며, 10세기 것으로 추정된다. 이 사본은 주의 깊게 기록되었지만, 종종 벤-아쉐르 읽기와 일치하지 않고 혼합 전통을 반영하는 다른 특징들을 보여준다. 이러한 평가는 벤-아쉐르 전통과 훨씬 더 차이가 나는 같은 시기의 MS Sassoon 1053뿐 아니라,[161] 성 피터스버그 도서관에 소장된 두 번째 피르코비치 모음집(the Second Firkowich Collection)의 다른 필사본들에도 해당된다.[162]

미샤엘 벤 우지엘에 따르면 벤-아쉐르와 벤-납달리의 다른 점은 상당수의 일반적 차이 외에도 867개의 특정 구절에 연관되어 있다. 그럼에도 이 두 학파는 다른 마소라 학파에서 발견되지 않는 읽기를 공유한다. 시 48:15의 על־מות('l-mwt)과 עלמות('lmwt)처럼 본문에 몇 개의 작은 차이가 나타나고, 벤-납달리 לִישְׂרָאֵל(l-īśrā'ēl) 대신 벤-아쉐르 לְיִשְׂרָאֵל(lᵉ-yiśrā'ēl) 같은 모음 부호 차이가 잘 알려졌고, '잇사갈'과 신명(divine name) 등 고유명사 형태 차이, 크레/크티브 차이가 있다. 모음 부호와 불완전한 모음, 다게쉬, 라페, 마켑(maqqef), 다양한 악센트 부호들 특히 가아야(ga'ya)의 사용에도 차이가 있다. 악센트 부호들은 서로 다른 전통들과 때로는 다른 하위 체계들을 반영한다.[163]

티베리아 모음 체계는 일곱 개의 기본 모음 음소 곧 /a/, /æ/,[164] /e/, /i/, /å/, /o/, /u/를 표현하기 위해 단일한 음가를 갖는 부호들과(이 중 두 개는 같은 부호를 사용한다.), 일반적으로 이것들의 이음인 몇 개의 최단(ultrashort) 모음을 사용한다.[165] 티베리아 모음 체계는 모음의 음질이나 음색만을 표시

---

160) Goshen-Gottstein 1963, 105ff.를 보라.

161) I. Yeivin 1980, 21f.를 보라.

162) I. Yeivin 1980, 22ff.를 보라.

163) I. Yeivin 1980, 141ff.를 보라.

164) 칸티노(1950b, 114)와 다른 언어학자들은 이것이 사실 /a/의 이음이고 진짜 음소가 아니라고 생각한다.

하고, 최단 모음이 아닌 한 모음의 장단을 표시하지 않는다. 이 체계에는 두 개의 음가를 지닌 부호도 있다. 하나는(슈바) /^{e}/와 묵음을 나타내는데[166] 아마도 음소적 기능을 할 것이고, 다른 하나는(다게쉬) 두 개의 비음소적 특징들 곧 비후음의 중복과 브가드크파트 자음의 파열음(마찰음에 반대되는)을 표시한다.[167] 또한 이 체계는 י(y), ו(w), א('), ה(h)가 모음 역할을 하는지, 자음 역할을 하는지 보여준다.

티베리아 마소라 학자들은 틀림없이 서법상의 여러 문제에 직면했을 것이다. 그러한 문제는 부분적으로는 고대 히브리어의 불완전 서법 성격과 점진적인 모음 글자 도입 때문에,[168] 부분적으로는 성경 본문에서 이른바 '혼합된 형태들'을 낳게 된 다양한 발음 전통이 동시에 존재하기 때문에 생겨났다.[169] 결론적인 체계는 꽤 포괄적이어서 히브리어의 음운론적 구조를 충실하게 재생시켜 주는 한편, 그것을 정확하게 읽기 위한 충분한 음성 정보를 제공한다. 이 체계에 반영된 히브리어 발음의 특징은 일곱 개의 모음의 사용에 있다-다섯 개의 기본 모음에 두 개의 다른 모음이 첨가되었다. 카마쯔는 /a/와 /o/의 중간음인 /å/로 발음되거나 열린음 /o/를 표시한다. 쎄골은 /a/와 /e/의 중간음인 /æ/로 발음되거나 열린음 /e/의 특징을 갖는다.[170] 파타흐와 카마쯔, 쩨레와 쎄골 사이의 뚜렷한 구분은 히브리어의 현대 발음 어디에도 보존되어 있지 않다.

티베리아 모음 체계는 다른 히브리어 전통들과 마찬가지로 악센트를 표시하지 않는데, 악센트 체계는 예배 때 낭독을 위한 낭송법 뿐 아니라 문

165) 기능이 약하긴 하지만 최단 모음들 중에 /å/에 해당되는 것만이 분명하게 음소의 성격을 가지고 있다; Morag 1983, 1095를 보라. 그러나 무성 슈바와 유성 슈바의 대립과 다른 최단 모음들과 그것들에 해당되는 완전 모음들 사이의 대립에 음소의 가치를 주는 것이 가능할 수도 있다. Blau 1976, 11을 보라.

166) 종합 바빌론 체계(complex Babylonian system)에서도 그러하다.

167) 이 체계는 모라그(1972, 22ff., 69ff.)가 이와 같이 정의했고, 모라그(1983)가 더 검토했다.

168) Cross and Freedman 1952, 65ff.를 보라.

169) Morag 1974; R. Meyer 1966-72, I, 79f.를 보라.

170) 티베리아 체계와 달리 바빌론 체계에 티베리아 체계의 쎄골에 해당하는 모음이 없어 여섯 개의 음색이 다른 모음이 있고, 팔레스타인 전통은 앞서 소개했듯이 가장 초기 단계에 다섯 개의 기본 모음만 갖고 있다.

장론적인 연결과 분리도 나타내는 특별한 부호 체계를 사용한다. 최소의 운율 단위에 이를 때까지 문장을 이등분하여, 마소라 학자들은 그들의 악센트 체계로 악센트의 위치를 표시하여 낭독 지침을 세울 뿐 아니라, 성경 구절들을 논리, 문장론적으로 잘 분석할 수 있었다.[171]

171) Wickes 1970(1881과 1887년의 논문들을 다시 인쇄한 것으로, 도탄의 서론을 포함하고 있다.); Spanier 1927; M. B. Cohen 1972; Dotan 1971을 보라.

5장 제2성전 시대 히브리어

1. 포로기 이후의 성서 히브리어

바빌론 포로기는 히브리어 발달사에서 새로운 시대의 시작을 알린다. 구어와 문어가 포로기 전에는 따로 표류하고 있었고, 예루살렘의 멸망과 제1성전의 파괴가 가져온 사회·정치적 소요는 문헌 언어인 성서 히브리어를 손상시키며 중요한 언어 변화를 가져왔다. 수십 년 동안 아람어 문화와 언어 환경에 노출된 우수한 교육을 받은 상류층 포로 귀환자들은 앗수르 제국 전역에 행정·상업·외교 언어로 확산된 아람어를 선호했을 것이다. 그러나 유다 지역에 남은 하류층의 동시대인들은 한 세기 반 전에 그랬듯이 여전히 아람어를 이해할 수 없었을 가능성이 높다.[1]

페르시아 통치 시대인 고레스의 칙령부터(기원전 538년) 알렉산더의 승리(기원전 332년)에 이르기까지 역사적, 정치적 상황 때문에 유대 공동체는 일정 정도의 다국어 현상을 겪었다. 아람어가 외부 세계와의 소통과 특정 종류의 문학을 위해 표준어가 된 한편, 같은 시기에 성서 히브리어의 후기 형태가 전기 성서 문헌들에서 발견되는 양식을 유지하면서 문학 작품에 종종 사용되었다. 또한 최소한 남쪽 지역에서는 몇 세기 뒤에 기록되어 랍비 시대 히브리어라는 명칭을 얻은 히브리어의 한 방언을 계속 사용했을 가능성이 매우 높다.[2]

후기 성서 히브리어는 포로기 이후에 기록된 성경 문헌의 대부분에 사용된 언어이다. 제1성전의 파괴 시기까지는 성경 본문들과 특히 그 당시의 언어 사용을 반영하는 비문과 토기 조각들에 나타나듯이 고전 히브리어가

---

1) 참조, 왕하 18:26=사 36:11.

2) Rabin 1958; 1976; Naveh and Greenfield 1984를 보라.

계속 사용되고 있었다. 군주 정치의 종말과 사회 구조의 파멸을 낳은 포로기는 히브리어에도 막대한 영향을 입힌 커다란 변화의 시기였다. 어느 정도의 현대화는 피할 수 없었지만, 이 사건 이후의 글들에 처음에는 포로기 이전 작품들의 표현과 어휘를 반복하면서 모방하려고 하는 시도가 있었다. 제국 시대 아람어(Imperial Aramaic)의 영향이 커지는 것처럼 구어의 영향도 매우 뚜렷했다. 갈릴리와 사마리아 지역에서 아람어 방언들이 일상적인 소통의 수단이 된 한편, 유다 지역은 히브리어를 계속 사용했다. 비록 그 과정이 헬레니즘 시대까지 완성되지 않았고 옛날 체계의 흔적이 바르-코크바 혁명 때까지 남아 있었지만,[3] 이 무렵에 아람어 정방형 글자가 이미 고대 히브리어 서체를 대신하기 시작했을 것이다. 이 모든 변화에도 히브리어가 문헌 언어로 계속 사용된 것은 주로 종교 작품의 저자들이 경외심에서 포로기 이전 시대 언어에서 본보기를 찾았기 때문이다. 후기 성서 히브리어는 오백 년 동안 경전의 마지막 책들, 제2경전(deutero-canonical) 문헌, 많은 위경(pseudepigrapha)과 묵시 작품들과 쿰란 문서들에 사용되었다. 바리새인들은 의도적으로 후기 성서 히브리어의 사용을 피하며 그들의 가르침을 구어체 방언으로 표현했다. 그들의 노력 때문에 이 형태의 히브리어는 곧 문헌 언어(RH)로 발전했고 나중에 후기 성서 히브리어를 대신하게 되었다.[4]

그러나 후기 성서 히브리어로 만들어진 다양한 책들에서 언어와 문체의 차이가 뚜렷이 나타난다. 어떤 책들은 전기 성서 히브리어를 충실하게 재생하려고 매우 노력한 반면, 다른 책들에서는 랍비 시대 히브리어의 초기 형태인 구어체 언어의 분명한 흔적을 찾을 수 있다. 그러나 대부분의 작품에서 가장 눈에 띄는 특징은 아람어의 두드러진 영향이다.[5] 후기 성서 히브리어는 순탄하게 발전하지 못했다. 현실 세계에서 고립된 배타적인 문헌 언어로서 어떤 것도 에스더서, 다니엘서나 일부 사해 문서 같은 후기 작품들의 저자들이 역대기와 에스라서 같은 더 이전의 포로기 작품들보다 더욱 토라의 언어에 가깝게 고수하려고 한 것을 막지 못했다.

---

3) M. Wagner 1966, 7; Naveh and Greenfield 1984, 125ff.를 보라.

4) Rabin 1976, 1015를 보라.

5) Bendavid 1967, 60ff를 보라.

연구자들은 후기 성서 히브리어 문헌의 범위를 정확하게 설정하는 것을 가장 어려워한다. 물론 본문 비평은 어떤 책들이 포로기 이후의 것인지 확인하는 데 많은 도움이 되지만 전문가끼리도 종종 심각한 이견이 있다. 다른 한편, 언어적 분석에서 오는 논쟁도 문제가 된다. 만일 한 책 속에 들어 있는 많은 수의 아람어 형태들을 그 책이 후대의 것으로 판단하는 잣대로 받아들인다면, 초기 공통 어휘의 흔적을 지닌 고대 운문 본문들과 제국 시대 아람어의 영향을 받은 후기 본문들을 같은 그룹으로 묶게 될지도 모른다. 아람어 형태의 사용은 그 자체만으로 어떤 작품이 포로기 이후의 것이라는 증거로 사용될 수 없다.[6]

실제로 성경의 모든 책에는 어휘·형태·문장론 면에서 아람어의 흔적이 어느 정도 들어 있다. 어떤 경우에는 이것이 후대의 재작업이나 마소라 학자들의 손길 때문일 수 있지만 아람어 형태들은 종종 한 책의 원래 모습이기도 하다. 고대 운문 본문들 외에 아람어 형태들이 비교적 풍부한 작품들은 에스더서, 전도서, 아가서, 에스라서, 욥기, 다니엘서, 느헤미야, 역대기상, 하이다.[7] 욥기는 고대의 요소들이 후대의, 아마 방언의 특징들과 함께 나타나는 점이 특이하며, 따라서 현재로서는 이 책을 분명하게 포로기 이후에 기록된 다른 책들과 구분하는 것이 바람직하다. 그러나 룻기와 애가서 같은 포로기 이후에 기록된 일부 책들이 아람어 형태를 거의 포함하고 있지 않은 점과 많은 시편뿐 아니라 포로기 이후의 일부 지혜 문학, 예언서들이 아람어의 영향을 받지 않은 점을 염두에 둬야 한다.

이 시기의 언어 연구에서 특히 흥미로운 점은 아람어를 통해 간접적으

6) 매우 유사한 입장을 카우치(E. Kautzsch, 1902, 104)가 수용했으며, 그의 아람어 형태들에 대한 연구는 여러 해 동안 표준이 되었다. 그러나 우리 견해로는 하비츠(A. Hurvitz, 1968, 235ff.)의 분석이 훨씬 더 정확하고 정당한데, 그는 뇔데케(1903)가 카우치에게 한 비평에 동의하고 한 아람어 형태가 후대의 히브리어 속에 어느 정도 규칙적으로 나타날 때만 한 작품이 후대의 것임을 입증하는 증거로 사용될 수 있다는 규칙을 확립시킨다. 또한 그러한 형태는 고립되어서는 안 되며 다른 아람어 형태들과 연관되어서 나타나야 하고, 한 본문 속에 그것이 존재하는 것에 대한 다른 설명이 없어야 한다. 예를 들어 욥기나 잠언의 아람어 형태들은 고대 아람어에서 왔을 가능성이 있고, 따라서 포로기 이후의 아람어 형태들과 매우 다른 한편, 아가서의 언어는 그 작품이 북쪽 왕국에 기원을 두고 있기 때문에 아람어의 특징들을 가지고 있는 것으로 보일 수 있다.

7) M. Wagner 1966, 145를 보라.

로 히브리어에 들어온 포로기 이후의 페르시아어와 헬라어 차용어이다.[8]

여러 학자들이 페르시아와 헬레니즘 시대에 기록된 많은 책들의 원래 언어가 아람어였고, 그 책들이 나중에 히브리어로 번역되었다는 것을 입증하려고 했다. 결코 완벽하게 설득력 있지는 않지만 이 견해는 욥기, 전도서, 다니엘서, 에스더서, 역대기 상하, 잠언서, 심지어 에스겔서와 관련해서 지지되어 왔다.[9] 같은 문제가 헬레니즘, 하스모니아, 로마 시대의 위경에도 나타난다.[10]

이 분야의 작업은 정밀한 방법론을 요구한다. 만일 역대기 상하와 에스라-느헤미야서와 같이 포로기 이후의 것이 분명한 작품들을 사무엘-열왕기서(역대기와 평행을 이룸) 같은 포로기 이전의 평행 본문과 비교하면, 두 시대 사이에 많은 차이점을 발견할 수 있게 된다. 그런 다음 평행 구절들을 갖고 있지 않으나 역대기 저자의 독립된 작품이면서 언어적으로 대표성을 갖고 다른 자료들에 의존하지 않는 본문들로 분석을 확장해야 한다.[11] 모두 완벽하게 동질의 것이라고 생각할 필요 없이 확실한 포로기 이후의 자료들과 공유되는 특징들, 후기 특징들과 아람어 형태들에서 포로기 이후의 것일 수 있는 다른 책들을 검토할 수 있게 되고, 주어진 책의 기록 연대를 확고하게 끌어낼 수 있게 된다. 사해 문서, 집회서, 기도문, 사마리아 히브리어, 랍비 시대 히브리어를 비교하여 이제 이 시대의 히브리어의 주된 특징들을 확인할 수 있게 되었다.[12] 물론 구어체 언어의 특징들과 유사한 후대의 특징들은 예를 들어 북쪽 지역에서 시작된 방언으로 해석할 수 있기에, 완전하고 확실한 분석에 이르기는 어렵다.[13] 문헌, 언어 기준들을

8) M. Wagner 1966, 152f.를 보라.

9) M. Wagner 1966, 146ff.에서 그 시도들에 대한 목록을 보라.

10) Rost 1971, 22ff.를 보라.

11) 크로파트(A. Kropat)의 고전적인 연구가(1909년) 역대기와 사무엘-열왕기의 평행 본문들에 대한 분석에 기초하는 반면, 폴진(R. Polzin)의 더 최근 연구는(1976년) 포로기 이후 시대 히브리어의 본질적인 특징들을 더 사실대로 표현하는 것은 역대기 상하의 평행하지 않은 본문들이라고 주장한다. 우리는 이 두 접근 방법이 모순되는 것이 아니라 보완적이라고 생각한다. 방법론에서는 크로파트의 기법을 사용하는 것이 더 수월하기는 하다.

12) 이 주제에 대한 가장 완전하고 설득력 있는 연구는 의심할 바 없이 하비츠의 것이다(1972).

함께 사용하여 섬세하게 연구해야만 가끔 만족스러운 확신을 얻을 수 있다.

역대기(상하)는 많은 경우 히브리어를 최신화하고 포로기 이후의 용법을 적용시키면서 사무엘-열왕기의 구절들을 다시 쓰고 있어서 후기 성서 히브리어의 성격을 연구하는 데 특히 유익하다. 완전 서법을 사용하는 경향이 있으며 성서 히브리어보다 모음 글자를 더 널리 사용하는 편이다. 명사에 변화가 생겼는데 고대 형태들이 후대의 형태들로 대체되었다.[14] 예를 들어 מַמְלָכָה(mamlāḵā) '왕국'이 체계적으로 מַלְכוּת(malḵūṯ)로 대체되었다. 다른 차이점은 열왕기와 전기 시대의 다른 문헌들에서 일반적인 דַּמֶּשֶׂק(dammæśæq) '다메섹' 대신 역대기 저자는 דַּרְמֶשֶׂק(darmæśæq)을 여섯 곳에서 사용한다는 점이다.[15] אַךְ('aḵ) '틀림없이'와 נָא(nā') '제발'과 같이 거의 독점적으로 강조를 표현하던 몇몇 고대 불변화사들이 역대기 평행 본문들에서는 빠졌고, 고대의 것으로 간주되는 많은 표현들이 더 새로운 표현들로 대체되었다.[16] 특히 인칭대명사와 불변화사들이 많이 변했다. 예를 들어 אָנֹכִי('ānōḵī) '나'가 규칙적으로 אֲנִי('^{a}nī)로 바뀌었고, אֶל('æl) '에게, 로'는 -לְ(l^{e}-)로, מִפְּנֵי(mip-p^{e}nē) '앞에서부터'는 מִלִּפְנֵי(mil-li-p̄nē)로, אֵיךְ('ēḵ) '어떻게'는 הֵיךְ(hēḵ)로 대체되었다. 더 일반적인 어휘에도 차이가 있다. 예를 들어 대상 10:12에서 גְּוִיּוֹת(g^{e}wīyyōṯ) '몸들'은 גּוּפֹת(gūp̄ōṯ)이, אֵשֶׁל('ēšæl) '상수리나무'는 אֵלָה('ēlā)가 되었다.[17]

어떤 형태론적 특징들은 분명하게 후대 용법을 반영한다. 예를 들어 '이중 복수 형태'인 בִּירָנִיּוֹת(bīrānīyyōṯ) '요새들'(대하 17:12; 27:4)은 후대 용어인 בִּירָה(bīrā)에서 왔다.[18] חֶדְוָה(ḥædwā) '기쁨'(느 8:10; 대상 16:27), אִגֶּרֶת('iggæræṯ) '편지', פֶּחָה(pæḥā) '총독' 같은 일부 명사들은 거의 오직 포로기 이후 책에만 나타난다. 이 점은 טוֹב עַל(ṭōḇ 'al) ~에게 만족스러운' 같은 표현들과[19] אֶל('æl) '에게' 대신 사용되는 עַל('al) 같은 특정 불변화사의 용법에도 해당

13) Gordon 1955a를 보라.

14) E. Y. Kutscher 1982, 81을 보라.

15) Hurvitz 1972, 17f.를 보라.

16) Bendavid 1967, 67ff.를 보라.

17) 어휘에 관해 Polzin 1976, 123ff.를 보라. 이것은 의미나 용법 때문에 후기 성서 히브리어를 표현하는 것으로 간주될 수 있는 역대기의 84개 표현들에 대한 연구이다.

18) Hurvitz 1972, 18f.를 보라.

19) Hurvitz 1972, 22ff.를 보라.

된다. 위에 언급된 모든 형태들은 후기 성서 히브리어의 특징이다. פֶּחָה(pæḥā) '유월절' 대신 פְּסָחִים(pᵉsāḥīm), דָּם(dām) '피' 대신 דָּמִים(dāmīm)처럼 평행구절에서 몇몇 단수 형태가 복수 형태로 대체된 것과 חָרָשֵׁי עֵצִים(ḥārāšē 'ēṣīm) '목수들' (대상 14:1), אַנְשֵׁי שֵׁמוֹת('anšē šēmōṯ) '인사들'(대상 12:31)처럼 연계 구조에서 이중 복수 형태를 사용하는 것은 랍비 시대 히브리어의 유사한 발달 과정을 예시한다.20)

역대기의 문장론은 뚜렷하게 후대에 속하는 여러 가지 특징들을 포함한다. 어떤 것들은 아람어 때문이고, 다른 것들은 히브리어에서 일어난 자연적인 발달 과정 때문이다.21) 저자는 다음 같은 형태들을 체계적으로 피했다. -וַיִּקְרָא לְ(way-yiqrā' lᵉ-) '그리고 (그 성읍을) 불렀다.'[곧 '(그 성읍은) 불렸다.', 삼하 5:9] 종류의 비인칭 구조를 -קָרְאוּ לְ(qārᵉ'ū lᵉ-) 문자적으로 '그리고 그들이 (그 성읍을) 불렀다.'(대상 11:7)로 대체했고, עַד בּוֹאֲךָ('aḏ bō'ᵃḵā) '네가 올 때까지'(문자적으로 '너의 도착까지') 형태를 피했을 뿐 아니라, 예를 들어 칼 동사의 수동태도 피해 יֻלַּד(yullaḏ) '그가 태어났다.'가 니팔 형태인 נוֹלַד(nōlaḏ)로 대체되었다. בְּנֵי יִשְׂרָאֵל(bᵉnē yiśrā'ēl) '이스라엘의 자손들'이나 בֵּית יִשְׂרָאֵל(bēṯ yiśrā'ēl) '이스라엘의 집' 같은 합성된 표현들 대신 역대기 저자는 단순하게 יִשְׂרָאֵל(yiśrā'ēl) '이스라엘'이라고 기록한다. 부정사 절대형이 명령에 쓰이지 않고, 정형 동사와 함께 올 때 사용되던 강조 용법도 회피된다. ן-(-n)으로 끝나거나 청유법 같은 긴 형태의 동사들이 거의 사용되지 않는다.

일반적으로 복수 형태들이 고대의 집합 명사 형태들과 성서 히브리어에서 온 다른 문법적인 단수 형수들을 대신한다. 한 단어가 반복되어 라틴어 퀴비스(quivis)의 분배(distributive)의 의미나 '각각'의 뜻으로 쓰인다. 왕하 3:16의 성서 히브리어 גֵּבִים גֵּבִים(gēḇīm gēḇīm) '많은 연못들'(문자적으로 '연못들, 연못들')과 대상 9:27의 후기 성서 히브리어 לַבֹּקֶר לַבֹּקֶר(lab-bōqær

20) Bendavid 1967, 70f.를 보라.

21) 특정한 관점들에서 심하게 비평을 받기 했지만, 역대기의 문장론에 대한 고전적인 연구는 크로파트의 것이다(1909). 폴진이 한 더 최근의 분석도 보라(1976, 28ff.). 이것은 뚜렷하게 후대의 것이고 아람어의 영향을 받지 않은 13개의 '문법적인 그리고/또는 문장론적인 특징들'과 아람어 형태일 가능성이 있는 다른 6개의 특징들을 구별한다.

lab-bōqær) '아침마다, each morning'(문자적으로 '아침에, 아침에')을 비교하라. 자동사보다 타동사를 선호하고, 후접어 -לְ(lᵉ-) 'to' 부정사 연계형이 거의 항상 후접어가 없는 단순한 형태를 대신하며 접두형 동사 형태나 분사 형태보다 선호한다. 후접어 불변화사(proclitic particles, 단독으로 오지 못하고 특정 단어 앞에 붙어 나타나는 요소들로 히브리어의 낱글자 전치사, 정관사 등-역자 주) -בְּ(bᵉ-) '에, 할 때'나 -כְּ(kᵉ-) '처럼, 할 때' 뒤에 오는 부정사 연계형이 더 드물고, 동명사 등의 앞에 오는 עִם('im) '함께'도 마찬가지며 문장 처음에 오는 서술적 וַיְהִי(wa-yᵉhī) '그리고 ~할 때'의 사용도 눈에 띄게 줄었다.

어떤 불변화사들은 다른 용법들을 갖게 되었다. אֲבָל('ᵃḇāl)이 더는 단언인 의미('정말로')가 아닌 반대의 의미('그러나')로 사용되고, אַךְ('aḵ)는 거의 사라졌으며, 그것이 사용될 때는 단언적이 아닌 반대나 제한의('단지') 의미이고, 제한의 의미('그러나 단지, 제외하고')로서 כִּי אִם(kī 'im)의 쓰임이 더 확장되었으며, אָז('āz) '그때'는 거의 항상 접미형 동사 형태와 함께 사용된다(참조, 대상 16:7). 재료를 표시하는 명사들은 일반적으로 숫자 앞에 위치하지 그 뒤에 오지 않으며 주로 복수 형태를 띤다. 접속사가 없는 병렬 구조는 이미 드물게 사용되었다. 다양한 형태의 접속사가 사용되었는데 때때로 -וְ(wᵉ-) '그리고'가 첫 번째 단어 앞에 온다. 명백한 주어나 동사가 빠진 생략 문장이 많고, 전치사를 동반한 부정사 연계형을 접속사로 시작되는 종속절보다 선호한다. 목적격 인칭대명사 접미어는 점차 사용이 감소한 목적격 표시어 אֵת('ēṯ)에 붙기보다 동사에 직접 붙는 경우가 더 많다. 2인칭과 3인칭 여성 복수 접미어 형태들은 동사와 명사에서 남성 형태들로 대체된다. 어떤 경우에는 예기적(proleptic, 앞으로 언급될 것을 미리 암시해 주는-역자 주) 인칭대명사가 소유를 표현한다. 아람어처럼 무게와 치수를 표시하는 명칭들이 수량을 표현하는 단어들 앞에 동격 관계로 온다. 명사 앞에서 수식 형용사로 사용되는 רַבִּים/וֹת(rabbīm/ōṯ) '많은'(남성/여성; 느 9:28; 대상 28:5 등), 명사 앞에 오는 불변화사 -עַד לְ('aḏ lᵉ-) '까지', 전치사 מִן(min) '부터'가 정관사 없는 명사 앞에 올 때 눈이 동화되지 않는 점도 아람어에서 왔을 법하다.[22]

때때로 랍비 시대 히브리어처럼 불변화사 אֵת('ēṯ)와 성서 아람어처럼 -לְ(l^{e}-)가 문장의 주어나 결과절의 표현을 강조하기 위해 사용된다. 연속 바브가 자주 연결사(copulative) 형태들로 대체되고, 귀결절의 바브(waw apodosis)가 사라졌다. 아람어처럼 -לְ(l^{e}-)가 종종 목적격 표시어로 사용된다. 때때로 수식 형용사가 명사 앞에 나타나고, 문장의 어순이 불규칙적인 경우도 있는데, 예를 들어 대격(accusative)의 명사가 부정사 앞에 나타날 수도 있다. 수식절이 정관사 있는 명사에 접속사 없이 연결될 수 있다. 속격(genitive) 관계가 때때로 특히 כֹּל(kōl) '모든'이나 전치사 뒤에서 접속사 없이 결합될 수 있고, 정관사가 종종 명사절이나 접미형 동사를 이끌 수 있다(대상 29:8, 17 등).[23] 방향을 표시하는 전치사 עַל('al), 결과절의 -לְ(l^{e}-) '~하기 위해', מִן(min) '부터' 대신 מִקְצָת(mi-qṣāṯ)의 사용은 아람어 형태의 사용으로 볼 수 있다. 어휘, 특히 기술적인 용어들, 문체, 불변화사들의 사용에서 중요한 차이점은 한 작품을 포로기 이전의 것들과 분명하게 구분한다.

역대기가 기록되었을 때 사용된 언어의 일부는 랍비 시대 히브리어의 영향을 받았을 것이다. 예를 들어 전치사 אֵצֶל('ēṣæl) '옆에'가 בְּקֶרֶב(b^{e}-qæræḇ)나 בְּתוֹךְ(b^{e}-ṯōḵ) '가운데' 대신 ישב(yšb) '앉다, 거주하다.' 동사와 함께 오거나, אֶל('æl) '에게, 로' 대신 בוא(bw') '오다.' 동사와 함께 사용된다. 어순에서도 마찬가지인데 예를 들어 왕상 12:2의 שְׁלֹמֹה הַמֶּלֶךְ(š^{e}lōmō ham-mælæḵ) '그 왕, 솔로몬' 대신 대하 10:2에 הַמֶּלֶךְ שְׁלֹמֹה(ham-mælæḵ š^{e}lōmō) '솔로몬, 그 왕'이 사용된다. 때때로 사실상 비슷한 동사나 명사들의 나열처럼 예배 의식을 위한 용법의 사용에 중요한 유사점이 나타나는데(참조, 대상 16:4; 29:11), 포로기 이전 히브리어의 일반 형태와 주된 차이점을 이룬다.[24]

일반적으로 에스라서와 느헤미야서를 역대기 상하와 함께 하나의 '역대기 저자의 작품'으로 분류하지만, 이 두 종류의 책은 언어와 문체 면에서 꽤 많은 차이가 있다.[25] 에스라서의 아람어 부분(4:8-6:18; 7:22-26)과 '느헤미야의 회고록'(느 1:1-7:5; 12:27-13:31)이 다른 자료와 분명하게 차이가 날

22) Polzin 1976, 61ff.를 보라.
23) Kropat 1909, 72ff.를 보라.
24) Hurvitz 1972, 45ff.를 보라.
25) Japhet 1968; Williamson 1977; Braun 1979; Throntveit 1982; Talshir 1988을 보라.

뿐 아니라 에스라-느헤미야서의 나머지 부분에서도 역대기와 두드러진 차이점이 있다. 동시대 작품들이 동사의 단축된 형태를 사용하지 않는 경향이 있었으나 역대기 상하는 연속 시제에서 항상 이 형태를 사용한다. 에스라-느헤미야서와 다니엘서는 -וְ(wᵉ-) '그리고' 뒤에 청유법과 유사한 형태를 자주 사용하는데도[예를 들어 וְנֹאכְלָה(wᵉ-nōḵᵉlā) '그리고 우리는 먹을 것이다.'(단 1:12)] 이런 구조는 역대기 상하에서 대체로 피한다. 에스라-느헤미야서는 신명(theophoric names)의 단축 형태인 יָה(yā)를 규칙적으로 사용하는 한편, 역대기는 이 형태와 יְשַׁעְיָהוּ(yᵉša'yāhū) '이사야'에 나타나는 것처럼 더 오래된 형태인 יָהוּ(yāhū)를 번갈아 사용한다. 어휘, 특히 기술 어휘와 문체에도 눈에 띄는 차이점이 있다. 비록 역대기가 에스라-느헤미야서에 발견되는 것들보다 더 후대의 언어적 특성을 나타낼 수 있으나, 저자가 종종 자기 시대의 일반 경향에서 벗어나곤 하는데, 이 점은 고의적인 것으로 보일 수 있다. 그럼에도 에스라-느헤미야서와 역대기 상하는 매우 많은 언어적 특성들을 공유하고 있어서, 네 권의 책이 하나의 유사한 출처를 갖고 있다는 가능성은 이치에 맞아 보인다.26)

느헤미야서, 특히 이미 언급한 '느헤미야의 회고록'에는 아람어의 영향이 뚜렷하다.

이 영향은 אחז('ḥz) '닫다.', זְמָן(zᵉmān) '약속된 시간' 같은 어휘뿐 아니라, 실제로 번역 차용어구들(calques, 다른 언어의 어구가 뜻하는 의미를 차용하여 만든 어구-역자 주)인 더 긴 표현들 הַמֶּלֶךְ לְעוֹלָם יִחְיֶה(ham-mælæḵ lᵉ-'ōlām yiḥyæ) '왕은 영원히 사실지어다.'(2:3), אִם-עַל-הַמֶּלֶךְ טוֹב('im 'al ham-mælæḵ ṭōḇ) '만일 그것이 왕을 기쁘시게 한다면'(2:7), נִשְׁמַע לְ-(nišma' lᵉ-) '그것이 ~에게 들렸다.' 등에도 나타난다. 느헤미야에는 역대기와 에스라서처럼 기수가 명사 다음에 온다. 랍비 시대 히브리어 용법과 일치하며 구어체 방언의 영향을 받은 예들도 보이는데, הָיוּ אֹמְרִים (hāyū 'ōmᵉrīm) '그들이 말하곤 했다.'(6:19), אֶצְלָם('æṣlām) '그들 가운데'(4:6), וַיִּכְעַס הַרְבֵּה(way-yiḵ'as harbē) '그리고 그가 매우 화가 났다.'(3:33) 같은 표현과 관계사 אֲשֶׁר('ᵃšær)를 랍비 시대 히브리어 -שֶׁ(šæ-)와 아람어 דִּי(dī) 같은 방법으로 사용하는 것 등이 그 예이

26) Talshir 1988을 보라.

다. 유사한 언어 특징을 가진 에스라서도 마찬가지며, אֲשֶׁר הֵרִימוּ(ʾᵃšær hērīmū) 대신 사용된 הַהֵרִימוּ(ha-hērīmū) '그들이 들어올린'(8:25)과 יְרוּשָׁלַיְמָה(yᵉrūšālaymā) 대신 사용된 לִירוּשָׁלַםִ(l-īrūšālayim) '예루살렘으로 (가져오다.)'(8:30) 같은 아람어 번역 차용어뿐 아니라 עַד לַשָּׁמָיִם(ʿaḏ laš-šāmayim) '하늘까지'(9:6), כֵּלִים לַזָּהָב(kēlīm laz-zāhāḇ) '황금 기물들'(1:11), תַּעֲנִית(taʿᵃnīṯ) '금식'(9:5) 같은 랍비 시대 히브리어 형태들을 갖고 있다.27)

다니엘서의 가장 중요한 문제는 매우 명백한 아람어 흔적이 아니라, 히브리어로 전달된 부분도 원래는 아람어로 기록되었다가 나중에 히브리어로 번역되었을 가능성이다.28) 그러나 그와 같은 이론이 의심을 넘어설 정도로 입증되지는 못했다. 어떤 경우이든 간에 현재 상태에서 히브리어 부분들은 성서 히브리어를 모방하려는 시도를 보여준다.29)

시편의 어떤 운문은 포로기 이후의 책들과 랍비 시대 히브리어나 아람어에만 나타나는 꽤 많은 수의 단어와 긴 표현들을 포함하고 있어, 히브리어 후대 용법의 분명한 예들을 제공한다. 그렇다고 하여 시편 내의 다른 작품들이 순수한 성서 히브리어를 표현하지 않는다는 것은 아니다.30)

기록 시기를 설정하기 더 어려운 작품은 언어학 측면에서 일반적으로 포로기 이후의 것으로 동의하는 짧은 책인 요나서이다.31) 상당 부분 요나서는 근본적으로 성서 히브리어 유형의 전형을 보여준다. 물론 특히 어휘면에서 랍비 시대 히브리어의 여러 특징들도 보여준다.32) 반면에 다른 학자들은 עשת(ʿšt) '생각하다.'(1:6), זַעַף(zaʿap̄) '분노하다.'(1:15), טַעַם(ṭaʿam) '법령'(3:7) 같은 아람어 형태들을 강조한다. 그들은 또한 סְפִינָה(sᵉp̄īnā) '배'(1:15), טול(ṭwl) 히필 동사 '던지다.'(1:4), שתק(štq) '조용히 하다.'(1:11), מנה(mnh) 피엘 동사 '임명하다.'(2:1; 4:7)와33) 같은 다른 후대 어휘들과 역대기에서 이

27) Bendavid 1967, 64ff.를 보라.

28) Rowley 1932; Zimmermann 1938; 1939; 1960-61; Ginsberg 1948을 보라.

29) Archer 1974를 보라.

30) 하비츠의 훌륭한 연구를 보라(1972). 이것은 후기 성서 히브리어에 대한 가장 중요한 공헌들 중 하나로 간주될 수 있을 것이다. 그의 분석은 시 103, 117, 119, 124, 125, 133, 144, 145가 포로기 이후의 언어적 특징들을 포함하고 있다는 것을 보여준다.

31) Fohrer 1968, 442를 보라.

32) 예, Bendavid 1967, 60f.

미 언급된 것들과 유사한 문법적인 용법들도 지적한다. 1인칭 대명사 אֲנִי(’^{a}nī)와 אָנֹכִי(’ānōḵī) ‘나’(1:9), אֲשֶׁר(’^{a}šær)와 -שֶׁ(šæ-) 관계사 ‘who, which’(4:10-11)를 교체해서 사용하는 저자의 습관, בְּשֶׁלְּמִי(b^{e}-šæl-l^{e}-mī)나 בַּאֲשֶׁר לְמִי(ba-’^{a}šær l^{e}-mī) ‘누구 때문에’(1:7-8) 등 뚜렷한 아람어 형태들은 이 책이 갖는 특이한 표현법의 성격을 더해준다.

아가서에서는 대중적인 구어체 언어가 처음으로 문학적이고 시적으로 표현된다.[34] 이 책은 사랑과 혼인을 축하하는 포로기 이후의 시 모음집이며, עֶרֶשׂ(‘æræś) ‘침대’(1:16) 같은 아람어, פַּרְדֵּס(pardēs) ‘과수원’(4:13) 같은 페르시아어,[35] *phoreion*에서 온 אַפִּרְיוֹן(’appiryōn) ‘(올라타는) 가마’(3:9) 같은 헬라어에서 온 단어를 포함한다. 성서 히브리어와 뚜렷한 차이점이 나타난다. 연속 바브를 피하고, 관계사 אֲשֶׁר(’^{a}šær) 대신 -שֶׁ(šæ-)를 사용하며, 후접어 불변화사와 함께 오는 부정사 연계형을 거의 찾기 힘들다. 그러나 수사적인 효과를 내기 위해서는 성서 히브리어 표현들이 사용된다. 때때로 성서 히브리어 형태들이 나중에 랍비 시대 히브리어에서 발견되는 다른 형태들과 함께 사용된다. 예를 들어 2:5와 5:8에 나타나는 접속사 כִּי(kī)와 -שֶׁ(šæ-) ‘that’을 비교하라. 성서 히브리어에는 없지만 랍비 시대 히브리어에 알려진 많은 수의 어휘가 있다. שׁוּק(šūq) ‘시장’(3:2), אָמָּן(’ommān) ‘장인, craftsman’(7:2), כֹּתֶל(kōṯæl) ‘벽’(2:9), מֶזֶג(mæzæḡ) ‘혼합’(7:3), קְוֻצּוֹת(q^{e}wuṣṣōṯ) ‘묶은 머리털’(4:2), תאם(t’m) 히필 동사 ‘쌍둥이를 배다.’(4:2)는 아가서와 랍비 시대 문헌에서만 나타나는 형태이다. 더군다나 이런 표현들은 고대의 것이나 인위적 사용의 결과가 아닌, 살아 있는 단어들이라는 인상을 준다. 또한 3:4의 כִּמְעַט שֶׁעָבַרְתִּי......עַד שֶׁמָּצָאתִי(ki-m‘aṭ šæ-‘āḇartī......‘aḏ šæm-māṣāṯī) ‘내가 지나가자마자……내가 찾았다.’처럼 랍비 시대 히브리어에 전형적인 긴 구절들이니 אַל־תִּרְאוּנִי שֶׁאֲנִי שְׁחַרְחֹרֶת(’al tir’ūnī šæ-’^{a}nī š^{e}ḥarḥōræṯ) ‘내가 검다고 나를 쳐다보지 마세요.’(1:6)처럼 고전 히브리어와 다른 어순을 가진 예들이 있다.

---

33) A. Werner 1979; Qimron 1980을 보라.

34) Bendavid 1967, 74ff.를 보라.

35) Jepsen 1958을 보라.

기원전 3세기 후반에 기록되었을 전도서는 랍비 시대 히브리어에 매우 가깝고 어느 정도 아람어에 가까운 언어와 결합된 그 책 나름의 특징이 있다. 예를 들어 1:15의 חֶסְרוֹן(ḥæsrōn) '부족', 8:4의 שִׁלְטוֹן(šilṭōn) '통치'처럼 וֹן-(-ōn)을 가진 명사 형태와 2:3에 סִכְלוּת(sik̲lūt̲) '어리석음'처럼 וּת-(-ūt̲)를 가진 명사 형태를 사용하는데, 둘 다 랍비 시대 히브리어의 특징이다(후자는 아람어의 영향을 받았을 가능성이 있다.). 그리고 분명하게 아람어인 다른 형태도 사용되는데, כְּבָר(keb̲ār) '이미'(1:10), קְרָב(qerāb̲) '전쟁'(9:18)이 그 예다. 다른 후대의 작품들처럼 כְּהֶחָכָם(ke-hæ-ḥāk̲ām) '지혜자처럼'(8:1)의 예처럼 정관사가 불변화사 뒤에서 생략되지 않고, 인칭대명사 אָנֹכִי('ānōk̲ī) '나'가 결코 사용되지 않는다. זֹה(zō)가 때때로 지시대명사 זֹאת(zōt̲) '이것' 대신 사용된다(2:2 등). 전도서의 다른 특징들에는 성서 히브리어와 꽤 이질적이지만 랍비 시대 히브리어에 잘 알려진 불변화사 עֲדֶן('ad̲æn)과 עֲדֶנָה('ad̲ænā) '여전히'(4:2, 3)의 사용, 단어 처음과 마지막 자음들의 생략으로 합성어를 만드는 경향도 포함된다. 랍비 시대 히브리어와 유사한 점들로는 בְּשֶׁכְּבָר(be-šæk-keb̲ār) '이미 ~이니'(2:16)처럼 불변화사들의 결합과 אוֹי('ōy) '오호라.' 대신 אִי('ī)(4:10; 10:16)를 사용한다. 관계사의 사용도 눈에 띈다. 성서 히브리어 אֲשֶׁר('ašær)가 약간 더 많지만 랍비 시대 히브리어의 -שֶׁ(šæ-)도 매우 흔하며, 특히 성서 히브리어에 없는 새로운 어근들과 함께 온다.

랍비 시대 히브리어처럼 -שֶׁ(šæ-)는 כְּשֶׁבָּא(ke-šæb-bā) '그가 왔을 때'(5:14)와 מִשֶּׁתִּדּוֹר(miš-šæt-tiddōr) '네가 서원하는 것보다.'(5:4)처럼 다른 불변화사들을 끌어당기기도 하고, א(') 마지막 자음 동사와 ה(h) 마지막 자음 동사가 구분되지 않는다.

전도서에는 성서 히브리어와 랍비 시대 히브리어가 의도적으로 혼합되어 있다고(아마도 후자가 주도적인 것 같다.) 말할 수 있을 것이다. 전도서는 연속 바브의 사용을 피하고 분사를 현재 시제로 사용하며 אֵין('ēn) '아니다.'로 부정하는 후대의 용법을 도입한다. 지시대명사나 관계사 같은 경우에 한 시대의 표현법과 그에 대응되는 다른 시대의 표현법이 나란히 사용되는 것을 쉽게 찾을 수 있다.

때로는 저자가 전형적인 랍비 시대 히브리어 표현에 성서 히브리어 표현을 덧붙이려 했는데 그 예로 5:17의 אֲשֶׁר־רָאִיתִי אָנִי טוֹב(ʼ^{a}šær rāʼīṯī ʼānīṭōḇ) ‘내가 선한 것을 보았으니’, 7:18의 טוֹב אֲשֶׁר תֶּאֱחֹז בָּזֶה(ṭōḇ ʼ^{a}šær tæʼ^{æ}ḥōz bā-zæ) ‘너는 이것을 잡는 것이 좋다.’와 עַד שֶׁלֹּא(‘aḏ šæl-lō’) 대신 12:1의 עַד אֲשֶׁר לֹא(‘aḏ ʼ^{a}šær lō’) ‘(어떤 것이 일어나지) 않기 전에’가 있다. 다른 경우에는 랍비 시대 히브리어의 영향이 매우 분명한데, 예를 들어 12:9의 וְיֹתֵר שֶׁהָיָה(w^{e}-yōṯēr šæ-hāyā) ‘그리고~에 더하여’는 성서 히브리어에서 유사한 표현을 찾을 수 없다.[36] 전도서의 언어가 북쪽 방언이나[37] 페니키아어, 가나안어의[38] 영향을 받았다는 주장도 있었다. 이러한 가능성을 배제할 수는 없지만 이 언어들은 이 책의 언어적 특징을 충분히 설명해주지 못한다.

비록 후대의 특징들이 그렇게 분명하지는 않지만 여러 요인들은 성경의 다른 작품들도 포로기 중에나 그 뒤에 기록되었다는 견해를 지지한다. 에스겔서,[39] 학개서, 스가랴서, 말라기서,[40] 이사야 55-66장, 잠언, 욥기의 일부,[41] 애가서,[42] 룻기[43] 등이[44] 이 부류에 속한다.

에스더서가 마카비나 하스모니아 시대에 기록되었는지는 불확실하지만, 어쨌든 그것은 가장 후대의 성경 작품이다. 언어 특징에 따라 기원전 2세기를 기록 시기로 잡는 게 적절하나 이러한 판단의 세밀한 점들은 논쟁이 될 수 있다. 이 책이 랍비 시대 히브리어 유형의 형태들과 함께 근본적으

36) Bendavid 1967, 77ff.; du Plessis 1971을 보라.

37) 예, Gordon 1955a.

38) Dahood 1952; 1952a; 1962를 보라.

39) Hurvitz 1982를 보라. 이 포로기의 책은 페르시아 시대에 완전한 발전 단계에 이르게 될 과정들의 시작에 대한 증거를 제공해 주지만, 아직까지 후기 성서 히브리어의 분명한 특징들은 없다.

40) 힐(A. E. Hill, 1981)은 말라기를 기원전 약 500년 것으로 보지만, 이 책의 언어가 후기 성서 히브리어에서 온 문법이나 어휘 특징들을 많이 포함하고 있지 않다고 지적한다.

41) Hurvitz 1975를 보라. 이 논문은 최소한 이 책의 처음과 마지막의 산문 부분들이 뚜렷하게 후대의 언어 특징들을 포함하고 있음을 보여준다.

42) Löhr 1894를 보라.

43) 많은 아람어 형태들이 룻기에서 발견되었다. 예, לָהֵן(lāhēn) ‘그러므로’(1:13)와 לְקַיֵּם(l^{e}-qayyēm) ‘세우기 위하여’(4:7). Eissfeldt 1965, 483을 보라.

44) 벨하우젠(Wellhausen) 시대부터 오경의 제사장 편집 부분, 곧 ‘Priestly Codex’(P)가 같은 범주에 포함되긴 했으나, 하비츠(A. Hurvitz, 1974)의 언어적 분석에 따르면 현 상태의 그 문헌을 포로기 이전의 산물로 보는 것이 더 낫다.

로는 성서 히브리어 표현으로 기록된 것으로 보는 이들과[45] 성서 히브리어의 영향을 받은 랍비 시대 히브리어 본문으로 보는 이들이 있다.[46]

에스더서에는 그 시대의 새로운 요소들이 더 오래된 언어에 전형적이고 순수한 성서 히브리어를 대표하는 다른 요소들과 나란히 나타난다. 예를 들어 동사의 시제, 연속 바브, 후접어 불변화사 뒤에 오는 부정사 연계형, 부정사 절대형, 서술적 표현법 וַיְהִי(wa-yᵉhī) '그리고 ~할 때', 속격 구조, 의문사 헤(he), 관계사 אֲשֶׁר(ʼᵃšær), 기본 문장론과 관련된 성서 히브리어 용법이 있다. 고전 성서 히브리어 문체를 의도적으로 모방한 티가 난다. 물론 완벽하게 일관된 방법으로 모방하지는 않았다. 에스더서의 많은 언어 특징들은 역대기에서 언급한 용법들과 일치한다. 이 특징들은 분배의 의미를 표시하는 명사 반복, 집합 명사의 복수 형태화, 명령형이나 다른 정형 동사를 대신하는 -לְ(lᵉ-) 'to' 부정사 연계형의 잦은 사용, 부정사 절대형을 명령법으로 사용하지 않는 점, 목적격 접미어를 동사에 직접 붙이는 것, 몇 개의 불변화사를 결합해서 사용하는 것 등을 포함한다.

그럼에도 이미 언급된 것들 외에 다른 관점에서는 이 책의 언어가 역대기보다 성서 히브리어에 더 가깝다. 예를 들어 에스더서는 강조를 위해 주어 앞에 -לְ(lᵉ-)나 אֵת(ēṯ) 불변화사를 사용하지 않고, 3인칭 복수 접미어의 여성 형태를 유지하며, 기수를 명사 앞에 위치시킨다.[47] 이와 같은 특징은 지금 어느 정도까지 인위적인 문헌 언어를 다루고 있는지 암시해 준다. 다른 한편, 랍비 시대 히브리어와 공유하는 중요한 특징도 있다. 이 특징은 3:4에 אֲשֶׁר־הוּא יְהוּדִי(ʼᵃšær hūʼ yᵉhūḏī) '그가 유대인이라는 것을' 같은 어순, עמד(ʻmd) '일어나다.'가 קום(qwm)을 대신하는 것, היה(hyh) '이다.' 보조 동사가 분사와 함께 사용되는 것, 4:11의 יוֹדְעִים אֲשֶׁר(yōḏᵉʻīm ʼᵃšær) '~를 알고 있다.' 같이 랍비 시대 히브리어의 -שֶׁ(šæ-)에 유추한 관계사 אֲשֶׁר(ʼᵃšær)의 사용 등을 포함한다. 때때로 3:8의 בֵּין הָעַמִּים(bēn hā-ʻammīm) '백성들 가운데' 처럼 다른 전치사를 선호하고, 같은 절에서 אֵין(ʼēn) '아니다.'가 분사를 부

45) 예, Bendavid 1967, 61.

46) Rabin 1958, 152f.를 보라.

47) Striedl 1937을 보라.

정하는 용도로 쓰인다. 또한 עָתִיד('āṯīḏ) '준비된'(3:14), רָצוֹן(rāṣōn) '소망'(1:8), כשר(kšr) '옳다.'(8:5), אִלּוּ('illū) '~이기만 하다면'(7:4) 같이 성서 히브리어에 없는 몇몇 후대 용어뿐 아니라, יְקָר(y^{e}qār) '존경'(1:20)과 אנס('ns) '강요하다.'(1:8)처럼 아람어에서 온 단어, דָּת(dāṯ) '법'(1:13)과 אֲחַשְׁתְּרָן('^{a}ḥašt^{e}rān) '왕실의'(8:10)처럼 페르시아어에서 온 단어도 있다.48)

기원전 2~1세기에 속하는 집회서, 희년서, 열두 족장들의 유언서의 히브리어 문헌 단편들이 대부분 사해 동굴들에서 발견되었다. 집회서는 카이로 그니자에 보관된 중세 문서 단편들도 있다. 랍비 시대 히브리어의 분명한 흔적도 알아볼 수 있지만 집회서는 주로 성서 히브리어를 모방한다.49) 이 책의 서법은 성서 히브리어의 모델을 따른다. 집회서의 마사다 사본 42:4에서 성서 히브리어 מאזנים(m'znym) '저울' 대신 사용된 מזנים(mznym)처럼 때때로 동시대 작품들의 관습을 따르기도 한다. 관계대명사는 אֲשֶׁר('^{a}šær)나 -שֶׁ(šæ-)이며 집회서의 어휘는 고대 것과 후기 성서 히브리어의 용어들을 포함하는 성서 히브리어 단어들 뿐 아니라 랍비 시대 히브리어와 아람어에서 온 단어들도 있다.50)

아직 제2성전 시대에 속하는 기원전 2세기 후반에 다른 문헌 언어가 후기 성서 히브리어의 경쟁 언어로 등장했다. 비록 짧은 기간 동안 사용되긴 했으나 이 언어는 성서 히브리어와 랍비 시대 히브리어의 특징들을 결합시키면서 잘 확립되고, 하스모니아 시대와 관련된 역사물들의 기록과 초기 예배를 위한 본문에서 사용된 것으로 보인다.51) 이러한 회당 본문들은 언

48) Bendavid 1967, 62ff.를 보라. 버기(R. L. Bergey, 1983)는 박사 논문에서 에스더서의 음성론, 형태론, 문장론, 어휘에서 총 58개의 후대의 특징들을 분석했고, 예를 들어 최소한 17개가 포로기 이후의 다른 책들에 나타나지 않지만 랍비 시대 히브리어에 발견된다고 지적했다. 그렇다면 언어에서 에스더서가 성경의 다른 어떤 책보다 랍비 시대 히브리어에 더 가까울 것이다.

49) Strauss 1900; M. H. Segal 1958; Torrey 1950; Ackroyd 1953; Rabin 1958, 152를 보라. 페나르(T. Penar, 1975)는 다후드가 확립한 방법론들에 따라 서북 셈어에 나타나는 평행구절들에서 집회서의 히브리어 본문을 밝혀내고자 했다.

50) E. Y. Kutscher 1982, 87ff.를 보라.

51) 라빈(1958, 153ff.; 1970, 319f.; 1976, 1015ff.)에 따르면 그 역사물들은 상실되었지만 몇몇 단편들이 랍비 시대 문헌 속에 보존되었다. 그 예로 바빌론 탈무드 Kiddushin 66a에 기록된 야나이(Yannai) 왕의 이야기, 민 22장에 대한 *Sifre*와 바빌론 탈무드 Nedarim

어가 매우 유사한데, 랍비 시대 히브리어의 규칙들을 따라 만들어진 문장들, 성서 히브리어의 시제 체계(연속법 시제와 부정사 절대형 포함)와 성서 히브리어(많은 경우가 성경에 한번만 나타나는 하팍스 레고메나이다.), 랍비 시대 히브리어와 아람어뿐 아니라 소설 창작물에서 온 용어들로 된 혼합된 어휘들이다.

페르시아 시대에는 히브리어로 기록된 소수의 금석학(epigraphic) 자료가 남아 있는데, 고대 히브리어 글자로 새겨진 설명을 가지고 있는 텔 젬메(Tell-Jemmeh)와 베트 주르(Beth Zur)의 동전들,[52] 와디 달리예(Wadi Daliyeh) 동굴에서 나온 불래에 새겨진 두 개의 인장 자국,[53] 텔 미칼(Tell Mikhal)에서 나온 인장 등이 있다.[54] 반면에 현존하는 아람어 자료는 훨씬 더 풍부하다. 헬레니즘 시대의 것으로는 글자가 새겨진 항아리 손잡이들과 하스모니아 왕조 시대부터 바르-코크바 혁명 시기 사이의 동전들도 있다(고대 히브리어 글자로 기록됨). 예루살렘과 초기 여러 회당들의 다양한 장례식 관련 비문들은 분명하게 이 시대 말기의 것으로 언어는 히브리어, 아람어, 헬라어 사이를 오간다.[55] 그 지역의 언어적 성격에 관해 이들이 제공하는 자료는 매우 제한적이다.[56] 그러나 그 자료는 완전 서법 선호, 단어 마지막에 오는 /ā/를 표현하기 위해 ה(h)와 א(') 둘 다 사용한 점, 단어 마지막에 ם-(-m) 대신 ן-(-n)을 사용한 점, 고유 명사들에서 단어 처음의 א(') 생략, 후두음과 인두음, ר(r)의 약화 같은 현상을 충분히 보여준다. 또한 이 자료는 히브리어가 예루살렘과 유대 지역에서 계속 구어로 사용되고 이해되었다는 것도 보여 준다.

후기 성서 히브리어 문헌의 가장 주목할 만한 특징은 동사 체계에 광범위하게 일어난 여러 변화이다. 접미형 동사 형태가 과거 시제에, 접두형 동

9b에 기록된 의로운 시몬(Simeon the Just) 이야기, 미쉬나 Yebamoth 16:7에 기록된 소알(Zoar)에 있는 레위의 아들들에 대한 이야기가 있다.

52) Rahmani 1971을 보라.

53) Cross 1969d; Avigad 1976a를 보라.

54) Naveh and Greenfield 1984, 122f.를 보라.

55) Naveh 1981을 보라.

56) E. Y. Kutscher 1956a를 보라.

사 형태가 미래 시제에 사용된다. 독립 분사는 현재 시제에 쓰이는 한편, 보조 동사와 같이 올 때는 랍비 시대 히브리어처럼 자주 일어나는 동작을 나타낸다. 또한 후기 성서 히브리어 문헌에는 동사의 짧거나 긴 형태들의 상실, 부정사에 생긴 변화들, 법 구분의 소실, 연속 시제 사용의 감소나 포기 같은 현상도 나타난다. 불변화사의 수가 눈에 띄게 증가하고, 성서 히브리어와 관련하여 불변화사의 용법과 동사-전치사의 결합에서도 차이가 있다. 구식으로 여기는 단어들을 쓰지 않는 어휘 변화, 의미론 영역의 확장과 중요한 변화, 히브리어 방언들, 다른 셈어들, 페르시아어, 헬라어에서 온 새 단어들을 사용한 이 단계의 히브리어는 상당히 구별된다.[57] 앞에서 말한 대부분의 변화는 성서 히브리어에서 진화하고 랍비 시대 히브리어에서 충분히 표현될 발달 과정을 보여주며, 종종 아람어에서 온 새로운 요소들을 차용했음을 입증해 준다. 그러나 후기 성서 히브리어는 단순히 그것 자체의 실제 성격이 결여된 하나의 중간 단계로 봐서는 안 된다. 후기 성서 히브리어의 모든 단어나 구조가 랍비 시대 히브리어에 나타나는 것이 아니며, 그 단어나 구조는 후기 성서 히브리어 연구를 정당화하는 데 충분한 가치가 있다.

2. 사해 사본의 언어

사해 사본의 발견 이야기는 유명하다. 기원전 2세기에서 기원후 2세기에 유래한 이 사본들은 주로 사해를 따라 정착한 유대 그룹들이나 종파 회원들이 기록했다.[58] 여기서 가장 중요한 발견물로는 성서 사본들, 곧 가장 주목할 만한 1QIsa[a](통속적인 최신 본문의 완전한 이사야서 두루마리), 성경 본문 단편들(이사야서, 출애굽기, 시편 등)뿐 아니라 공동체 규칙서(1QS), 회

57) Hadas-Lebel 1981, 101ff.; E. Y. Kutscher 1982, 82ff.를 보라.

58) 사해 두루마리에 대한 전반적인 연구로 F. Pérez Castro(1951-52), J. A. Sanders(1967), G. Vermes(1982, 1987), M. Delcor and F. García Martínez(1982)가 있다. 이 자료에 대한 수많은 연구의 가장 최근 참고문헌은 Fitzmyer 1990에 수록되어 있다. 참조, LaSor 1958; Burchard 1959-65; Jongeling 1971, 1973.

중 규칙서(1QSa)와 축복 문서(1QSb), 찬송이나 감사 문서(호다요트 *Hodayot*, 1QH), 하박국 주석(페쉐르 *Pesher*, 1QpHab), 전쟁 두루마리(1QM/4QM[a-e]), 성전 두루마리(11QT), 아람어 창세기 외경(1QapGen) 같은 다양한 성경 밖의 사본들도 포함된다. 바르-코크바(Bar-Kochba)가 쓴 몇몇 서신들도 있다. 청동 두루마리(3QTr)의 언어는 다른 작품들의 언어와 다르고, 구어체나 미쉬나 히브리어(Mishnaic Hebrew)로 분류할 수 있을 것이다.[59] 아직 완전한 본문의 출판을 기다리는 법적 성격의 한 서신을 포함하여 더 짧은 다른 문서들도 마찬가지다.[60]

이 발견물들이 그 당시의 언어 상황을 알려주는 데 얼마나 중요한지는 두 말할 필요도 없다. 이들은 히브리어의 발달 과정을 적절하게 설명하는 데 방해가 되었던 히브리어 지식에 대한 이전의 빈틈을 채워 준다. 그러나 한편 이 문서들은 사실상 약 300년이라는 꽤 긴 시간 동안 만들어져 그 성격이 같지 않다. 기록물들은 여러 다른 환경에서 나왔고, 각 문서의 언어도 작성된 문헌의 유형에 상당히 많이 좌우된다. 자료들이 방언의 다양한 영향, 구어체화, 아람어화 등을 시사한다. 그러므로 문서가 얼마나 중요한지와 관계없이 가능한 한 일반화 작업을 피하고, 히브리어의 전반적인 묘사로 사본의 특유한 표현법을 결합시키려고 시도하는 것을 삼가야 할 것이다.[61]

단순하게 이 작품들의 언어적 특징이 그 당시 팔레스타인 지역에서 글과 말로 사용된 모든 히브리어를 대표한다고 생각하는 것도 바람직하지 않다. 사해 사본이 더 일반적으로 보급된 언어 현상들을 당연히 논리적으로 반영하겠지만 그들이 유래한 사회학적 역사적 정황들을 잊어서는 안 된다. 쿰란 회원들이 당시의 보편적 풍조에 반항했을 가능성이 크다. 에세네인들과 바리새인들의 선조들인 하시딤(Ḥasidim)은 앞 단원에서 이미 말한 것처럼 성서 히브리어와 랍비 시대 히브리어가 혼합된 형태를 그들의 문헌 언어로 수용했는데 랍비 시대 히브리어가 뚜렷하게 우세했다. 평민 출신인

59) 예, Milik 1962, 221ff. 참조, Thorion 1985-86a.

60) Qimron and Strugnell 1985를 보라.

61) Goshen-Gottstein 1958, 특히 가장 중요한 언어적 특징들에서 쿰란의 주요 문서들에 나타나는 차이점에 대한 중요한 관찰(130ff.)을 보라.

바리새인들은 나중에 그들이 문헌 언어(랍비 시대 히브리어)로 끌어 올린 한 히브리어 방언으로 가르쳤다. 다른 한편, 쿰란 회원들은 의식적으로 구어체 요소들을 문헌 언어에서 제거하려 했는데 순수한 성서 히브리어 형태를 이처럼 추구한 것은 사막 지역에서 순수한 종교로 '귀환'을 상징한다.[62] 성서 히브리어를 독립 언어로 회복시키는 대신 여전히 문헌 언어로 존재하는 후기 성서 히브리어를 계속 사용하며, 그것을 그들 나름의 독특한 언어적 특징들과 결합시켰다고 주장하기도 한다.[63] 그러나 후기 성서 히브리어와 문체가 비슷하고 고대 히브리어의 고어 형태를 사용했지만, 쿰란 방언은 사마리아 히브리어와 마찬가지로 그 시대 히브리어의 다른 형태들과 연결되면서도 구별되는 특징들이 있다. 게다가 쿰란 히브리어가 문헌뿐 아니라 살아 있는 구어로도 쓰였을 가능성이 있다. 따라서 쿰란 히브리어는 단순히 후기 성서 히브리어의 연속이 아닐 것이다.[64]

그 종파의 언어가 되기 위해 서로 다른 많은 요소들이 결합되었다. 종파의 특정 회원들이 어느 지역에서 왔느냐에 따라 쿰란에서 하나 이상의 언어가 사용되었을 것이다. 어떤 문헌들은 아람어로 기록되었을 것이다. 청동 두루마리 사본(Copper Scroll)에는 방언, 곧 랍비 시대 히브리어를 사용한 분명한 증거가 있는데 이 사본의 언어는 바르-코크바 시신의 언어와는 좀 다르다. 그곳에서 발견된 헬라어 두루마리 단편들에 나타난 것처럼 헬라어도 알려져 있었다.[65] 히브리어의 여러 전통들을 반영한 흔적이 이 단체의 문헌들에서 확인되었는데, 어떤 특징들은 바빌론 히브리어와 일치하고 다른 특징들은 사마리아 방언과 일치한다. 또한 사해 사본들은 성서 히브리어에서 왔지만 완전히 새로운 의미의 용어들뿐 아니라, 고어 형태들과 에돔어 같은 다른 셈어 방언들의 흔적도 포함한다.[66] 가장 초기의 문서들과 가장 후대의 문서들끼리 진화 과정을 거쳐[67] 그 언어가 전차 성서 히브리어에서

62) Rabin 1958, 144를 보라.

63) Morag 1988, 148, 각주 1에 인용된 하비츠의 견해를 보라. 폴진(1976, 6ff.)은 때때로 역대기보다 오경의 언어에 더 가까운 쿰란 언어의 고어적 성격을 강조한다.

64) 모라그(1988)가 강조했다.

65) Segert 1963을 보라.

66) E. Y. Kutscher 1972, 1583ff.를 보라.

더 멀어지고 아람어와 랍비 시대 히브리어의 영향을 더 많이 받게 되었다.

사해 두루마리의 문헌 히브리어의 다양한 특징들은 그 종파의 회원들이 동시에 사용한 여러 방언들의 존재와 관련된 다양한 이론들을 낳았고, 단일 발음이 아닌 여러 전통들이 병립했다는 주장도 나오게 되었다.68) 그러나 방언들이 그렇게 혼합되었다는 사실을 입증하는 증거를 대기는 쉽지 않다. 쿠처는 인칭대명사 접미어를 분석한 뒤, 1QIsa[a] 본문과 쿰란 전반에 두 방언의 흔적이 있다고 결론지었다. 하나는 '표준'으로 더 전통적이고 회당에서 성경 낭독을 위해 사용된 반면, 다른 하나는 '표준 이하'의 것으로 다른 생활 영역에서 구어체 언어로 사용되었고 결국 미쉬나 히브리어에서 최종 형태를 갖추게 되었다.69) 그러나 때때로 이러한 구분은 언어 자료에서 몇 가지 일치하지 않는 점도 있다.

의심할 것 없이 쿰란 언어는 많은 연구에서 시사한 대로 사마리아 히브리어와 매우 유사한데, 벤-하임(Z. Ben-Ḥayim)의 연구가 특히 중요하다.70) 어떤 면에서는 사마리아 방언이 쿰란의 언어보다 더 후대의 것으로 보인다. 쿰란에서 때때로 바브로 표현되는 짧은 u가 사마리아 방언에서 e/a로 변하고, 종종 כה-(-kh) 형태의 2인칭 남성 단수 접미어는 사마리아 오경에서는 세 번만 발견된다.

결론적으로 사해 사본이 후대의 발달 과정에 있는 성서 히브리어의 형태를 표현한다는 것이 지배적인 견해이다. 최소한 이 종파는 초창기에 종교적 이유에서 반대했으나, 후기 성서 히브리어는 이와 같이 계속되어 점차 랍비 시대 히브리어에 가까워졌고, 아람어의 영향을 받게 되었다. 동시

---

67) Murtonen 1963-64가 분명하게 설명했다.

68) 이것은 마이어(1957a)의 견해이다. 마이어는 각 방언의 기원을 정확하게 지적하는 모험을 하지는 않지만 o 모음으로 발음하는 경향이 갈릴리에서 온 한편, 세셈 부근에서는 더 고대의 언어 형태가 사용되었을 것이라고 제안한다. 그러나 Goshen-Gottstein 1958, 135를 보라.

69) E. Y. Kutscher 1952 (31 October); 1971, 1583ff.; 1974, 61ff.; 1982, 93ff.를 보라.

70) 예를 들어 Ben-Ḥayyim 1958a, 207을 보라. "사해 두루마리에 나타나는 언어 전통은 전반적으로 사마리아인들의 것과 같다. 사해 종파가 사마리아 공동체에 속했다고 믿을 필요는 없으나 언급된 전통은 사마리아 공동체 외부뿐 아니라 내부의 팔레스타인 지역에 통용되고 있었다." 전반적으로 얄론, 스펄버(A. Sperber), 칼레의 견해이기도 하다.

에 이미 언급한 것처럼 쿰란 히브리어에는 살아 있는 구어체 방언 특유의 특징들이 있다.71)

쿰란 언어의 연구는 때때로 한 문서의 언어에 집중하며 부분적이거나 종종 '원자론적인'72) 경향을 보이기도 했다. 가장 중요한 연구는 쿠처의 철저한 1QIsa[a] 분석인데,73) 1QIsa[a]는 그곳에서 발견된 가장 주목할 만한 사본으로 쿠처는 쿰란 히브리어를 가장 완벽하게 연구했다.

쿠처에게 이 본문의 언어는 기원 직전 몇 세기 동안의 팔레스타인의 상황을 반영하며, 이사야서의 대중판을 보여준다. 이 두루마리에 사용된 고유명사들은 히브리어의 후대 단계를 드러내는데, 예를 들면 앞에서 언급한 형태인 דרמשק(Tib.=티베리아 발음 darmæśæq)은 더 보편적인 마소라 본문 형태인 דַּמֶּשֶׂק(dammæśæq) '다메섹'과 다르다. 신의 이름들(theophoric names)에서 חזקיה(Tib. ḥizqīyyā) '히스기야'와 ישעיה(Tib. yᵉšaʻyā) '이사야' 같은 짧은 형태들이 더 길고 오래된 마소라 형태 חִזְקִיָּהוּ(ḥizqīyyāhū)와 יְשַׁעְיָהוּ(yᵉšaʻyāhū) 대신 사용된다. 완전 서법도 후대 히브리어의 특징이다.

전반적으로 이 사본의 언어는 '현대화'되었다. 성서 히브리어는 수세기 전에 구어로 사용되지 않았고, 랍비 시대 히브리어나 아람어를 사용한 보통 사람들은 성서 히브리어를 거의 이해하지 못하거나 정확하게 읽지도 못했다. 그들이 이해한 성서 히브리어는 단지 랍비 시대 히브리어에 남아 있거나 아람어와 친숙한 형태들이었다. 고어 표현과 한 번만 나타나는 단어나 표현들은 뜻이 불분명해졌고, 히브리어와 아람어가 똑같은 단어들은 아람어처럼 발음되기도 했다. 이러한 이유에서 한 '방언 본문'(vernacular text)이 발전했는데, 마소라 본문의 לא(l') '아니다.' 대신 לוא(lw'), 마소라 본문의 ראש(r'š) '머리' 대신 רואש(rw'š) 등과 같이 모음 글자를 사용하여 아람어 발음에서 사신을 보호하고, 마소라 본문의 שֹׁבֶל(šōḇæl) 사 47:2 대신 שוליך(Tib. šūlayiḵ) '당신의 치마'(랍비 시대 히브리어에도 발견된다.)처럼 일부 단어들과 고어 표현들을 더 친숙한 것으로 추정되는 다른 표현들로 대체해 본문

71) Mansoor 1958; Schreiden 1959; Segert 1963; 1968; E. Y. Kutscher 1971; 1982, 93ff.; Morag 1988을 보라.

72) Goshen-Gottstein 1958, 102의 표현을 사용한 것.

73) E. Y. Kutscher 1974, 원래 1959년에 히브리어로 출판했다.

을 이해할 수 있게 만들려고 했다. 그러나 1QIsa[a]는 때때로 마소라 본문보다 더 우월한 읽기를 보존할 가능성을 깎아 내려서는 안 된다. 이 두루마리에는 모든 아람어 형태가 풍부하게 담겨 있고 현대화의 경향이 히브리어의 모든 단계에 나타난다. 예를 들어 사 57:18의 마소라 본문 נִחֻמִים(niḥūmīm) '위로'를 תנחומים(Tib. tanḥūmīm)으로, 사 56:9의 고어 형태인 חַיְתוֹ(ḥayᵉṯō) '~의 짐승들'을 חית(Tib. ḥayyaṯ)으로 대체하며, כּוֹס(kōs) '컵'은 랍비 시대 히브리어처럼 남성으로 취급한다.

인칭대명사와 인칭대명사 접미어와 관련하여 다소 다른 상황이 나타난다. הואה(hw'h) '그'와 היאה(hy'h) '그녀'는 아마도 더 오래된 형태들을 반영한 것으로 보이고, 2인칭 남성 복수 형태인 אתמה('tmh)는 다른 인칭대명사들에서 유추해서 등장한 것으로 보인다. תי-(-ty) 동사와 כי-(-ky) 명사의 여성 단수 접미어는 고어 형태라기보다는 아람어 형태일 가능성이 크며, כה-(-kh)는 2인칭 남성 단수 인칭대명사 접미어의 고대 형태이다.[74] 아마도 이와 같은 유형의 형태들은 히브리어의 다른 전통에서 입증되는 것처럼 마지막 음절 전 음절에 오는 강세의 결과일 것이다.

쿠처는 이사야서 두루마리를 기록한 사람의 방언은 랍비 시대 히브리어로 발전한 지방 방언과 많이 비슷하다고 한다. 물론 그것을 이 방언이나 훨씬 다른 회당 기도문 낭독의 공식 전통과 같이 여길 수는 없다. 따라서 이 두루마리의 본문은 성서 히브리어의 더 이른 형태와 티베리아 전통 사이의 중간 연결고리는 아니며, 어떤 지역의 별개의 방언으로 보인다.[75] 그럼에도 이 두루마리는 몇몇 고어의 요소를 보존하고 있다. 예를 들어 שולח(šlwḥ)가 마소라 본문의 שִׁלֹחַ(šilōᵃḥ) '실로암' 대신 사용되고, עוזוז('wzwz)가 마소라 본문의 עֱזוּז('izzūz) '힘' 대신 사용되는 등 이 두루마리에 사용된 언어가 모음 이화 현상(dissimilation)을 덜 일으키는 경향이 있다. quṭl 유형의 명사들은 티베리아 전통에서 모음이 강세 없는 폐음절에 올 때 종종 qiṭl이나 qaṭl로 바뀌지만[אִמְרָה('imrā) '말, word'], 이사야서 두루마리에서는 quṭl 유형을 유

74) 이것은 마소라 형태의 복구에 대한 폴 칼레의 주장들을 반박하기 위한 또 다른 증거이다.

75) E. Y. Kutscher 1974, 61f.를 보라.

지한다. 이는 마소라 본문의 רִנָּה(rinnā) '외침' 대신 바빌론 히브리어 전통에 רונה(rwnh)가 나타나는 것과 같다.

이와 같은 연구뿐 아니라 특정한 본문에 집중하거나76) 더 폭넓게 분석한77) 다른 많은 연구, 특히 쿠처와78) 제자 키므론(E. Qimron)의 개관은(모든 두루마리들에 대한 자료를 제공한다.)79) 쿰란 히브리어의 성격을 더 명확하게 묘사했다.

쿰란 히브리어 서법 특징은 모든 문서에서 발견되고 그 당시의 일반 경향을 반영하는 완전 서법을 사용한 것이다. 여러 모음 글자가 한 문서 안에서도 다소 일관성 없이 사용되었지만 눈길을 끄는 것은 חודשים(Tib. ḥ°dāšīm) '달들, 월들' 같이 티베리아의 최단 모음을 포함하여 o와 u 음가의 어떤 모음이든 바브로 표시했다는 점이다. 요드는 더 드물게 나타나고 יקים(Tib. yāqīm) '그가 세울 것이다.'처럼 특별히 장모음을 표현하나 마소라 본문의 יענה(Tib. yā'ᵃnæ) '그가 대답할 것이다.' 대신 나타나는 יעני(y'ny)처럼 단어 끝에서 e 모음을 표시하는 헤 대신 올 수도 있으며, 특히 마소라 본문의 שדה(śdh, 발음 śᵉdē) '~의 들판' 대신 나타나는 שדי(śdy)처럼 헤를 셋째 자음으로 가진 명사들의 연계형에서 요드가 헤 대신 온다. 바브와 요드가 자음일 때 ישתחווה(yšthwwh, Tib. yištaḥᵃwæ) '그가 머리를 숙일 것이다.'와 והייה(w-hyyh, Tib. wᵉ-hāyā) '그리고 그것이 될 것이다.'처럼 자음이 반복되거나 마소라 본문의 עִוֵּר('iwwēr) '눈 먼' 대신 나타나는 עואר('w'r)처럼 알렙과 함께 온다. 불완전 서법의 경우에는 그 형태가 종종 쿰란의 특이한 발음을 표현했을 수도 있는데 예를 들어, חמר(ḥmr) '점토'는 티베리아의 ḥōmær보다는 ḥemar로 발음했을 것이다. 특이한 것은 하나의 모음을 위해 두 모음을 사용하는 것인데, 특히 לוא(lw', Tib. lō') '아니다.'와 ראוש(r'wš, Tib. rōš) '머리'처럼 o

76) 예, 공동체 규칙서(*Manual of Discipline*)에 관해 Leahy 1957과 Revell 1962, 감사 문서(*Hodayot*)에 관해 Wallenstein 1959, de Vries 1964-66, Hurvitz 1964-66, 1967과 Qimron 1970-71, 하박국 주석(Habakkuk pesher)에 관해 Silbermann 1961-62가 있다.

77) R. Meyer 1950; Ben-Ḥayyim 1958; Goshen-Gottstein 1958; 1960a; Mansoor 1958; Schreiden 1959; Murtonen 1963-64; G. R. Driver 1965; Morag 1988 등.

78) 1971.

79) E. Y. Kutscher 1971; Qimron 1986(원래 1976년에 히브리어로 기록된 박사 논문)을 보라.

를 위해 알렙-바브나 바브-알렙을 사용했다. 또한 ראישון(r'yšwn, Tib. rīšōn) '첫 번째', כיא(ky', Tib. kī) '왜냐하면', מיא(my', Tib. mī) '누구?', פרעוה(pr'wh, Tib. par'ō) '바로, 파라오', כוה(kwh, Tib. kō) '그렇게'도 주목하라. 이 현상은 1QIsa[a]와 다른 성경 본문들에도 널리 퍼져 있었고, 시간이 흐르면서 축소된 것으로 보인다.[80] 때때로 씬 대신 싸멕을 쓴다. 쿠처는 현명하게도 그런 특징을 음운론적 변화가 아닌 동시대의 다른 금석학이나 문헌 자료들에서 더러 입증되는 그 당시의 특징인 서법상의 관례로 보려고 했다.[81] 또한 특정 단어들의 정확하고 아람어화하지 않은 발음을 확실히 해 두려는 실질적이고 교육적인 시도도 중요했을 수 있다.[82]

음운론적으로 쿰란의 언어는 그 당시의 다른 문서들과 마찬가지로 아람어와 (아마도) 헬라어의 영향이 두드러진 과도기와 변화 시기를 보여준다. 후두음과 인두음의 약화, 병합, 상실이 전형적이다. 이 과정에 두 단계를 구별하려는 시도가 있었는데, 첫째 단계는 여전히 네 개의 음소를 구분해서 발음하던 원래 문서들의 저자들과 관련되고, 두 번째 단계는 그 음들을 더는 구분할 수 없었던 필사자들과 관련이 있다.[83] 다른 관점에서 공식적인, 특히 성경의 본문들은 다른 본문들과 별개로 다루어질 수 있다. 전자에는, 특히 이사야서 두루마리에는 후음이 병합하고 교체하는 경우가 많은데, 마소라 본문의 אָמַר('āmar) '그가 말했다.' 대신 חמר(ḥmr), הָסֵר(hāsēr) '제거하다.' 대신 אסיר('syr), שָׂחִיס(šāḥīs) '경작되지 않은 농작물' 대신 שעיס(š'ys), עַתָּה('attā) '지금' 대신 אתה('th) 같은 예를 들 수 있다.[84] 다른 한편, 둘째 그룹에서는 음의 생략(elision)이 비록 상당히 체계적이지는 못하지만 주된 특징을 이룬다. 후음의 혼란은 항상 단순히 음운론의 문제가 아닐 것이다. 때때로 그것은 על(Tib. 'al) 전치사가 마소라 본문의 אֶל('æl) 대신 나타나는 것처럼 어휘

80) 예, Murtonen 1963-64, 71f.

81) E. Y. Kutscher 1974, 186을 보라.

82) 키므론(1986, 22)이 다르게 설명했는데, 그는 추가적인 바브(와 요드)가 'o(또는 i/e) 음을 표시하기 위한 수단'이라고 주장한다. 그는 '짧은 단어들을 길게 늘이려는 의지'라고 말한다.

83) Murtonen 1963-64를 보라.

84) E. Y. Kutscher 1974, 505ff.를 보라.

론 차원의 성격을 갖기도 하고,[85] להוב(lhwb)가 마소라 본문의 לַהַב(lahab̲) '불꽃'을 대신하는 것처럼 형태론의 변화를 포함할 수도 있다. 또한 단어 처음에 오지 않는 알렙은 항상 묵음이고, 종종 왜 거기 있는지 모를 자리에서 발견되곤 한다. 전반적으로 쿰란에서 후두음과 인두음을 다루는 방법은 그 당시의 다른 히브리어 전통들과 아람어 방언들에 나타나는 것과 실질적으로 다르지 않다.[86]

특히 흥미로운 점은 기원전 이천 년대 후반부터 히브리어에서 i 모음으로 바뀌는 경향이 있던 원래 짧은 u 모음이 유지된다는 점이다.[87] 사마리아어 같은 일부 히브리어 전통에서는 완전한 변화가 일어난 반면, 바빌론 히브리어 같은 다른 전통에서는 이러한 현상을 받아들이지 않은 경우도 있었다. 그러나 쿰란의 상황은 꽤 눈길을 끈다. 바빌론 전통과 같이 마소라 본문의 רִנָּה(rinnā) '외침' 대신 나타나는 רונה(rwnh)처럼 고대의 형태들을 보존할 뿐 아니라, 다른 히브리어 전통들에서는 i나 불완전한 모음이 나타나는 많은 경우에도 바브가 나타난다.

마소라 본문의 שִׁלֹחַ(šīlōaḥ) '실로암' 대신 שולח(šwlḥ), גִּדּוּפִים(giddūp̄īm) '욕설' 대신 גודפים(gwdpym), קִבּוּצַיִךְ(qibbūṣayik̲) '네가 모은 것' 대신 קובציך(qwbṣyk), פְּתָאִים(pᵉt̲ā'īm) '단순한 사람들' 대신 פותאים(pwt'ym), אֹהֶל('ōhæl) '텐트' 대신 אוהול('whwl), 티베리아 전통의 יִכְתְּבוּהוּ(yik̲tᵉb̲ūhū) '그가 그를 목록에 넣을 것이다.' 대신 יכתובהו(yktwbhw) 등이 있다. 이 바브가 불완전한 모음(쿰란에서 그것의 존재가 입증되지 않았다.)을 표현하거나 그것이 a나 e로 읽힐 수 있다는 것은 받아들이기 어렵다.[88] 따라서 우리는 형태론에 기초한 다른 종류의 설명을 찾아야 하는데, 그 설명에 따르면 쿰란에서 원시 셈어의 qutl 유형이 표준 절대형 qwṭl과 함께 연계형에서 qwṭl, qṭwl이나 qwṭwl로 나타난

85) Goshen-Gottstein 1958, 108을 보라.

86) Sáenz-Badillos 1975, 124ff.를 보라.

87) 예, חוּץ(ḥūṣ) '밖에'>חִיצוֹן(ḥīṣōn) '밖의', תּוֹךְ(tōk̲) '~의 안에'>תִּיכוֹן(tīk̲ōn) '가운데'. 참조, אֹמֶר('ōmær)와 אִמְרָה('imrā) '단어' 등. E. Y. Kutscher 1974, 452ff.; Qimron 1986, 35ff.를 보라.

88) R. Meyer 1957a; 1958을 보라. 마이어는 페니키아어와의 비교를 강조하고, 그것의 기원을 방언에 돌린다.

다. 헬라어 음역에서 볼 수 있듯이 이 형태들의 보조 모음은 아마도 티베리아 형태와 일치하지 않을 것이다.[89]

강세는 여전히 논쟁의 여지가 있으나, 이미 언급한 일부 형태들의 서법과 티베리아의 문중 형태들(contextual forms 즉, non-pausal forms)인 יִדְרְשֻׁהוּ(yiḏrᵉšūhū)와 הִתְקַדְּשׁוּ(hiṯqaddᵉšū) 대신 나타나는 ידרושהו(ydrwšhw) '그들이 그를 찾을 것이다.'와 התקדישו(htqdyšw) '그들이 스스로를 거룩하게 할 것이다.'처럼 이른바 '문중 휴지 형태들'(pausal forms in context)은 쿰란에서 강세가 종종 끝음절 전에 왔다는 것을 표시해 줄 법하다. 이 점은 티베리아 전통과는 다르지만 사마리아 히브리어와 일치하며 헬라어 음역과도 일치할 수 있다.[90]

사해 사본에는 다른 흥미로운 음성론적 특징도 입증된다. 레쉬를 생략하는 경향이 있으며 그것을 더 약하게 발음했을 수 있다. 후두음이 약화되고 새로운 반모음이 등장했을 텐데, 예를 들어 마소라 본문의 מֵאוֹת(mē'ōt) 대신 מאיות(m'ywt) '백들, hundreds'이 나타난다. 마소라 본문의 מִי יִתֵּן(mī yittēn) '누가 줄 것인가?' 대신 나타나는 מי ינתן(my yntn)처럼 때때로 눈이 동화되지 않는다. 마소라 본문의 קִבְרְךָ(qiḇrᵉḵā) 대신 나타나는 קוברך(qwbrk) '너의 무덤'처럼 순음과 레쉬가 앞 모음의 음가에 영향을 미치는데, שְׁבִי(šᵉḇī) 대신 나타나는 שובי(šwby) '포로 상태'의 예처럼 모음이 티베리아 전통에서 슈바일 때도 그러하다. 유사한 현상이 후두음과 인두음에도 함께 나타난다. מְאֹד(mᵉ'ōḏ) '매우' 대신 나타나는 מואד(mw'd)를 비교하라. 쿰란 문서들은 때때로 티베리아 전통의 유성 슈바 대신 ו(w)나 א(')을 사용하는데, סְדֹם(sᵉḏōm) '소돔' 대신 סודום(swdwm), כְּלָיוֹת(kilyōṯ) '~의 콩팥들' 대신 כלאיות(kl'ywt) 등의 예가 있다. 마소라 본문의 אַכְזָרִי('aḵzārī) '잔인한' 대신 사용한 אגזרי('gzry)처럼 자음 동화 현상이나 마소라 본문의 גַּת(gaṯ) '포도주 짜는 틀' 대신 사용한 גד(gd)처럼 동질의 유성 자음과 무성 자음 사이의 교체가 나타난다. 랍비 시대 히브리어처럼 단어 끝에 오는 멤과 눈이 교체될 수 있다.[91] 마소라 본문의 בניו(bnyw, 발음 bānāw) '그의 아들들' 대신 나타나는 בנו(bnw)

---

89) Qimron 1986, 36ff.를 보라.

90) Qimron 1986, 40ff.; Morag 1988, 155ff.를 보라.

91) E. Y. Kutscher 1974, 496ff.; Qimron 1986, 25ff.를 보라.

같은 단어들의 서법은 단어 마지막의 이중 모음 축약을 보여주는데, 이 현상은 오래된 방언의 특징일 것이다.92)

형태론적 측면에서 쿰란의 언어는 몇 가지 두드러진 특징들을 지닌다. 3인칭 단수 인칭대명사 הואה(hw'h)와 היאה(hy'h)가93) 마지막 헤가 없는 고전 형태와 함께 나타나고, 2인칭과 3인칭 복수 대명사인 אתמה('tmh)와 המה(hmh)(이 형태는 성서 히브리어에도 나타난다.)도 그와 같다. 2인칭 여성 단수 אתי('ty)와 1인칭 복수 אנו('nw)는 아마도 아람어 형태일 것이다. 마찬가지로 마지막 헤를 가진 인칭대명사 접미어인 כה-(-kh) '너의(남. 단.)', כמה-(-kmh) '너희들의(남. 복.)', מה-(-mh) '그들의'는 헤 없는 다른 형태들과 함께 나타난다. 이러한 자료는 히브리어의 내적 발달 과정에서 두 개의 대체 형태들이 존재했다는 관점에서 설명될 수 있고, 이 점은 어떤 면에서 사마리아 히브리어와 비교된다.94) ך-(-k)와 כה-(-kh)의 교체가 이중 발음 -ak̲와 -k̲a에 해당된다는, 마치 둘째 형태가 아람어식 발음에 반대하여 생긴 것처럼 보는 칼레의 이해 방법은 입증되지 않았다.95) 2인칭 여성 단수에서 ך-(-k)와 כי-(-ky) 형태가 발견된다. 유사한 교체가 3인칭 남성 단수 접미어들에 나타난다: ו-(-w), יו-(-yw)와 יהו-(-yhw). 이들 중 사마리아와 바빌론 전통에서도 발견되고 오래된 방언의 특징을 반영할 법한 마지막 형태는 디베리아 히브리어에서 가장 멀어진 형태인데, 이는 두 모음 사이에 오는 -ה-(-h-)의 발음 생략이나 그 결과로 생기는 이중 모음의 축약이 일어나지 않았기 때문이다.96) 마소라 본문에서 ָה-(-hā) 3인칭 여성 단수 접미어는 때때로 הא-(-h')나 הה(-hh)로 나온다. אבותם(Tib. 'ᵃb̲ōt̲ām) '그들의 아버지들' 종류의 접미어가 붙은 형태를 אבותיהם(Tib. 'ᵃb̲ōt̲ēhæm) 종류의 형태보다 선호하고, 성서 히브리어처럼 관계사 ש(Tib. šæ-)보다 אשר(Tib. 'ᵃšær)를 더 선호한다.97)

92) Qimron 1986, 33f.; Morag 1988, 152f.를 보라.

93) 이 형태들은 많은 논쟁을 불러일으켰고, 고어나 방언 형태들, 유추에 의한 형태들, 단순히 완전 서법의 예 등으로 설명되었다. E. Y. Kutscher 1974, 433ff.; Qimron 1986, 57f.; Morag 1988, 156f.를 보라.

94) 예, Goshen-Gottstein 1958, 118f.; 1958a, 103ff.를 보라.

95) Martin 1957; Wernberg-Møller 1957; E. Y. Kutscher 1974, 446ff.를 보라.

96) Morag 1988, 156f.를 보라.

97) Qimron 1986, 77ff.; Morag 1988, 160f.를 보라.

명사에서는 쿰란의 특정한 서법 양식에서 온 것과 때때로 독특한 명사 유형들에 해당되는 이미 언급한 사항들을 제외하면 티베리아 전통과 비교할 때 기본적인 차이점이 거의 없다. 마소라 본문의 בֹּסֶר(bōsær) '신 포도' 대신 사용된 בסור(bswr)나 이미 언급한 티베리아의 רֹחַב נֶפֶשׁ(rōḥab̲ næp̄æš) '영혼의 넓이' 대신 사용된 רחוב נפש(rḥwb npš)와 שֵׁפֶל יָדַיִם(šēp̄æl yād̲ayim) '손의 가라앉음(느린, 민첩하지 못한, 부주의한-역자 주)' 대신 사용된 שפול ידים(špwl ydym)의 예는 연계형 명사에 qṭwl 유형을 폭넓게 사용하여 때때로 아람어의 영향일 가능성이 높다. 쿰란에서 명사 유형들의 변화에 대한 다른 증거는 לַהַב(lahab̲) '불꽃' 대신 사용된 לוהב(lwhb), רִקְמָה(riqmā) '자수, embroidery' 대신 사용된 רוקמה(rwqmh), גֹּמֶל(gōmēl) '무르익음' 대신 사용된 גמול(gmwl), חֲזִיר(ḥ^{a}zīr) '돼지' 대신 사용된 חוזיר(ḥwzyr)에서 드러나는 한편, אַגְמוֹן('ag̅mōn) '큰 고랭이 식물, bulrush' 대신 사용된 אגמן('gmn)은 ָן-(-ān) 아람어 접미어에 대한 선호를 보여주는 것 같다.98) 멤 접두어 명사가 많이 있는데 발음이 티베리아 전통처럼 mi-로 바뀌었는지, 아니면 다른 전통들처럼 ma-를 유지했는지는 불분명하다. נְגָעִים(n^{e}gā'īm) '재앙들' 대신 사용된 נגועים(ngw'ym)처럼 어떤 복수 형태들은 성서 히브리어와 다른데, 이런 형태는 이미 후기 성서 히브리에서 입증된 현상을 따랐고 랍비 시대 히브리어에 꽤 일반적으로 나타난다.

동사에서 후기 성서 히브리어와 사마리아 히브리어처럼 고대 2인칭 여성 단수 접미어 תי-(-ty)가 존재했는데, 아마도 아람어의 영향 때문일 것이다. 티베리아 전통의 אֲכַלְתֶּם('^{a}k̲altæm) '너희가 먹었다.' 대신 사용된 אכלתמה('kltmh)와 사마리아 히브리어의 2인칭 남성 복수의 연장된 접미어 תמה-(-tmh)는 최근의 형태로 보인다.99) תה-(-th) 2인칭 남성 단수 접미어는 이따금씩 마소라 본문에서 תָ-(-tā) 대신 발견되기도 한다. ונותרה(w-nwtrh, 발음 w^{e}-nōt̲^{e}rā) '그리고 그녀가 남겨졌다.' 대신 사용된 ונתרת(w-ntrt) 같은 3인칭 여성 단수 형태들은 분명히 아람어에서 기원하며, 3인칭 여성 복수 어미 ה-(-h)도 마찬가지다.

98) E. Y. Kutscher 1974, 365ff.; Qimron 1986, 65를 보라.
99) Qimron 1986, 43을 보라.

יִשְׁפַּל(yišpal) '그가 떨어질 것이다.' 대신 사용된 ישפול(yšpwl) 같은 형태들은 o와 함께 발음된 접두형 동사의 가능성을 암시한다. 사 58:9의 쿰란 형태 שלוח(šlwḥ)를 마소라 본문 שְׁלַח(šᵉlaḥ) '보내다.'와 비교하라. 때때로 이러한 특징은 티베리아 히브리어의 상황과 매우 명백하게 대립되지만, 히브리어의 다른 전통들과 아람어와 일치한다. 동사의 연장된 형태에 나타나는 마지막 눈은 후기 성서 히브리어처럼 탈락된다. 눈에 띄는 특징은 티베리아 전통의 וָאֶכְתֹּב(wā-'æḵtōḇ) '그리고 내가 기록했다.' 대신 사용된 ואכתובה(w-'ktwbh)의 1인칭 어미 ה-(-h)인데, 이 형태는 헤 없는 다른 형태들과 함께 나타난다. 여러 후기 성서 히브리어 문헌에서 이 유형이 단순한 직설법 형태로 사용되지만, 사해 사본들은 그것을 동사의 연속법 형태(consecutive forms)로 사용하는 유일한 문서들로 1인칭 형태를 동사의 짧은 형태들을 사용하는 2인칭, 3인칭과 구분하고 있다.[100]

쿰란 히브리어의 또 다른 특징은 인칭대명사 접미어 형태와 함께 사용하거나 접미사 형태 없이 '문중 휴지 형태'를 사용한 점인데 그 예로 티베리아 전통의 비휴지 형태들인 יִכְתְּבוּ(yiḵtᵉḇū)와 יִדְרְשֻׁהוּ(yiḏrᵉšūhū) 대신 사용된 יכתובו(yktwbw) '그들이 기록할 것이다.'와 ידרושהו(ydrwšhw) '그들이 그를 찾을 것이다.'가 있다. 이 같은 형태는 인칭대명사 접미어가 붙은 형태들을 포함한 yqwṭl 유형과도 함께 나타나며, 티베리아 전통의 וַיִּשְׁמְעוּנִי(way-yišmᵉʻū-nī) '그리고 그들이 나를(내 말을) 들었다.' 대신 사용된 וישומעוני(w-yšwmʻw-ny)가 그 예이다. 여기에 사용된 서법은 분명하게 티베리아 전통과 다르지만, 사마리아 히브리어나 헬라어 음역들과 분명히 유사한 전통을 암시한다. 이 현상은 앞에서 언급한 것처럼 최소한 부분적으로는 마지막 전 음절 강세 때문에 생겼을 수 있다.[101] 티베리아 형태 עִבְרוּ('iḇrū) '지나가라.' 대신 사용된 עוברי('wbry), דִּרְשׁוּ(diršū) '구하라!, seek!' 대신 사용된 דרושו(drwšw) 같은 명령형도 설명해야 한다. 이 형태들은 위 형태들의 기원과 유사하거나 아람어의 영향을 반영하는 것일 수 있다. 사마리아 히브리어처럼 사해 사본에

---

100) Qimron 1986, 43ff.를 보라.

101) I. Yeivin 1972a; E. Y. Kutscher 1974, 332f.를 보라. 키므론(1986, 50ff.)은 이 문제에 대한 논의에서 형태론적인 해결책을 선택한다. 오래된 형태 יקטולני(yqṭwlny)에 새로운 형태 יקוטלני(yqwṭlny)가 추가되었다.

yaqaṭṭal 유형의 현재-미래 형태가 존재한다는 주장은 잘못된 것 같다.[102] 히브리어의 다른 후대 전통들처럼 부정사 연계형이 흔한 반면, 부정사 절대형의 뚜렷한 예는 꽤 드물다.[103]

히트파엘 동사는 사해 사본에서 매우 흔하며, 랍비 시대 히브리어와 아람어처럼 수동태의 역할을 확장시키고, 더 드문 다른 수동태 형태들을 대신한다.[104] 어근의 셋째 자음이 요드인 동사들의 경우에 최소한 성경 사본들에는 단축형과 표준형이 바꿔가며 나타나는데 전자의 형태를 선호한다.

불변화사(particles)에 뚜렷한 아람어 영향이 나타난다. 서법의 예로 마소라 본문 תַּחַת(taḥat) '~대신' 사용된 תחות(tḥwt)가 있고, 자음 동화 현상이 일어나지 않는 예로 마소라 본문의 וּמִבָּנוֹת(ū-mib-bānōṯ) '그리고 딸들보다 (더 나은)' 대신 사용된 ומן בנות(w-mn bnwt)가 있으며, 특정한 전치사들을 바꿔 사용한 예로 אֶל('æl)과 עַל('al)이 있다. 어떤 경우에는 랍비 시대 히브리어와 유사한 점들이 나타나는데, אוי־לי('wy ly) '내게 화가 있으리라.' 대신 사용된 אילי('y-ly), מִמַּעַל(mim-ma'al) '위에서부터' 대신 사용된 ממעלה(m-m'lh) 등이 있다.[105]

문장론에서는 자료가 매우 통일성이 있는 것은 아니지만, 사해 사본이 성서 히브리어와 랍비 시대 히브리어의 중간 단계를 표현하고 각각의 요소들을 포함하고 있다고 가정하면, 히브리어가 어떻게 발달했는지 꽤 분명하게 볼 수 있다.[106] 비교적 늦은 시기에 작성되었는데도 그 문서들은 후기 성서 히브리어를 표현하고 있고, 여러 고대 특징들과 독특한 문체가 있긴 하지만 여러 면에서 포로기 이후의 성경 문헌들과 매우 가깝다. 비록 사해 사본이 티베리아 히브리어보다는 사마리아 히브리어, 바빌론 히브리어, 헬라어 음역 전통들과 더 가깝긴 하나 이 점의 중요성을 과장해서는 안 된다.

---

102) R. Meyer 1961a를 보라.

103) Qimron 1986, 47f.를 보라. 반면에 까미냑(J. Carmignac, 1985-86)은 쿰란에서 부정사 절대형의 사용이 성서적 용법을 꽤 많이 반영하고 있다고 믿는다.

104) Qimron 1986, 48f.를 보라.

105) E. Y. Kutscher 1974, 214f., 389ff.를 보라.

106) G. R. Driver 1965, 436ff.를 보라.

시제 사용은 성서 히브리어에 나타나는 것과 근본적으로 다르지 않다.[107] 접미형 동사 형태가 완료된 과거 동작을 위해 사용되는 한편, 접두형 동사 형태는 현재나 미래에 지속되는 동작을 표시하고, 접두형 동사의 직설법 형태와 오래된 강조 형태가 서술을 위해 사용되어 랍비 시대의 용법과는 다르다. 그러나 성경 관련 사본들 속에 나타나는 마소라 본문과 다른 많은 형태들은 시제 체계가 변화를 겪고 있었음을 보여준다.[108] 비성경 본문들에는 היה(hyh) '이다.'가 분사와 함께 오는 다양한 완곡법 구조들이 있다.[109] 이 형태들이 후기 성서 히브리어에도 나타나지만, 랍비 시대 히브리어의 더 전형적인 특징이다. 접두형 동사와 함께 오는(더 드물게 접미형 동사와 함께 옴) 바브 연속법이 계속 사용되었으나 고대 형태라는 느낌을 주었다. 성서 히브리어에서 문장을 이끄는 형식으로 사용된 וַיְהִי(wa-y^{e}hī) '그리고 ~가 되었다.'가 더는 발견되지 않는다. 강조의 부정사 절대형과 접두형 전치사와 함께 오는 부정사 연계형이 사라져 가고, 후기 성서 히브리어와 랍비 시대 히브리어처럼 동사의 일반 형태들로 대체되어 갔다.[110]

1QIsa^{a}에서는 동사의 유형이나 형태의 변화가 드문 구조를 버리고 더 많이 알려진 다른 형태들로 대체하는 것을 흔히 볼 수 있다. 예를 들어 이사야서 두루마리에서 칼 수동태는 니팔로 대체한다.[111] 후기 성서 히브리어처럼 수동태의 비인칭적 용법은 3인칭 복수 능동 동사로 대체하고,[112] לוא לצעוד(Tib. lō' li-ṣ'ōḏ) '걸어가지 마라.' 같이 -לְ(l^{e}-) 전치사와 함께 오는 부정사는 불변화사 לא(lō') '아니다.'와 함께 부정 명령문에서 사용된다. -לְ(l^{e}-)

---

107) A. Rubinstein 1953; 1955; 1956; 1957; R. Meyer 1957a; Leahy 1957; 1960; Revell 1961-62; 1964-66; Carmignac 1964-66; 1972-75; 1977-78; 1985-86을 보라. 드브리스(S. J. de Vries, 1964-66)는 감사 문시(*Hodayot*)의 시제 체계를 연구했다. 캐스터슨(J. C. Kesterson, 1984)은 더 길고 대표할 만한 쿰란 문서들을 검토한다. 카이로 그니자에서 나온 다메섹 계약 문서(Damascus Covenant, CD)에 관해 바르디(Thorion-Vardi, 1985-86)를 보라.

108) E. Y. Kutscher 1974, 34ff.를 보라.

109) Goshen-Gottstein 1958, 129를 보라.

110) E. Y. Kutscher 1974, 346ff.; Carmignac 1985-86을 보라.

111) E. Y. Kutscher 1974, 358ff.를 보라.

112) E. Y. Kutscher 1974, 401ff.를 보라.

'to' 부정사 연계형의 사용이 표준화되었는데, 그 뒤의 모든 히브리어 단계에서도 마찬가지다.

인칭대명사가 여러 위치에서 나타난다.[113] 성경 본문들에는 목적격 불변화사를 마소라 본문에는 나타나지 않는 자리에 첨가하여 문장을 다소 매끄럽게 하려는 경향이 있다.[114] 후기 성서 히브리어와 마찬가지로 목적격 표시어 אֵת('ēṯ)를 인칭대명사 접미어에 붙이지 않으려는 경향이 있긴 하나 강조를 위해 주어들과도 사용한다.[115] 어떤 경우에는 그것을 עַל('al) 전치사로 대체하기도 한다. 만일 수식하는 형용사가 정관사를 가지고 있으면 정관사가 명사 앞에서 생략될 수도 있다.[116]

문장론에서 동사절이 명사절보다 뚜렷하게 우세하고[117] 능동문을 수동문보다 선호하며[118] 종속절을 대등절보다 선호하는 점을 알 수 있다. 후기 성서 히브리어의 표준 관례에 따라 접속사 없는 관계절을 회피하고, 그 대신 관계사 אֲשֶׁר('ᵃšær)와 -שֶׁ(šæ-)나 일부 다른 방법들을 사용한다. 비성경(non-biblical) 본문에서는 랍비 시대 히브리어와 마찬가지로 관계사와 부정어(negative particle)를 אֲשֶׁר לֹא('ᵃšær lō') 형태로 금지의 뜻으로 문장 처음에 쓰는 것을 볼 수 있다.

사해 사본의 어휘는 그 시대의 어휘 체계를 밝히는 연구에 도움이 되었다.[119] 그러나 그러한 분석의 결과를 종합적으로 묘사할 수 있는 포괄적 진술은 없다. 쿠처는 이 어휘를 토착 요소와 외래 요소로 구분한다.[120] 토착 요소들은 אזן('zn) 히필 동사 '듣다.' 같은 고어 히브리어, 표준 히브리어, מִדְרָשׁ(midrāš) '공부' 같은 후기 히브리어처럼 성서 히브리어의 다양한 단계

113) Mansoor 1958을 보라.

114) Goshen-Gottstein 1958, 130을 보라.

115) Nebe 1972-75a를 보라.

116) G. R. Driver 1965, 436ff.를 보라.

117) Revell 1964-66을 보라.

118) Mansoor 1958; G. R. Driver 1965, 436ff.를 보라.

119) 말할 만한 가치가 있는 많은 연구물들 중에 카다리(M. Z. Kaddari, 1968)의 연구가 두드러진다. 의무의 의미 영역에 대한 광범위하고 정밀한 분석을 제공하고, 다양한 용어들과 그들 상호 관계에 대한 사전을 정립한다.

120) E. Y. Kutscher 1971, 1588ff.; 1982, 100ff.를 보라.

와 כְּנֶסֶת(k^enæsæṯ) '집회' 같은 랍비 시대 히브리어와 히브리어의 다른 방언에서 왔다. 성서 히브리어에서 온 용어들이 어휘상 특화된 몇 가지 주요한 예가 있다. קֵץ(qēṣ) '시간', גּוֹרָל(gōrāl) '무리, 집단', דֶּשֶׁא(dæšæ') '봄' 등이다. 히브리어가 아닌 요소들은 차용어와 번역 차용어를 포함하는데, סֶרֶךְ(særæḵ) '규칙, 명령'처럼 아람어에서 온 것과 רָז(rāz) '비밀'처럼 페르시아어에서 온 것, 헬라어 purgos와 라틴어 turris의 군사적 의미로 사용된 מִגְדָּל(miḡdāl) '탑' 같이 헬라어와 라틴어에서 온 것들도 있다. 하지만 이데올로기적 이유에서 유사한 기원을 가진 단어의 수는 매우 적을 것으로 보인다. 기원이 불분명한 단어들도 있다. 쿰란의 어휘가 성서 히브리어의 어휘보다 더 광범위했고 형태론, 의미론적으로 변화에 열려 있었던 것이 분명하다. 전통에 충실하게 머물기를 원하지만 때때로 변화를 받아들여야만 하는 변화하는 다국어 환경에 있던 언어의 모든 특징들을 가지고 있다.

3. 사마리아 히브리어

사마리아 공동체에서 사용한 히브리어가 어느 시대에 독립 방언으로 발전하기 시작했는지 단정하는 것은 어렵다. 관련된 시간적 길이를 고려할 때 사마리아 히브리어를 포로기 이전 북쪽 방언과 직접 연결하는 것은 다소 극단적으로 보인다. 사마리아를 정복하고 그곳에 들어온 외국 식민 세력들이 그 지역 언어에 영향을 미친 것이 틀림없다.[121] 그러나 사마리아의 토착민들은 유다 지역 사람들이 겪은 포로 생활을 경험하지 않았고, 따라서 그들의 구어는 아무 방해받지 않고 자연스럽게 발전했다. 사마리아인들은 동의하지 않지만, 그 공동체가 공식 유대교와 구별된 종파로 등장하고 사마리아 오경(Samaritan Pentateuch=SP)을 최종적으로 형성한 것은 훨씬 후대의 일로 요한 히르카누스(John Hyrcanus)가 하스모니아 시대에 세겜과 그리심 산 위의 제단을 파괴한 뒤이다.[122] 따라서 그 뿌리는 꽤 오래되었을

121) 마쿡(R. Macuch, 1969, 132ff.)은 이 사건을 통해 사마리아 음성론의 후두음이 상실되었다고 본다.

122) 퍼비스(J. D. Purvis, 1968, 98ff.)가 설득력 있게 설명했다.

수 있지만 히브리어의 특정 사마리아 전통은 기원전 2세기 후반부터 말할 수 있다.

특정한 방언의 특징들이 있었지만 포로기 이전에는 사마리아에서도 남쪽과 같은 언어가 사용되었다. 마찬가지로 페르시아 시대에 사마리아의 언어는 유다의 언어와 같은 흥망성쇠를 겪었다. 사마리아 히브리어는 종종 토라의 표준 본문과 다르거나 때로 토라와 의도적으로 차이를 두며 제2성전 시대 히브리어의 특징들을 보여준다. 사마리아 종파가 분리한 시기에 사마리아인들은 동시대의 남쪽 사람들과 마찬가지로 히브리어를 문헌 언어로만 사용했을 것이며, 그 문헌 언어는 그 뒤 여러 시대에 다양한 기도문과 피유트를 작성하는 데 사용되었다. 사마리아 전통의 분명한 표현은 여러 세대가 열심히 전수한 예배를 위한 성경 낭송에 남아 있다.

문헌 언어로서의 사마리아 히브리어의 역사는 짧다. 기원후가 시작될 무렵에 이미 사마리아 히브리어는 점차 종교 문헌에서 사마리아 아람어로 대체되고 예배를 위한 낭송 언어로 전환되며 아람어로부터 다양한 등급의 음운론적 영향을 받게 된다. 중세에는 아랍어가 주된 구어와 문헌 언어가 되었고, 또한 그 흔적을 사마리아 히브리어의 예배를 위한 낭송 속에 남겨두었다. 14세기경에 이 언어가 부활했는데 그 시대의 피유트가 입증한다. 마소라 이전의 히브리어 방언을 반영하는(그리고 히브리어의 역사에서 중요한 연결고리가 되는) 순수하게 고어 요소들과 수세기 동안 오래된 전통들에 더해진 이차 첨가물들을 구별하는 것이 쉽지는 않지만, 예배를 위한 토라 낭송에 대한 사마리아 히브리어 전통이 오늘날까지 남아 있다.[123]

사마리아 히브리어 연구를 위한 자료들은 다음과 같다.[124]

① 17세기 초에 피에트로 델라 발레(Pietro della Valle)가 첫 사마리아 사본들을 구입하면서 서양 세계에 알려진 사마리아 오경이다. 마소라 본문과 비교할 때 6,000개 이상의 차이점이 있다. 사마리아 오경 본문을 확립하는 데는 상당히 어려운 문제가 있으며, 이 점은 의심할 것 없이 언어 분석에 어려움을 더해 주었다.[125]

---

123) Ben-Ḥayyim 1958-62, 89ff.; 1989, 517을 보라.

124) Ben-Ḥayyim 1971을 따른 것이다.

② 영국 박물관 소장 MS Or. 6461(1339/40)과 트리니티 대학교 소장 Cambridge R. 16/41(1482?)처럼 오래되고 부분적으로 모음 부호가 첨가된 여러 사본들이 있다. 어떤 부호들은 후대의 것이고 정확한 역할을 항상 확실히 알 수 있는 것은 아니다.

③ 10-11세기 사이에 아랍어로 기록되었고 벤-하임이 출판한 사마리아 문법서들이 있다.[126]

④ 오늘날 사마리아 공동체의 발음에 대한 일차 정보들이 있다. 이 분야에서 가장 중요한 연구물로는 피터만(J. H. Petermann, 1868년)의 음역, 1917년에 수집하고 나중에 머토넨이 편집한 리터(H. Ritter)와 샤데(A. Schaade)의 음역,[127] 머토넨의 다른 음역(1960), 벤-하임이 출판한 음역이 있다.[128] 이 자료들은 다양한 방법을 따라 음역되었고 여러 종류의 작업 결과로 다소 일률적이지 못하다. 과학적인 방법으로 살아 있는 사마리아 발음에 접근한 첫 학자인 피터만의 경우에는 사용한 체계가 혼란스러운데, 특히 모음의 정확한 음가, 장단, 악센트의 위치가 그러하다. 샤데와 리터의 음역은 훨씬 더 정확하며 악센트와 음의 장단을 만족스럽게 표시한다. 그러나 그들의 자료가 매우 제한적이고 부차·부수적 특징들이 지나치게 많은 경향이 있다. 머토넨의 사전에는 옳은 음역들과 잘못된 음역들이 임의로 혼합되어 있어서 사용하기가 매우 어렵다. 이러한 종류의 연구에 대한 일반적인 평가는 '다양한 형태들'이 종종 기록의 오류, 정보 제공자의 실수나 연구자의 잘못된 해석에서 비롯된다는 것이다.[129]

공동체 구성원들이 사마리아 언어를 묘사하려고 처음으로 시도했는데, 그들은 사아디아와 다른 유대 문법학자들처럼 아랍 언어학자들의 영향을

125) 갈(A. von Gall, 1918)의 학문적인 편집본이 여전히 가장 신뢰할 만하나 아직까지 사마리아 오경의 표준적인 텍스트가 없다. A. 사다카와 R. 사다카(A. and R. Sadaqa)가 만든 대중판은(1962-66) 그런 자격을 갖추지 못했다. 페레츠 카스트로(1959)는 사마리아 오경의 가장 오래된 사본임에 틀림없는 *Sefer Avisha*의 본문을 재생시켰다. 히론(L. Girón, 1976)은 창세기에 대한 우수한 비평본을 출판했다.

126) 1957-77, I.

127) Ritter and Schaade 1959.

128) 1957-77, III.

129) Ben-Ḥayyim 1971을 보라.

받았다. 10세기에 이븐 다르타(Ibn Darta)는 사마리아 히브리어의 낭송을 위한 여러 규칙을 유포했다.[130] 1세기 후에 아부 사이드(Abū Sa'īd)는 그의 책 *Qawānīn al-Maqra*에서[131] 동사의 다양한 상, 접미어, 정관사 등을 분석했다. 무르얀 벤 아사드(Muryān b. As'ad)는 그의 책 *Mulḥaq bi-Mukhtaṣar al-Tawṭi'a*에서 같은 작업을 했다.[132]

사마리아 히브리어를 체계적으로 묘사한 중요한 첫째 시도는 아부 이쯔학 벤 이브라힘 벤 파라쥐 벤 마루트 샴스 알-후카마(Abū Isḥāq b. Ibrāhīm b. Faraj b. Mārūth Shams al-Ḥukamā)가 쓴 13세기의 *Kitāb al-Tawṭi'a*인데,[133] 이 책은 전반적으로 품사, 고유 명사와 명사, 대명사, 연계형, 동명사, 동사 형태, 곧 칼, 피엘, 파엘, 히필, 니팔, 히트파엘의 분류, 명령형, 타동사와 자동사, 불변화사를 다루는 열 네 부분으로 이루어져 있다. 오늘날 이 작품은 언어적인 것보다 역사적인 점이 흥미롭다.[134] 14세기에 엘레아자르 벤 피네하스 벤 요셉(Eleazar b. Phineḥas b. Joseph)이 *Mukhtaṣar al-Tawṭi'a*라는 제목으로 요약판을 만들었다.[135]

서양에서는 델라 발레의 사본이 알려지게 되었을 때 학문적 호기심이 발생했고, 17세기 중반부터 질적으로 여러 종류이며 완전히 부적절한 자료들에 근거한 문법, 언어 연구가 등장하기 시작했다.[136] 피터만의 일차 연구가 출판된 뒤에야 비로소 질적인 면에서 새로운 시대가 시작되었는데, 그는 동시대의 사마리아인들과 접촉하고 그들의 발음을 과학적으로 분석한 첫 학자였다. 이미 언급한 제한에도 피터만의 *Versuch*와 *Grammatica*는[137] 사

130) Ben-Ḥayyim 1957-77, I, 305ff.를 보라.

131) Ben-Ḥayyim 1957-77, I, 129-71을 보라.

132) Ben-Ḥayyim 1957-77, I, 249-75를 보라.

133) Ben-Ḥayyim 1957-77, I, 3-127을 보라.

134) Macuch 1969, 235ff.를 보라.

135) Ben-Ḥayyim 1957-77, I, 173-221을 보라.

136) 예, Ravis 1648-50; Morin 1657; Beveridge 1658; Hilliger 1679; Keller 1683; 1705 (초판, Cize, 1682); T. Bennet 1732; Boberg 1733; 1734; Masclef 1743; J. Robertson 1758; Stöhr 1796; Gesenius 1815; Marcel 1819; Uhlemann 1837; Kirchheim 1851; Nichols 1858; Nöldeke 1862; 1868(뇔데케는 아랍어로 집필된 사마리아 문법서의 존재에 대해 처음으로 학자들의 관심을 모았다.); Geiger 1863; Kohn 1865; 1876.

137) Petermann 1868; 1873.

마리아 히브리어에 완전히 새로우면서도 훨씬 통찰력 있게 접근했다. *Grammatica*는 작문 체계와 모든 품사를 자세히 설명하는 전통적인 방법을 따른다. 또한 사마리아 오경의 소단락 분석과 명문집(chrestomathy), 용어 해설도 덧붙였다. 그 다음 수년간 등장한 연구는[138] 단순히 피터만이 수집한 정보에 의존한다.

폴 칼레는 자신의 저서들과[139] 제자들의 저서에서 사마리아 히브리어 연구에 새로운 탄력을 주었다. 예를 들어 제자 중 디에닝은 대명사와 동사에 초점을 맞추었는데, 피터만과 리터와 샤데가 음역하고 모음 부호를 붙인 네 개의 초기 사본들에 기초한다.[140] 페레즈 카스트로는 가장 오래된 사마리아 성경 사본인 *Sefer Avisha*를 편집하고 매우 수준 높은 분석을 했다.[141] 머토넨도 사마리아 히브리어를 위해 여러 저서를 집필했는데, 비록 머토넨의 방법이 학계에서 반대에 부딪히긴 했지만 그의 저서들은 중요한 새로운 자료를 제시해 주었다.[142]

마쿡은 사마리아 히브리어 문법에서 가장 야심 찬 작업을 했다.[143] 그는 오늘날 사마리아 공동체 가운데 정보 제공자들과 직접 접촉하여 얻은 기록들에서 역사적으로 사마리아 히브리어를 특징짓는 모든 다양한 특징들을 수집하고 분석하여 기원을 설명했다. 그 작업의 장점은 부정할 수 없지만, 그럼에도 다른 전문가들은 그다지 호의적으로 받아들이지 않았다. 그들은 모두 마쿡이 오늘날의 발음을 전통 발음과 충분히 명확하게 구분하지 않았고, 전자의 고대성을 결정하는 기준을 제시하지도 않았다고 지적했다. 마쿡은 또한 모든 기본적인 문제들을 적절하게 다루기 전에 전반적인 진술을 미리 시도했다고 비판받았다.[144]

오늘날 사마리아 히브리어 분야에 가장 정통한 전문가는 제에브 벤-하

138) 예, M. Heidenheim(1884-96), J. Rosenberg(1901), J. A. Montgomery(1907).

139) Kahle 1898; 1950.

140) Diening 1938.

141) Pérez Castro 1959.

142) 마쿡(1969, 237f.)이 사실상 읽기 어렵다고 한 Murtonen 1960-64를 보라.

143) 1969.

144) G. Fohrer(1970), E. Ullendorff(1970a), D. Winton Thomas(1974), R. Degen(1971, 63ff.), 특히 벤하임(1971)의 서평들을 보라.

임 교수(Prof. Ze'ev Ben-Ḥayyim)로 그의 연구물은 1938년에 나오기 시작했다. 특정 문제들을 분석하고 사마리아 히브리어와 다른 히브리어 전통들 특히 쿰란 언어와의 관계를 꼼꼼히 연구한 것 외에도 벤-하임은 다섯 권의 *The Literary and oral tradition of Hebrew and Aramaic amongst the Samaritans*를 집필하기도 했다. 이 책은 사마리아어 전통에 헤아릴 수 없을 만큼 중요한 자료를 제공해 주고, (5권에서) 벤-하임의 사마리아 히브리어의 최종 문법으로 매듭짓는데 이 문법은 사마리아 히브리어를 이해하는 데 지금까지 가장 크게 공헌했다.

가장 초기의 사마리아 모음 체계가 동형이음의 자음(homographs)을 구분하고 모음 음가가 아닌 자음 음가를 갖는 것을 표시하고 바브로 표현되는 두 음소, 곧 /w/와 /b/를 구별하고 때때로 /p b t d/의 파열음과 마찰음 이 음들을 표시하기 위해 하나의 구별점(diacritical point)만을 사용한 것으로 보인다.145) 정확한 연대는 확신할 수 없지만 분명 중세의 어느 시점에서 티베리아 모음 체계가 확산된 뒤에 모음을 표현하는 여러 부호를 소개하기 시작했다. 그러나 이 과정은 결코 완전하고 체계적인 방법으로 이루어지지 않았고, 낭독의 오류를 막거나 교습을 위해서 고안된 방법이었기 때문에 항상 부분적이고 임의적이었다. 글자 위에 쓰는 모음 체계는 설명하기 쉽지 않다. 이 체계는 모음에는 다섯 부호를 사용하고(', ¯, ˇ는 모두 파타흐라 불리고, ‹는 i를, ^는 u와 o를 표시한다.), 다게쉬에는 다른 부호를(-:) 사용할 뿐 아니라 다른 기능의 여러 다른 부호도 사용한다. 세 종류의 파타흐를 어떻게 구별했는지 분명하지 않으며, 중세 문법학자들의 글에서 명확하게 확인할 수 없다.146) 일부 후대의 필사본에는 더 적은 수의 부호들을 사용하는데 하나의 점이 두 개의 다른 모음에 쓰인다. 이 중 어떤 부호의 기능은 여전히 논쟁거리이다. 사마리아 히브리어의 초기 발음에서 사용되지 않은 슈바를 표시하는 특별한 부호는 없다. 이음들도 표시하지 않는다.147)

---

145) Ben-Ḥayyim 1957-77, I, 305ff.에 나오는 이븐 다르타의 발음 규칙들과 Ben-Ḥayyim 1954a, Morag 1972, 41ff.를 보라.

146) 칼레(1950)는 '를 ā로, ¯를 a로, ˇ를 æ로 간주했다. 벤-하임은 올바른 해석에 대한 그의 견해들을 점진적으로 변경했는데, 원래는(1954a) ¯가 'a에, '가 a에, ˇ가 e에 해당된다고 제안했으나 더 최근에는(1971) '가 å에, ¯가 a에 해당된다고 주장했다.

사마리아 히브리어의 서법에서 후음들이 현저히 약화되는데, 원래 후음들을 표현하던 글자들이 혼동되어 매우 쉽게 교체되거나 때때로 완전히 생략된다. 종종 알렙과 헤가 요드와 바브 모음 글자로 대체된다. 사마리아인들은 철저한 완전 서법을 실행하고자 했다. 때때로 음운 체계가 변동하여 일관되게 이루어지지는 않았다. 때로는 후음들이 불필요하게 삽입된다. 레쉬에도 영향을 주는 자음의 중복은 티베리아 전통보다 더 흔히 나타난다. 하지만 사마리아 히브리어 서법을 최종적으로 연구하려면 그 전에 하나의 표준 본문이 완성되어야 한다.148)

사마리아 음운론의 더욱 중요한 특징은 u와 o의 불명료한 발음, 슈바의 부재, 일부 파열음들의 마찰음화 현상, 후음의 약화와 소멸, 특정 모음들의 축약과 발음 생략, 보조 모음들의 발달 등을 포함한다. 사마리아 히브리어는 a가 æ로 발음되는 팔레스타인 아람어의 imāla 과정의 영향을 받아왔다. 또한 모음의 음색을 흐리게 하는 경향도 나타난다.149)

후두음과 인두음이 겪은 변화들은 특히 주목할 만한데, 왜냐하면 역시 이 자음들의 약화를 경험한 다른 히브리어 전통들의 경우와 단순하게 동일시 할 수는 없기 때문이다. 사마리아 히브리어에서는 이 모든 자음의 구별된 발음을 잃어 한편으로는 /h/와 /'/의 발음이, 다른 한편으로는 /ḥ/와 /'/의 발음이 중화되면서 א(')이나 ע(')으로만 발음하는 경향이 있었다. 이 자음들은 לחם(Tib. læḥæm; SH lēm) '빵'처럼 동일한 모음들 사이에서 생략된다. 그들은 מאדם(Tib. mē-'ḏām; SH miy-yådåm) '아담에게서'처럼 i와 다른 모음 사이에서 중복된 y로 발음되고, כחי(Tib. kōḥī; SH kuwwi) '나의 힘'처럼 u나 o와 다른 모음 사이에서는 중복된 w로 발음된다. 이 자음들은 모음과 자음 사이에서 완전히 사라진다. 이런 상황에서 후음이 아닌 자음들은 מחמצת(Tib. maḥmæṣæṯ; SH māmmēṣᵉt) '발효 식품'의 예처럼 일반적으로 중복되고 모음이 길어진다. אח(Tib. 'āḥ; SH 'ā) '형제'처럼 ח(ḥ), ע('), 때로는 א(')도 단어 처음에서 특정한 조건 아래 ע(')처럼 발음된다. א(')과 ע(')은 단어 앞에 첨

147) Macuch 1969, 67ff.; Ben-Ḥayyim 1957-77, V, 4ff.; 1989, 517을 보라.

148) Macuch 1969, 28ff.; Ben-Ḥayyim 1957-77, V, 7ff., 53ff., 65ff.를 보라.

149) Murtonen 1960-64, II, 322ff.; Ben-Ḥayyim 1989, 518ff.를 보라.

가되는 불변화사 -ב(b-) '에서', -ו(w-) '그리고', -ל(l-) '로' 뒤에서 사라진다. א(')은 단어 끝에서 묵음이고, 음절 끝에서는 그 뒤에 오는 모음의 색깔을 갖는다.[150] 마쿡과 벤-하임은 이러한 변화에 대한 설명를 다르게 설명한다. 마쿡은 이 변화가 외래어 때문에 생겼는데 그 문제의 외래어는 아람어가 아니라(그에 따르면 아람어는 꽤 다른 방법으로 발전했기 때문이다.) 아카드어 곧 기원전 7-6세기에 이스라엘에 정착한 앗수르 식민지 이주자들이 사용한 언어라고 한다. 다른 한편, 벤-하임은 사마리아 히브리어에 생긴 변화들이 팔레스타인 아람어와 사마리아 아람어에 생긴 유사한 발전 과정을 배경으로 설명한다.

이미 소개한(4장 2단락) 폴 칼레의 견해와 달리 브레노는 사마리아 히브리어에서 후두음이 소멸된 것은 헬라어의 세쿤다 음역들에서 나타난 것과 사실상 비교할 수 없고, 꽤 다른 언어 과정에서 비롯한다고 잘 지적했다. 그 음역에서 이러한 자음들의 상실은 헬라어 알파벳이 히브리어의 후음들을 표현할 수 없기 때문에 발생한 것으로 사마리아 히브리어의 상황과 달리 그것의 소멸은 동반된 모음이나 자음들에 아무런 흔적도 남기지 않았다.[151]

아람어와 아랍어의 영향은 자음 체계의 다른 변화 속에서도 감지되는데 예를 들어 순음과 치음(dentals)의 발음에서 생기는 이차적 현상들, 무성 구개음을 유성 구개음으로 대체하는 것, /ś/과 /š/, 마지막에 오는 /m/과 /n/ 음의 중화 현상이 있다.[152] 이븐 다르타가 자신의 시대에 /b d p t/가 계속 이중으로 발음된 것에 대해 언급할 수 있었으나(우연히도 이 문제에 대한 칼레의 이론에 이의를 제기하는 다른 이유를 제공하면서) 오늘날은 이중 발음이 남아 있지 않으며, 항상 pe가 나타나고, 베트는 특정한 조건에서 마찰음으로, 기멜, 달렛, 카프, 타브는 항상 파열음으로 발음된다. 바브는 이미 언급한 것처럼 두 개의 음소를 표현한다. 거듭 말하면 브랜노가 사마리아 전통과 헬라어 음역 전통 사이에 차이점을 강조한 것은 옳았다.[153]

---

150) Macuch 1969, 132ff.; 1989, 544ff.; Ben-Ḥayyim 1971, 248ff.; 1957-77, V, 25ff.; 1989, 518f.를 보라.

151) Brønno 1968, 193ff.를 보라.

152) Macuch 1969, 83ff.; Ben-Ḥayyim 1957-77, V, 20ff., 68; 1989, 518ff.를 보라.

이 모든 것은 고대 사마리아어의 발음을 재구성하는 것을 더 어렵게 한다. 사마리아 히브리어의 발음이 초기 단계들 이후에 작은 변화를 거쳤다는 폴 칼레와 디에닝의 이론은 온전히 수용할 수 없다. 모음 부호가 있는 중세의 필사본들과 오늘날의 낭독 전통은 기본적인 점들에서 일치하지만 차이점도 꽤 많으며, 더욱이 정보 제공자 개개인의 본문 낭독에 뚜렷한 차이가 나타날 수 있다고 학자들이 언급했다.154) 물론 이 점은 오늘날 사마리아 히브리어의 발음이 마소라 이전 단계의 히브리어에 상당히 가깝게 안내해 줄 많은 고대 특징들을 보존할 가능성이 있다는 것을 부인하지 않는다.

후음 헤와 헤트, 치찰음 씬과 쉰이 중화된 결과 사마리아 히브리어의 자음 체계가 20개의 음소로 축소되었다.155) 그 체계는 다른 히브리어 전통에 나타나는 브가드크파트의 이음적 발음 현상을 보이지 않는다. 레쉬에도 영향을 주고 종종 후음의 소멸과 관련하여 발견되는 자음의 중복 현상은 티베리아 전통보다 더 널리 나타난다.156)

앞서 언급한 것처럼 사마리아 히브리어 모음 체계는 해석상에 특별한 어려움이 있다. 사마리아 히브리어에는 /å/, /a/, /e/, /i/, /o, u/ 다섯 개의 음소가 있지만, 오늘날 발음을 토대로 한 지료들에 의존하지 않고 그들의 정확한 발음을 확인하는 일은 사실상 불가능한데, 그 자료들은 다양한 음역 체계들로 매우 다르게 분석되었다. 벤-하임에 따르면 그들이 일곱 개의 다른 모음들 u, o, å, a, e, ᵉ, i로 발음되며, ᵉ를 제외하고 모두 두 개에서 네 개의 다른 장단이 있다. 일곱 개의 티베리아 모음 중 여섯 개가 사마리아 히브리어에도 나타난다.157)

모음과 관련하여 티베리아 전통과 더 중요한 차이점은 원래 ā의 잦은 보존,158) ay에서 ī로의 변화(디베리아에서는 ay>ē), 필리피 법칙이 상당히

153) Brønno 1968을 보라. 참조, Ben-Ḥayyim 1954, 97ff.; 1989, 518.

154) Macuch 1969, 83ff.; Ben-Ḥayyim 1971을 보라.

155) Ben-Ḥayyim 1957-77, V, 20ff.를 보라. 마쿡(1969, 97ff.)은 모든 후음들과 인두음들이 사라져 18개의 자음 음소만 있다고 생각한다.

156) Macuch 1969, 148ff.; Ben-Ḥayyim 1957-77, V, 20ff.를 보라.

157) Ben-Ḥayyim 1957-77, V, 29ff.를 보라. 마쿡(1969, 151ff.)은 다음 모음들을 구분한다: 가운데 모음(단모음 a, æ; 장모음 ā, ǣ), 전모음(단모음 e, i, ö, ᵉ; 장모음 ē, ī), 후모음(단모음 o, u, å; 장모음 ō, ū, å̄; 최장모음 â).

규칙적으로 적용되지만 단어 처음에 오는 폐음절에서 음의 미세 현상(a>i)이 나타나지 않는 점과 티베리아 전통이 유성 슈바를 갖는 곳들(개음절에 원래 장모음이 있었거나 폐음절에 단모음이 있었던 곳들)에 완전 모음이 유지되는 점 등이다.[159] 개음절에 i>ē 변화와 폐음절에 단모음 u>ā/ē 변화가 생기는데 그 예로 קדש(Tib. qōḏæš; SH qådᵉš) '거룩함'을 들 수 있다. 다른 현상들은 삽입 파타흐(pathaḥ furtivum)가 없는 점, 모음 동화보다는 이화 현상을 선호, 유사한 두 모음 사이의 후음이 사라지고 두 모음이 연속할 때 일어나는 모음 축약 현상, 연속 자음을 깨뜨리기 위한 이차 모음의 사용, שפה(Tib. śāp̄ā, SH ašfa) '입술'처럼 단어 앞에 첨가 모음의 사용, 티베리아 전통에서 모음(u 등)으로 발음되었을 바브를 자음(w)으로 발음하는 점, 이중 모음의 보존과 새로운 이중 모음의 도입 등이 있다.[160] 장모음을 포함하는 음절들을 사용하는 일반적인 경향이 있고, 다른 히브리어 방언들과 아람어처럼 끝음절 전 강세를 선호했을 것이다.[161]

사마리아 히브리어 형태론에서 주목할 만한 특징은 예를 들어 1인칭 단수 대명사의 고대 형태 אנכי('nky, 발음 ånåki), 2인칭 여성 단수 אתי('ty, 발음 ātti), 1인칭 복수 אנחנו('nḥnw, 발음 ånånnu), 2인칭 남성 복수 אתם('tm, 발음 attimma), 3인칭 남성 복수 המה(hmh, 발음 imma)의 보존 등이 있다. 지시대명사들이 티베리아 전통보다 더 자주 사용된다.[162]

동사에서 새로운 어근들이 자음 도치와 다양한 음운론 변화로 등장하는데, 동사 체계가 티베리아 체계와 특정 부분들에서 차이가 나고 더 최신의 것이다. 모음 변화와 이차 모음들의 사용은 여러 새로운 형태들을 만들었다. 특히 호팔과 푸알로 표현하는 내적 수동태가 거의 완전히 사라지고 능동태 구조나 외적 수동태(external passive, 특정 동사 형태의 외부에 형태소

---

158) 이것은 티베리아 체계에서 o로 바뀐다; Brønno 1968, 199ff.를 보라.

159) 그러나 벤-하임(1957-77, V, 37ff.)은 사마리아인들이 현대 이전의 슈바에는 익숙한 점을 고려하여, 슈바의 부재가 사마리아 히브리어의 원시적 특징으로 간주될 수 없다는 것을 보여주었다.

160) Macuch 1969, 164ff.; Ben-Ḥayyim 1957-77, V, 37ff., 56ff.를 보라. 참조, Murtonen 1959.

161) Ben-Ḥayyim 1957-77, V, 48ff.를 보라.

162) Machch 1969, 240ff.; Ben-Ḥayyim 1957-77, V, 167ff.를 보라.

를 첨가하여 만든 수동태-역자 주)로 대체된다. 쿰란과 후대 성서 히브리어 처럼 칼 수동태가 니팔로 대체된다.[163] כבד(Tib. kāḇēḏ; SH kåbåd) '그가 무거웠다.'처럼 접미형 동사 형태에서 qåṭål 유형만 사용된다. 접두형 동사 형태에서 yiqṭōl과 yiqṭal 형태의 차이가 없어지고, yiqṭål이 유일한 형태로 사용된다. 두 가지 유형의 피엘 동사가 나타나는데, 하나는 둘째 자음이 중복되고 다른 하나는 중복되지 않는다. 이와 유사한 점이 니팔 동사에도 적용된다. 부정사 절대형 같은 동사의 몇몇 오래된 형태들이 사라졌다. 일반적으로 접미형 동사 형태와 동일한 qåṭål 형태만이 부정사 절대형과 연계형 모두를 위해 사용되고, 다른 형태들이 발견되는 경우에는 그것들의 용법이 티베리아 전통의 용법과 같지 않다.[164] 에트프엘(Ethp'el) 형태에서 아람어의 영향을 볼 수 있다.

전반적으로 사마리아 히브리어는 티베리아 히브리어보다 더 통일성이 있고, 이차 변화들은 사실상 사마리아 히브리어가 초기 단계의 히브리어에서 훨씬 더 멀어졌다는 것을 의미한다. 그럼에도 특정한 고대 형태들이 보존되어 있다. 이 형태들은 접미형 동사 형태의 2인칭 여성 단수 ת-(-t, 발음 -ti) 접미어와 접두형 동사 형태에서 2인칭 여성 단수를 위한 י-(-y, 발음 -i)나 ין-(-yn, 발음 -ᵉn), 2인칭과 3인칭 복수 남성과 여성을 위한 ון-(-wn, 발음 -on)과 נה-(-nh, 발음 -inna) 접미어 등이다. 후기 성서 히브리어 같이 청유법과 희구법 사용을 피하고, 연속형과 연결형 시제들은 일반적으로 구별되지 않는다. 음운론이 발달하여 능동 분사가 여섯 개나 되었다.[165]

명사의 형태론은 주로 티베리아 유형을 따르지만 잘못된 유추로 발전한 몇 가지 예들이 있다. 악센트 위치가 다르고 슈바가 존재하지 않아 사마리아 히브리어는 티베리아 히브리어와 달리 남성 단수 명사 연계형과 절대형의 모음 부호가 같다. 다른 곳에서는 절대형과 연계형이 강세가 아닌 어미에서만 차이가 난다. 성(gender) 변화의 예로 여성 복수 어미를 갖는 남성 명사를 수식할 때 여성 복수 접미어를 갖는 형용사들과 그 반대 경우의 예

163) Ben-Ḥayyim 1957-77, V, 131ff.를 보라.

164) Ben-Ḥayyim 1957-77, V, 152ff.; 1989, 518f.를 보라.

165) Macuch 1969, 256ff.; Ben-Ḥayyim 1957-77, V, 69ff.; 1989, 523ff.를 보라.

들도 있다. 쌍수는 소수의 잔재들만 계속 나타난다. 남성 복수 어미는 ים-(-ym, 발음 -^{e}m)이다. 쎄골 명사의 가장 흔한 모음 유형은 mål^{e}k와 'āb^{e}d이다. maqṭāl 형태에서 티베리아 히브리어의 ma>mi 변화가 일어나지 않는다. 부사 접미어 ם-(-m) 같은 성경 본문의 특정한 고어 형태들이 제거되었다. 티베리아 히브리어에 존재하지 않는 목적격 조사의 흔적을 찾아볼 수 있다.166)

초기 단계의 사마리아 히브리어의 문장론을 재구성하는 것은 쉽지 않다. 아직까지 과학적으로 정립된 최종 본문이 없는 사마리아 오경 같은 자료에 근거하여 문법 규칙들을 세우는 어려움 때문에, 문법 분석은 오히려 오늘날의 사마리아 전통에 초점을 맞추어 왔다. 사마리아 오경과 마소라 본문을 비교하면 전자가 본문을 후기 성서 히브리어로 알려진 후대의 용법에 일치시키고자 한 것을 볼 수 있다. 예를 들어 마소라 본문에 없는 관계사의 사용이나 신체의 쌍을 이루는 부분들에 단수 명사를 사용하는 예처럼 명사의 수 등에서 몇몇 작은 문장론적 차이점이 있다. 정관사가 다르게 사용되지만 어떤 결정된 규칙들의 지배도 받지 않는다. 방향의 헤와 다양한 파생 동사 형태들에 다른 용법들이 더해지고 시제 체계에도 변화가 생긴다. 연속 바브가 접미형 동사 형태들과 함께 오는 것을 피한다. 부정사 연계형이 접두형 불변화사와 함께 오던 것이 접두형 동사 형태로 대체되고, 부정사 절대형은 정형 동사 형태들로 대체된다. 동사들이 동반하는 전치사들에도 변화가 생기고, 다양한 아랍어 형태들이 들어온다.167) 문장론에서 마소라 본문과 관련하여 때때로 접속사가 첨가되거나 삭제되긴 하지만 변화가 거의 없다.

사마리아 오경의 어휘를 살펴보면 알려지지 않은 어근들이나 하팍스 레고메나 등을 없애버리고 그것들을 더 친숙한 표현들로 대체하는 경향을 볼 수 있다. 어떤 경우에는 아람어의 영향으로 이런 변화가 생긴 것이 분명하다.168)

---

166) Macuch 1969, 376ff.; Ben-Ḥayyim 1957-77, V, 179ff.를 보라.

167) Macuch 1969, 467ff.; Ben-Ḥayyim 1957-77, V, 245ff.를 보라.

168) E. Y. Kutscher 1982, 110f.를 보라. 그러나 벤-하임(1957-77, V, 256ff.; 1989, 526ff.)이 입증한 것처럼 사마리아 히브리어의 다른 면들에 대한 아람어의 영향이 과장되어서

사마리아 히브리어의 가장 초기 단계를 반영하는 요소들과 중세와 그 이후에 도입되어 첨가된 요소들을 구분할 만한 사마리아 히브리어에 대한 상세하고 과학적인 통시론적 연구를 할 수가 없어, 이 전통이 히브리어의 역사적 발달 과정을 이해하는 데 어떤 도움을 주었는지, 그것과 다른 여러 히브리어 전통들의 관계가 어떠했는지 정의하기가 어렵다. 여하튼 사마리아 히브리어 전통을 고립된 주변 방언으로 보지 않고, 다른 히브리어 형태들, 특히 사해 사본 히브리어나 랍비 시대 히브리어와 밀접한 관계가 있는 것으로 보는 것이 중요하다.[169] 사마리아 히브리어의 특징 중 많은 것들이 그 당시의 다른 히브리어 전통들의 특징들에서 그렇게 심하게 동떨어지지 않았다. 티베리아 히브리어의 슈바 대신에 완전 모음을 사용하는 것과 끝음절 전 강세를 사용하는 점은(옳게 확인된 것이라면) 사해 사본에도 나타나고, 그들이 특정 방언의 특징이기보다는 그 당시 히브리어에 전반적으로 발생한 현상을 반영하는 것으로 보인다.[170]

는 안 된다.

169) Ben-Ḥayyim 1958-62, 90ff., 252ff.; 1989, 522ff.를 보라. 벤-하임의 견해에 따르면 사마리아 히브리어는 성서 히브리어보다 랍비 시대 히브리어와 더 가까운데 특히 동사와 대명사의 형태론에서 그렇다.

170) 벤-하임(1958-62, 99ff.)을 보라. 벤-하임은 사마리아 전통을 쿰란에 나타난 전통보다 더 후대의 것으로 간주한다.

6장 랍비 시대 히브리어

1. 초기 연구

반드시 다루어야 할 주제인 랍비 문헌의 언어는 당연히 받아야 할 관심을 거의 받지 못했다. 유대인과 기독교인 문법학자들은 성서 히브리어와 랍비 시대 히브리어의 차이점을 잘 알고 있었지만 성서 히브리어를 선호하고 랍비 시대 히브리어를 무시하는 경향이 있었다.

중세 유대 언어학자들은 랍비 시대 히브리어의 성격, 중요성, 실제 사용에 대해 크게 다른 입장을 취했다. 카라이트와 랍비들의 논쟁이 그러한 차이점에 반영되었을 수도 있다. 사아디아는 랍비 시대 히브리어를 매우 존중하며, 특히 성경의 하팍스 레고메나를 해석할 때 이용한다. 사아디아에게 성경은 그 당시의 어휘 중 일부만 포함하고 있으며, 그 언어의 나머지 부분이 랍비 시대 문헌의 대중적 전통 속에 보존되어 있기 때문이다. 다른 한편, 므나헴 벤 사룩(Menaḥem b. Saruq)은 랍비 시대 히브리어가 성서 히브리어와 완전히 다른 언어라고 간주했고, 아주 드물게 언어 문제들을 해결하기 위해 랍비 시대 히브리어를 사용했다. 그러나 이 입장을 대다수 문법학자들이 수용하지는 않았고,[1] 랍비 시대 히브리어에서 온 유사어들을 자주 사용한 이븐 자나흐(Ibn Janaḥ)는 이 입장에 훨씬 더 긍정적이었는데 그의 아랍어 원서나 번역본을 사용한 다른 학자들에게 영향을 주었다. 그럼에도 스페인의 유대인 언어학자들은 거의 랍비 시대 히브리어를 그 자체로 연구할 가치가 있다고 생각하지 않았으며, 그것을 자신들의 문법서와 사전에 제한적으로만 포함시켰다.

랍비 시대 히브리어가 중세 히브리어의 한 부분을 형성한 것을 부인할

---

1) Netzer 1983을 보라.

수 없지만, 순수주의자들은 그것을 시에서 사용하는 것을 의심쩍어한다. 그러나 특정한 유형의 산문, 특히 법이나 과학 분야에서 관련 주제들을 위해서는 랍비 시대 히브리어를 성서 히브리어보다 더 적절한 것으로 보기 시작했다.

랍비 시대 히브리어에 관련된 가장 중요한 중세 작품은 의심할 것 없이 로마의 나탄 벤 예히엘(Nathan b. Yeḥiel)의 *'Arukh*인데, 그는 탈무드, 미드라쉬, 가온 시대(바빌론 랍비 학교의 대표를 일컬으며 중세 초기 유대 공동체의 정신적 지도자에 대한 통칭-역자 주) 문헌에 대한 광범위한 사전을 12세기 전반에 편찬했다.[2] 마이모니데스의 *Mishneh Torah*를 독점적으로 다루는 *Tanḥum Yerushalmi*(13세기)와 엘리야 레비타의 *Tishbi*(16세기) 같은 사전들도 랍비 시대 히브리어 연구에 귀한 자료를 담고 있다.[3]

그러나 랍비 시대 히브리어를 비평적으로 연구하기 시작한 것은 실제로 '미쉬나 히브리어가 무엇인가?'라고 질문한 19세기에 이르러서였다. 이 질문은 예를 들어 1812년에 뢰비존(S. Löwisohn)이 했고,[4] 1845년에 랍비 시대 히브리어에 대한 첫 번째 학문적 문법서인 가이거의 *Lehr-und Lesebuch zur Sprache der Mischnah*가 등장하면서 더욱 절실해졌다. 가이거는 널리 지지되던 견해를 받아들이면서 랍비 시대의 구어는 아람어였고, 당시 히브리어는 단순히 성서 히브리어 요소들과 더욱 중요하게는 아람어 요소들을 함께 사용하여 외래어 사용에 반대하던 당시의 국수주의적 환경에 부응하여 랍비들이 발달시킨 인위적인 언어였다고 주장했다. 가이거는 당시의 히브리어를 '히브리어화 한 아람어' 정도로 보았다. 가이거의 이러한 입장은 이방 문화에 동화하여 히브리 정체성을 납득시키려 노력하는 개혁주의 운동 지도자로서 자신의 역할에 영향을 받은 것으로 보인다. 지그프리드(C. Siegfried), 스트락, 프리드만(M. Friedmann)과 달만은 유사한 입장을 수용하며,[5] 랍비 시대

2) 15세기 이후에 출판되어 여러 번 개정되었다. 가장 접근하기 쉬운 현대본은 9권으로 이루어진 코헛(A. Kohut)의 *Sefer he-'Arukh ha-shalem* (*'Aruch completum*)이다(Vienna, 1878-92; New York, 1950, 재인쇄).

3) Téné 1971, 1362를 보라.

4) 18장.

5) Siegfried and Strack 1884, 5; M. Friedmann 1896; Dalman 1905(초판, 1894), 10을 보

히브리어는 단지 '히브리어화 한 아람어'라고 주장했다. 이러한 주장이 이번에는 19세기 전반에 걸쳐 여러 보수 유대 학자들 사이에서 뜨거운 반응을 불러일으켰다. 반대 목소리를 낸 주요 학자들은 그래츠(H. L. Graetz), 루짜토, 뇔데케,[6] 1908년의 세갈(M. H. Segal)로[7] 이들은 랍비 시대 히브리어를 살아 있는 언어로 강조한 반대 이론의 대표적 지지자들이다.

세갈은 랍비 시대 히브리어의 어휘, 문법, 문체, 어법의 특징들을 강조하면서, 랍비 시대 히브리어는 성서 히브리어와 크게 다르며 아람어와의 유사점도 제한적이라고 주장했다. 그에게 근본적인 질문은 랍비 시대 히브리어가 아람어의 영향으로 다소 색깔이 바뀌거나 형체가 손상되었어도 '순수하고 자연스러운' 언어인지, 아니면 살아 있는 언어인 아람어에서 인위적으로 고안된 생명 없는 언어인가? 하는 것이었다. 곧 아람어에서 강화되고 가속화된 성서 히브리어의 발달된 형태인지, 죽은 히브리어에 살아 있는 아람어를 인위적으로 혼합시킨 것인지, 아니면 이도 저도 아닌지의 문제이다.

이 문제를 해결하기 위해 세갈은 랍비 시대 히브리어를 성서 히브리어와 아람어와 철저하게 비교하면서 랍비 시대 히브리어의 형태론과 문장론을 분석했다. 그는 문법에서는 랍비 시대 히브리어가 아람어와 완전히 별개의 것이고 성서 히브리어와 기본적으로 같다고 결론지었다. 성서 히브리어와의 차이는 새로운 형태들이 자연 발생적이고 정상적인 방법으로 발전된 히브리어의 더 이전 단계에서 찾아야 할 것이다. 이 형태들 중 많은 것은 진화하는 언어에서 자연스럽게 나타나는 구어체 용법의 흔적을 갖고 있다. 아람어처럼 보이는 어떤 문장의 특징들은 사실 모든 가나안 방언에 공통적으로 나타나는 것이었다. 아람어의 영향은 어휘 부분에서 더 분명하긴 하지만 문장론에는 매우 제한적이었다 종합해 볼 때 랍비 시대 히브리어는 성서 히브리어에서 점진적이고 규칙적인 방법으로 진화한 자연적이고 살아 있는 언어이다.

라.

6) Graetz 1844-45; Luzzatto 1846-47; Nöldeke 1899, 25를 보라.

7) 1908-09; 1910; 1927, §§ 6-27; 1936, 4-17.

세갈의 분석을 모든 세부 사항까지 수용할 만하다고 입증할 수는 없으나, 그의 기본 이론은 일반적으로 받아들여져 오늘날의 표준 입장이 되었다. 세갈의 이론은 최근 사해 사본(청동 두루마리와 바르-코크바 서신)과 회당 비문들에서 알려진 랍비 시대 히브리어의 직접 증거로 더욱 강화되었다.[8] 이 자료에서 제공된 언어는 랍비들의 활동과 관련이 없는 일상생활에서 사용된 것으로 당연히 학자들의 창조물로 볼 수 없다고 시사한다.[9] 비록 칠십인역, 신약 성서 헬라어(흔히 '아람어 형태들'에 대해 언급된다.), 초기 기독교 문서들, 쿰란이나 사마리아 공동체의 언어, 당시의 아람어 방언들에 나타나는 랍비 시대 히브리어의 영향이 아직 철저히 연구된 것은 아니지만, 오늘날 어느 누구도 가이거처럼 성급하게 결론을 내며 이 문제에 달려들지는 않을 것이다.[10]

그러나 세갈의 극단적인 입장에 대해 쿠처를 비롯한 존경받는 일부 학자들은 세갈이 특히 음성론과 문장론, 어휘론에서 아람어가 랍비 시대 히브리어에 미친 영향을 평가 절하했다고 주장했다.[11] 쿠처는 랍비 시대 히브리어에 대하여 히브리어와 아람어가 섞인 '혼합 언어'의 가능성을 제기했다.[12] 펠만(J. Fellman)은 이 제안을 다듬으면서 랍비 시대 히브리어가 아람어 형태론의 영향에서 비교적 자유로운 것을 감안하여, 유사한 상황에서 라틴계 언어에 적용하는 '혼합 언어'로 정의하는 것이 더 적절하다고 제안했다.[13]

랍비 시대 히브리어 연구 자료를 언급하자면 먼저 19세기의 주요 문법서들을 빼 놓을 수 없다. 오늘날은 주로 이 문법서들의 역사적인 면에 관심이 많다. 1845년, 가이거의 완전하고 체계적인 첫 문법서의 등장 이후 듀크스(L. Dukes), 바이스(J. H. Weiss), 지그프리드와 스트락의[14] 저서들과 그

8) 예, Yadin 1961a; E. Y. Kutscher 1961-62를 보라.

9) Milik 1961, 70을 보라. Rabin 1958은 가장 주목할 만한 주장들을 정리해 두었다. 금석학(epigraphic) 자료에 관해 Naveh 1978; 1981; 1981a, 137을 보라.

10) 예, Chomsky 1951-52; Cavalletti 1957; E. Y. Kutscher 1960; Grintz 1960; Díez Macho 1963b; Ott 1967; Fitzmyer 1970; Rabin 1970; 1976; Fellman 1977을 보라.

11) 특히 E. Y. Kutscher 1971a; 1972a를 보라.

12) E. Y. Kutscher 1972a, 74를 보라.

13) Fellman 1977, 22를 보라.

외 다른 여러 중요한 연구물들이 나왔다.[15]

20세기에는 알브레흐트(K. Albrecht)의 문법서와[16] 무엇보다 세갈의 문법서가 출판되었다.[17] 세갈의 문법서는 여러 면에서 비판받았고 방법론에 심각한 결함이 있지만, 여전히 랍비 시대 형태론과 문장론을 가장 완전하게 분석했다는 평가를 받고 있다. 바빌론 전통의 랍비 시대 히브리어에 대하여 포라트(E. Porath)가 중요한 글을 남겼다.[18] 팔레스타인 전통은 알로니가,[19] 예멘 전통은 쉬브티엘(I. Shivtiel)이,[20] 이탈리아 전통은 바르-아쉐르(M. Bar-Asher)가 검토했다.[21] 알벡(C. Albeck)은 자신의 미쉬나 입문서[22] 한 장을 랍비 시대 히브리어에 할애했다. 20세기 후반 쿠처는 랍비 시대 히브리어 연구의 주요 공헌자였고, *Encyclopaedia Judaica*에 실린 그의 글은 랍비 시대 히브리어에 대한 지식의 현재 상태를 가장 잘 요약했으며, 히브리어에 대한 초기 연구 자료로 랍비 시대의 문법을 세부적으로 설명했다.[23]

이미 언급된 나탄 벤 예히엘의 사전과 하르트만(A. T. Hartmann)의 사전[24] 외에도 레비(J. Levy)의 방대한 사전과[25] 재스트로(M. Jastrow)의 더 작은 사전뿐[26] 아니라 달만의 사전처럼[27] 좀 덜 철저한 다른 사전들도 있다. 물론 이 모든 사전들에는 특히 특정한 단어들의 어원과 출처에서 많은 제한점과 결함이 있다.[28]

---

14) Dukes 1846; Weiss 1867; Siegfried and Strack 1884.
15) 예, Stein 1888; Hillel 1891; Sachs 1897; Siegfried 1897.
16) Albrecht 1913.
17) 1927. M. H. Segal 1936은 충분히 많이 개정된 히브리어 판이다.
18) Porath 1938.
19) 1973-74.
20) 1937-39; 1963.
21) 1980.
22) Albeck 1971, 히브리어 원본은 1959년에 등장했다(예루살렘).
23) E. Y. Kutscher 1971a; 1963을 보라.
24) 1825-26.
25) J. Levy 1924(초판, 1876).
26) 1886-1903.
27) 1938.
28) E. Y. Kutscher 1972, 6ff.에서 강한 비평을 보라.

미쉬나, 탈무드, 타나임 문헌의 본문을 위해 코숍스키(Kosovsky) 가문의 여러 구성원들이 마련한 콘코던스들(concordances)도 언어학적 연구에 없어서는 안 될 자료이다. 히브리어 아카데미(The Academy of the Hebrew Language)는 모든 타나임 문헌에 대한 마이크로피시 콘코던스를 만들어 랍비 시대 히브리어를 있는 그대로 훨씬 더 정확하게 분석할 수 있게 했다.

2. 랍비 시대 히브리어의 기원과 분류

랍비 시대 히브리어의 성격 논쟁이 시들해진 후 그 기원에 대하여 어느 정도 의견이 일치했다. 늘 문헌적 표현법으로만 머물렀던 성서 히브리어는 바빌론 포로기 이후에는 더는 살아 있는 언어가 아니었다. 성서 히브리어가 비록 성경의 후대 문헌에 후기 성서 히브리어의 형태로 살아남기는 했지만 포로기 이전 형식을 모방했을 뿐이었다. 포로지에서 귀환한 뒤(기원전 538년) 예루살렘과 유대의 일상 언어는 더는 성서 히브리어가 아니라 보다 더 대중적인 새로운 형태의 구어체 방언이었다. 당시 언어가 포로기 이전에 존재하였던 히브리어 방언으로 아람어의 영향으로 발달된 성서 히브리어의 후대 버전인지 아니면 라빈이 제안한 것처럼[29] '새로운 공용어' 유형이었는지 확정하기는 훨씬 더 어렵다. 최근의 연구는 전자의 가능성을 지지한다.

수세기 동안 랍비 시대 히브리어는 독점적인 구어로 남아 있었다. 기원전 2세기부터 랍비 시대 히브리어는 바리새인들이 가르칠 때 사용했고, 랍비들의 가르침이 최종 기록 형태를 갖기 전까지 전달 수단이었다. 랍비 시대 히브리어도 문헌 언어가 된 기원후 1세기나 2세기의 일이었다. 연대를 측정하기 어려운 청동 두루마리나 기원후 135년경에 기록된 바르-코크바 서신[30] 같은 사해 사본은 지금까지 전하는 랍비 시대 히브리어의 가장 오래된 기록물이다. 쿰란에서 온 더 오래된 증거 자료는 '불경건하고', '할례

29) 1973, 39.
30) E. Y. Kutscher 1961-62를 보라.

받지 못한' 방언에 대해 얘기하는데, 그 방언은 쿰란 종파의 적대자들인 바리새파의 언어, 곧 랍비 시대 히브리어를 가리킬 가능성이 있다.[31]

랍비 시대 히브리어의 형성과 발달 과정은 포로기 이후와 중간사 시대에 팔레스타인 지역에서 사용된 언어들을 배경으로 관찰해야 한다. 앞 장에서 이 지역의 페르시아와 헬레니즘 통치와 관련된 다국어 사용에 대해 언급했다. 그 뒤를 이은 마카비, 하스모니아, 로마 행정부 시대의 언어 상황은 중요한 변화가 일어나지 않았다. 로마인들의 라틴어가 대중들의 여러 생활 분야에 소개되긴 했다.

기원후 초기의 상황과 관련하여 많은 신약 성서 학자들이 '예수 당시에 어떤 언어가 사용되었는가?', '예수와 초기 기독교인의 언어는 무엇이었는가?' 하는 잘 알려진 문제를 두고 고민했다. 순수하게 언어적 측면에서 보면 당시 팔레스타인 거주자들은 다양한 수준의 히브리어, 아람어, 헬라어, 라틴어를 알고 있었던 것 같다. 그러나 각 언어의 지리, 시대적 제한과 그러한 제한에 각 언어가 침투한 정도와 지역적 특성에 따른 차이가 나타난다.

예수가 헬라어를 사용하였다는 이론은 새로운 것이 아니며, 오래전 17세기에는 보시우스(Vosius), 18세기에는 디오다티(D. Diodati), 19세기에는 파울루스(Paulus), 허그(Hug), 크레드너(Credner)가 지지했다.[32] 더 최근에 아르길레(A. W. Argyle)는 예수가 헬라어를 사용하였고, 그의 청중은 아람어만큼이나 그의 헬라어를 쉽게 이해했다고 주장하여 논쟁을 불러일으켰다.[33] 이 주장은 몇몇 학자들이 환영했지만 다른 이들은 곧바로 반대했다.[34]

헬레니즘의 강력한 영향에 대한 명백한 증거가 많은 헬라어 비문들과 고대 벽화와 서신, 팔레스타인에서 기록된 헬라어 위경, 2세기의 헬라어 성경 번역본('삼대 역본'), 사해 사본의 헬라어 두루마리 조각들, 랍비 시대 문헌 전반에 걸쳐 발견되는 그리스 말(Graecisms)에서 나온다.

---

31) Rabin 1976, 1018f.를 보라.

32) Díez Macho 1963b; Fitzmyer 1970을 보라.

33) Argyle 1955-56을 보라.

34) 러셀(J. K. Russel, 1955-56), 드래퍼(H. M. Draper, 1955-56), 윌슨(R. M. Wilson, 1956-57)의 반응을 보라.

광범위한 헬라어의 영향에 대한 리버만(S. Lieberman), 준쯔(G. Zuntz), 밀릭, 굿이너프(E. R. Goodenough), 군드라이(R. H. Gundry), 세븐스터(J. N. Sevenster), 스펄버(D. Sperber)의 연구는[35] 크라우스(S. Krauss)[36] 같은 학자들의 고전적인 초기 작업에서 계속되었고, 팔레스타인 내에 헬레니즘 언어와 문화의 중요성과 보급을 명쾌하게 설명했다. 그러나 특정 지역에서는 유대교가 헬레니즘에 더 강력하게 반대한 것으로 보이고, 도심 지역들이 시골보다 훨씬 더 헬라화된 것에 주목해야 한다. 바르-코크바 반란(기원후 135년)의 진압과 함께 헬라화와 로마화의 과정이 크게 강화되긴 했다.

유사한 방법으로 여러 저자들은 많은 공식 비문뿐 아니라 사해 사본의 일부 문헌에도 흔적을 남긴 로마 행정부의 언어인 라틴어의 역할을 강조했다.[37] 그의 영향은 랍비 시대 히브리어의 의미론의 특정 부분에서 주목할 만하다.

아람어가 기원전 천 년대 중반부터 기원후 7세기에 아랍어에게 밀려날 때까지 레반트 전 지역에 확산된 것은 아무도 의심하지 않는다. 학자들의 의견이 좁혀지지 않은 더 어려운 질문은 다양한 아람어 방언 사이의 차이점과 그 방언의 분류이다.

가장 극단적인 이론은 포로기 동안 유대인들이 그들의 언어를 아람어로 바꾸고, 이미 죽은 언어인 히브리어를 문헌 언어로 보존했다는 것이다. 사아디아의 견해였고, 가이거(그의 입장은 앞 단락에서 논의되었다.), 마이어(A. Meyer), 달만, 두퐁-솜머(A. Dupont-Sommer), 알트하임(F. Altheim)과 슈틸(R. Stiehl) 같은 많은 19-20세기 학자들의 견해이기도 했다.

마이어는[38] 예수님의 모국어가 아람어였고, 중간사의 작품들 대부분이 원래 아람어로 기록되었다가 나중에 번역되었다고 주장했다. 달만은 아람어가 신약성서 시대에 유대인들의 생활언어였다는 것이 이미 입증되었다고 믿었지만, 그는 가장 무게 있는 증거를 간결하게 제시하면서 예수님이 아

35) Lieberman 1942; 1950; Goodenough 1953-65; Zuntz 1956; Milik 1957; Gundry 1964; Sevenster 1968; D. Sperber 1975 등.

36) 1898-1900.

37) Fitzmyer 1970, 504ff.를 보라.

38) 1896.

람어 환경에서 성장하였고 자신의 제자들과 사람들이 이해할 수 있도록 아람어를 사용해야 했다고 결론지었다.[39]

더 최근에도 똑같은 주장이 제기되었다. 두퐁-솜머는 아람어가 예수님 시대에 일반인들이 사용한 유일한 언어였고, 예수님과 사도들이 사용한 언어였다고 주장했다.[40] 마찬가지로 알트하임과 슈틸은[41] 헬레니즘 시대 초기부터 아람어가 히브리어를 완전히 밀어내고 구어로 사용되었다고 주장했다.

이 문제를 좀 더 정교하게 접근하는 학자는 중기 아람어(기원전 300년부터) 방언들과 후기 아람어 방언들을 구분한다. 쿠처는 첫 번째 그룹에 타르굼 온켈로스(Targum Onkelos)와 사해 사본 중 아람어 번역물 뿐 아니라 예루살렘 주변에서 발견된 비문들과 신약 성서 속의 아람어 표현들을 포함시켰다. 서쪽 아람어(Western Aramaic)에 속하는 후기 방언들은 갈릴리, 사마리아, 기독교-팔레스타인 아람어로 분류된다.[42] 이들 중 갈릴리 방언은 특히 흥미로운데, 이 방언을 팔레스타인 탈무드의 아람어 부분, 팔레스타인 타르굼, 다수의 미드라쉬, 회당 비문, 상당수의 가온의 작품 등에 사용했기 때문이다. 그러나 이 방언에 대한 용어나 분류는 일반적인 동의를 얻지 못했다. 다른 측면에서 문헌 아람어, 아람어 코이네(koinē), 여러 구어체 방언들로 구분하는 것도 가능하다.[43]

오늘날 갈릴리와 사마리아 지역에서 그 당시에 구어로 사용한 언어가 기본적으로 아람어였다는 것에 동의하지 않을 학자는 거의 없다. 더 많은 논쟁거리가 되고 있는 것은 그 시대 유대 지역에서의 아람어의 사용 범위이다. 사해 사본 중에 아람어 본문들이 발견된 것과 인명이나 지명에서 온 더 이전의 증거 자료는 유대 지역에서 아람어의 사용이 완전하게 지배적이지는 않았지만 상당히 잘 정립되었다는 것을 명확하게 보여준다.[44]

---

39) Dalman 1902(원래 1898년에 독일어로 출판되었다; 두 번째 독일어판, 1930), 11f.를 보라.

40) Dupont-Sommer 1949a, 99를 보라.

41) 1966.

42) E. Y. Kutscher 1970을 보라.

43) 예, Díez Macho 1963c, 50f.를 보라.

또한 성서 히브리어의 한 형태가 계속해서 사용되었다는 이론을 단호하게 지지하는 이들도 있다. 예컨대 예수 시대에 팔레스타인 지역의 하층민이 주로 히브리어를 사용했는데, 그 히브리어는 랍비 시대 히브리어(성서 히브리어와 대중 방언들이 융합된 문헌 언어)의 형태가 아니었고, 성서 히브리어에서 자연스런 방법으로 발달한 지방 방언들의 형태였다고 주장한다. 비르켈란트(H. Birkeland)가[45] 이렇게 주장하였는데, 그는 몇몇 학자들에게는 칭송을 받았으나 대부분의 학자들은 심하게 비평했다.[46]

요즘은 극단적인 입장이 포기되었고, 랍비 시대 히브리어, 아람어, 어느 정도의 헬라어가 언어별로 지리적인 분포와 중요성에 있어 차이는 있겠지만 당시 팔레스타인 지역의 많은 사람들에 의하여 구어로 사용되었다는 사실은 거의 만장일치로 받아들여졌다.

우리가 이미 지적한 것처럼 특정 시대와 장소에서 하나 이상의 언어가 사용되었을 수도 있지만, 문제를 단순화하면 가장 널리 사용된 언어가 갈릴리 지역에서는 갈릴리 아람어였고 사마리아 지역에서는 사마리아 아람어였으며 유대 지역에서는 랍비 시대 히브리어였다고 말할 수 있다.

2차 성전 파괴 이후에는 랍비 시대 히브리어가 문헌 언어로서 랍비 시대 문헌 속에 잘 문서화되어 있기 때문에, 랍비 시대 히브리어에 대한 논쟁은 실질적으로 제2성전의 파괴 이전에 국한된다.[47]

학자들은 일반적으로 랍비 시대 히브리어를 두 개의 주된 시기로 구분한다는 데 동의한다. 타나임 시대가 끝날 때까지(기원후 200년경) 계속된 첫 번째 시기는 구어로 사용된 랍비 시대 히브리어로 특징지어지는데, 이 시기의 히브리어는 점차 문학적 수단으로 발전하여 미쉬나, 토셉타(Tosefta), 바라이토트(*baraitot*), 타나임 시대의 미드라쉬 작성에 사용되었다. 두 번째 시기는 아모라임과 함께 시작되며 아람어가 랍비 시대 히브리어를 구어체 방언으로 대신하여 랍비 시대 히브리어는 문헌 언어로만 살아남는다. 이 시기의 히브리어는 10세기까지 후기 랍비 시대 작품에 계속 사용되었는데,

44) Lapide 1972-75를 보라.

45) 1954.

46) 예, R. Meyer 1957b; Segert 1957을 보라.

47) Rabin 1970, 320f.를 보라.

두 개의 탈무드의 히브리어 부분들과 미드라쉬와 하가다(haggadah, 전통 유대 문헌으로 특히 탈무드의 비율법 부분을 일컬음-역자 주) 문헌을 예로 들 수 있다. 이 두 시기 동안에는 팔레스타인 전통과 바빌론 전통을 구분할 수 있다.[48)]

이 두 시기를 구분하게 되는 결정적인 사건은 유대 지역 사람들을 뿔뿔이 흩어지게 한 기원후 135년의 바르-코크바 반란의 실패였다. 시골의 하층민 인구가 여전히 남아서 히브리어를 계속 사용했을 가능성이 있긴 하지만 더 많은 교육을 받은 사회 계층은 그 지역을 떠나서 갈릴리에 정착해야 했는데, 몇 세대 뒤에는 아람어만을 구어로 사용하고 랍비 시대 히브리어는 때때로 기록을 위해서만 사용했다. 그러나 4세기의 여러 흔적들은 히브리어가 유대 지역에서 구어로서 완전히 소멸되지 않았다는 것을 지적해 준다. 그러나 그것이 얼마나 널리 사용되었는지 확인하는 것은 어렵다.[49)]

그러므로 아모라임 시대에 랍비 시대 히브리어가 거의 배타적으로 문헌 언어로 사용되는데, 일반적으로 성서 히브리어와 아람어에서 온 새로운 요소들의 결합으로 특징지어진다.[50)] 타나임 시대처럼 바빌론 본문들은 팔레스타인 본문들과 상당히 다르다.[51)]

5장 1단락에서 기원전 마지막 세기들이나 타나임 시대에 작성된 회당 기도문들의 언어를 언급했는데, 이 기도문들의 특징과 랍비 시대 히브리어와 혼합된 성서 히브리어의 폭넓은 사용은 별도로 연구하는 것이 바람직하다.[52)]

중요한 문제는 랍비 시대 히브리어의 기원과 그것이 처음부터 차용한 요소들과 관련된다. 어떤 면에서 랍비 시대 히브리어가 성서 히브리어의 최후 형태에서 자연스럽게 파생되었다고 간주할 수 있지만, 성서 히브리어

---

48) Rabin 1970, 320f.; E. Y. Kutscher 1971a, 1591; 1982, 116f., 141f.를 보라.

49) 4세기 유대 지역 벧 구브린(Bet Guvrin)의 요나탄(R. Jonathan) 같은 지역에서 유대인 정보 제공자들의 도움으로 성경을 라틴어로 번역한 제롬의 증거가 이와 관련 있다. E. Y. Kutscher 1972a, 57ff.를 보라.

50) E. Y. Kutscher 1972a, 54ff.; Sokolof 1969를 보라.

51) Porath 1938; E. Y. Kutscher 1972a, 61ff.; Moreshet 1972; 1974; S. Abramson 1974를 보라.

52) Rabin 1976, 1015ff.; E. Y. Kutscher 1972a, 53ff.를 보라.

에서 발전된 것이 아닌 많은 다른 특징들과 실제로 더 오래된 몇몇 특징들도 있는 것을 볼 때[53] 첫 번째 부분(곧 랍비 시대 히브리어의 기원)에 답하는 것은 어려운 일이다.

요하난(Joḥanan) 랍비의 잘 알려진 말인 '토라의 언어 따로, 랍비들의 언어 따로'는[54] 다양한 해석이 가능한데, 기원후 2세기 무렵에 두 가지 유형의 히브리어의 차이점을 아직까지 충분히 인지하지 못했다는 뜻일 수 있다. 오늘날 여러 저명한 이스라엘 언어학자들은 히브리어 역사 전반에 걸친 히브리어의 전체적인 일관성을 강조하고, 그 언어의 역사적인 정체성이 랍비 시대에서 현대까지 결코 단절되지 않았다고 강조한다.[55] 하지만 이것이 공시적인 측면에서 성서 히브리어와 랍비 시대 히브리어 사이에 존재하는 분명한 차이를 부인하거나 후자의 전자에 대한 직접적인 '유전적' 종속을 단언한다고 간주해서는 안 된다.

성서 히브리어와의 차이점은 분명하다. 랍비 시대 히브리어는 그 지역의 모든 언어에서 발견되는 후음의 약화 현상을 입증하고 있고, 단어 마지막에 오는 멤과 눈도 교체하여 사용한다. 후기 성서 히브리어와 마찬가지로 랍비 시대 히브리어는 연속 바브, 강조를 표현하는 부정사 절대형, 접두형 전치사와 함께 오는 부정사 연계형의 사용을 피하며, 마지막 형태 대신에 동사에서 파생된 명사들을 사용한다. 랍비 시대 히브리어는 시제 체계에서 중요한 변화를 겪는데, 현재 시제를 표현하기 위해 규칙적으로 분사형을 사용하고, היה(hyh) '있다, 이다.' 동사와 함께 반복 동작을 표현한다. 랍비 시대 히브리어는 내적 수동태를 사용하지 않고도 수동태를 표시하는 자체적인 방법을 갖고 있다. 랍비 시대 히브리어는 3인칭 단수에서만 성을 구분한다. 다양한 성서 히브리어 접속사들과 성서 히브리어 관계사 אֲשֶׁר('ᵃšær) 'who, which' 대신 -שֶׁ(šæ-)를 사용하는 한편, 전반적으로는 랍비 시대 히브리어가 성서 히브리어보다 더 많은 접속사들을 사용한다. 랍비 시대 히브리어는 수적으로 크게 증가된 동사에서 파생된 명사뿐 아니라 형용사를 만

53) 예, Bar-Asher 1985, 86ff.를 보라.

54) 바빌론 탈무드 'Avodah Zarah 58b.

55) 이 입장에 대한 대표적인 예를 Ben-Ḥayyim 1985에서 보라.

들기 위해 규칙적인 유형을 사용한다. 소유격을 표현하기 위해 שֶׁל(šæl) '~의' 불변화사를 선호하고, 아람어와 헬라어에서 온 많은 표현과 함께 독특한 어휘를 사용한다.[56]

랍비 시대 히브리어의 차용어는 분명히 랍비 시대 히브리어와 아람어의 근접성에서 나왔다. 그러나 라빈은 그 차용어 중 어떤 것들이 완전하게 형성된 아람어가 완전하게 형성된 히브리어에 영향을 끼쳐 생겨났는지, 어떤 것들이 (아람어와 함께 공유되던 등어선을 가진) 랍비 시대 히브리어의 북쪽 모국어 방언(parent-dialect)에서 파생된 것이며, 그리고 어떤 것들이 같은 시기의 중기 아람어와 히브리어의 평행한 발달 과정의 결과에서 온 것인지 검토해야 한다고 올바로 지적하고 있다.[57] 어떤 아람어 방언들이 히브리어의 영향을 받은 것처럼 어떤 경우에는 아람어에 영향을 준 것이 랍비 시대 히브리어였을 수도 있다.

3. 랍비 시대 히브리어 연구의 새로운 접근

쿠처와 라빈이 수년 전에 지적한 것처럼 랍비 시대 히브리어를 연구할 때 심각한 어려움에 맞닥뜨리게 된다.[58] 미쉬나 본문과 랍비 시대의 다른 문헌들은 원래 자음 형태로 전수되었고 더구나 모음 체계가 소개된 뒤에도 마소라 학자들이 성경에 적용시켰던 모음 체계를 이 본문들에 적용시킬 필요를 느끼지 못했다. 초기의 필사본들은 매우 희귀하며 몇몇 단편 문서들을 제외하고는 본문들이 대체로 기원후 천 년대 전반기의 문서들이다. 더 최근의 필사본들은 모음 체계가 주로 티베리아 규범에 맞추어져 있으며, 랍비 시대 히브리어로 된 거의 모든 인쇄본들과 랍비 시대 히브리어 문법서들의 기초를 제공해 준 것이 바로 티베리아 모음 체계였다.

따라서 쿠처는 미쉬나의 언어는 특히 성서 히브리어의 영향 아래 여러 세기에 걸쳐 구별된 특징들 중 많은 것이 거의 완전히 사라질 때까지 의식

56) Rabin 1976, 1020ff.를 보라.

57) Rabin 1970, 322f.를 보라.

58) E. Y. Kutscher 1964; 1971a; 1972; 1972a; Rabin 1970, 321ff.를 보라.

적이든 무의식적이든 수정되었다고 강조했다. 19세기와 20세기 전반에 이루어진 랍비 시대 히브리어에 대한 대부분의 연구는 이러한 수정 과정을 고려하지 않고 인쇄본들을 비평 없이 수용하여, 우리가 앞서 언급한 히브리어의 다양한 단계들을 충분히 구분하지 않은 채 랍비 시대 히브리어를 단일한 문헌집으로 다루었기 때문에 결함이 있었다.

오늘날 초기 랍비 시대 히브리어나 원래 형태들을 재구성하려는 시도는 그것이 필요하다고 보는 이들에게조차도 쉬운 일이 아니다. 이 시도는 그 당시의 금석학 자료가 부족한 데다 밀접하게 관련된 방언들이 부족하여 더욱 어렵다. 20세기 초부터 전반적으로는 랍비 시대 문헌의, 구체적으로는 미쉬나의 훨씬 더 신뢰할 만한 모음 체계가 들어 있는 우수한 필사본들을 발견하게 된 것은 중요한 시각의 변화를 초래했다. 학자들은 예를 들어 부다페스트에서 발견된 *MS Kaufmann A 50*,[59] *Parma MS De Rossi 138*의 모음 부호가 첨가된 부분, 특히 카이로 그니자에서 발견된 많은 랍비 시대 문헌 단편들에서 입증된 모음 체계의 우수한 질을 강조해 왔다. 로웨(W. H. Lowe)의 미쉬나 캠브리지 사본 편집본은[60] 랍비 시대 히브리어 연구에 대한 또 다른 중요한 공헌이다.

이전에 알려진 어떤 것보다도 훨씬 더 큰 가치가 있는 이 새로운 자료 검토는 전문가들에게 대부분의 사본들에서, 특히 1492년 이후에 출판된 수많은 인쇄본들에서 랍비 시대 히브리어의 특징들이 제거되고 성서 히브리어에서 더 잘 알려진 것들로 대체되었다는 점을 확신시켜 주었다. 여러 학자들은 많든 적든 그 새로운 자료에 기초하여 랍비 시대 히브리어에 접근하는 새로운 방법들을 발전시키기 시작했다. 엡슈타인(J. N. Epstein)은 미쉬나 본문을 분석했고,[61] 알벡은 랍비 시대 문헌에 대한 두 개의 우수한 개론서뿐[62] 아니라 미쉬나의 모사드 비알릭(Mosad Bialik) 판을[63] 마련했으며, 알톤은 삶은 작품의 모음 부호 첨가와 랍비 시대 히브리어에 대한 수많은

59) 비어(G. Beer)가 팩시밀리로 출판했다(The Hague, 1929; Jerusalem 1968 재판).

60) Cambridge, 1883.

61) J. N. Epstein 1964(초판, 1948)를 보라.

62) Albeck 1969; 1971(히브리어 원본, Jerusalem 1959).

63) Jerusalem 1952.

연구와 원래 랍비 시대 형태들의 복원을 위해 조직된 '학파'의 책임을 맡았다.[64]

이러한 종류의 조사를 촉진시키는 데 가장 많은 일을 한 사람은 누가 뭐래도 쿠처였으며, 그는 랍비 시대 사본의 모음 부호의 신빙성을 판단하기 위한 기준을 확립하려고 했다.[65] 쿠처는 한 사본의 질을 그 서법으로 측정하는데, 우수한 갈릴리 아람어 본문이나 동시대의 히브리어와 아람어 비문의 서법 특징과 유사한 문서들을 더 신뢰할 만한 것으로 보고, 만일 어떤 본문이 성서 히브리어나 바빌론 아람어와 유사하다면 의심스러운 본문으로 간주한다. 그 당시 비문과 음역은 어떤 언어 형태들이 실제로 사용되었는지 보여주기 때문에 고유 명사는 시금석 역할을 한다. 고유 명사는 때때로 특정한 모음 첨가자(그는 종종 자음 본문을 기록한 사람이 아니다.)의 신용도와 그가 랍비 시대 본문을 어느 정도로 성서 형태로 만들었는지 보여줄 수도 있다.

쿠처는 1150년 이전에 이탈리아에서 기록된 부다페스트의 MS Kaufmann A 50의 본문에서 가장 신빙성 있는 흔적들을 발견했다.[66] 그는 전체에 모음 부호가 첨가되어 있는 이 본문을 이 본문이 사용하는 서법, 인칭대명사와 소유격 대명사, 불변화사, 명사, 동사를 통해 이 본문이 성서 히브리어의 영향을 받지 않은 매우 오래된 전통을 반영한다는 것을 보여주었다. 쿠처는 파르마와 캠브리지 본문들과 그니자 문헌 단편들도 신뢰할 만하다고 보지만 랍비 시대 문법에 대한 그의 개론은 대체로 MS Kaufmann에 기초를 둔다. 오늘날 '가장 우수한 사본'이라는 개념은 통상적으로 본문 비평가들의 호감을 얻지 못하며, 랍비 시대 본문의 특별한 성격과 본문 분류 결정에 수반된 어려움 때문에 랍비 시대 히브리어를 연구하는 올바른 방법에 대한 쿠처의 견해는 상당히 지지받고 있다.

바르-아쉐르는 최근 여러 연구물에서 MS Kaufmann A 50 내에 구별되는 두 가지 언어 전통을 구체적으로 지적했는데, 하나는 보다 초기의 코덱

64) 그러나 모음 부호는 여전히 성서 히브리어의 영향을 받은 모음 부호와 랍비 시대 히브리어에 대한 최근의 연구 결과가 타협을 이룬 형태이다.

65) E. Y. Kutscher 1963, 248ff; 1964, 38ff.를 보라.

66) Beit-Arié 1980을 보라.

스에서 자음 본문을 필사한 매우 신뢰할 만한 필사자의 것이고, 다른 하나는 11세기나 12세기에 이탈리아에서 작업을 수행했을 것으로 보이는 모음 첨가자의 것이라고 했다.[67] 두 번째 전통도 오래되고 매우 존중할 만한 것이지만, 성서 히브리어나 바빌론 탈무드를 기초로 수정한 널리 더 많이 알려진 형태를 선호하여 희귀한 형태를 제거하는 후대의 특징을 보여준다. 이와 같은 실수는 특히 모음 첨가자가 전적으로 신뢰할 만한 직접적인 전통이 없는 특정 단락에서 나타난다.

쿠처의 작업에 이어 다른 대표적인 미쉬나 사본들의 중요한 연구도 이루어졌다. 하네만(G. Haneman)은 11세기 말에 이탈리아 남부에서 기록된 약 40퍼센트의 모음 부호가 첨가된 Parma MS De Rossi 138을 분석했고,[68] 바르-아쉐르는 Parma MS De Rossi 497과 1399-1401년에 이탈리아 북부에서 기록된 Paris MS BN h. 328-29를, 또 같은 필사자가 1402년에 기록한 Florence MS NA 209 연구에 헌신하였다.[69] 레닌그라드의 안토닌(Antonin) 모음집 속의 한 사본에 대한 출판되지 않은 분석도 있다(MS 262).[70] 이 연구는 쿠처의 평가를 상당히 수정해야 하며, 랍비 시대 히브리어 연구에는 하나의 사본뿐 아니라 다양한 전통에 대한 상세하고 대조적인 분석을 이용해야 할 필요를 보여주었다. 그럼에도 쿠처의 주요 핵심은 철저하게 확증되었다. 즉, 사본들 사이의 차이점을 인정한다 해도 모음이 첨가된 본문이 후대의 어떤 인쇄본보다도 미쉬나의 살아 있는 언어에 훨씬 더 가깝다는 것이다.

비록 랍비 시대 히브리어와 동시대 히브리어 방언들의 많은 부분이 아직까지 규명되지 않았지만, 현대 언어 분석은 그 언어가 보여주는 시간과 장소에 따른 뚜렷한 차이점을 강조한다. 예를 들어 바르-코크바 서신 언어는 미쉬나 언어와 분명하고도 중요한 차이를 보인다. 목적격 표시어 אֵת('ēṯ)에 해당되는 것으로 보이는 -ת(t-)를 단어 앞에 붙인 점이나 של הגואין(šæl hag-gō'īn) '이교도들의'처럼 소유격 불변화사 שֶׁל(šæl)을 정관사가 있는 뒤의

67) Bar-Asher 1976; 1983; 1984a를 보라.

68) 팩시밀리로 출판함, Jerusalem, 1970; Haneman 1974a; 1980을 보라.

69) Bar-Asher 1971, 1-20; 1980을 보라.

70) Netan'el 1972를 보라.

명사와 분리하여 사용한 점을 예로 들 수 있다.[71] 팔레스타인 내부 방언들에도 차이가 있었을 것으로 보인다. 이는 티베리아 형태인 מִמֶּנּוּ(mim-mænnū) '그로부터'와 מִמֶּנָּה(mim-mænnā) '그녀로부터' 대신 사용된 הימנו(hymnw, 발음 hēmennū)와 הימנה(hymnh, 발음 hēmennā) 같은 형태에서 나타나며, 이들은 팔레스타인의 남부 지역에서 발견되고 나중에 랍비 시대 히브리어의 바빌론 지류에서 다시 나타난다.[72]

히브리어의 많은 언어적 특징들이 본문이 전수되고 모음 부호가 첨가되어 발음된 특정 방법과 연관하여 보존된 것처럼 히브리어의 중세와 후대 전통들은 랍비 시대 언어의 중요한 고어 특징들을 보존한다.[73] 수십 년 전 얄론이 이에 대해 연구하기 시작했고, 많은 제자들이 그의 뒤를 따랐다. 예를 들어 쉬브티엘은 랍비 시대 히브리어의 예멘 전통을 다양하게 연구했고,[74] 바르-아쉐르는 랍비 시대 히브리어의 중세 이탈리아 전통을 분석한 한편,[75] 히브리 대학교의 언어 전통 프로젝트의 책임자인 모라그는 바빌론과 예멘 전통뿐 아니라 시리아와 서방의 전통도 고려해야 한다고 지적했다.[76]

일반적으로 랍비 시대 히브리어는 타나임 시대에, 특히 팔레스타인에 나타난 것대로 묘사된다. 그러나 그 전통은 획일적이지 않다. 바르-아쉐르가 규명한 것처럼[77] 바빌론 탈무드 없이 미쉬나의 가장 오래된 본문들을 포함하는 사본들은 랍비 시대 히브리어의 팔레스타인 지류를 표현하며, 바빌론 탈무드 내에 병합된 바빌론 지류에 속하는 미쉬나 본문들과 분명하게 차이가 난다. 바빌론 지류가 팔레스타인에 기원한다는 것에 대한 몇몇 흔적들이 있긴 하지만, 있는 그대로 보면 중요한 차이점이 존재한다. 자음 서법에서 팔레스타인 전통의 פניי(pnyy), עקיבה('qybh), כן(kn) 대신 바빌론 전통

71) E. Y. Kutscher 1961-62를 보라.
72) Bar-Asher 1984, 213f.를 보라.
73) Morag 1956-57을 보라.
74) 예를 들어 Shivtiel 1937-39; 1963을 보라.
75) Bar-Asher 1980.
76) Morag 1956-57, 8ff.를 보라.
77) Bar-Asher 1984, 187ff.; 1987(특히 26f.)을 보라.

은 פנאי(pn'y), עקיבא('qyb'), כאן(k'n) 등을 사용하고, 발음에서 팔레스타인 전통의 משם(miš-šēm) '때문에', מגמר(miḡmār) '향수', דחיו(d^{e}ḥāyō) '그가 그를 밀었다.' 대신 바빌론 전통은 משום(mi-šum), מוגמר(muḡmār), דחאו(d^{e}ḥā'ō)를 쓰며, 형태론에서 팔레스타인의 מלכיות(malḵīyyōṯ) '왕국들' 대신 바빌론 전통에는 מלכויות(malḵūyyōṯ)라 하고, 문장론과 어휘에서도 차이가 나타난다.

팔레스타인 지류 내에서 바르-아쉐르는 서쪽 유형과 동쪽 유형을 구분하는데, 전자는 Budapest MS Kaufmann A 50(자음 본문과 모음 부호에서), Parma MS De Rossi 138, Cambridge MS Add. 470, 1과 Paris MS BN h. 328-29와 같이 모음 부호가 있는 가장 초기의 몇몇 사본의 본문과 이탈리아 랍비 시대 히브리어의 구두 전통에서 나타난다. 동쪽 유형은 바빌론 모음 부호가 있는 몇몇 그니자 문서 단편과 Parma MS De Rossi 497, Leningrad MS Antonin 262뿐 아니라, 페르시아, 예멘, 시리아, 이라크, 북부 아프리카에서 오랫동안 이슬람 영향 아래 살던 공동체의 구두 전통 속에서 발견된다(이 전통들이 때때로 바빌론 지류의 성격을 띨 때도 있다.). 이 두 유형의 차이점은 특히 음운론과 형태론에서 크게 나타나며, 팔레스타인 기원인 두 발음 전통을 말할 수 있다. 예를 들어 서쪽 유형은 동쪽 유형에서 볼 수 있는 ר(r)의 중복이 없어 동쪽의 סַרָּגִין(sarrāgīn) 대신 서쪽의 סָרָגִין(sārāgīn) '실을 짜는 사람들'이 나타나고, 관계사 -ש(š-)를 동쪽 유형에서 שְׁהוּא(š^{e}-hū) 'which is'처럼 슈바와 함께 발음하는 대신 서쪽 유형에서는 쎄골과 함께 발음한다(šæ-). 동쪽 유형의 짧은 u가 서쪽 유형에서 o(카마쯔나 홀람)로 발음되어 זֹגִין(zoggīn) 대신 זוּגִין(zuggīn) '종들, bells'이 된다. 동쪽 유형에서 정관사가 -הֶ(hæ-)로 시작하는 단어 앞에 올 때 אָ('ā)로 발음된다. 서쪽 유형의 qall 명사 형태에서 파타흐를 동쪽 유형의 카마쯔보다 선호하는 한편, גוזלן(gozlān) '강도'의 예에 나타나는 서쪽 유형의 명사 형태가 동쪽 유형에서는 גזלן(gazlān)으로 나타난다. 다른 차이점은 서쪽 유형의 צִפֹּרֶן(ṣippōræn) 대신 동쪽 유형의 צְפֹרֶן(ṣ^{e}pōræn) '발톱', 서쪽 유형의 אַחְיוֹת('aḥyōṯ)나 אַחֲיוֹת('aḥ^{a}yōṯ) 대신 동쪽 유형의 אֲחָיוֹת('^{a}ḥāyōṯ) '자매들'이 있다.

4. 랍비 시대 히브리어의 철자법, 음성학, 음운론

랍비 시대 히브리어는 성서 히브리어에 비해 모음 글자를 상당히 많이 사용한다. 이 점에서 랍비 시대 히브리어는 이미 사해 사본이 입증한 과정을 따르고 있다. 특히 랍비 시대 히브리어는 카마쯔 하툽을 포함하여 어떤 종류든 o나 u 모음에 바브를 사용하는데, **כותב**(kwtb, 발음 kōṯēḇ) '쓰다.'나 **עומרים**('wmrym, 발음 '^{o}mārīm) '곡식 다발들' 등이 그 예이다. 마찬가지로 i나 e 모음에 요드를 사용하는 예로 **ליכתוב**(lyktwb, 발음 liḵtōḇ) '쓰기 위하여'가 있다. 때때로 **שיארה**(šy'rh, 발음 š^{e}yārā) '(사막의) 대상'처럼 a 모음을 알렙으로 표현한다.[78]

바브와 요드가 자음 음가를 지닐 때는 종종 중복된다. 단어 끝에 오는 e는 요드로 표시할 수 있다. 때때로 쿰란 서법의 전형적 특징인 *알렙-바브*가 함께 사용된다. **בנאי**(bn'y, 발음 bānay) '나의 아들들'처럼 바빌론 지역에서만 단어 끝에 오는 이중 모음 *ay*가 *알렙-요드*로 표현될 수 있으며, 팔레스타인 사본들에서는 팔레스타인과 쿰란의 금석 자료에서 볼 수 있듯이[79] **בניי**(bnyy)처럼 요드나 요드-요드로 기록된다.

세갈이 언급한 것처럼[80] 랍비 시대 히브리어의 발음에 대한 지식은 외적 자료와 내적 자료 양쪽에서 왔다. 전자는 랍비 시대 문헌들에 나타나는 헬라어와 라틴어의 단어 음역과 특정한 헬라어와 라틴어 문헌들에 나타나는 히브리어 단어 음역, 유대 공동체들이 보존한 발음 전통들, 조금이라도 모음 부호가 붙어 있는 사본들이다. 내적 증거는 랍비 시대 문헌 속의 모음 글자와 자음 변화, 그 문헌들에서 발견되는 명백한 언어 주석들의 검토뿐 아니라 마소라 전통에 보존된 성서 히브리어와의 비교에서 온다. 오늘날은 이 주제와 관련하여 생긴 변화들을 감안하여 이 두 가지 유형의 증거를 각기 상당히 다른 방법으로 평가해야 한다는 추세이다.

랍비 시대 히브리어의 음운론 체계를 정확하게 묘사하는 것은 어려운 일이지만 성서 히브리어의 음운론 체계에서 그다지 많이 변한 것으로 보이

78) E. Y. Kutscher 1971a, 1595를 보라.

79) E. Y. Kutscher 1964, 39f.를 보라.

80) M. H. Segal 1927, §§ 29-35.

지는 않는다. 특정 자음 부류들이 기원전 천 년대 말과 기원후 초기에 그 지역 대부분의 언어에 영향을 준 변화를 겪은 것을 빼고는 자음 음소들이 본질적으로 똑같다.

후두음과 인두음의 구분이 완전히 사라졌고 랍비 시대에 사실상 사용되지 않았다는 폴 칼레와 그를 따르는 이들의 주장을 지지할 만한 충분한 증거는 나타나지 않았다.[81] 후두음과 인두음을 헬라어 자음으로 재생하는 것이 드물다고 말해야 하지만 타나임 시대와 동시대의 아퀼라, 심마쿠스, 테오도시안의 히브리어의 헬라어 음역을 검토해 보면 후두음과 인두음을 완전하게 제거하지 않는 것을 볼 수 있다. 칠십인역의 음역 같은 더 고대의 음역들과 비교해 보면 이 음소들의 자음 음가가 약화된 것은 사실이지만 그들이 사실상 사라졌다고 말하는 것은 전혀 옳지 않다.

랍비 시대 문헌과[82] 그 시대의 다른 히브리어나 아람어 방언 같은 다른 정보에서 제공한 자료들은 다음처럼 똑같은 결론을 내린다. 이 두 그룹의 자음들의 약화 현상이 두 개의 중심지에서 확산되어 나갔으며, 하나는 동쪽에(바빌론 탈무드, 만다어), 다른 하나는 서쪽(사마리아, 쿰란, 갈릴리의 특정 지역들)에 위치한다. 이 과정은 몇 세기 동안 계속되었지만 이 두 그룹의 완전한 중화에 대해 얘기할 수 있을 정도까지는 결코 아니다. 특히 헬라어가 큰 도심지에서 이 과정에 큰 영향을 미쳤지만[83] 그것을 유일하거나 가장 중요한 요인으로 취급하면 안 된다.

후두음과 인두음 글자들 사이의 교체와 혼동은 꽤 흔하고, 그러한 현상은 분명히 입증된다.[84] לִכְלוּךְ(liḵlūḵ) 대신 לִחְלוּחַ(liḥlūᵃḥ) '더럽힘' 같이 헤트와 카프 사이의 혼동의 예들은 의심할 여지없이 그들의 자음 음가에 대한 감각이 완전히 사라지지 않았다는 것을 보여주고, 또 다른 증거는 랍비 시대 어휘에 수용된 여러 헬라어 단어 재생에서 제공되는데, 그 예로 kataitux '헬멧'에서 온 חֲטִיטוֹס(ḥᵃṭīṭōs)와 klepsudra '그릇'에서 온 חֲלַף סִדְרָה (ḥᵃlāp̄ siḏrā)가 있

81) 이 문제와 그에 대한 다른 입장들을 Sáenz-Badillos 1975에서 보라.

82) 예, 미쉬나: Shabbat 8:1; 23:5; 'Eruvin 5:1, 'Avodah Zarah 1:1; 바빌론 탈무드: Megillah 24b, Berakhot 32a, 'Eruvin 53a, b, Pesaḥim 75b, 'Avodah Zarah 2a.

83) 예를 들어 E. Y. Kutscher 1971a, 1595를 보라.

84) M. H. Segal 1927, § 43과 1936, 32ff, 더 최근의 것으로 Sharvit 1989를 보라.

다.[85] 갈릴리 아람어와 사마리아 히브리어 같이 헤트가 아인으로 교체되었다는 주장도 있었지만,[86] 지지할 만한 증거가 충분하지 않다.

브가드크파트 음과 관련해 랍비 시대 히브리어는 점점 확산되어 가던 마찰음화 과정에 틀림없이 참여했다. 우리가 가지고 있는 정보의 출처들, 특히 아퀼라, 심마쿠스, 테오도시안의 헬라어 음역이, 칼레와 그의 추종자들이 주장하는 것처럼 이 자음들의 파열음 발음이 완전히 사라졌다는 주장을 정당화하지는 않는다.[87] 그와 반대로 그 음역들과 그 지역의 다른 방언들 속에는 그 시대 동안 이 자음들의(원래는 비강조적 파열음, non-emphatic plosives) 이중 발음이 보존되었다는 많은 증거가 있다. 랍비 시대 히브리어에서 한편으로는 베트와 페, 다른 한편으로는 베트와 바브의 교체가 분명하게 이중 발음을 입증해 준다. 여하튼 마찰음화는 일반적인 현상이었으나 분명한 음소 기능으로 발전하지 않았으며, 그것이 뚜렷하게 특이한 기능으로 발전하거나 성서 히브리어와 관련하여 랍비 시대 히브리어의 음운 체계를 바꾸어 놓지도 않았다는 것을 인정해야 한다.

다른 그룹의 현상 중에 치찰음이 특히 흥미롭고(예를 들어 헬라어 '삼대역본' 음역에서 두 개의 상응하는 글자, 곧 제타가 자인에 사용되고 시그마는 나머지 자음에 사용된다.) 비음 멤과 눈도 흥미로운데 이 두 자음의 중화가 종종 발견된다.

모음 음소들은 변하지 않은 것으로 보이나 특정 모음의 발음에 어떤 변화가 있긴 하다. MS Kaufmann에 הִלֵּל(hillēl) '힐렐' 대신 הֶלֵּיל(hællēl)이라는 이름이나 חֻצְפָּה(ḥuṣpā) 대신 חוֹצְפָּה(ḥoṣpā) '경솔함' 등의 기록에서 암시하듯이, 히렉 대신 e 유형의 모음(쎄골)이, 키부쯔 대신 o 유형의 모음(카마쯔 하툽이나 홀람)이 발음되었다.[88] 모음이 비음 자음으로 동화되는 것은 성서 히브리어의 אם('ēm) '어머니' 대신 특정한 경우에 나타나는 אום('um), 최소한 바빌론 지역의 מִשּׁוּם(mi-šum)과 עַל שׁוּם('al-šum) '때문에' 같은 불변화사에 성서 히브리어의 שֵׁם(šēm) '이름' 대신 사용된 שׁוּם(šum),[89] מְסִבִּין(m^{e}sibbīn) 대

85) D. Sperber 1975, 168ff.를 보라.

86) E. Y. Kutscher 1971a, 1595를 보라.

87) Sáenz-Badillos 1975를 보라.

88) E. Y. Kutscher 1971a, 1595를 보라.

신 사용된 מְסֻבִּין(m^e^subbīn) '기대고 있는' 같은 형태들로 설명할 수 있다. 성서 히브리어의 קַרְדֹּם(qardōm) '가래, spade' 대신 사용된 קוֹרְדּוֹם(qordōm)에서 ר(r)가 있을 때도 동화된다.90) 이 모든 예들은 그 시대의 헬라어 음역에 해당하는 단어가 있다. 드물지만 모음 조화 현상이 בְּסִיד(b^e^-sīḏ) '석회로, with lime' 대신 사용된 בִּיסִיד(bī-sīḏ)에 나타난다.

동일한 상황에서 자음 동화 현상과 이화 현상이 발생하는데, 이 현상을 성서 히브리어에서 볼 수 있다. 여러 그룹의 자음들 간에 매우 중요한 교체가 일어나는 몇몇 경우가 있다.91) 특히 씬과 싸멕이 자주 교체하며, 후자가 랍비 시대에 우세했다. 그 예로 סֶבֶר(sēḇær) '희망', חֶרֶס(ḥæræs) '토기 조각', פרס(prs) '분할하다.'를 들 수 있다. 서북 셈어의 경향과 달리 랍비 시대 히브리어는 וָלָד(wālāḏ) '어린아이'와 וַעַד(wa'aḏ) '회합'처럼 바브로 시작하는 형태의 수가 증가했다. יווני(yawnæ), יבנה(yaḇnæ) (야브네, Jabneh) 같이 베트와 바브가 때때로 교체된다.

자음 이화 현상은 מַרְגָּלִית(margālīṯ) '진주'(헬라어 margaritēs) 같은 단어, 모음 이화 현상은 נִימוֹס(nīmōs) '법률'(헬라어 nomos) 같은 형태에서 찾아볼 수 있다. 자음 도치 현상(metathesis)은 성서 히브리어의 מַזְלֵג(mazlēḡ) '포크' 대신 사용된 מַלְגֵּז(malgēz) 등의 예에서 발견된다. 성서 히브리어의 הִכָּרֵת(hikkārēṯ) '잘리다.' 대신 사용된 כָּרֵת(kārēṯ)처럼 단어 처음의 후두음이 때때로 생략된다. 마찬가지로 מְחֻתָּךְ(m^e^ḥuttāḵ) '잘려지고 있다.' 대신 사용된 חוּתָּךְ(ḥuttāḵ)처럼 단어 처음에 오는 멤이 나타나지 않는다. 단어 속에서 특정 자음의 발음이 생략될 수 있는데, 특히 여러 복합어에서 그렇다. 예를 들면, אִלְמָלֵא('ilmālē') '만일 아니라면'은 אִלּוּ('illū) '단지 ~이기만 하면', אִם('im) '만일 ~면'과 לֹא(lō') '아니다.'가 결합하여 만들어졌고, הֲרֵינִי(h^a^rēnī) '그것은 나다, it is I'는 הֲרֵי(h^a^rē) '보라.'와 אֲנִי('^a^nī) '나'가 결합되어 만들어졌다. 단어의 끝 자음 생략은 성서 히브리어 אֵין('ēn) '아니다.' 대신 אֵי('ē), 성서 히브리어의 יוֹסֵף(yōsēp̄) '요셉' 대신 יוֹסֵי(yōsē) '요세'에 나타난다. 단어 처음에 첨가되는 알렙이

89) M. H. Segal 1927, § 37; Bar-Asher 1987, 26을 보라.

90) E. Y. Kutscher 1971a, 1596을 보라.

91) M. H. Segal 1927, §§ 45-59; 1936, 35ff.를 보라.

גּוּדָל(gūḏāl) '엄지손가락' 대신 사용된 אֲגוּדָל('ᵃgūḏāl)처럼 히브리어 고유의 단어에서 발견될 뿐 아니라, אַכְסַנְיָא('aḵsanyā) '호스텔'(헬라어 xenia)처럼 히브리어로 음역된 헬라어 형태에도 나타난다.[92]

5. 랍비 시대 히브리어의 형태론

랍비 시대 히브리어의 형태론 체계는 성서 히브리어와 공통된 요소들과 아람어의 영향을 받은 요소뿐 아니라, 히브리어 자체의 내적 발달 과정을 통한 결과적 형태들이나 여러 성서 히브리어 방언에서 파생된 형태들을 포함하고 있다.

인칭대명사를 살펴보면 후기 성서 히브리어에서 거의 사라진 אָנֹכִי('ānōḵī) '나' 형태가 אֲנִי('ᵃnī)로 대체되었다. 아람어에 기원을 둔 2인칭 단수 대명사 אַתְּ('att)가 매우 드물게 남성으로 사용되었다는 세갈의 견해는[93] 성서 히브리어 규범에 따라 본문을 고치던 사본들의 일반적인 경향에도 불구하고, MS Kaufmann에서 이 형태가 20퍼센트나 사용된 점에 비추어 수정되어야 했다.[94] 1인칭 복수에서 성서 히브리어의 אֲנַחְנוּ('ᵃnaḥnū)와 관련된 형태들을 사용한 그 당시 대부분의 방언들과 달리, 랍비 시대 히브리어는 אָנוּ('ānū) 형태를 사용하는데 이 형태는 1인칭 단수 대명사와 קְטָלָנוּ(qᵉṭāl-ānū) '그가 우리를 죽였다.' 같은 복수 대명사 접미어에 유추하여 만들어진 것 같고, 틀림없이 히브리어 자체의 내적 발달 과정을 반영한다.[95] 2인칭과 3인칭 복수 대명사인 אַתֶּם/אַתֶּן('attæm/'attæn) '너희들'(남/여)과 הֵם/הֵן(hēm/hēn) '그들'(남/여) 형태처럼 단어 끝의 멤과 눈의 중화 현상 때문에 성서 히브리어와 달리 남성과 여성 형태들이 서로 교체되었다.[96]

인칭대명사 접미어 형태들 중에는 아람어화한 2인칭 단수 형태가 있는

92) M. H. Segal 1927, §§ 61-65를 보라.

93) M. H. Segal 1908-09, 657; 1927, § 69; 1936, 45f.를 보라.

94) E. Y. Kutscher 1964, 41을 보라.

95) 이 형태는 성서 히브리어에 단 한 번, 렘 42:6에 크티브 형태로 나타난다.

96) E. Y. Kutscher 1964, 42f.를 보라.

데, 남성은 ךָ-(-āḵ)이고 여성은 יךְ-(-īḵ)이다.97) 이 형태들 중 첫 번째 것은 성서 히브리어에서 고대 형태였고 일반 형태인 ךָ-(-ḵā)보다 더 오래된 형태라고 주장했지만, 랍비 시대 히브리어의 환경 속에서 그것이 사실상 고어 요소일 가능성은 없어 보인다.98) חוֹשְׁשָׁנִי(ḥōšᵉšanī) '내가 염려한다.'처럼 1인칭 단수 접미어가 분사 형태에 첨가될 수 있다.99) 2인칭과 3인칭 복수 인칭대명사 접미어에서 이 인칭대명사의 독립 형태에서 앞에서 언급한 것과 똑같은 현상이 발견된다. 또한 어떤 사본에는 이러한 접미어 형태가 ים-(-ym)으로도 나타나는데 종종 더 잘 알려진 형태들로 정정되었다.100) 3인칭 여성에서 단수와 복수 형태가 일부 혼동된다.101)

소유를 표현하기 위해 불변화사 שֶׁל(šæl) '~의'의 후접 형태와 독립 형태나 정관사와 함께 오는 -שֶׁלָ(šæl-lā) 형태가 발달하여 성서 히브리어 표현 -אֲשֶׁר לְ(’ᵃšær lᵉ-) '~에 속하는'이나 다른 셈어의 유사한 형태들에 해당되는 표현이 생겼다.

가장 전형적인 지시대명사들은 이미 후기 성서 히브리어에 나타나는 여성 형태인 זוֹ(zō) '이것'과 내부 유추 과정으로 만들어진 것으로 보이는 새로운 복수 형태인 אֵלּוּ(’ēllū) '이것들'이다. חמורך הוא(ḥᵃmōrᵉ-ḵā hū’) '너의 저 당나귀'(직역: '너의 당나귀 그것')처럼 멀리 있는 사물을 가리키는 데 3인칭 대명사가 사용되며, 이와 더불어 강조 형태인 הַלָּז(hallāz), הַלָּה(hallā)(남), הַלֵּזוּ(hallēzū)(여)가 단수에서, הַלָּלוּ(hallālū), הָאֵילוּ(hā-’ēllū)가 복수에서 사용된다. אותו איש(’ōṯō ’īš) '저 남자'처럼 접미어를 가진 목적격 표시어 אֵת(’ēṯ)는 지시사의 기능도 있고, 관계사가 그 뒤에 와서 -אֵת שֶׁ(’æṯ šæ-) 형태를 이룰 때 부정 대명사 '누구든지, who(m)ever'가 된다. 재귀적인 표현을 위해 랍비 시대 히브리어는 עֶצֶם(‘æṣæm) '뼈'에 기초한 의미상으로 굳어진 형태를 선호하는데, קונה את עצמו(qōnæ ’ēṯ ‘aṣmō) '그가 자신을(즉, 그의 자유를) 획득한

97) 얄론의 서문에 알벡의 미쉬나 판(Jerusalem 1952)을 언급한 것처럼 15ff. M. H. Segal 1927, § 71과 대조해 보라.

98) Ben-Ḥayyim 1954, 63f.를 보라.

99) 미쉬나, Shabbat 22:3; Albeck 1971, 193을 보라.

100) E. Y. Kutscher 1971a, 1596을 보라.

101) Nathan 1984를 보라.

다.' 같은 예가 있다. 특별한 종류의 재귀 형태는 עַל('al) '위에' 전치사를 사용하는데 그 예로 קיבל עליו(qibbēl 'ālāw) '그가 스스로 감당했다.'가 있다.

성서 히브리어의 의문대명사 מִי(mī) '누구?'와 מָה(mā) '무엇'과 함께 랍비 시대 히브리어는 원시 셈어 *'ay에서 파생되었고 성서 히브리어에 나타나는 의문사인 אֵי('ē)도 사용하는데, אֵיזֶה('ē-zæ), אֵיזוֹ('ē-zō), אֵי אֵלּוּ('ē 'ēllū) '어느?'(각각 단수 남성과 여성, 복수)처럼 주로 지시사와 함께 온다. 랍비 시대 히브리어에 새로운 것은 부정문에서 부정대명사나 의문사로 사용되는 כְּלוּם(k^{e}lūm)인데 예를 들면, לא עשה כלום(lō' 'āśā klūm) '그는 아무것도 하지 않았다.'와 כלום יש עבד(k^{e}lūm yēš 'æḇæḏ) '종(slave)이 있는가?' 같은 표현이 있다.

관계사는 -שֶׁ(šæ-) 'who, which'로 표현하는데, 이 형태는 다른 히브리어 방언들 속에도 발견되고 드보라의 노래(삿 5장) 같은 고대 성서 히브리어 운문에도 나타나며 아모리어와 아카드어에 유사한 형태들이 있다. 이 다양한 용법은 성서 히브리어의 אֲשֶׁר('^{a}šær) 용법과 비슷하나 몇몇 새로운 용법도 발달했는데, 예를 들어 בפניו ושלא בפניו(b^{e}-pānāw w^{e}-šæl-lō' b^{e}-pānāw) '그의 면전에나 그의 면전이 아닌 곳에서'처럼 לא(lō') '아니다.' 앞에 쓸 수 있다.

비록 특정 종류의 성서 히브리어 형태가 훨씬 더 자주 사용되긴 하지만, 명사 유형들은 성서 히브리어와 크게 다르지 않다. 예를 들어 q^{e}ṭīlā(Qal 동사 형태에 기초함) 유형은 שְׂרֵיפָה(ś^{e}rīpā) '큰 화재', קִרְיָה(qiryā) '읽기'와 בִּרְיָה(biryā) '생물'의 예에 나타나는데, 두 가지 모두 원래 마지막 자음이 א(')이나 י(y)인 어근에서 왔으며, 행동을 표시하는 명사(nomina actionis)와 특히 בְּדִיקָה(b^{e}ḏīqā) '확인' 같은 추상 명사에 사용된다. כְּנֵסָה(k^{e}nēsā) '입장, 들어감'과 צְוָחָה(ṣ^{e}wāḥā) '부르짖음'처럼 Qal에 기초한 더 드문 유형들인 q^{e}ṭēlā와 q^{e}ṭālā도 있고, גָּזֵל(gāzēl) '약탈' 형태를 낳은 qāṭēl이라는 새 유형들, פִּדְיוֹן(piddāyōn) '구원'과 같이 -וֹן(-ōn)으로 끝나는 형태들, כְּלָל(k^{e}lāl) '규칙'에 나타나는 q^{e}ṭāl 처럼 아람어 종류의 쎄골 유형들도 있다.

Pi'el에 기초한 유형인 qiṭṭūl은 매우 자주 나타나는데, 이 형태는 성경에도 알려져 있고 בִּטּוּל(biṭṭūl) '취소'와 אִסּוּר('issūr) '금지'처럼 주로 추상 명사에 사용된다. כַּוָּנָה(kawwānā) '의도'의 예에 나타나는 qaṭṭālā 유형은 아람어에서 차용한 것이다. Hif'il에서 온 명사들은 הַדְלָקָה(hadlāqā) '점화'와 הוֹרָאָה(hōrā'ā, 바빌론)이나 הוֹרָיָה(hōrāyā, 팔레스타인) '가르침'처럼 haqṭālā 유형을 많이 사용하지만, hæqṭēl 유형도 הֶקְטֵר(hæqṭēr) '불에 태움' 같은 명사에 나타나며, 바빌론 랍비 시대 히브리어는 성서 히브리어처럼 이 유형이 때때로 haqṭēl 형태를 갖는다. 수동태와 재귀 동사는 명사 형태를 발전시키지 못했고 그 대신 이미 언급한 명사 유형이나 그 유형들의 변화 형태를 사용한다.

랍비 시대 히브리어는 행동의 주체를 표현하기 위해 ָן-(-ān) 명사 접미어를 사용하며 그 예로 גַּזְלָן(gozlān) '강도', רָצְחָן(roṣḥān, 팔레스타인), רַצְחָן(raṣḥān, 바빌론) '살인자'가 있다. 이와 같은 의미는 아람어 형태 לָקוֹחַ(lāqōaḥ) '구매자'처럼 Qal 부정사 절대형인 qāṭōl로 표현할 수도 있다. 다른 특징적인 유형은 חֲתִיכָה(ḥᵃṯīkā) '조각'의 예처럼 행동의 결과를 표현하는 qᵉṭīlā이다.[102]

랍비 시대 히브리어에서 명사로 사용된 성서 히브리어의 부정사 연계형이 결여된 것을 보상해야 했는데도 명사의 형태 조성에서 아람어의 영향이 거의 없었다.[103] 다른 한편, 새로운 의미의 미세한 차이를 표현하려고 지소사(diminutives)처럼 자음의 반복, 접두어와 접미어 첨가 등과 관련된 파생 형태들을 풍부하게 사용했다.

특히 헬라어와 라틴어에서 온 차용어들이 히브리어화하여 אַכְסַנְיָא('aḵsanyā) '호스텔'(헬라어 xenia) 같이 새로운 형태론적 유형을 만들었으나 일반적으로는 차용어들이 קָרוֹן(qārōn) '짐마차'(라틴어 carrus)처럼 랍비 시대에 이미 있던 유형들로 만들어졌다.

랍비 시대 히브리어에는 자음이 반복되는 형태들이 많다. דַּבְלוּל(dablūl) '군더더기, 실밥', עַרְבּוּבְיָא('arbūbᵉyā) '혼동'과 אַדְמוּמִית('admūmīt) '붉음'처럼 어떤 형태들은 어근의 셋째 자음이 중복되고, יְרַקְרָק(yᵉraqrāq) '노란'처럼 어떤 형태들은 둘째와 셋째 자음이 중복되고, גַּלְגַּל(galgal) '바퀴', שַׁלְשֶׁלֶת(šalšælæṯ) '사슬'(여성 형태)과 דִּקְדּוּק(diqdūq) '자세한 분석'처럼 중간 자음이 없고 자음 중복인 어근들에서 온 어떤 형태들은 전체 어근을 반복하기도 한다.[104]

---

102) E. Y. Kutscher 1969a, 51ff.; 1971a, 1601을 보라.

103) 예, M. H. Segal 1927, § 217; 1936, 66ff.

지소사를 만드는 다양한 방법이 있는데 גַּנּוּנִית(gannūnīṯ) '작은 정원'처럼 자음을 반복하거나 זֵרְעוֹנִים(zērᵉʻōnīm) '씨앗들'이나 גְּדוּדִית(gᵉḏūḏīṯ) '작은 그룹' 처럼 וֹן-(-ōn)과 ִית-(-īṯ) 같은 접미어를 붙이거나 סְלִילָה(sᵉlīlā) '작은 바구니' 처럼 모음을 삽입하거나 בֶּן־גָּמָל(bæn gāmāl) '어린 낙타'(직역: '낙타의 아들') 처럼 풀어쓴다.105)

랍비 시대 히브리어는 명사 변화에서 성서 히브리어와 크게 다르지 않지만 단어 끝의 멤과 눈이 중화하여 남성 복수 형태가 종종 아람어처럼 ִין-(-īn)이다. כֹּהֶנֶת(kōhænæṯ) '제사장의 부인'과 אִלֶּמֶת('illæmæṯ) '말을 못하는/벙어리 여자'처럼 고어 여성 접미어 ַת-(-aṯ)를 더 자주 사용하는 것 말고도 랍비 시대 히브리어는 אֲרָמִית('ᵃrāmīṯ) '아람어'와 עַבְדוּת('aḇḏūṯ) '노예 상태' 같은 ִית-(-īṯ)와 וּת-(-ūṯ) 접미어들도 사용한다.

랍비 시대 히브리어는 מַרְחֲצָאוֹת/מַרְחֲצָיוֹת(marḥᵃṣā'ōṯ/marḥᵃṣāyōṯ) '목욕탕'처럼 ָאוֹת-(-ā'ōṯ, 바빌론)나 ָיוֹת-(-āyōṯ, 팔레스타인), 성서 히브리어 מַלְכֻיוֹת(malkūyōṯ) 대신 나타나는 מַלְכִיּוֹת(malkīyyōṯ)처럼 단수가 וּת-(-ūṯ)로 끝나는 명사들에 ִיּוֹת-(-īyyōṯ) 같은 독특한 여성 복수 접미어들을 발달시켰다.106) 남성 복수는 성서 히브리어에서 예상되거나 일반적으로 나타나는 것과 때때로 차이가 있는데, 예를 들어 נֶזֶק(nezæq) '손상'에서 온 נְזִקִין(nᵉzīqīn), שׁוֹר(šōr) '수소'에서 온 שְׁוָרִים(šᵉwārīm), שׁוּק(šūq) '시장'에서 온 שְׁוָקִים(šᵉwāqīm), צַד(ṣaḏ) '측면'에서 온 צְדָדִים(ṣᵉḏāḏīm), חֲצִי(ḥᵃṣī) '절반'에서 온 חֲצָאִין(ḥᵃṣā'īn), שָׁלִיחַ(šālīᵃḥ) '사절, envoy'에서 온 שְׁלוּחִין(šᵉlūḥīn) 등이 있다. 여성 명사에서도 마찬가지로, אוֹת('ōṯ) '(알파벳) 글자'에서 온 אוֹתִיּוֹת('ōṯīyyōṯ), בְּרִית(bᵉrīṯ) '언약'에서 온 בְּרִיתוֹת(bᵉrīṯōṯ, 성서 히브리어에는 복수 형태가 없다.), אֵם('ēm) '어머니'에서 온 אִמָּהוֹת('immāhōṯ) 등이 사용된다.

어떤 남성 명사는 여성 복수 접미어 וֹת-(-ōṯ)를 취하는데, 그 예로 חֵן(ḥēn) '은혜'에서 온 חִנּוֹת(ḥinnōṯ), כְּלָל(ᵏlāl) '규칙'에서 온 כְּלָלוֹת(ḵᵉlālōṯ), תִּינוֹק(tīnōq) '아기'에서 온 תִּינוֹקוֹת(tīnōqōṯ), חַיִל(ḥayil) '군대'에서 온 חֲיָלוֹת(ḥᵃyālōṯ), עִיר('īr) '도

104) M. H. Segal 1927, §§ 244-48을 보라.
105) M. H. Segal 1927, § 276을 보라.
106) E. Y. Kutscher 1982, 129를 보라.

시'에서 온 עֲיָרוֹת('ªyārōṯ), מַיִם(mayim) '물'에서 온 מֵימוֹת(mēmōṯ)가 있다. 마찬가지로 남성 복수 접미어 ־ִים(-īm)을 취하는 여성 명사도 있는데, יוֹנָה(yōnā) '비둘기'에서 온 יוֹנִים(yōnīm), נְמָלָה(nᵉmālā) '개미'에서 온 נְמָלִים(nᵉmālīm), בֵּיצָה(bēṣā) '달걀'에서 온 בֵּיצִים(bēṣīm) 등이 그 예이다. 때로는 두 가지 유형의 복수 형태가 나타나는데, יוֹם(yōm) '날'에서 온 יָמִים/יָמוֹת(yāmīm/yāmōṯ)나 שָׁנָה(šānā) '해, 년'에서 온 שָׁנִים/שָׁנוֹת(šānīm/šānōṯ) 등이며 각 형태는 약간씩 의미가 다르고 '여성' 형태만이 접미어와 함께 사용된다. 때때로 랍비 시대 히브리어에 성서 히브리어에서 단수 형태만 있는 명사의 복수 형태가 발견되곤 하는데, 예를 들면 אֵבֶר('ēḇær) '수족, 손발'에서 온 אֲבָרִים('ªḇārīm), דֶּשֶׁא(dæšæ') '잔디'에서 온 דְּשָׁאִין(dᵉšā'īn), תָּמִיד(tāmīḏ) '상번제'에서 온 תְּמִדִים(tᵉmīḏīm)가 있다. 마찬가지로 성서 히브리어에 복수 형태로만 나타나는 명사의 단수 형태도 있으며, 그 예로 אַלְמוּג('almūḡ) '산호초', בֵּיצָה(bēṣā) '달걀', בָּצָל(bāṣāl) '양파' 등이 있다.107) 쌍수 형태가 성서 히브리어보다 더 많이 사용되는데, מִסְפָּרַיִם(maspārayim) '가위'와 בֵּינְתַיִם(bēntayim) '그동안'처럼 기존의 형태들이 유지되고 새로운 형태들도 만들어졌다.

성서 히브리어의 파생 동사 형태 중에 Pu'al은 분사 형태를 제외하고는 거의 완전히 사라졌다. 접미형 동사 형태에서 Hithpa'el은 재귀와 수동의 의미를 표현하는 새로운 형태 Nithpa'al로 대체되었다. 어떤 학자들은 Nuf'al이 Nif'al과 함께 있었다고 주장했으며, 이 형태는 נוּגְאֲלוּ(nugʼªlū) '그들이 구원받았다.'와 נוּצַּר(nuṣṣār) '형성되었다.'처럼 우수한 랍비 시대 사본들에서 잘 입증된다.108) 어근의 첫 자음이 바브나 요드인 동사들에서 아람어의 영향으로 때때로 Ettap'al 동사 형태가 사용된다. 그 출처가 논쟁거리인 Shaf'el 동사 형태가 때때로 Hif'il과 함께 사역 동사로 사용된다. נֻטַּל(nuṭṭal) '그것이 취해졌다.'처럼 어근의 첫 자음이 눈인 동사들에 Qal 수동태일 가능성에 대한 흔적들이 있다(반드시 고어 형태일 필요가 없다.).109) 네 자음 어근 동사의 수가 자음의 반복이나 첨가로 증가했다(Pi'lel, Pilpel, Pir'el 등). 그러나

107) M. H. Segal 1927, §§ 281-91을 보라.
108) Yalon 1963-64, 152ff.; Moreshet 1980a를 보라.
109) 이 형태의 중요성은 미심쩍다. E. Y. Kutscher 1982, 127과 관련된 참고문헌을 보라.

Po'el과 Po'lel 같이 성서 히브리어에서 많이 사용되지 않던 다른 형태들은 랍비 시대 히브리어에서 완전히 사라졌고, 중간 자음이 없는 동사들은 일반적인 Pi'el 형태로 발달할 수 있었는데, 예를 들어 성서 히브리어의 כּוֹנֵן(kōnēn) '그가 확실하게 했다.' 대신 כִּוֵּן(kiwwēn), 성서 히브리어의 הִתְכּוֹנֵן(hiṯkōnēn) '그것이 확실하게 되었다.' 대신 נִתְכַּוֵּן(niṯkawwan)이 사용되었다. 이 점은 קוֹמֵם(qōmēm) 대신 사용된 קִיֵּם(qīyyam) '그가 세웠다.'(에 9:31)처럼 후기 성서 히브리어의 경향을 계속 이어가고 있다.

파생 동사 형태 의미에 몇몇 작은 변화가 있다. Qal은 계속해서 단순 동작을 표현하고, פרה חולבת(pārā ḥōlæḇæṯ) '젖소'처럼 때때로 명사에서 파생된 동사(denominative)로 사용된다. 자동사에서 랍비 시대 히브리어의 Qal은 더는 상태(늙은, 뚱뚱한 등)를 의미하지 않고, 그러한 상태가 이루어지는 과정만을 의미한다. 성서 히브리어처럼 Nif'al은 동사를 재귀적, 상호적이거나 가장 일반적으로 수동적으로 만들 수 있다. 그것은 방금 시작된(inchoative) 동작을 위해서도 사용된다. Pi'el은 반복되는 동작이나 여러 목적어나 주어가 하는 동작의 강조 동사(intensive)로 사용된다. 명사에서 파생된 동사, 사역 동사, 방금 시작된 동작을 표현하는 동사 등으로도 사용될 수 있고, 때때로 단순한 Qal 형태를 대신한다. 성서 히브리어 같이 Hif'il은 사역 동사, 명사에서 파생된 동사나 방금 시작된 동작을 표현하는 동사로 사용될 수 있고, 이러한 역할 중 첫 번째 것을 Shaf'el과 공유한다. 그러나 이 동사 형태는 Qal과 동등하게 사용되기도 한다.110) 수동태는 Hof'al이다. Hithpa'el과 Nithpa'al 동사 형태들은 재귀, 방금 시작된 동작, 상호 관계나 때로 수동 관계(이것은 성서 히브리어에서 아주 드물다.)를 표현하지만, 성서 히브리어에 나타나는 것으로 보이는 명사 파생 동사의 기능을 상실했으며, 그 대신 동사의 행동의 결과를 표현한다.

접미형 동사 형태에서 단어 끝의 멤과 눈의 중화로 남성과 여성 형태를 동일하게 취급하는 경향이 있다. 접두형 동사 형태의 여성형이 사라지고(성서 히브리어에서 이미 시작된 경향이 계속되는 것이다.), תִּשְׁמְרוּן(tišmᵉrūn) '너희들이 지킬 것이다.'와 같이 눈으로 끝나는 형태들도 마찬가지다. 쿰란

110) Moreshet 1976을 보라.

에서 휴지 형태들이, 특히 Hof'al 동사의 휴지 형태들이 종종 비휴지 환경에서 사용되는데 예를 들면, הֻקְדְּשׁוּ(huqd^e^šū) 대신 הֻקְדָּשׁוּ(huqdāšū) '그들이 봉헌되었다.'가 나타난다. כֹּתֶבֶת(kōṯæḇæṯ) '기록하다.'처럼 여성 분사 형태가 일반적으로 ֶת-(-æṯ) 어미를 갖는다. 중간 자음이 없는 동사들과 어근의 마지막 자음이 알렙이나 요드인 동사에는 해당되지 않는다. 남성 복수 분사는 ִין-(-īn)으로 끝난다. 명령형에서 여성 복수가 남성 형태로 대체된다. 분사는 לֹא(lō') '아니다.'로, 부정사는 -לְ שֶׁלֹּא(šæl-lō' l^e^-) '않도록'으로 부정한다.

규칙 동사에서 Qal의 접미형 동사는 qāṭal과 qāṭēl 유형만 유지하는 한편, Qal 분사의 세 가지 성서 히브리어 유형이 모두 발견된다. 접두형 동사 형태에서 둘째 모음이 a인 동사들이 o로 바뀌는 경향이 있는데(어근의 셋째 자음이 인두음인 동사들에게까지 확장된다.), 예를 들어 성서 히브리어의 יִשְׁחַט(yišḥaṭ) '그가 도살할 것이다.' 대신 יִשְׁחוֹט(yišḥōṭ)가 나타난다. Pu'al에서 유일하게 살아남은 분사는 때때로 접두어인 -מְ(m^e^-)를 상실하여, 성서 히브리어의 מְחֻתָּךְ(m^e^ḥuttāḵ) '잘려지다.' 대신 חוּתָּךְ(ḥuttāḵ)가 사용된다. Hithpa'el과 Nithpa'al 동사에서 -ת-(-ṯ-)의 동화 현상이 성서 히브리어보다 더 흔한데 그 예로 성서 히브리어의 מִתְקַדְּשִׁים(miṯqadd^e^šīm) '자신들을 거룩하게 하다.' 대신 מִקַּדְּשִׁין(miqqadd^e^šīn)이 있다. Hif'il은 때때로 ה(h) 대신 א(') 접두어를 취하고, 성서 히브리어의 לְהַרְבּוֹת(l^e^-harbōṯ) '증가시키다.' 대신 사용된 לַרְבּוֹת(larbōṯ)처럼 부정사에서 -ה-(-h-) 발음이 생략될 수 있는데, 이 현상은 성서 히브리어의 לְהִבָּטֵל(l^e^-hib-bāṭēl) '멈추다.' 대신 사용된 לִיבָּטֵל(libbāṭēl) 같이 Nif'al에서 흔히 나타난다. Hof'al에서 접두어의 모음이 일반적으로 u이다(성서 히브리어의 o 대신).

불규칙 동사 중에 어근의 셋째 자음이 알렙인 동사는 아람어처럼 마지막 자음이 요드인 동사처럼 취급되어, 성서 히브리어의 קָרָאתִי(qārāṯī) '내가 불렀나.' 대신 קָרִיתִי(qārīṯī)가 나타난다. 이 동사들은 일반적으로 3인칭 단수 여성을 표시하는 ָת-(-āṯ) 어미를 갖는데, 규칙적인 성서 히브리어 형태 הָיְתָה(hāy^e^ṯā) 대신 성서 히브리어에서 고어나 방언 형태로 간주된(그것의 실제 성격과 기원이 논쟁 대상이 되지만) הָיָת(hāyāṯ) '그녀가 ~였다.'가 쓰인다.[111] Qal 남성 분사는 קֹנֶה(qōnæ) '사다.'나 זָכֶה(zāḵæ) '특권을 얻다.' 유형일 수 있는 한편, Nif'al에서 여성 분사는 נִכְוַת(nikwat) '불에 태워지다.'나 נִטְמֵת(niṭmēt) '더러워지다.' 유형이 될 수 있다.

어근의 첫째 자음이 요드나 눈인 동사에서 부정사는 접두형 동사 형태 유형에 기초하는데 예를 들면 성서 히브리어의 רֶדֶת(rædæt) '내려가다.' 대신 לֵירֵד(lērēd), 성서 히브리어의 תֵּת(tēt) '주다.' 대신 לִתֵּן(littēn) 성서 히브리어의 דַעַת(da'at) '알다.' 대신 לֵידַע(lēda') 형태가 사용된다. 이 동사들 중 일부는 이차적인 어근을 발전시켜 성서 히브리어의 יעד(y'd) 대신 사용된 ועד(w'd) 어근은 Pi'el 형태 וִעֵד(wi'ēd) '그가 지명했다.'를 만들었고, 성서 히브리어의 יתר(ytr) '풍부하다.' 대신 ותר(wtr)가 사용되었다. 어근의 첫 자음이 알렙인 동사들의 Qal 부정사의 예로 성서 히브리어의 לֵאמֹר(lēmōr) '말하다.' 대신 לוֹמַר(lōmar)와 성서 히브리어의 לֶאֱכֹל(læ'ækōl) '먹다.' 대신 לוֹכַל(lōkal)이 있다.

어근의 둘째 자음이 요드인 동사들은 요드 대신 바브를 취한다. 예를 들어 성서 히브리어의 דין(dyn) '재판하다.' 대신 사용된 דון(dwn)은 Nif'al 동사에서 נָדוֹן(nādōn) 형태나(성서 히브리어처럼) נִדּוֹן(niddōn) '그가 재판받았다.' 형태를 취하는데, 후자는 분사로도 사용된다. Pi'el, Pu'al, Hithpa'el 파생 동사 형태들에서 성서 히브리어 유형들이 규칙 동사가 사용하던 것들과 유사한 형태들로 대체된다. 중복 동사에서 Qal 접미형 동사 형태와 분사는 규칙 동사에서 유추하여 만들어지며, גֹּשֶׁשֶׁת(gōšæšæt) '만지고 있다.' 같은 예가 있다. 이것은 Nif'al, Pi'el, Pu'al, Hithpa'el에도 해당된다. 그러나 Hif'il 중복 동사들은 두 자음 형태를 유지한다.

시제 체계에서는 이미 후기 성서 히브리어에서 관찰하였던 주요 변화들을 다시 관찰할 수 있다. 접두형 동사의 연장 형태나 단축 형태를 더는 사용하지 않는다. 연속 바브 형태와 부정사 절대형도 사용하지 않는다. 부정사 연계형은 일반적으로 -לְ(l[e]-) 'to' 전치사와 함께 사용되거나 특정한 문장론적 환경 속에서 -מִלְּ(mil-l[e]-) 직역 'from to, 하기 위해서부터'와 함께 사용

111) 쿠처(1982, 128)는 그것이 음성론적인 이유 때문에 한 방언 형태로 살아남아, 그 방언에서 랍비 시대 히브리어로 전수되었을 것으로 제안한다. 이것은 그와 같은 형태들을 고어 형태가 아닌 휴지 형태로 간주하는 블라우(1983a)의 견해와 매우 다르다.

되지만, 성서 히브리어처럼 כְּ(k^e-) '처럼, 때'나 בְּ(b^e-) '~에(서), 할 때' 전치사를 취하지 않으며, 이런 종류의 구조는 관계사와 함께 오는 동사의 일반 형태들로 대체된다.

동사의 시제 체계와 관련하여 '시제'에 대해서만 얘기한 19세기의 첫 문법학자들이 등장한 이래 학자들의 견해가 상당히 변했다. 쿠처와 그의 학파는 랍비 시대 히브리어 동사에 시간을 표현하는 주된 기능을 가진 두 가지 형태, 곧 과거를 표현하는 접미형 동사 형태와 현재와 미래를 표현하는 능동 분사가 있다고 주장했다. 다른 한편, 접두형 동사 형태는 소망, 의도, 명령 등의 법을 표현하는 경향이 있다[이러한 표현은 명령형이나 가정법 동사와 함께 오는 관계사 -שֶׁ(šæ-)와 함께 전달될 수 있다.]. 능동 분사는 반복, 습관이나 동시 동작을 표현하기 위해(후기 성서 히브리어에 드문 용법이다.) היה(hyh) '~이다.' 동사와 함께 완곡(periphrastic) 구조로 나타나기도 한다. 능동 분사는 필요성과 의무 같은 의미를 표시하거나 자명한 진리를 표현하기 위해 사용될 수도 있다. 수동 분사는 때때로 '현재 완료'로 사용되고, 어떤 경우에는 능동 분사를 대신할 수도 있는데 מקובל אני(m^equbbāl ʾ^anī) '내가 받았다.'는 표현을 예로 들 수 있다.[112] -עָתִיד לְ('āṯīḏ l^e-) '~할 준비가 된', -צָרִיךְ לְ(ṣārīḵ l^e-) '~해야 하는', -סופו לְ(sōpō l^e-) '그의 결말은 ~인' 뒤에 오는 부정사 같은 다른 완곡 구조들은 미래를 표현하기 위해 사용될 수 있다. 명령형은 전통적인 기능을 유지해 왔다.[113]

그러나 미쇼르(M. Mishor)는 1983년에 쓴 박사 학위 논문에서 랍비 시대 히브리어에 꽤 다른 접근 방법을 채용하여 다음과 같은 결론을 내렸다. 접미형 동사 형태는 다른 방법들로도 사용될 수 있지만, 동사의 다른 어떤 형태보다도 화법 시제 역할을 한다. 예를 들어 접미형 동사 형태는 존재의 상태를 묘사하고(그것이 원래 수행하던 역할), 논리적인 관계를 표현하고, 분사처럼 법률적인 본문에서 실행의 의미를 표시하거나 가설이나 은유적인 조건을 만들 수 있다. 접두형 동사 형태는 주관적이거나 현실에서 동떨어

112) J. Blau 1953을 보라.

113) E. Y. Kutscher 1971a, 1600f.를 보라. 쿠처의 제자들 중 한 명인 샤르비트(S. Sharvit, 1980)가 이룬 더 최근의 연구에서 랍비 시대 히브리어의 동사의 상을 검토한다.

진 시각을 표현하고 소원, 요청, 수사 의문문, 감정 상태를 표현할 뿐 아니라 때때로 어떤 행동을 추상적인 시제가 없는 방법으로 표현한다. 명령형은 명령과 요청에 사용되지만 소원에는 사용되지 않는다.

분사의 역할은 행동들을 구체적으로, 곧 서술적으로 표현하는 것이다. 능동 분사는 현재와 미래 시제에 사용되는 경향이 있는 한편, 수동 분사는 과거에 쓰인다. 교훈·율법적인 성격의 진술들뿐 아니라 시간에 관련되지 않은 동작을 표현할 때 분사가 가장 흔하게 사용된다. 분사는 존재의 상태와 (특히 과거에서) 동작의 계속이나 반복을 표현할 때도 사용되는데, 이때 분사 혼자 오거나 היה(hyh) '이다.' 동사와 함께 오며 이 동사와 나란히 올 때 분사는 [-לְ(lᵉ-) 뒤에 오는 부정사가 그렇듯이] 명사의 역할을 한다. 부정사는 실제로 추상 명사인데, 그것이 동사로 사용될 때 결과나 의도된 목적을 표현하거나 법을 표현하는 보어로 사용된다.

어떤 명사적 표현들은 조동사로 사용된다. עָתִיד('āṯīḏ) '(그가 ~할) 준비가 되어 있는'과 סופו(sōpō) '그의 끝은 (~인)'은 미래를 표현하고, דַּרְכּוֹ(darkō) '그의 습관은 (~인)', וְהֹלֵךְ(wᵉ-hōlēḵ) '그리고 (그가) 가고 있는', וּבָא(ū-ḇā) '그리고 (그가) 오고 있는', וְעֹמֵד(wᵉ-'ōmēḏ) '그리고 (그가) 서 있는'이 분사의 앞이나 뒤에서 모두 지속적인 행동을 표현하고, הֹלֵךְ וְ-(hōlēḵ wᵉ-) '(그가) 점점 ~하는'은 그 뒤에 오는 분사가 암시하는 상태나 특성에서 점진적인 변화를 가리킨다.

어휘와 관련하여 세갈의 통계를 수용한다면 성서 히브리어와 상당히 차이가 있다. 세갈에 따르면 성서 히브리어의 1,350개 동사 중에 250개가 랍비 시대 히브리어에서 사용되지 않으나 랍비 시대 히브리어는 300개의 새로운 동사를 만들었고 다른 많은 동사들에 새로운 의미들을 부여했다고 한다.[114] 고대 운문에 사용된 동사들뿐 아니라 성서 히브리어에서 드문 어근들도 랍비 시대 히브리어에서 발견되지 않으며, איב('yb) '적이 되다.'(특히 분사 형태로 '적'), בגד(bgd) '배신하다.'와 גור(gwr) '일시적으로 거주하다.'와 같이 몇몇 매우 흔한 성서 히브리어 동사들이나 לחם(lḥm) '먹다.'와 גבל(gbl) '인접하다.' 같이 명사에서 파생된 특정 동사들도 사라졌다. 이 동사들 대

114) M. H. Segal 1927, §§ 83-102; 1936, 104ff.를 보라.

신 랍비 시대 히브리어는 때때로 같은 어원의 어근들을 쓰거나 주로 관계 없는 동사들을 사용하는데 예를 들면, אבה('bh) '좋아하다.' 대신 רצה(rṣh), אלף('lp) '배우다.' 대신 למד(lmd)가 있다. 랍비 시대 히브리어의 새로운 동사들은 때때로 고어이거나 방언에서 유래한 형태나 명사에서 파생한 특정 동사처럼 성서 히브리어 형태에 기초를 둔다. 성서 히브리어와 랍비 시대 히브리어가 공유하는 많은 단어들은 상대적으로 빈도수가 서로 다르고 의미 변화를 자주 겪었다.

6. 랍비 시대 히브리어의 문법과 어휘

현재 구체적인 논제들에 대한 상세한 연구물이 많이 있지만 랍비 시대 문장론을 포괄적으로 분석한[115] 세갈의 연구야말로 사용된 자료의 한계에도 불구하고 여전히 이 주제에 관한 정보의 대부분을 제공한다.

인칭대명사가 일반적으로 성서 히브리어보다 덜 사용되고, אף הוא עשה ('aā̄p hū' 'āśā) '그가 바로 그것을 한 사람이었다.'(직역: '그가 정말로 했다.') 처럼 그것이 사용될 때는 주로 강조의 의미로 쓰인다. שורו של בעל הבית (šōr-ō šæl ba'al hab-bayiṯ) '그 집주인의 소(직역: 그 집주인의 그의 소)'에서 보는 것처럼 소유격 대명사 שֶׁל(šæl) '~에 속하는, ~의'는 종종 인칭대명사 소유격의 예기적 사용과 관련이 있다. 유사한 현상이 אין מלוין לו לאדם('ēn malwīn lō lā-'āḏām) '그들이 그와 동행하지 않는다.'(직역: '그들이 그와, 그 남자와 동행하지 않는다.') 같은 구조에 나타난다.

בעולם הזה(bā-'ōlām haz-zæ) '이 세상에서'처럼 지시형용사가 성서 히브리어처럼 정관사와 함께 명사 뒤에 오거나 ככר זו(kikkār zō) '이 빵 덩어리'처럼 정관사 없이도 온다. 지시사가 대명사로 사용될 때는 זו מידה(zō middā) '이것은 한 특징이다.'처럼 자신의 보어 앞에 위치한다. אותו היום ואותו האיש('ōṯō hay-yōm wᵉ-'ōṯō hā-'īš) '그날 그리고 그 남자'처럼 불변화사 אֵת('ēṯ)가 지시사로 사용되기도 한다. איזהו חכם('ēzæhū ḥāḵām) '누가 지혜로운가?', מה קול

115) M. H. Segal 1927, §§ 306-517; 1936, 173ff.를 보라.

מה קול שמעת(mā qōl šāma'tā) '너는 무슨 소리를 들었는가?'처럼 אֵיזֶהוּ('ēzæhū) '누구?, 어느?'는 מָה(mā) '무엇?'과 함께 의문사로 사용된다.

עֶצֶם('æṣæm) '자신, oneself'(직역: '뼈')로 재귀(reflexive)를 가장 흔하게 표현하는데, 그 예로 גורם רעה על עצמו(gōrēm rā'ā 'al 'aṣmō) '그 자신에게 해를 입히며'를 들 수 있다. 특히 율법과 관련된 언어에서 부정 주어를 표현하는 여러 방법이 있는데, 예를 들면 שואל אדם(šō'ēl 'āḏām) '만일 누군가가 묻는다면'(직역: '한 사람이 묻고 있다.'), כל השכיח(kol haš-šōḵē^{a}ḥ) '잊어버리는 자는 누구든지', מי שאכל ושכח(mī šæ-'āḵal w^{e}-šāḵaḥ) '먹고 잊어버리는 자는 누구든지' 등이 있다.116)

성 규칙은 זְאֵבָה(z^{e}'ēḇā)와 כַּלְבָּה(kalbā)(각각 늑대와 개의 여성형)처럼 주로 후기 본문에 몇몇 새로운 여성 형태들이 있기 하지만, 대체로 성서 히브리어와 같다. 때때로 같은 단어가 남성형과 여성형으로 나타나는데 서로 다른 의미로 사용된다. 예를 들어 גַּן(gan) '정원', גִּנָּה(ginnā) '채소밭'과 חוֹב(ḥōḇ) '빚', חוֹבָה(ḥōḇā) '위반'이 있다.

랍비 시대 히브리어는 정관사 용법이 성서 히브리어와 크게 다르지 않으나 정관사를 자주 생략하는데, 예를 들면 הַשַּׁעַר הָעֶלְיוֹן(haš-ša'ar hā-'ælyōn) '그 윗 문' 대신 שַׁעַר הָעֶלְיוֹן(ša'ar hā-'ælyōn), הַמַּעֲרָכָה הַגְּדוֹלָה(ham-ma'^{a}rāḵā hag-g^{e}ḏōlā) '그 큰 더미' 대신 הַמַּעֲרָכָה גְּדוֹלָה(ham-ma'^{a}raḵā g^{e}ḏōlā)가 나타난다. 소유격은 성서 히브리어 같이 연계 구조를 통해 가장 일반적으로 표현되나 랍비 시대 히브리어가 훨씬 더 유연하다. 성서 히브리어의 단수 절대형 בָּתֵּי הַבַּד(bāttē hab-baḏ) 대신 복수 절대형 בָּתֵּי הַבַּדִּים(bāttē hab-baḏīm) '올리브 기름틀들'이 쓰이고 성서 히브리어의 복수 연계형과 단수 절대형 בָּתֵּי הַגַּת(bāttē hag-gat) 대신 단수 연계형과 복수 절대형 בֵּית הַגִּתּוֹת(bēṯ hag-gittōṯ) '포도주틀들' 같은 연계 구조 형태들이 חוּטֵי צֶמֶר(ḥūṭē ṣæmær) '털실들' 같은 성서 히브리어 유형들과 함께 존재한다. 이러한 종류의 구조를 선호하면서, 랍비 시대 히브리어는 때때로 הַבַּיִת שֶׁלַּמֶּלֶךְ(hab-bayiṯ šæl-lam-mælæḵ) '그 궁전'(직역: '그 왕에게 속하는 그 집')이나 בֵּיתוֹ שֶׁלַּמֶּלֶךְ(bēṯō šæl-lam-mælæḵ) (직역: '그 왕에게 속하는 그의 집') 같은 형태를 사용한다. 다른 특징들로

116) M. H. Segal 1927, §§ 404-39를 보라.

는 비교급에서 יֶתֶר עַל כֵּן(yæṯær ‘al kēn) ‘그것보다 더’나 יוֹתֵר(yōṯēr) ‘더’를 사용하고 최상급에서 -שֶׁ(šæ-) ‘who, which’를 쓰는데, 그 예를 היפה שבהן (hay-yāp̄ā šæb-bā-hæn) ‘모두 중에 가장 아름다운 자’(직역: ‘그들 가운데 아름다운 자’)에서 볼 수 있다.117)

앞 단락에서 언급된 독특한 시제를 사용하는 것 외에 랍비 시대 히브리어는 דחק(dḥq) ‘누르다.’, חזר(ḥzr) ‘돌아가다.’, מהר(mhr) 피엘 ‘서두르다.’, שכם(škm) 히필 ‘일찍 하다.’, שנה(šnh) ‘반복하다.’, שקד(šqd) ‘부지런히 하다.’, בוא(bw’) ‘오다.’, הלך(hlk) ‘가다.’, ירד(yrd) ‘내려가다.’, עלה(‘lh) ‘올라가다.’, יצא(yṣ’) ‘나가다.’ 등 여러 조동사도 사용한다.118)

랍비 시대 히브리어에는 구어체 언어의 다양한 흔적이 있다. 예를 들어 קונם אם לא נמניתי(qōnām ’im lō’ nimnēṯī) ‘진실로, 내가 수에 들지 않았다면’(곧 ‘나는 내가 수에 들었다고 맹세한다.’)처럼 맹세문에서 단언의(asseverative) 분사 קוֹנָם(qōnām)을 사용하거나 종종 יהי רצון ש-(y[e]hī rāṣōn šæ-) ‘~에 하나님의 뜻이 있길’[직역: ‘~이 (하나님의) 뜻이길’] 같은 기도나 소원을 나타내는 표현을 사용한다. 랍비 시대 히브리어의 다른 특징에는 פעמים שהוא איש פעמים שהוא אשה(p[e]‘āmīm šæ-hū’ ’īš p[e]‘āmīm šæ-hū’ ’iššā) ‘때때로 그는 남자이고 때때로 그는 여자이다.’처럼 פְּעָמִים(p[e]‘āmīm) ‘때때로’와 함께 오는 분리적(disjunctive) 문장, לא כי אלא בסלע לקה(lō’ kē ’ællā’ ḇ[e]-sæla‘ lāqā) ‘그런 게 아니라 그가 돌에 부딪혔다.’처럼 אֶלָּא(’ællā’) ‘그러나’를 가진 반대 표현과 부정적인 답이 예상될 때 사용되는 שֶׁמָּא(šæmmā’) ‘아마도’나 כְּלוּם(k[e]lūm) ‘어떤 것도, 어떤 사람도’를 가진 의문문이 포함된다. 관계절이 성서 히브리어보다 더 널리 사용되며, 종종 불변화사를 가진 부정사 연계형을 대신하는데, 예를 들어 성서 히브리어의 בְּאָמְרוֹ(b[e]-’omr) (직역: ‘그의 말함에 있어서’) 대신 כְּשֶׁאָמַר(k[e]-šæ-’āmar) ‘그가 말했을 때’가 나타난다.

부사절이나 상황절은 대체로 광범위한 불변화사를 사용하며 표현한다. 이 표현들은 종종 새로운 형태들, 굳어진 명사들, 관계사 -שֶׁ(šæ-)를 갖는 복합 구조들이며, 예를 들어 בשביל שאני זכר הפסדתי(bišḇīl šæ-’[a]nī zaḵār hip̄sadṯī)

117) M. H. Segal 1927, §§ 366-93을 보라.
118) M. H. Segal 1927, §§ 364-65를 보라.

'내가 남성이기 때문에 내가 잃었는가?'처럼 원인이나 אף כשאמרו('āp̄ k^{e}-šæ-'ām^{e}rū) '그들이 말할지라도'처럼 양보를 표현한다. 비교는 때때로 כַּיּוֹצֵא בּוֹ(kay-yōṣē' bō) '마찬가지로'(직역: '그것과 함께 나가는 것처럼')로 표현된다. 결과절은 שלא על מנת לקבל פרס(šæl-lō' 'al m^{e}nāṯ l^{e}-qabbēl p^{e}rās) '상을 받기 위해서가 아닌'처럼 עַל מְנָת('al m^{e}nāṯ) '~조건으로, 위하여'나 שמא יקלקלו(šæmmā' y^{e}qalq^{e}lū) '그들이 부패하지 않도록'처럼 שֶׁמָּא(šæmmā') '않도록'으로 표현할 수 있다. 시간절은 거의 관계사 -שֶׁ(šæ-)와 결합된 여러 불변화사를 사용하는데, 그 불변화사의 예로 -מִשֶּׁ(miš-šæ-) '후에'[직역: '~하는 (그 시간) 뒤로'], -כָּל־זְמַן שֶׁ(kol-z^{e}man šæ-) '~동안'(직역: '~하는 그 시간 내내'), -עַד שֶׁ('aḏ šæ-) '~까지' 등이 있다. 조건절은 일반적으로 성서 히브리어와 유사하지만 랍비 시대 히브리어는 부정적인 대안을 소개하기 위해 וְאִם לָאו(w^{e}-'im lāw) '그리고 만일 ~않다면'과 가정적인 조건을 소개하기 위해 אִלְמָלֵא('ilmālē'), אִלְמָלֵא לֹא('ilmālē' lō')나 אִלּוּלֵי('illūlē) '(오직) ~라면'도 사용한다.[119]

랍비 시대 히브리어의 어휘는 특히 쿠처가 연구했는데, 쿠처는 이러한 연구를 위한 실질적인 동력을 제공해 주었고, 그때까지 미완성이었던 랍비 시대 문헌의 새로운 사전을 제작했다.[120] 쿠처는 랍비 시대 히브리어 어휘의 절반 정도가 성서 히브리어와 공유된다고 분석했다. 나머지는 형태상 의미상의 다양한 변화를 겪은 성서 히브리어 요소들, 성경 외부에서 온 히브리어 단어들, 특히 아람어, 아카드어, 페르시아어, 헬라어, 라틴어에서 온 외래어로 구성된다.[121]

---

119) M. H. Segal 1927, §§ 440-517을 보라.

120) 그 의도는 이 사전이 현대 학자들의 연구의 가장 중요한 결과들을 통합하고, 랍비 시대 자료들에 대해 그 이전의 사전들에서 입증된 것과는 상당히 다른 인식을 심어 준 얄론, 엡슈타인, 뢰브(I. Löw), 달만, 리버만 같은 학자들이 수행한 연구에 주목하기 위한 것이었다. 바르-일란(Bar-Ilan) 대학에서 만든 *Archive of the new dictionary of rabbinical literature,* 1권과 2권을 보라. 1권(1972)은 쿠처가 편집했으나 그의 사후에 출판되었고, 2권(1974)은 카다리가 편집했다.

121) E. Y. Kutscher 1971a, 1603ff.를 보라. Albeck 1971, 199ff.는 성경에 나타나지 않거나 다른 의미로 사용되는 미쉬나의 모든 단어들의 목록으로 '새 단어들, 성경에서 온 단어들이나 외래어들'로 분류된다. 그러나 저자가 밝힌 것처럼 이 편집물은 1920년의 것이다. 동사와 관련하여 저자가 사망한 지 얼마 후인 1980년에 모레셋(M. Moreshet)의 중요한 연구물인 *A Lexicon of the new verbs in Tannaitic Hebrew*가 출판되었는데, 이 책은

랍비 시대 히브리어와 성서 히브리어의 공통 요소 가운데는 숫자, 신체 부위의 명칭, 친족 관계 용어와 시간, 의복, 음식, 기본적인 인간의 행동을 표현하는 명사들 같은 더 일상적인 셈어 표현들이 있다. 그러나 이 영역들에서도 몇몇 주목할 만한 변화가 있다. 예를 들면, 성서 히브리어 אַף('ap̄) 대신 온 חֹטֶם(ḥōṭæm) '코', 성서 히브리어 אָב('āḇ) 대신 온 אַבָּא('abbā) '아버지', 성서 히브리어 אֵם('ēm) 대신 온 אִמָּא('immā) '어머니', 성서 히브리어 בֹּקֶר(bōqær) 대신 온 שַׁחֲרִית(šaḥ^{a}rīṯ) '아침', 성서 히브리어 עֶרֶב('æræḇ) 대신 온 עַרְבִית('arḇīṯ) '저녁', שָׁעָה(šā'ā) '시간', כנס(kns) 니팔 '들어가다.', צָרִיךְ(ṣārīḵ) '(그것이) 필요하다.', לָקוֹחַ(lāqō^{a}ḥ) '구매자'는 모두 전형적인 랍비 시대 히브리어 단어들이다. 의복, 사업, 공예 같은 영역의 어휘에서는 랍비 시대 히브리어와 성서 히브리어가 덜 비슷한 반면, 농업 분야 등에서는 실질적으로 동일하다.[122]

랍비 시대 히브리어에 고어 히브리어의 흔적은 적지만, 랍비 시대 히브리어와 후기 성서 히브리어가 공유하는 어휘의 예는 매우 많은데, 아마도 히브리어 방언이 성서 히브리어의 마지막 표현에 미친 영향 때문일 것이다. 지금까지 전하는 성서 히브리어가 불충분하므로 חזר(ḥzr) '돌아가다.', מסק(msq) '올리브를 모으다.', שְׂרָף(ś^{e}rāp̄) '송진' 같이 히브리어에서 유래되었을 가능성이 높지만 단순히 성서 히브리어 자료에서 발견되지 않는 단어들을 랍비 시대 히브리어가 잘 알고 있는 점은 놀라운 일이 아니다.

어떤 성서 히브리어 단어는 랍비 시대 히브리어에서 의미가 변했는데, עוֹלָם('ōlām) '세상'(성서 히브리어: '영원'), מַעֲשֶׂה(ma'^{a}śæ) '사건'(성서 히브리어: '행동'), נהג(nhg) '행동하다.'(성서 히브리어: '이끌다.'), גזר(gzr) '결정하다.'(성서 히브리어: '자르다.') 등이 그 예이다. 다른 곳에서는 형태가 변화하기도 했는데 예를 들어, 성서 히브리어의 מַשְׂאֵת(maś'ēṯ) '연기로 만든 신호'가 랍비 시대 히브리어에서 מַשּׂוּאָה(maśśū'ā)로 바뀌었다. שְׁמִטִּים(š^{e}miṭṭīm) '안식년들'이나 פֵּרוֹת(pērōṯ) '과일들' 같은 랍비 시대 히브리어의 특정한 복

성서 히브리어에 기초한 241개 단어, 아람어에서 온 210개 단어, 아카드어에서 온 23개 단어, 페르시아어에서 온 4개 단어, 헬라어와 라틴어에서 온 30개 단어와 다양한 다른 출처에서 온 96개 단어들을 소개했다.

122) E. Y. Kutscher 1961, 73ff.를 보라.

수 형태가 성서 히브리어에서는 단수 집단 명사로 나타나는 한편, 성서 히브리어에서 복수로만 나타나는 일부 명사는 랍비 시대 히브리어에서 단수 형태로도 발견되는데, בָּטְנָה(boṭnā) '피스타치오 열매'를 그 예로 들 수 있다. 랍비 시대 문학에는 성서 히브리어 어근에 기초한 다양한 새로운 형태들도 있는데, 그 형태들은 중세 문법학자들의 많은 논쟁거리가 되었다. 예를 들면 '일으키다, 올리다.'(raise)라는 의미가 רום(rwm) '높다.' 동사의 히필(사역) 형태 대신 רום(rwm)에서 파생된 תְּרוּמָה(tᵉrūmā) '요제, wave offering'에서 후진 형태 구성(back-formation, 이미 존재하는 단어에서 새로운 단어를 형성함-역자 주)으로 만들어진 새로운 동사인 תרם(trm)으로 표현된다. 동사에서 파생된 독특한 명사들도 있는데 예를 들어 וַעַד(wa'aḏ) '모임 장소'와 וִדּוּי(widdūy) '고백'에서 첫 자음 바브는 성서 히브리어 요드를 대신한다.

상당수의 차용어는 직, 간접적으로 아람어에서 빌려온 것으로 ארע('r') '발생하다.', מחה(mḥh) 피엘 '항의하다.', חטא(ḥṭ') 히트파엘 '비위를 맞추다.' 같은 동사뿐 아니라, כְּלָל(kᵉlāl) '규칙', שָׁעָה(šā'ā) '시간', אֶמְצַע('æmṣa') '가운데'(아람어를 통해 헬라어에서 히브리어에 들어왔다.) 같은 명사도 포함한다. 번역 차용어도 흔한데 אחז('ḥz)는 아람어의 אחד('ḥd)처럼 '닫다, shut'를 의미한다. 아람어처럼 כּוֹס(kōs) '컵'이 남성으로 취급되고 שָׂדֶה(śāḏæ) '들판'은 남성이나 여성으로 취급된다.[123]

아카드어 차용어가 종종 아람어를 통해 랍비 시대 히브리어로 들어 왔다. גֵּט(gēṭ) '이혼 증서'와 같이 차용어는 때때로 수메르어에 기원한다. 원래부터 아카드어에 속하는 단어로는 תַּגָּר(taggār) '상인', תַּרְגּוּם(targūm) '번역', דַּף(dap̄) '페이지', זוז(zwz) '움직이다.' 등이 있다. 페르시아 차용어는 גִּזְבָּר(gizbār) '회계 담당자', וֶרֶד(wæræḏ) '장미'를 포함한다.

또한 랍비 시대 히브리어는 헬라어에서 온 표현이 수백 개에 이르는데, 그들 중에는 בּוּלֵי(būlē) '마을 의회'(boulē에서 옴)와 같이 행정적이거나 לִיטוּרְגְיָה(līṭūrgᵉyā) '의식'(leitourgia에서 옴)같이 종교적이거나 קָטֵיגוֹר(qāṭēḡōr) '검찰'(katēgoros에서 옴), פְּרַקְלֵיט(pāraqlēṭ) '변호사'(paraklētos에서 옴)와 같이 법률적인 성격의 단어들이 있고, אֲוֵיר('ᵃwēr) '공기'(aēr에서 옴)와 זוֹג(zōḡ) '(동물의) 쌍'(zeugos

---

123) Gluska 1983을 보라.

에서 옴)과 같이 물질문화에서 온 용어나 פִּנְקֵס(pinqēs) '회계 장부'(pinax에서 옴)와 같이 상업 업무에서 온 용어도 있다.124) 단어의 차용은 때때로 자음의 도치 현상을 일으키기도 하는데, 예를 들어 נָמֵל(nāmēl)은 바빌론 랍비 시대 히브리어의 לְמֵן(l^{e}mēn) '항구'(헬라어 limēn에서 옴)에 해당된다.125) 또한 יפה אמרת(yāpæ 'āmartā) '너는 말을 잘했다.'(참조, kalos '아름다운, 좋은') 같이 헬라어에서 온 번역 차용어구도 있다. 라틴어 기원 용어는 더 드물며, 일반적으로 헬라어를 통해 랍비 시대 히브리어에 들어왔다. 그 용어는 יוּדְקֵי(yūḏiqē) '판사'(judex에서 옴)와 לִיבְלָר(liḇlār) '서기관'(librarius에서 옴)과 같이 행정 분야나 לִגְיוֹן(ligyōn) '군단'(legio에서 옴)과 같이 군대 생활 분야에서 들어온 경향이 있다.126)

---

124) 이 용어들은 크라우스의 고전적인 책(1898-1900)에서 연구되었는데 이 책은 곧바로 심한 비평을 받았다. 어원적으로 분석한 약 1,500개의 표현 중에 절반 이상이 특히 의심스럽다. 더 최근에는 바르-일란 대학의 스펄버(D. Sperber)가 여러 논문을 발표했고(특히 1977-79; 1982) 랍비 시대 히브리어의 특정한 영역들의 어휘들을 소개했는데(1984; 1986), 이것은 새로운 포괄적인 사전을 만드는 데 충분히 기초가 될 만하다.

125) E. Y. Kutscher, 1972c, 96을 보라.

126) E. Y. Kutscher, 1982, 137ff.를 보라.

7장 중세 히브리어

1. 역사·지리적 배경

흔히 중세 히브리어로 알려진 히브리어 단계에 그 역사적 범위를 규정하여 정확하게 경계를 긋는 것은 쉽지 않다. 이미 랍비 시대 히브리어가 기원후 2세기 말경에 구어로 사용되지 않았지만, 아람어와 함께 문헌 언어로 몇 세기 동안 살아남았다고 언급했다.[1] 어떻게 중세 히브리어로 전환되었는지 분명하게 규명할 수는 없으나 기원후 6-7세기 무렵 아랍이 통치하면서 중세 히브리어의 시작을 표시할 만한 히브리어의 부활이 처음 간파되었다. 물론 히브리어는 여전히 과거에 깊이 뿌리박고 있었다. 이때는 예배의식을 위한 글을 쓴 시인들인 팔레스타인 지역의 파이타님의 전성기였는데, 그들은 매우 특이한 곧 성경에 대한 암시와 신조어 표현들로 가득찬 기도문 같은 언어를 사용했다.[2] 같은 시기에 몇몇 후기 미드라쉬가 편집되었고 마소라 학파가 활동하기 시작했다.

히브리어가 문헌 언어로 제한적으로 새로운 활력을 찾았으나 그렇다고 일상에서 완전히 사라지지는 않았다. 세계에 흩어진 유대 공동체들은 각국 언어를 일상의 의사소통에 사용했지만, 계속 히브리어로 기도하고 성경을 읽었다. 이는 곧 유대 학교들에서 히브리어를 여전히 교육했다는 뜻이고, 여러 중세 여행가들의 글은 적은 수이긴 하지만 일상생활에서 히브리어를 사용한 몇몇 공동체들이 있었고, 회화에서 전혀 히브리어를 사용하지 않은 것은 아니라고 증언한다. 현재 히브리어로 기록된 꽤 많은 분량의 경제 관

---

1) Rabin 1970, 324ff.를 보라.

2) 그러나 쉬르만(H. Schirmann, 1953, 123)이 제시하는 것처럼 피유트의 시작은 몇 세기 전으로 보아야 한다.

런 문서들이 있는데 여기에는 예를 들어 상업, 세무 업무, 대부금, 다른 상업 활동들과 관련된 상인들의 기록과 서류들이 포함된다. 같은 시기에 수많은 히브리어 금석문들도 기록되었는데 특히 묘비에 나타난다.[3] 먼 나라에 있는 사람들이나 공동체에게 히브리어로 편지를 보내는 것은 일반적이었고, 다른 나라 여행자들이 유대 공동체에 오면 의사소통을 위해 일반적으로 히브리어를 사용하곤 했다. 어떤 저자들은 히브리어를 '부활시키기' 위해 노력했으며 히브리어는 결코 구어로서 완전히 사멸하지 않았다는 흔적들이 많이 있다.[4]

10세기에 이르러 히브리어는 문헌 언어로 부활하는 새로운 국면을 맞이하게 된다. 그 부활은 동쪽 지역에서 시작하여 곧바로 이슬람 세계의 서쪽 경계들 특히 스페인 남부의 안달루시아(Andalusia)에 이르렀다. 아랍어 문법의 저술은 히브리어를 언어학적으로 연구하도록 관심을 불러일으켰고, 카라이트들이 성서 히브리어에 관심을 가지자 이에 뒤지지 않으려고 랍비들도 노력하게 되었고, 이러한 운동은 자연스레 히브리 언어 르네상스 시대로 귀결되었다.[5]

따라서 중세 히브리어는 단순히 9세기 이탈리아에서 새로운 힘을 얻은 피유트 같은 전통 장르에서 인위적으로 파생한 연속물이 아니었다. 알-안달루스(Al-Andalus)의 유대인들이 사용한 히브리어는 운문(아랍어 장르와 여러 종류의 종교시에서 영감을 얻은 새로운 세속적인 운문)과 산문(언어학적 연구, 성경과 탈무드에 대한 주석, 신학, 철학, 논증, 과학, 의학 서적들)에 이전에 알려지지 않은 활력을 불어넣었다. 그러나 유대인 저자들이 가끔 운문과 산문에 자주 아랍어를 사용했기 때문에 히브리어가 이 분야에 사용된 유일한 언어는 아니었다.

전체적인 그림은 복잡하며 발달 유형은 단일하거나 분명하지 않다. 문헌이 생산된 역사적 사회적 환경, 다양한 장르를 제한한 독특한 전통의 형성과 밀접하게 연결되어 있어, 저자들이 성서 히브리어와 랍비 시대 히브

3) 예를 들어 Cantera and Millás 1956을 보라.

4) Chomsky 1969, 206ff.를 보라.

5) Allony 1973; 1974a; 1975; 1979; Roth 1983을 보라.

리어의 언어 유산에 의지하는 경향이 다소 두드러진다. 그들은 옛 단어의 의미를 변경하고 유추하여 새로운 단어를 만들어 내며 새로운 표현의 요구에 맞추어 문법 형태를 확장시키고 아랍어, 아람어, 라틴어와 다른 라틴계 언어들과 독일어 등의 영향 아래 히브리어를 어느 정도 변형시키는 것을 수용했다.

정확히 말해 중세 히브리어는 성서 히브리어나 랍비 시대 히브리어에 비교할 수 있는 '언어'는 아니다. 중세 히브리어는 어느 정도 완전하고 단일 체계로 발전할 만큼 일상생활이나 문헌에서조차 충분한 활력을 갖고 있지 못했다. 중세 히브리어로 기록된 작품끼리도 차이점이 많지만 서로 다른 방언에 대해 이야기할 정도로 충분하지 않다. 이는 중세 히브리어가 완전한 하나의 독립적인 언어로 자리 잡지 못하였음을 보여주는데, 저자마다 자신의 특수한 사회적 문화적 배경에 의존하여 언어를 판단했고, 히브리어에 대한 자신의 생각에 따라 언어 용법을 발전시키고 전통을 부활시켰기 때문이다.

이 시대의 히브리어 부활의 주된 역할은 동쪽 지역의 사아디아와 북부 아프리카의 학자들이 장려한 언어학의 등장으로 이루어졌으며, 이 언어학은 10-11세기에 안달루시아에서 활기차게 발달하였다. 그러나 그 결과에 따른 모든 연구가 우선적으로 성서 히브리어에 집중됐고, 히브리어를 구어로 사용할 것을 장려하기보다는 문법과 어휘를 가능한 최상의 방법으로 설명하고자 했다는 것을 기억해야 한다. 언어학자들은 랍비 시대 히브리어를 지나가는 정도로만 언급했을 뿐, 그들의 눈앞에서 일어나는 언어의 회복에 대해서는 논의하지 않았다. 그렇게 볼 때 이 문헌들이 종종 히브리어가 아닌 아랍어로 기록된 것은 놀라운 일이 아니다. 그러나 솔로몬 이븐 가비롤(Solomon ibn Gabirol, 1021-1058년, 안달루시아 히브리어 시인이자 유대 철학자-역자 주)을 포함한 몇몇 영향력 있는 인물들은 유대 민족을 눈 먼 상태에서 구원하고 가장 가치 있는 언어로 말하는 혀를 가진 백성을 만들고자 하는 일종의 강력한 신적인 소명을 갖고 있었다.[6]

중세 유대인들이 히브리어에 여러 가지 입장을 취했다는 것은 옳은 지

6) 예, 이븐 가비롤의 *Sefer ha-'Anak*, vv. 14-22. Sáenz-Badillos 1980, 16을 보라.

적이다.[7] 이슬람권에 살던 이들은 기독교 국가들에 살던 이들과 매우 다르게 그 문제에 접근했다. 기독교 국가의 유대인들이 때때로 라틴계 언어들을 사용하긴 했으나 자신들의 문헌이나 작품에 히브리어를 사용하려고 했다. 그러나 히브리어는 종종 세련되지 못한 문체와 미심쩍은 형태와 의심스러운 문장으로만 표현되었다. 그와 달리 이슬람권에 살던 유대인들은 10세기 초부터 산문을 위해서 아랍어를 사용했지만 코란의 언어로 기록된 동시대의 아랍어 운문과 명백히 구분하려고 히브리어로 시를 썼다. 이는 특정 저자들이 자신들의 언어 유산이며 코란의 언어 못지않은 미적 즐거움을 주는 성서 히브리어를 더 많이 사용하려고 히브리 이데올로기에 근거한 측면도 있다. 종교적 요인으로는 철저한 정통파 유대인이 다른 종교의 세속 언어로 자신의 감정을 표현하는 것이 쉽지 않았을 것이다. 또 다른 중요한 요인은 아랍어 자체에 대한 언어 능력이다. 저자들과 독자들이 표준 아랍어 산문을 이해하고 쓰는 데는 어려움이 없었지만, 코란의 언어에 훨씬 더 가까운 아랍어 시는 상당한 수준의 언어 능력을 요구했다.

중세 내내 히브리어 사용을 지지하는 목소리가 높았다. 그 가운데 사아디아, 솔로몬 이븐 가비롤, 모세 이븐 에즈라(Moses ibn Ezra), 유다 알-하리지(Judah al-Ḥarizi), 유다 이븐 티본(Judah ibn Tibbon)과 프로피앗 두란(Profiaṭ Duran)은 여러 방법으로 히브리어 포기를 개탄했다. 어떤 이들은 히브리어를 망명지에 있는 유대 민족의 슬픈 상황과 직결시켰다. 마이모니데스는 책의 대부분을 아랍어로 쓴 것을 인생의 한 시점에서 후회하는데, 많은 유럽 독자들이 자신의 책을 접할 수 없다는 것을 점점 더 인식했기 때문일 것이다.[8] 그럼에도 특정한 철학, 과학적 주제를 다룰 때는 무슬림 나라에 사는 대부분의 유대인이 그 당시에 유대인과 무슬림 학자의 언어인 아랍어를 의지했다(일반적으로 히브리어 글자로 기록되었다.).[9]

기독교 지역에서 두 언어를 사용하는 문제를 예민하게 느낀 이는 티본

7) Halkin 1963을 보라.

8) 리히텐베르크(A. Lichtenberg)의 뤼넬(Lunel) 유대인 공동체에게 보낸 그의 편지, *Koveṣ teshuvot ha-RaMBaM we-iggerotaw* (Leipzig, 1859, repr. 1969), 44 a-b를 보라. Halkin 1963, 238f.를 보라.

9) Baron 1958, 3ff.를 보라.

가문의 특정 번역가들은 히브리어가 아랍어에 비해 어휘가 매우 제한되어 있다고 불평했다. 그러나 알-하리지와 프로피앗 두란은 그러한 상황이 히브리어 사용자의 무지 때문이라며 맞대응했다. 중부 유럽의 유대인들이 히브리어 문법 규칙을 매우 자유롭게 받아들인 반면, 이븐 자나흐와 모세와 아브라함 이븐 에즈라(Moses and Abraham ibn Ezra) 같은 권위자들은 히브리어의 순수한 모습을 회복하기 위해 여러 가지 노력을 했다. 대부분의 극단적 순수주의자들은 랍비 시대 히브리어가 표현 수단으로 합법적이라는 사실을 그 자체로든 성서 히브리어와 혼합된 형태로는 받아들이지 않았다. 물론 탄훔 벤 요셉 예루샬미(Tanḥum b. Joseph Yerushalmi)와 다른 이들처럼 이븐 자나흐가 그것을 변호하긴 했다.

중세 히브리어가 끝나는 시점은 그 출발점만큼이나 불분명하다. 르네상스 시대에 일부 유대인들의 역할을 제외하면, 1492년 스페인에서 추방되고 유대 공동체들이 다른 지역에서 어려움을 겪은 뒤로 유대교는 18세기 후반까지 어떤 중요한 사회, 문화적 변화도 겪지 않았다. 많은 역사학자들에게 그때까지 유대인들의 '중세'는 아직 끝나지 않았으며 같은 맥락에서 중세 히브리어의 역사도 끝나지 않았다. 언어 측면에서 볼 때 당시의 하시딤 문학만큼 과거와 연관되어 있었으며 순수한 근대화가 시작된 것은 하스칼라 시대에 이르러서였다.[10]

중세 히브리어는 유대 공동체들만큼 광범위하게 문명 세계 전역에 확산되었다. 중세 히브리어 문학은 팔레스타인, 바빌론, 이집트를 포함하는 동쪽 지역, 북아프리카와 스페인을 포함하는 서쪽 지역, 이탈리아에서 영국, 프랑스에서 동유럽에 이르는 중앙 유럽, 곧 아쉬케나지 지역으로 구분해야 한다.

중세 히브리어 연구는 비교적 최근에야 시작되었다. 서양에서는 19세기까지 주로 신학적 동기에서 거의 배타적으로 성서 히브리어에 집중했고, 가끔 특히 유대 문법학자들과 사전 편집자들이 랍비 시대 히브리어를 연구했다. 지난 세기 중반부터 중세 히브리어 문헌에 대한 일부 기초 작업이 작스(M. Sachs), 바케르(W. Bacher), 준즈(L. Zunz), 데렌부르그(J. Derenbourg), 노

10) Rabin 1973, 57ff.를 보라.

이바우어, 슈테른(S. G. Stern), 코코브초브(P. Kokowtzow), 재스트로 같은 이들의 노고 덕분에 중세 문학과 언어적 특징들에 대한 많은 중요한 연구와 함께 서양에서 시작되었다. 현재 전 세계 도서관들에서 소장하는 카이로 그니자 필사본들은 중세 히브리어 문헌에 대한 지식을 엄청나게 증가시켰다.

그럼에도 중세 히브리어를 체계적이고 정밀하게 연구하기 시작한 것은 몇 십 년 전부터이고, 현재 발전된 지식은 대부분 이스라엘과 다른 나라의 유대인 학자들이 최근 몇 년 동안 이뤄낸 작업 덕분이다. 따라서 여전히 새로운 학문 분야의 초기 단계에 있으며, 중세 히브리어라는 보편적인 이름 아래 포함된 다양한 언어 형태의 완전한 그림을 만드는 데 중세 히브리어 작가들과 작품들에 대한 필수적 세부 연구가 아직까지 부족하다.

파이타님의 언어를 이해하기 위해 준즈의 목록들,[11] 크나아니(J. Kena'ani)의 초기 사전,[12] 줄라이(M. Zulay), 리버만, 미르스키(A. Mirsky), 슈피겔(S. Spiegel)의 연구, 가장 중요한 야할롬의[13] 최근 연구가 중요하다. 사아디아의 언어는 특히 라빈, 벤-하임, 스코스(S. L. Skoss), 줄라이, 토비(Y. Ṭovi)의 주목을 받았다.[14]

스페인 유대 시인들의 언어는 클라르(B. Klar), 아브람손, 알로니, 메단(M. Medan), 미르스키, 쉬르만(Ḥ. Schirmann), 라짜비(Y. Ratzabi), 슈피겔, 토비 같은 학자들이 연구했다.[15] 아랍어에 대한 번역물의 언어(히브리어)는 고쉔-고트슈타인의 1951년 박사 논문과 다른 작품들의 주제였다.[16] 에프로스(I. Efros), 라빈, 짜르파티(G. B. Ṣarfatti), 카다리, 샌즈-바딜로스와[17] 다른 이들

11) 1920(초판, 1855), 116ff., 367ff.

12) 1930-31.

13) Zulay 1936 등; Lieberman 1939; Spiegel 1963; Mirsky 1965-66; Yahalom 1974 등, 특히 1985를 보라.

14) Rabin 1943; Skoss 1942; 1952; Ben-Ḥayyim 1952-53a; Zulay 1964; Ṭovi 1982를 보라.

15) S. Abramson 1941-43; Allony 1941-43; 1960; 1974; 1976 등; Medan 1951; Mirsky 1952-53; Klar 1953-54; Schirmann 1954; 1965-66; 1979; Ratzabi 1956-57 등; Spiegel 1974; Ṭovi 1972-73; 1982를 보라.

16) Gottstein(Goshen-Gottstein) 1947; 1951; 1953a; Goshen-Gottstein 1957; 1961; 1968.

의 많은 연구는 산문 작품 특히 과학, 철학, 신비주의 성격의 작품 언어를 분석했다. 바케르, 바네트(D. H. Baneth), 자이드만(Y. A. Zeidmann), 고쉔-고트슈타인과 핑크(F. D. Fink)는 마이모니데스의 언어 연구에 공헌한 이들이다.[18] 라쉬(1040-1105년, 중세 프랑스 유대인 랍비이자 성경과 탈무드 주석가-역자 주)의 언어는 아비네리(I. Avinery) 등이 분석했다.[19] *Sefer Ḥasidim*은 예루살렘 히브리대학교 아자르(M. Azar)와 코굿(S. Kogut)의 박사 학위 논문 주제였다. 노벨(A. Novel)과 라빈은 아쉬케나지 유대인의 언어에 대한 여러 연구물을 발표했다.[20]

지금까지 전해지는 많은 중세 음역들도 중요하다. 스페인만 살펴보면 일차적으로 피타(F. Fita), 야후다(A. S. Yahuda), 가스파르 레미로(M. Gaspar Remiro)가 이룬 초기 작업 이후에 칸테라(F. Cantera)와 밀라스(J. M. Millás)가 마침내 꽤 주목할 만한 수의 장례나 기념비 본문, 인장이나 값비싼 물품에 기록된 짧은 비문의 목록을 만드는 큰 성과를 냈다.[21]

이 언어는 더욱 폭넓게 논의되었는데 중세 히브리어 음운론은 스페인 히브리어 발음에 대한 가르벨(I. Garbell)의 논문이[22] 어휘에서는 클라츠킨(J. Klatzkin)의 사전이,[23] 문장론에서는 라빈의 박사 논문[24] 분석이 있다. 이 언어를 전반적으로 다루려면 더 많은 세부 연구가 완성될 때까지 기다려야 한다. 브엘세바 대학교 알로니 교수의 수업 내용을 타이핑한 본문이 있지만[25] 알로니 교수가 그것을 발표할 만큼 손보지 않아 중세 히브리어 분야에서 그의 지식의 깊이가 어느 정도인지 알 수 없다. 한편 *Encyclopedia*

---

17) Efros 1926-27, 1929-30; Rabin 1943, 1945; Ṣarfatti 1968; Kaddari 1970; Sáenz-Badillos 1982, 1985를 보라.

18) Bacher 1903, 1914; Baneth 1935-36, 1952; Zeidmann 1943; Gottstein(Goshen Gottstein) 1947; Fink 1980을 보라.

19) 1940-60.

20) Novel 1958-59; Rabin 1968b를 보라.

21) Cantera and Millás 1956을 보라.

22) Garbell 1954.

23) Klatzkin 1928-33.

24) Rabin 1943a.

25) Allony 1974(총 105쪽).

*Judaica*에 있는 골든버그(E. Goldenberg)의 소논문은 중세 히브리어를 이용할 수 있도록 전반적으로 설명한 가장 우수한 자료이다.[26]

2. 파이타님의 언어

파이타님의 히브리어는 대중 기도에 사용된 팔레스타인 랍비 시대 히브리어의 연장으로 볼 수 있다. 초기 피유트는 팔레스타인 회당에 기원을 두고 있으며, 하잔(ḥazzan, 회당의 성경 낭송자-역자 주)의 레파토리의 일부로 발전하였고, 하잔에게 전통적인 기도문과 성경 낭독문의 정해진 양식 안에 없는 다양하고 새로운 형태의 기도문을 만들 기회를 제공했다.

파이타님이 직접 만든 새로운 특징적인 형태도 일부 있긴 하지만, 파이타님의 언어는 준즈 시대부터[27] 성서 히브리어가 우세한 성서 히브리어와 랍비 시대 히브리어의 혼합으로 설명하는 것이 일반적이다. 결과적으로 만들어진 파이타님 언어는 미드라쉬적인 설교와 매우 유사했으며 종교, 민족주의적 시에 아주 적합했다.

성서 히브리어 요소가 어휘와 형태론에 명백히 나타난다. 파이타님은 Pu'al(외적 수동태보다 내적 수동태를 선호함), 바브 연속형, 동사의 확장형과 단축형, 부정사 절대형을 포함하는, 랍비 시대 히브리어에 나타나지 않지만 성서 히브리어에 발견되는 동사 형태를 사용한다. 그러나 여러 시대의 작가들이 성서 히브리어를 사용할 때 상당한 차이점을 보인다. 예를 들어 요세 벤 요세(Yose b. Yose)의 시에는 동사의 연속형, 랍비 시대의 분사형 대신 사용된 접두형 동사 형태, 고대 운문을 모방한 고대 접미어도 있다. 야나이 시대까지 첫 세대는 단순하고 명확한 문체를 사용하며 기본적으로 성서 히브리어에 충실했으나, 후기 파이타님의 경우에는 대체로 그렇지 않다. 칼리르(Kallir)는 복잡함과 모호함이 정점에 이르렀고, 그의 후계자들은 더 직접적인 성서 히브리어로 돌아오려고 노력했다.[28]

26) E. Goldenberg 1971.

27) 1920(초판, 1855), 116ff.

28) Rabinovitz 1985, 33을 보라.

대부분의 피유트는 Nithpa'al 동사 형태와 부정사 앞에 이중 전치사 -מִלְ(mil-l^{e}-) '(하는 것)에서'(직역: '하기 위해서부터')를 사용하는 등 랍비 시대 히브리어의 전형적인 형태들을 사용한다. 야나이 시대부터 시에서 랍비 시대 히브리어와 그 당시의 다른 히브리어 방언들처럼 후두음과 후음이 자유롭게 교체된다. 또한 랍비 시대 히브리어처럼 2인칭 남성 단수 접미어가 ךָ-(-āḵ)이고, 어근의 마지막 자음에 알렙을 가진 동사들이 마지막 자음에 헤를 가진 동사들처럼 취급되며, 씬과 싸멕, 단어 끝에 오는 멤과 눈이 교체한다. 서법은 일반적으로 완전 서법이고, 헤로 끝나는 3인칭 여성 단수 동사가 접미형 동사 형태에서 마지막 ה-(-h)를 취하지 않고, 성서 히브리어의 לָקְתָה(lāq^{e}ṯā) 대신 לָקָת(lāqāṯ) '그녀가 (공격을) 당했다, (질병에) 걸렸다.'가 되며, 동사의 문중 형태가 때때로 휴지 형태로 대체되고, 중복 동사(geminate verbs)가 규칙 동사처럼 변화하고, 분사 형태와 함께 오는 היה(hyh) 'be' 동사가 반복 동작에 사용되며, -לְ עָתִיד('āṯīḏ l^{e}-) '~할 준비가 된'이 미래 시제에 사용된다.29)

그러나 파이타님은 때때로 자신들만의 독특한 용법도 발전시키는데, 예를 들어 랍비 시대 히브리어에도 성서 히브리어에도 없지만 아마 두 히브리어에서 유추하어 만든 듯한 -מִ(mi-) '~부터' 전치사가 첨가된 부정사 형태가 사용된다. 수동 형태가 재귀 형태로 대체되는 등 동사에 몇몇 주목할 만한 변화가 있는데, 이것은 아마도 문체상의 이유에서일 것이다. 비록 피유트가 아람어, 특히 타르굼 아람어의 영향을 많이 받았지만, 피유트가 분명한 접촉점을 가지고 있는 미드라쉬에 나타나는 표현법보다 성경의 표현법을 더 많이 보존하고 있으며, 특별한 미드라쉬 용어들을 사용하기보다 새로운 용법들을 발전시키고 싶어 했다. 피유트는 어휘를 신중하게 선택하였으며 히브리어 단어를 선호하여 외래어를 버릴 정도로 강한 민족주의 색채를 띤다. 일반 미드라쉬적 기법과 달리 헬라어 용어를 단순히 음역하지 않고 해당 히브리어 단어로 번역하였다. 그러나 종종 파이타님은 헬라어 원래 단어와 유사한 소리가 나는 히브리어 단어를 선택하고 필요에 따라 히브리어 의미를 바꾸었다. 예를 들면, גֵּיא(gæ') '골짜기'는 종종 헬라어의

---

29) Rabinovitz 1985, 33ff.를 보라.

gē '땅'에 사용되었고 מְכִירָה(m^{e}ḵīrā)는 헬라어의 '칼(machaira)'에 사용되었다.[30]

피유트의 언어에는 명백하게 의도적으로 고안된 형태가 많다. 이 언어의 괴상한 어휘는 상당수의 복잡한 암시들뿐 아니라 희귀한 성서 히브리어 단어들의 사용과 히브리어의 일반 용법과 거의 관련 없는 아람어 형태나 새로운 표현을 소개하면서 만들어지기도 한다. 파이타님은 온갖 종류의 불규칙 동사를, 특히 접미형 동사 형태에서 첫 번째나 세 번째 약한 자음을 제거하여 마치 중간 자음이 없는 동사처럼 변형시켜 수많은 동사 형태들을 만들었다. 예를 들어 סָע(sā')는 נָסַע(nāsa') '그가 길을 떠났다.' 대신 사용되며, 어근이 마치 סוע(sw')인 것처럼 보인다. 일부 명사 형태에서도 마지막 자음이 탈락되어 מַעֲשֶׂה(ma'^{a}śæ) '행동' 대신 מַעַשׂ(ma'aś), תַּאֲוָה(ta'^{a}wā) '욕구' 대신 תַּאַו(ta'aw) 같은 형태가 사용된다.

피유트 언어는 유추하여 형태들을 만들어 모든 가능한 동사 형태와 그것의 파생 형태가 성서 히브리어에 존재하지 않아도 사용하고, 접미어와 접두어 등을 첨가하여 새로운 명사나 동사 형태를 만든다.

예를 들어 בֶּטֶן(bæṭæn) '자궁'과 תְּרוּעָה(t^{e}rū'ā) '양각 나팔 소리' 명사에서 온 הבטין(hibṭīn) '그가 임신을 시켰다.'와 התריע(hiṭrī^{a}') '그가 양각 나팔을 불었다.' 동사가 발견되고(유사한 방법의 형태 만들기가 랍비 시대 히브리어에 알려져 있다.), 불변화사 טֶרֶם(ṭæræm) '~전에'와 בִּלְעֲדֵי(bil'^{a}ḏē) '~외에'에서 온 טרמני(ṭer^{e}manī) '그가 나를 앞섰다.'와 בלעד(bil'ēḏ) '그가 예외를 만들었다.' 동사 형태가 있으며, עתר('tr) '기도하다.' 동사에서 온 עֶתֶר('æṯær) '기도'라는 명사가 있다. 연계 구조에서 추상 명사들이 종종 형용사적 의미를 지닌다.

동시대의 독자들에게 크게 인기 있던 것은 단어를 임의적으로 단축하거나 확상하여 불필요한 유사어들을 끝없이 만들어 내는 것인데 תַּאֲוָה(ta'^{a}wā) '욕구' 대신 사용된 אַו('aw)와 פַּחַד(paḥaḏ) '두려움'과 함께 사용된 פַּחְדוֹן(paḥdōn)을 예로 들 수 있다. 파이타님은 명사의 성과 수에서 상당히 자유롭고 독특한 형태를 사용하는데, 그 중에 qæṭæl, qiṭṭūl, q^{e}ṭīlā, qiṭlōn이 두드러진다.

30) Yahalom 1985, 41ff.를 보라.

동사에서 그들은 ה-(-h) 접미어를 ת-(-t)로 대신하고, 동사의 일반적인 형태에 -כְּ(kᵉ-), -בְּ(bᵉ-), -לְ(lᵉ-), -מִ(mi-)를 첨가하는데, 특히 -כְּ(kᵉ-) '~처럼, ~할 때'가 접미형 동사 형태와 함께 오는 구조에 나타난다. 예를 들어 כהלכו(kᵉ-hālᵉḵū)가 כַּאֲשֶׁר הָלְכוּ(ka-'ᵃšær hālᵉḵū) '그들이 갔을 때' 대신 사용된다.31) 종종 그러한 형태는 파이타님이 만들어 낸 새로운 형태가 아니라 미드라쉬 문헌이나 구어체에서 가져온 표현법으로 문법적으로 받아들여지는 형태들을 새로운 종류의 파생 형태들과 혼합하는 랍비 시대 히브리어의 경향을 계속 이어가는 것이다.32)

자주 성경 인명이나 지명이 비유·우회·암시적 표현으로 대체된다. 종종 그러한 명사들의 출처는 미드라쉬이고, 다른 경우에는 시인 자신의 상상에 근거한다. 요세 벤 요세가 히브리어 종교시에서 이러한 관습을 만든 사람으로 보이며, 그 관습은 후대 시인들에게서 훨씬 더 두드러진다.33) 파이타님이 미드라쉬 자료를 사용한 수준이 일반적으로 높은 점은 피유트가 매우 폭넓게 시적인 하가다로 정의될 수 있다는 것을 의미한다. 피유트가 미드라쉬와 무관하게 이해될 수 없는 것이 분명한 사실이다.

피유트는 특성상 그것을 이해하거나 감상하기가 매우 어렵다. 고전 피유트, 특히 엘레아자르 비레비 칼리르의 작품들은 아브라함 이븐 에즈라가 자신의 작업에서 잘 비평했다.34) 후자에 따르면 이 작품들의 대부분이 성경 자체에서 발견되는 단순하고 명료한 기도문과 달리 어려운 암시들이 실린 수수께끼와 비유로 이루어져 있다. 이븐 에즈라는 많은 용어들이 기도를 위해 적합하지 않은 탈무드 언어에서 차용되었다고 불평한다. 일상 기도문들은 성경 언어로 작성되며, 그 밖의 다른 언어로 기도하는 것은 적절하지 않다. 피유트에 사용된 성서 히브리어 어휘는 문법적인 성이 바뀌는 등 오류로 가득하다. 결국 파이타님은 성경을 드라쉬(derash, 성경 본문에 대한 설교적 해석-역자 주)와 하가다에 따라 공상적으로 해석하고, 그들이

31) Zunz 1920, 116ff.; E. Goldenberg 1971, 1609ff.를 보라.

32) Mirsky 1965-66을 보라.

33) 요세 벤 요세의 암시적인 명사들의 목록을 Mirsky 1977, 61ff.에서 보라.

34) 전 5:1에 대한 그의 주석 Yahalom 1985, 183ff.에서 이 텍스트의 인쇄본과 논평들에 대해 보라.

당연히 해야 하는 프샤트(peshaṭ, 성경 본문의 단순한 의미-역자 주)에 따른 문자적인 해석을 하지 않는다. 이븐 에즈라는 피유트와 피유트의 모든 결함을 사아디아의 완벽한 시와 대조한다. 피유트에 대한 에즈라의 비평은 순수하게 언어학적 성격을 지니지는 않지만 그의 비평은 피유트에 대한 전통적인 비평을 대변하며 그의 영향은 상당히 최근까지 남아 있다. 에즈라의 비평은 피유트 장르에 대한 사회, 역사적 배경 이해가 부족함을 보여준다. 그는 피유트를 경멸적인 용어인 "aş koşeş"로[35] 대신 불렀다. 그는 암시와 암호가 가득하며 말놀이와 때때로 거의 이해하기 어려운 간결한 표현으로 꽉 찬 피유트의 모호함과 어려움을 지나치게 공격하였다.

피유트에 대한 문학과 언어학 학자들의 견해는 지난 두 세기 동안 크게 바뀌었다. 중세의 순수주의자들과 후대의 여러 작가들이 비난한 것과 달리 델리취(F. Delitzsch), 루짜토(S. D. Luzzato), 준즈, 슈피겔, 줄라이, 야할롬 같은 학자들은 피유트 장르의 근본적인 합법성과 피유트의 언어와 문체의 긍정적인 특징을 변호했다. 이와 같은 견해 변화와 카이로 그니자에서 발견된 많은 수의 피유트 작품이 제공한 새로운 통찰 덕분에 피유트 언어에 대하여 이전과 다르게 이해할 수 있게 되었다. 오늘날은 피유트를 고안된 인위적 생산물로 보는 대신, 6세기 이상 지속된 피유트의 생존 안에 팔레스타인 지역의 생활 언어가 소멸되기 이전의 모습을 담고 있는 자료로 보는 경향이 있다. 피유트는 특정 문체로 표현하지만 살아있는 언어를 반영한다. 다른 주제를 다룬 산문 작품들이 주로 당시 주 언어였던 아람어나 아랍어를 사용한 반면, 회당의 시는 다른 문학적 형태를 띠기는 하지만 랍비 시대 히브리어 요소를 상당 부분 성서 히브리어 요소와 파이타님이 변형한 형태를 병합해서 생긴 독특한 스타일을 가진 히브리어를 계속 사용했다.[36] 종합해 볼 때 피유트는 전반적으로 아모라임과 미드라쉬 언어와 중세 히브리어 중간에 속하는 자신의 뚜렷한 특징을 가진 독특한 히브리어 형태를 이룬다.

35) 문자적으로 '사악한 사람이 달렸다.'라는 뜻으로 칼리르가 쓴 *kerovah*의 첫 단어들이며, 피유트의 괴상한 문체를 일컫는 다소 경멸적인 용어가 되었다.

36) 특히 Yahalom 1985, 20ff.를 보라.

3. 사아디아 가온의 언어

많은 후대의 유대 작가들과 마찬가지로 사아디아는 히브리어로 시를 썼지만 거의 모든 산문 작품에서는 아랍어를 사용했다. 비록 아랍어가 사아디아의 작품 속에서 우세하긴 하지만 그의 히브리어 작품들, 특히 바빌론에서 처음으로 기록된 그의 시는 10세기 초부터 히브리어가 활발하게 부활하기 시작했음을 보여준다. 게다가 중요한 문법서들과 사전들로 히브리어에 대한 더 깊은 지식을 쌓은 사아디아의 시도들은 그 후 언어학에 깊은 영향을 남겼다. 그럼에도 사아디아의 언어학 이론과 실제로 그의 히브리어 작품에 사용한 언어 사이에 특정 모순점이 자주 발견된다. 또한 그의 시에 사용된 언어와 일반적으로 성서 히브리어에 훨씬 더 가까운 그의 산문 작품에서 발견되는 언어 사이에 주목할 만한 차이점도 있다. 비록 사아디아가 피유트 장르의 과도한 모호함과 언어적 변칙들을 의식적으로 거부하긴 하지만, 그의 시는 매우 유사한 스타일을 가지고 있는 하이 가온의 시와 마찬가지로 여러 면에서 피유트 언어의 연속이다. 줄라이는 사아디아가 파이타님과 그 이후 스페인 유대 시인들의 중간 연결고리 역할을 한다고 주장한다.[37] 사아디아와 그의 학파가 사용한 언어가 더 후대 시인들의 히브리어만큼 성서적이지 않다는 점은 새로운 명사들과 동사들을 만드는 데 사아디아와 그를 따르는 이들이 보여준 관대함에서 드러난다. 이와 관련하여 그들은 성경에 나타나는 모든 형태들과 어근을 이용하며, 실제로 그곳에 나타나는 형태들에 자신들을 제한시키지 않는다. 다른 한편, 사아디아와 그의 학파는 명료함, 정확함, 아름다움이라는 관점에서 '언어의 순수성'에 대한 이상도 지지하고, 새로운 형태들을 파생시키는 데 오류와 불규칙한 형태들이 없는 자료를 생산한다

사아디아의 시의 어떤 특징들은 파이타님 시의 반향이다. 한 예는 단순히 새로움을 표현하기 위해 모든 종류의 단어의 이차적인 형태를 만드는 것이다. 예를 들면 לִפְנִימָה(li-p̄nīmā) '안으로'를 모델로 사용한 אֵמִימָה('ēmīmā) '공포', קְטֹרֶת(qᵉṭōræṯ) '향'에 유추한 תְּמֹרֶת(tᵉmōræṯ) '교환', שִׂמְלָה(śimlā) '망

37) Zulay 1964를 보라.

토' 형태를 따른 גִּשְׁמָה(gišmā) '비' 등이 있다. 불규칙 동사의 다른 부류들에 속하는 단어들이 종종 중간 자음이 없는 동사로 취급되고, 1인칭 단수 목적격 접미어의 -נ-(-n-)이 생략되어 לְהַצִּילֵנִי(lᵉ-haṣṣīl-ēnī) 대신 להצילי(lᵉ-haṣṣīl-ī) '나를 구하기 위해' 같은 형태들을 등장시키며, כַּאֲשֶׁר נִכְתְּבָה(ka-ʾᵃšær-nikṯᵉḇā) 대신 쓰인 כנכתבה(kᵉ-nikṯᵉḇā) '그것이 기록되었을 때'처럼 -כְּ(kᵉ-) '~할 때' 불변화사가 동사의 일반 형태들 앞에 사용되고, תְּהוֹם(tᵉhōm) '심연, 깊음'에서 온 התהים(hiṯhīm) '그가 심연 속으로 던졌다.'처럼 명사에서 새로운 동사 형태들이 만들어지거나 그 반대의 경우들이 있다. 다른 형태를 가진 수많은 유사어와 יָסַד(yāsaḏ) '그가 기초를 놓았다.' 대신 쓰인 סדסד(siḏsēḏ)처럼 특정한 어근에서 임의적으로 파생된 형태가 있으며, 이 형태는 동사의 명령형, 부정사형, 접두형 동사 형태에도 영향을 미친다. 사아디아는 성서 히브리어에서 매우 드물게 발견되는 형태들에 기초하여 종종 pᵉʿaltāhū 같은 유형을 사용한다.[38] 그는 어근의 글자들을 생략하여 새로운 짧은 형태들을 개발하고, 성경에 나타나는 이중 형태들(doublets)에 유추하여 의미상 차이점을 알아볼 수 없는 두 가지 형태를 만든다.[39] 성서 히브리어에서 가끔 그렇듯이 사아디아는 בהשמים(bᵉ-hašāmayim) '하늘에서'처럼 정관사를 때때로 생략하지 않고, ההלכו(hæ-hālᵉḵū) '~(로) 간, who went'처럼 후기 성서 히브리어에서 전형적인 -הַ(ha-)가 동사의 일반적인 형태 앞에서, 심지어 전체 절 앞에서 관계사로 사용되는 구조도 사용한다. 몇몇 소유격 구조에서 정관사가 절대형에 첨가된다. 사아디아는 성서 히브리어에서 남성 형태로만 나타나는 명사의 수많은 여성 형태를 사용하고 새로운 명사 유형을 사용하기도 한다.[40] 그는 또한 랍비 시대 히브리어를 성서 히브리어의 연속이자 논리적인 발전 과정이라고 간주하며 그것을 사용하는 것을 주저하지 않는다. 사아디아의 어법은 암시를 빈번하게 사용하여 그를 앞섰던 파이타님과 다를 바 없다.

다른 관점에서 사아디아의 언어는 온전히 성서적이다. 예를 들어 그는

---

38) Zulay 1964, 31f.를 보라.

39) E. Goldenberg 1971, 1612ff.를 보라.

40) Zulay 1964, 32를 보라.

바브 연속형과 부정어 בַּל(bal) '아니다.'와 פֶּן(pæn) '~않도록'을 사용하고, 중복 어근을 다루는 방법이 성서 히브리어와 일치하며, 강조를 표현하기 위해 부정사 절대형을 사용한다.[41] 성서 히브리어의 특징은 특히 청원들(*bakkashot*) 같은 특정한 종류의 시에서 눈에 띈다. 그러나 사아디아가 부지런히 성서 히브리어 스타일을 모방할 때조차도 그는 독특한 방법으로 특정한 형태들에 마지막 헤를 첨가하고, תַּחֲיָם(taḥ^{a}yām) '너는 그를 살릴 것이다.' 대신 תהחים(tahaḥ^{a}yām)을 사용한 것처럼 같은 자음을 히필 동사에 삽입하고, 수와 성의 일치를 무시하며, 전반적으로 언어의 모든 측면에서 놀라운 새로운 형태들을 유추하여 만든다.[42] 또 다른 특징은 후대에 스페인의 유대 시인들 사이에 나타나는데 문법 규칙에 충실하고, 파이타님을 비판하고 그들의 방법론을 조심스럽게 사용하고, 분사를 자주 사용하고 법의 차이 없이 동사의 긴 형태와 짧은 형태를 사용하는 점 등이다. 우리는 사아디아가 같은 단어를 여러 다른 의미로 사용하고, 하팍스 레고메나를 표준 성서 히브리어 어휘와 결합시키고, 그의 어휘와 문법에 대한 견해에 상당한 영향을 준, 특히 아랍어에서 온 번역 차용 어구를 사용하는 것을 볼 수 있다.[43]

사아디아의 시 중 소수는 랍비 시대 히브리어로 기록되었으며, 때로 그는 יִלְבַּשׁ(yilbaš) '그가 옷을 입을 것이다.' 대신 ילבוש(yilbōš)을 사용한 것처럼 랍비 문학이나 전형적인 랍비 시대 히브리어 형태에서 온 단어들, 완전한 구절들을 사용할 뿐 아니라, 랍비들의 은유적 표현들도 사용한다. 비록 사아디아가 아람어로 시를 쓰진 않았으나 성서 아람어나 랍비 시대 아람어에서 온 단어들을 사용하는 것을 망설이지 않았다.[44]

사아디아의 히브리어 산문 작품이 아주 많지는 않은데, 히위 알-발키(Ḥiwi al-Balkhi)에게 보내는 그의 답문집 *Reply*와[45] *Essa Meshali*는[46] 시적인

41) Zulay 1964, 33f.를 보라.

42) Ṭovi 1982, 270ff.를 보라.

43) E. Goldenberg 1971, 1612ff.를 보라.

44) Ṭovi 1982, 274ff.를 보라.

45) I. Davidson, *Saadia's polemic against Hiwi Al-Balkhi: a fragment edited from a Genizah ms.* (New York, 1915); S. Poznanski, *Teshuvot RaSaG 'al she'elot Ḥiwi ha-Balkhi* (Warsaw, 1916); S. A. Wertheimer, *Sefer teshuvot Rabbenu Se'adya Ga'on le-Ḥiwi ha-Balkhi* (Jerusalem, 1930-31)를 보라.

형태를 띤 진정한 논증법을 담고 있다. 정확히 말하자면, 산문은 *Egron*에 대한 서언,[47] *Sefer ha-Galuy*의 단편들(운율이 있는 산문 형태),[48] *Sefer ha-Mo'adim* 달력에 대한 율법적인 글,[49] 신빙성이 의심되는 다른 작품들, 다양한 응답서와 서신들이 있다.[50] 성경의 스타일을 직접 모방하며, 시에 사용된 언어와 꽤 다른 사아디아의 산문은 스페인의 유대 시인들에게 하나의 모델이 되곤 했다.[51] 사아디아 자신의 말에 암시된 것처럼 사전을 편찬하는 그의 의도 중 하나는 시에서 히브리어의 사용을 쉽게 하고, 유대인들의 어떤 상황에도 적합한 살아 있는 구어의 성격을 히브리어에게 돌려주는 것이었다.[52] 사아디아는 그의 반대자들과 마찬가지로 활력을 되찾은 성서 히브리어 형태를 사용하는데, 그 형태는 그의 시에 나타나는 형태보다 더 순수하고 명확하고 성경의 인용구로 가득하고, 일반적으로 동사의 변칙적인 두 글자 자음 형태들을 사용하거나 전치사를 אֲשֶׁר('ᵃšær) 관계사 없이 접속사로 사용하는 경우가 없다. 비록 사아디아가 랍비 시대 히브리어와 피유트에서 온 많은 새로운 형태들을 사용하지만,[53] 성경의 산문과 운문 책들 속에 나타나는 것처럼 그의 자료와 사고의 주된 출처는 성서 히브리어이며, 어휘나 문법적 측면에서 하팍스 레고메나를 선호한다. 그는 랍비 시대 문헌에서 온 표현들과 아랍어에서 온 많은 번역 차용구들이나 차용어들과 함께 바브 연속형, 관계사 אֲשֶׁר('ᵃšær), מוֹ-(-mō) 접미어 같은 고대 성서 히브리어 운문에서 온 형태를 사용한다.[54]

그러나 성서 히브리어에서 벗어나는 형태가 드물지 않다. 사아디아는 랍비 시대와 피유트의 동명사 qᵉṭīlā를 사용하고, 히트파엘을 피엘의 수동태로 사용하는데, 이 용법은 성서 히브리어에서 드물지만 랍비 시대 히브리

46) Lewin 1932; 1943; Mann 1932; Zucker 1964를 보라.

47) Allony, *Ha-'Egron: Kitāb 'uṣul al-shir al-'Ibrani* (Jerusalem, 1969)를 보라.

48) Schechter 1902; Chapira 1914를 보라.

49) Ḥ. Y. Bornstein 1904를 보라.

50) Schechter 1903을 보라.

51) Allony, *Ha-'Egron*, 117을 보라.

52) Allony, *Ha-'Egron*, 391을 보라.

53) Rabin 1943, 127ff.를 보라.

54) Allony, *Ha-'Egron*, 117ff.를 보라.

어에서는 표준적이다. 방향 접미어가 연계 구조의 절대형(nomen regens)이 아닌 연계형(nomen rectum)에 결합되고, 형용사와 분사가 부사로 사용된다. 사아디아는 혼합된 시제 체계를 사용하는데, 그는 성서 히브리어의 연속 시제를 사용하지 않는 한편, 랍비 시대 히브리어처럼 현재를 표현하기 위해 분사를 사용하지도 않는다. 그는 때때로 히브리어보다 아랍어를 더 상기시키는 방법으로 바브 연결사를 사용하고, -לְ(l^e-) 'to'나 -מִלְ(mil-l^e-) 직역 'from to, 하기 위해서부터'와 함께 부정사 연계형을 사용했으며, 랍비 시대 히브리어 표현인 הָיָה לוֹ לֵאמֹר(hāyā lō lēmōr) '그는 말했을 것이다.'(직역: '말하는 것이 그에게 있었다.')를 사용했다. 형용사 רָאוּי(rā'ūy) '(그것이) 적절하다.'가 스페인 히브리어 산문처럼 비인칭 서술어로 사용된다.

הקדים תת(hiqdīm tēṯ) '그가 첫 번째로 주었다.'처럼 법을 표현하는 동사와 보조 동사가 증가하고, -לְ(l^e-)와 함께 오는 부정사가 주동사의 주어 이외의 주어를 취할 수 있고, 불변화사 יֵשׁ(yēš) '있다(there is).'가 명사 문장(nominal clause)의 주어를 소개할 때 나타난다. 전치사의 사용은 성서 히브리어와 눈에 띄게 차이가 나고 아랍어에 더욱 가깝다. 보조 동사 היה(hyh) '~이다, 있다.' 뒤에 분사가 아닌 접두형 동사 형태가 올 수 있고 문법적인 성이 종종 바뀌는데, 이는 운율상 필요할 수 있으며, 정관사가 자주 생략된다. רבים עבדים(rabbīm 'ᵃḇāḏīm) '많은 노예들' 같이 형용사가 강조를 위해 명사 앞에 올 수 있고, יש בדתו בוגדים(yēš b^e-dāṯō ḇōg^eḏīm) '어떤 사람들은 그의 신앙을 배반한다.'(직역: '그의 신앙에 대항하는 배반자들이 있다.')처럼 부사적 표현이나 목적어가 서술어 앞에 위치할 수 있다. בם בלשונות(bām bi-lšōnōṯ) '같은 그 언어들로'(직역: '그것들로, 언어들로')의 예처럼 3인칭 접미어가 때때로 랍비 시대 히브리어처럼 지시사로 사용되고, מָה(mā) '무엇?'이 '어느?'의 의미로 사용되며, 비현실적 조건이 성서 히브리어처럼 לוּ(lū)나 후기 성서 히브리어와 랍비 시대 히브리어처럼 אִלּוּ('illū)와 함께 표현될 수 있다. 아랍어처럼 시간절 뒤에 때때로 אָז('āz) '그런 후에'가 온다.[55] 전반적으로 사아디아의 산문 언어는 스페인 히브리어 문학의 언어에 비해 더 고어적이고 덜 혁신적이라고 할 수 있다. 그의 어휘는 다양한 출

55) Rabin 1943, 130ff.를 보라.

처에서 왔으며, 성경의 하팍스 레고메나를 강조하는 한편, 랍비 시대 히브리어에서 온 표현도 있으며 새로운 형태들이 그의 운문 작품에서 때때로 발견된다.

4. 스페인 히브리어 운문의 언어

10세기 중반부터 무슬림권 스페인의 유대인들은 적어도 문학적인 표현에서 히브리어의 부흥에 기여한 괄목할 만한 문화적 발전 시대를 누렸다. 언어와 문학 모두 안달루시아의 유대인들에게 닥친 커다란 역사, 사회적 변화에서 상당한 영향을 받았다. 작품으로 생계를 이어가는 안달루시아의 궁정 시인은 유대 사회에서 새로운 인물들이었다. 그들은 박식하고, 일반적으로 아랍 시의 기교와 주제에 익숙하며, 동시대의 취향뿐 아니라 유대 시 전통도 알고 있었다. 그들의 작품은 당연히 비잔틴 시대 팔레스타인 하잔의 것과는 매우 달랐다.

더구나 카라이트와의 논쟁으로 발전하게 된 언어학자들의 활동과 성서 히브리어에 대한 관심은 스페인 히브리어 운문의 성격에 결정적인 영향을 주었다. 스페인 히브리어 운문은 시인과 언어학자의 역할이 종종 결합되어 히브리어에 더 많은 순수성과 이전 시에서는 알려지지 않은 문법적 정확성을 보여주며, 파이타님이나 사아디아와는 상당히 다른 접근 방법의 성서적 양식을 제공한다. 반면에 히브리어가 있으나 더 많은 아랍어로 기록된 산문 작품은 완전히 다른 성격의 지배를 받았다.

특히 운율(음절의 수)의 기술적 측면이나 리듬에서 스페인 히브리어 운문의 가장 중요한 점은 스페인 히브리어 운문이 당시의 히브리어 발음을 사용한 데 있다. 시적인 리듬은 무슬림 지역과 기독교 지역의 히브리어 발음에 대한 비중 있는 지식을 더해 주었고 히브리어 문법에 대한 저술과 한 언어에서 다른 언어로의 음역들도 일조하였다.[56] 아랍어, 카스티야 스페인어(Castilian Spanish, 스페인 중부의 옛 왕국이 사용하던 스페인어-역자 주),

56) 가르벨(1954)이 훌륭하게 분석했다. Klar 1951도 보라.

카탈란(스페인 북동부 지방 카탈로니아에서 사용하던 스페인어-역자 주)의 히브리어에 대한 지역적인 영향이 있었던 것도 분명하다. 아랍어의 영향은 특히 기독교 지역들에서 훨씬 더 약한 발음을 가지고 있던 후두음과 후음뿐 아니라 강조음에서도 뚜렷이 나타난다. 카스티야와 카탈로니아에서 단어 끝에 오는 비음이 약해지거나 사라지는 경향이 있었고, 여러 치찰음이 때때로 서로 혼동되었다. 운율 유형들은 이베리아(Iberian) 반도에서 파타흐와 카마쯔, 쩨레와 쎄골이 발음상으로 구분되지 않았음을 입증한다-결과적으로 다섯 개의 모음 음소만을 가진 체계는 아마도 팔레스타인 전통의 가장 초기 단계의 체계와 유사했을 것이다.

유성 슈바(shewa mobile)가 더 오래된 본문들에는 a로 음역되고, 더 후대의 본문들에는 주로 e로 음역된다. 슈바의 발음상의 차이와 관련하여, 왜 그것이 장단에 기초를 둔 음률 체계에서 *야테드*(yated)의[57] 기본적인 요소를 형성하는지, 반면에 음절 체계에서는 그것이 사실상 무시되는지를 설명할 수 있는 어떤 언어적인 이유도 없는 것으로 보인다. 두 가지 현상이 하나의 시 작품에 나타날 수 있다는 사실은 이 문제가 운율적 기술의 차이점이지 슈바에 대한 두 개의 다른 발음을 반영하는 것이 아님을 암시한다.

다양한 종류의 시에는 현저한 차이가 존재한다. 예배를 위한 시구는 전통적인 형태를 사용하여 시작하는데, 피유트에서 알려진 것도 포함하고 있다. 그러나 안달루시아 시인들이 사회 안에서 가졌던 특유의 지위와 그들이 직면한 사회적 압박, 대중의 변하는 선호도는 점차 시풍의 성격을 바꾸었다. 그들은 상당한 아랍어의 영향에 저항했으며 동쪽 지역의 선임자들보다 성서 히브리어에 더 가까워졌다.

알-안달루스에는 확실한 두 가지 유형의 예배를 위한 시인들이 있었는데, 요셉 이븐 아비투르(Joseph ibn Abitur)와 이삭 이븐 가야트(Isaac ibn Ghayyat) 같은 이들은 공동체의 정신적 지도자와 랍비 학자로서의 위치를 갖고 있었던 한편, 솔로몬 이븐 가비롤과 유다 할레비(Judah Halevi) 같은 다른 이들은 순수한 궁정 시인, 즉 후원자들의 지지를 받는 세속 학자이거

57) 불완전한 모음을 가진 자음 뒤에 일반 모음을 가진 음절이 오는 운율 단위. 아래 각주 79를 보라.

나 전문가였다.[58] 이 두 부류의 시 생산물은 당연히 매우 달랐는데, 두 번째 부류의 것이 더 개인적이고 혁신적이었던 반면, 첫 번째 부류의 시에는 공동체 정신과 이전의 팔레스타인 피유트 전통의 연속성이 우세하게 나타난다. 사실 스페인의 모든 히브리어 종교시는 피유트와 어느 정도 연관되어 있지만 그 차이가 놀랍다. 그러나 매우 분명한 구조 변화도 있었는데, 당시의 종교시는 하잔의 즉흥적인 작문의 결과로 만들어지는 대신, 동시대의 미적인 규범의 지배를 받았다.[59] 종종 한 시인이 종교시와 세속시를 동시에 쓰곤 했는데, 점차 자신에게 두 개의 구별된 원칙을 부과하여 매우 조심스럽게 그들을 구분하고자 했으며, 그 결과 동일 저작의 시가 마치 서로 다른 저자의 작품처럼 보일 지경까지 이르렀다.[60]

피유트 형태와 파이타님 시대의 다른 특징이 11세기 전성기에 고전 시대의 가장 전형적인 시에 나타나기도 했다. 사람들은 본문에 고어 맛을 더하기 위해 피유트나 파이타님의 형태와 특징을 때때로 의도적으로 사용하기도 하였다. 사실 이 시기에 스페인의 종교시와 직접 관련이 있는 많은 서로 다른 흐름이 있었다. 종교시는 전통적인 구조의 포기와 새로운 주제, 스타일, 미적인 범주의 도입에 결정적 영향을 받았고, 숫자가 많지는 않지만 음절에 기초한 시 유형과 함께 아랍어 음률 시구를 사용했는데, 이는 muwashshaḥ와 zajal 구조의 영향을 받은 것이며, 무엇보다도 언어적 순수성을 요구하는 분위기에서 히브리어를 올바로 사용해야 한다고 새롭게 자각한데서 영향 받았다. 그러나 이에 반발하는 흐름도 있었다. 이러한 반발은 점점 우세해지는 양적인 운율과 달리 히브리어의 성격을 더 잘 유지하는 것으로 간주된 음절에 기초한 시구의 발전으로 나타났다. 이 현상은 종교시에서만 제한적으로 수용되었다. 히브리어 운문의 종교적인 맥락을 가정하여 아랍어의 영향에 대한 뚜렷한 저항도 나타나며, 파이타님이 영감의 근원으로 간주되기에 이른 것은 그러한 영향에 대한 반작용에서 온 것일 가능성이 매우 높다.

---

58) Schirmann 1954a를 보라

59) Fleischer 1975, 413ff.를 보라.

60) 옐린(D. Yellin, 1975, 203)은 이븐 가비롤과 관련하여 그와 같이 논평한다.

두나쉬 벤 라브라트(Dunash b. Labraṭ)의 작품처럼 가장 초기의 10세기 보존 자료에도 나타나는 것처럼 성서 히브리어로 돌아간 것이 모든 안달루시아 종교시의 특징이긴 하지만, 피유트 형태 보존은 특히 처음 세대 시인들의 눈에 띄는 특징이다. 예를 들어 요셉 이븐 아비투르는 피유트에 전형적인 약동사의 두 자음 형태[예, 성서 히브리어 בָּטָא(bāṭā') '그가 말을 내뱉었다.' 대신 בָּט(bāṭ), 성서 히브리어 יָצַר(yāṣar) '그가 만들었다.' 대신 צָר(ṣār), 성서 히브리어 תִּטֹּף(tiṭṭōp̄) '그녀가 물방울을 떨어뜨렸다.' 대신 טָף(ṭāp̄)], 암시적인 이름들[예, '물들' 대신 מְצֻלִּים(miṣlōlīm) '깊음들', '하늘' 대신 אֶרֶץ('æræṣ) '땅'], 독특한 피유트 의미들[예, מצפצפים(m^eṣap̄ṣ^ep̄īm) '(그들이) 노래하고 있다(직역: 지저귀고 있다.)', פָּץ(pāṣ) '그가 말했다(직역: 그가 쪼개었다.)'], 새로운 형태들[예, 성서 히브리어 מִזְמוֹר(mizmōr) '시편' 대신 מִזְמָר(mizmār)]을 사용하고, 여성 명사를 남성 복수 접미어와 함께 어려움 없이 계속 사용한다. 다른 한편, 이븐 아비투르는 분사를 היה(hyh) '~이다, 있다.' 조동사와 함께 사용하는 랍비 시대 형태들뿐 아니라 원인을 표현하는 לְמַעַן(l^e-ma'an)처럼 중세 스페인에 전형적인 구조들도 사용한다. 이븐 아비투르는 그의 시 중 양적인 운율을 사용하는 유일한 시인 애가(*kinah*) *Bekhu Aḥay*에서 열다섯 개나 되는 푸알 분사(남성과 여성)뿐 아니라 몇몇 니팔 동사 형태도 사용한다. 운율 때문에 이 형태들이 항상 쉽게 나타나는 것은 아니며, 이 형태들은 주목할만한 문체상의 효과를 자아낸다. 그 작품의 주제는 이를테면 이븐 아비투르가 그의 다른 작품에서 의도적으로 피하려고 했던 기술을 비웃고자 했다는 그 어떤 견해도 무시하기 위한 것이다.

솔로몬 이븐 가비롤이 히브리어에 어떻게 몰두하였는가는(그 자신의 말을 따르자면 거의 소명이었다.) 그가 쓴 교육적인 시 *Ha-'Anak*에 분명하게 나타난다.[61] 그러나 고전 시대의 정점에는 그 역시 종종 종교시에 파이타님의 방법론을 수용하고, 많은 새로운 형태와 변화를 사용하며 성서 히브리어에서 멀어지는데, 그 새로운 형태와 변화는 아브라함 이븐 에즈라가 나중에 칼리르와 그의 추종자들에 대해 비판하곤 했던 것과 유사하다. 예를 들어 이븐 가비롤의 어순은 때때로 한 작품을 언어 퍼즐로 바꾸고, 탈

61) Sáenz-Badillos 1980을 보라.

무드 어휘와 성경 어휘를 혼합시키며,[62] כָּסָה(kāsā) '그가 덮었다.' 대신 כָּס(kās), טָוָה(ṭāwā) '그가 실을 자았다.' 대신 טָו(ṭāw)처럼 불규칙 동사의 두 자음 형태들과 כנס(kᵉ-nās) '그가 도망갔을 때'나 כראו(kᵉ-rā'ū) '그들이 보았을 때'처럼 접미형 동사 형태 앞에 -כְּ(kᵉ-) '~처럼, ~때'를 평범하게 사용한다. 피유트처럼 하가다와 미드라쉬에서 온 용어가 풍부하나('일곱 하늘들', middot나 하나님의 '속성들' 등), 스페인의 히브리어 운문에 일반적인 것처럼 종종 철학, 과학, 신비주의에서 온 주제가 파이타님의 주제를 대신한다.[63] 이븐 가비롤은 암시적이거나 상징적인 이름들도 사용하는데, 예를 들면 모세 대신 צִיר(ṣīr) '사자'(messenger), 에서 대신 שָׂטָן(śāṭān) '대적자, 사탄' 등이 있다.[64] 그에게 כֶּמֶס(kæmæs) '신비'와 פֶּלֶל(pælæl) '기도' 같은 qæṭæl 유형, עִקּוּל('iqqūl) '구불구불함' 같은 qiṭṭūl 유형, בְּהִיקָה(bᵉhīqā) '화려함' 같은 qᵉṭīlā 유형의 새로운 명사들을 만들게 하고, בְּרִיחוּת(bᵉrīḥūṯ) '도주'와 מַבָּע(mabba') '표현' 같이 접사가 붙은 형태들뿐 아니라,[65] להג(lhg) '말하다, 쓸데없는 말을 하다.'(칼과 니팔 형태로 사용됨)처럼 명사나 희소한 어근이나 불변화사에서 파생된 동사 외에도 בֹּהֵק(bōhēq) '빛나는', הָדוּךְ(hāḏūḵ) '순종하는'과 상당수의 다른 분사들처럼 성서 히브리어에 없는 동사들, 성서 히브리어의 표준적인 형태인 לָתֵת(lā-ṯēṯ) '주기 위해'(to give) 대신 לתתן(lᵉ-ṯittēn),[66] שְׁכִינָתוֹ(šᵉḵīnāṯō) '그의 거주' 대신 שכינו(šᵉḵīnō) 같은 변칙적인 구조들을 만들게 한 것은 필요 때문이 아니라 새로운 것에 대한 욕구 때문이다.[67]

이삭 이븐 가야트가 파이타님의 영향을 받은 스페인의 마지막 히브리어 시인 중 한 명이었다고 주장되었으나[68] 그의 수많은 작품은 분명한 차이점을 보여준다. 이븐 가야트의 속죄일을 위한 *ma'amad*는 그 이전의 피유트와 밀접한 연관이 있는 방대하고 모호한 작품이지만 그의 언어는 팔레스타인

62) Yellin 1975, 228ff.를 보라.

63) Fleischer 1975, 413ff.; I. Levin 1986을 보라.

64) Yellin 1975, 228ff.를 보라.

65) Yellin 1975, 218ff.를 보라.

66) 왕상 6:19처럼.

67) 이븐 가비롤의 종교시의 언어에 대해 Yellin 1975, 203ff.; Yarden 1977-79, 635ff.를 보라.

68) Schirmann 1954, 303을 보라.

파이타님의 일반적인 언어보다 성서 히브리어에 훨씬 더 가까우며, 암시와 미드라쉬적인 개념을 덜 사용하고, 기술적인 문제에 대한 동시대의 관심에 따라 새로운 용어들을 사용한다. 비록 자주 원래 본문의 것과 완전히 다른 문맥과 목적으로 사용하지만, 스페인 히브리어 운문의 관습처럼 이븐 가야트는 종종 성경에서 전체 구절들을 인용한다. 그가 사용하는 단어나 형태의 대부분이 전적으로 성서적이긴 하지만 때때로 랍비 시대 히브리어도 사용하는데, 특히 그의 *'Avodah*와 *zulatot*의 일부에서 신체 구조를 설명할 때 그렇다. 피유트 형태도 발견되는데 예를 들어, ויצא יצא(way-yēṣē' yāṣō') '그리고 그가 계속 걸어 나갔다.'처럼 부정사가 동사의 일반 형태들 다음에 발견되고, לַעֲנָה(la'ᵃān) '쑥'과 טִנֹּפֶת(ṭinnōp̄æṯ) '더러움' 대신 לַעַן(la'an)과 טֶנֶף(ṭænæp̄)처럼 성서 히브리어에는 알려지지 않았지만 파이타님에게 나타나는 아주 많은 명사 형태가 사용된다. 이러한 요소들과 함께 다른 중세 언어의 특징도 있는데 주로 아랍어의 영향 때문이다. 예를 들면, '운명'을 암시하기 위해 זְמָן(zᵉmān) '시간'과 יָמִים(yāmīm) '날들'을 사용하고, '내적인 통찰'을 위해 עֵין הַלֵּב('ēn hal-lēḇ) '마음의 눈'을, '비록 ~이지만'의 의미로 וְאִם(we-'im) '그리고 만일'을 사용한다. 이븐 가야트도 자신이 만들었거나 동시대 작가들에게서 가져온 다양한 과학적, 철학적 용어를 사용한다.[69]

모세 이븐 에즈라와 유다 할레비의 세대는 성서의 순수성을 강렬히 추구했으며 대중 기도를 위한 시까지도 영향을 받게 되었다. 이븐 에즈라가 그의 *Kitāb al Muḥāḍara wal-Muḏākara*에 수록한 순수성의 기준은 원칙적으로 종교시와 세속시 둘 다에 유효하다.

> 그것(성경 본문) 안에서 당신이 발견하는 모든 것을 사용하라. 그리고 당신이 무언가를 발견할 수 없을 때는 유추하지 마라. 그 언어가 가는 곳으로 가고 그것이 멈추는 곳에 멈추어라. 창조자가 아니라 모방하는 사람처럼, 발명가가 아니라 추종자처럼……만일 당신이 Infi'al과 Itfi'al 형태로만 변화하는 많은 어근들 중 하나나 주어가 명기되지 않은 동사를 발견한다면, 당신이 발견한 형태들 이외의 형태들로 그것을 변화시키지 마라. 당신이 이미 유사한 형태를 알고 있거나 (성경에) 실제로 나타나는 경우를 제외하고는, 복수와 단수 형태들에 주의하라. 시인들은 발광체들(luminaries)을 복

69) Schmelczer 1965, 52ff., 142를 보라.

수로 사용하는 것이 용인된다고 보며, 그들은 돌들과 보석들에 대해서도 그렇게 했다……그러나 가장 큰 실수는 이 명사들이 마치 동사들인 것처럼 형태 변화를 시킨 이들이 만든다.[70)]

하지만 이 규칙들은 결코 완전하게 지켜지지 않았으며, 어느 수도자의 말을 인용하여 자신의 젊은 시절의 고집스러움을 인정한 이븐 에즈라의 작품 속에서조차 그러하였다: '만일 당신을 책망하려고 하는 유일한 사람이 완벽하게 결점이 없어야 한다면, 어느 누구도 그 일을 하지 않을 것이다.'[71)] 실제로 이븐 에즈라는 그의 종교시에 파이타님에게서 가져왔거나 자신이 만든 비성서적인 형태들을 종종 사용하는데 예를 들면, אֶצֶר('æṣær) '집단', בִּקּוּשׁ(biqqūš) '청원', מִשְׁבֶּרֶת(mišbæræṯ) '파손' 같은 명사, זוֹרֵר(zōrēr) '흩어 놓는' 같은 동사, שְׁבִיל(šᵉḇīl) '오솔길'에서 온 שבל(šbl) '여행하다.' 같은 명사 파생 동사가 있다.[72)]

유다 할레비도 마찬가지였는데, 언어 순수주의자로서의 명성도 그를 막을 수 없었다. 예를 들어 그는 성서 히브리어에서 발견되는 형태 외에 새로운 동사 형태를 만들고, אֻמִּים('ummīm) '민족들'에서 אֹם('ōm)을, הוֹן(hōn) '부, 재산'에서 הוֹנִים(hōnīm)을 만든 것처럼 복수 형태에서 단수 형태를 만들거나 그 반대로 만들고, בָּחוּן(bāḥūn) '검토된'과 בָּרוּא(bārū') '창조된' 같은 많은 수동 분사를 사용한다. 이 형태들은 성서 히브리어에 나타나지 않지만 그 중 일부는 랍비 시대 히브리어와 파이타님에게 흔히 나타난다. 바브 연속법 같은 전형적인 성서 히브리어 구조들이 거의 사용되지 않고, 성서 히브리어 단어들의 의미가 때때로 성서 히브리어의 용법보다 중세의 용법에 더 가깝다. 할레비의 랍비 시대 히브리어 사용은 제한적이지만 분명하다. 예를 들어 소수의 교육적이거나 율법적인 시와 *azharot*에서 그는 의도적으로 랍비 시대 히브리어를 사용한다. 그러나 전반적으로는 랍비 시대 히브리어의 영향이 2인칭 남성 단수 접미어 ךָ-(-āḵ)의 사용과 כַּפָּרָה(kappārā) '속

---

70) 107 v. ff., 아부말함(M. Abumalham)의 번역서 *Moše ibn Ezra, Kitāb al-muḥāḍara wal-muḏākara. Edición y traducción* (2 vols., Madrid, 1985-86), II, 225ff. 따른 것이다.

71) *Kitāb al-muḥāḍara wal-muḏākara*, 116r. (Abumalham, II, 247).

72) Ratzaby 1959를 보라.

죄', שְׁכִינָה(šᵉkīnā) '신적인 임재', טבע(ṭb')의 니팔 형태 '물에 잠기다.' 같은 특정한 명사나 동사 형태에 제한된다. 할레비는 상당수의 피유트 특징을 계속 사용하는데 예를 들어, כלקח(kᵉ-lāqaḥ) '그가 가져간 것처럼' 같이 접미형 동사 형태 앞에 -כְּ(kᵉ-) '처럼, 때'를 사용하고, בִּינָה(bīnā) '이해' 대신 בִּין(bīn)처럼 짧은 형태를 사용하며, עֲדִי('ᵃḏī) '보석' 대신 תַּעֲדוּד(ta'dūḏ)처럼 새로운 형태들을 사용한다. 그는 פֶּלֶךְ(pælæḵ) '(물레가) 빙빙 돔'을 '하늘들'의 의미로 사용하는 것처럼 때때로 아랍어 번역 차용어들을 사용하거나 성서 히브리어의 תְּרוּמָה(tᵉrūmā) '요제'(heave-offering)를 '들어 올림'의 의미로 사용하듯이 스페인 문학에서 흔히 발견되는 다른 종류의 중세 표현들을 사용한다. 그러나 전반적으로 할레비의 종교시 언어는 그 이전 세대의 시인들에 비해 피유트와 더 멀리 떨어져 있고 성서 히브리어에 더 가깝다고 할 수 있다.73)

우리는 이미(7장 2단락) 아브라함 이븐 에즈라가 파이타님의 방만함을 단호하게 비판한 입장을 말했다. 따라서 그의 언어가 성서 히브리어에 가까워지려는 경향이 있는 것은 놀라운 일이 아니다. 스페인의 종교시가 그 이전의 팔레스타인 파이타님의 것과 눈에 띌 정도로 달라지기 시작한 시점은 바로 그의 시대인 12세기였다.

현존하던 유대 전통들에서 자유로웠던 세속시는 무슬림 궁정 분위기 속에 등장했고, 아랍 문학의 운율뿐 아니라 그의 주제들과 이미지와 관습을 수용했다. 그러나 이러한 외국의 영향을 받아들였지만 히브리어 운문은 자신의 정체성을 확립하려는 시도 속에서 동시대의 흐름에 대항하기도 했고, 어떤 대가를 치르더라도 성서 히브리어를 순수하게 추구하는 것이 아랍어의 영향과 더불어 가장 독특한 특징이었다.

새로운 운율은 시인의 단어 선택에 조건을 붙였고, 시의 몇몇 새로운 특징의 배경인 일련의 속박이나 '운율의 요건'의 지배를 받게 했다.74) 예를 들면 시인은 기존의 용법과 관계없이 순전히 운율상의 요구에 단어 형태의 변화와 희소한 단어들, 다른 형태들, 확장되거나 단축된 형태들을 사용했다.

73) Hazan 1980, 119ff.를 보라.

74) E. Goldenberg 1983을 보라.

따라서 시인은 성서 히브리어나 랍비 시대 히브리어에 충실했기 때문이 아니라 운율의 편의성에 따라 관계사 אֲשֶׁר('ᵃšær)나 -שֶׁ(šæ-)를, 혹은 1인칭 단수 대명사 אֲנִי('ᵃnī)나 אָנֹכִי('ānōḵī)를 선택했다. 마찬가지로 *야테드*(불완전한 모음을 가진 자음 뒤에 일반 모음을 가진 음절이 오는 운율 단위-역자 주)의 요구 때문에 불변화사 לְמַעַן(lᵉ-ma'an)을 목적('위하여') 대신 이유('때문에')를 표현하기 위해 사용하고, 이유의 불변화사 יַעַן(ya'an)을 사용하지 않게 되었다. 이 새로운 기법에 대한 첫 비평가들인 므나헴(Menaḥem)의 추종자들은 두나쉬를 가혹하게 반박하면서, 히브리어 운문에 아랍어 운율을 사용한다는 것은 일반적으로 모음이 뒤따르지 않는 자음들이 모음들을 받아들여야 하고, 반대로 일반적으로 후음들 뒤에 오는 모음들이 생략되어야 하는 것을 의미한다고 지적했다. 카마쯔 하툽(Qameṣ ḥaṭuf)이 부적절한 환경 속에서 삭제되거나 나타나야 하고, 악센트의 위치가 바뀌어야 했으므로 특정 단어들의 형태가 변하게 되었다. 그들의 견해에 따르면 이 모든 것이 '히브리어의 파괴'에 기여했다.[75] 성경에서 이러한 특징들의 선례를 찾으려 하고 스승이 소개한 새로운 방법론의 중요성을 강조한 두나쉬의 제자 예후디 벤 쉐쉣(Ydhudi b. Sheshet)의 응답은[76] 별로 설득력이 없지만, 그 응답은 실제로 두나쉬의 새로운 기법을 주저 없이 받아들이고 그것을 수세기 동안 사용한 스페인의 시인들 가운데 퍼져 있던 실용주의적 여론을 대표한다.

이미 아랍어 문법 학자들이 논쟁 대상으로 삼았고, 그들의 학파들 중 일부가 수용한 '운율의 요건'은 요나 이븐 자나흐 같이 저명한 언어학자들까지 상당히 논쟁거리가 되는 특정 시 용법들을 정당화하게 할 수 있었다. 물론 이러한 시적 용법들은 예외적이었고, 일반적인 언어와 다른 규칙의 지배를 받는 시에 제한되었다. 예를 들어 이븐 자나흐의 *Sefer ha-Rikmah*와[77] *Sefer ha-Shorashim*에서[78] 므나헴 추종자들의 반대에도 *야테드*의 요구 때문에

75) S. Benavente, *Tešubot de los disípulos de Menaḥem contra Dunaš ben Labraṭ* (Granada, 1986), *12ff., 15ff.를 보라.

76) M. E. Varela, *Tešubot de Yehudi ben Šešet. Edición, traducción y comentario* (Granada, 1981), *17ff., 34ff.를 보라.

77) M. Wilensky, *Sefer ha-rikmah (Kitāb al-luma') le-R. Yonah ibn Janaḥ mi-targumo ha-'Ivri shel R. Yehudah ibn Tibbon*, 2nd ed. (2 vols) by Téné (Jerusalem 1964) 43을 보라.

두나쉬(Dunash)가 בַּעֲבוּר(ba-ʻᵃḇūr) '때문에' 대신 עֲבוּר(ʻᵃḇūr) 형태를79) 사용해야 한 점이 받아들여진다. 결국 이븐 자나흐의 견해에 따르면 여기서 -ב(b-)는 단순히 여분의 불변화사이며, 아랍인들이 그들의 시에 같은 종류의 예들을 허용한다고 언급한다. 유사한 언급은 두나쉬가 כשקט(kᵉ-šāqaṭ) '그가 쉬고 있는 동안'을 사용한 것에도 적용되는데, 그것도 므나헴의 추종자들에게 비난받았다.80) 이븐 자나흐가 불변화사 -כְּ(kᵉ-) '처럼, 때'를 접미형 동사 형태 앞에 사용하는 것을 옳지 않다고 보긴 하지만, 그것이 여기에서 운율상의 이유로 정당화된다고 주장하며, 시인들이 형태를 바꾼 여러 명사들에 대해서도 유사하게 관용적인 입장을 보인다. 그러나 이븐 자나흐가 지나치다고 간주하는 몇몇 새로운 형태들이 있는데, 예를 들어 בין... וּבֵין(bēn ... ū-bēn) '(x) 사이에 그리고 (y) 사이에' 대신 בֵּין ... וְ(bēn ... wᵉ-) '(x) 사이에 그리고 (y)'를 포함한다.81) 드물게 특정 운율 유형이 일반적이지 않은 형태 사용을 정당화한다.82)

모세 이븐 에즈라는 성경에 나타나지 않는 동사 형태를 사용하지 말자는 입장이지만 음율의 제한으로 만들어진 시적 새로운 형태와 정관사와 형용사의 특정 용법에서 더 너그럽다. 그러나 그는 명사의 문법적 성이나 수 변화에는 이븐 자나흐보다 덜 관용적이다.83)

하지만 일반적으로 동시대 학자들은 순수 성서 언어를 지지했는데, 이 점은 모세 이븐 에즈라, 유다 할레비, 아브라함 이븐 에즈라 같은 이들의

---

78) 'BR 어근에 대한 항목을 보라.

79) 첫 번째 음절에 불완전한 모음을 가지고 있는 이 형태는 야테드의 조건을 충족시킨다. 위의 각주 57을 보라.

80) 필자의 *Tešubot de Dunash ben Labrat. Edición crítica y traducción esparnola* (Granada 1980)에서 필자는 매우 높은 수준의 본문을 포함하고 있는 가장 오래된 사본인 영국 도서관 MS Add. 27214에 따라 כשוקט(kᵉ-šōqēṭ) '쉬고 있는 동안(while resting)' 읽기를 수용했다. 그러나 이 구절에 대한 간접적인 전통은 므나헴의 추종자들 시대에 가장 일반적인 읽기가 כשקט(kᵉšāqaṭ) '그가 쉬는 동안(while he rested)'이었고, 그들이 이 형태를 성서 히브리어에 따라 수용할 수 없는 것으로 비평했다는 점을 보여준다. 참조, Benavente, *Tešubot de los discípulos de Menaḥem*, *25, 37.

81) Wilensky, *Sefer ha-rikmah*, 306을 보라.

82) E. Goldenberg 1983, 133ff.를 보라.

83) E. Goldenberg 1983, 135ff.를 보라.

작품에 반복되는 주제이다. 그들은 새로운 언어 형태를 만드는 데 사아디아와 그의 학파가 지나쳤던 점을 염두에 두고 있었을 것이다. 따라서 그들은 시인이 임의로 유추하여 새로운 형태를 만들려고 하지 않고 항상 문법적으로 옳은 형태를 사용하는 것이 필수라고 주장한다. 동사는 성경에 실제로 나타나는 형태로만 사용해야 하며 이론적으로 가능한 다른 형태들로 사용해서는 안 된다. 명사에서 고전 언어의 수와 성이 존중되어야 하고, 성서 히브리어에 나타나는 형태들만 사용해야 하며, 부정사의 경우에만 몇몇 새로운 형태들이 허용된다.84)

대부분의 세속시에서 성서 히브리어가 가장 특징적인 언어 요소를 제공한다. 대부분의 어휘는 성서에서 왔고 성서 히브리어 문법이 일반적으로 사용된다. 이 점은 하스다이 이븐 샤프루트(Ḥasdai ibn Shapruṭ)를 위해 므나헴 벤 사룩이 기록한 시 형태의 편지처럼 10세기 초기 시와 그 후 스페인 히브리어 운문도 마찬가지이다. 성서 히브리어의 사용이 이 시를 다른 시대, 다른 장소의 시와 분명하게 구분 짓는다.

스페인의 유대인 시인들은 종종 그들의 작품을 성경 구절로 장식하며 문자 그대로든 약간의 변형된 형태로든 새로운 문맥이나 주제에 어울리도록 원래의 의미를 근본적으로 바꾸기도 하고, 시를 인용구와 암시가 이어진 작품으로 만든다. 이러한 소위 '모자이크'(iqtibās) 양식은 스페인 히브리어의 특징이며, 12세기 중반 고전 시대 이후의 매너리스트(mannerist) 시대에 특히 *maqāmāt*에 가장 흔한 양식이다. 시인들은 운율 효과를 위해 의도적으로 청취자나 독자에게 잘 알려진 성경 본문과 시의 세속적인 문맥을 새로운 의미로 대조시켰다. 성경 단어와 본문의 사용은 단순히 시 양식의 일반적인 특징이 될 수 있지만, 때때로 어떤 구절에 특정 의미를 부여하려는 계산된 의도이기도 했다. 아랍인들이 유사한 기법을 알고 있었지만, 히브리어 운문은 아마도 자체의 힘으로 독립적으로 발전했을 것이다. 무례함과 불경스러움은 일반적으로 회피되었다.85)

노골적으로 성서를 사용하지 않은 작품에서까지도 시인들은 자신의 언

84) E. Goldenberg, 1971, 1618을 보라.

85) Schirmann 1954, 31ff.; Ratzaby 1970; Pagis 1976, 70ff.를 보라.

어 사용을 성서 히브리어에 제한하고자 하였다. 예외적인 경우가 드물게 있기는 했지만, 아랍어, 아람어, 랍비 시대 히브리어를 특정 성격의 작품에 의도적으로 사용한 경우에 한하였다. 세속시에서는 거의 항상 랍비 시대 히브리어의 시제 체계 대신 성서 히브리어의 시제 체계가 사용되었는데, 이는 바브 연속법, 부정사 절대형, 전치사와 함께 오는 부정사 연계형과 동사의 확장형과 단축형을 포함한다. 현재-미래 시제는 주로 접두형 동사 형태로, 과거 시제는 접미형 동사 형태로 표현되었다. 세속시는 정관사, 관계대명사, 특히 불변화사를 사용할 때도 성서 히브리어를 따른다. 세속시는 일반적으로 고대 성서 운문의 고어 표현뿐 아니라, 후기 성서 히브리어와 랍비 시대 히브리어의 특징적인 형태들을 회피한다. 그러나 정선된 어휘와 고상한 문체를 위해 희소한 성서 단어와 하팍스 레고메나를 종종 사용한다.

하지만 시인은 얼마나 많이 자신을 성서 히브리어에 제한시키기를 원했든 간에 자신의 표현 수단을 증대시킬 수 있어야 했다. 따라서 많든 적든 새로운 단어를 만들기 위해 유추하곤 했는데, *파이타님*과 사아디아가 그랬던 것처럼 이것은 단순히 새로운 것을 바랐기 때문이 아니라 순수한 언어적 요구 때문이었다. 규범 문법학자들과 언어 순수성 지지자들을 주로 움직인 것은 정확하게 이런 종류의 유추로 새로운 형태 만들기와 그것에 허용된 제한들이었다. 그러나 순수주의자의 기풍이 절정에 달하던 시대조차도 일정 부분 히브리어의 통제된 확장이 묵인되었다.[86]

다른 한편, 아랍어 지배와 문화 압박도 흔적을 남겼는데, 특히 다양한 측면의 문장과 어휘에서 그러했다. 어휘에서 성서 히브리어에서 이탈한 것은 특히 놀라운 일인데, 이러한 이탈은 사전 편찬법과 성서 주석의 새로운 발전과 아랍어 번역 차용어의 폭넓은 사용에서 촉진되었다. 시인들은 특정 단어 해석에 관련된 동시대 논쟁을 잘 알고 있었으며, 그들은 그들의 사용 목적에 가장 적합한 의미를 선택했다. 예를 들어 모세 이븐 에즈라에게 חֹלֶה(ḥōlæ)는 전 5:12에 대한 이븐 자나흐의 해석에 따라 '(그가) 떨어지고 있다.'를 의미하고, 두나쉬와 그의 추종자들에 따라 ערג('rg)는 '부르짖다.'를 의미한다.[87] 다양한 의미가 정당화되면서 고대 표현들이 일반적으로 문맥에

86) Klar 1953-54, 31ff.를 보라.

서 추론될 수 있는 새로운 의미를 갖게 되었다. 예를 들어 פֶּגֶר(pægær)와 גְּוִיָּה(g^e wiyyā)는 '시체' 뿐 아니라 '몸'을 표현하는 데 사용되었다. 성서 히브리어 단어의 많은 새로운 의미들이 아랍어에서 왔는데, 직접 차용하기보다는 이런 방법으로 아랍어는 히브리어에 많은 영향을 끼쳤다.88) 동시대 심미 규범에 따라 시인은 다중 의미를 갖고 있는 동일 단어의 각운을 살려 작품을 쓰면서 자신의 능력을 나타내곤 했다. 이것이 항상 성경에만 기초하는 것이 아니었는데 예를 들어 צִיר(ṣīr)는 '고통', '사신', '문의 경첩'을 의미할 수 있었다.89)

예상할 수 있는 것처럼 다른 곳과 마찬가지로 세속시에서는 원칙이나 이상이 현실과 별개여서 실제로 모든 시인이 자신의 작품에 새로운 언어 형태를 도입했다. 따라서 우리는 때때로 비성서적인 단어들이나 *파이타님*을 상기시키는 암시적인 표현이 사용된 것을 발견하는데, 그 예로 '영혼'을 위해 יְחִידָה(y^e ḥīḏā) '유일한 (자)'(때때로 그 형태가 비교와 은유의 새 방법을 나타낸다.), 접미형 동사 형태 앞에 불변화사 -כְּ(k^e-) '처럼, 때', 동사의 두 자음 어근 형태를 사용한 것을 들 수 있다. 수동태인 푸알과 호팔처럼 성서 히브리어에 흔치 않은 동사 형태가 아랍어의 영향 때문에 과도하게 사용되고, 동명사 형태가 만들어지고, 새로운 형용사가 분사에서 형성되며, 새로운 단수 명사가 복수 형태에서 파생되거나 그 반대 형태가 만들어진다. 13세기가 가까워질 무렵에는 성서 히브리어에 충실하지 못했는데, 특히 스페인 기독교 왕국의 시가 그러했다.

랍비 시대 요소는 간과되어서는 안 될 당시 시의 또 다른 특징이었다. 작가나 시대에 따라 다양하긴 하나 안달루시아의 시는 랍비 시대 히브리어 표현을 많이 사용한다. 랍비 시대 히브리어가 받아들여진 정도는 최소한 부분적이었으며, 랍비 시대 문학 언어를 '순수한 것'이나 '옳은 것'으로 받아들이는 것이 합법적인지 랍비들과 카라이트들 사이에 논쟁이 있었다. 사아디아가 만든 예를 따라 므나헴 벤 사룩과 추종자 일부를 제외한 대부분

87) Klar 1953-54, 174ff.를 보라.

88) 파기스(D. Pagis, 1976, 169)는 모세 이븐 에즈라의 세속시에 성경 단어에 대한 700개 이상의 새로운 의미들이 있다고 계산했다.

89) 예, *Ha-'Anak* 속의 모세 이븐 에즈라와 때때로 *Taḥkemoni* 속의 유다 알-하리지.

의 스페인 작가들은 랍비 시대 히브리어를 성서 히브리어와 가까운 연속 형태로 보는 것이 합법적이고 어려운 성서 본문을 해석하는 데 도움이 된다고 간주했다.

이븐 칼폰(Ibn Khalfon)과 사무엘 하-나기드(Samuel ha-Nagid)는 랍비 시대 히브리어를 관대하게 사용하고 랍비 시대 히브리어 모델을 따라 새로운 단어를 만드는 데 어려움을 느끼지 않았으며, 11-12세기의 언어 순수주의 시대가 끝나자 랍비 시대 히브리어가 주저 없이 다시 사용되었다. 랍비 시대 히브리어 단어들이 다양한 전통 곧 티베리아 전통 뿐 아니라 바빌론, 때로는 팔레스타인 전통에 따라 모음 부호가 붙여졌는데, 이 점은 안달루시아 시인들이 이 모든 전통을 알고 있었고 특정 운율에 가장 적합한 것으로 보이면 어느 것이든 사용했다는 인상을 준다.[90]

사실 대부분의 시인이 눈에 띌 정도로 자유롭게 랍비 시대 형태의 히브리어를 수용했고, 순수주의자조차도 랍비 시대 히브리어 사용에 전적으로 반대하지는 않았는데, 이는 그 무렵에 랍비 시대 히브리어가 없어서는 안 될 기술적 용어를 위해 사용되거나 보편적으로 쓰이거나 성서 히브리어에 상응하는 표현이 없는 단어와 구절을 위해 사용하였기 때문이다. 그 예로 צָרִיךְ(ṣārīḵ) '필요로 하는', מִל־-(mil-l^{e}-) '(하는 것)에서'(직역: '하기 위해서부터'), אוֹקְיָנוֹס('ōqyānōs) '대양', וֶרֶד(wæræḏ) '장미' 등이 있다. 언어학자들은 완전히 유효한 것으로 사용하기 위해 특정 단어, 의미, 형태가 성서에 딱 한 번만 발견되는 것을 찾아냈다. 마찬가지로 일반적으로 사용하게 된 형태나 의미를 정당화하기 위해 자주 성서 본문에 터무니없는 해석을 하기도 했다.

새로운 의미를 받아들이거나 정당화하는 현상은 아랍어 의미에 따라 사용된 용어에서도 나타나는데, 예를 들어 וְאִם(we-'im)이 '그럼에도'의 의미로 사용된다(직역: '그리고 만일', 참조, wa'in). 일반적으로 아랍어 번역 차용어들은 중세 히브리 운문보다 중세 히브리어 산문 번역에서 더 많이 사용된다. 차용어들은 특히 기술적인 표현과 문학적이고 상징적인 비유법에서 발견된다. 예를 들어, בַּיִת(bayiṯ) 직역 '집'은 '(시의) 절, verse'이고, צְבִי(ṣ^{e}ḇī) '가젤, gazelle'과 עֹפֶר('ōp̄ær) '노루'는 아랍어의 ẓaby나 ġazāl '연인'이고,

90) Ṭovi 1972-73; Ratzaby 1967, 1972-73을 보라.

זְמָן(z^{e}mān) '시간'과 יָמִים(yāmīm) '날들'은 az-zamān '운명' 같은 의미를 취하고, תֶּבֶל(tæḇæl)은 인류의 적으로서의 '세상'이며, בְּנוֹת הַיָּמִים(b^{e}nōṯ hay-yāmīm) '날들의 딸들'은 '불행, 운명의 힘'을 의미하고,91) מְרִיב(m^{e}rīḇ) '적대자'는 al-'uḏḏāl '연인을 쫓아내는 사람'의 의미로 사용된다. 성서 히브리어에서는 아주 드물게 나타나는 의미가 아랍어의 해당 단어 때문에 표준적인 의미가 되기도 했다. 예를 들면 שָׁב(šāḇ)는 '그가 ~되었다, ~으로 변했다.'의 의미로 사용되고, מַעֲנֶה(ma'^{a}næ)는 '의미'(일반적으로 '대답', 참조, ma'nā)의 뜻으로 사용되었다. אֲחִי('^{a}ḥī), אֲבִי('^{a}ḇī), בֶּן(bæn), בַּעַל(ba'al) '~의 형제, 아버지, 아들, 주인'과 함께 오는 합성어들이 종종 아랍어에서 온 번역 차용어로 사용되는데 예를 들면, אֲחִי בִין('^{a}ḥī ḇīn) '지적인 사람'(직역: '이해의 아들'), אֲבִי שִׁיר('^{a}ḇī šīr) '가장 위대한 시인'(직역: '시의 아버지'), בַּעַל מַדָּע(ba'al maddā') '교육 받은 사람, 지식인'(직역: '지식의 주인') 등이 있다.

히브리어 단어에 아랍어 동음이의어의 의미가 들어오게 된 것은 순수하게 음운론적 이유 때문일 것이다. 예를 들어, אֲבָל('^{a}ḇāl) '그러나'가 bal '훨씬 더'의 의미로, שָׁם(šām) '거기'가 thamma '그런 후에'처럼 사용된다. 비교적 드물게 쓰이는 성서 히브리어 동사 חָשַׁק(ḥāšaq) '그가 사랑했다.'는 같은 의미를 가진 'ašaqa와 유사한 이유로 더 널리 사용되었고, דִּין(dīn) '판결'은 dīn '종교'의 의미를, יְתוֹמָה(y^{e}ṯōmā) '여자 고아'는 yatīmah '유일한'의 의미를 갖게 되었다.

결과적으로 만들어진 일부 구조가 성서 히브리어에 근거를 둘 수 있지만 상당히 중요한 아랍어의 영향이 동사와 전치사의 결합에도 나타나는데, נשא בְּ-(nś' b^{e}-) '운송하다.'(직역: '~을 가지고 나르다.'), בוא בְּ-(bw' b^{e}-) '가져오다.'(직역: '~을 가지고 오다.'), ירד בְּ-(yrd b^{e}-) '내리다.'(직역: '~을 가지고 내려가다.'), תמה מִן(tmh min) '~에 놀라다.'(직역: '~로부터 놀라다.') 등의 예가 있다. 아랍어의 영향은 산문에 더 빈번하게 사용되는 상당수 문법적 성의 변화 배후에서 찾아볼 수 있으며, 예를 들어 דְּמוּת נִמְשָׁל(d^{e}mūṯ nimšāl) '비교할 만한 이미지'처럼 여성 명사가 남성 형용사를 취하는 구조를 들 수 있다.92)

---

91) I. Levin 1962를 보라.

우리가 설명한 전반적인 특징에도 각 시인은 자신의 독특한 방법으로 히브리어를 사용했다. 예를 들어 10세기 중반 스페인의 시인이자 문법학자인 저자들의 작품 중 가장 오래된 작품을 남긴 므나헴 벤 사룩은 성서 히브리어 스타일을 가장 많이 사용하는데, למו(lā-mō) '그들에게' 같은 고대의 인칭대명사 접미어들, היה היה(hāyō hāyā) '그는 정말로 ~였다.' 같은 부정사 절대형, ישובון(yešūḇūn) '그들이 돌아올 것이다.' 같은 동사의 확장형과 평행법(parallelism)이 그러한 예에 포함된다. 그러나 동일 저자는 랍비 시대 히브리어 형태도 사용하고 있어, 관계사 -שֶׁ(šæ-)가 성서 히브리어의 אֲשֶׁר('ᵃšær)와 함께 나타나고, 랍비 시대 히브리어의 זְמָן(zemān)이 성서 히브리어의 עֵת('ēṯ) '시간'과 함께 나타난다. 므나헴은 יֵשׁ עַל(yēš 'al) '(의무가) ~위에 있다, 해야 한다.' 같은 랍비 시대 관용구를 사용하고, חמץ(ḥmṣ)를 '미루다, 성숙시키다.'라는 의미로 사용한 것처럼 단어를 랍비 시대 히브리어 의미로 사용하기도 한다. *파이타님*과 같이 그는 אם('ōm) '민족' 명사를 여성으로 취급하고, ארץ משואה('æræṣ mešō'ā) '황량한 땅'으로 '망명'을 의미하는 등 암식적인 표현들을 사용한다. 므나헴은 중세 히브리어 용법에 근거한 새로운 형태들을 이용하여 히브리어를 확장시키는데, 예를 들어 שִׂבָּרוֹן(śibbārōn) '희망'(아랍어 같이), עִצָּרוֹן('iṣṣārōn) '붙잡아 둠', סֵפֶד(sēpæḏ) '애도', סכות(seḵōṯ) '보기, 듣기 (위하여)', האניני(haᵃnīnī) '나를 긍휼히 여기라!', מצחצח(meṣaḥṣēᵃḥ) '순수함으로 말하는' 등의 표현이 있다. 그러나 므나헴은 의심할 여지없이 자신의 사상적 입장 때문에 아랍어 영향에 거의 굴복하지 않는다.

두나쉬 벤 라브라트도 그의 시에 주로 성서 스타일을 사용하는데, 랍비 시대 히브리어보다 성서 히브리어 형태를 뚜렷이 선호한다. 예를 들어 두나쉬가 한 곳에 בשל(be-šæl) 'in which'를 사용하긴 하지만, 그는 일반적으로 성서 히브리어의 관계사 אֲשֶׁר('ᵃšær)를 사용한다. 그는 성서 히브리어에 전형적인 접속사들과 전치사와 함께 오는 부정사 연계형도 자주 사용한다. 그러나 그의 작품 속에서 고어 형태들이나 바브 연속법과 부정사 절대형 같은 형태들을 거의 발견할 수 없지만, 후기 성서 히브리어에 전형적인 요소들이 발견되는데, 예를 들어 -לְ(le-)를 목적격 표시어로 사용하거나 부정사

92) E. Goldenberg 1971, 1621f.; Pagis 1976, 68ff.를 보라.

앞에 두되 목적을 표현하지 않고, 성경의 후대 책들에서 온 다른 표현들을 사용하는 것을 볼 수 있다. 그의 시제 체계는 랍비 시대 히브리어 것과 가까워 분사를 현재 동작을 표현하기 위한 주된 수단으로 사용하고 많은 경우에 היה(hyh) '~이다, 있다.' 동사와 결합하여 반복되는 동작을 표현한다. 2인칭 남성 단수 대명사 אַתְּ('att)와 몇몇 Nithpa'al 동사 형태 같은 다른 특징들도 랍비 시대 히브리어를 반영하지만, 이 형태들이 랍비 시대 히브리어가 두나쉬의 시의 주된 요소라고 주장하기에는 충분하지 않다. 피유트의 영향이 목적('so that, 위하여')을 표현하는 עֲבוּר('ᵃḇūr)를 사용할 때, כנהפך(kᵉ-næhpaḵ) '그가 돌렸을 때'와 כשקט(kᵉ-šāqaṭ) '그가 쉬었을 때'(그러나 위의 각주 80을 보라.)처럼 접미형 동사 형태 앞에 -כְּ(kᵉ-) '처럼, 때'를 사용할 때 나타나지만, 다른 관점에서 두나쉬의 작품은 동쪽 *파이타님*의 것과 매우 다르다. 두나쉬는 중세의 특징에 대해 엄격한 순수주의자가 아니었다. 그는 유추를 통해 새로운 동사 형태들을 만들고, 성서 히브리어에 단수 형태로만 발견되는 동물과 보석의 이름 같은 명사의 새로운 복수 형태를 만드는가 하면, 수동 분사 형태, 특히 니팔 형태를 많이 사용한다. 아랍어의 영향은 특별히 명백하게 나타나지 않지만 זה הפרץ(zæ hap-pæræṣ) '이 갈라진 틈'처럼 지시사 구조, זעף עַל(z'p 'al) '~에 화가 나다.' 대신 -זעף בְּ(z'p bᵉ-) 같은 동사와 전치사 결합의 변화, הניב אסף(han-nīḇ 'āsap̄) '그가 그 언어를 모았다.', בספרים(bi-sp̄ārīm) '(많은) 수들로', טַעַם(ṭa'am) '의미', מְפֹרָד(mᵉp̄ōrāḏ) '산문(으로)', אֹדוֹת('ōḏōṯ) '상황들', מוּסָר(mūsār) '문화', גַּרְסָן(garsān) '학생', עֲרוּגָה('ᵃrūgā) '정원' 같은 많은 다른 표현에서 볼 수 있다.93)

11세기 초에 이삭 이븐 칼폰은 원칙적으로 성서 히브리어 표현법을 사용하지만, 그의 글에는 랍비 시대 히브리어와 피유트의 흔적이 많이 있다. 종종 그는 בְּלִיעָה(bᵉlī'ā) '삼키기', זְכִירָה(zᵉḵīrā) '기억하기' פְּשִׁיעָה(pᵉšī'ā) '죄 짓기' 같은 qᵉṭīlā 형태와 עִתּוֹת וְשָׁעוֹת('ittōṯ wᵉ-šā'ōṯ) '시간들(에), 항상'과 מְאוֹר עֵינַי(mᵉ'ōr 'ēnāy) '나의 눈빛' 같은 다른 랍비 시대 표현들, '지옥' 대신 עֲלוּקָה('ᵃlūqā) '거머리'처럼 암시적인 표현들, צְפִירָה(ṣᵉp̄īrā) '왕관'과 נֶאֱצָלוֹת(næ'ᵆṣālōṯ) '내리눌린' 같은 아람어 표현들도 사용한다. 우리는 이븐 칼폰의 세속시에서 전형적인

93) Allony 1947; Sáenz-Badillos 1982를 보라.

피유트 형태들을 많이 찾아볼 수 있다. 예를 들어 כשׂם(kᵉ-śām) '그가 두었을 때'와 כצוה(kᵉ-ṣiwwā) '그가 명령했을 때' 같이 접미형 동사 형태 앞에 오는 불변화사 -כְּ(kᵉ-) '처럼, 때', מַעֲשֶׂה(maʻᵃśæ) '행동' 대신 מַעַשׂ(maʻaś)와 לַעֲנָה(laʻᵃnā) '쑥' 대신 לַעַן(laʻan) 같은 단축된 형태들뿐 아니라 אָבִיךָ('āḇīḵā) '너의 아버지' 대신 הורךְ(hōrāḵ), עֲתִירָה(ʻᵃṯīrā) '청원' 대신 עתר('æṯær), 성서 히브리어 형태 לְהַסְבֵּנִי(lᵉ-hasbēnī) '나를 에워싸기 위해' 대신 להסביבי(lᵉ-hasbīḇī) 등이 있다. 이븐 칼폰 시대에 언어적 순수성에 대한 기준들이 아직 정의되지 않아서 그는 עֲנִיקָה(ʻᵃnīqā) '기부'와 רָפוּת(rāpūṯ) '약함' 같은 새로운 형태를 만드는 데 어려움을 느끼지 않았다. 그가 불변화사를 사용할 때도 성서 히브리어와 종종 차이가 나며, 예를 들어 -בְּ(bᵉ-)가 עֲבוּר(ʻᵃḇūr)와 함께 בַּעֲבוּר(ba-ʻᵃḇūr) 대신 이유의 접속사로 사용되는 것을 볼 수 있다. 이븐 칼폰의 시에는 매우 분명한 아랍어의 흔적도 나타나고, 이미 언급된 대부분의 번역 차용어와 חֹשֵׁק(ḥōšēq) '연인', לֵבָב(lēḇāḇ) '본질'(직역: '마음'), מוּסָר(mūsār) '문화', פֵּרוּד(pērūḏ) '분리' 같은 다른 번역 차용어도 발견된다.[94)]

사무엘 이븐 나그렐라 하-나기드(Samuel ibn Nagrelʻa ha-Nagid)는 11세기 중반에 등장한 히브리어의 새로운 스타일을 발전시키는 데 중요한 역할을 했다. 유나 하유지(Judah Ḥayyuj)의 제자이지 언어학자였으며 사회적으로도 높은 위치에 있던 이 복합적인 인물의 중요성은 그의 히브리어 사용과 언어 혁신에 특별한 의미를 더해준다. 그러나 그는 이 점에서 비평을 피할 수 없었고, 새로운 단어들을 만드는 경향은 자신을 순수주의자들의 대표적인 공격 대상으로 만들었다. 물론 성경이 그의 단어와 구조의 주된 자료였지만 자신의 언어 수단을 확장시키기 위해 유추를 통해 자유롭게 형태를 만들었고, 실제 모세 이븐 에즈라가 비판한 모든 지나친 형태가 그의 작품에서 발견된다. 예를 들어 그는 새로운 단어를 만들기 위해 관용적인 표현을 파괴시키는데 그 예로 겔 16:47 כִּמְעַט קָט(ki-mʻaṭ qāṭ) '거의 아무것도'에서 קָט(qāṭ) '거의', 슥 2:12 בְּבַת עֵינוֹ(bᵉḇaṯ ʻēnō) '그의 눈동자'에서 בָּבוֹת(bāḇōṯ) '눈동자들', 욥 17:11 מוֹרָשֵׁי לְבָבִי(mōrāšē lᵉḇāḇī) '내 마음의 소유물'에서 מוֹרָשִׁים(mōrāšīm) '생각들'이 있다. 또한 동일 저자는 단수 형태에서 새로운 복수 파생 형태를

94) Mirsky 1961, 40ff.를 보라.

만들었으며, 그 예로 חֲרָסִים(ḥ^{a}rāsīm) '해들', זְהָבִים(z^{e}hāḇīm) '금들', לְשָׁמִים(l^{e}šāmīm) '오팔들, opals'처럼 발광체들과 보석의 이름을 그렇게 만들고, אַף('ap̄) '얼굴'과 כִּפּוּר(kippūr) '속죄'처럼 복수 형태에서 단수 형태들을 만들고, עֲפָרוֹת('^{a}p̄ārōṯ) '먼지들' 같이 연계형에서 절대형을 만들고, מְסֻפֶּרֶת(m^{e}suppæræṯ) '청옥으로 둘러싸여 있다.'처럼 명사에서 동사를 만들 수 있다. גַּן(gan) '정원', דָּבָר(dāḇār) '말', מַזָּל(mazzāl) '행운' 같은 남성 명사가 여성으로 취급되고, חֶרֶב(ḥæræḇ) '칼', חָצֵר(ḥāṣēr) '마당' 같은 여성 명사가 남성으로 취급되며, 성서 히브리어의 상당수 단어에 성서에서 일반적으로 사용되던 뜻과는 꽤 다른 의미를 부여한다. 예를 들어 אוֹר('ōr)는 '비', '태양', '식물', אֵת('ēṯ)는 '도끼', חוּג(ḥūḡ)는 '하늘', חִפָּזוֹן(ḥippāzōn)는 '두려움', חמד(ḥmd) 동사는 '부러워하다.'의 의미로 사용하는 것을 볼 수 있다.95)

사무엘 하-나기드의 시에는 간과할 수 없는 랍비 시대 히브리어 요소가 들어 있다. 그의 *Diwan*을 편찬한 그의 아들이 사무엘 하-나기드가 의도적으로 탈무드 언어를 사용한 것을 언급한 두 개의 작품 외에도, 랍비 시대 언어와 모티브의 주목할 만한 영향 뿐 아니라 랍비 시대 작품과 기도서에서 온 인용구들이 그의 시에서 발견된다. 실제로 많은 구절을 특히 *Ben Mishlei*와 *Ben Kohelet*에서는 더욱 랍비 시대 배경 없이는 이해할 수 없다. 반면에 사무엘 하-나기드의 시에 מַעֲשֶׂה(ma'^{a}śæ) '행동' 대신 מַעַשׂ(ma'aś), נָגַשְׁתִּי(nāgaštī) '내가 접근했다.' 대신 גַּשְׁתִּי(gaštī) 같은 소수의 형태 외에는 피유트의 영향이 미미하며, 그는 자신의 동시대인들이 흔히 사용하는 다른 피유트 표현의 사용을 삼간다. 그의 시는 전형적인 중세 특징을 갖고 있는데, 이미 언급한 것처럼 성서 히브리어와 관련된 새로운 형태를 만들고, תְּנוּמָה(t^{e}nūmā) '잠' 대신 נוּם(nūm), פְּלָדָה(p^{e}lādā) '강철' 대신 פֶּלֶד(pælæḏ), חֲרִיזָה(ḥarīzā) '운율', נְדִידָה(n^{e}ḏīḏā) '방랑' 등 많은 새로운 명사 형태뿐 아니라, אזן('zn)을 칼 동사로('듣다.'), שפל(špl)을 니팔 동사로('아래에 놓이다.'), שׂיב(śyb)를 히필 동사로('나이가 들게 하다.') 사용하는 등 파생 동사 형태도 사용한다.96)

아랍어 영향도 사무엘 하-나기드 시의 주목할 만한 특징인데 예를 들면,

---

95) Yarden 1958-62, 1966, 14ff., 400ff.를 보라. 참조, Yellin 1975, 150ff.

96) Yarden 1966, 18ff.; Ratzaby 1967을 보라.

אָחֵר('āḥēr) '내세', רְבִיעָה(r^ebī'ā) '봄', חָבֵר(ḥābēr) '소유자', אֵצֶל('ēṣæl) '~의 견해에 따르면', אָן('ān) '어디?', כַּמָּה(kammā) '얼마나 자주?', גזר(gzr) '지나가다.', חתך(ḥtk) '끌어내다, 파생시키다.' 같이 이미 언급한 것 이외의 많은 번역 차용어를 사용할 뿐 아니라, 아랍어 *qad*처럼 접미형 동사 형태와 함께 כְּבָר(k^ebār) '이미'를 사용하고, קָרוֹב מִן(qārōb min) '~에(직역: '부터') 가까운', תמה מִן(tmh min) '~에(직역: '부터') 놀라다.', דמה כְּ{dmh (피엘) k^e-} '~와(직역: '처럼') 비교하다.' 등 아랍어의 영향을 받은 전치사를 사용한다.97)

히브리어 운문의 황금기에 세 명의 위대한 인물인 솔로몬 이븐 가비롤과 특히 모세 이븐 에즈라와 유다 할레비는 성서 순수주의의 가장 저명한 대표자들이다. 그러나 그들도 성서에서 발견된 형태들을 자유롭게 확장시킨 점이나 그들의 작품이 각운과 운율의 영향과 아랍어의 영향으로 의미상 변화를 일으킨 뚜렷한 예들을 포함하고 있다는 점을 부인할 수 없다. 세 명 중 이븐 가비롤이 성서 히브리어 사용에 가장 적게 속박 받았으며, 그 때문에 다음의 잘 알려진 구절에서 보듯이 종종 모세 이븐 에즈라에게 비난 받았다.

> 그러나 이 명사들을 마치 동사인 것처럼 변화시킨 이들이 가장 큰 실수를 범했다: שהיא משוהמת(šæ-hī' m^ešūhæmæṯ) '마노(onyx)로 덮여 있는 것, onyxed'와 כלה מיושפה (kullāh m^eyuššāpā) '그것 전체가 마노(agates)로 덮여 있다, agated'의 동사 변화들을 שהם(šōham, '마노, onyx')와 ישפה(yāš^ep̄ē, '벽옥, jasper')에서 만들었다.
>
> 어떤 이는 אדמו עצם מפנינים('ād^emū 'æṣæm mipp^enīnīm, '몸이 산호보다 붉었다.' 애 4:7)에서 ונפש פניניה(w^e-næp̄æš p^enīnīyyā, '그리고 진주 같은 영혼')이라고 표현하는데, 이 명사에는 단수 형태가 존재하지 않으며, 그가 말하고자 한 것은 '보석 같은 영혼'이었지만, 이 형태는 지지될 수 없는 임의적인 것이다.98)

종종 다른 곳에서도 그렇듯이 여기에 이븐 가비롤에 대한 직접적인 암시가 담겨 있다. 그는 성서 히브리어를 그의 주된 자료로 사용하고 동사의

97) Yarden 1966, 24ff.; Ratzaby 1967을 보라.

98) Abumalham, *Kitāb al-muḥāḍara wal-muḏākara,* 111 r을 보라.

긴 형태, 고어 접미어 형태, *하팍스 레고메나* 같은 형태를 사용하지만, 랍비 시대 히브리어에 특징적 용법 뿐 아니라, 목적을 표현하지 않으면서 -לְ(l^{e}-)와 함께 오는 부정사, q^{e}ṭīlā, qiṭlōn 등의 명사 형태, כבשל(k^{e}-ḇāšal) '그것이 요리되었을 때'와 כערף(k^{e}-'ārap̄) '그가 목이 잘렸을 때'처럼 피유트에서 알려진 요소도 사용한다. 더구나 이븐 가비롤은 명사의 성을 항상 존중하지는 않으며, 아랍어에서 온 많은 번역 차용어를 자신의 어휘에 사용할 뿐 아니라 같은 자료에서 온 많은 수동 형태를 사용한다.[99]

모세 이븐 에즈라 자신의 시에서조차 의미상 이유가 아닌 운율적 이유에서만 정당화할 수 있는 גַּם(gam) '또한', וְאַף(w^{e}-'ap̄) '그리고 정말로', הֵן(hēn) '보라!' 같은 추가적인 불변화사를 자주 발견할 수 있다. 이 점은 단순히 각운의 유지를 돕는 여러 불필요한 인칭대명사 접미어에도 적용된다. 또한 이븐 에즈라는 문장의 어순을 바꾸고, 문장 가운데 휴지 형태를 사용하고, 휴지 형태 위치에 문중 형태를 사용하는가 하면 한 절의 마지막에 연계형을 사용하기도 한다. 그가 사용한 운율에서 음절의 속박 때문에 יָבִין(yāḇīn) '그가 이해할 것이다.' 대신 יהבין(y^{e}hāḇīn), תַּשְׁלִים(tašlīm) '그녀가 완성할 것이다.' 대신 תהשלים(t^{e}hašlīm)처럼 헤(he)를 삽입하고, אִישׁ('īš) '사람' 대신 אֱנוֹשׁ('^{æ}nōš), אַנְשֵׁי('anšē) '~의 사람들' 대신 מְתֵי(m^{e}ṯē), לא(lō') '아니다.' 대신 בְּלִי(b^{e}lī)처럼 성서 히브리어에 나타나는 것과 다른 형태나 의미로 사용한다.[100] 그 이전 세대의 시인들보다 훨씬 덜하긴 하지만 이븐 에즈라는 집합 명사 אֶבְרָה('æḇrā) '날개(들)' 대신 אֲבָרִים('^{a}ḇārīm)과 עָצְבּוֹ('oṣbō) '그의 고통' 대신 מַעֲצָבוֹ(ma'^{a}ṣāḇō) 같이 새로운 명사 형태를 사용하고, שמר(šmr)의 피엘 형태('지키다.')와 גשם(gšm)의 히필 형태('비가 내리게 하다.')처럼 새로운 동사 형태를 사용한다. 또한 그는 וְאֶצְעָדָה(w^{e}-'æṣ'āḏā) '내가 행진할 것이다.'처럼 동사의 긴 형태를 많이 사용할 뿐 아니라 אַהֲבָה('ah^{a}ḇā) '사랑' 대신 אַהַב('ahaḇ), אֲפֵלָה('^{a}p̄ēlā) '어두움' 대신 אֹפֶל('^{o}p̄ēl)처럼 명사의 난숙된 형태도 사용한다. 우리는 이븐 에즈라에게서 집합 명사 단수 형태가 동사의 복수 형태와 결합되는 성서 히브리어 특징과 함께 לְ(l^{e}-)를 목적격 표시어로 사용하는 랍비 시대 히브리어 요소와

99) Cano 1978을 보라.
100) Yellin 1935-36을 보라.

גָּזַל מִמֶּנִּי(gāzal mim-mænnī) '그가 내게서 갈취했다.' 대신 גזלני(gᵉzālanī) '그가 나를 갈취했다.', בָּעֵת(bā-'ēṯ) '그때에'의 의미로 הָעֵת(hā-'ēṯ) '그때', עִתִּים('ittīm) '때때로' 등 중세 히브리어에 전형적인 다른 형태들을 발견할 수 있다. 뿐만 아니라 이븐 에즈라는 עֵינַיִם('ēnayim) '(한 쌍의) 눈들'을 한 경우에 남성으로 취급한다. כִּנּוֹר(kinnōr) '류트, lute', שוב(šwb) '~로 돌아가다.', עוֹלָם הַנְּפָשִׁים('ōlām han-nᵉpāšīm) '영혼들의 세계', בְּנֵי עוֹלָם(bᵉnē 'ōlām) '(이) 세상의 사람들' 등에 붙여진 의미도 전형적으로 중세적이다.

스페인의 모든 시인 중 의심할 여지없이 유다 할레비가 성서 히브리어를 고수하는 데 가장 엄격했다. 하지만 그러한 사실도 그가 전형적인 중세의 특징들을 사용하는 것을 막지는 못했다. 예를 들어 서원이나 간청을 표현하는 관용구들이 아랍어 표현에 기초하고 있고, 부정어 בַּל(bal)과 בְּלִי(bᵉlī)가 각각 접두형 동사 형태와 분사 형태와 함께 사용되고, יפי תארה(yōp̄ī ṯoʼᵒrāh) '그녀의 모습(의) 아름다움'처럼 운율상의 이유 때문에 명사의 연계형 대신 절대형이 사용되며, פְּלָכִים(pᵉlāḵīm) '천체'처럼 새로운 기술적인 의미를 가진 복수 형태가 단수 명사에서 파생되고, יפחדני(yip̄ḥaḏ-nī) '그가 나를 두렵게 할 것이다.'와 יריבוני בך(yᵉrīḇū-nī ḇᵉ-ḵā) '그들이 당신 때문에 나와 논쟁할 것이다.' 같이 성서 히브리어에는 일반적이라고 볼 수 없는 동사에 접미어가 첨가된 형태가 발견되고, מְתֵי אַהֲבָה(mᵉtē 'āhᵃḇā) '연인들'(직역: '사랑의 사람들') 같은 아랍어에서 온 번역 차용어들이 나타난다.

성서 히브리어와 가장 큰 차이점이 발견되는 부분은 스페인 히브리어 운문의 황금시대의 어휘 부분인데, 주로 아랍어의 영향 때문이다. 이미 나열된 번역 차용어의 광범위한 사용 외에 많은 단어의 새로운 의미가 이 시기에 처음으로 나타나 이후 세대의 언어에 흡수된다. 여기에는 אַךְ('aḵ) '훨씬 더', עֲדֵי('ᵃḏē) '조차도', צָעִיר(ṣā'īr) '작은', גּוּשׁ(gūš) '벌레들', חִידָה(ḥīḏā) '대화, 작문', זֶכֶר(zæḵær) '냄새', עָלוּם('ālūm) '숨겨진 죄', רַקָּה(raqqā) '뺨', גִּיל(gīl) '세대, 시대', מִדְבָּר(miḏbār) '묘지', גבר(gbr) '계산하다.'(아랍어에서 같은 어원의 단어처럼), אמר('mr) 히필 'emir(이슬람 국가의 수장), 통치자로 임명하다.', בלל(bll) '축축하게 하다.', שחר(šḥr) '새벽에 일어나다.', חקר(ḥqr) '경멸하다.' 등이 포함된다.[101)]

더 후대의, 특히 기독교 왕국들의 시에 나타나는 히브리어는 아직 적절하게 검토되지 않았지만 전반적으로 이미 설명된 특징을 따르고 있고 저자에 따라 서로 다른 측면이 두드러진다.102) 취향의 변화, 매너리즘, 다소 괴벽스러운 처리 방법,103) 대중적인 철학적 신비주의 주제를 시에 소개하는 일뿐 아니라 때로는 라틴계 언어들의 영향 등 이 모든 것이 위대한 고전시대를 뒤따른 후대인의 언어에 뚜렷이 남아 있다.

아브라함 이븐 에즈라의 작품에 성서 히브리어와 아랍어가 여전히 주된 영향력을 가지고 있긴 하지만 우리는 새로운 시대의 첫 신호들을 볼 수 있다. 예를 들어 아랍어와 다른 언어에서도 알려진 נולד בלי כוכב(nōlāḏ bᵉlī kōḵāḇ) '별이 없이 태어나다.'는 표현은 그 당시의 유명한 인물을 번역한 것으로 보인다. 이븐 에즈라의 시에서 מַחֲשָׁבָה(maḥᵃšāḇā)와 מַעֲמָסָה(ma'ᵃmāsā) 대신 מַחְשָׁב(maḥšāḇ)와 מַעֲמָס(ma'ᵃmās)처럼 각운 때문에 짧아진 명사뿐 아니라, חָמוּד(ḥāmūḏ) '사랑받는'이 '사랑받는 아들' 이삭을 언급하는 등 *파이타님*을 연상케 하는 많은 암시적인 이름을 볼 수 있다. 종종 이븐 에즈라는 명사의 성을 변경하는데 예를 들면, כַּחֲרָבוֹת(ka-ḥᵃrāḇōṯ) 대신 כחרבים(ka-ḥᵃrāḇīm) '칼들처럼'을 사용하고, כְּנָפַיִם(kᵉnāp̄ayim) '(한 쌍의) 날개'를 남성으로 취급한다. 그는 각운 때문에 בְּיַיִן(bᵉ-yayin) 대신 בִין(bᵉ-yēn) '포도주로'처럼 때때로 절대형을 연계형으로 대체하고, בְּאִישׁוֹן לַיְלָה(bᵉ-'īšōn laylā) 대신 ליל באישון(lēl bᵉ-'īšōn) '깊은 밤에'(잠 7:9) 같이 때때로 어순을 바꾼다. מִבְרָח(miḇrāḥ) '도피'처럼 어떤 성서 단어들은 새로운 의미를 취하기도 한다.

유다 알-하리지는 그의 *maqāmāt*에서 문맥을 완전히 무시한 채 가져온 많은 성서 구절들로 '모자이크' 양식을 사용한다. 다른 측면에서 그의 작품은 운율을 살린 산문에서든 시나 산문 형태의 아랍어에서 번역한 작품들에서든 순수한 성서 히브리어에 대한 마지막 대표작 중 하나이다. 그럼에도

101) S. Abramson 1941-43; Medan 1951; Mirsky 1952-53; Klar 1953-54; Ratzaby 1956-57, 1965, 1969; Allony 1959, 1960, 1964a, 1966, 1969, 1975, 1976을 보라.

102) Todros b. Judah ha-Levi Abulafia의 언어에 대한 옐린의 연구는 모세 이븐 에즈라의 언어를 설명하기 위해 사용된 것과 유사한 틀을 사용하는데(Yellin 1975, 241ff., 262ff.), 이 두 저자들 간에 감지할 만한 큰 차이가 없다는 것을 보여주는 점이 흥미롭다.

103) 예를 들어 I. Davidson 1914를 보라.

그는 כְּנוּסָה(k^{e}nūsā), '기혼 여성'을 의미하는 탈무드 용어처럼 많은 랍비 시대 표현을 사용하고 고전 시대의 그의 선배들과 마찬가지로 엄격한 순수주의의 규율에서 벗어날 뿐 아니라, 어휘, 동사와 전치사 결합 등에서 아랍어 영향을 받은 예를 보여준다.104) 그 이후의 작가에게서는 오로지 안달루시아의 위대한 고전파 시인들을 모방하기 위해 남아 있던 아랍어가 점차 다른 요소에 길을 내 주었는데, 그 중 랍비 시대 히브리어와 아람어가 주목할 만하며 라틴계 언어들에서 온 번역 차용어도 가끔씩 사용된다.105) 예를 들어 13세기 중반에 게로나(Gerona, 스페인 북동부 지방 Catalonia의 도시-역자 주)에 살았던 메슐람 벤 솔로몬 다 피에라(Meshullam b. Solomon da Piera)는 안달루시아 스타일을 모방하는데 그 예로 מְתֵי אֹמֶן(m^{e}ṯē 'ōmæn) '신실한 사람들'(직역: '믿음의 사람들') 같은 아랍어식 표현들, עֵינַיִם('ēnayim) '(한 쌍의) 눈'이 남성처럼 취급되는 문법적인 성의 변경, 양적인 각운을 맞추기 위한 다양한 변화 등이 있다. 동시에 그는 עגילי('^{a}gīlē) '~의 방패들'처럼 랍비 시대 히브리어나 아람어 표현도 사용한다.

스페인 히브리어 시인 중 마지막 인물은 아마도 사아디아 이븐 다난일 것이다. 그는 15세기 말에 그라나다(Granada)를 떠났다. 비록 그의 시가 소수이고 잘 알려지지 않았지만,106) 안날루시아 시 유형을 따르고 있어, 모호한 문체와 과장된 문장에도 언어 사용이 근본적으로 성서적이다. 또한 이븐 다난의 작품은 랍비 시대 히브리어의 다양한 흔적을 포함하고 있는데 예를 들어, -לְ(l^{e}-)를 목적격 표시어로 사용하고, 2인칭 남성 단수 대명사 접미어 ךָ-(-āḵ)를 사용하며, 어휘와 수동태와 조동사의 사용과 관련된 많은 아람어 형태를 사용한다.

5. 스페인 히브리어 산문의 언어

중세 히브리어 산문은 특히 스페인과 프로방스에서 온 히브리어 산문의

104) Schirmann 1930, 10ff.를 보라.

105) Pagis 1976, 182ff.를 보라.

106) Targarona 1986을 보라.

주된 부분은 아랍어와 아랍어 문학의 영향을 강력하게 받았다. 그러나 아랍어의 영향은 당시 히브리어 작품의 일반적인 특징일 뿐, 다양한 작품 가운데는 작품마다 매우 분명한 언어적 차이점이 있다는 것을 간과해서는 안 될 것이다. 우선 우리는 원래 히브리어로 된 작품 번역을 아랍어와 라틴어 본문에 대한 번역과 구별할 수 있다. 첫 번째 그룹(원래 히브리어로 기록된 작품)에서 우리는 다양하게 아랍어의 영향을 받은 무슬림 통치 지역에서 기록된 작품과 그와 같은 영향에 덜 종속된 기독교 지역에서 작성된 다른 작품과 구분해야 한다. 더욱이 각각의 문학 장르는 서로 다른 방법으로 해결해야 할 각각의 언어 문제를 갖고 있는데, 이는 우리가 최소한 내러티브나 문학적인 작품, 언어학, 철학이나 신비주의적 성격의 작품과 과학 작품을 구별해야 된다는 것을 의미한다. 두 번째 그룹(번역물)에서 비록 아랍어에 대한 번역물, 특히 그라나다의 이븐 티본 가문이 만든 번역물이 그 시대의 가장 전형적인 작품이지만 이 분야의 유일한 활동은 아닌데, 예를 들면 스페인 북동부 지역과 프로방스에서 이루어진 라틴어에 대한 번역물과 매우 다르다.[107]

우리는 어떤 유대인 저자들이 그들의 작품을 위해 중세 아랍어를 선택한 반면, 다른 이들은 히브리어를 선택한 개별적인 상황을 알 수 없다. 아마도 주된 이유는 특정 언어에 대한 저자의 친숙함과 구사 능력에 따른 개인적인 이유로 보인다. 다른 이유는 자신의 잠정적인 독자층의 특정 언어에 대한 지식이었을 것이다. 어떤 경우에든 만일 한 저자가 히브리어로 글을 쓰기로 선택했다면 문학이든 철학이나 과학적 주제에 관해서든 모방할 수 있는 기존의 모델이 없다고 가정할 때, 그는 사용할 수 있는 언어 유형에 대한 많은 자유를 가지고 있었다. 시적 언어의 기준이 여기에서는 거의 중요하지 않으며, 언어 순수주의는 전혀 강요되지 않거나 심지어는 실제로 산문을 기록하는 데 길잡이로 간주되지도 않았다. 따라서 어떤 저자들은 과학적 문헌을 위해 랍비 시대 히브리어에 가까운 언어 형태를 사용한 반

107) 이 분야에서 매우 중요한 연구물들을 많이 남긴 고쉔-고트슈타인은 실질적으로 히브리어 산문에 미친 아랍어 영향의 다른 등급들에 따라 여섯 개의 시대로 구분할 것을 제안했다(1968). 불행하게도 각 시대에 대한 연구가 최근에 사실상 중단되었다.

면, 다른 이들은 성서 히브리어에 더 가까운 언어를 사용했다. 어떤 선택을 했든지 이 모든 본래의 산문 작품의 언어는 성서와 랍비 시대 히브리어 요소를 포함하고 있고, 특히 문장과 어휘 부분에서는 다양한 정도의, 그러나 매우 유의미한 수준의 아랍어의 영향을 보여주고 있다.

10세기 안달루시아 언어학자들이 어휘론과 문장론 연구를 위해 히브리어를 사용한 것은 중세에 전문적인 히브리어 기록의 발전에 결정적인 진전을 의미한다. 므나헴 벤 사룩은 자신의 사전(*Maḥberet*)을 히브리어로 기록하여 동쪽 지역과 북부 아프리카 지역의 그와 가장 가까운 선배들과 명백하게 거리를 두었다. 11세기의 위대한 언어학자들이(그들은 히브리어 언어학이 취해야 할 길을 규명하게 된다.) 아랍어를 다시 사용하기 시작하기로 결정할 때까지 히브리어는 므나헴의 작품 이후에 기록된 논쟁과 10세기 스페인의 문법적 연구물에도 사용되었다.

므나헴이 성경 언어를 히브리어로 쓰기로 결정했으나 그와 같은 결정이 엄격히 성서 언어 형태만 사용하도록 강요하진 않았다. '히브리어의 순수성'은 몇 세대 후까지도 광범위한 지지를 얻지 못한 개념이었고 당시만 해도 세속시에만 적용했으며, 므나헴의 경우 순수주의를 하나의 이론으로 지지하지도 않았고 지배를 받지도 않았다. 므나헴은 오류와 좋지 않은 용법, 언어에 대한 무지로 만들어진 단어들을 사용하지 않았을 뿐이었다. 예를 들어 그는 תְּרוּמָה(t[e]rūmā) '요제'에서 תָּרַמְתִּי(tāramtī) '내가 (제물을) 바쳤다.'를 만든 것을 비판했다.[108] 그럼에도 므나헴이 사용하는 히브리어는 그 당시의 전형적인 모습으로 랍비 시대와 중세의 많은 구조들이 혼합된 뚜렷한 성서 히브리어 요소를 갖고 있다.

*Maḥberet*에서 성서 히브리어를 선호한 것은 무엇보다도 관계대명사와 지시대명사의 사용과 일반적으로 성서 히브리어에서 잘 알려진 불변화사를 사용한 것에서 드러난다. 때때로 *눈 파라고기쿰*(*nun paragogicum*, 첨가의 눈)을 사용하는 것 외에 고어 형태들이 거의 없고, 연속 바브가 사용되지 않으며 정형 동사가 뒤따르는 부정사 절대형이 드물다. 이와 달리 낱글자 전치사와 함께 오는 부정사 연계형은 자주 나타나고, 시제 체계도 성서 히브

108) 필자가 편집한 므나헴의 *Maḥberet*(Granada, 1986), *20을 보라.

리어와 일치하지만(다른 종류의 본문 속에 발견되는 동사가 확장되거나 단축된 형태들은 없다.), 분사는 종종 랍비 시대의 용법에 따라 보편적인 사실이나 규정을 표현할 때 현재 시제로 사용된다. 소유격 관계는 주로 연계 구조로 표현되며 שֶׁל(šæl) '~의' 불변화사가 나타나지만 드물다. 후기 성서 히브리어의 조건을 표현하는 불변화사 אִלּוּ('illū)가 흔히 사용된다.

므나헴의 언어에서 그보다 훨씬 덜 중요한 다른 랍비 시대 히브리어의 요소는 특히 이름의 알파벳으로 흔히 들어가는 ־ִין(-īn)으로 끝나는 복수 형태, 특정한 불변화사, 때때로 사용되는 여성 지시사 זוֹ(zō) '이것', 지시형용사를 정관사 없이 명사 뒤에 두기, 분사가 היה(hyh) '~이다, 있다.'의 조동사와 함께 오는 구조, 몇몇 Nithpa'al 동사 형태 등이 있다. 그는 *파이타님*의 전형적인 형태들을 좀처럼 사용하지 않는다.

므나헴의 언어가 중세에 기원을 둔 많은 요소를 포함하고 있지만, 근본적으로 성서적인 성격을 바꿀 만큼 두드러지지는 않는다. 므나헴이 성서에서 발견되는 형태들을 자유롭게 확장시키는 데 원칙적으로 반대하긴 하지만, 자신의 글의 주제가 성경과 관련이 별로 없는 경우에는 언어 자원을 증대시키기 위해 유추를 사용한다. 또한 그는 특정 언어학적 문제를 알리기 위해 히브리어를 사용한 첫 번째 저자였기 때문에 새로운 형태들을 만들어야 할 필요가 꽤 많았다. 므나헴 자신은 부인하겠지만 그도 특히 언어 용어 영역에서 아랍어에 상당한 빚을 지고 있다.

후에 모세 이븐 에즈라는 므나헴의 작품 중 유추로 만들어진 형태들을 비판하였는데 성서 히브리어의 성과 수의 변화는 그다지 많이 나타나지 않는 반면, 종종 성서 히브리어 동사를 성경에 입증되지 않는 파생 형태로 사용하며 아랍어에서 온 것으로 보이는 수동태 구조도 자주 사용한다. *Maḥberet*에서 우리는 종종 새로운 명사 형태, 특히 qᵉṭīlā 유형의 형태를 볼 수 있다. 이 형태는 다른 산문 부분에서는 일반적으로 나타나지 않는다. 중세 용법처럼 때때로 지시형용사가 정관사 없이 명사 앞에 온다.

동사 문장에 주목할 만한 변화가 있고, 한 동사가 법을 표현하거나 보조 동사로 사용되는 것뿐 아니라, 아랍어의 영향으로 보이는 많은 상용구와 היה(hyh) '~이다, 있다.' 동사와 함께 오는 다양한 수동 분사 구조가 드물지 않게 발견된다.

요약하면 므나헴의 어휘는 주로 성서에 기원하며, 그가 사용한 전문 어휘에서 발견되는 많은 수의 새롭고 비일상적 용법 외에는 주목할 만한 새로운 점이 없다. 그의 선배 저자들이 이미 꽤 많은 언어 관련 용어를 만들어 놓았으므로 므나헴을 이 분야 효시자라 말할 수 없지만, 자신만의 매우 개인적이고 특별한 공헌을 했다. 아랍어 차용어와 번역 차용어를 받아들이던 전통과 달리, 므나헴은 새 용어 만들기를 좋아했다. 하지만 기존의 표현을 모두 거부한 것은 아니며, 실제로 그의 작품에서 많은 아랍어 기원 전문 용어를 발견할 수 있다.[109]

므나헴의 상당수 언어학 용어는 일상생활에서 온 것으로 יצא(yṣ') '나가다.'와 נפל(npl) '떨어지다.' 같은 일상적 명사와 동사 의미의 범위를 확장시켜 특정 언어학적 의미를 부여한 것이다. 눈에 띄는 것은 생리학적이고 의인화된 용어의 사용으로 그 용어들은 언어가 살아있는 존재로 보이게 해준다. 동시에 므나헴은 법률과 종교 영역에서 חק(ḥōq) '법령', דָּת(dāṯ) '법', מִשְׁפָּט(mišpāṭ) '판결' 같은 많은 단어를 빌려오고 진실, 정확함, 수치를 나타내는 영역에서도 마찬가지다.

전반적으로 특히 전문 영역에서 아랍어의 영향을 어느 정도 받은 것이 사실이지만, *Maḥberet*는 단순히 '아랍어화 된' 저서로 간주할 수 없고 주로 성서 히브리어 형태를 사용한 작품에 포함해야 한다.[110]

두나쉬 벤 라브라트는 그의 스승인 사아디아(이 장의 3단락을 보라.)의 여러 작품을 자신의 히브리어 산문 저서의 모델로 삼고 있지만, 두나쉬의 언어가 기본적으로 성서 히브리어에 충실한 한편, 사아디아의 작품에 매우 전형적인 성서 구절의 모자이크 양식과는 많이 다른 점을 인정해야 한다. 두나쉬의 산문은 형태, 문장, 어휘에서 근본적으로 성서적이다. 그러나 고어처럼 보이게 하는 형태나 연속 바브를 사용하지 않는다. 부정사 절대형을 사용한 경우는 단지 한 번밖에 없지만, 낱글자 전치사와 함께 오는 부정사 연계형은 자주 나타나며 때때로 상황절을 이끈다. 불변화사는 거의

109) Bacher 1974(원래 1895년에 출판됨.), 90f.; Sáenz-Badillos 1976, 18ff.를 보라.

110) Sáenz-Badillos 1985를 보라.

성서 시대와 같고 아주 드물게 랍비 시대처럼 사용되며, 아람어의 영향을 받은 몇몇 전형적인 중세의 용법도 있다. 또 다른 특징이라고 할 수 있는 지시사는 입증된 예의 76퍼센트가 성서 용법을 따르고 나머지는 중세 용법을 따른다. 복수 형태와 정관사를 사용할 때 두나쉬의 언어는 성서 용법과 일치하고, *파이타님*의 특징적 구조는 없다.

동사에서는 랍비 시대 히브리어의 영향이 좀 더 크다. 비록 두나쉬의 시보다는 덜 하지만 현재 시제나 היה(hyh) '~이다, 있다.' 동사와 함께 반복적인 동작을 표현하기 위해 분사를 사용하는 일이 아주 흔하다. 랍비 시대 영향이 많은 지시사와 -שֶׁ(šæ-) 'who, which'와 결합된 불변화사에서도 입증되나 성서 히브리어 관계사 אֲשֶׁר('ašær) 사용이 전적으로 지배적이다. q^eṭīlā와 qiṭṭūl 유형의 명사 형태가 *Teshuvot*에서 종종 발견되며, -עלי ל('ālay l^e-) '내가 ~해야 한다.'(직역: '~하는 것은 내 위에 있다.')와 היה ראוי להיות(hāyā rā'ūy li-hyōṯ) '그것은 ~여야 했다.'(직역: '그것은 ~인 것이 적합했다.') 표현도 랍비 시대에서 온 것으로 보이나, 두 번째 예는 아랍어의 영향을 받았을 가능성이 있다.

직접적인 아랍어 영향은 על שלושה שערים('al $š^e$lōšā $š^e$ʿārīm) '세 단락에서(직역: '위에')'와 ואם יתכן להיות פתרונם אחד(w^e-'im yittāḵēn li-hyōṯ piṯrōnām 'eḥāḏ) '비록(직역: '그리고 만일') 그것들의 의미가 같을지라도'처럼 불변화사의 다양한 사용에 나타나고, ואתמה ממך(w^e-'æṯmāh mimmæḵā) '그리고 나는 너에게(직역: '너로부터') 놀랐다.'처럼 동사, 전치사 결합에도 몇몇 변화가 있다. 전문적인 어휘에서 많은 번역 차용어 뿐 아니라, 더 평범한 단어의 의미도 아랍어의 영향을 받았는데 예를 들면, אחי חכמה('ahī ḥoḵmā) '박학한 사람'(직역: '지혜의 형제'), יאגור(yæ'ægōr) '그가 모은다.', עד('ēḏ) '증거', שם נופל על(šēm nōpēl 'al) '~에 적용되는(직역: '~위로 떨어지는') 이름' 등이 있다. 아랍어 영향의 다른 경우로는 אבוא לבאר('āḇō' l^e-ḇā'ēr) '내가 설명하려고 한다.'처럼 특정 동사들이 조동사로 사용되는 것, מצאנו מסותר(māṣānū m^esuttār) '우리가 숨겨진 것을 발견했다.'처럼 분사를 목적격 명사 보어로 사용하는 것, 시제의 일반적인 순서의 변화가 있다.

두나쉬의 작업을 전반적으로 평가하면, 사용 언어 유형이 주로 성서적이고 상당히 많은 랍비 시대 히브리어 요소들이 첨가되어 있지만, 아랍어의 영향이 므나헴의 작업보다 훨씬 더 명백하다.[111] 10세기 나머지 기간 동안 므나헴과 두나쉬의 지지자 사이에 언어적 논쟁이 이 두 가지 기본 작업이 설정한 노선과 함께 계속되었다. 또한 그 시대의 철학적 저술에 사용된 히브리어는 특별한 어휘와 상당수의 아랍어 번역 차용어에도 불구하고 이 기준과 실질적으로 다르지 않다.[112]

*maqāmāt*와 다른 종류의 중세 내러티브 작품의 언어는 다양한 서로 다른 방향을 취한다. 전통적인 미드라쉬의 모티브와 주제를 답습한 작품은 하가다 문학에 전형적인 후기 랍비 시대 히브리어의 언어 특징도 간직하고 있다. 비록 알-하리지 같은 주목할 만한 저자들이 성서의 인용구를 광범위한 모자이크 형식으로 결합시키면서 성서 히브리어에 가까운 언어를 사용하려고 노력했지만, *maqāmāt*와 아랍어에 기원을 둔 이야기와 우화들의 모음집들 속에 아랍어의 영향이 매우 뚜렷하게 나타난다. 할라카적 작품들은 랍비 시대 히브리어의 연속에 더 가까운 성격을 띠는 다른 길을 따른 반면, 아브라함 이븐 다우드(Abraham ibn Daud) 같은 역사서 저자들이나 투델라(Tudela)의 벤자민(Benjamin) 같은 기행 작가들은 성서 히브리어에 유사한 히브리어 형태를 사용했다. 그러나 그들은 אֶלָּא('ællā') '~기 이니리 오히려', -שֶׁ(šæ-) 'who, which', -עַד שֶׁ('ad̲ šæ-) '~까지', -מִפְּנֵי שֶׁ(mip-p^{e}nē šæ-) '때문에'와 같이 상당수의 랍비 시대 히브리어 불변화사들뿐 아니라, קָרוֹב מִן (qārōb̲ min) '~에(직역: '~로부터') 가까운'처럼 아랍어에서 유래되었을 몇몇 중세 표현도 사용했다.

11세기 말부터 약 1136년까지 기독교 환경에서 산 아브라함 바르 히야(Abraham bar Ḥiyya)의 과학 저술에는 매우 다른 표현법이 사용되었다. 천문학자이자 바르셀루나 법정의 높은 관직을 맡고 있던(바르셀루나는 카탈루니아와 정치·문화적으로 통일을 이루고 있던 시대에 프로방스에 영향력을 확장시켰다.) 그의 개인적인 상황은 과학 저술 작업에 몰두하고자 한 결정에 중요한 배경이 된다. 백과사전적 작품 *Yesodei ha-Tevunah*의 서론에서 그

111) Sáenz-Badillos 1982를 보라.

112) Klatzkin 1928-33을 보라.

는 저술 동기를 이렇게 말한다. “나는 나 자신의 의지 때문이나 영광을 얻기 위해 이 주제를 택한 것이 아니며, 짜르파트(Ṣarfat, 기독교 왕국) 온 땅의 과학 분야에 히브리어 서적이 없으므로 내가 따르는 이 세대 많은 저명인사들이 내가 이 일을 하도록 격려했기 때문이다.”[113]

이와 같이 바르 히야가 다양한 작품을 라틴계 언어나 라틴어로 번역했을 뿐 아니라 히브리어로 기록된 첫 과학, 철학서들을 집필하여 이러한 주제를 위한 전문 어휘를 만드는 데 공헌하는 한편, 일관성 있는 언어와 문체를 사용한 것은 아랍어를 이해하지 못하던 유럽의 유대 공동체들을 염두에 두었기 때문이다. 바르 히야가 실제로 번역을 하고 있지 않을 때조차도 그의 자료는 아랍어 서적에서 왔기 때문에, 그의 첫 번째 문제는 이전에 히브리어로 논의되지 않았던 과학 분야를 충분히 정확하게 재현할 수 있는 히브리어 표현을 만드는 것이었다.

바르 히야가 히브리어의 모든 단계의 요소를 그의 저작에 사용했지만, 언어 기준은 랍비 시대 히브리어였다. 그의 언어는 무엇보다도 미쉬나에서 왔으며 수많은 새 용어를 개발했지만, 라쉬보다 더 고어의 맛을 주는 점이 주목받았다.[114] 바르 히야가 사용하는 대부분의 표현은 이미 히브리어에 있었지만, 아랍어에서 새로운 의미를 빌려와 그 표현을 새 본문에 적용하여 다른 뜻을 만든다. 예를 들어 מַאֲמָרוֹת(ma’^{a}mārōṯ) ‘말들, words’과 יְסוֹדוֹת(y^{e}sōḏōṯ) ‘기초들’은 ‘범주들’이고, אוֹפָן(’ōpān) ‘바퀴’는 ‘궤도’나 ‘지평선’이며, גָּדֵר(gāḏēr) ‘벽’은 ‘정의, definition’나 아랍어 동음이의어처럼 ‘제곱근, square-root’이다. דִּבּוּק(dibbūq) ‘집착’과 חִבּוּר(ḥibbūr) ‘결합’은 ‘(행성의) 합, planetary conjunction’을 의미하고, הִיּוּלִי(hīyyūlī) ‘hyle, 물질이나 성분’은 חֹמֶר רִאשׁוֹן(ḥōmær rīšōn) ‘최초의 물질’을 말하며, חִדּוּשׁ(ḥiddūš)는 아랍어 동음이의어처럼 ‘창조’를 의미하고, יְצִירָה(y^{e}ṣīrā) ‘형성’은 ‘본질, 성질’의 추가적인 뜻을 취한다. כּוֹכַב הַזָּנָב(kōḵāḇ

113) J. M. Millás, *La obra enciclopédica Yesodé ha-Tebuná u-Migdal ha-’Emuná de R. Abraham bar Ḥiyya ha-Bargeloní* (Madrid/Barcelona, 1952), 37을 보라.

114) Efros 1926-27; 1929-30, Ṣarfatti 1968, 61ff., 특히 111ff.를 보라. 짜르파티는 그의 글에서 아랍어 용어들과 의미나 발음이 유사하여 새로운 의미를 갖게 된 히브리어 단어들과 그러한 유사성 없이 ‘독립적으로’ 의미를 갖게 된 단어들, 차용어들을 신중하게 구분한다.

haz-zānāḇ)는 '혜성'(직역: 꼬리의 별), מַזָּל צוֹמֵחַ(mazzāl ṣōmēaḥ)는 '떠오르는(직역: 싹이 트는) 징조', מַעְתִּיקִים(ma'tīqīm)은 '윤회를 믿는 사람들(직역: 옮기는 사람들)', תִּשְׁבֹּרֶת(tišbōræṯ)는 '기하학'을 의미하고, תִּקּוּן(tiqqūn)은 '향상'뿐 아니라 '(한 해의) 규정'이나 기하학적인 방법론에 의한 '(별의) 옳은 위치'를 의미할 수 있다.115) מֶרְכָּז(mærkāz) '중앙'과 קֹטֶב(mærkāz) '천구의 극, celestial pole'과 같이 완전한 차용어는 수가 훨씬 적다.

바르 히야가 성서 히브리어 어휘도 사용하지만, 용어 대다수는 랍비 시대 히브리어에서 왔는데, בְּשָׁעָה שֶׁ־(be-šā'ā šæ-) '~하는 시간에, ~할 때', כְּלוֹמַר(ke-lōmar) '말하자면', רָאוּי(rā'ūy) '알맞은', עָתִיד לְ־('āṯīḏ le-) '~하려고 하다.', אֲפִלּוּ('apillū) '~일지라도' 등의 예가 있다. 그는 다양한 성서 본문을 주석하면서 성서 히브리어 단어를 랍비 시대 히브리어 단어로 교체하지만, 동시에 전형적인 중세의 방법을 따라 성서 히브리어 불변화사인 אֲשֶׁר('ašær) 'who, which'와 כִּי(kī) 'that'을 그것들에 해당되는 랍비 시대 불변화사 ־שֶׁ(šæ-)보다 훨씬 더 많이 사용하고, '~가 아니라 오히려'를 표현하기 위해 랍비 시대 히브리어의 אֶלָּא('ællā')와 성서 히브리어의 כִּי אִם(kī 'im)을 둘 다 사용하여(랍비 시대 히브리어처럼 종종 לְבַד(leḇaḏ) '단지'가 뒤따른다.) 그의 절충주의를 보여준다.

바르 히야의 문법서에는 아랍어 영향이 여러 면에서 더욱 분명하다. 예를 들어 그는 בגלות הזה(bag-gālūt haz-zæ) '이(남.) 망명(여.)에서'처럼 명사의 성을 바꾸고, אלו החכמות('ēllū ha-ḥoḵmōṯ) '이 학문들'처럼 지시사의 위치를 변경시키며, זֶה(zæ) '이것'을 중성 대명사로 사용한다. 또한 바르 히야는 היה יעשה(hāyā ya'aśæ) '그가 ~하곤 했다.'(직역: '그가 ~였다, 그가 ~할 것이다.')처럼 היה(hyh) '~이다, 있다.' 동사를 접두형 동사와 함께 조동사로 사용하고 יֵשׁ שָׁם(yēš šām) '(저기에) 있다, there is (there)'를 사용하며 동격 관계에 있는 두 번째 명사 앞에 불변화사를 반복하지 않는다.

한 세대 후에 무슬림 문화를 유럽의 유대 공동체들에게 전달하는 데 관심을 보였던 아브라함 이븐 에즈라는 주로 성서 히브리어에 기초한 언어로 글을 썼다. 하유지의 글을 히브리어로 옮긴 번역물에 나타나듯이 그가 아

115) Efros 1926-27; 1929-30을 보라.

랍어에 정통한 사실이 자신이 사용하는 히브리어 속에, 특히 전문적인 어휘에 반영되고 있다. 이상하게도 두나쉬가 פרש(prš) 피엘 '해석하다.' 대신 פתר(ptr) 동사를 사용한 것을 비난할 정도로 정확한 단어를 사용할 것을 상당히 요구하는 반면, 자신의 단어 선택에서는 완전히 체계적이지 않으며, 종종 בֵּינוֹנִי(bēnōnī) '분사'와 שֵׁם הַפֹּעַל(šēm hap-pō'al) '동명사,' מָקוֹם(māqōm) '(~의) 장소(에서)'와 תְּמוּרָה(tᵉmūrā) '(~에 대한) 교환(으로)' 같은 유사어를 사용하는데 다양성 이외의 다른 이유는 없어 보인다. 그러나 그는 철저하게 동시대의 특정한 문법 용어를 사용하지 않으며, 예를 들어 תֵּבָה(tēḇā) '단어'는 מִלָּה(millā)로, מָקוֹר(māqōr) '부정사'는 שֵׁם הַפְּעֻלָּה(šēm hap-pᵉ'ullā) 직역, '행위의 명사'로, שמש(šmš) 피엘 '노예의 역할을 하다.'는 שרת(šrt) 피엘로 대체한다. 또한 이븐 에즈라는 특히 마소라 학자들과 므나헴 벤 사룩의 표현을 빌려 왔으나, 종종 그들에게 새로운 의미를 부여했는데 예를 들어, הֵא הַתְּמָה(hē' hat-tēmāh) '의문사 헤'와 הַמְתָּנָה(hamtānā) '휴지, 멈춤' 같은 표현이 있다. 또한 슈바와 관련하여, 그는 נָח(nāḥ) '묵음'의 의미로 שֹׁקֵט(šōqēṭ) '쉬고 있는'을 사용한다. 때때로 같은 단어가 매우 다른 의미로 사용될 수 있는데, סְמִיכוּת(sᵉmīḵūṯ) '연계 형태', '접미어 첨가', '비휴지 형태', '접미어가 붙은 동사'가 그 예이다.[116]

수학 영역에서 아브라함 이븐 에즈라의 학문적 용어는 바르 히야와 비슷하고 그의 영향을 받았지만, מֶרְכָּז(mærkāz) '중앙'보다 נְקֻדָּה(nᵉquddā)나 מוּצָק(mūṣāq)을 선호하는 등 특정 차용어의 사용을 피하고, מְכוֹנָה(mᵉḵōnā) '스탠드, 받침대'와 כְּלִי נְחֹשֶׁת(kᵉlī nᵉḥōšæṯ) '(고대 천문 관측의) 아스트롤라베'(직역: '청동 기구')처럼 자신의 필요에 적합한 의미를 가진 히브리어에서 온 새로운 단어들을 소개한다. 성서 주석에서 그러한 표현에 대한 이븐 에즈라의 해석 때문에 종종 그런 표현들이 전문 용어로 사용되는 것을 볼 수 있다.[117] 이븐 에즈라는 그의 비전문적인 글에서 성경 문체에 가까운 순수주의 문체를 선호하고, 랍비 시대 히브리어보다 성서 히브리어에 전형적인 불변화사를 선택하는 경향이 있다.

---

116) L. Prijs 1950을 보라.

117) Ṣarfatti 1968, 130ff.를 보라.

많은 측면에서 그 시대의 가장 대표적인 히브리어 산문은 아랍어 번역물로 무슬림 통치에서 벗어나는 지역의 저자들을 포함하는 후대의 저자들이 당시의 아랍어 번역을 모방하곤 했다. 11세기부터, 특히 12세기에 유럽의 다른 지역에 있는 유대인들이 동쪽 지역과 안달루시아의 동일 종교를 가진 이들의 위대한 아랍어 저서들과 이슬람 세계의 과학, 철학 분야 저명 연구에 접근하는 데 관심이 커지고 있었다. 600여 년 동안 약 천 권의 저서가 히브리어로 번역되었고, 아주 중요한 저서들은 몇 차례씩 번역되었다.[118] 2세기 동안 이븐 티본 가문을 선두로 한 번역자들은 히브리어가 아랍어 저서를 번역하기에 적합하지 않다고 느꼈고, 최소한 이론적으로는 외래 영향을 받지 않은 문법적으로 올바른 언어 사용에 의한 번역을 지지했지만[119] 한 번도 제대로 성공하지 못했다.

번역자들은 원래의 텍스트를 충실하게 재현하려고 종종 문체를 무시하고, 성을 섞거나 전치사를 바꾸면서 문법적으로 불규칙한 형태들을 수용해야 했다. 히브리어가 즉각적인 해결책을 제공하지 못할 때 종종 아랍어 어휘와 문장을 번역에 차용하였다. 그들은 고전어보다 스페인에서 발달한 중세 아랍어의 영향을 더 받았다.[120]

11세기에 모세 이븐 치콰틸라(Moses ibn Chiquatilla)가 만든 하유지 작품에 대한 상당량의 히브리어 번역 같은 초기 번역은 좀 일반적이지 않은데 직역이 아니라 더 자유롭고 완곡하며, 문자적 엄격함보다 명확함과 언어의 순수성을 더 중요하게 여긴다.[121] 심지어 원래 텍스트의 의미가 독자에게 불분명한 곳은 내용을 첨가할 뿐 아니라, 역자가 저자와 동의하지 않는 부분은 내용을 생략하거나 변경하기도 했다. 성서 히브리어에 훨씬 근접한 그의 언어는 10세기 문법학자들의 언어와 뚜렷하게 차이가 있다. 1세기 이후에 아브라함 이븐 에즈라의 번역도 성서 히브리어에 충실하려고 하지만, 원래 텍스트의 문자적 의미를 더 존중한다. 그러나 주된 모델이 된 번역은

118) Steinschneider 1893을 보라.

119) I. Abrahams, *Hebrew ethical wills* (Philadelphia, 1923), 68에서 유다 이븐 티본이 그의 아들에게 남긴 유언을 보라.

120) Blau 1985를 보라.

121) Poznanski 1895, 71ff.를 보라.

이러한 종류의 것이 아니라 이븐 티본 가문의 번역 작업이었다. 이 가문에서 가장 유명한 유다 이븐 티본은 *Ḥovot ha-Levavot*에 대한 번역 서문에서 다음과 같이 밝힌다.

> 이슬람 통치권의 나라에서 모든 사람이 아랍어를 이해했기 때문에 가온들이 아랍어를 사용했다고 설명한다. 또한 아랍어는 언어를 말하는 이들과 저자의 다양한 요구를 충족시키는 풍부하고 다각적인 언어이다. 이 언어의 어구는 정밀하고 투명하며, 각 주제에 대한 내용을 히브리어보다 훨씬 더 날카롭게 표현한다. 히브리어에 대해 우리가 갖고 있는 것이라고는 성서에 있는 것이 전부인데, 그것은 모든 말하는 사람의 필요에 적합하지 않다. 또한 그들(동쪽 지역 학자들)은 그들의 작품을 통해 거룩한 언어와 친숙하지 않은 교육받지 못한 대중에게 유익을 주고자 했다.122)

이와 같은 진술은 왜 유다 이븐 티본과 가문의 다른 이들이 번역 작업을 맡게 되었는지 요약 설명한다. 이러한 유형의 히브리어 어휘는 תַּאֲרִיךְ(ta'ᵃrīḵ) '역사', הַנְדָּסָה(handāsā) '기하학', מֶרְכָּז(mærkāz) '중앙', אֹפֶק('ōpæq) '지평선', אַקְלִים('aqlīm) '지역'(헬라어에서 옴)처럼 아랍어에서 직접 차용된 다양한 전문적인 표현을 사용한다. 하지만 사무엘 이븐 티본과 유다 알-하리지 같은 일부 저자는 기존의 히브리어 단어를 사용하고자 고투했다. 실제로 이미 수세기 동안 차용어를 사용하였고, 사상적인 이유 때문에 아랍어의 사용을 피한 므나헴 벤 사룩 같은 저자조차도 수많은 전문 용어를 만들 때 차용어를 사용했다. 식이 요법, 의학, 약학에 관한 저서의 번역에서 약품, 음식, 식물의 명칭이 때때로 히브리어 번역에 나타나는데, אַשְׁרוֹב('ašrōḇ) '시럽(syrup)'을 예로 들 수 있다. 또한 번역자들은 아랍어 단어처럼 보이는 단어도 사용하는데, 어원적으로 전혀 연관이 없는 경우에도 그렇게 한다. 예를 들어, 일반적으로 '그러므로'를 뜻하는 לָכֵן(lāḵēn)이 아랍어의 lakin '그러나'의 의미로, צֵרוּף(ṣērūp̄) '조합, 결합'은 tasrīf '어형 변화'의 의미로, פֶּרֶק(pæræq) '분할'은 '차이'(farq)의 의미로 사용된다.

---

122) 원래 본문을 A. Zifroni, *Sefer Ḥovot ha-levavot le-R. Baḥya ben Yosef ibn Paquda be-targumo shel R. Yehudah ibn Tibbon* (Jerusalem, 1928), 2에서 보라. 이 번역은 Baron 1958, 6에서 왔다.

그러나 새 단어를 만드는 가장 흔한 방법은 번역 차용으로 아랍어의 전문적이거나 학문적인 용어의 내용이 존재하는 히브리어 단어나 이미 알려진 히브리어 어근의 새로운 어형 변화로 표현된다. 이런 방법으로 히브리어는 번역이 이루어진 각 분야에 수백 개의 새 단어를 얻게 되었고, 새 단어를 사용할 수 있는 상황이 크게 증가했다. 예를 들어 우리는 언어학에서 מִלִּים נִרְדָּפוֹת(millīm nirdāpōṯ) ‘유사어’(직역: ‘쫓기는 단어들’, 참조, mutarādifāt), בִּנְיָן(binyān) ‘동사 유형, binyan’(직역: ‘구조’, 참조, binā), מִשְׁקָל(mišqāl) ‘형태상의 유형’(직역: ‘무게’, 참조, wazn), שֹׁרֶשׁ(šōræš) ‘(형태상의) 뿌리, 어근’(참조, aṣl), מָקוֹר(māqōr) ‘부정사’(직역: ‘출처’, 참조, maṣdar)를 발견하고, 철학에서 בְּכֹחַ(b^{e}-ḵō^{a}ḥ) ‘잠재의’(직역: ‘힘으로’)와 בְּפֹעַל(b^{e}-pō‘al) ‘사실상의’(직역: ‘행동으로’)뿐 아니라, מְצִיאוּת(m^{e}ṣī’ūṯ) ‘존재, 현존’, אֵיכוּת(’ēḵūṯ) ‘질’과 כַּמּוּת(kammūṯ) ‘양’처럼 וּת-(-ūṯ)를 가진 많은 추상 명사를 볼 수 있다. 초기 단계의 히브리어 단어가 아랍어의 영향으로 새로운 의미를 얻었는데 예를 들어, עִנְיָן(‘inyān) ‘관심’, פָּנִים(pānīm) ‘얼굴’이 ‘뜻’과 ‘의미들’을 표현하기 위해 사용되고, דִּין(dīn) ‘판단’은 ‘종교’를 표현하는 한편, שֶׁבֶר(šæḇær) ‘갈라진 틈’은 히렉 모음의 이름으로 사용된다.

원 작품에 사용된 언어 유형도 흔히 쓰이는 단어에 희귀한 의미를 첨가하여 놀라운 효과를 내면서 히브리어 어휘의 선택과 빈도수에 영향을 미쳤다. 예를 들어 ראה(r’h) ‘보다.’는 아랍어 용법에 근거하여 ‘생각하다.’를 뜻할 수 있고, ‘사고, accident’라는 의미의 חִדּוּשׁ(ḥiddūš)는 아랍어 ḥadaṯ와 비슷하다는 이유로 다른 히브리어 용어보다 선호하며, כִּמְעַט קָט(ki-m‘aṭ qāṭ) ‘거의 아무 것도’를 빈번하게 사용하는 것은 성경의 영향보다는 아랍어 qaṭ의 사용 때문이다.123) 또한 히브리어 단어는 그에 해당하는 아랍어 단어의 동음이의어를 사용할 수도 있고, 관련된 아랍어 표현의 영향 하에 동음이의어를 개발해 낼 수도 있다. 예를 들어 שַׁעַר(ša‘ar)는 아랍어 bāb와 마찬가지로 ‘대문’을 뜻할 뿐 아니라 ‘(책의) 장’과 ‘설명’을 의미하며, מַאֲמָר(ma’^{a}mār)는 ‘수필(maqāla)’과 ‘범주(maqūla)’의 의미를 표현하기 위해 사용된다.124)

123) Blau 1985, 248f.를 보라.

124) E. Goldenberg 1971, 1625ff.를 보라.

형태론에서 특히 관심을 끄는 것은 גַּשְׁמִי(gasmī) '육체적인'의 예와 같이 아람어처럼 ־ִי(-ī) 접미어를 가진 형용사를 자주 사용하는 점에 있는데, 이 형용사는 랍비 시대 히브리어에 더 근접한 문헌에서 qaṭlān 유형의 단어로 대체된다. ־וּת(-ūṯ)를 갖는 추상 명사도 흔한데, ־ִית(-īṯ) 어미를 갖는 명사와 마찬가지로 아람어처럼 일반적으로 남성으로 취급한다. 아람어 때문에 문법적으로 성의 변화가 일어난 다른 예가 많다. 예를 들어 דַּעַת(da'aṯ) '지식'과 אֱמֶת('ᵆmæṯ) '진리'가 남성이 되었고, טֶבַע(ṭæḇa') '자연'은 여성이 되었다. 그리고 המקומות הרחוקות(ham-mᵉqōmōṯ hā-rᵉḥōqōṯ) '그 먼(여.) 장소들(남.)'처럼 때때로 형용사가 단순히 그것이 수식하는 명사의 외적인 형태와 일치한다. ההעשות(ha-hē'āśōṯ) '되어지기 위한 것, the-to-be-done(직역)' 같이 부정사가 정관사를 취할 수 있다. שֶׁל(šæl) '~의' 대신 연계 구조가 자주 사용되고, בַּעֲלֵי הַדִּנִים(ba'ᵃlē had-dīnīm) '그 판단들의 소유자들'(즉, '소송 당사자들') 대신 הבעלי דינים(hab-ba'ᵃlē ḏīnīm) 직역, '판단들의 그 소유자들(직역)'처럼 연계형 명사가 정관사를 취할 수 있으며, היותר חשוב(hay-yōṯēr ḥāšūḇ) '가장 중요한'(the most important)처럼 비교급 형용사도 마찬가지이다.

동사 번역이 성서 히브리어와 많은 차이를 보이고 있는데 바브 연속형, 확장형, 단축형을 제거하고 여러 가지 법을 더는 구분하지 않는다. 동사가 종종 פלא מִן{pl' (니팔) min} '~에(직역: '부터') 놀라다.'(성서에도 나타난다.)처럼 아람어에서 유추한 전치사를 취하고, אמר בְּ('mr bᵉ-) '~을 믿다.(직역: '말하다.')'(참조, 아람어 qāla bi-) 같이 그 결과 만들어진 동사와 전치사의 결합형이 때때로 그에 해당되는 아람어의 관용적인 의미를 갖는다. 아람어와 마찬가지로, 동작을 표현하는 여러 자동사가 원인을 표시하는 전치사 -בְּ(bᵉ-)와 함께 올 때 타동사 관계를 표현할 수 있다.

마찬가지로 아람어로 된 원래 본문의 영향 때문에 여러 파생 동사 형태가 특이한 방법으로 사용된다. זכר(zkr) '기억시키다.'(일반적으로는 '기억하다.')와 רמז(rmz) 히필 '암시를 주다.'(일반적으로는 '암시가 주어지게 하다.') 처럼 칼 동사가 때때로 히필 동사의 의미를 갖기도 하고 때로는 그 반대이며 ישפט(yiššāpēṭ) '판결될 것이다.'처럼 니팔 동사가 비인칭으로 사용되고 푸알과 호팔 유형의 수동태도 사용되지만, 아람어처럼 히트파엘 동사가 자주 수동이나 상호 관계를 표현하기 위해 사용된다. 수동 분사 형태가 특정 자동사들을 위해 만들어지고, ולו היה יכולנו(wᵉ-lū hāyā yāḵōlnū) '그리고 만일 우리가 할 수 있었다면' 같은 종류의 표현이 발견되며, 아랍어에는 알려졌으나 성서 히브리어에는 없는 היה יחייב(hāyā yᵉḥayyēḇ) '그가 ~해야 했다.'나 לא היה יהיה(lō' hāyā yihyæ) '그는 ~에 간 적이 없다.'처럼 조동사를 사용하는 다른 구조나 היה כבר עושה(hāyā ḵᵉḇār 'ōśæ) '그가 했다, he had done'(직역: '그가 이미 하고 있었다.')처럼 복합 과거 시제를 만들기 위한 아랍어 qad 같이 불변화사 כְּבָר(kᵉḇār) '벌써'를 사용하거나 가능성을 표현하기 위해 접두형 동사 형태를 사용한다. 부정사와 동명사가 교체하여 사용되고, לִהְיוֹתוֹ(li-hyōṯō) '그의 존재를 위하여(직역)'라는 표현이 '그가 ~이기 때문에'라는 원인을 표현하기 위해 자주 사용된다.[125]

이와 같은 종류의 히브리어에서 명사의 특징은 זה האיש(zæ hā-'īš) '이 남자' 같이 아랍어처럼 한정되지 않은 지시 형용사를 한정된 명사 앞에 사용하는 것으로, 한정된 명사 뒤에 한정된 지시사가 따라 오는 성서 히브리어 구조보다 선호된다. 중세 아랍어처럼 하나의 절대형 명사가 -וְ(wᵉ-) '그리고'로 연결된 두개의 연계형 명사와 결합된 소유격 구조도 발견되고, 문법적인 성의 변화도 나타난다. 예를 들어, כֹּחַ(kōᵃḥ) '힘', עֵץ('ēʒ) '나무', מָקוֹם(māqōm) '장소'가 여성으로 취급되고, פַּעַם(pa'am) '경우, 기회'가 남성으로 취급된다. 또한 중세 아랍어처럼, 숫자 3에서 10까지의 성에 변화가 있고, בָּשָׂר(bāśār) '고기, 살'에서 온 בְּשָׂרִים(bᵉśārīm)과 פָּן(pān) '얼굴'에서 온 פָּנִים(pānīm) 같이 일반적으로 단수로만 나타나는 단어에서 복수 형태가 만들어지거나 그 반대의 경우가 있다. 연계형 앞에 정관사가 오는 예와 같이 정관사의 사용이 성서 히브리어에 나타나는 것과 다르고, 아랍어와 더 일치한다. כֹּל(kōl) '모든'과 גַּם(gam) '또한' 같은 불변화사가 명사와 형용사 사이에 나타나고, היותר משובח(hay-yōṯēr mᵉšubbāḥ) '가장 찬양받을만한'과 יותר מצליח האנשים(yōṯēr maṣlīᵃḥ hā-'ᵃnāšīm) '사람들 중 가장 성공적인'처럼 비교급과 최상급의 사용도 아랍어 모델을 따른다. 마찬가지로 성서 히브리어 형태 שְׁלוֹשׁ הָרוּחוֹת(šᵉlōš hā-rūḥōṯ) '그 세 영혼들' 대신 השלוש רוחות(haš-šālōš

---

125) E. Goldenberg 1971, 1628ff.; Allony 1974, 77ff.를 보라.

rūḥōṯ)가 사용되는 등 숫자를 가진 구조도 성서 히브리어와 다르다.

목적격 표시어가 자주 생략되고, 형용사에서 완전한 절에 이르기까지 이차적인 보어가 흔히 사용된다. 명사가 때때로 상황을 나타내며 원인, 시간, 장소 등을 표현한다. כאתמולך(k^{e}-'æṯmōl^{e}ḵā) '너의 어제처럼' 같이 부사적인 표현이 인칭대명사 접미어를 취할 수 있다. 불변화사 용법에서 아랍어가 주된 모델이며, 의미상 많은 변화가 있고 새로운 구조가 사용되는 등 히브리어의 모든 이전 단계와 수많은 차이점이 있는데 예를 들어, 명사 앞에 오는 כל(kōl) '모든'은 '(~의) 각각'을 의미하고, קְצָת(q^{e}ṣāṯ)와 מִקְצָת(miqṣāṯ)는 '~중 하나, ~중 몇몇'을 의미한다. 또한 מִן(min) '부터'와 מָה(mā) '무엇?'이 부분사(partitives) 역할을 갖는데 그 예로 סוד מן הסודות(sōḏ min has-sōḏōṯ) '그 비밀들 중 하나'(직역: '그 비밀들로부터 한 비밀')와 יש לו סבה מה(yēš lō sibbā mā) '그것에게 어떤 이유가 있다.'(직역: '그것에게 이유 무엇이 있다.')가 있다. 접미형 인칭대명사가 널리 사용되는데, 때때로 ויש לנו ואנחנו בו מאמר(w^{e}-yēš lā-nū wa-'^{a}naḥnū ḇō ma'amār) '그 안에 우리를 위한, 바로 우리를 위한 선포가 있다.'처럼 독립 인칭대명사로 강조한다.

아랍어와 고어 형태의 히브리어는 한정되지 않은 선행사 뒤에 접속사가 없는 관계절을 자주 사용하는 점에서 일치한다. 다른 한편으로는 정관사와 관계대명사가 성서 히브리어나 랍비 시대 히브리어에도 나타나는, 그러나 아랍어에서는 나타나지 않는 상황 속에서 종종 사용된다. נרצה שנדע(nirṣæ šæn-nēḏā') '우리는 우리가 알기를 원할 것이다(직역).'와 צריך שנתבונן(ṣārīḵ šæn-niṯbōnēn) '우리가 이해하는 것이 필수적이다.'처럼 목적격 보어로 사용되는 명사절이 자주 부정사를 대신하여 사용되는 한편, לִהְיוֹתוֹ(li-hyōṯō) '그가 ~이기 때문에'(직역: '그의 존재를 위해')의 예처럼 부정사 연계형이 종종 시간, 목적, 원인이나 비교를 나타내는 부사적인 표현을 대신한다. 동족목적어(cognate objects)의 빈도수가 증가하고, -מִ(mi-), כְּגוֹן(k^{e}gōn) '예를 들어', כְּמוֹ(k^{e}mō) '~처럼' 같은 불변화사가 물건을 나열할 때 사용된다. אָמְנָם('omnām)은 종종 아랍어의 ammā처럼 주어를 강조하기 위해('~로 말하자면, as for') 사용되고, 두려움이나 예방을 표현하는 동사들이 때때로 과다한 부정(negative) 불변화사를 취한다. 또한 아랍어의 영향은 종속절에서도 꽤 명백한데, 특히

불변화사를 선택하고 시제를 사용할 때 그렇다.[126]

번역자 중에 드물게 의견을 달리하는 사람은 유다 알-하리지인데, 그는 13세기 초에 사무엘 이븐 티본(Samuel ibn Tibbon)이 만든 마이모니데스의 『당혹한 이들을 위한 안내자』(*Guide to the Perplexed*)의 첫 히브리어 판이 나온 지 얼마 안 되어 두 번째 히브리어 판을 만들었다. 이미 모세 이븐 치콰틸라와 아브라함 이븐 에즈라의 작품에 나타나는 알-하리지의 번역 기술은 호감을 얻지 못했지만, 아랍어 사용을 피하면서 단순하고 이해 가능한 형태의 성서 히브리어로 번역하고자 한 그의 노력은 매우 의미 있는 일이었다.[127] 이러한 과정은 심지어 티본 학파가 사용한 것과 크게 차이가 있는 철학적, 과학적인 전문 용어에도 적용되는데, 전반적으로 알-하리지는 그의 선배 아브라함 이븐 에즈라처럼 성서 히브리어를 사용하고자 했다. 사무엘 이븐 티본의 것에 대응되는 그의 용어 사전은 소수의 전문가 그룹이 아닌 일반 대중을 위한 것이었다. 이 사전은 이븐 티본의 용어 사전과 현저하게 다르며, 쉬운 방법으로 의미를 설명하고 아랍어에서 온 직접 차용어를 거의 포함하지 않는다. 그러나 후대의 번역자들은 단호하게 티본 가문의 모델을 따라갔고, 알-하리지의 번역자로서의 역할은 빨리 잊혀졌다.[128]

'티본 가문의 히브리어'의 영향과 확산은 상당해서 12세기 이후에 카발라(Kabbalah, 유대 신비주의-역자 주) 신봉자들, 율법학자들, 성서 주석가들을 포함하는 거의 모든 저자가 서로 방법은 다르지만 티본 번역가들에게서 온 어구를 사용한다. 예를 들어 카발라에는 새로운 신비주의 개념에 적용시키려는 시도로 소개된 수많은 히브리어 신조어가 있다. 일반적인 절차는 현존하는 단어에 새로운 의미를 부여하는 것으로 예를 들어 סְפִרוֹת(s^{e}pīrōṯ) '암호들'이 'sefirot'이나 신적인 방사물들이 되었는데, כֶּתֶר(kæṯær) '왕관'은 이 중 첫 번째 것의 명칭이다. תקון(tiqqūn) '수정, 교정', דְבֵקוּת(d^{e}ḇēqūṯ) '집착', כַּוָּנָה(kawwānā) '의도', צִמְצוּם(ṣimṣūm) '수축, 축소'는 모두 기본적인 신비주의 개념을 표현하는 단어의 예로 '신성화'(sacralization) 과정을 거쳐

126) 고쉐-고트슈타인의 박사 학위인 Gottstein 1951은 아랍어에 대한 번역의 문장 분석을 위해 기본적인 본문을 그대로 남겨두었다. E. Goldenberg 1971, 1631f.를 보라.

127) Steinschneider 1893, 428ff.를 보라.

128) Ṣarfatti 1968, 182ff.를 보라.

다.[129] 카발라 신봉자의 언어는 일반적으로 아람어와 혼합된 히브리어로 초기 미드라쉬 문헌에 가깝지만 철학적 주제를 위해 번역자들이 만든 표현이 있다. 조하르(Zohar, 카발라의 경전-역자 주)에 사용된 아람어는 종종 인위적이고 상당히 다른 방언의 특징을 결합시키며 제한된 아랍어의 영향을 갖고 있지만, גַּרְדִּנִים(gardīnīm) '관리인들'과 אֵשׁ נֹגַהּ('ēš nōḡah) '회당' 같이 다양한 라틴계 언어의 흔적이 나타난다.[130]

마이모니데스는 대부분의 작품을 아랍어로 집필했으나, 예를 들어 *Mishne Torah*에서는 랍비 시대의 히브리어와 근접한 히브리어의 형태를 사용했으며 상당량의 성서 히브리어도 사용했으나 상대적으로 아랍어를 적게 사용하였다. 그가 사용하는 형태들이 자주 기존 번역문에서 사용된 히브리어에서 온 것이긴 하지만 전반적으로 그의 언어는 아랍어의 영향을 덜 받았고 기존 번역자들의 것보다 더 세련되었다. 마이모니데스의 글 속의 많은 관용구는 순수한 랍비 시대 히브리어로 כמו שנאמר(k^{e}mō šæn-næ'^{æ}mar) '그것이 말해진 것처럼'과 בענין שנאמר(b^{e}-'inyān šæn-næ'^{æ}mar) '말해진 것에 관하여'의 예가 있다. 마찬가지로 마이모니데스에게서 부정사 연계형, Nithpa'al 동사, 예기적 인칭대명사와 관련하여 랍비 시대 히브리어의 특징을 보이는 용법을 찾아볼 수 있지만, 그가 사용하는 형태 중 상당수가 더 후대의 용법을 반영하는데 예를 들어, 분사에서 pō'ēl 대신 pā'ēl 유형을 사용하고 יחפוץ(yaḥpōṣ) '그가 바랄 것이다.'처럼 접두형 동사 형태에서 yif'al 대신 yif'ōl을 사용한다. *Sefer ha-Mitzvot*에서 마이모니데스가 설명하듯이 자신의 언어가 모든 독자에게 더 뚜렷하고 정확하고 명료하도록 의도적으로 미쉬나를 그의 모델로 선택했다. '이웃(bar miṣra)'(직역: '경계의 아들')에 대한 번역 בן מצר(bæn mæṣær)의 예처럼 마이모니데스는 그의 작품을 성서에서 온 수많은 단어와 간결한 인용구로 채우고, 탈무드에서 온 아람어 표현을 번역하여 사용한다. 비록 마이모니데스가 번역자들이 여러 영역에 소개한 많은 아랍어 형태를 각별히 피하긴 하지만, 자신의 모국어인 아랍어가 문법과 어휘에 흔적을 남겼다. 예를 들어 그는 부정사 연계형을 자주 사용하고, העבדי אלילים(hā-'ōḇ^{e}ḏē

129) Kaddari 1970을 보라.

130) Scholem 1971, 1203ff.를 보라.

'ælīlīm) '우상 숭배자들'(직역: '우상들의 숭배자들')처럼 정관사를 연계형 명사 앞에 위치시키며, עִקָּר('iqqār) '원칙'과 צוּרָה(ṣūrā) '형태' 같은 표현을 사용한다.[131]

13세기부터 특히 프로방스에서 만들어지기 시작한 라틴어 작품의 히브리어 번역물은 (마이모니데스의 번역과는-역자 주) 상당히 차이가 있다. 후대 라틴어 작품에 대해 책임을 맡은 번역자들은 일반적으로 히브리어 지식이 많지 않았고, 언어의 질을 우선적으로 고려하는 번역물을 생산해 내기에 역부족이었다. 번역물은 그 시대의 가장 주목할 만한 과학과 의학 문헌을 재생하는 데 제한되었고, 성서 시대, 랍비 시대나 동시대의 특징이 혼합된 중세의 특징을 지닌 히브리어를 사용하였으며, 때때로 현존하는 작품에서 온 아랍어 번역 차용어가 나타난다. 차용어의 형태로 나타나는 라틴어의 직접적인 영향은 상당히 적은 편이고, 번역이 불가능한 표현은 의역을 사용한다.[132]

6. 이탈리아와 중부 유럽의 중세 히브리어

이탈리아와 유럽 다른 지역의 유대 공동체가 살았던 사회, 문화적 환경은 이베리아 반도와 매우 달랐다. 9-10세기 이탈리아에서 히브리어 문학이 번성하던 시기처럼 중요한 시기에는 팔레스타인과의 관계가 특히 두드러졌다. *파이타님*의 영향이 이탈리아에서 특히 초기 운문에 두드러지게 나타난다. 동쪽 지역에서 태어났지만 이탈리아 북부에 정착한 솔로몬 벤 유다 하-바블리(Solomon b. Judah ha-Bavli)는 유럽의 첫 히브리어 시인 중 한 명이었는데, 이탈리아와 중부 유럽에서 종교시의 발전을 위해 중요한 역할을 했다. 그는 칼리르와 추종자 학파의 고대 피유트 전통의 계승자였으며, 그의 언어는 그 전통의 틀 속에서 형성되어 성서 히브리어, 랍비 시대 히브리어, 아람어 요소 뿐 아니라, 특히 *파이타님*에게 전형적인 수많은 특징도

131) Bacher 1903; 1914; Baneth 1935-36; 1952; Zeidmann 1943; 1955; Goshen-Gottstein 1957; Dienstag 1969; Fink 1980을 보라.

132) Ferre 1987을 보라.

포함하고, 명사와 동사의 새로운 형태들과 어근에 보조 모음 사용한 것을 예로 들 수 있다.[133] 이 시기에 발전하던 스페인 전통과 달리 이탈리아 히브리어 운문은 여러 세기동안 팔레스타인 표준을 충실하게 따르고 있었다. 이탈리아에서는 13세기에, 특히 로마 임마누엘(Immanuel)의 작품을 시작으로 스페인 시인들이 사용한 성서 히브리어 모델을 수용하는 중요한 변화가 일어났다. 하지만 그 변화는 랍비 시대 요소와 아랍어 번역 차용어를 사용하는 것에서 הַשֶּׁלּוֹ(haš-šæl-lō) '그의'(직역: '그에게 속하는 것, the which-is-to-him')처럼 이태리어의 직접적인 영향에 이르기까지 많은 독특한 특징들을 갖고 있다.[134]

10세기 이탈리아 의사였던 샤베타이 도놀로(Shabbetai Donnolo)는 그의 산문에 랍비 시대 히브리어와 성서 히브리어를 혼합하고, 헬라어, 라틴어, 구어체 이태리어에서 온 다른 요소를 사용한다.[135] 11세기 중반에 아히마즈 벤 팔티엘(Aḥimaaz b. Palṭiel)이 *Megillat Aḥimaaz*를 집필했는데, *파이타님*의 것과 가까운 히브리어 유형을 사용하지만 이태리어 흔적도 갖고 있다.

프로방스에서 유대 종교와 사상은 분명하게 스페인의 성격을 유지하고 있었으며, 안달루시아 유대인의 중요한 그룹들이 도착하여 그 성격이 강화되었다. 아랍어 작품들을 번역하고 그것을 프랑스 북부와 유럽 다른 지역의 유대인들에게 보급하는 데 매우 중요한 역할을 한 그들은 프로방스 공동체였다. '티본 가문의 히브리어'는 사실상 프로방스의 창작물이었다.

유럽의 모든 다른 지역에서 히브리어 산문은 랍비 시대 히브리어의 후기 형태를 사용하여 만들어졌는데, 거기에는 지배적인 랍비 시대 요소 외에도 성서 히브리어와 아람어 요소뿐 아니라 스페인과 프로방스에서 확산된 아랍어 형태도 포함되어 있다. 히브리어 산문은 그 시대의 구어, 즉 불어, 중세 고지 독일어, 이디쉬어의 영향도 다양한 정도로 받았다. 이 모든 요소가 나타나는 비율은 저자, 시기와 장소에 따라 차이가 난다.

라쉬와 토사피스츠(Tosafists)는 이 유형의 히브리어를 사용했는데, 그들에게는 불어의 영향이 나타난다. 예를 들어, עשה('śh) '하다, 만들다.'가 *faire*

133) Fleischer 1973, 95ff.를 보라.
134) E. Goldenberg 1971, 1633을 보라.
135) Muntner 1949; 1971을 보라.

(불어로 만들다, 창작하다의 의미, 역자 주)의 다양한 의미로 사용되고 문법적인 성의 변화도 일어난다. 일부 성서 히브리어의 단어와 구조도 있긴 하지만 랍비 시대 히브리어가 명백하게 지배적이다. 라쉬는 탈무드에 대한 그의 주석에서 아람어도 종종 사용하고 신조어도 자주 썼다. 그의 쉽고 명료한 문체는 여러 세대에 거쳐 모델이 되곤 했다.[136]

12-13세기에 중부 유럽에서 기록된 *Sefer Ḥasidim*에는 전치사, 일상 어휘, 다양한 번역 차용어의 사용과 독일어 표현에 일치하도록 단어 의미를 자주 확장하는 데 중세 고지 독일어(Middle High German)와 이디쉬어의 영향이 눈에 띈다. 이 마지막 특징은 특히 눈에 띄며, 아쉬케나지 히브리어로 기록된 다른 곳에도 나타나는데 예를 들어, עשה('śh) '하다, 만들다.'가 machen의 기능을 한다. 목적격 표시어처럼 독일어에 해당되는 단어가 없는 형태들은 더 드물게 사용되고, 정관사도 마찬가지이다. 분사는 현재와 미래 시제를 표시하기 위해 직설법으로 사용되고, 접두형 동사 형태는 의심이나 가능성 등을 표현하는 가정법으로 사용되며, היה(hyh) '~이다, 있다.' 동사는 분사와 함께 독일어의 단순 과거 같은 기능을 한다. 시제의 연결도 종종 독일어를 반영한다. 비록 랍비 시대 히브리어 형태가 *Sefer Ḥasidim*의 주된 성분이긴 하지만, 니펄 동사의 사용 같은 몇몇 눈에 띄는 이상한 형태가 있다. 연속법 시제, 동사의 확장된 형태, 성서 히브리어에 전형적인 다른 구조도 나타난다. 스페인과 프로방스 유대인의 관계는 스페인어 저자들이 아랍어화된 문체를 사용하게 했는데 16-17세기에 폴란드에서 사용된 산문 유형에 그 흔적을 남겼다. 18세기에 하시딤의 카발라와 철학 작품도 스페인과 상당히 유사한 히브리어를 사용한다. 더 후대의 아쉬케나지 유대인의 저서에는 아람어에서 온 단어와 표현이 더 많이 사용된다.[137]

---

136) Avinery 1940-60을 보라.

137) E. Goldenberg 1971, 1635ff.를 보라.

8장 현대 히브리어

1. 과도기

중세 히브리어는 수십 년에 걸쳐 서서히 현대 곧, 이스라엘 히브리어로 전환되었다. 몇몇 전문가에 따르면 히브리어의 새로운 단계는 이미 16세기에 시작되었다. 현대 히브리어의 가장 초기 표현들은 데 로시(A. dei Rossi)의 *Me'or Einayim*(1574), 솜모(J. Sommo, 1527-92년)의 첫 히브리어 희곡과 엘리야 레비타(1468-1594년)의 첫 이디쉬-히브리어 사전에서 발견된다.[1] 사람들은 히브리어를 계속 문서 작성에 사용하였고 현대적 필요에 적합하게 만들고자 했다. 18세기에 히브리어 신문이 처음 등장하는데, 페라라(Ferrara)의 람프론티(I. Lampronti, 1679-1756년)와 1750년의 데사우(Dessau)의 멘델스존(M. Mendelssohn)이 선구자였다. 1784년부터 1829년까지 계간 평론 삽지인 *Ha-Me'assef*가 상당히 정기적으로 출판되었다. 히브리어 동호회(Society of Friends of the Hebrew Language)가 편집한 이 잡지는 하스칼라의 주요 인물들에게 기부금을 받아 운영되었다. 첫 번째 정기 주간지 *Ha-Maggid*는 1856년 러시아에서 출판되었다.

18세기 후반 들어 하스칼라는 히브리어 언어에 중대한 영향을 끼쳤다. 새로운 '계몽주의자들'(illuminati)이나 '지식인들'(maskilim)은 랍비 시대 히브리어를 경멸했으며, 히브리어는 아람어 형태와 문법적 오류로 가득하다고 생각했고 디아스포라 히브리어의 안타까운 상황을 애석해했다. 그들은 그 책임이 *파이타님*, 중세 철학 속의 아랍어의 영향, '부패한' 이디쉬어의 사용에 있다고 생각했으며, 다른 언어와 비교할 때 히브리어 자체가 불충분하다고 생각했다.[2] 하스칼라 문화 운동의 중요한 대표자들은 히브리어를

1) Rabin 1970, 326f.를 보라.

살아 있는 언어로 회복시키려고 노력했다. 그들은 히브리어를 정화시키고 올바르게 사용하자고 장려했고, 표현력을 증대시키고자 했으며, 현대 용어들을 위해 독일어와 다른 서양 언어에서 번역 차용어구를 만드는 데 거의 반감을 보이지 않았다.3)

사타노브(I. Saṭanow)와 동조자들은 랍비 시대 히브리어를 합법적인 새로운 언어 요소로 간주했지만 대부분의 사람들은 시를 위해 성서 히브리어의 순수 형태를 선택하였고 티본 가문이 사용한 것과 유사한 안달루시아 산문 스타일을 선택했다. 레벤존(A. D. Lebensohn)과 고돈(J. L. Gordon) 같은 시인들, 멘델스존, 웨슬리(N. H. Wessely), 사타노브, 벤-제브(J. L. Ben-Ze'ev) 같은 저자들, 자모츠(D. Zamoscz, 1851년에 첫 현대 희곡을 썼다.) 같은 드라마 작가들, 마푸(A. Mapu, 1853년에 이 새로운 스타일을 사용한 첫 작품을 집필했다.) 같은 소설가들과 아브라모비치, 멘델레 모케르 세포림(S. J. Abramowitsch, 19세기가 가까울 무렵) 같은 이디쉬어의 번역자들은 모두 각기 중요한 방법으로 현대 히브리어의 기초를 놓는 데 일조하였다.4)

일부 19세기 저자들은 근본적으로 성서 히브리어 형태를 사용하려고 노력했으나, 종종 이질적인 구조를 도입하고 정관사를 연계형 명사와 함께 잘못 사용하고 자동사를 타동사로 다루고 불변화사를 혼동하는 등 많은 문법적 오류를 저질렀다. 또한 제한된 성경 어휘로 동시대의 사물들을 표현하려고 무모하게 시도하며 자주 과장된 문장을 사용했다. 이미 언급한 마푸는 성서 히브리어가 문학의 요구를 채우기는 불충분하다고 강조하며 성서 이후 시대 자료 사용을 옹호했다.

이런 경향은 많은 이들이 현대 히브리어의 진정한 창조자로 여기는 멘델레 모케르 세포림(1835-1917년)의 작업에 뚜렷하게 나타난다.5) 19세기 말

---

2) Pelli 1974를 보라.

3) 슈피겔(1930년)에게 마스킬림(maskilim)에 의한 히브리어의 부활은 그 자체로 끝난 것이 아니라, 유럽 문화로의 동화와 흡수라는 그들의 궁극적인 목적의 한 수단이었다. 개혁자들은 이디쉬어를 얕보았고 히브리어를 동유럽의 모든 유대인들이 가장 잘 이해할 수 있는 언어로 만들고자 했다.

4) 하스칼라의 언어는 특히 크리아니(J. Kena'ani, 1932-33년)와 잇샤키(Y. Yitshaki, 1969-71)가 연구했다. 패터슨(D. Patterson, 1962년)은 19세기 소설가들의 언어를 검토했다.

5) Patterson 1962; Díaz Esteban 1970; E. Y. Kutscher 1982, 190ff.를 보라.

에 유대 문화는 타문화로의 동화라는 이상을 포기하고, 국가주의와 히밧 찌온(Hibbat Zion) 단체의 시온주의 프로그램으로 대체하면서 주목할 만한 변화를 겪었다. 이디쉬어와 히브리어로 글을 쓴 멘델레는 성서 히브리어뿐 아니라 모든 후대의 히브리어 단계와 이디쉬어에서 다양한 요소를 수용했다. 알칼라이(J. Ḥ. Alkalai), 슐레징거(A. J. Schlesinger), 피네스(Y. M. Pines)와 그 외의 다른 이들도 히브리어가 다시 구어의 성격을 갖는 것에 성공적으로 공헌했다.

2. 히브리어의 부활

1879년 엘리에제르 벤-예후다가 쓴 'A burning question'이라는 제목의 소논문이 출판되며 새로운 시대가 열렸다. 벤-예후다에게는 히브리어를 구어로 사용하는 것이야말로 유대인이 팔레스타인 지역에 정착하는 새로운 계획 중 가장 중요한 사항이었다. 1881년부터 예루살렘에 거주하며 벤-예후다는 히브리어를 일상생활에 적합한 언어로 바꾸는 일을 자기 가족을 시작했다. 그는 피네스와 옐린(D. Yellin) 같은 국가주의 운동가에게 열렬한 지지를 받으며 히브리어에 새로운 생명을 불어넣으려고 고투했다. 벤-예후다의 가장 큰 노력 중 하나는 적절한 어휘를 개발한 것으로 그는 고대와 중세 문헌의 자료를 함께 사용하여 수많은 새 단어를 만들어 마침내 그의 기념비적인 편집어집(*Thesaurus*)에 포함시켰다[이 작업은 벤-예후다의 사후에 세갈(M. H. Segal)과 투르-시나이가 계속 이어갔다.].

팔레스타인에 먼저 정착한 유대인들이 벌써부터 히브리어를 공용어로 사용하긴 했지만, 아직 일반적이지는 않았고 다양한 이주민 공동체가 자기 모국어를 계속 사용했다. 벤-예후다의 꿈을 현실로 바꾸도록 도움을 준 요인으로는 국가 공용어의 결핍, 중부와 동부 유럽에서 계속 유입된 이민자의 유대 문화 갱신에 대한 바람, 현재 살고 있는 바로 그 장소에서 선조들이 경험했던 수세기에 걸친 고대 이스라엘의 영화로움에 대한 기억 등이 있다. 다른 많은 인물들이 이 과업에 참여했는데 처음에는 거의 불가능해 보였다. 그들 가운데는 히브리어를 히브리어로 교육하는 운동을 받아들인 중요한 교사들의 그룹들이 있었다.[6)]

1918년까지 지속된 히브리어 부활의 첫 단계 동안에는 음성론(외국어 이름의 발음에 대한 히브리어의 적용은 아포스트로피 부호와 함께 오는 몇 개의 글자소를 도입하는 결과를 낳았다.), 서법(불완전 서법의 채용), 형태론, 문장론(의도적인 주요 변화는 없다.)에서 제기된 많은 문제점들을 고려하였다. 그러나 그 과정이 하나의 길만을 따라간 것은 아니었다. 예를 들어 19세기 말에 엡슈타인(I. Epstein, 1862-1943년)과 다른 주요 교사들이 갈릴리 지역에서 독립된 발음을 육성시켰는데, 이 발음 체계는 완전히 사라진 1920년까지 계속 세력을 넓혀갔다.[7)]

그러나 가장 절박한 문제는 벤-예후다와 1890년에 활동을 시작한 히브리어 위원회(Va'ad ha-Lashon)의 근본적인 임무인 새로운 단어를 만드는 일이었다. 벤-예후다의 *Thesaurus*의 서문은 히브리어를 일상생활의 요구에 부합시키기 위해 적용한 방법을 설명한다. 이 중에는 티본가(Tibbonid)가 번역할 때 사용한 과학적이고 전문적인 히브리어 어휘로 돌아가는 것과 아랍어 makhsan에서 온 מַחְסָן(maḥsān) '창고'처럼 의미상으로는 히브리어에 가까운 아랍어 차용어를 히브리어 유형에 맞추어 사용하는 것이 포함된다. 벤-예후다는 미쉬나, 탈무드, 미드라쉬에서 잠재적으로 유용한 히브리어와 아람어 표현은 어느 것이나 수용하고, 심지어 헬라어와 라틴어 차용어도 받아들였다. 아람어 형태의 유형과 접미어가 사용되고, 특히 하팍스 레고메나 같이 본문 속에서 그 의미가 분명하지 않은 성서의 희귀한 단어에 명확한 의미를 부여했다. 성서 히브리어에 나타나는 어근이 전통적인 형태상의 유형에 따라 추가적인 어휘를 파생시키기 위해 이용되었다. 그 결과 이 언어는 표현 잠재력이 막대하고 철저하게 향상되었다.[8)]

그러나 그렇게 만들어진 수천 개의 단어가 언어 사용자들의 호감을 얻지 못하여 그 뒤로 사용되지 않았고, 결국에는 완전히 사라진 것을 기억해

---

6) Parfitt 1972; A. Bar-Adon 1975, 18ff.; Ornan 1986을 보라.

7) A. Bar-Adon 1975를 보라.

8) D. Cohen and Zafrani 1968, 14ff.를 보라.

야 한다. 1905년부터 정착한 이주민의 물결은 특히 세계적으로 사용된 단어의 경우에 외래어를 선호하여 새로운 형태 중 일부에 쉽게 적응하지 못했고, 새롭게 부활한 언어의 사용에 저항했다. 슐바움(M. Schulbaum)과 아비네리 같은 이들의 새로운 단어를 만들려는 시도와 여러 방법으로 히브리어를 발달시키고자 한 다른 많은 이들의 노력도 같은 운명이었다. 그러한 새로운 단어의 보급은 항상 쉽고 빠른 것이 아닌데, 이는 언어 사용자들이 새로운 단어를 수용하는 과정이 순수하게 언어적이지 않은 다양한 사회적 요인에 좌우되기 때문이다.[9]

영국의 팔레스타인 지역 위임 통치(1918-1948년)와 함께 새로운 단계가 시작되었다. 1922년에 히브리어는 그 지역의 공식 언어 중 하나로 받아들여졌다. 언어 사용자들의 수는 빠르게 증가하였고, 동시에 다양한 문화 기관이(예루살렘 히브리대학교 포함) 새로운 언어의 전문 어휘를 증가시키는 데 크게 도움을 주었다.

1948년 이스라엘 국가 건설 이후 히브리어는 그 지역의 주된 언어로 완전히 자리를 굳혔고, 독특한 생명력으로 자신의 특성을 발달시켜 나갔다. 온갖 종류의 언어를 사용하는 동쪽과 서쪽 지역에서 온 새로운 이민자들은 히브리어 언어 센터 울판(ulpanim)에서 새 히브리어를 신속하게 배우는 한편, 이스라엘 태생의 강한 국가주의 새 세대는 참신한 언어 용법을 발달시켰고, 심지어는 히브리어를 셈어로 간주하는 이들과 거리를 두는 것을 자랑스럽게 여겼다. 1953년에는 히브리어 아카데미가 히브리어 위원회를 대신하여 히브리어 관련 업무를 관장하고 히브리어의 순수성을 희생시키지 않으면서 표현력을 증진시키는 임무를 맡고 있다.

3. 이스라엘 히브리어

오늘날 흔히 '이스라엘 히브리어'(Israeli Hebrew)라고 부르는[10] 이 새로

9) Blanc 1957; Morag 1959a, 259ff.; Fainberg(Allony-Fainberg) 1977을 보라.

10) Rosén 1958을 보라.

운 언어의 비교적 짧은 일생에는 종종 논쟁이 수반된다. 히브리어의 이전 단계와의 관계, 자신만의 독특한 성격을 가진 독립된 언어로서의 자격, 학문적 규정과 대중적 사용 사이의 차이점이 종종 논쟁 대상이다.[11)]

히브리어가 구어로 재탄생한 것은 처음부터 그 언어를 살아있는 그대로 보존하고 인도하기 위한 일련의 규범적 조치와 연관되어 있었다. 얼마 동안은 '규범적'(prescriptive, normative) 문법을 강요하려는 시도가 있었는데, 접근법의 전형적인 대표자는 엡슈타인으로 페레츠(I. Pereş)와 아비네리가 얼마간 그 작업을 계속했다.

논의 기간이 지난 후에 성서 히브리어가 새 언어의 기초로 수용되었는데, 많은 고어 형태와 동사의 바브 연속 형태, 청유법, 강조 기능을 가진 부정사 절대형 같은 오래된 구조들은 생략되었다. 시제의 기본적인 체계 같은 일부 요소는 랍비 시대 히브리어를 사용하지만, 어떤 부분에서는 성서 히브리어의 구조를 사용하면서 변경되었다. 전반적으로 중세 문법학자들의 용어를 채용했다. 쓰기와 발음을 위한 일반적인 표준은 티베리아 모음 체계를 따르고, 모음 부호가 없는 본문을 쉽게 읽기 위해 다양한 모음 글자를 사용하였다. 현대에 가장 어울리지 못하는 것으로 생각한 것은 성서 히브리어의 문장론이었는데, 결과적으로 랍비 시대 히브리어를 선호하게 되었다. 그러나 서양 언어에 크게 영향을 받았다. 어휘에서는 고대로부터 현대 히브리어 형성기까지의 모든 역사적 히브리어에 더 많이 열려 있었고, 아람어, 아랍어, 비셈어계 유대 언어에서도 단어들을 받아들였다. 일상적으로 사용할 때 모호한 것을 최소화하기 위해 동음이의어 형태를 피했고, 표준 형태를 사용하는 경향이 있었다.[12)]

이스라엘 히브리어의 성격에 대한 가장 중요한 논쟁은 학자들이 성서 히브리어와 랍비 시대 히브리어의 공존 문제를 재고하던 1930년에 시작되었다. 어떤 전문가들은 성서 히브리어와 랍비 시대 히브리어가 이전에 생각했던 것만큼 쉽게 조화를 이루지 못할 것이며, 두 언어가 같은 내용을 다른 방법으로 표현하는 것을 감안할 때, 그 둘의 무절제한 융합은 구조상

---

11) Morag 1959a; Díaz Esteban 1970을 보라.

12) E. Y. Kutscher 1982, 198ff.를 보라.

의 무질서를 만들어 낼 수 있다고 주장했다. 이와 같은 상황에서 클라우스너(J. Klausner)가 현대 히브리어에 대한 첫 문법서를 썼는데(1933-34년)[13) 랍비 시대 히브리어 관점에서 소개했다. 그는 랍비 시대 히브리어가 이스라엘 히브리어의 유일한 기초가 되어야 한다고 믿었기 때문에, 엄격하게 랍비 시대 히브리어의 용법에 따라 히브리어를 설명하려고 시도하여 히브리어 전통이 임의적으로 혼합되어 발전하는 것을 막을 수 있기를 바랐다.[14)]

벤다비드는 더 다양한 표현 수단의 가능성을 선택했다. 성서 히브리어나 랍비 시대 히브리어?(*Leshon ha-Mikra 'o Leshon Ḥakhamim?*)에서[15)] 벤다비드는 두 체계의 일치점과 대립점을 검토했다. 그는 이스라엘 히브리어가 같은 것을 두 가지 다른 방법으로 표현할 수 있다고 강조했고 획일 언어로 돌아가는 것을 거부했다. 그러나 벤다비드는 비체계적이고 무절제한 방법으로 생기는 융합 과정을 막기 위해 규범들이 확립되어야 한다고 제안했다. 그의 책 제목에서 배타성을 표현하는 '또는'은 오늘날 꽤 불필요한 것으로 보이는데, 특히 부활된 형태의 히브리어가 랍비 시대와 중세에 걸친 언어에 공존한 성서 히브리어와 랍비 시대 히브리어 모두에게 공통된 많은 요소를 사용하고 있는 점을 깨달을 때 그렇다.[16)]

오랫동안 히브리어 아카데미의 원장을 지낸 벤 하임은 중차대했던 단어를 위한 전쟁에서 '반규범주의자'(anti-normativist) 진영의 로젠(H. B. Rosén)과 그의 동조자들에게 앞장 서 대항한 인물이었다. 벤-하임에 따르면 현대 언어에서 성서 히브리어와 랍비 시대 히브리어 사이의 갈등은 소쉬르(Saussure, 1857-1913년, 스위스의 언어학자로 근대 구조주의 언어학의 기초를 세움-역자 주) 식의 의미에서 '체계'에 관해 말하는 것이 불가능하다는 것과 이 단계의 히브리어에 대한 구조적인 분석에 몰두하는 것이 무의미하다는 것을 의미했다. 그의 견해에 따르면 히브리어가 계속 발달하고 있고, 그 마지막

13) Klausner 1938(2nd ed.).

14) 몇 년 후에(1942-43년) 클라우스너는 자신의 이스라엘 히브리어 버전으로 아모스서를 출판하기도 했다.

15) Bendavid 1951. 1967년의 개정판은 몇몇 중요한 변화를 가지고 있는데, 제목 속의 '혹은'을 '그리고'로 바꿨다.

16) Rabin 1985b를 보라.

과정에서야 경쟁하고 있는 요소들이 새로운 체계 속에 재구성될 것이다. 언어 전문가들은 성공적인 결론에 도달할 수 있도록 그 과정을 잘 이끌어야 한다. 그러는 동안에는 전통적인 규칙들을 준수해야 하고 두 가지 유형의 언어가 모두 사용할 수 있어야 한다.[17)]

묘사적인 언어 접근법을 장려했던 로젠은 그의 책 『우리의 히브리어』(*Ha-'Ivrit Shellanu*)의 한 장을 '충돌 속에 있는 요소들'에 할애했다.[18)] 로젠은 히브리어가 이미 재구성되었기 때문에 체계의 가정된 갈등이 실제로 존재하지 않다고 보았다. 이스라엘 히브리어는 구조적으로 성서 히브리어나 랍비 시대 히브리어만큼 독립적인 새로운 언어 실체다. 따라서 구조적인 묘사가 충분히 정당하며 로젠이 자신의 책의 가장 중요한 부분을 할애한 것이 바로 그 점이다.[19)] 그는 현재 사용하는 언어 용법을 받아들여야 한다고 강하게 주장하였고 여기에는 이스라엘에서 태어난 젊은이들이나 싸브라들(sabras, '선인장'의 의미로 이스라엘에서 태어난 유대인들을 일컫는 말-역자 주)이 최근에 사용하는 일상의 구어나 어휘가 포함된다. 로젠의 저작은 특히 저술가들과 언어 교사들 사이에서 찬반을 무론하고 맹렬한 반응을 불러일으켰다. 로젠은 이미 무의미해진 고대 문헌으로 규칙을 검증할 필요 없이 이스라엘 히브리어 그대로를 문어로 받아들이라고 주장하였다.

다른 중요한 서적 『좋은 히브리어』(*'Ivrit Ṭovah*)에서[20)] 로젠은 규범적 문법가들이 거의 인식하지 못해도 '좋은 히브리어'를 의미하는 이스라엘 히브리어 속에 일어난 문장의 재구성에 대하여 설명했다. 그 무렵 출판된 한 논문에서[21)] 로젠은 자신의 기본적인 생각 중 일부를 강조했다. 이스라엘 히브리어는 인위적인 구성체가 아니라 능동적인 언어 체계이자 영토상으로 한정된 사회적 그룹의 구성원 사이의 의사소통을 위한 주요 수단이며, 살아있는 언어의 요구 조건을 충족한다. 불과 몇 년 전에 존재하게 된 히브리어는 짧지만 신속하게 역사 속에서 한 언어가 필요로 하거나 언어 사용

17) Ben-Ḥayyim 1952-53을 보라.

18) Rosén 1955, 83ff.

19) Rosén 1955, 138-245.

20) Rosén 1977(초판, 1958).

21) Rosén 1958.

자가 원하는 모든 뉘앙스를 표현할 수 있는 완전한 언어 체계로 자신을 변모시키기 위해 전통적 기록 자료의 속박에서 벗어났다. 이스라엘 히브리어의 범주는 그 언어의 이전 단계의 것들과 차이가 있지만, 소쉬르의 표현으로 말하면 그 범주들은 완성되고 '완료된' 하나의 '체계'를 표현한다.

로젠에 따르면 이스라엘 히브리어에 다양한 히브리어 읽기 전통이 서로 다른 방언에서 하나의 코이네를 형성하기 위해 모였는데, 이는 잘 알려진 언어 규칙을 따르고 있다. 가장 조화를 이루지 못하는 비공통적인 요소가 제거되었고, 경쟁하는 다양한 경향 사이에서 타협이 이루어졌다. 새로운 체계는 종종 나란히 사용되는 성서 히브리어와 랍비 시대 히브리어 요소와 함께 때때로 두 개의 다른 문체가 사용된다. 비히브리어적인 하층(substratum)이 히브리어의 내적 발달에 추가로 영향을 미쳤다. 또한 고전 시대와 비교할 때 현대 히브리어는 성서과 예배를 위해 사용된 히브리어와 과도하게 접촉하지 않았다. 일반인들은 히브리어를 공식적으로 배웠지만 그들 자신의 문법 규칙을 만들었다. 일상 언어 속에서 전통적인 문법이 '오류'나 '실수'로 간주할 수 있는 것들이 실제로는 히브리어의 이전 형태를 대신한 새로운 언어 단계의 언어 혁신이다.

같은 논조에서 블랑(H. Blanc)은 1952년부터 1954년까지 지나친 규범주의를 공격하기 위해 『인간의 언어』(*Leshon Benei 'Adam*)라는 의미 있는 제목으로 문학 평론지 *Massa*에 24편의 논문을 실었다. 블랑은 이스라엘 히브리어에 실제로 일어나는 것이 무엇인지 밝혀내려면 현대 언어학적 접근법을 채용해야 한다고 한다. 그는 이스라엘 히브리어에 대한 음역을 만들고 구어체 히브리어에 관한 그의 강좌에서 이스라엘 히브리어를 그것이 실제로 말해지는 대로 포괄적으로 묘사했다.[22)]

로젠은 자신의 문법서인 *A Textbook of Israeli Hebrew*에서 같은 주장을 한다.[23)] 이스라엘 히브리어를 있는 그대로 수용하자는 것은 라빈, 코헨, 자프라니(Ḥ. Zafrani), 알스터(G. Alster), 모셀(B. M. Mossel), 시몬(H. Simon) 같은 학자들이 지난 수십 년 간 이스라엘 국내와 국외에서 출판한 현대 히브리

22) Blanc 1960을 보라.

23) Rosén 1969(초판, 1966).

어에 대한 수많은 다른 문법서의 기본 기조이다.[24] 지난 40년에 걸쳐 이스라엘 히브리어는 독립된 언어적 탐구의 적합한 대상으로 인정되었고, 이 언어에 대한 학문적인 연구는 이 단계의 히브리어에 대한 더욱 상세한 분석을 제공하는 데 바쳐진 이스라엘과 다른 서양 국가의 대학에서 나온 수많은 박사 논문과 함께 시작되었다.[25]

우리가 말한 모든 것을 고려할 때 이스라엘 히브리어가 셈어이기를 멈춘 시점이 있는지 물어보는 것은 당연하다. 이 언어의 대부분의 요소가 성서 히브리어와 랍비 시대 히브리어에 기원을 두고 있다는 사실에도 일부 언어학자들은 높은 수준의 '인도-유럽어화'를 강조해 왔다. 이 학자들은 이스라엘 히브리어가 외적으로는 여전히 셈어처럼 보이지만 언어의 의미 관계가 인도-유럽적이고 개념 접근법이 서양적이라고 주장한다.[26] 현재 이스라엘에 살고 있는 많은 유대인의 모국어인 프랑스어와 스페인어의 역할도 잊어서는 안 되지만, 히브리어 부활의 여러 단계에 따라 처음에는 주로 슬라브족(Slavic) 언어의 영향을 받았고, 그 후에는 독일어, 그리고 마침내는 결정적으로 영어의 영향을 받았다. 그런 영향을 가장 많이 받았을 것으로 보이는 분야는 어휘론과 문장론이며 고전 언어와 비교해도 가장 많이 변한 부분이 그 두 분야이다.[27] 그럼에도 이스라엘 히브리어가 계승한 표현 수

---

24) Rabin 1948a(초판, 1943); D. Cohen and Zafrani 1968; Alster and Mossel 1969; Simon 1970.

25) Rosén 1977a, 30ff.를 보라.

26) Ullendorff 1957; Díaz Esteban 1970을 보라. 최근 연구에서 웩슬러(P. Wexler, 1990)는 이스라엘 히브리어가 슬라브어라는 논제에 찬성하며 자세하게 논의한다: '이디쉬어와 현대 히브리어는 서쪽 슬라브어인 유대-소르비아어(Judeo-Sorbian, 동부 독일 지역의 소수 인종 소르비아 사람들이 쓰던 슬라브 언어와 히브리어가 혼합된 언어, 역자 주)의 방언들이다.'(99). 웩슬러에게 순수한 서북 셈어의 부활을 포함하는 언어의 부활은 불가능하며, 현대 히브리어는 '이디쉬어라는 슬라브어를 모국어로 사용한 이들이 만든 부분적인 언어의 변화를 통한 창조물이었다.'(100). 그러나 웩슬러의 주장들 중 일부에는 흠이 없지만 그의 논제가 대부분 학자들의 지지를 끌어낼 수는 없을 것 같다.

27) 이 문제에 대한 방대한 참고 문헌이 있다. 예를 들어 Spiegel 1930; Plessner 1931; Rieger 1935; Aeshcoly 1937; Yalon 1937-39, I, 62-78; II, 70-76; Weiman 1950; Gottstein(Goshen-Gottstein) 1953-54; Bachi 1956; Tubielewicz 1956; Livni 1957; Morag 1959a; 1972b; Ben-Asher 1960; 1965; Ṭur-Sinai 1960; Téné 1961; 1969; 1969a; Chomsky 1962; Eisenstadt 1967; E. Eitan and Ornan 1971; Kaddari 1976;

단뿐만 아니라 형태론과 문장론의 기본적인 핵은 명백히 셈어에 기원을 두고 있다.[28)]

4. 이스라엘 히브리어 연구

참고 문헌의 양을 고려할 때 이스라엘 히브리어의 다양한 분야를 다루는 매우 우수한 저작 중 일부만 살펴볼 수 밖에 없다. 이스라엘 히브리어의 형태론과 음성론은 수년 전에 옐린, 이델존(A. Z. Idelsohn), 자보틴스키(Z. Jabotinsky)가 검토했다.[29)] 더 최근의 일반적 연구는 클라버그(H. Klarberg), 만수르(J. Mansour), 바인버그(W. Weinberg), 가르벨, 하옌(M. J. Chayen)을 포함한다.[30)] 모라그는 서로 다른 유대 공동체의 발음에 대한 중요한 연구를 수행했고, 파타이(R. Patai)는 이스라엘 태생 유대인인 싸브라들의 발음을 검토했으며,[31)] 라빈은 구어체 언어의 음성론을,[32)] 펠라다(N. Peladah)는 현대 히브리어에서 특정 발음의 빈도수에 대해 검토했다.[33)] 아르톰(E. S. Artom)은 이탈리아 유대인의 발음을[34)] 코레(A. S. Corré)는 앵글로-스파르디(Anglo-Sephardis) 유대인의 발음을 조사했다.[35)] 가르벨은 상당 부분의 연구를 이란, 아시아, 아프리카에서 발견되는 발음에 할애한 한편,[36)] 자프라니는 북부 아프리카의 아랍어 사용자에 집중했다.[37)] 모라그는 예멘의 여러 언어 지역을 검토했고,[38)] 에노흐(P. Enoch)는 현대 히브리어와 불어의 음성

Schwarzwald 1981; E. Y. Kutscher 1982, 196ff.를 보라.

28) Rosén 1977a, 24ff.를 보라.

29) Yellin 1905; Idelsohn 1913; 1917; Jabotinsky 1930을 보라.

30) Chanoch(Garbell) 1930; Garbell 1955; Mansour 1959-60; Weinberg 1966; 1973; Klarberg 1970-71; Chayen 1971-72; 1973.

31) Patai 1953-54를 보라.

32) Rabin 1938을 보라.

33) Peladah 1958-59를 보라.

34) Artom 1946-47을 보라.

35) Corré 1956을 보라.

36) Garbell 1946-47; 1968을 보라.

37) Zafrani 1963-66을 보라.

론을 비교했다.[39]

형태론에서 대부분의 관심은 이스라엘 히브리어의 새로운 형태에 초점을 맞추었는데, 예를 들어 복합어 부재의 특징을 갖고 있는 셈어에 명사와 형용사 복합어를 도입한 것 등이다.[40] 미르킨(R. Mirkin)은 명사를 만들 때 사용된 새로운 접미어를 검토했고,[41] 마손(M. Masson)은 이스라엘 히브리어의 지소사를,[42] 야나이(I. Yannay)는 여러 개의 자음을 가지고 있는 동사를 조사했다.[43] 바르-아돈은 명령형이 미래 시제로 대체되는 것을 보여주었고,[44] 시반(R. Sivan)은 새로운 단어를 만들기 위해 동사 형태가 이용되는 것에 대해 연구했다.[45] 벤-아쉐르는 이스라엘 히브리어 명사의 여러 유형을,[46] 미르킨은 강조의 기능을 가진 수동 분사를 검토했다.[47] 여러 학자들은 하나의 언어 체계로서의 이스라엘 히브리어에 구조주의적 접근 방법을 적용시켰다.[48]

이스라엘 히브리어 문장론의 일반적인 분석 외에도[49] 더욱 구체적인 연구가 이루어졌는데, 부정(negation)에 대한 알트바우어(M. Altbauer)의 연구,[50] 동사의 파생 형태에 대한 아리엘(S. Ariel)의 연구,[51] 불변화사 -שֶׁ(šæ-)와 함께 오는 새로운 명령형과 희구법에 대한 바르-아돈의 연구,[52] 한정

---

38) Morag 1963을 보라.

39) Enoch 1965를 보라.

40) 예를 들어 Altbauer 1964; Kaddari 1964-65a; Mirkin 1957-58; 1961-62를 보라.

41) Mirkin 1961-62를 보라.

42) M. Masson 1974를 보라.

43) Yannay 1973-74를 보라.

44) A. Bar-Adon 1966을 보라.

45) R. Sivan 1968을 보라.

46) 1960.

47) 1957-58.

48) 예를 들어 Harris 1948; 1954; Weiman 1950; Rosén 1955; Shapiro and Shvika 1963-64; G. Fraenkel 1966; Chayen and Dror 1976; Cole 1976; Sadka n. d.를 보라.

49) 예를 들어 Pereş 1943; Nahir 1946-47; Yo'eli 1953-54; Rosén 1961a; Ornan 1965; Levenston 1965; 1966; 1967-68; Blau 1966; D. Cohen and Zafrani 1968; Azar 1971-72를 보라.

50) Altbauer 1964를 보라.

51) Ariel 1973을 보라.

(determination)에 관한 로젠의 연구,[53] 법에 관한 마쉴러(H. Maschler)의 연구 등이 있다.[54] 문장론은 여러 논문에서 검토했는데 예를 들어 명사절에 관한 오르난(U. Ornan)과 루빈슈타인(E. Rubinstein)의 연구,[55] 관계절에 관한 페레츠와 바하트(S. Bahaṭ)의 연구,[56] 조건절에 관한 벤-아쉐르의 연구,[57] 양보절에 관한 바르디(T. Vardi)의 연구 등이 있다.[58]

어휘 영역에서 히브리어의 부활 이후 어휘가 증가한 점이 현대 사전, 특히 벤-예후다의 *Thesaurus*와 에벤-쇼샨(A. Even-Shoshan)의 새 사전(*Millon Ḥadash*)에 나타나 있다.[59] 주된 새로운 작업은 크나아니의 시대별 히브리어 어휘로(*Oṣar ha-Lashon ha-'Ivrit li-Tkufoteha ha-Shonot*), 18번째 책이 1988년에 출판되었다. 이 영역에 대한 특별한 기여가 아직도 진행 중인 히브리어 프로젝트인 *Historical Dictionary*에서 이루어졌고, 이스라엘 히브리어 어휘의 구체적인 측면을 다룬 많은 연구물이 있다.[60] 이스라엘 히브리어를 배우는데 필수적인 것으로 간주되는 천 개의 단어 목록을 멜만(I. Mehlmann), 로젠, 샤케드(J. Shaked)가 편찬했고,[61] 어린이의 언어는 바르-아돈이 검토했으며,[62] 선원과 어부의 언어는 알트바우어, 모라그, 사판(R. Sapan)이 검토했다.[63] 속어는 프랭켈, 사판과 라빈이,[64] 팔레스타인 아랍어에서 온 차용어

---

52) A. Bar-Adon 1966을 보라.

53) Rosén 1961a를 보라.

54) Maschler 1966을 보라.

55) Ornan 1964a; E. Rubinstein 1965; 1968을 보라.

56) S. Bahaṭ 1964; Pereṣ 1967을 보라.

57) Ben-Asher 1965를 보라.

58) Vardi(Thorion-Vardi) 1967을 보라.

59) 7권, Jerusalem, 1979-80. 이 책은 1966년에 처음 등장했다.

60) 예를 들어 Chanoch(Garbell) 1930; Rieger 1935; Avinery 1935-36; Rivkai 1938; Altbauer 1947-48; 1953-54; Avrunin 1953-54; A. Bar-Adon 1959; E. Y. Kutscher 1961; Gan 1961-62; Rabin 1963-66a; Adar 1965; Morag and Sapan 1966-67; Nir 1967; R. Sivan 1968; Berggrün 1970; Kaddari 1970을 보라.

61) 1960.

62) 1959.

63) Altbauer 1953-54; Morag and Sapan 1966-67을 보라.

64) M. Fraenkel 1949; Sapan 1963; 1965; Rabin 1963-66a를 보라.

는 블랑이 조사했다.[65] 이디쉬어가 이스라엘 히브리어에 미친 영향은 블랑이,[66] 영어와 다른 언어의 영향은 가르벨이 검토했다.[67] 이스라엘 히브리어에서 새로운 단어의 형성은 마손이 분석했다.[68] 의미상의 분석은 여전히 발전하고 있으나 일부 주요한 연구가 이루어졌다.[69]

5. 이스라엘 히브리어의 음운론, 형태론, 문장론

이 장은 이 주제를 상세히 설명하기 위한 것이 아니며, 이 주제에 대한 상세한 설명은 로젠의 *Contemporary Hebrew*처럼[70] 여기에 전념한 서적과 더 제한된 영역을 다루는 다른 책에서[71] 이미 충분히 설명되었다. 단지 현대 히브리어의 가장 주목할 만한 특징을 매우 간략하게 소개하고자 한다.

히브리어의 부활 시기 중에 언어학자들이 접한 가장 예민한 문제 중 하나는 발음 문제이었다. 이스라엘에 모인 유대인들은 각각 고유한 음성론의 특징을 가진 매우 이질적인 공동체에서 왔다. 히브리어의 새로운 국면에 전혀 영향을 주지 않은 사마리아 발음은 제쳐두고라도 최소한 세 개의 기본적이고도 꽤 다른 전통이 고려되어야 한다(주로 유대인들의 다양한 출신 국가의 토착어에서 온 영향의 결과로 생긴, 특정 공동체와 관련 있는 많은 다른 덜 중요한 특징을 제외하고). 예멘의 유대인은 아랍어의 영향으로 다게쉬가 있는 기멜을 연구개음, 파찰음이나 경구개음 g로 발음하여 마찰음 기멜과 구분한다. 브가드크파트 음소도 파열음과 마찰음 이음으로 발음된다. 모음 체계에서 고대 바빌론 전통의 영향이 여전히 눈에 띄고, 예를 들

65) 1954-55.

66) 1965.

67) Chanoch(Garbell) 1930.

68) 1976; 1989.

69) 예를 들어 Altbauer 1947-48; Gan 1961-62; Moreshet 1966-67a; Téné 1969; Kaddari 1970을 보라.

70) Rosén 1977a.

71) 50년 이상에 걸친 이스라엘 히브리어가 E. Y. Kutscher 1982, 247ff.에 잘 요약되어 있다.

어 파타흐와 쎄골의 구별이 완전히 상실되고, 서남쪽 지역과 아덴(Aden)에서는 홀람과 쩨레가 같은 발음을 가지고 있다. 모라그는 이 주제에 대한 훌륭한 연구를 통해 예멘의 여러 지역의 다른 발음을 신중하게 구분했다.[72)]

스파르디 발음은 커다란 지역적 다양성을 보여주지만 몇몇 일반적인 특징을 공유한다. 예를 들어 파타흐와 카마쯔의 발음을 구별하지 않고(카마쯔가 강세 없는 폐음절에 오지 않는 한), 쩨레와 쎄골의 발음을 구별하지 않는다. 브가드크파트 자음들이 획일적인 발음이 아니고, g, d, t의 중복된 발음을 생략하지만 다른 자음들의 경우에는 그것을 유지하는 것이 지배적인 경향이다. 예멘 전통처럼 아랍어를 사용하는 나라에서는 후음이 매우 주의깊게 분명하게 발음된다.

아쉬케나지 전통에서 후음 특히 알렙과 아인이 더는 발음되지 않고 마찰음 타브가 s로 발음되는 한편, 테트와 다게쉬가 있는 타브가 모두 t로 발음된다. 베트, 카프, 페가 이중 발음을 갖고 있다. 모음 발음에 통일된 체계가 없으며 예를 들어, 홀람이 지역에 따라 ey, y, oy, aw이나 ow로 발음된다. o나 u로 발음되는 카마쯔는 파타흐와 구분되고, ey나 ay로 발음되는 쩨레는 쎄골과 구분된다.[73)]

19세기 말부터 히브리어 발음을 통일해야 한다는 요구가 있었지만 실제로는 쉽지 않았고, 어느 정도는 특정 집단의 사회적 지배력에 좌우되었다. 이론적인 관점에서 언어학자들은 히브리어의 원래 셈어적인 성격에 더 가까운 것으로 간주된 오리엔탈 발음 특징을 보존해야 한다고 한다. 1923년에 히브리어 위원회가 베트를 v로, 바브를 w로, 헤트를 (ḵ가 아닌) ḥ로, 테트를 ṭ로, 아인을 ʻ로, 짜딕을 ts로, 코프를 연구개음 q로, 타브를 t로 발음하는 것을 표준화하려는 시도에 개입했다. 만일 이 체계가 수용되었다면, 여러 면에서 특히 모음과 관련하여 스파르디 전통과 가까웠을 것이다. 그러나 대중적인 발음은 독자적인 길을 따라갔고 실질적으로 그러한 규칙을 거부했다.

이스라엘 히브리어의 실제 발달 과정은 여러 방언에 있는 과도하게 색

72) Morag 1963을 보라.

73) Morag 1971을 보라.

다른 특징을 포기한 코이네 언어의 형성에서 일반적으로 발견되는 유형과 비견된다.[74] 오늘날 이스라엘 히브리어 발음은 서로 경쟁하는 유형이 비공식적으로 자연스럽게 타협한 결과이다. 싸브라들, 즉 이스라엘 태생 유대인들의 음운 체계에서 19개의 자음과 5개의 모음 음소가 발견되는데, 아쉬케나지와 스파르디 전통을 공유한다. 그러나 여섯 개의 전형적인 스파르디 음소가 거부된 것을 고려할 때, 아쉬케나지 전통이 우세하다고 인정된다.[75] 모라그는 구어체에 여섯 번째 모음 음소인 á가 있으며, a‘a로 연속되는 발음 속에 발견되는, 원래의 o로 그 흔적이 거슬러 올라갈 수 있다고 주장했다.[76]

실질적으로 ע(‘)은 א(’)과, ק(q)는 כּ(k)와, ח(ḥ)는 כ(ḵ)와, ט(ṭ)는 תּ(t)와 발음이 같아졌다. 베트, 카프, 페의 이중 발음이 유지되었고, 싸멕과 짜딕의 발음 구분도 유지되었다. 모음 발음에서는 스파르디 전통이 우세해졌다. 예를 들어 파타흐와 카마쯔가 똑같이 발음되고, 홀람이 o로 발음되며, 쩨레는 e나 ey로 발음된다. 이러한 대중적 발음과 달리, 공공 기관과 이스라엘 라디오와 텔레비전이 지지하는 학술적인 히브리어는 헤트와 아인의 ‘오리엔탈’ 발음과 다게쉬 포르테를 가지고 있는 자음의 이중 발음과 유성 슈바의 분명한 발음(구어체 히브리어에서는 거의 항상 생략된다.) 등을 유지하려 한다. 악센트 체계의 표준 유형은 스파르디 전통을 따르지만, 끝음절 전 강세를 갖는 아쉬케나지 전통이 일부 고유 명사에 흔적을 남겼다.[77]

마찬가지로 이스라엘 히브리어를 올바르게 쓰는 방법은 처음부터 학자들의 논쟁 대상이 되었다. 1905년에 옐린은 모음 없이 ‘문법적으로’ 쓰는 체계를 제안했는데, 이 체계는 표준 성경 버전의 자음 서법과 유사하다. 1929년에 히브리어 위원회가 이 체계를 수용했고, 의미가 불분명해질 수 있는 곳에 모음 글자의 사용을 허락했다. 이러한 방법에 대한 논쟁이 수년 동안 계속되는 한편, 저술가와 일반 대중은 더 융통성 있는 다른 길을 따라갔다. 공식적인 방법은 문법에 대한 너무 많은 지식을 전제하고 있고, 새

74) Rosén 1969a를 보라.
75) Patai 1953-54를 보라.
76) Morag 1971을 보라.
77) E. Eitan and Ornan 1971, 1645ff.를 보라.

로운 이민자들에게 너무 복잡했다. i와 e를 위해 요드를, o와 u를 위해 바브를, 그리고 심지어는 a를 위해 알렙을 사용할 뿐 아니라 반모음의 자음 발음을 표시하기 위해 바브-바브나 요드-요드를 사용하는 것이 학술적이지 않은 상황 속에서 점차 규범이 되어 갔다.

1948년에 히브리어 위원회의 공식적인 규칙이 『우리 언어』(*Leshonenu*)에 출판되었다.[78] 이 규칙은 1969년에 히브리어 아카데미가 수용한 것과 사실상 같다.[79] 알렙과 아인을 모음 글자로 사용하는 것과 카마쯔 카탄과 하탑 카마쯔를 위해 바브를 사용하는 것이 거부되었으나, 이는 지배적인 흐름과 대립을 이루었다. u를 표시하기 위해 ו(w)의 가운데 점을 찍거나 o를 표시하기 위해 그것 위에 점을 찍는 것이 유지되었고, 다게쉬를 갖는 베트, 카프, 페와 단어 끝에 오는 헤 형태들도[80] 마찬가지였다. 자음의 성격을 갖는 바브는 하나의 ו(w)로 표시되었다.

이스라엘 히브리어의 형태론은 근본적으로 히브리어의 이전 단계의 것과 차이가 없지만, 이 영역에서도 대중적인 용법이 학문적인 규정에서 벗어난다. 1905년부터 하스칼라의 저자들이 사용한 것처럼 성서적 형태론을 강요하려는 시도가 이루어졌다. 1910년의 악명 높은 논쟁의 결과로 히브리어 위원회는 옐린의 제안을 수용했다. 그 제안은 성서 히브리어 문법 형태나 어휘가 있을 때 그 형태나 어휘가 유지되어야 하고, 만일 필요하다면 미쉬나, 탈무드, 미드라쉬 문헌, 히브리어 형태로 재형성된 아람어 표현에서 온 요소로 보충될 수 있다는 것이다. 이것은 학교 교과서와 히브리어 교습에 공식적으로 수용되었다. 그러나 다른 곳에서는 성서 이후 시대의 용법이 똑같이 확산되었고, 저자, 기자, 평범한 히브리어 사용자가 그들 자신의 규칙을 따라가는 경향이 있다. 히브리어 아카데미는 성서 히브리어와 랍비 시대 히브리어에서 입증되는 다양한 형태의 사용을 장려한다.

이미 언급한 것처럼 이스라엘 히브리어가 외부의 영향에 가장 많이 노출된 영역은 문장론으로, 특히 새로운 이스라엘 국가를 구성하는 다양한

---

78) 16, 82-83.

79) *Leshonenu le-Am* 206 (1970)을 보라.

80) Weinberg 1971-72를 보라.

집단의 출신 국가들의 토착어에 영향 받았다. 그러나 히브리어의 변화무쌍한 성격, 개인적 스타일, 더 일반화된 언어 구조를 구별하는 데 따르는 문제점 때문에 최근에 도입된 문장론적 특징을 포괄적으로 분석하는 것은 쉽지 않다. 몇 개의 새 형태만이 주목 받았는데, 예를 들어 특히 언론계의 언어 사용에서 나타난 비한정적 관계절의 빈번한 사용과 접두형 동사 형태와 함께 오는 불변화사 -שֶׁ(šæ-)로 희구법과 명령법을 표현하는 것이 등이 있다. 히브리어 아카데미가 규정한 구조 외에 다른 표현 형태 받아들이거나 거부하는 이들은 더 평범한 사람들이다. 예를 들어 전통적 형태인 אֵינֶנִּי רוֹצֶה('ēnænnī rōṣæ) '나는 원하지 않는다.'(직역: '내가 아니다, 원하고 있다.')는 אֲנִי לֹא רוֹצֶה('ᵃnī lō' rōṣæ) (직역: '나는 원하지 않는다.')를 사용하는 일상 언어에서 더는 사용되지 않았다. 구어체 언어는 원래 비인칭 자동사 구조를 타동사 구조로 바꾸기도 했는데, 예를 들어 יֵשׁ לִי אֶת הַסּוּס(yēš lī 'ēṯ has-sūs) '나는 그 말을 가지고 있다.'(직역: '나에게 그 말이 있다.') 문장에는 표준 문법 규칙과 달리 목적격 표시어 אֵת('ēṯ)가 삽입되었다.[81]

이스라엘 히브리어는 이전 여러 시대에서 온 요소들을 사용하는 데 뚜렷하게 임의적인 성격을 보여준다. 예를 들어 연계형 명사와 절대형 명사의 결합으로 소유 관계를 표현하는 성서 히브리어 방법이 שֶׁל(šæl) 'which is to, of'로 표현하는 랍비 시대 히브리어 방법과 나란히 존재한다. 이러한 두 가지 유형의 구조를 이스라엘 히브리어로 융합하여 몇 가지 흥미로운 구분이 만들어졌다. 예를 들어 성서 히브리어 형태인 פִּנְקַס חָבֵר(pinqas ḥāḇēr)는 '멤버쉽 카드'를 의미하는 한편, 랍비 시대 히브리어 구조인 פִּנְקָס שֶׁל חָבֵר(pinqās šæl ḥāḇēr)는 '동료의 카드'를 의미하고, הַבָּשָׂר שֶׁלִּי(hab-bāśār šæl-lī)는 '나의 고기'를, בְּשָׂרִי(bᵉśār-ī)는 '나의 살'을 의미하며, 이와 같은 방식으로 양도할 수 있는 소유격 명사와 양도할 수 없는 소유격 명사 사이의 대립을 표현한다. 문법적인 보충법의 경우도 있다. 예를 들어 אמר('mr) '말하다.' 어근은 부정사, 미래 시제와 명령형에서 נגד(ngd) 어근의 히필 형태로 대체되는데, 후자의 어근은 성서 히브리어에서 구별된 의미를 갖고 있다. 혼란을 유발하는 동음어 מִמֶּנּוּ(mim-mænnū) '그로부터'와 '우리로부터'는 별도의

81) Diáz Esteban 1970을 보라.

전치사 형태인 מֵאִתָּנוּ(mē-'ittānū) '우리로부터'의 사용으로 그 문제를 해결하였다.82)

의심할 여지없이 새로운 형태에 가장 많이 열려 있는 영역 중 하나는 어휘였다. 이미 언급한 것처럼 어휘 영역은 처음부터 벤-예후다를 위시한 많은 전문가뿐 아니라, 히브리어 위원회와 히브리어 아카데미의 주된 관심사 중 하나였다. 처음에는 시대별, 특히 중세의 풍부한 히브리어 문헌 유산을 통합시키는 문제였다. 히브리어 부활 운동의 초기에 주된 역할을 한 인물 중 하나인 비알릭(Ḥ. N. Bialik)은 새로운 단어를 만들기 전에 기존의 모든 히브리어 표현을 하나의 포괄적 사전에 모아야 한다고 주장했다. 그러나 히브리어의 이전 단계에서 온 단어들로 표현될 수 있었을 개념을 위해 때때로 다른 자료에서 온 표현이 만들어졌다. 벤-예후다는 히브리어의 셈어 성격을 지키려는 특정 목적을 갖고 아랍어의 풍부한 어휘를 상당히 많이 사용했다. 하지만 이런 경향은 오래 지속되지 않았다.

초기에는 셈어 어근에 기초한 새로운 단어 만들기를 선호하여 서양 언어에서 파생된 단어를 포함시키는 것에 강한 저항이 있었지만, 현대 국제 어휘의 상당한 부분이 특히 기술 분야 이스라엘 히브리어에 자리 잡았다. 현재 히브리어 사전의 약 10퍼센트의 어휘가 서양에서 온 외래어로 추산된다. 차용어 외에도 상당수의 번역 차용어가 있는데 예를 들어 גַּן יְלָדִים(gan yᵉlāḏīm) '유치원, kindergarten'(직역: '어린이들의 정원')은 분명 유럽 언어에 기원을 둔 번역 차용어이다.

에이탄과 오르난은 이스라엘 히브리어 어휘의 새로운 요소를 다음과 같이 분류했다. (1) ן-(-ān), וֹן-(-ōn), וּת-(-ūṯ) 같은 접미어 첨가로 형성된 명사와 형용사, (2) קוֹלְנוֹעַ(qōl-nōaʿ) '영화관'(직역: '목소리-움직임')'처럼 존재하고 있는 단어로 만들어진 복합어도, 히브리어 형태론에 놀라운 혁신을 보여준다. (3) 명사에서 파생된 동사, (4) 어근에 접두어나 접미어를 첨가하여 형성된 동사, (5) 두문자어(頭文字語; acronym)나 다른 형태의 혼합으로 만들어진 단어로 예를 들어, תַּנָ"כִי(tanāḵī) '성서의'는 히브리어 성경의 세 부류인 율법서(*Torah*), 선지서(*Nevi'im*), 성문서(*Ketuvim*)의 첫 자음을 연결한 두문자어

82) Rosén 1958을 보라.

인 תַּנַךְ(tanak)에서 왔다. (6) -שִׁ(ši-) 접두어를 갖는 새로운 사역 동사 형태, (7) קָרִיא(qārī') '읽을 수 있는'처럼 ā-ī 모음을 갖는 수동 동사적 형용사.[83]

금세기 히브리어 재탄생은 많은 독특한 특징 때문에 언어학자들에게는 가장 흥미진진한 사건이었다. 자신의 정체성을 되찾기 원하는 한 민족의 결단으로 계획되고 실현된 언어로서 이스라엘 히브리어는 자연스러운 진화가 아닌 다른 어떤 언어 발달 과정에도 유례없는 특이한 과정의 결과물이다. 이스라엘 히브리어는 3,000여 년에 거쳐 성서의 가장 오래된 구절들을 연결하는, 한 번도 완전하게 끊긴 적 없는 사슬의 마지막 고리이다. 히브리 언어의 다양한 역사적 발전 단계와 그에 따른 특징을 이 책에 기술하였다. 부인할 수 없는 사실은 히브리어 문자 유산의 연속성과 히브리 언어의 역사적 단일성이 히브리어 역사 배후에 면면히 흐르고 있다는 것이다.

83) E. Eitan and Ornan 1971, 1651ff.를 보라.

약어와 참고문헌

Abbreviations

AAL=*Afroasiatic Linguistics*; *AcOr*=*Acta Orientalia*; *ADAJ*=*Annual of the Department of Antiquities of Jordan*; *AfO*=*Archiv für Orientforschung*; *AION*=*Annali dell'Istituto Orientale di Napoli*; AJBI=*Annual of the Japanese Biblical Institute*; AJSL=*American Journal of Semitic Languages and Literatures*; *ALUOS*=*The Annual of Leeds University Oriental Society*; *ANDRL*=*Archive of the New Dictionary of Rabbinic Literature* (Vol. I ed. by E.Y. Kutscher, Vol. II ed. by M.Z. Kaddari; Ramat-Gan); *APCI*=*Actes du Premier Congrès International de Linguistique Sémitique et Chamito-Sémitique, Paris 16–19 juillet 1969* (ed. by A. Caquot and D. Cohen; The Hague/Paris); *ArOr*=*Archiv Orientální*; *AuOr*=*Aula Orientalis*; *ASTI*=*Annual of the Swedish Theological Institute*; *AUSS*=*Andrews University Seminary Studies*; *BA*=*The Biblical Archaeologist*; *BASOR*=*Bulletin of the American Schools of Oriental Research*; *BeO*=*Bibbia e Oriente*; *BEOIFD*=*Bulletin d'Etudes Orientales de l'Institut Français de Damas*; *BFAC*=*Bulletin of the Faculty of Arts, Université Egyptienne, Cairo*; *BibOr*=*Biblica et Orientalia*; *BIES*=*Bulletin of the Israel Exploration Society*; *BIJS*=*Bulletin of the Institute of Jewish Studies*; *BJES*=*Bulletin of the Jewish Exploration Society*; *BJRL*=*Bulletin of the John Rylands Library*; *BM*=*Beth Mikra*; *BO*=*Bibliotheca Orientalis*; *BSLP*=*Bulletin de la Société de Linguistique [de Paris]*; *BSOAS*=*Bulletin of the School of Oriental and African Studies*; *BZ*=*Biblische Zeitschrift*; *BZAW*=*Beihefte zur Zeitschrift für die alttestamentliche Wissenschaft*; *CBQ*=*The Catholic Biblical Quarterly*; *EB*=*Encyclopaedia Biblica* (*Enṣiklopedyah Mikra'it*); *EI*=*Eretz-Israel*; *EJ*=*Encyclopaedia Judaica*; *EstBib*=*Estudios Bíblicos*; ET=*The Expository Times*; *FolOr*=*Folia Orientalia*; *FrancLA*=*Studii Biblici Franciscani, Liber Annuus*; *GLECS*=*Comptes rendus du Groupe Linguistique d'Etudes Chamito-Sémitiques*; *HA*=*Hebrew Abstracts*; *HAR*=*Hebrew Annual Review*; *HCL*=*Hebrew Computational Linguistics*; *HS*=*Hebrew Studies*; *HTR*=*Harvard Theological Review*; *HUCA*=*Hebrew Union College Annual*; *IEJ*=*Israel Exploration Journal*; *IJAL*=*International Journal of American Linguistics*; *IOS*=*Israel Oriental Studies*; *JA*=*Journal Asiatique*; *JANES*=*Journal of the Ancient Near Eastern Society*; *JAOS*=*Journal of the American Oriental Society*; *JBL*=*Journal of Biblical Literature*; *JCS*=*Journal of Cuneiform Studies*; *JEOL*=*Jaarbericht van het Vooraziatisch-Egyptisch Genootschap 'Ex Oriente Lux'*; *JJS*=*Journal of Jewish Studies*; *JKF*=*Jahrbuch für kleinasiatische Forschung*; *JNES*=*Journal of Near Eastern Studies*; *JNSL*=*Journal of the Northwest Semitic Languages*; *JPOS*=*Journal of the Palestine Oriental Society*; *JQR*=*Jewish Quarterly Review*; *JRAS*=*Journal of the Royal Asiatic Society of Great Britain and Ireland*; *JSS*=*Journal of Semitic Studies*; *JTS*=*The Journal of Theological Studies*; *KirSef*=*Kiryat Sefer*; *LBdOr*=*Literatur-Blatt des Orients*; *LeshLA*=*Leshonenu la-'Am*; *MasSt*=*Masoretic Studies*; *LSWANA*=*Linguistics in South West Asia and North Africa* (*Current Trends in Linguistics*, ed. by T.A. Sebeok, Vol. VI; The Hague/Paris); *MEAH*=*Miscelánea de Estudios Arabes y Hebraicos*; *MGWJ*=*Monatsschrift für Geschichte und Wissenschaft des Judentums*; *MIO*=*Mitteilungen des Instituts für Orientforschung*; *OLP*=*Orientalia Lovaniensia Periodica*; *OLZ*=*Orientalistische Literaturzeitung*; *OrAn*=*Oriens Antiquus*; *OrSu*=*Orientalia Suecana*; *OTS*=*Oudtestamentische Studiën*; *OYS*=*Oṣar Yehude Sefarad*; *PAAJR*=*Proceedings of the American Academy for Jewish Research*; *PEFQS*=*Palestine Exploration Fund Quarterly Statement*; *PEQ*=*Palestine Exploration Quarterly*; *PIASH*=*Proceedings of the Israel Academy of Science and Humanities*; *PICSS*=*Proceedings of the International Conference on Semitic Studies held in Jerusalem, 19–23 July 1965* (Jerusalem); *PSBA*=*Proceedings of the Society of Biblical Archaeology*; *P4(...9)WCJS*=*Proceedings of the Fourth (... Ninth) World Congress of Jewish Studies* (Jerusalem); *RA*=*Revue d'Assyriologie et d'Archéologie Orientale*; *RB*=*Revue Biblique*; *RBI*=*Rivista Biblica Italiana*; *REJ*=*Revue des Etudes Juives*; *RENLO*=*Revue de l'Ecole Nationale des Langues Orientales*; *RHPR*=*Revue d'Histoire et de Philosophie Religieuses*; *RQ*=*Revue de Qumran*; *RSF*=*Rivista di Studi Fenici*; *RSO*=*Rivista degli Studi Orientali*; *ScrHier*=*Scripta Hierosolymitana*; *SEL*=*Studi Epigrafici e Linguistici*; *Shenaton*=*Shenaton la-Mikra we-la-Ḥeker ha-Mizraḥ ha-Kadum*; *SVT*=*Supplements to Vetus Testamentum*; *TAJ*=*Tel-Aviv Journal of Archaeology*; *TLZ*=*Theologische Literaturzeitung*; *TZ*=*Theologische Zeitschrift*; *UF*=*Ugarit-Forschungen*; *VT*=*Vetus Testamentum*;

WdO=Die Welt des Orients; WZMLU= Wissenschaftliche Zeitschrift der Martin-Luther-Universität, Halle-Wittenberg, Gesellschafts- und sprachwissenschaftliche Reihe; YMḤSI=Yedi'ot ha-Makhon le-Ḥeker ha-Shirah ha-'Ivrit; ZA=Zeitschrift für Assyriologie und verwandte Gebiete; ZAW=Zeitschrift für die alttestamentliche Wissenschaft; ZDMG=Zeitschrift der Deutschen Morgenländischen Gesellschaft; ZDPV=Zeitschrift des Deutschen Palästina-Vereins; ZNW=Zeitschrift für die neutestamentliche Wissenschaft; ZP=Zeitschrift für Phonetik; ZS=Zeitschrift für Semitistik und verwandte Gebiete.

'*' indicates pages within a separately paginated Hebrew section; 'H.' (at the end of a reference) indicates that the item is written in Hebrew.

Aartun, K., 1967: 'Althebräische Nomina mit konserviertem kurzem Vokal in der Hauptdrucksilbe', *ZDMG* 117, 247–65.

1971: 'Hebräisch "'ānī" und "'ānāw"', *BibOr* 28, 125–26.

1974: 'Notizen zur hebräischen Nominalmorphologie', *BibOr* 31, 38–39.

1974–78: *Die Partikeln des Ugaritischen.* 2 vols. Neukirchen-Vluyn.

1975: 'Über die Grundstruktur der Nominalbildungen vom Typus "qaṭṭal"/"qaṭṭōl" im Althebräischen', *JNSL* 4, 1–8.

1981: 'Noch einmal zum Problem der Haupttondehnung beim Nomen im Althebräischen', *ZDMG* 131, 28–41.

Abbadi, S., 1985: 'Ein ammonitisches Siegel aus 'Ammān', *ZDPV* 101, 30–31.

Abbot, W.G.M., 1944–45: 'Did Jesus speak Aramaic?', *ET* 56, 305.

Abel, F.-M., 1911: 'Un mot sur les ostraca de Samarie', *RB* 8, 290–93.

Abramson, G., 1971–72: 'Colloquialisms in the Old Testament', *Semitics* 2, 1–16.

Abramson, S., 1941–43: 'Le-shimmushe ha-lashon ba-shirah ha-Sefardit', *Leshonenu* 11, 54–57.

1943: 'Leshon-RaSaG be-'Essa Meshali', in Y. Fishman (ed.), *Rav Se'adyah Ga'on. Koveṣ torani-mada'i,* Jerusalem, pp. 677–88.

1956–57: 'Mi-leshon ḥakhamim', *Leshonenu* 21, 94–103.

1965: *Bi-lshon kodemim. Meḥkar be-shirat Yisra'el bi-Sfarad.* Jerusalem.

1974: 'On the Hebrew in the Babylonian Talmud', *ANDRL*, II, 9–15. H.

1978–79: 'Makor we-shem ha-po'al', *Leshonenu* 43, 211–16.

Académie des Inscriptions et Belles-Lettres (de Paris), 1881–83: *Corpus inscriptionum Semiticarum.* I. Paris.

1900–33: *Répertoire d'épigraphie sémitique.* 6 vols. Ed. by C. Clermont-Ganneau and J.B. Chabot. Paris.

Ackermann, A., 1893: *Das hermeneutische Element der biblischen Accentuation. Ein Beitrag zur Geschichte der hebräischen Sprache.* Berlin.

Ackroyd, P.R., 1951: 'The Hebrew root "B'Š"', *JTS*, n.s., 2, 31–36.

1953: 'Criteria for the Maccabean dating of Old Testament literature', *VT* 3, 113–32.

1968: 'The meaning of Hebrew "dōr" considered', *JSS* 13, 3–10.

Adar, H., 1965: 'New words in agricultural terminology created during the "Bilu" period'. Doct. diss., Hebrew University, Jerusalem. H.

Adini, U., 1979–80: 'A biblical *hapax legomenon* in Modern Hebrew', *HS* 20–21, 12–16.

Aeshcoly, A.Z., 1937: *L'Hébreu moderne. Leçon inaugurale du cours d'hébreu moderne à l'Ecole Nationale des Langues Orientales Vivantes (20 – XII – 1937).* Paris.

Agmon-Fruchtman (Fruchtman), M., 1981–82: '"Umor 'im 'ahalim": a linguistic study of a phrase appearing in a poem by Dunash ibn Labraṭ', *Leshonenu* 46, 3–8. H.

Agus, I.A., 1974: 'The languages spoken by Ashkenazic Jews in the High Middle Ages', in S.B. Hoenig and L.D. Stitskin (eds.), *Joshua Finkel* Festschrift: *in honor of Joshua Finkel,* New York, pp. 19–28.

Aharoni, Y., 1950–51: 'A new Ammonite inscription', *IEJ* 1, 219–22.

1961: 'Excavations at Ramat Raḥel', *BA* 24, 98–118.

1962: 'The Samaria ostraca–an additional note', *IEJ* 12, 67–69.
1966: 'Hebrew ostraca from Tel Arad', *IEJ* 16, 1–7.
1966a: 'The use of hieratic numerals in Hebrew ostraca and the shekel weights', *BASOR* 184, 13–19.
1968: 'Trial excavations in the "solar shrine" at Lachish. Preliminary report', *IEJ* 18, 157–69.
1968a: 'Arad: its inscriptions and temple', *BA* 31, 2–18.
1968b: 'The Arad ostraca', *Qadmoniot* 1, 101.
1970: 'Three Hebrew ostraca from Arad', *BASOR* 197, 16–42.
1971: 'Khirbet Raddana and its inscription', *IEJ* 21, 130–35.
1973: 'The Hebrew inscriptions', in *Beer-Sheba I. Excavations at Tel Beer-Sheba, 1969–1971 seasons*, Tel-Aviv, pp. 71–78.
1975: *Investigations at Lachish: the sanctuary and the residency (Lachish V)*. Tel-Aviv.
1981: *Arad inscriptions*. English ed. by A.F. Rainey. Jerusalem.
Aharoni, Y. and Amiran, R., 1964: 'Excavations at Tel Arad. Preliminary report on the first season, 1962', *IEJ* 14, 131–47.
Aḥituv, S., 1984: *Canaanite toponyms in ancient Egyptian documents*. Leiden.
Ahrens, K., 1910: 'Der Stamm der schwachen Verba in den semitischen Sprachen', *ZDMG* 64, 161–94.
Aistleitner, J., 1954: *Untersuchungen zur Grammatik des Ugaritischen*. Berlin.
1967: *Wörterbuch der ugaritischen Sprache*. 3rd ed. by O. Eissfeldt. Berlin.
Albeck, C., 1971: *Einführung in die Mischna*. Berlin/New York.
1969: *Mavo la-Talmudim*. Tel-Aviv.
Albrecht, C., 1887–88: 'Die Wortstellung im hebräischen Nominalsatze', *ZAW* 7, 218–24; 8, 249–63.
Albrecht, K., 1911: '"Še-" in der Mischnah', *ZAW* 31, 205–17.
1913: *Neuhebräische Grammatik auf Grund der Mishna*. Munich.
Albright, W.F., 1926: 'Notes on early Hebrew and Aramaic epigraphy', *JPOS* 6, 75–102.
1932: 'New light on early Canaanite language and literature', *BASOR* 46, 15–20.
1934: *The vocalization of the Egyptian syllabic orthography*. New Haven.
1936: 'Ostracon C 1101 of Samaria', *PEFQS* 68, 211–15.
1936a: 'From the School in Jerusalem', *BASOR* 63, 36–37.
1938: 'The oldest Hebrew letters: the Lachish ostraca', *BASOR* 70, 11–17.
1939: 'A re-examination of the Lachish letters', *BASOR* 73, 16–21.
1939a: 'An Aramaean magical text in Hebrew from the seventh century B.C.', *BASOR* 76, 5–11.
1941: 'New Egyptian data on Palestine in the patriarchal age', *BASOR* 81, 16–21.
1941a: 'The land of Damascus between 1850 and 1750 B.C.', *BASOR* 83, 30–36.
1943: 'The Gezer calendar', *BASOR* 92, 16–26.
1944: 'The oracles of Balaam', *JBL* 63, 207–33.
1945: 'The Old Testament and the Canaanite language and literature', *CBQ* 7, 5–31.
1948: 'The early alphabetic inscriptions from Sinai and their decipherment', *BASOR* 110, 6–22.
1950: 'The Psalm of Habakkuk', in H.H. Rowley (ed.), *Studies in Old Testament prophecy*, Edinburgh, pp. 1–18.
1950a: 'Some important recent discoveries: alphabetic origins and the Idrimi statue', *BASOR* 118, 11–20.
1950–51: 'A catalogue of early Hebrew lyric poems (Psalm lxviii)', *HUCA* 23, 1–39.
1954: 'Northwest-Semitic names in a list of Egyptian slaves from the eighteenth century B.C.', *JAOS* 74, 222–33.
1955: 'New light on early recensions of the Hebrew Bible', *BASOR* 140, 27–33.
1958: 'An ostracon from Calah and the North-Israelite diaspora', *BASOR* 149, 33–36.
1959: 'Some remarks on the Song of Moses in Deuteronomy xxxii', *VT* 9, 339–46.
1966: *The Proto-Sinaitic inscriptions and their decipherment*. Cambridge, Mass.
1970: 'Some comments on the 'Ammân citadel inscription', *BASOR* 198, 38–40.
Allegro, J.M., 1955: 'Uses of the Semitic demonstrative element "z" in Hebrew', *VT* 5, 309–12.
Allony, N., 1941–43: 'He'arot we-haṣa'ot li-lshon shirat yeme ha-benayim', *Leshonenu* 11, 161–64.
1947: 'Mi-leshono shel Dunash ben Labraṭ', *Leshonenu* 15, 161–72.
1959: 'Mi-shirat Sefarad u-leshonah', *Sinai* 22, 152–69.

1960: 'Mi-shirat Sefarad u-leshonah, ii', *OYS* 3, 15–49.
1963: 'Keta' Mishnah 'im nikkud Ereṣ-Yisra'el', in *Sefer ha-yovel le-Rabbi Ḥanokh Albeck*, Jerusalem, pp. 30–40.
1964: 'Ezehu "ha-nikkud shellanu" be-Maḥzor Vitry?', *BM* 8, 135–45.
1964a: 'Mi-shirat Sefarad u-leshonah, iii', *Sinai* 28, 236–62.
1966: 'Mi-shirat Sefarad u-leshonah, iv', *Sinai* 30, 127–42.
1969: 'Mi-shirat Sefarad u-leshonah, v', *Sinai* 33, 12–35, 155–75.
1973: 'Sefer ha-'Egron ha-'Ivri ke neged ha-"'Arabiyyah"', in B.Z. Luria (ed.), *Zer li'gevurot: the Zalman Shazar jubilee volume ... A collection of studies in Bible, Eretz Israel, Hebrew language and Talmudic literature*, Jerusalem, pp. 465–74.
1973–74: *Kiṭ'e Genizah shel Mishnah, Talmud, u-midrash menukkadim be-nikkud Ereṣ-Yisre'eli*. Jerusalem.
1974: 'Ha-lashon ha-'Ivrit bi-yme ha-benayim'. Typescript, University of Beer-Sheba.
1974a: 'Ha-Kuzari le-R. Yehudah Halevi be-'or ha-"shu'ubiyyah"', *Biṣaron* 65, 105–13.
1975: Mi-leshon yeme ha-benayim (shte millim kashot be-diwan RaŠBaG)', *Sinai* 39, 157–72.
1975a: 'The reaction of Moses ibn Ezra to "'Arabiyya"', *BIJS* 3, 19–40.
1976: 'Mi-shirat RaŠBaG u-leshono', *HUCA* 47, 1–104.
1977: '"Tufinim" ba-lashon ha-medubberet ba-me'ah ha-'ashirit be-Ṭeveryah', *Sinai* 81, 20–26.
1979: 'Hishtakefut ha-mered ba-'Arabiyya be-sifrutenu bi-yme ha-benayim', in C. Rabin, D. Patterson, B.Z. Luria, and Y. Avishur (eds.), *Sefer Meir Wallenstein. Studies in the Bible and the Hebrew language offered to Meir Wallenstein on ... his 75th birthday*, Jerusalem, pp. 80–136.
1980–81: 'Ben Maimon, Ben Asher, Ben Buyaà and the Aleppo Codex', *Tarbiz* 50, 348–70. H.
Allony, N. and Díez Macho, A., 1958: 'Dos manuscritos "palestinenses" más de la Geniza del Cairo', *EstBib* 17, 83–100.
1958a: 'Otros dos manuscritos "palestinenses" de Salmos', *Sefarad* 18, 254–71.
1959: 'A fragment of the Pesikta de Rav Kahana with Palestinian vocalization', *Leshonenu* 23, 57–71. H.
1959a: 'Lista de variantes en la edición de los Mss "palestinenses" T-S 20/58 y 20/52', *EstBib* 18, 293–98.
Alster, G. and Mossel, B.M., 1969: *Hadachlil. Leerboek van het Israëlische Hebreeuws*. Assen.
Altbauer, M., 1947–48: 'Gilgule mashma'ut', *LeshLA* 84.
1953–54: 'Mi-leshon dayyage Yisra'el', *LeshLA* 45–46, 26–32.
1964: 'New negation constructions in Modern Hebrew', in *For Max Weinreich on his seventieth birthday: studies in Jewish languages, literature, and society*, The Hague, pp. 1–5.
Altheim, F. and Stiehl, R., 1959–63: *Die aramäische Sprache unter den Achaimeniden*. I. Frankfurt-am-Main.
1965: *Die Araber in der alten Welt*. II. Berlin.
1966: 'Jesus der Galiläer', in *Die Araber in der alten Welt*, III, Berlin, pp. 74–97.
Altman, A., 1980: 'The original meaning of the name "Amurrû", "ha-Emori"', in G.B. Ṣarfatti, P. Artzi, J.C. Greenfield, and M.Z. Kaddari (eds.), *Studies in Hebrew and Semitic languages dedicated to the memory of Prof. E.Y. Kutscher*, Ramat-Gan, pp. 76–102. H.
Amusin, J.D. and Heltzer, M.L., 1964: 'The inscription from Meṣad Ḥashavyahu. Complaint of a reaper of the seventh century B.C.', *IEJ* 14, 148–60.
Andersen, F.I., 1966: 'Moabite syntax', *Orientalia* 35, 81–120.
1969: 'A short note on construct "k" in Hebrew', *Biblica* 50, 68–69.
1970: 'Biconsonantal byforms of weak Hebrew roots', *ZAW* 82, 270–75.
1970a: *The Hebrew verbless clause in the Pentateuch*. Nashville/New York.
1970b: 'Passive and ergative in Hebrew', in H. Goedicke (ed.), *Near Eastern studies in honor of William Foxwell Albright*, Baltimore/London, pp. 1–15.
1974: *The sentence in Biblical Hebrew*. The Hague.
Andersen, F.I. and Forbes, A.D., 1986: *Spelling in the Hebrew Bible*. Rome.
Anderson, A.A., 1962: 'The use of "ruaḥ" in 1QS, 1QH and 1QM', *JSS* 7, 293–303.

Archer, G.L., 1974: 'The Hebrew of Daniel compared with the Qumran sectarian documents', in J.H. Skilton (ed.), *The law and the prophets: Old Testament studies prepared in honor of Oswald Thompson Allis*, Nutley, pp. 470–84.

Archi, A., 1985: *Testi amministrativi: assegnazioni di tessuti* (Archivi reali di Ebla. Testi; 1). Rome.

Archi, A. and Biga, M.C., 1982: *Testi amministrativi di vario contenuto* (Archivi reali di Ebla. Testi; 3). Rome.

Argyle, A.W., 1955–56: 'Did Jesus speak Greek?', *ET* 67, 92–93.

Ariel, S., 1972: 'The functions of the conjugations in colloquial Israeli Hebrew', *BSOAS* 35, 514–30.

1973: 'The functions of the *binyanim* in Modern Hebrew', *P5WCJS*, IV, 17–30.

Arnaud, D., 1982: 'Les textes cunéiformes suméro-accadiens des campagnes 1979–80 à Ras Shamra-Ougarit', *Syria* 59, 199–220.

1985: *Recherches au pays d'Aštata: Emar VI. Textes sumériens et accadiens*. 3 vols. Paris.

Aro, J., 1964: *Die Vokalisierung des Grundstammes im semitischen Verbum*. Helsinki.

1965: 'Parallels to the Akkadian stative in the West Semitic languages', in H.G. Gueterbock and T. Jacobsen (eds.), *Studies in honor of Benno Landsberger on his 75th Birthday*, Chicago, pp. 407–11.

Aronson, R., 1969: 'The predictability of vowel patterns in the Hebrew verb', *Glossa* 3, 127–45.

Artom, E.S., 1931–32: 'Studi sull'accento e la quantità delle vocali in ebraico', *RSO* 13, 150–64.

1946–47: 'Mivṭa ha-'Ivrit eṣel Yehude 'Iṭalyah', *Leshonenu* 15, 52–61.

Artzi, P., 1968: 'Some unrecognized Syrian Amarna letters', *JNES* 27, 163–71.

Asmussen, J.P., 1961: 'Das iranische Lehnwort "naḫšir" in der Kriegsrolle von Qumran (1QM)', *AcOr* 26, 3–20.

Aufrecht, W.E., 1983: 'A bibliography of Ammonite inscriptions', *Newsletter for Targumic and Cognate Studies*, Supplement 1.

Avigad, N., 1951: 'Some new readings of Hebrew seals', *EI* 1, 32–34.

1953: 'Another "bat le-melekh" inscription', *IEJ* 3, 121–22.

1953a: 'The epitaph of a royal steward from Siloam village', *IEJ* 3, 137–52.

1954: 'Seven ancient Hebrew seals', *BIES* 18, 147–53. H.

1954a: Ancient monuments in the Kidron Valley. Jerusalem.

1955: 'The second tomb inscription of the royal steward', *IEJ* 5, 163–66.

1957: 'A new class of "Yehud" stamps', *IEJ* 7, 146–53.

1959: 'Some notes on the Hebrew inscriptions from Gibeon', *IEJ* 9, 130–33.

1960: 'Two ancient seals', in M. Haran and B.Z. Luria (eds.), *Sefer [N.H.] Ṭur-Sinai ... li-mle'ut lo shiv'im shanah*, Jerusalem, pp. 319–24. H.

1970: 'Ammonite and Moabite seals', in J.A. Sanders (ed.), *Near Eastern archaeology in the twentieth century. Essays in honor of Nelson Glueck*, Garden City, pp. 284–95.

1972: 'Two Hebrew inscriptions on wine-jars', *IEJ* 22, 1–9.

1976: 'The governor of the city', *IEJ* 26, 178–82.

1976a: *Bullae and seals from a post-exilic Judean archive* (*Qedem* 4). Jerusalem.

1977: 'New Moabite and Ammonite seals at the Israel Museum', *EI* 13, *108–10. H.

1977a: 'Two Ammonite seals depicting the *dea nutrix*', *BASOR* 225, 63–66.

1979: 'Hebrew epigraphic sources', in I. Eph'al (ed.), *The age of the monarchies*, I: *Political history* (The world history of the Jewish people, first series; IV), Jerusalem, pp. 20–43.

1986: *Hebrew bullae from the time of Jeremiah*. Jerusalem.

Avinery, I., 1935–36: *Millon ḥiddushe Ḥ.N. Bialik she-bi-khtav we-she-be-'al-peh*. Tel-Aviv.

1940–60: *Heichal Rashi, encyclopaedia containing alphabetically all that Rashi created in the field of language and exegesis*. 4 vols. Tel-Aviv. H.

1946: *The achievements of Modern Hebrew*. Merḥavyah. H.

1964: *Yad ha-lashon: oṣar leshoni be-seder alef-bet shel ha-nose'im*. Tel-Aviv.

Avishur, Y., 1971–72: 'Pairs of synonymous words in the construct state (and in appositional hendiadys) in Biblical Hebrew', *Semitics* 2, 17–81.

1974: 'Pairs of words in biblical literature and their parallels in Semitic literature of the ancient Near East'. Doct. diss., Hebrew University, Jerusalem. H.

1975: 'Word pairs common to Phoenician and Biblical Hebrew', *UF* 7, 13–47.

1976: 'Studies of stylistic features common to the Phoenician inscriptions and the Bible', *UF* 8, 1–22.

1984: *Stylistic studies of word-pairs in biblical and ancient Semitic literatures*. Neukirchen-Vluyn.

Avrunin, A., 1939–40: 'Li-mkorot leshono shel Mendele', *Leshonenu* 10, 159–72.

1953–54: *Meḥkarim bi-lshon Bialik we-YaLaG*. Tel-Aviv

Azar, M., 1971–72: 'A syntactic and semantic approach to verbs governing prepositional phrases', *Leshonenu* 36, 220–27, 282–86. H.

1981: '"ᵃḇāl", "'ællā'" and "'ællā' šæ" in Modern Hebrew', *Leshonenu* 45, 133–48. H.

1983: 'Pseudo-"casus pendens" in the Mishnah', *Leshonenu* 47, 264–71. H.

Bacher, W., 1893: 'The views of Jehuda Halevi concerning the Hebrew language', *Hebraica* 8, 136–49.

1903: 'Der sprachliche Charakter des Mischne Tora', *Jahresbericht der Landesrabbinerschule in Budapest*, 117, 128–29, 283, 290.

1914: 'Zum sprachlichen Charakter des Mischne Tora', in W. Bacher, M. Brann, and D. Simonsen, *Moses ben Maimon. Sein Leben, seine Werke und sein Einfluss. Zur Erinnerung an den siebenhundertsten Todestag des Maimonides herausgegeben*, II, Leipzig, pp. 280–305.

1974: *Die Anfänge der hebräischen Grammatik und Die hebräische Sprachwissenschaft vom 10. bis zum 16. Jahrhundert*. Ed. by L. Blau. Amsterdam.

Bachi, R., 1956: 'A statistical analysis of the revival of Hebrew in Israel', *ScrHier* 3, 179–247.

Bahaṭ, J. and Ron, M., 1959–60: *We-dayyek: tikkune lashon we-shippur ha-signon*. Tel-Aviv.

Bahaṭ, S., 1964: 'The relative clause in Modern Hebrew'. Doct. diss., Hebrew University, Jerusalem. H.

Baker, D., 1980: 'Further examples of the *waw explicativum*', *VT* 30, 129–36.

Baldacci, M., 1981: 'The Ammonite text from Tell Siran and North-West Semitic philology', *VT* 31, 363–68.

Balentine, S.E., 1980: 'A description of the semantic field of Hebrew words for "hide"', *VT* 30, 137–53.

Band, O., 1983: *Hebrew: a language course. Level 2*. New York.

Bandstra, B.L., 1982: 'The syntax of the particle "ky" in Biblical Hebrew and Ugaritic'. Doct. diss., Yale University.

Baneth, D.H., 1935–36: 'On the philosophic terminology of Maimonides', *Tarbiz* 6, 10–40. H.

1939–40: 'R. Yehudah al-Ḥarizi u-sheloshet ha-targumim shel ma'amar Teḥiyyat ha-Metim la-RaMBaM', *Tarbiz* 11, 260–70.

1952: 'Maimonides translating his own writings as compared with his translators', *Tarbiz* 23, 170–91. H.

Banitt, M., 1967: *L'Etude des glossaires bibliques des juifs de France au moyen âge: méthode et application* (*PIASH* 2.10). Jerusalem.

Bar, F., 1936: *Liturgische Dichtungen von Jannai und Samuel*. Bonn.

Bar-Adon, A., 1959: 'Children's Hebrew in Israel'. 2 vols. Doct. diss., Hebrew University, Jerusalem. H.

1966: 'New imperative and jussive formations in contemporary Hebrew', *JAOS* 86, 410–13.

1972–73: 'S.Y. Agnon and the revival of Modern Hebrew', *Texas studies in literature and language* 14, 147–75.

1974: 'Language planning and processes of nativization in the newly revived Hebrew', in *Proceeedings: Association Internationale de Linguistique Appliquée, third congress, Copenhagen, 1972*, Heidelberg, pp. 1–16.

1975: *The rise and decline of a dialect. A study in the revival of Modern Hebrew*. The Hague/Paris.

1986: 'Al terumatah shel ha-'aliyah ha-sheniyyah li-ṯhiyat ha-lashon ha-'Ivrit. Dimmuy', *P9WCJS*, Division D, 63–70.

Bar-Adon, P., 1975: 'An early Hebrew inscription in a Judean Desert cave', *IEJ* 25, 226–32.

Bar-Asher, M., 1971: *Mishna codex Parma 'B', Seder Teharot*, Jerualem.

1972–80 (ed.): *Koveṣ ma'amarim bi-lshon ḤaZaL*. 2 vols. Jerusalem.

1976: 'Ṣurot nedirot bi-lshon ha-Tanna'im', *Leshonenu* 41, 83–102.

1980: *The tradition of Mishnaic Hebrew in the communities of Italy (according to Ms. Paris 328–329)*. Jerusalem. H.

1983: 'Nishkaḥot bi-lshon ha-Tanna'im: ben ha-sofer la-nakdan shel Ketav-yad Kaufmann shel ha-Mishnah (berur rishon)', in M. Bar-Asher, A. Dotan, G.B. Ṣarfatti, and D. Téné (eds.), *Hebrew language studies presented to Professor Zeev Ben-Ḥayyim*, Jerusalem, pp. 83–110.

1984: 'Ha-ṭipusim ha-shonim shel leshon ha-Mishnah', *Tarbiz* 53, 187–220.

1984a: 'On vocalization errors in Codex Kaufmann of the Mishna', in *Massorot: studies in language traditions*, I, Jerusalem, pp. 1–17. H.

1985: 'The historical unity of Hebrew and Mishnaic Hebrew research', in *Language studies*, I, Jerusalem, pp. 75–99. H.

1986: 'La langue de la Mishna d'après les traditions des communautés juives d'Italie', *REJ* 145, 267–78.

1987: 'The different traditions of Mishnaic Hebrew', in D.M. Golomb and S.T. Hollis (eds.), *Working with no data. Semitic and Egyptian studies presented to Thomas O. Lambdin*, Winona Lake, pp. 1–38.

Bardowicz, L., 1894: *Studien zur Geschichte der Orthographie des Althebräischen*. Frankfurt-am-Main.

1894a: 'Das allmähliche Überhandnehmen der *Matres Lectionis* im Bibeltexte', *MGWJ* 38, 117–21, 157–67.

Bardtke, H., 1954: *Hebräische Konsonantentexte*. Leipzig.

Barkai, M., 1972: 'Problems in the phonology of Israeli Hebrew'. Doct. diss., University of Illinois.

Barkay, G., 1977: 'A second bulla of a "sar ha-'ir"', *Qadmoniot* 10, 69–71.

1984: 'Excavations on the slope of the Hinnom Valley, Jerusalem', *Qadmoniot* 17, 94–108.

Barnes, O.L., 1965: *A new approach to the problem of the Hebrew tenses and its solution without recourse to waw-consecutive*. Oxford.

Barnett, R.D., 1951: 'Four sculptures from Amman', *ADAJ* 1, 34–36.

1957: *A catalogue of the Nimrud ivories*. London.

Baron, S.W., 1958: *A social and religious history of the Jews*. VII: Hebrew language and letters. 2nd ed. New York.

Barr, J., 1962: The semantics of biblical language. 3rd ed. London.

1966–67: 'St. Jerome's appreciation of Hebrew', *BJRL* 49, 281–302.

1967: 'St. Jerome and the sounds of Hebrew', *JSS* 12, 1–36.

1967a: 'Vocalization and the analysis of Hebrew among the ancient translators', *SVT* 16, 1–11.

1968: *Comparative philology and the text of the Old Testament*. Oxford.

1969: *Biblical words for time*. Rev. ed. London.

1968a: 'The ancient Semitic languages–the conflict between philology and linguistics', *Transactions of the Philological Society*, 37–55.

1970: 'Which language did Jesus speak? Some remarks of a Semitist', *BJRL* 53, 9–29.

1974: 'Etymology and the Old Testament', *OTS* 19, 1–28.

1979: 'Semitic philology and the interpretation of the Old Testament', in G.W. Anderson (ed.), *Tradition and interpretation. Essays by members of the Society for Old Testament Study*, Oxford, pp. 31–64.

Barth, J., 1894 (repr. 1967): *Die Nominalbildung in den semitischen Sprachen*. 2nd ed. Leipzig.

1894a: 'Zur vergleichenden semitischen Grammatik', ZDMG 48, 1–21.

1899: 'Die Casusreste im Hebräischen', *ZDMG* 53, 593–99.

1913: *Die Pronominalbildung in den semitischen Sprachen*. Leipzig.

Barthélemy, D., 1978: *Etudes d'histoire du texte de l'Ancien Testament*. Göttingen.

1982–86: *Critique textuelle de l'Ancien Testament*. 2 vols. Freiburg/Göttingen.

Bartlett, J.R., 1969: 'The use of the word "rō'š" as a title in the Old Testament', *VT* 19, 1–10.

Barzilay, I., 1979. 'From purism to expansionism: a chapter in the early history of Modern Hebrew', *JANES* 11, 3–15.

Bauer, H. 1910: *Die Tempora in Semitischen: ihre Entstehung und ihre Ausgestaltung in den Einzelsprachen*. Berlin.

1912: 'Noch einmal die semitischen Zahlwörter', *ZDMG* 65, 267–70.

1924: *Zur Frage der Sprachmischung im Hebräischen. Eine Erwiderung*. Halle.

1930: 'Die hebräischen Eigennamen als sprachliche Erkenntnisquelle', *ZAW* 48, 73–80.

Bauer, H. and Leander, P., 1922 (repr. 1962): *Historische Grammatik der hebräischen Sprache des Alten Testaments*. Halle.

1927 (repr. 1962): *Grammatik des Biblisch-Aramäischen*. Halle.

1929 (repr. 1965): *Kurzgefasste biblisch-aramäische Grammatik*. Halle.

Bauer, T., 1926: *Die Ostkanaanäer. Eine philologisch-historische Untersuchung über die Wanderschicht der sogenannten 'Amoriter' in Babylonien*. Leipzig.

Baumgartner, W., 1953: 'Das hebräische Nominalpräfix "mi-"', *TZ* 9, 154–57.

1959: 'Was wir heute von der hebräischen Sprache und ihrer Geschichte wissen', in *Ausgewählte Aufsätze*, Leiden, pp. 208–39.

Bea, A., 1940: 'Der Zahlenspruch im Hebräischen und Ugaritischen', *Biblica* 21, 196–98.

Becking, B.E.J.H., 1981: 'Zur Interpretation der ammonitischen Inschrift vom Tell Sīrān', *BO* 38, 273–76.

Beeston, A.F.L., 1979: 'Hebrew "šibbolet" and "šobel"', *JSS* 24, 175–79.

Beit-Arieh, I., 1981: 'New discoveries in Mine L at Serabit el-Khadem', *Qadmoniot* 14, 35–37. H.

1981a: 'New studies in Mine L at Serabit el-Khadim', *EI* 15, *63–68. H.

1982: 'New discoveries at Serâbît el-Khâdîm', *BA* 45, 13–18.

1983: 'A First Temple period census document', *PEQ* 115, 105–08.

Beit-Arieh, I. and Cresson, B., 1985: 'An Edomite ostracon from Horvat 'Uza', *TAJ* 12, 96–101.

Beit-Arié, M., 1970: 'Codicologic features as paleographic criteria in medieval Hebrew mss.', *KirSef* 45, 435–46. H.

1979: 'A Hebrew-Latin glossary–a testimony of spoken Hebrew in tenth-century Jerusalem?', *Tarbiz* 48, 274–302. H.

1980: 'Ketav-yad Kaufmann shel ha-Mishnah, moṣa'o u-zemano', in Bar-Asher (ed.) 1972–80, II, pp. 84–92.

van Bekkum, W.J., 1983: 'Observations on stem formations ("binyanim") in rabbinical Hebrew', *OLP* 14, 167–98.

1983a: 'The origins of the infinitive in rabbinical Hebrew', *JSS* 28, 247–72.

Beld, S.T., Hallo, W.W., and Michalowski, P., 1984: *The tablets of Ebla: concordance and bibliography*. Winona Lake.

Ben-Asher, M., 1960: 'Niṣṣul ha-mishkalim be-ḥiddushe ha-'Akademiyyah la-Lashon', *Ba-sha'ar* 3, 38–46.

1965: 'The conditional clause in Modern Hebrew'. Doct. diss., Hebrew University, Jerusalem. H.

1969: *Hitgabbeshut ha-dikduk ha-normaṭivi*. Jerusalem.

1970: 'The use of "me'ašer" in Modern Hebrew', *JSS* 15, 239–45.

1973: *'Iyyunim be-taḥbir ha-'Ivrit he-ḥadashah*. Tel-Aviv.

1978: 'Causative Hif'il verbs with double objects in Biblical Hebrew', *HAR* 2, 11–19.

Bendavid, A., 1951: *Leshon ha-Mikra 'o leshon ḥakhamim?* Tel-Aviv.

1956–57: 'The differences between Ben Asher and Ben Naftali', *Tarbiz* 26, 384–409. H.

1957–58: 'Ḥillufe Ben-Asher u-Ben-Naftali 'al-pi bedikah bi-mkorot kadmonim', *BM* 3, 1–20.

1957–58a: 'The source of the division of vowels into long and short', *Leshonenu* 22, 7–35, 110–36. H.

1958: Review of Murtonen 1958, *KirSef* 33, 482–91.

1967: *Biblical Hebrew and Mishnaic Hebrew*. Tel-Aviv. H.

Ben-Ezra, E., 1941–44 'Ḥiddushe millim shel R. Se'adyah Ga'on', *Horeb* 8, 135–47; 9, 176–85; 10, 295–318.

1962–63: 'Leshono shel R. Se'adyah Ga'on', in Y.L. Maimon (ed.), *Sefer yovel, mugash li-khvod ... Israel Elfenbein ... ba-mele'ut lo sheloshim shenot yeṣirah ba-Torah u-ba-mada'*, Jerusalem, pp. 33–43.

Ben-Ḥayyim, Z., 1938: 'On the study of the Samaritan language', *Tarbiz* 10, 81–89. H.

1944: ''Ivrit nosaḥ Shomron', *Leshonenu* 12, 45–60, 115–26.

1948–49: 'Targumim nishkaḥim u-matmihim', *Leshonenu* 16, 156–63.

1952–53: 'Lashon 'attikah bi-mṣi'ut ḥadashah', *LeshLA* 35–37.

1952–53a: 'Torat ha-tenu'ot le-Rav Se'adyah Ga'on', *Leshonenu* 18, 89–96.

1953: 'The form of the suffixal pronouns "-kā", "-tā", "-hā"', in U. Cassuto, J. Klausner, and J. Gutman (eds.), *Sefer Assaf ... li-khvod ... Simḥah Assaf ... li-mlot lo shishim shanah*, Jerusalem, pp. 66–99.

1953a: 'Dikduk bene-'Adam', *Massa* 3, 2–9.

1954: *Studies in the traditions of the Hebrew language*. Madrid/Barcelona.

1954a: 'The Samaritan vowel-system and its graphic representation', *ArOr* 22, 515–30.

1955: 'On the description of Hebrew as it is spoken', *Tarbiz* 24, 337–42. H.

1957–77: *The literary and oral tradition of Hebrew and Aramaic amongst the Samaritans*. 5 vols. Jerusalem. H.

1958: 'The Samaritan tradition and its ties with the linguistic tradition of the Dead Sea Scrolls and with Mishnaic Hebrew', *Leshonenu* 22, 223–45. H.

1958a: 'Traditions in the Hebrew language with special reference to the Dead Sea Scrolls', *ScrHier* 4, 200–14.

1958–59: 'Zu dem Aufsatze "Die Qumran-Rollen und die hebräische Sprachwissenschaft 1948–1958" von Goshen-Gottstein', *RQ* 1, 423–24.

1958–62: 'La tradition samaritaine et sa parenté avec les autres traditions de la langue hébraïque', *Mélanges de philosophie et de litterature juives* 3–5, 89–128.

1963: 'Bi-dvar mekorotehen shel haṭ'amat mille'el be-'Ivrit', in S. Lieberman (ed.), *Sefer Ḥanokh Yalon*, Jerusalem, pp. 150–60.

1967: 'Observations on the Hebrew and Aramaic lexicon from the Samaritan tradition', *SVT* 16, 12–24.

1968: *The contribution of the Samaritan inheritance to research into the history of Hebrew* (*PIASH* 3.6). Jerusalem.

1971: 'Some problems of a grammar of Samaritan Hebrew', *Biblica* 52, 229–52.

1977: '"Zemane" ha-po'al bi-lshon ha-Mikra u-masoret ha-Shomronim ba-hem', in S. Werses, N. Rotenstreich, and C. Shmeruk (eds.), *Sefer Dov Saddan ... bi-mlot lo shiv'im we-ḥamesh shanah*, Tel-Aviv, pp. 66–86.

1978: 'Thoughts on the Hebrew vowel system', in Y. Avishur and J. Blau (eds.), *Studies in Bible and the ancient Near East presented to Samuel E. Loewenstamm on his 70th birthday*, II, Jerusalem, pp. 95–105. H.

1979: 'Mono- and bi-syllabic middle guttural nouns in Samaritan Hebrew', *JANES* 11, 19–29.

1985: 'The historical unity of the Hebrew language and its divisions into periods', in M. Bar-Asher (ed.), *Language studies*, I, Jerusalem, pp. 3–25. H.

1985a: 'Ha-'omnam nistar bi-mkom medabber?', in B.Z. Luria (ed.), *Sefer Avraham Even-Shoshan*, Jerusalem, pp. 93–98.

1988–89: 'Be-shule "Ḥok Philippi"', *Leshonenu* 53, 113–20.

1989: 'Samaritan Hebrew–an evaluation', in A.D. Crown (ed.), *The Samaritans*, Tübingen, pp. 517–30.

Bennet, M., 1966: 'Fouilles d'Umm el-Biyara. Rapport préliminaire', *RB* 73, 372–403.

Bennet, T., 1732: *Hebrew grammar*. 3rd ed. London.

Bensabat Amzalak, M., 1928: *Portuguese Hebrew grammars and grammarians*. Lisbon.

Bentolila, Y., 1984: *Mivṭa'e ha-'Ivrit ha-meshammeshet ba-moshav shel yoṣe'e Maroko ba-Negev: perek be-fonologyah ḥevratit*. Jerusalem.

Ben-Yehuda, E., 1919: *'Ad ematay dibberu 'Ivrit?* New York.

Ben-Zvi, I., 1935: *Ṣefer ha-Shomronim*. 2nd ed. Tel-Aviv. 1970.

1960: 'The codex of Ben Asher', *Textus* 1, 1–18.

Bergey, R.L., 1983: 'The Book of Esther: its place in the linguistic milieu of post-exilic Biblical Hebrew prose–a study in late Biblical Hebrew'. Doct. diss., Dropsie College.

Berggrün, N., 1970: 'The language spoken by the Jews in the diaspora as a source for the study of Hebrew', *Leshonenu* 34, 165–71. H.

1974: 'Berurim bi-lshon ḥakhamim', in E.Y. Kutscher, S. Liebermann, and M.Z. Kaddari (eds.), *Henoch Yalon memorial volume*, Ramat-Gan, pp. 59–63.

Bergman, B., 1981: *Hebrew: a language course. Level 1*. New York.

Bergsträsser, G., 1909: 'Das hebräische Präfix "š-"', *ZAW* 29, 40–56.
1918–29 (repr. 1986): *Hebräische Grammatik*. 2 vols. Leipzig.
1923: 'Sprachmischung im Hebräischen', *OLZ* 26, 253–60, 477–81.
1924: 'Ist die tiberiensische Vokalisation eine Rekonstruktion?', *OLZ* 27, 582–86.
1928 (repr. 1977): *Einführung in die semitischen Sprachen*. Munich.
Berman, R., 1974–75: 'Gerundive and derived nominals in Modern Hebrew', *Leshonenu* 39, 99–122, 217–35. H.
Bernheimer, C., 1924: *Paleographia hebraica*. Florence.
Beveridge, W., 1658: *De linguarum orientalium praesertim hebraicae, chaldaicae, syriacae, arabicae et samaritanae praesentia*. London.
Beyer K., 1969: *Althebräische Grammatik. Laut- und Formenlehre*. Göttingen.
1971: 'Althebräische Syntax in Prosa und Poesie, i: Die Schöpfungsgeschichte der Priesterschrift', in G. Jeremias, H.W. Kuhn, and H. Stegemann (eds.), *Tradition und Glaube: das frühe Christentum in seiner Umwelt. Festgabe für Karl Georg Kuhn zum 65. Geburtstag*, Göttingen, pp. 76–96.
Biran, A., 1974: 'Tel Dan', *BA* 37, 26–51.
Birkeland, H., 1940: *Akzent und Vokalismus im Althebräischen*. Oslo.
1954: *The language of Jesus*. Oslo.
Birnbaum, S.A., 1954–71: *The Hebrew scripts*. 2 vols. Leiden.
Black, M., 1956–57: 'The recovery of the language of Jesus', *New Testament studies* 3, 305–13.
1957: 'Die Erforschung der Muttersprache Jesu', *TLZ* 82, 653–68.
Blake, F.R., 1917–53: 'Studies in Semitic grammar', *JAOS* 35, 375–85; 62, 109–18; 65, 111–16; 66, 212–18; 73, 7–16.
1940: 'The development of symbols for the vowels in the alphabets derived from the Phoenician', *JAOS* 60, 391–413.
1944: 'The Hebrew waw conversive', *JBL* 63, 271–95.
1950: 'The apparent interchange between "a" and "i" in Hebrew', *JNES* 9, 76–83.
1951: 'Pretonic vowels in Hebrew', *JNES* 10, 243–55.
1951a: *A resurvey of Hebrew tenses*. Rome.
Blanc, H., 1954: 'The growth of Israeli Hebrew', *Middle Eastern affairs* 5, 385–92.
1954–55: 'La-yesod ha-'Aravi she-ba-dibbur ha-Yisre'eli', *LeshLA* 53, 6–14; 54–55, 27–32; 56, 20–26.
1956: 'Dialect research in Israel', *Orbis* 5, 185–90.
1957: 'Hebrew in Israel: trends and problems', *The Middle East journal* 11, 397–409.
1960: *Intensive spoken Israeli Hebrew*. I, IV. Washington.
1964: 'Israeli Hebrew Texts', in H.B. Rosén (ed.), *Studies in Egyptology and linguistics in honour of H.J. Polotsky*, Jerusalem, pp. 132–52.
1965: 'Some Yiddish influences in Israeli Hebrew', in U. Weinreich (ed.), *The field of Yiddish: studies in language, folklore, and literature*, II, The Hague, pp. 185–201.
1968: 'The Israeli koine as an emergent national standard', in J.A. Fishman, C.A. Ferguson, and J. Das Gupta (eds.), *Language problems of developing nations*, Somerset, N.J., pp. 237–51.
Blau, J., 1953: 'Benoni pa'ul be-hora'ah 'akṭivit', *Leshonenu* 18, 67–81.
1954: 'Zum angeblichen Gebrauch von "'t" vor dem Nominativ', *VT* 4, 7–19.
1956: 'Gibt es ein emphatisches "'ēt" im Bibel-Hebräisch?', *VT* 6, 211–12.
1957: 'Über die "t"-Form des Hif'il im Bibelhebräisch', *VT* 7, 385–88.
1957a: '"O she- bi-lshon ḥakhamim"', *Leshonenu* 21, 7–14.
1959: 'Adverbia als psychologische und grammatische Subjekte/Predikate im Bibel-Hebräisch', *VT* 9, 130–38.
1959a: 'The status of Arabic as used by Jews in the Middle Ages', *JJS* 10, 19–21.
1961: 'Reste des "i-" Imperfekts von "zkr" Qal. Eine lexikographische Studie', *VT* 11, 81–86.
1966: *Yesodot ha-taḥbir*. Jerusalem.
1968: 'Some dificulties in the reconstruction of "Proto-Hebrew" and "Proto-Canaanite"', *BZAW* 103, 29–43.
1968a: 'Bibelhebräische Nomina, die auf Pataḥ-'Ayin enden', *ZDMG* 118, 257–58.

1969: 'Some problems of the formation of the old Semitic languages in the light of Arabic dialects', *PICSS*, 38–44.

1970: *On pseudo-corrections in some Semitic languages*. Jerusalem.

1970a: 'He'arot le-gilgule ha-haṭ'amah ba-'Ivrit ha-kedumah', in S. Abramson and A. Mirsky (eds.), *Sefer Ḥayyim Schirmann: koveṣ meḥkarim*, Jerusalem, pp. 27–38.

1970b: Review of Jenni 1968, *Leshonenu* 34, 228–33. H.

1971: 'Studies in Hebrew verb formation', *HUCA* 42, 133–58.

1971a: 'Hebrew language, biblical', *EJ*, XVI, 1568–83.

1971–72: 'Sentences containing parallel members, and generative grammar', *Leshonenu* 36, 308–20. H.

1973: Der Übergang der bibelhebräischen Verba "(w)y" von Qal im Hif'il im Lichte des Ugaritischen', *UF* 5, 275–77.

1974: 'Studies in Semitic pronouns (including the definite article)', in E.Y. Kutscher, S. Liebermann, and M.Z. Kaddari (eds.), *Henoch Yalon memorial volume*, Ramat-Gan, pp. 17–45. H.

1975: "Al be'ayot bi-tḥum ha-haṭ'amah ba-'Ivrit ha-kedumah', in A. Saltman, M.Z. Kaddari, M. Schwarcz, and M. Adler (eds.), *Baruch Kurzweil memorial volume*, Tel-Aviv, pp. 62–73.

1976: *A grammar of Biblical Hebrew*. Wiesbaden.

1977: '"Weak" phonetic change and the Hebrew śin', *HAR* 1, 67–119.

1978: 'Hebrew and North West Semitic: reflections on the classification of the Semitic languages', *HAR* 2, 21–44.

1978a: 'Hebrew stress shifts, pretonic lengthening, and segolization: possible cases of Aramaic interference in Hebrew syllable structure', *IOS* 8, 91–106.

1979: 'Non-phonetic conditioning of sound change and Biblical Hebrew', *HAR* 3, 7–15.

1979a: 'Some remarks on the prehistory of stress in Biblical Hebrew', *IOS* 9, 49–54.

1979–80: 'Short philological notes on the inscription of Meša'', *Maarav* 2, 143–57.

1980: 'The parallel development of the feminine ending "-at" in Semitic languages', *HUCA* 51, 17–28.

1980–81: 'Stages in the weakening of laryngals/pharyngals in Biblical Hebrew', *Leshonenu* 45, 32–39. H.

1981: 'On pausal lengthening, pausal stress shift, Philippi's law and rule ordering in Biblical Hebrew', *HAR* 5, 1–13.

1982: *On polyphony in Biblical Hebrew* (*PIASH* 6.2). Jerusalem.

1982a: 'Remarks on the development of some pronominal suffixes in Hebrew', *HAR* 6, 61–67.

1983: 'Eine Theorie der Haupttondehnung im Althebräischen', *ZDMG* 133, 24–29.

1983a: 'Are Rabbinical Hebrew forms like "hâyât" archaic?', *Leshonenu* 47, 158–59. H.

1984: *The renaissance of Modern Hebrew and Modern Arabic: parallels and differences in the revival of two Semitic languages*. Berkeley.

1985: 'The influence of Middle Arabic on the Hebrew of Arabic-speaking Jews', in M. Bar-Asher (ed.), *Language studies*, I, Jerusalem, pp. 243–50. H.

Bloch, A., 1963: 'Zur Nachweisbarkeit einer hebräischen Entsprechung der akkadischen Verbalform "iparras"', *ZDMG* 113, 41–50.

Blommerde, A.C.M., 1969: *Northwest Semitic grammar and Job*. Rome.

Boberg, A., 1733: *'Al leshon u-khetav ha-Shomronim sive De lingua et literis Samaritanorum dissertatio philologica*. Uppsala.

1734: *'Al leshon we-Torat ha-Shomronim sive De lingua et Pentateucho Samaritanorum*. Stockholm.

Bobzin, H., 1973: 'Überlegungen zum althebräischen "Tempus" System', *WdO* 7, 141–53.

Bocaccio, J., 1964: 'Hebreo bíblico', in *Enciclopedia de la Biblia*, III, 1115–27.

Boecker, H., 1963: *Redeformen des Rechtslebens im Alten Testament*. Neukirchen-Vluyn.

de Boer, P.A.H, 1948: 'An inquiry into the meaning of the term "mś'"', *OTS* 5, 197–214.

1954: 'Etude sur le sens de la racine "QWH"', *OTS* 10, 225–246.

1962: *Gedenken und Gedächtnis in der Welt des Alten Testaments. Vorlesungen zur Bedeutung der Wurzel* ZKR. Leiden.
Bogaert, M., 1964: 'Les suffixes verbaux non-accusatifs dans le sémitique nord-occidental et particulièrement en hébreu', *Biblica* 45, 220–47.
de Liagre Böhl, F.M.T., 1909: *Die Sprache der Amarna-Briefe mit besonderer Berücksichtigung der Kanaanismen*. Leipzig.
Bojarin, D., 1972–73: 'Reversal of the substantive-attribute order in Aramaic and in Hebrew', *Leshonenu* 37, 113–16. H.
Bolozky, S., 1980: 'Paradigm coherence in Hebrew', *AAL* 7, 104–26.
1984: 'Subject pronouns in colloquial Hebrew', *HS* 25, 126–30.
Bordreuil, P., 1986: *Catalogue des sceaux ouest-sémitiques inscrits de la Bibliothèque Nationale, du Musée du Louvre et du Musée Biblique et Terre Sainte*. Paris.
Bordreuil, P. and Caquot, A., 1979: 'Les textes en cunéiformes alphabétiques découverts en 1977 à Ibn Hani', *Syria* 56, 295–324.
1980: 'Les textes en cunéiformes alphabétiques découverts en 1978 à Ibn Hani', *Syria* 57, 344–73.
Bordreuil, P. and Lemaire, A., 1982: 'Nouveaux sceaux hébreux et araméens', *Semitica* 32, 21–34.
Borée, W., 1930: *Die alten Ortsnamen Palästinas*. Leipzig.
Borger, R., 1967, 'Knudzton, Jörgen Alexander', in *Handbuch der Keilschriftliteratur*, I (Repertorium der sumerischen und akkadischen Texte), Berlin, pp. 237–40.
Bornhäuser, K., 1926: 'Die Bedeutung der sprachlichen Verhältnisse Palästinas zur Zeit Jesu für das Verständnis der Evangelien', *Neue kirchliche Zeitschrift* 37, 187–200.
Bornstein, D.J., 1927: *Einführung in das Hebräisch der Gegenwart. Methodische Texte und Erläuterungen*. Berlin.
Bornstein, Ḥ.Y., 1904: 'Maḥaloket Rav Se'adyah Ga'on u-Ben-Me'ir bi-kvi'at shenot 4672–4674', in *Sefer ha-yovel ... li-khvod Naḥum Sokolow ... me'et ḥaveraw we-re'aw ha-soferim*, Warsaw, pp. 19–189.
Botterweck, G.J., 1952: *Der Triliterismus im Semitischen erläutert an den Wurzeln* GL ,KL, QL. Bonn.
Bowman, J., 1957: 'Contact between Samaritan sects and Qumran?', *VT* 7, 184–89.
1957–58: 'Samaritan studies', *BJRL* 40, 298–327.
1958–59: 'The importance of Samaritan researches', *ALUOS* 1, 43–54.
Bowman, R.A., 1948: 'Arameans, Aramaic and the Bible', *JNES* 7, 65–90.
van den Branden, A., 1958: Le déchiffrement des inscriptions protosinaïtiques', *Al-Machriq*, 361–95.
1962: 'L'origine des alphabets protosinaïtiques, arabes préislamiques et phéniciens', *BibOr* 19, 198–206.
1962a: 'Les inscriptions protosinaïtiques', *OrAn* 1, 197–214.
1969: *Grammaire phénicienne*. Beirut.
1979: 'Nouvel essai du déchiffrement des inscriptions protosinaïtiques', *BeO* 21, 156–251.
Braun, R.L., 1979: 'Chronicles, Ezra, and Nehemiah: theology and literary history', *SVT* 30, 52–64.
Bravmann, M.M., 1951–52: 'Notes on the forms of the imperative in Hebrew and Arabic', *JQR*, n.s., 42, 51–56.
1971: 'The Hebrew perfect forms: "qāṭ^{e}lā", "qāṭ^{e}lū"', *JAOS* 91, 429–30.
Brekelmans, C., 1963: 'Pronominal suffixes in the Hebrew Book of Psalms', *JEOL* 17, 202–06.
Brin, G., 1978–79: 'Linguistic notes to the Temple Scroll', *Leshonenu* 43, 20–23. H.
Brockelmann, C., 1904: 'Zur hebräischen Lautlehre', *ZDMG* 58, 518–25.
1908–13: *Grundriss der vergleichenden Grammatik der semitischen Sprachen*. 2 vols. Berlin.
1916: *Semitische Sprachwissenschaft*. 2nd ed. Berlin/Leipzig.
1940: 'Neuere Theorien zur Geschichte des Akzents und des Vokalismus im Hebräischen und Aramäischen', *ZDMG* 94, 332–71.
1941: 'Zur Syntax der Sprache von Ugarit', *Orientalia* 10, 223–40.
1944: 'Stand und Aufgabe der Semitistik', in R. Hartmann (ed.), *Beiträge zur Arabistik, Semitistik und Islamwissenschaft*, Leipzig, pp. 3–41.
1951: 'Die "Tempora" des Semitischen', *ZP* 5, 133–54.

1954: 'Die kanaanäischen Dialekte mit dem Ugaritischen', in B. Spuler (ed.), *Handbuch der Orientalistik*, III, Leiden, pp. 40–58.
1956: *Hebräische Syntax*. Neukirchen Kreis Moers.
1968: *Syrische Grammatik*. 11th ed. Leipzig.
Brongers, H.A., 1963–64: 'Das Wort "npš" in den Qumranschriften', *RQ* 4, 407–15.
1965: 'Merismus, Synekdoche und Hendiadys in der bibel-hebräischen Sprache', *OTS* 14, 100–14.
1965a: 'Bemerkungen zum Gebrauch des adverbialen "w^e'attāh" im Alten Testament (ein lexikologischer Beitrag)', *VT* 15, 289–99.
1973: 'Die Partikel "l^e-ma'an" in der biblisch-hebräischen Sprache', *OTS* 18, 84–96.
Brønno, E., 1940: 'Some nominal types in the Septuagint. Contributions to pre-Masoretic Hebrew grammar', *Classica et mediaevalia* 3, 180–213.
1941–42: 'Einige Namentypen der Septuaginta. Zur historischen Grammatik des Hebräisch', *AcOr* 19, 33–64.
1943: *Studien über hebräische Morphologie und Vokalismus auf Grundlage der Mercatischen Fragmente der zweiten Kolumne der Hexapla des Origenes*. Leipzig.
1950: 'Zu den Theorien Paul Kahles von der Entstehung der tiberischen Grammatik', *ZDMG* 100, 521–65.
1956: 'The Isaiah scroll DSIa and the Greek transliterations of Hebrew', *ZDMG* 106, 252–58.
1967: 'The Hebrew laryngals in non-Masoretic traditions', *P4WCJS*, I, 113–15.
1968: 'Samaritan Hebrew and Origen's Secunda', *JSS* 13, 192–201.
1970: *Die Aussprache der hebräischen Laryngale nach Zeugnisse des Hieronymus*. Aarhus.
Brovender, H., 1971: 'Hebrew language, pre-biblical', *EJ*, XVI, 1560–68.
Bruce, F.F., 1944–45: 'Did Jesus speak Aramaic?', *ET* 56, 328.
Bryan, M.A., 1947: *The distribution of the Semitic and Cushitic languages of Africa*. Oxford.
Bucellati, G., 1966: *The Amorites of the Ur III period*. Naples.
Burchard, C., 1959–65: *Bibliographie zu den Handschriften vom Toten Meer*. 2 vols. Berlin.
Burchardt, M., 1909–10: *Die altkanaanäischen Fremdworte und Eigennamen im Ägyptischen*. Leipzig.
Burkitt, F.C., 1922: 'Is Ecclesiastes a translation?', *JTS* 23, 22–28.
Burrows, M., 1949: 'Orthography, morphology and syntax in the St. Mark's Isaiah manuscript', *JBL* 68, 195–212.
Bush, F.W., 1959–60: 'Evidence from Milḥamah and the Masoretic Text for a penultimate accent in Hebrew verbal forms', *RQ* 2, 501–14.
Bynon, J. and T. (eds.), 1975: *Hamito-Semitica. Proceedings of a colloquium held at ... London, ... March 1970*. The Hague/Paris.
Cagni, L. (ed.), 1981: *La lingua di Ebla. Atti del convegno internazionale (Napoli, 21–23 aprile 1980)*. Naples.
1984: *Il bilinguismo a Ebla. Atti del convegno internazionale (Napoli, 19–22 aprile 1982)*. Naples.
Calice, F., 1936: *Grundlagen der ägyptisch-semitischen Wortvergleichung. Eine kritische Diskussion des bisherigen Vergleichsmaterials*. Ed. by H. Balcz. Vienna.
Campbell, E.F., 1964: *The chronology of the Amarna letters*. Baltimore.
Cano, M.J., 1978: 'La poesía báquica y amorosa de Shelomoh ibn Gabirol'. Undergraduate diss., University of Granada.
Cantera, F., 1941: 'Reseña del estado de las cuestiones. Lingüística: a) Gramática y sus problemas; b) Diccionarios y lexicografía', *Sefarad* 1, 167–77.
1942: 'De epigrafía hebraico-española', *Sefarad* 2, 99–112.
1943: 'Lápidas hebraicas del Museo de Toledo', *Sefarad* 3, 107–14.
1943a: 'Nuevas inscripciones hebraicas leonesas', *Sefarad* 3, 329–58
1944: 'Inscripciones hebraicas de Toledo. Nuevo hallazgo epigráfico', *Sefarad* 4, 45–72.
1950: 'Nueva lápida hebraica en Tarragona', *Sefarad* 10, 173–76.
1951: 'Epigrafía hebraica en el Museo Arqueológico de Madrid', *Sefarad* 11, 105–11.
1951a: 'La epigrafía hebraica en Sevilla', *Sefarad* 11, 371–89.

1952: 'Unas palabras más sobre la lápida del médico sevillano R. Shelomoh ben Ya'ish', *Sefarad* 12, 159–60.
1953: 'Sellos hispano-hebreos', *Sefarad* 13, 101–11.
1954: 'Nuevo hallazgo epigráfico en León', *Sefarad* 14, 119–21.
1954a: 'Nuevas inscripciones hebraicas', *Sefarad* 14, 389–91.
1955: 'Nueva inscripción trilingüe tarraconense?', *Sefarad* 15, 151–56.
1955a: 'Hallazgo de nuevas lápidas hebraicas en el Levante español', *Sefarad* 15, 387–94.
Cantera, F. and Millás, J.M, 1956: *Las inscripciones hebraicas de España*. Madrid.
Cantineau, J., 1930–32: *Le nabatéen*. 2 vols. Paris.
1931: 'De la place de l'accent de mot en hébreu et en araméen biblique', *BEOIFD* 1, 81–98.
1932: 'Accadien et sudarabique', *BSLP* 33, 175–204.
1932a: 'Elimination de syllabes brèves en hébreu et en araméen biblique', *BEOIFD* 2, 125–44.
1932–40: 'La langue de Ras-Shamra', *Syria* 13, 164–70; 21, 38–61.
1935: *Grammaire du palmyrénien épigraphique*. Cairo.
1949: 'Racines et schèmes dans les langues sémitiques', in *Actes du XXIe Congrès International des Orientalistes, Paris 23–31 juillet 1948*, Paris, pp. 93–95.
1950: 'La langue de Ras-Shamra', *Semitica* 3, 21–34.
1950a: 'La notion de "schème" et son altération dans diverses langues sémitiques', *Semitica* 3, 73–83.
1950b: 'Essai d'une phonologie de l'hébreu biblique', *BSLP* 46, 82–122.
1951: 'Le consonantisme du sémitique', *Semitica* 4, 79–94.
1955: 'Quelle langue parlait le peuple en Palestine au prémier siècle de notre ère?', *Semitica* 5, 99–101.
Caquot, A., 1960–63: 'L'araméen de Hatra', *GLECS* 9, 87–89.
Caquot, A. and Lemaire, A., 1977: 'Les textes araméens de Deir 'Alla', *Syria* 54, 189–208.
Caquot, A., Sznycer, M., and Herdner, A., 1974: *Textes ougaritiques*. I: *Mythes et légendes*. Paris.
Caquot, A., de Tarragon, J.-M., and Cunchillos, J.L., 1989: *Textes ougaritiques*. II: *Textes religieux, rituels, correspondence*. Paris.
Carmignac, J., 1961–62: 'Notes sur les *pshârîm*', *RQ* 3, 505–38.
1964–66: 'Un aramaïsme biblique et qumrânien: l'infinitif placé après son complément d'objet', *RQ* 5, 503–20.
1967: 'Le sens de la racine "MLḤ" II dans la Bible et à Qumran', in G. Buccellati (ed.), *Studi sull'Oriente e la Bibbia offerti al P. Giovanni Rinaldi*, Genoa, pp. 77–81.
1972–75: 'L'emploi de la négation "'yn" dans la Bible et à Qumrân', *RQ* 8, 407–14.
1977–78: 'Le complément d'agent après un verbe passif dans l'hébreu et l'araméen de Qumrân', *RQ* 9, 409–27.
1985–86: 'L'infinitif absolu chez Ben Sira et à Qumrân', *RQ* 12, 251–62.
Casanowicz, I.M., 1894–96: 'The emphatic particle "l" in the Old Testament', *JAOS* 16, 166–71.
1910: 'Note on some usages of "lāḵēn"', *JAOS* 30, 343–46.
Castellino, G.R., 1962: *The Accadian personal pronouns and verbal system in the light of Semitic and Hamitic*. Leiden.
Catastini, A, 1984: 'Noti di epigrafia ebraica, i–ii', *Henoch* 6, 129–38.
Cathcart, K.J., 1969: '"Trkb qmḥ" in the Arad ostracon and Biblical Hebrew "rekeb", "upper millstone"', *VT* 19, 121–23.
1973: *Nahum in the light of Northwest Semitic*. Rome.
Cavalletti, S., 1957: 'Ebraico biblico ed ebraico mishnico', *Sefarad* 17, 122–29.
Cazelles, H., 1947: 'Note sur l'origine des temps convertis hébreux d'après quelques textes ugaritiques', *RB* 54, 388–93.
1951: 'La mimation nominale en ouest-sémitique', *GLECS* 5, 79–81.
1954–57: 'Un vestige de pseudo-participe en hébreu', *GLECS* 7, 46–48.
1973: 'Le sens du verbe "B'R" en hébreu', *Semitica* 25, 5–10.
Centre National de la Recherche Scientifique, 1974: *La Paléographie hébraïque médiévale*. Colloque international, Paris, 11–13 septembre 1972. Paris.

1974a: *Les Techniques de laboratoire dans l'étude des manuscrits*. Colloque international, Paris, 13–15 septembre 1972. Paris.
Chanoch (Garbell), I., 1930: *Fremdsprachliche Einflüsse in modernen Hebräisch*. Berlin.
Chapira, B., 1914: 'Fragments inédits du Sefer Haggalui de Saadia Gaon', *REJ* 68, 1–15.
Chase, D.A., 1982: 'A note on an inscription from Kuntillet 'Ajrūd', *BASOR* 246, 63–67.
Chayen, M.J., 1971–72: 'The pronunciation of Israeli Hebrew', *Leshonenu* 36, 212–19, 287–300. H.
1973: *The phonetics of Modern Hebrew*. The Hague/Paris.
Chayen, M.J. and Dror, Z., 1976: *Introduction to Hebrew transformational grammar*. Leiden.
Chiesa, B., 1978: *L'Antico Testamento ebraico secondo la tradizione palestinese*. Turin.
1979: *The emergence of Hebrew biblical pointing: the indirect sources*. Frankfurt-am-Main/Cirencester.
Chomsky, W., 1941: 'The history of our vowel-system in Hebrew', *JQR*, n.s., 32, 27–49.
1951–52: 'What was the Jewish vernacular during the Second Commonwealth?', *JQR*, n.s., 42, 193–212.
1962: 'The growth and progress of Modern Hebrew', in M. Ben-Horin, B.D. Weinryb, and S. Zeitlin (eds.), *Studies and essays in honor of Abraham A. Neuman*, Leiden, pp. 106–27.
1967: 'The growth of Hebrew during the Middle Ages', in A.A. Neuman and S. Zeitlin (eds.), *The seventy-fifth anniversary volume of the Jewish quarterly review*, Philadelphia, pp. 121–36.
1969: *Hebrew, the eternal language*. Philadelphia.
1970: 'The ambiguity of the prefixed prepositions "mi-", "le-", "be-" in the Bible', *JQR*, n.s., 61, 87–89.
1971: 'The pronunciation of the shewa', *JQR*, n.s., 62, 88–94.
Christian, V., 1927: 'Das Wesen der semitischen Tempora', *ZDMG* 81, 232–58.
1953: *Untersuchungen zur Laut- und Formenlehre des Hebräischen*. Vienna.
Chwolson, D.A., 1876: *Die Quiescentes 'H', 'W', 'Y' in der althebräischen Orthographie*. St. Petersburg.
1882 (repr. 1974): *Corpus inscriptionum hebraicarum enthaltend Grabschriften aus der Krim und andere Grab- und Inschriften in alter hebräischer Quadratschrift*. St. Petersburg.
Claassen, W.T., 1971: 'The rôle of /ṣ/ in the North-West Semitic languages', *AION* 31, 285–302.
1971b: 'On a recent proposal as to a distinction between Pi'el and Hiph'il', *JNSL* 1, 3–10.
1972: 'The declarative-estimative Hiph'il', *JNSL* 2, 5 16.
1983: 'Speaker-orientated functions of "kî" in Biblical Hebrew', *JNSL* 11, 29–46.
Clines, D.J.A., 1974: 'The etymology of Hebrew "ṣelem"', *JNSL* 3, 19–25.
Cody, A., 1970: 'A new inscription from Tell al-Rimāḥ and King Jehoash of Israel', *CBQ* 32, 325–40.
Cohen, C., 1936: 'Die Bedeutung der verschiedenen Punktationssysteme für die Aussprache des Hebräischen', *MGWJ* 80, 390–97.
Cohen, C. (Ḥ), 1972: 'Hebrew "tbh": proposed etymologies', *JANES* 4, 36–51.
1982–83: 'Expressing the pronominal object in Mishnaic Hebrew', *Leshonenu* 47, 208–18. H.
Cohen, D., 1968: 'Les langues chamito-sémitiques', in A. Martinet (ed.), *Le Langage* (*Encyclopédie de la Pléiade*, XXV), Paris, pp. 1288–330.
1970: *Dictionnaire de racines sémitiques ou attestées dans les langues sémitiques*. I. The Hague.
Cohen, D. and Zafrani, Ḥ., 1968: *Grammaire de l'hébreu vivant*. Paris.
Cohen, H.R., 1978: *Biblical* hapax legomena *in the light of Accadian and Ugaritic*. Missoula.
Cohen, J., 1912: *Wurzelforschungen zu den hebräischen Synonymen der Ruhe*. Berlin.
Cohen, M., 1924: *Le Système verbal sémitique et l'expression du temps*. Paris.
1947: *Essai comparatif sur le vocabulaire et la phonétique du chamito-sémitique*. Paris.
1952: 'Langues chamito-sémitiques', in A. Meillet and M. Cohen (eds.), *Les Langues du monde*, 2nd ed., I, Paris, pp. 81–181.
1969: 'Vue générale du verbe chamito-sémitique', *PICSS*, 45–48.
Cohen, Menachem, 1983–84: 'The victory of the Ben-Asher text: theory and reality', *Tarbiz* 53, 255–72. H.
Cohen, M.B., 1972: 'The Masoretic accents as a biblical commentary', *JANES* 4, 2–11.
Cohen, N., 1970: '*ZDH* in the Siloam inscription', *BM* 15, 359–60. H.

Cohen, R, 1985: "Les ostraca de Qadesh-Barnéa", *Le Monde de la Bible* 39, 24–25.
Cohen, S., 1982: 'A note on the dual in Biblical Hebrew', *JQR*, n.s., 73, 38–58.
Cole, P., 1976 (ed): *Studies in Modern Hebrew syntax and semantics*. Amsterdam.
Colorni, V., 1964: *L'uso del greco nella liturgia del giudaismo ellenistico*. Milan.
Coogan, M.D., 1976: *West Semitic personal names in the Murašu documents*. Missoula.
Cook, S.A., 1903: 'A pre-Masoretic biblical papyrus', *PSBA* 25, 34–56.
1924: 'Inscribed Hebrew objects from Ophel', *PEFQS* 56, 180–86.
Cooke, G.A., 1903: *A text-book of North-Semitic inscriptions, Moabite, Hebrew, Phoenician, Aramaic, Nabataean, Palmyrene, Jewish*. Oxford.
Cooper, R.L., 1985: 'Language and social stratification among the Jewish population of Israel', in J.A. Fishman (ed.), *Readings in the sociology of Jewish languages*, Leiden, pp. 65–81.
Coote, R.B., 1980: 'The Tell Siran bottle inscription', *BASOR* 240, 93.
Corré, A.S., 1956: 'The Anglo-Sephardic pronunciation of Hebrew', *JJS* 7, 85–90.
Corriente, F., 1969–70 'A survey of spirantization in Semitic and Arabic phonetics', *JQR*, n.s., 60, 147–71.
1971: *Problemática de la pluralidad en semítico. El plural fracto*. Madrid.
Cowley, A.E., 1894–95: 'The Samaritan liturgy and reading of the Law', *JQR* 7, 121–40.
1909: *The Samaritan liturgy*. 2 vols. Oxford.
Craigie, P.C., 1981: 'Ugarit and the Bible: progress and regress in 50 years of literary study', in G.D. Young (ed.), *Ugarit in retrospect. Fifty years of Ugarit and Ugaritic*, Winona Lake, pp. 99–111.
Croatto, J.S., 1966: '"Abrek" "intendant" dans Gén. xli 41, 43', *VT* 16, 113–15.
1971: 'L'article hébreu et les particules emphatiques dans le sémitique de l'ouest', *ArOr* 39, 389–400.
Cross, F.M., 1954: 'The evolution of the Proto-Canaanite alphabet', *BASOR* 134, 15–24.
1956: 'Lachish letter iv', *BASOR* 144, 24–26.
1958: *The ancient library of Qumran and modern biblical studies*. New York.
1961: 'Epigraphic notes on Hebrew documents of the eighth-sixth centuries B.C.', *BASOR* 163, 12–14.
1961a: 'The development of the Jewish scripts', in G.E. Wright (ed.), *The Bible and the ancient Near East. Essays in honor of William Foxwell Albright*, Garden City, pp. 133–202.
1962: 'Epigraphic notes on Hebrew documents of the eighth-sixth centuries B.C., ii: The Murabba'at papyrus and the letter found near Yabneh-Yam', *BASOR* 165, 34–42; 168, 18–23.
1964: 'The history of the biblical text in the light of the discoveries in the Judaean Desert', *HTR* 57, 281–99.
1966: 'The contribution of the Qumran discoveries to the study of the biblical text', *IEJ* 16, 81–95.
1967: 'The origin and early evolution of the alphabet', *EI* 8, 8–24.
1968: 'Jar inscriptions from Shiqmona', *IEJ* 18, 226–33.
1969: 'Epigraphic notes on the 'Ammān citadel inscription', *BASOR* 193, 13–19.
1969a: 'An ostracon from Heshbon', *AUSS* 7, 223–29.
1969b: 'Judean Stamps', *EI* 9, 20–27.
1969c: 'Two notes on Palestinian inscriptions of the Persian age', *BASOR* 193, 19–24.
1969d: 'Papyri of the fourth century B.C. from Daliyeh', in D.N. Freedman and J.C. Greenfield (eds.), *New directions in biblical archaeology*, Garden City, pp. 42–43.
1970: 'The cave inscriptions from Khirbet Beit Lei', in J.A. Sanders (ed.), *Near Eastern archaeology in the twentieth century. Essays in homage to N. Glueck*, Garden City, pp. 299–306.
1971: 'An inscribed jar handle from Raddana', *BASOR* 201, 19–22.
1973: 'Notes on the Ammonite inscription from Tell Sīrān', *BASOR* 212, 12–15.
1973a: 'Heshbon ostracon ii', *AUSS* 11, 126–31.
1975: 'Ammonite ostraca from Heshbon: Heshbon ostraca iv–viii', *AUSS* 13, 1–20.
1976: 'Heshbon ostracon xi', *AUSS* 14, 145–48.
1980: 'Newly found inscription in old Canaanite and early Phoenician scripts', *BASOR* 238, 1–20.
1985: 'A literate soldier: Lachish letter iii', in A. Kort and S. Morschauser (eds.), *Biblical and related studies presented to Samuel Iwry*, Winona Lake, pp. 41–47.

1986: 'An unpublished Ammonite ostracon from Ḥesbān', in L.T. Geraty and L.G. Herr (eds.), *The archaeology of Jordan and other studies*, Berrien Springs, pp. 475–89
Cross, F.M. and Freedman, D.N., 1948: 'The blessings of Moses', *JBL* 67, 191–210.
1951: 'The pronominal suffixes of the third person singular in Phoenician', *JNES* 10, 228–30.
1952: *Early Hebrew orthography: a study of the epigraphic evidence*. Baltimore.
1953: 'A royal song of thanksgiving. II Samuel 22 = Psalm 18', *JBL* 72, 15–34.
1955: 'The Song of Miriam', *JNES* 14, 237–50.
1972: 'Some observations on early Hebrew', *Biblica* 53, 413–20.
Cross, F.M. and Lambdin, T.O., 1960: 'An Ugaritic abecedary and the origins of the Proto-Canaanite alphabet', *BASOR* 160, 21–26.
Cross, F.M. and Talmon, S. (eds.), 1975: *Qumran and the history of the biblical text*. Cambridge, Mass.
Cunchillos, J.L., 1982: 'Bibliographie des textes de Ras Ibn Hani', *UF* 15, 27–32.
1985: 'Las bases de la cultura ugarítica. I: Prehistoria, protohistoria y lengua de Ugarit', *UF* 17, 73–93.
Cuny, A., 1943: *Recherches sur le vocalisme, le consonantisme et la formation des racines en "nostratique", ancêtre de l'indoeuropéen et du chamito-sémitique*. Paris.
1946: *Invitation à l'étude comparative des langues indoeuropéennes et des langues chamito-sémitiques*. Bordeaux.
Dahood, M.J., 1952: 'Canaanite-Phoenician influence in Qohelet', *Biblica* 33, 30–52, 191–221.
1952a: 'The language of Qohelet', *CBQ* 14, 227–32.
1954: 'The language and date of Psalm 48 (47)', *CBQ* 16, 15–19.
1956: 'Enclitic mem and emphatic lamedh in Psalm 85', *Biblica* 37, 338–40.
1957: 'Some Northwest-Semitic words in Job', *Biblica* 38, 306–20.
1959: 'The linguistic position of Ugaritic in the light of recent discoveries', in J. Coppens, A. Descamps, and E. Massaux (eds.), *Sacra pagina. Miscellanea biblica Congressus Internationalis Catholici de Re Biblica*, I, Paris/Gembloux, pp. 267–79.
1962: 'Qohelet and Northwest Semitic philology', *Biblica* 43, 349–65.
1962a: 'Northwest Semitic philology and Job', in J.L. McKenzie (ed.), *The Bible in current Catholic thought*, New York, pp. 55–74.
1963: *Proverbs and Northwest Semitic philology*. Rome.
1963–74: 'Hebrew-Ugaritic lexicography', *Biblica* 44, 289–303; 45, 393–412; 46, 311–32; 47, 403–19; 48, 421–38; 49, 355–69; 50, 337–56; 51, 391–404; 52, 337–56; 53, 386–403; 54, 351–66; 55, 381–93.
1965: *Ugaritic-Hebrew philology. Marginal notes on recent publications*. Rome.
1966: 'Vocative lamedh in the Psalter', *VT* 16, 299–311.
1969: 'Ugaritic-Hebrew syntax and style', *UF* 1, 15–36.
1970: 'The independent personal pronoun in the oblique case in Hebrew', *CBQ* 32, 86–90.
1972: 'A note on third person suffix "-y" in Hebrew', *UF* 4, 163–64.
1979: 'Third person masculine singular with preformative "t-" in Northwest Semitic', *Orientalia* 48, 97–106.
1982: 'Eblaite and Biblical Hebrew', *CBQ* 44, 1–24.
Dahood, M.J. and Penar, T., 1970: 'The grammar of the Psalter', in M.J. Dahood, *Psalms*, III: 100–150, Garden City, pp. 361–456
1972: 'Ugaritic-Hebrew parallel pairs', in L.R. Fisher (ed.), *Ras Shamra parallels. The texts from Ugarit and the Hebrew Bible*, I, Rome, pp. 71–382.
Dajani, R.W., 1967–68: 'The Amman theater fragment', *ADAJ* 12–13, 65–67.
Dalman, G.H. (A.), 1902: *The words of Jesus considered in the light of post-biblical Jewish writings and the Aramaic language*. I: *Introduction and Fundamental ideas*. Edinburgh.
1905 (repr. 1960): *Grammatik des jüdisch-palästinischen Aramäisch*. 2nd ed. Leipzig.
1929: *Jesus-Jeshua. Studies in the Gospels*. London.
1938 (repr. 1987): *Aramäisch-neuhebräisches Handwörterbuch zu Targum, Talmud und Midrasch*. 3rd ed. Göttingen.
Davidson, A.B., 1901 (repr, 1924): *Hebrew syntax*. 3rd ed. Edinburgh.

Davidson, I., 1914: 'Eccentric forms of Hebrew verse', *Jewish Theological Seminary of America students' annual* 1, 81–94.
Davies, G.I., 1991: *Ancient Hebrew inscriptions: corpus and concordance*. Cambridge.
Decroix, J., 1970: 'Les ostraca de Samarie', *Bible et Terre Sainte* 120, 15–17.
Degen, R., 1969: *Altaramäische Grammatik der Inschriften des 10.–8. Jh. v. Chr.* Wiesbaden.
1971: 'Zur neueren hebraistischen Forschung', *WdO* 6, 47–79.
Degen, R., Müller, W.W., and Röllig, W., 1972–1978: *Neue Ephemeris für semitische Epigraphik*. 3 vols. Wiesbaden.
Delavault B. and Lemaire A., 1979: 'Les inscriptions phéniciens de Palestine', *RSF* 7, 1–39.
Delcor, M., 1967: 'Two special meanings of the word "yd" in Biblical Hebrew', *JSS* 12, 230–40.
1974: 'De l'origine de quelques termes relatifs au vin en hébreu biblique et dans les langues voisines', *APCI*, 223–33.
1975: 'Quelques cas de survivances du vocabulaire nomade en hébreu biblique', *VT* 25, 307–22.
Delcor, M. and García Martínez, F., 1982: *Introducción a la literatura esenia de Qumran*. Madrid.
Delekat, L., 1970: 'Ein Bittschriftentwurf eines Sabbatschänders (*KAI* 200)', *Biblica* 51, 453–70.
Demsky, A., 1972: '"Dark wine" from Judah', *IEJ* 22, 233–24.
1977: 'A Proto-Canaanite abecedary dating from the period of the Judges and its implications for the history of the alphabet', *TAJ* 4, 14–27.
Devens, M.S., 1980: 'Oriental Israeli Hebrew: a study in phonetics', *AAL* 7, 128–42.
Dever, W.G., 1969–70: 'Iron Age epigraphic material from the area of Khirbet el-Kôm', *HUCA* 40–41, 139–204.
1971: 'Inscriptions from Khirbet el-Kom', *Qadmoniot* 4, 90–92. H.
Dhorme, E. (P.), 1913–14: 'La langue de Canaan', *RB* 10, 369–93; 11, 37–59, 344–72.
1923: *L'Emploi métaphorique des noms des parties du corps en hébreu et en akkadien*. Paris.
1930: 'L'ancien hébreu dans la vie courante', *RB* 39, 63–73.
1930a: *Langues et écritures sémitiques*. Paris.
1946–48: 'Déchiffrement des inscriptions pseudo-hiéroglyphiques de Byblos', *Syria* 25, 1–35.
Diakonoff, I.M., 1965: *Semito-Hamitic languages. An essay in classification*. Moscow.
1970: 'Problems of root structure in Proto-Semitic', *ArOr* 38, 453–80.
1975: 'On root structure in Proto-Semitic', in J. and T. Bynon (eds.), pp. 133–53.
1984: 'An evaluation of Eblaite', in Fronzaroli (ed.), pp. 1–10.
1990: 'The importance of Ebla for history and linguistics', in C.H. Gordon, G.A. Rendsburg, and N.H. Winter (eds.), *Eblaitica: essays on the Ebla archives and Eblaite language*, II, Winona Lake, pp. 3–29.
Díaz Esteban, F., 1954: 'Notas sobre la Masora', *Sefarad* 14, 316–21.
1958: 'The Sefer Oklah w'Oklah as a source of not registered Bible textual variants', *ZAW* 70, 250–53.
1966: 'El fragmento babilónico Ms. Heb. d 62 fol. 7 de la Bodleyana de Oxford', *Boletín de la Asociación Española de Orientalistas* 2, 89–107.
1966a: 'Los supuestos errores de la Masora', *Sefarad* 26, 3–11.
1968: 'References to Ben Asher and Ben Naftali in the *Massora magna* written in the margins of Ms. Leningrad B19a', *Textus* 6, 62–74.
1970: 'Tensiones en el hebreo contemporáneo', *Sefarad* 30, 366–81.
1975 (ed.): *Sefer 'Oḵlah wᵉ-'oḵlah*. Madrid.
1982, 'La lengua del paraíso', *Anuario de filología* 8, 111–35.
Diem, W., 1974: 'Das Problem von "ś" im Althebräischen und die kanaanäische Verschreibung', *ZDMG* 124, 221–52.
1975: 'Gedanken zur Frage der Mimation und Nunation in den semitischen Sprachen', *ZDMG* 125, 239–58.
Diening, F., 1938: *Das Hebräische bei den Samaritanern. Ein Beitrag zur vormasoretischen Grammatik des Hebräischen*. Stuttgart.
Dienstag, J., 1969: Le-yaḥas Maran el mishnat ha-RaMBaM', in I. Raphael (ed.), *Rabbi Yosef Karo: 'iyyunim u-meḥkarim be-mishnat Maran ba'al ha-Shulḥan 'Arukh*, Jerusalem, pp. 156–77.

Dietrich, M., 1968: *Neue palästinisch punktierte Bibelfragmente*. Leiden.
Dietrich, M. and Loretz, O., 1968: 'Untersuchungen zur Schrift- und Lautlehre des Ugaritschen, i: Der ugaritische konsonant "ǵ"' *WdO* 4, 300–15.
1976: *Die Elfenbeininschriften und S-Texte aus Ugarit*. Neukirchen-Vluyn.
Dietrich, M., Loretz, O., Berger, P.R., and Sanmartín, J., 1973: *Ugarit-Bibliographie 1928–1966*. 4 vols. Neukirchen-Vluyn.
Dietrich, M., Loretz, O., and Sanmartín, J., 1976: *Die keilalphabetischen Texte aus Ugarit einschliesslich der keilalphabetischen Texte ausserhalb Ugarits*. I: *Transkription*. Neukirchen-Vluyn.
Dietrich, M., Loretz, O, and Delsman, W.C., 1986: *Ugarit-Bibliographie 1967–71. Titel, Nachträge, Register*. I. Neukirchen-Vluyn.
Díez Macho, A., 1954: 'Tres nuevos mss. "palestinenses"', *EstBib* 13, 247–65.
1954a: 'Descubrimiento de nuevos manuscritos babilónicos', *Sefarad* 14, 216–18.
1954b: 'Un importante manuscrito targúmico en la Biblioteca Vaticana', in *Homenaje a Millás-Vallicrosa*, I, Barcelona, pp. 375–463.
1955: 'Fragmentos de *piyyuṭim* de Yannay en vocalización babilónica', *Sefarad* 15, 287–340.
1956: 'Un manuscrito hebreo protomasorético y nueva teoría acerca de los manuscritos Ben Naftalí', *EstBib* 15, 187–222.
1956a: 'Nuevos manuscritos importantes bíblicos o litúrgicos en hebreo o arameo', *Sefarad* 16, 2–22.
1957: 'Un manuscrito "palestinense" en la Biblioteca Nacional de Estrasburgo', *Sefarad* 17, 11–17.
1957a: 'Valiosos manuscritos bíblicos en la Biblioteca Nacional y Universitaria de Estrasburgo', *EstBib* 16, 83–88.
1957b: 'Nuevos manuscritos bíblicos babilónicos', *EstBib* 16, 235–77.
1957c: 'Un ms. yemení de la Biblia babilónica', *Sefarad* 17, 237–79.
1957d: 'Fragmentos del texto hebreo y arameo del Libro de Números escrito en una muy antigua *megillah* en sistema babilónico', *Sefarad* 17, 1–3.
1957e: 'Importants manuscrits hébreux et araméens aux Etats-Unis', *SVT* 4, 27–46.
1958: 'An Onqelos ms. with Babylonian transliterated vocalization in the Vatican Library', *VT* 8, 113–33.
1958a: 'La cantilación protomasorética del Pentateuco', *EstBib* 17, 223–51.
1959: 'Un espécimen de ms. bíblico babilónico en papel', *Biblica* 40, 171–76.
1959a: 'Un manuscrito babilónico de Onqelos en el que se confunden los timbres vocálicos pataḥ y qameṣ', *Sefarad* 19, 273–82.
1959b: 'Un ms. protobabilónico de los libros poéticos de la Biblia', *EstBib* 18, 235–56.
1960: 'Un ms. de Onqelos de transición del sistema palestinense al prototiberiense', *Estudios eclesiásticos* 34, 461–66.
1960a: 'A new fragment of Isaiah with Babylonian pointing', *Textus* 1, 132–43.
1963: 'Un nuevo ms. "palestinense" del Libro de Jueces entre los fragmentos de la Genizah de la Biblioteca Universitaria de Cambridge (T.S. New Series 281/2)', *Sefarad* 23, 236–51.
1963a: 'A new list of the so-called Ben Naftali manuscripts preceded by an inquiry into the true character of these manuscripts', in D. Winton Thomas and W.D. McHardy (eds.), *Hebrew and Semitic studies presented to Godfrey Rolles Driver*, Oxford, pp. 16–62.
1963b: 'La lengua hablada por Jesucristo', *OrAn* 2, 95–132.
1963c: *La lengua hablada por Jesucristo*. Buenos Aires.
1967: 'Nuevo manuscrito bíblico palestinense procedente de la Geniza del Cairo (T.S. new series 246) de la Biblioteca Universitaria de Cambridge', *Studia papyrológica* 6, 15–25.
1969: 'Manuscritos babilónicos de la Biblia procedentes del Yemen, i–ii', *Augustinianum* 9, 197–234, 427–54.
1970: 'Catálogo de nuevos manuscritos pseudo-Ben Naftalí de la Biblioteca Universitaria de Cambridge', *Augustinianum* 10, 213–40.
1971: 'La vocalización de los manuscritos palestinenses según E.J. Revell', *Augustinianum* 11, 549–64.

1971a: *Manuscritos hebreos y arameos de la Biblia*. Rome.
1972: *El Targum. Introducción a las traducciones aramaicas de la Biblia*. Barcelona.
Díez Macho, A. and Larraya, J.A.G., 1957: 'Ms. 4083, ff. i–ii de la Biblioteca Nacional y Universitaria de Estrasburgo', *EstBib* 16, 383–87.
1960: 'El Ms. 4084, ff. i–ii de la Biblioteca Nacional y Universitaria de Estrasburgo', *EstBib* 19, 74–95.
Díez Macho, A. and Martínez, T.J., 1957: 'Ms. 4083, f. ii de la Biblioteca Nacional y Universitaria de Estrasburgo', *EstBib* 16, 389–91.
1958: 'Ms. 4065, pp. 81–82 de la Biblioteca Universitaria de Estrasburgo', *EstBib* 17, 429–36.
1960: 'Ms. 4065, pp. 83–84 de la Biblioteca Nacional y Universitaria de Estrasburgo', *EstBib* 19, 245–47.
Díez Merino, L., 1973: 'Catálogo de manuscritos bíblicos hebreos y arameos en puntuación babilónica'. Typescript, Jerusalem.
1975: *La Biblia babilónica*. Madrid.
van Dijk, H.J., 1968: *Ezekiel's prophecy on Tyre (Ez. 26,1–28,19). A new approach*. Rome.
1968a: 'A neglected connotation of three Hebrew verbs ["ntn", "śym", "šyt"]', *VT* 18, 16–30.
1969: 'Does third masculine singular "*taqtul" exist in Hebrew?', *VT* 19, 440–47.
Dijkstra, M., 1983: 'Notes on some Proto-Sinaitic inscriptions including an unrecognized inscription of Wadi Rod el-'Aîr', *UF* 15, 33–38.
Di Lella, A.A., 1966: *The Hebrew text of Sirach. A text-critical and historical study*. The Hague.
Dion, P.E., 1974: *La langue de Ya'udi: description et classement de l'ancien parler de Zencirli dans le cadre des langues sémitiques du nord-ouest*. Waterloo.
1975: 'Notes d'épigraphie ammonite', *RB* 82, 24–33.
1978: 'The language spoken in ancient Sam'al', *JNES* 37, 115–18.
Diringer, D., 1934: *Le iscrizione antico-ebraiche palestinesi*. Florence.
1941: 'On ancient Hebrew inscriptions discovered at Tell ed-Duweir (Lachish)', *PEQ* 73, 38–56, 89–106.
1953: 'Early Hebrew inscriptions', in O. Tufnell (ed.), *Lachish (Tell ed Duweir)*, III (The Iron Age), I, London/New York, pp. 331–59.
Diringer, D. and Brock, S.P., 1968: 'Words and meanings in early Hebrew inscriptions', in P.R. Ackroyd and B. Lindars (eds.), *Words and meanings. Essays presented to David Winton Thomas*, Cambridge, pp. 39–46.
Dolgopolsky, A., 1977: 'Emphatic consonants in Semitic', *IOS* 7, 1–13.
1978: 'On phonemic stress in Proto-Semitic', *IOS* 8, 1–12.
Dombrowski, B.W., 1962: 'Some remarks on the Hebrew Hitpa'el and inversative "-t-" in the Semitic languages', *JNES* 21, 220–23.
1966: '"Hyḥd" in 1QS and "to koinón". An instance of early Greek and Jewish synthesis', *HTR* 59, 293–307.
Donald, T., 1964: 'The semantic field of rich and poor in the wisdom literature of Hebrew and Akkadian', *OrAn* 3, 27–41.
Donner, H. and Röllig, W., 1971–76: *Kanaanäische und aramäische Inschriften*. 3rd ed. 3 vols. Wiesbaden.
Dorman, M., Safrai, S., and Stern, M., 1970 (eds.): *In memory of Gedaliahu Alon: essays in Jewish history and philology*, Jerusalem. H.
van Dorssen, J.C.C., 1951: *De derivata van de stam* 'MN *in het Hebreeuwsch van het Oude Testament*. Amsterdam.
Dossin, G., 1934: 'Une nouvelle lettre d'El-Amarna', *RA* 31, 125–36.
Dotan, A., 1965: 'Ha-'omnam ninkad Keter Ḥaleb bi-yde Aharon ben Asher?', *Tarbiz* 34, 136–55.
1967 (ed.): *Sefer Dikduke ha-Ṭe'amim le-Rabbi Aharon ben Mosheh ben Asher*. Jerusalem.
1971: 'Masorah', *EJ*, XVI, 1401–82.
1973 (ed.): *Torah, Nevi'im u-Khetuvim*. Tel-Aviv.
1976: 'Stress position and vowel shift in Phoenician and Punic; Phoenician/Punic-Hebrew linguistic relationship re-examined', *IOS* 6, 71–121.
1981: 'New light on the 'Izbet Ṣarṭah ostracon', *TAJ* 8, 160–72.

1981a: 'The relative chronology of Hebrew vocalization and accentuation', *PAAJR* 48, 87–99.
Dothan, M., 1961: 'An inscribed jar from Azor', *Atiqot* 3, 181–84.
Draper, H.M., 1955–56: 'Did Jesus speak Greek? *ET* 67, 317.
van Drival, E., 1879: *Grammaire comparée des langues sémitiques et de l'égyptien*. 2nd ed. Paris.
Driver, G.R., 1930–35: 'Studies in the vocabulary of the Old Testament, i–viii', *JTS* 31, 275–84; 32, 250–57, 361–66; 33, 38–48; 34, 33–45, 375–85; 35, 330–93; 36, 293–301.
1936: *Problems of the Hebrew verbal system*. Edinburgh.
1936a: 'Supposed Arabisms in the Old Testament', *JBL* 55, 101–20.
1937 'Problems of Semitic grammar', *ZDMG* 91, 343–51.
1944: 'Seals from 'Amman and Petra', *Quarterly, Department of Antiquities in Palestine* 11, 81–82.
1948: 'Gender in Hebrew numbers', *JJS* 1, 90–104.
1951: *The Hebrew scrolls*. London.
1951a: 'Hebrew Scrolls', *JTS*, n.s., 2, 17–30.
1953: 'Hebrew poetic diction', *SVT* 1, 26–39.
1954: *Aramaic documents of the fifth century B.C.* Oxford.
1957: 'Three difficult words in Discipline (iii 3–4; vii 5–6, 11)', *JSS* 2, 247–50.
1965: *The Judaean scrolls. The problem and a solution*. Oxford.
1966: 'Forgotten Hebrew idioms', *ZAW* 78, 1–7.
1967: 'Hebrew homonyms', *SVT* 16, 50–64.
1969: 'Some uses of "QTL" in the Semitic languages', *PICSS*, 49–64.
1970: *Semitic writing from pictograph to alphabet*. 3rd ed. London.
1970a: 'Colloquialisms in the Old Testament', in D. Cohen (ed.), *Mélanges Marcel Cohen: études de linguistique, ethnographie et sciences connexes offertes ... a l'occasion de son 80ème anniversaire*, The Hague, pp. 232–39.
1973: 'Affirmation by exclamatory negation', *JANES* 5, 104–14.
Driver, S.R., 1892 (repr. 1970): *A treatise on the use of the tenses in Hebrew and some other syntactical questions*. 3rd ed. Oxford.
Dukes, L., 1846: *Die Sprache der Mischnah. Lexicographisch und grammatisch betrachtet*. 2 vols. Esslingen.
Dunand, M., 1945: *Byblia grammata. Documents et recherche sur le développement de l'écriture en Phenicie*. Beirut.
Dupont-Sommer, A., 1942–44: 'La tablette cunéiforme araméenne de Warka', *RA* 39, 35–62.
1949: 'Etude du texte phénicien des inscriptions de Karatepe', *Oriens* 2, 121–26.
1949a: *Les Araméens*. Paris.
Dussaud, R., 1925–26: 'Samarie en temps d'Achab', *Syria* 6, 314–38; 7, 9–29.
Ebeling, E., 1910: *Das Verbum der El-Amarna-Briefe*. Leipzig.
Edelmann, R., 1934: *Zur Frühgeschichte des Mahzor. Geniza-Fragmente mit palästinischer Punktation*. Stuttgart.
Edzard, D.O., 1967: 'Die semito-hamitischen Sprachen in neuer Sicht', *RA* 61, 137–49.
1981: *Verwaltungstexte verschiedenen Inhalts* (Archivi reali di Ebla. Testi; 2). Rome.
1984: *Hymnen, Beschwörungen und Verwandtes* (Archivi reali di Ebla. Testi; 5). Rome.
Efros, I., 1926–27: 'Studies in pre-Tibbonian philosophical terminology', *JQR*, n.s., 17, 129–64, 323–68.
1929–30: 'More about Abraham B. Ḥiyya's philosophical terminology', *JQR*, n.s., 20, 113–38.
Eisenbeis, W., 1969: *Die Wurzel* ŠLM *im Alten Testament* (*BZAW* 113). Berlin.
Eisenstadt, S., 1967: *Sefatenu ha-'Ivrit he-ḥayyah*. Tel-Aviv.
Eissfeldt, O., 1965: *The Old Testament: an introduction*. Oxford.
1966: 'Etymologische und archäologische Erklärung alttestamentlicher Worte', *OrAn* 5, 165–76.
Eitan, E. and Ornan, U., 1971: 'Hebrew language, modern period', *EJ*, XVI, 1642–57.
Eitan, I., 1924: *A contribution to biblical lexicography*. New York.
1928–30: 'Hebrew and Semitic particles', *AJSL* 45, 197–211; 46, 22–51.
Elbogen, I., 1913: *Der jüdische Gottesdienst in seiner geschichtlichen Entwicklung*. Leipzig.
Eldar, I., 1978: *The Hebrew language tradition in medieval Ashkenaz*. 2 vols. Jerusalem. H.
1980–81: 'On Ben-Asher and Ben-Naftali', *Leshonenu* 45, 311–13. H.

1983–84: 'The two pronunciations of Tiberian resh', *Leshonenu* 48–49, 22–34. H.
1986: 'Be'ure millim eṭimologiyyim be-farshanut ha-Mikra u-ve-millona'ut ha-'Ivrit bi-yme ha-benayim', *P9WCJS*, Division D, *49–53.
Ellenbogen, M., 1962: *Foreign words in the Old Testament: their origin and etymology.* London.
1969: 'The common pre-historic origin of certain non-synonymous Semitic roots', *Journal of Hellenic studies* 1, 161–66.
1977: 'Linguistic archaeology, semantic interpretation, and the discovery of lost meanings', *P6WCJS*, I, 93–95.
Elliger, K., 1971: 'Der Sinn des hebräischen Wortes "šᵉfi"', *ZAW* 83, 317–29.
Ember, A., 1930: *Egypto-Semitic studies.* Ed. by F. Behnk. Leipzig.
Emerton, J.A., 1970: 'Were Greek transliterations of the Hebrew Old Testament used by Jews before the time of Origen?', *JTS*, n.s., 21, 17–31.
1973: 'The problem of vernacular Hebrew in the first century A.D. and the language of Jesus', *JTS*, n.s., 24, 1–23.
1977: 'The etymology of "hištaḥᵃwāh"', *OTS* 20, 41–55.
Enoch, P., 1965: 'Essai de phonétique comparée de l'hébreu et du français contemporain'. Doct. diss., Université de Franche-Comté, Besançon.
Epstein, I., 1946–47: *Meḥkarim ba-psikhologya shel ha-lashon we-ha-ḥinnukh ha-'Ivri: toldotaw u-fo'al ḥayyaw.* Jerusalem.
Epstein, J.N.,1957: *Introduction to Tannaitic literature: Mishna, Tosephta and halakhic* midrashim. Ed. by E.Z. Melamed. Jerusalem/Tel-Aviv. H.
1962: *Prolegomena ad litteras Amoraiticas, Talmud Babylonicum et Hieroloymitanum.* Ed. by E.Z. Melamed. Jerusalem. H.
1964: *Mavo le-nosaḥ ha-Mishnah.* 2nd ed. Jerusalem.
Ewald, H., 1848: 'Die assyrisch-hebräische punctuation', *Jahrbücher der biblischen Wissenschaft* 1, 160–72.
Eybers, I.H., 1972: 'The root "Ṣ-L" in Hebrew words', *JNSL* 2, 23–36.
Faber, A., 1984: 'Semitic sibilants in Afro-Asiatic context', *JSS* 29, 189–224.
Fabry, H.J., 1975: *Die Wurzel* šûḇ *in der Qumran-Literatur, zur Semantik eines Grundbegriffes.* Cologne.
Fainberg, Y., 1977: 'Linguistic and socio-demographic factors influencing the acceptance of Hebrew neologisms'. Doct. diss., Hebrew University, Jerusalem.
Falk, Z.W., 1960–69: 'Hebrew legal terms', *JSS* 5, 350–54; 12, 241–44; 14, 39–44.
Fassberg, S.E., 1987: 'Supra-linear ' and ^ in Palestinian pointed manuscripts of Hebrew and Aramaic from the Cairo Geniza', in D.M. Golomb and S.T. Hollis (eds.), *Working with no data. Semitic and Egyptian studies presented to Thomas O. Lambdin*, Winona Lake, pp. 75–103.
Federbush, S., 1967: *Ha-lashon ha-'Ivrit be-Yisra'el u-ba-'amim.* Jerusalem.
Fellman, J., 1973: *The revival of a classical language. Eliezer Ben Yehuda and the modern Hebrew language*. The Hague/Paris.
1974–75: 'The consonantal phonemes of Israeli Hebrew', *Abr-Nahrain* 15, 18–19.
1977: 'The linguistic status of Mishnaic Hebrew', *JNSL* 5, 21–22.
1985: 'A sociolinguistic perspective on the history of Hebrew', in J.A. Fishman (ed.), *Readings in the sociology of Jewish languages*, Leiden, pp. 27–34.
Fensham, F.C., 1978: 'The use of the suffix conjugation and the prefix conjugation in a few old Hebrew poems', *JNSL* 6, 9–18.
Fenton, T., 1921–22: 'Light on the history of the Hebrew verb', *JQR*, n.s., 12, 25–32.
Fenton, T.L., 1963: 'The Ugaritic verbal system'. Doct. diss., University of Oxford.
1970: 'The absence of a verbal formation "*yaqattal" from Ugaritic and North-West Semitic', *JSS* 15, 31–41.
1973: 'The Hebrew "tenses" in the light of Ugaritic', *P5WCJS*, IV, 31–39.
1979–80 'Questions connected with attestation of Ugaritic literature in biblical vocabulary', *Leshonenu* 44, 268–80. H.
Fernández Marcos, N., 1979: *Introducción a las versiones griegas de la Biblia.* Madrid.

Ferre, D., 1987: 'Pirqe Arnau de Vilanova'. Doct. diss., University of Granada.
Février, J.G., 1948: 'Remarques sur le calendrier de Gézer', *Semitica* 1, 33–41.
Field, F., 1875: *Origenis Hexaplorum quae supersunt*. 2 vols. Oxford.
Finet, A., 1956: *L'accadien des lettres de Mari*. Brussels.
Fink, F.D., 1980: 'The Hebrew grammar of Maimonides'. Doct. diss., Yale University.
Fischler, B.-Z., 1975: '"B", "K", "P" degushot we-refuyyot she-lo' ke-din ba-'Ivrit ha-Yisre'elit', in U. Ornan and B.-Z. Fischler (eds.), *Rosén memorial volume*, Jerusalem, pp. 86–99.
Fisher, L.R., 1971: *The Claremont Ras Shamra tablets*. Rome.
Fita, F., 1874: *Lápidas hebreas*. Gerona.
Fitzgerald, A., 1972: 'A note on G-stem "yinṣar" forms in the Old Testament', *ZAW* 84, 90–92.
1978: 'The interchange of "l", "n", and "r" in Biblical Hebrew', *JBL* 97, 481–88.
Fitzmyer, J.A., 1967: *The Aramaic inscriptions of Sefire*. Rome.
1970: 'The languages of Palestine in the first century A.D.', *CBQ* 32, 501–31.
1978: Review of Hoftijzer and van der Kooij 1976, *CBQ* 40, 93–95.
1979: *A wandering Aramean: collected Aramaic studies*. Missoula.
1990: *The Dead Sea Scrolls. Major publications and tools for study*. Rev. ed. Atlanta.
Fleisch, H., 1944: *Les Verbes à allongement vocalique interne en sémitique. Etudes de grammaire comparée*. Paris.
1947: *Introduction à l'étude des langues sémitiques. Eléments de bibliographie*. Paris.
Fleischer, E., 1973: *The poems of Shelomo ha-Babli*. Jerusalem.
1975: *Hebrew liturgical poetry in the Middle Ages*. Jerusalem. H.
Fohrer, G., 1968: *Introduction to the Old Testament*. Abingdon.
1968a: 'Twofold aspects of Hebrew words', in P.R. Ackroyd and B. Lindars (eds.), *Words and meanings. Essays presented to David Winton Thomas*, Cambridge, pp. 95–103.
1970: Review of Macuch 1969, *ZAW* 82, 163.
Fontinoy, C, 1961: *Le Duel dans les langues sémitiques*. Paris.
1971: 'Les noms de lieux en "-ayim" dans la Bible', *UF* 3, 33–40.
Foster, F.H., 1932–33: 'Is the Book of Job a translation of an Arabic original?', *AJSL* 49, 21–45.
Fraenkel, G., 1966: 'A structural approach to Israeli Hebrew', *JAOS* 86, 32–38.
Fraenkel, M., 1949: *Handbook of Hebrew slang, with vocabulary*. Jerusalem. H.
1970: *Zur Theorie der Lamed-He-Stämme; gleichzeitig ein Beitrag zur semitisch-indogermanischen Sprachverwandschaft*. Jerusalem.
Frankel, Z., 1841: *Vorstudien zu der Septuaginta*. Leipzig.
Franken, H.J., 1967: 'Texts from the Persian period from Tell Deir 'Allā', *VT* 17, 480–81.
Freedman, D.N., 1960: 'Archaic forms in early Hebrew poetry', *ZAW* 72, 101–07.
1964: 'A second Mesha inscription', *BASOR* 175, 50–51.
1969: 'The orthography of the Arad ostraca', *IEJ* 19, 52–56.
1972: 'Some observations on early Hebrew', *Biblica* 53, 413–20.
1972a: 'The broken construct chain', *Biblica* 53, 534–36.
1980: *Pottery, poetry, and prophecy. Studies in early Hebrew poetry*. Winona Lake.
Frey, J.-B., 1952: *Corpus inscriptionum iudaicarum: recueil des inscriptions juives qui vont du IIIe siècle avant Jésus-Christ au VIIe siècle de notre ère*. II: *Asie-Afrique*. Rome.
Frick, F.S., 1974: 'Another inscribed jar handle from El-Jīb', *BASOR* 213, 46–48.
Friedländer, M., 1894–95: 'A third system of symbols for the Hebrew vowels and accents', *JQR* 7, 564–68.
1896: 'Some fragments of the Hebrew Bible with peculiar abbreviations and peculiar signs for vowels and accents', *PSBA* 18, 86–98.
Friedmann, C.B., 1927: *Zur Geschichte der ältesten Mischna-Überlieferung*. Frankfurt-am-Main.
Friedmann, M., 1896: *Onkelos und Akylas*. Vienna.
Friedrich, J., 1922: 'Der Schwund kurzer Endvokale im Nordwestsemitischen', *ZS* 1, 3–14.
1923: 'Zum Phönizisch-Punischen', *ZS* 2, 1–10.
1949: 'Kanaanäisch und Westsemitisch', *Scientia* 84, 220–23.
1952: 'Semitisch und Hamitisch', *BO* 9, 154–57.

1964: 'Kleinigkeiten zum Phönizischen, Punischen und Numidischen', *ZDMG* 114, 225–31.
1965: 'Zur Stellung des Jaudischen in der nordwestsemitischen Sprachgeschichte', in H.G. Gueterbock and T. Jacobsen (eds.), *Studies in honor of Benno Landsberger on his 75th Birthday*, Chicago, pp. 425–29.
Friedrich, J. and Röllig, W., 1970: *Phönizisch-punische Grammatik*. 2nd ed. Rome.
Fronzaroli, P., 1955: *La fonetica ugaritica*. Rome.
1963: 'Sull elemento vocalico del lessema in semitico', *RSO* 38, 119–27.
1984 (ed.): *Studies in the language of Ebla*. Florence.
Fruchtman (Agmon-Fruchtman) M., 1985: ''Al tevah 'aḥat be-shir shel R. Shelomoh Ibn Gabirol', in Z. Malachi (ed.), *Studies in the work of Shlomo Ibn Gabirol*, Tel-Aviv, pp. 225–29.
Fu'ad, H.A., 1942: 'The Hebrew of the Samaritans', *BFAC*, 55–71.
1946–47: 'Beiträge zur Kenntnis der hebräisch-samaritanischen Sprache', *BFAC*, 1946, 19–37; 1947, 17–84.
Fuentes, M.J., 1980: *Vocabulario fenicio*. Barcelona.
1986: *Corpus de las inscripciones fenicias, púnicas y neopúnicas de España*. Barcelona.
1986a: 'Corpus de las inscripciones fenicias de España', *AuOr* 4, 5–30.
Fulco, W.J., 1978: 'The 'Ammān citadel inscription: a new collation', *BASOR* 230, 29–43.
1979: 'The Amman theater inscription', *JNES* 38, 37–38.
Futato, M., 1978: 'The preposition "beth" in the Hebrew Psalter', *Westminster Theological Journal* 41, 68–81.
Gai, A., 1982: 'The reduction of the tense (and other categories) of the consequent verb in North-West Semitic', *Orientalia* 51, 254–56.
von Gall, A.F., 1918: *Der hebräische Pentateuch der Samaritaner*. Giessen.
Gan, M., 1961–62: 'Ben kodesh le-ḥol', *LeshLA* 125, 67–77.
Garbell (Chanoch), I., 1946: 'Ha-mivṭa ha-'Ivri we-darkhe limmudo', *Leshonenu* 14, 39–47.
1946–47: 'Mivṭa ha-'iṣṣurim ha-'Ivriyyim be-fi Yehude 'Iran', *Leshonenu* 15, 62–74.
1954: 'The pronunciation of Hebrew in medieval Spain', in *Homenaje a Millás-Vallicrosa*, I, Barcelona, pp. 647–96.
1954a: 'Quelques observations sur les phonèmes de l'hébreu biblique et traditionel', *BSLP* 50, 231–43.
1955: 'The pronunciation of Hebrew in Israel', *Le Maître phonétique* 104, 26–29.
1959: 'The phonemic status of the shewa, the ḥᵃṭéfim and spirantal "begadkefat" in Masoretic Hebrew', *Leshonenu* 23, 152–55. H.
1968: 'Mesorot ha-mivṭa ha-'Ivri shel Yehude 'Asya we-'Afrika la-ḥaṭivotehen', *P4WCJS*, II, 453–54.
Garbini, G., 1930: 'La mimazione e la nunazione nelle lingue semitiche', *RSO* 12, 217–65.
1954–56: 'Note sul "calendario" di Gezer', *AION* 6, 123–30.
1956: *L'aramaico antico*. Rome.
1957: 'La congiunzione semitica "*pa-"', *Biblica* 38, 419–27.
1960: *Il semitico di nord-ovest*. Naples.
1964: 'Il consonantismo dell'ebraico attraverso il tempo', *AION* 14, 165–90.
1965: 'La semitistica: definizioni e prospettive di una disciplina', *AION* 15, 1–15.
1969: 'L'iscrizione di Siloe e gli annali dei re di Giuda', *AION* 19, 261–63.
1970: 'La lingua degli Ammoniti', *AION* 30, 249–58.
1970a: 'Una iscrizione bilingue sabeo-ebraica da Ẓafar', *AION* 30, 153–65.
1971: 'Il tema pronominale "p" in semitico', *AION* 31, 245–48.
1971a: 'The phonetic shift of sibilants in North-Western Semitic in the first millenium B.C.', *JNSL* 1, 32–38.
1972: *Le lingue semitiche. Studi di storia linguistica*. Naples.
1974: 'Ammonite inscriptions', *JSS* 19, 159–68.
1974a: 'Il causativo "hqtl" nel dialetto fenicio di Biblo', *AION* 34, 411–12.
1974b: 'La position du sémitique dans le chamito-sémitique', *APCI*, 21–26.
1977: 'I dialetti del fenicio', *AION* 37, 283–94.
1978: 'Su un'iscrizione di Khirbet el-Kom', *AION* 38, 191–93.

1978a: 'Sull'alfabetario di 'Izbet Ṣarṭah', *OrAn* 17, 287–95.
1979: 'L'iscrizione di Balaam Bar-Beor', *Henoch* 1, 166–88.
1979a: *Storia e problemi dell'epigrafia semitica antica*. Naples.
1981: 'Lingue e "varietà linguistiche" nel semitico nordoccidentale del I millennio a.C.', *AIΩN* 3, 95–111.
1982: 'I sigilli del regno di Israel', *OrAn* 21, 163–76.
1984: 'Dati epigrafici e linguistici sul territorio palestinese fino al VI sec. a.C.', *RBI* 32, 67–83.
Garfunkel, J, 1988: 'The meaning of the word "mpqd" in the Tel 'Ira ostracon', *Leshonenu* 52, 68–74. H.
Garr, W.R., 1985: *Dialect geography of Syria-Palestine 1000–586 B.C.E.* Philadelphia.
1985a: 'On vowel dissimilation in Hebrew', *Biblica* 66, 572–79.
Gaster, M., 1906: 'Massoretisches in Samaritanischen', in C. Bezold (ed.), *Orientalische Studien Theodor Nöldeke zum siebzigsten Geburtstag*, Giessen, pp. 513–36.
1925: *The Samaritans. Their history, doctrines and literature.* London.
Geiger, A., 1845: *Lehr- und Lesebuch zur Sprache der Mischnah.* Breslau.
1857: *Urschrift und Übersetzungen der Bibel*. Breslau.
1863: 'Die hebräische Grammatik bei den Samaritanern', *ZDMG* 17, 718–25.
Gelb, I.J., 1957: *Glossary of Old Akkadian.* Chicago.
1958: 'La lingua degli Amoriti', *Rendiconti dell'Accademia Nazionale dei Lincei*, 8th series, 13, 143–64.
1961: 'The early history of the West Semitic peoples', *JCS* 15, 27–47.
1961a: *Old Akkadian writing and grammar*. Chicago.
1968: 'An Old Babylonian list of Amorites', *JAOS* 88, 39–46.
1969: *Sequential reconstruction of Proto-Akkadian.* Chicago.
1980: *Computer-aided analysis of Amorite.* Chicago.
Geraty, L.T., 1972: 'Third century BC ostraca from Khirbet el-Kom'. Doct. diss., Harvard University.
Gerleman, G., 1948: *Synoptic studies in the Old Testament*. Lund.
1966: 'Bemerkungen zum alttestamentlichen Sprachstil', in W.C. van Unnik and A.S. van der Woude (eds.), *Studia biblica et semitica Theodoro Christiano Vriezen ... dedicata*, Wageningen, pp. 108–14.
1967: '"Heute", "Gestern" und "Morgen" im Hebräischen', *Teologinen Aikakauskirja* 72, 84–89.
1973: 'Die Wurzel "ŠLM"', *ZAW* 85, 1–14.
1974: 'Der Nichtmensch. Erwägungen zur hebräischen Wurzel "NBL"', *VT* 24, 147–58.
1978: 'Das übervolle Mass: ein Versuch mit "ḥæsed"', *VT* 28, 151–64.
Gertner, M., 1962: 'Terms of Scriptural interpretation: a study in Hebrew semantics', *BSOAS* 25, 1–27.
Gesenius, F.H.W., 1815: *De Pentateuchi samaritani origine, indole et auctoritate commentatio philologica-critica*. Halle.
Gevirtz, S., 1957: 'On the etymology of the Phoenician particle "aš"', *JNES* 16, 124–27.
1963: *Patterns in the early poetry of Israel*. Chicago.
1982: 'Formative 'ayin in Biblical Hebrew', *EI* 16, 57–66.
Gibson, A., 1981: *Biblical semantic logic: a preliminary analysis*. New York.
Gibson, J.C.L., 1963–64: 'Hebrew writing as a subject of linguistic investigation', *Glasgow University Oriental Society Transactions* 20, 49–62.
1966: 'Stress and vocalic change in Hebrew: a diachronic study', *Journal of Linguistics* 2, 35–56.
1969: 'On the linguistic analysis of Hebrew writing', *Archivum linguisticum* 17, 131–60.
1971: *Textbook of Syrian Semitic inscriptions*. I: Hebrew and Moabite inscriptions. Oxford.
Giesen, G., 1981: *Die Wurzel* ŠB' *"schwören"*. Bonn.
Ginsberg, H.L., 1935: 'Notes on the Lachish documents', *BJES* 3, 77–86. H.
1936: 'The rebellion and death of Ba'lu', *Orientalia* 5, 161–98.
1936a: Review of Diringer 1934, *ArOr* 8, 145–47.
1938: 'Lachish notes', *BASOR* 71, 24.
1940: 'Lachish ostraca new and old', *BASOR* 80, 10–13.
1940a: Review of Harris 1939, *JBL* 59, 550.
1948: *Studies in Daniel.* New York.

1950: *Studies in Kohelet*. New York.
1952: 'Supplementary studies in Kohelet', *PAAJR* 21, 35–62.
1955: 'The structure and contents of the Book of Kohelet', *SVT* 3, 138–49.
1959: 'The classification of the North-West Semitic languages', in H. Franke (ed.), *Akten des XXIV. Internationalen Orientalistenkongress (München 1957)*, Wiesbaden, pp. 256–57.
1967: 'Lexicographical notes', *SVT* 16, 71–82.
1970: 'The Northwest Semitic languages', in B. Mazar (ed.), *Patriarchs* (The world history of the Jewish people, first series; II), London, pp. 102–24, 270, 293.
1973: 'Ugaritico-Phoenicia', *JANES* 5, 131–47.
Ginsburg, C.D., 1880–1905: *The Massorah. Compiled from manuscripts, alphabetically and lexically arranged*. 4 vols. London.
1897: *Introduction to the Massoretico-critical edition of the Hebrew Bible*. London. Repr. 1966, with a Prolegomenon by H. Orlinsky.
Girón, L., 1976: *Pentateuco hebreo samaritano: Génesis*. Madrid.
Glinert, L., 1982: 'Negative and non-assertive in contemporary Hebrew', *BSOAS* 65, 434–70.
Glück, J.J., 1964–66: 'The verb "PR" in the Bible and in the Qumran literature', *RQ* 5, 123–27.
Glueck, N., 1938: 'The first campaign at Tell el-Kheleifeh (Ezion-Geber)', *BASOR* 71, 3–17.
1941: 'Ostraca from Elath', *BASOR* 82, 3–11.
1967: 'Some Edomite pottery from Tell el-Kheleifeh', *BASOR* 188, 8–38.
1970: 'Tell el-Kheleifeh inscriptions', in H. Goedicke (ed.), *Near Eastern studies in honor of William Foxwell Albright*, Baltimore/London, pp. 225–42.
Gluska, I., 1980–81: 'Nouns of the "maqṭel" pattern in Biblical and Mishnaic Hebrew and their meanings', *Leshonenu* 45, 280–98. H.
1983: 'The gender of "śadeh" in Mishnaic Hebrew', *Bar-Ilan* 20–21, 43–66. H.
Goeseke, H., 1958: 'Die Sprache der semitischen Texte Ugarits und ihre Stellung innerhalb des Semitischen', *WZMLU* 7, 623–52.
Goetze, A., 1938: 'The tenses of Ugaritic', *JAOS* 58, 266–309.
1939: 'Accent and vocalism in Hebrew', *JAOS* 59, 431–59.
1941: 'Is Ugaritic a Canaanite dialect?', *Language* 17, 127–38.
1942: 'The so-called intensive of the Semitic languages', *JAOS* 62, 1–8.
1958: 'The sibilants of Old Babylonian', *RA* 52, 137–49.
1959: 'Amurrite names in Ur III and early Isin texts', *JSS* 4, 193–203.
Goldberg, A., 1962–77: 'Le-ṭiv leshon ha-Mishnah', *Leshonenu* 26, 104–17; 41, 6–20.
Goldenberg, E., 1971: 'Hebrew language, medieval', *EJ*, XVI, 1607–42.
Goldenberg, G. 1971: 'Tautological infinitive', *IOS* 1, 36–85.
1974: 'L'étude du gouragué et la comparaison chamito-sémitique', in *IV Congresso Internazionale di Studi Etiopici (Roma, 10–15 aprile 1972)*, II, Rome, pp. 235–49.
1983: 'Doḥak ha-shir be-torat ha-lashon ha-'Ivrit bi-yme ha-benayim', in M. Bar-Asher, A. Dotan, G.B. Ṣarfatti, and D. Téné (eds.), *Hebrew language studies presented to Professor Zeev Ben-Ḥayyim*, Jerusalem, pp. 117–41.
Goodenough, E.R., 1953–65: *Jewish symbols in the Greco-Roman period*. 12 vols. New York.
Goodwin, D.W., 1969: *Text-restoration methods in contemporary U.S.A. biblical scholarship*. Naples.
Gordis, R., 1936–37: 'Studies in Hebrew roots of contrasted meanings', *JQR*, n.s., 27, 33–58.
1943: 'Notes on the asseverative "kaph" in Ugaritic and Hebrew', *JAOS* 63, 176–78.
1945: 'Studies in the relationship of Biblical and Rabbinic Hebrew', in S. Lieberman *et al.* (eds.), *Louis Ginzberg jubilee volume on ... his seventieth birthday*, New York, pp. 173–99.
1946–47: 'The original language of Qohelet', *JQR*, n.s., 37, 67–84.
1949–50: 'The translation theory of Qohelet re-examined', *JQR*, n.s., 40, 103–16.
1952: 'Kohelet – Hebrew or Aramaic?', *JBL* 71, 93–109.
1955: 'Was Kohelet a Phoenician?', *JBL* 74, 103–14.
Gordon, C.H., 1937: 'Lachish letter iv', *BASOR* 67, 30–32.
1937–38: 'The Aramaic incantation in cuneiform', *AfO* 12, 105–17.
1938: 'Notes on the Lachish letters', *BASOR* 70, 17–18.

1938a: 'The accentual shift in the perfect with waw consecutive', *JBL* 57, 319–25.
1940: 'The cuneiform Aramaic incantation', *Orientalia* 9, 29–38.
1940a: *Ugaritic grammar*. Rome.
1947: 'The new Amarna tablets', *Orientalia* 16, 1–21.
1947a: *Ugaritic handbook*. Rome.
1955: *Ugaritic manual*. Rome.
1955a: 'North Israelite influence on postexilic Hebrew', *IEJ* 5, 85–88.
1957: 'Egypto-Semitica', *RSO* 32, 269–77.
1963: 'Hebrew origins in the light of recent discoveries', in A. Altmann (ed.), *Biblical and other studies*, Cambridge, Mass., pp. 3–14.
1965: *Ugaritic textbook*. Rome.
1970: 'The accidental invention of the phonemic alphabet', *JNES* 29, 193–97.
1990: 'Eblaite and Northwest Semitic', in C.H. Gordon, G.A. Rendsburg, and N.H. Winter (eds.), *Eblaitica: essays on the Ebla archives and Eblaite language*, II, Winona Lake, pp. 127–39.
Görg, M., 1980: 'Ein problematisches Wort ["zdh"] der Siloah-Inschrift', *Biblische Notizen* 11, 21–22.
Goshen-Gottstein (Gottstein), M.H., 1957: 'The Thirteen Principles of Maimonides as translated by Al-Ḥarizi', *Tarbiz* 26, 185–96, 335–36. H.
1958: 'Linguistic structure and tradition in the Qumran documents', *ScrHier* 4, 101–37.
1958a: 'Die Qumran-Rollen und die hebräische Sprachwissenschaft 1948–1958', *RQ* 1, 103–12.
1959: 'Philologische Miszellen zu den Qumrantexten, 3: Der Qumran-Typus "y^{e}qoṭlehu" und das hebräische Verbalsystem', *RQ* 2, 43–51.
1959a: *The Qumran scrolls and their linguistic status. Studies in Hebrew and biblical philology*, I. Jerusalem/Tel-Aviv. H.
1960: 'The authenticity of the Aleppo Codex', *Textus* 1, 17–58.
1960a: *Text and language in Bible and Qumran*. Jerusalem.
1961: 'Le-darke ha-targum we-ha-metargemim bi-yme ha-benayim', *Tarbiz* 30, 385–95.
1962: 'Biblical manuscripts in the United States', *Textus* 2, 28–59.
1963: 'The rise of the Tiberian Bible text', in A. Altmann (ed.), *Biblical and other studies*, Cambridge, Mass., pp. 79–122.
1964: 'Semitic morphological structures. The basic morphological structure of Biblical Hebrew', in H.B. Rosén (ed.), *Studies in Egyptology and linguistics in honour of H.J. Polotsky*, Jerusalem, pp. 104–16.
1967: 'Hebrew biblical manuscripts. Their history and their place in the H.U.B.P. edition', *Biblica* 48, 243–90.
1968: 'The study of Mediaeval Hebrew as influenced by Arabic – achievements and objectives', *P4WCJS*, II, 109–12. H.
1969: 'The system of verbal stems in the classical Semitic languages', *PICSS*, 70–91.
1969a: *Introduction to the lexicography of Modern Hebrew*. Jerusalem/Tel-Aviv. H.
1973: 'Hebrew syntax and the history of the Bible text: a *pesher* in the MT of Isaiah', *Textus* 8, 100–06.
1975 (ed.): *The Book of Isaiah*. 2 vols. Jerusalem.
1976 (ed.): *The Aleppo Codex*. Jerusalem.
1985: 'Problems of Semitic verbal stems: a review', *BibOr* 42, 278–83.
Gottlieb, H., 1971: 'The Hebrew particle "nâ"', *AcOr* 33, 47–54.
Gottstein (Goshen-Gottstein), M.H., 1947: ''Iyyune-lashon 'al yesod targume millot ha-higgayon le-ha-RaMBaM', *Leshonenu* 15, 173–83.
1949: 'Afterthought and the syntax of relative clauses in Biblical Hebrew', *JBL* 68, 35–47.
1951: 'Syntax and vocabulary of medieval Hebrew as influenced by Arabic'. Doct. diss., Hebrew University, Jerusalem. H.
1951a: 'Ha-lashon ha 'Ivrit ha-medubberet ke-nose le-meḥkar', *Leshonenu* 17, 231–40.
1953: 'Studies in the language of the Dead Sea Scrolls', *JJS* 4, 104–07.
1953a: 'Mi-darke ha-targum we-ha-metargemim bi-yme ha-benayim', *Tarbiz* 23, 210–16.
1953–54: 'Balshanut mivnit u-poliṭikah leshonit', *LeshLA* 43, 17–24.

Gowan, D.E., 1971: 'The use of "ya'an" in Biblical Hebrew', *VT* 21, 168–85.
Graetz, H.L., 1844–45: Review of Geiger 1845, *LBdOr* 5, 822–27; 6, 30–31, 54–59, 76–78, 86–90.
Grant, E. and Wright, G.E., 1939: *Ain Shems excavations*. V. Haverford.
Grant, F.C., 1953: 'Modern study of the Jewish liturgy', *ZAW* 65, 59–77.
Gray, L.H., 1934: *Introduction to Semitic comparative linguistics*. New York.
1935–36: 'Observations on the phonology of "begadkefath"', *AJSL* 52, 171–77.
Greenberg, J.H. 1950: 'The patterning of root morphemes in Semitic', *Word* 6, 162–81.
1952: 'The Afro-Asiatic (Hamito-Semitic) present', *JAOS* 72, 1–9.
Greenberg, M., 1956: 'The stabilization of the Hebrew Bible reviewed in the light of the biblical materials from the Judean Desert', *JAOS* 76, 157–67.
1970: Ḫab/piru and Hebrews, in B. Mazar (ed.), *Patriarchs* (The world history of the Jewish people, first series; II), London, pp. 188–200, 279–81, 296.
Greenfield, J.C., 1958–59: 'Lexicographical notes', *HUCA* 29, 203–28; 30, 141–51.
1969: 'Amurrite, Ugaritic and Canaanite', *PICSS*, 92–101.
1969a: 'The "periphrastic imperative" in Aramaic and Hebrew', *IEJ* 19, 199–210.
1977: 'The prepositions "'ad"/"'al" in Aramaic and Hebrew', *BSOAS* 40, 371–72.
1978: 'The dialects of Early Aramaic', *JNES* 37, 93–99.
Greenspahn, F.E., 1980: 'The number and distribution of *hapax legomena* in Biblical Hebrew', *VT* 30, 8–19.
1984: Hapax legomena *in Biblical Hebrew. A study of the phenomenon and its treatment since antiquity with special reference to verbal forms*. Chico.
Griffiths, J.G., 1944–45: 'Did Jesus speak Aramaic?', *ET* 56, 327–28.
Grimme, H., 1896: *Grundzüge der hebräischen Akzent- und Vokallehre*. Freiburg.
1915: 'Die jemenische Aussprache des Hebräischen und Folgerungen daraus für die ältere Sprache', in Gotthold Weil (ed.), *Festschrift Eduard Sachau, zum siebzigsten Geburtstage gewidmet von Freunden und Schulern*, Berlin, pp. 125–42.
Grintz, J.M., 1957: *Sefer Yehudit: Taḥazoret ha-nosaḥ ha-mekori*. Jerusalem.
1958–59: "Ivrit li-lshon ha-sefer we-ha-dibbur bi-yme Bayit Sheni ha-'aḥaronim', *Eshkolot* 3, 125–44.
1960: 'Hebrew as the spoken and written language in the last days of the Second Temple', *JBL* 79, 32–47.
Grøndahl, F., 1967: *Die Personennamen der Texte aus Ugarit*. Rome.
Gross, W., 1974: 'Die Herausführungsformel–zum Verhältnis von Formel und Sprache', *ZAW* 86, 425–53.
1975: 'Das nicht-substantivierte Partizip als Prädikat im Relativsatz hebräisches Prosa', *JNSL* 4, 23–27.
1976: *Verbform und Funktion:* wayyiqṭol *für die Gegenwart? Ein Beitrag zur Syntax poetischer althebräischer Texte*. St. Ottilien.
1981: 'Syntaktische Erscheinungen am Anfang althebräischer Erzählungen: Hintergrund und Vordergrund', *SVT* 32, 131–45.
Guggenheimer, E. and H., 1972–73: 'Notes on the Talmudic vocabulary', *Leshonenu* 37, 105–12. H.
Guidi, I., 1878–79: 'Della sede primitiva dei popoli semitici', *Atti della Real Accademia dei Lincei*, Memorie delle Classi di scienze morali, storiche e filologiche, third series, 3, 566–615.
Guillaume, A., 1965: *Hebrew and Arabic lexicography: a comparative study*. Leiden.
Gulkowitsch, L., 1931: *Die Bildung von Abstraktbegriffen in der hebräischen Sprachgeschichte*. Leipzig.
Gumpertz, Y.F., 1953: *Mivṭa'e sefatenu*. Jerusalem.
Gundry, R.H., 1964: 'The language milieu of first-century Palestine: its bearing on the authenticity of the Gospel tradition', *JBL* 83, 404–08.
Gutman, D., 1973: 'The phonology of Massoretic Hebrew', *HCL* 7, 1–52.
Gwilliam, G.H., 1890–91: 'The vernacular of Palestine in the time of Our Lord and the remains of it in St. Mark', *ET* 2, 133–34.
Hackett, J.A., 1980: 'Studies in the plaster text from Tell Deir 'Allā'. Doct. diss., Harvard University.

1984: *The Balaam text from Deir 'Allā*. Chico.

1984a: 'The dialect of the plaster text from Tell Deir 'Allā', *Orientalia* 53, 57–65.

1986: 'Some observations on the Balaam tradition at Deir 'Allā', *BA* 49, 216–22.

Hadas-Lebel, M., 1981: *Histoire de la langue hébraïque, des origines à l'époque de la Mishna*. 3rd ed. Paris.

Hadley, J.M., 1987: 'The Khirbet el-Qôm inscription', *VT* 37, 50–62.

1987a: 'Some drawings and inscriptions on two pithoi from Kuntillet 'Ajrud', *VT* 37, 180–211.

Halévy, J., 1901: 'L'origine de la transcription du texte hébreu en caractères grecs dans les Hexaples d'Origène', *JA* 9, 335–41.

Halkin, A.S., 1963: 'The medieval Jewish attitude toward Hebrew', in A. Altmann (ed)., *Biblical and other studies*, Cambridge, Mass., pp. 233–48.

1972–73: 'Mosheh ibn 'Ezra' u-leshon ha-shir', *Molad* 5, 316–21.

Hallo, W.W. and Tadmor, Ḥ., 1977: 'A lawsuit from Hazor', *IEJ* 27, 1–11.

Hammershaimb, E., 1941: *Das Verbum im Dialekt von Ras Schamra*. Copenhagen.

1963: 'On the so-called *infinitivus absolutus* in Hebrew', in D. Winton Thomas and W.D. McHardy (eds.), *Hebrew and Semitic studies presented to Godfrey Rolles Driver*, Oxford, pp. 85–94.

1977: 'De aramaiske indskrifter fra udgravningene Deir 'Allā', *Dansk teologisk tidskrift* 40, 217–42.

Haneman, G., 1974: 'Uniformization and differentiation in the history of two Hebrew verbs', *ANDRL*, II, 24–30. H.

1974a: 'Le-masoret ha-ketiv shel Ketav-yad Parmah ha-menukkad (Ketav-yad Romi 66)', in E.Y. Kutscher, S. Liebermann, and M.Z. Kaddari (eds.), *Henoch Yalon memorial volume*, Ramat-Gan, pp. 84–98.

1976: ''Al millat-ha-yaḥas "ben" ba-Mishnah u-ba-Mikra', *Leshonenu* 40, 33–53.

1980: *A morphology of Mishnaic Hebrew according to the tradition of the Parma Manuscript (De Rossi 138)*. Tel-Aviv. H.

Haramati, S., 1971: 'A basic word list for the training of Hebrew readers in the diaspora', in S. Kodesh (ed.), *Kamrat memorial volume: essays on the teaching of Hebrew as a second language*, Jerusalem, pp. 62–97.

Harkavy, A. and Strack, H.L., 1875: *Catalog der hebräischen Bibelhandschriften der Kaiserlichen Öffentlichen Bibliothek in St. Petersburg*. St. Petersburg.

Harper, R.F., 1909: *Assyrian and Babylonian literature*. New York.

Harris, Z.S., 1936: *A grammar of the Phoenician language*. New Haven.

1939: *Development of the Canaanite dialects. An investigation in linguistic history*. New Haven.

1941: 'Linguistic structure of Hebrew', *JAOS* 61, 143–67.

1948: 'Componential analysis of a Hebrew paradigm', *Language* 24, 87–91.

1954: 'Transfer grammar', *IJAL* 20, 259–70.

Hartmann, A.T., 1825–26: *Thesauri linguae hebraicae e Mischna augendi*. 3 vols. Rostock.

Hartom, E.S., 1950–51: ''Al be'ayat ha-neginah shel he-'avar ha-mehuppakh le-'atid be-'Ivrit', *Leshonenu* 17, 88–89.

Harviainen, T., 1977: *On the vocalism of the closed unstressed syllables in Hebrew*. Helsinki.

Har-Zahab, Z., 1930: *Leshon dorenu. Ma'amre bikkoret 'al ha-tofa'ot ha-shonot she-nitgalu be-'esrot ha-shanim ha-'aḥaronot be-haḥaya'at ha-lashon ha-'Ivrit u-she'ar ma'amarim be-'inyene ha-lashon*. Tel-Aviv.

Hazan, E., 1980: 'Poetic elements in the liturgical poetry of Yehuda Halevi'. Doct. diss., Hebrew University, Jerusalem. H.

Hayon, Y., 1972: 'Having and being in Modern Hebrew', *HCL* 5, 10–23.

1973: *Relativization in Hebrew: a transformational approach*. The Hague.

Hecker, K., 1982: 'Das Arabische im Rahmen der semitischen Sprachen', in W. Fischer (ed.), *Grundriss der arabischen Philologie*, I: *Sprachwissenschaft*, Wiesbaden, pp. 6–15.

van der Heide, A., 1974: 'A biblical fragment with Palestinian-Tiberian ("pseudo-Ben Naftali") punctuation in the Leyden University Library', *Le Muséon* 87, 415–23.

Heidenheim, M., 1884–96: *Bibliotheca samaritana*. 3 vols. Leipzig/Weimar.

Heinemann, J., 1963–64: *Ha-tefillah bi-tkufat ha-Tanna'im we-ha-'Amora'im*. Jerusalem.
Helck, W., 1962: *Die Beziehungen Ägyptens zu Vorderasien im 3. und 2. Jahrtausend v. Chr.* Wiesbaden.
Held, M., 1962: 'The "yqtl"-"qtl" ("qtl"-"yqtl") sequences of identical verbs in Biblical Hebrew and in Ugaritic', in M. Ben-Horin, B.D. Weinryb, and S. Zeitlin (eds.), *Studies and essays in honor of Abraham A. Neuman*, Leiden, pp. 281–90.
1965: 'The action-result (factitive-passive) sequence of identical verbs in Biblical Hebrew and Ugaritic', *JBL* 84, 272–82.
1968: 'The root "ZBL"/"SBL" in Akkadian, Ugaritic and Biblical Hebrew', *JAOS* 88, 90–96.
1970–71: 'Studies in biblical homonyms in the light of Akkadian', *JANES* 3, 47–55.
1973: 'Pits and pitfalls in Akkadian and Biblical Hebrew', *JANES* 5, 173–90.
1974: 'Hebrew "ma'gal": a study in lexical parallelism', *JANES* 6, 107–16.
1979: 'On terms for deportation in the Old Babylonian royal inscriptions with special reference to Yahdunlim', *JANES* 11, 53–62.
Heltzer, M.L., 1976: 'Zu einer neuen ammonitischen Siegelinschrift', *UF* 8, 441–42.
Herdner, A., 1963: *Corpus de tablettes en cunéiformes alphabétiques découvertes à Ras Shamra-Ugarit de 1929 à 1939*. Paris.
Herr, L.G., 1978: *The scripts of ancient Northwest Semitic seals*. Missoula.
Hestrin, R. and Dayagi (Dayagi-Mendeles), M., 1974: 'A seal impression of a servant of King Hezekiah', *IEJ* 24, 27–29.
Hestrin, R. and Dayagi-Mendeles (Dayagi), M., 1978–79: *Ḥotamot mi-yeme Bayit Rishon*. Jerusalem.
Hestrin, R., Israeli, Y., Meshorer, Y., and Eitan, A., 1973: *Inscriptions reveal. Documents from the time of the Bible, the Mishna and the Talmud*. Israel Museum catalogue; 100. 2nd rev. ed. Jerusalem.
Hetzron, R., 1967: 'Agaw numerals and incongruence in Semitic', *JSS* 12, 169–97.
1969: 'The evidence for perfect "*y'aqtul" and jusive "*yaqt'ul" in Proto-Semitic', *JSS* 14, 1–21.
1969–70: 'Third person singular pronoun suffixes in Proto-Semitic (with a theory on the connective vowels in Tiberian Hebrew)', *OrSu* 18, 101–27.
1974: 'La division des langues sémitiques', *APCI*, 181–94.
Hill, A.E., 1981: 'The Book of Malachi: its place in post-exilic chronology linguistically reconsidered'. Doct. diss., University of Michigan.
Hill, D., 1967: *Greek words and Hebrew meanings. Studies in the semantics of soteriological terms*. Cambridge.
Hillel, F., 1891: *Die Nominalbildung in der Mischna*. Frankfurt-am-Main.
Hilliger, J.W., 1679: *Summarium linguae aramaeae, i.e., chaldaeo-syro-samaritanae*. Wittenberg.
Hodge, C.T., 1969: 'Afroasiatic pronoun problems', *IJAL* 35, 366–76.
1970: 'Afroasiatic. An overview', *LSWANA*, 237–54.
Hoffman, Y., 1982: 'The root "QRB" as a legal term', *JNSL* 10, 67–73.
1986: 'Leshono shel ha-makor ha-Kohani u-she'elat zeman ḥibburo', in M.A. Friedman and M. Gil (eds.), *Te'uda IV: studies in Judaica*, Tel-Aviv, pp. 13–22.
Hoftijzer, J., 1963: 'La *nota accusativi* "'t" en phénicien', *Le Muséon* 76, 195–200.
1965: 'Remarks concerning the use of the particle "'t" in Classical Hebrew', *OTS* 14, 1–99.
1973: 'The nominal clause reconsidered', *VT* 23, 446–510.
1981: *A search for method: a study in the syntactic use of the* h locale *in Classical Hebrew*. Leiden.
1985: *The function and use of the imperfect forms with* nun paragogicum *in Classical Hebrew*. Assen.
Hoftijzer, J. and van der Kooij, G., 1976: *Aramaic texts from Deir 'Alla*. Leiden.
1991 (eds.): *The Balaam text from Deir 'Alla re-evaluated. Proceedings of the international symposium held at Leiden 21–24 August 1989*. Leiden.
Holladay, W.L., 1958: *The root* šûbh *in the Old Testament with particular reference to its usages in covenantal texts*. Leiden.
Holm-Nielsen, S., 1960: *Hodayot – psalms from Qumran*. Aarhus.
Hommel, E., 1917: *Untersuchungen zur hebräischen Lautlehre*. I. Leipzig.

Honeyman, A.M., 1948: 'Phoenician inscriptions from Karatepe', *Le Muséon* 61, 43–57.

1953: 'The syntax of the Gezer calendar', *JRAS*, 53–58.

Honnorat, M., 1933: *Démonstration de la parenté des langues indoeuropéennes et sémitiques*. Paris.

1933a: *Démonstration de la parenté de la langue chinoise avec les langues japhétiques, sémitiques et chamitiques*. Paris.

Horn, S.H., 1967–68: 'The Amman citadel inscription', *ADAJ* 12–13, 81–83.

1969: 'The Ammān citadel inscription', *BASOR* 193, 2–13.

Horowitz, E., 1960: *How the Hebrew language grew*. New York.

Hospers, J.H., 1966: 'A hundred years of Semitic comparative linguistics', in W.C. van Unnik and A.S. van der Woude (eds.), *Studia biblica et semitica Theodoro Christiano Vriezen ... dedicata*, Wageningen, pp. 138–51.

1973 (ed.): *A basic bibliography for the study of the Semitic languages*. I. Leiden.

Hruby, K., 1964: 'La survivance de la langue hébraïque pendant la période post-exilienne', *Travaux de l'Institut Catholique [de Paris]* 10, 109–20.

Huesman, J., 1956: 'Finite uses of the infinitive absolute', *Biblica* 37, 271–95.

1956a: 'The infinitive absolute and the waw + perfect problem', *Biblica* 37, 410–34.

Huffmon, H.B., 1965: *Amorite personal names in the Mari texts*. Baltimore.

Hughes, J.A., 1970: 'Another look at the Hebrew tenses', *JNES* 29, 12–24.

Hulst, A.R., 1960: *Old Testament translation problems*. Leiden.

Hummel, H.D., 1957: 'Enclitic "mem" in early Northwest Semitic, especially Hebrew', *JBL* 76, 85–107.

Hurvitz, A., 1964–66: 'Observations on the language of the third apocryphal psalm from Qumran', *RQ* 5, 225–32.

1967: 'The language and date of Psalm 151 from Qumran', *EI* 8, *82–87. H.

1967a: 'The usage of "šš" and "bwṣ" in the Bible and its implications for the date of P', *HTR* 60, 117–21.

1968: 'The chronological significance of "Aramaisms" in Biblical Hebrew', *IEJ* 18, 234–40.

1972: *The transition period in Biblical Hebrew. A study in post-exilic Hebrew and its implications for the dating of Psalms*. Jerusalem. H.

1972a: *Leshono shel Ben Sira*. Jerusalem.

1974: 'The evidence of language in dating the Priestly Code', *RB* 81, 24–56.

1974a: 'The date of the prose-tale of Job linguistically reconsidered', *HTR* 67, 17–34.

1975: 'Leshono shel sippur-ha-misgeret be-Sefer Iyov u-mekomah be-toldot ha-'Ivrit ha-Mikra'it', *BM* 20, 457–72.

1976 ''Al shelifat ha-na'al she-bi-Mgillat Rut', *Shenaton* 1, 45–49.

1982: *A linguistic study of the relationship between the Priestly source and the Book of Ezekiel*. Paris.

1983: 'The language of the Priestly source and its historical setting – the case for an early date', *P8WCJS*, Division A, 83–94.

Hurwitz, S.T.H., 1913: *Root-determinatives in Semitic speech. A contribution to Semitic philology*. New York.

Idelsohn, A.Z., 1913: 'Die gegenwärtige Aussprache des Hebräischen bei Juden und Samaritanern', *MGWJ* 57, 527–45, 697–721.

1917: *Phonographierte Gesänge und Ausspracheproben des Hebräischen der jemenitischen, persischen und syrischen Juden*. Vienna.

Ilani, N., 1982: 'Harḥavat kevuṣot ha-beḥirah shel pe'alim mikra'im bi-lshon yamenu', *HCL* 19, *5–17.

Israel, F., 1975: 'L'"olio da toeletta" negli ostraca di Samaria', *RSO* 49, 17–20.

1977: 'Un nuovo sigillo ammonita?', *BeO* 19, 167–70.

1979: 'The language of the Ammonites', *OLP* 10, 143–59.

1979a: 'Miscellanea idumea', *RBI* 27, 171–203.

1979b: 'Un'ulteriore attestazione dell'evoluzione fonetica "ā" > "ō" nel semitico di nord-ovest', *RSF* 7, 159–61.

1984: 'Classificazione tipologica delle inscrizioni ebraiche antiche', *RBI* 32, 48–69.

1986: 'Observations on Northwest Semitic seals', *Orientalia* 55, 70–77.

1987: 'Les sceaux ammonites', *Syria* 64, 141–46.
Isserlin, B.S.J., 1972: 'Epigraphically attested Judean Hebrew, and "upper class" and "popular" speech variants in Judea during the 8th–6th centuries B.C.', *Australian journal of biblical archaeology* 2, 197–203.
Jabotinsky, Z., 1930: *Ha-mivṭa ha-'Ivri*. Tel-Aviv.
Jackson, K.P., 1983: *The Ammonite language of the Iron Age*. Chico.
Janssens, G., 1957: 'Contribution au déchiffrement des inscriptions pseudo-hiéroglyphiques de Byblos', *La Nouvelle Clio* 7–8, 361–77.
1982: *Studies in Hebrew historical linguistics based on Origen's Secunda*. Leuven.
Japhet, S., 1967: 'Ḥillufe shorashim ba-po'al ba-eksim ha-makbilim be-Sefer Divre ha-Yamim', *Leshonenu* 31, 165–79, 261–79.
1968: 'The supposed common authorship of Chronicles and Ezra-Nehemia', *VT* 18, 330–71.
Jaros, K., 1982: *Hundert Inschriften aus Kanaan und Israel*. Freiburg.
Jastrow, M., 1886–1903 (repr. 1989): *A dictionary of the Targumim, the Talmud Babli and Yerushalmi, and the midrashic literature*. 2 vols. London/New York.
Jean, C.-F., 1946: 'Notes sur l'amorite des lettres de Mari', *L'Ethnographie* 38, 33–38.
1950: 'Les noms propres de personnes dans les lettres de Mari et dans les plus anciens textes du Pentateuque', in A. Parroth (ed.), *Studia Mariana*, Leiden, pp. 63–98.
Jean, C.-F. and Hoftijzer, J., 1965: *Dictionnaire des inscriptions sémitiques de l'ouest*. Leiden.
Jellicoe, S., 1968: *The Septuagint and modern study*. Oxford.
Jenni, E., 1967: 'Faktitiv und Kausativ von "'BD" "zugrunde gehen"', *SVT* 16, 143–57.
1968: *Das hebräische Pi'el*. Zurich.
1971: '"Wollen" und "nicht wollen" im Hebräischen', in *Hommages à André Dupont-Sommer*, Paris, pp. 202–07.
1972: 'Zur Verwendung von "'attā" "jetzt" im Alten Testament', *TZ* 28, 5–12.
1973: 'Zur Funktion der reflexiv-passiven Stammformen im Biblisch-Hebräisch', *P5WCJS*, IV, 61–70.
Jepsen, A., 1958: '"Pardes"', *ZDPV* 74, 665–68.
1969: 'Kleine Bemerkungen zu drei westsemitischen Inschriften', *MIO* 15, 2–4.
Jirku, A., 1953: 'Zum *Infinitivus absolutus* im Ugaritischen', *JKF* 3, 111–15.
1957: 'Eine "Af'el"-Form im Ugaritischen?', *AfO* 111, 129–30.
1963: 'Der Buchstabe Ghain im Ugaritischen', *ZDMG* 113, 481–82.
1970: 'Die Umschrift ugaritischer Laryngale durch den akkadischen Buchstaben "ú"', *ArOr* 38, 129–30.
Johnson, B., 1979: *Hebräisches Perfekt und Imperfekt mit vorangehenden* w^e-. Lund.
Jongeling, B., 1958–59: 'Les formes "qṭwl" dans l'hébreu des manuscrits de Qumrân', *RQ* 1, 483–94.
1971: *A classified bibliography of the finds in the Desert of Judah 1958–1969*. Leiden.
1973: 'Qumran, Murabba'at, Masada, etc.', in Hospers (ed.), pp. 214–65.
1973a: 'La particule "raq"', *OTS* 18, 97–107.
Joüon, P., 1937: 'Parallèles palmyréniens à l'infinitif du type "bo'^{a}ḵah" (Gn. 10, 19 etc.)', *Biblica* 18, 334–36.
Kaddari, M.Z., 1964–65: 'Sadot semanṭiyyim bi-lshon ha-megillot ha-genuzot', *Leshonenu* 29, 226–37.
1964–65a: ''Al herkeve shem-to'ar ba-'Ivrit shel yamenu', *LeshLA* 159–60, 195–206.
1964–66: 'The Root "TKN" in the Qumran texts', *RQ* 5, 219–24.
1967–68: 'Ha-tikbolet ha-mikra'it mi-beḥinah semanṭit', *Leshonenu* 32, 37–45.
1968: *Semantic fields in the language of the Dead Sea Scrolls*. Jerusalem. H.
1970: *The medieval heritage of Modern Hebrew usage*. Tel-Aviv. H.
1972: 'Grammatical notes on Saul Lieberman's Tosefta Kifshutah (Zera'im)', *ANDRL*, I, 163–73. H.
1973: 'Problems in Biblical Hebrew syntax', *P5WCJS*, IV, 232–33, 274–75.
1974: '"Mah le-" + N(oun) P(hrase) preceeding clauses in Mishnaic Hebrew', *ANDRL*, II, 85–95. H.
1976: 'Masav ha-meḥkar ba-'Ivrit ha-Yisre'elit bi-tḥum ha-taḥbir we-ha-millona'ut', *Bar-Ilan* 13, 341–54.

1977–78: 'Nitpa'al ke-benoni ba-lashon ha-rabbanit (ha-Š u-T) – mah ṭivo?', *Leshonenu* 42, 190–202.

1978: "Iyyun be-toledot ha-lashon ha-'Ivrit ha-modernit', *Bikkoret u-farshanut* 11–12, 5–17.

1978–79: "Al ha-po'al "HYH" bi-lshon ha-Mikra', *Bar-Ilan* 16–17, 112–25.

1981: 'Homonymy and polysemy of Nitpa'el forms in the language of the *responsa* literature', *Bar-Ilan* 18–19, 233–47. H.

1982: 'Yaḥas ha-wittur bi-lshon ha-Mikra', in B. Uffenheimer (ed.), *Te'uda II: Bible studies in memoriam Joshua M. Grintz*, Tel-Aviv, pp. 325–48.

Kahle, P.E., 1898: *Textkritische und lexikalische Bemerkungen zum samaritanischen Pentateuchtargum*. Leipzig.

1901: 'Beiträge zur Geschichte der hebräischen Punktation', *ZAW* 21, 273–317.

1901a: 'Zur Geschichte der hebräischen Akzente', *ZDMG* 55, 167–194.

1902: *Der masoretische Text des Alten Testaments nach der Überlieferung der babylonischen Juden*. Leipzig.

1913: *Masoreten des Ostens*. Leipzig.

1921: 'Die überlieferte Aussprache des Hebräischen und die Punktation der Masoreten', *ZAW* 39, 230–39. Repr. in *Opera minora*, Leiden (1956), pp. 38–47.

1922: 'Die masoretische Überlieferung des hebräischen Bibeltextes', in Bauer and Leander, pp. 71–162.

1925: 'Die Punktation der Masoreten', *BZAW* 41, 167–72.

1927–30: *Masoreten des Westens*. 2 vols. Stuttgart.

1928: 'Die hebräischen Bibelhandschriften aus Babylonien', *ZAW* 46, 113–37.

1937: 'Index codicum Veteris Testamenti babylonicorum', in R. Kittel and P.E. Kahle, *Biblia hebraica*, 3rd ed., Stuttgart, pp. xxx–xxxiii.

1950: 'Zur Aussprache des Hebräischen bei den Samaritanern', in W. Baumgartner, O. Eissfeldt, K. Elliger, and L. Rost (eds.), *Festschrift Alfred Bertholet zum 80. Geburtstag*, Tübingen, pp. 281–86. Repr. in *Opera minora*, Leiden (1956), pp. 180–86.

1951: 'The Hebrew Ben Asher Bible manuscripts', *VT* 1, 161–67.

1958: 'Das palästinische Pentateuchtargum und das zur Zeit Jesu gesprochene Aramäisch', *ZNW* 49, 100–116.

1959: *The Cairo Geniza*. 2nd ed. Oxford.

1960: 'Die Aussprache des Hebräischen in Palästina vor der Zeit der tiberischen Masoreten', *VT* 10, 375–85.

1960a: 'Das zur Zeit Jesu gesprochene Aramäisch: Erwiderung', *ZNW* 51, 55.

1961: 'Hebreo premasorético', *Sefarad* 21, 240–50.

1961a: *Der hebräische Bibeltext seit Franz Delitzsch*. Stuttgart.

1962: Pre-Massoretic Hebrew', *Textus* 2, 1–7.

Kamhi, D.J., 1971: 'The gentilitial adjective in Hebrew', *JRAS*, 2–8.

1971a: 'The term "tō'ar" in Hebrew and its status as a grammatical category', *BSOAS* 34, 256–72.

1973: 'The root "ḤLQ" in the Bible', *VT* 23, 235–39.

Karmiel, Y., 1969–70: 'Metaphors in Mapu's writings', *Leshonenu* 34, 306–08. H.

Katz, E., 1967: *Die Bedeutung des* hapax legomenon *der Qumraner Handschriften* HUAHA. Bratislava.

Kaufman, I.T., 1966: 'The Samaria ostraca. A study in ancient Hebrew palaeography'. 2 vols. Doct. diss., Harvard University.

Kaufman, S.A., 1980: 'The Aramaic texts from Deir 'Allā', *BASOR* 239, 71–74

Kautzsch, E., 1902: *Die Aramaismen im Alten Testament*. I: Lexicalischer Teil. Halle.

Keller, C., 1683: *Philologicarum lucubrationum sylloge, hoc est, Praecipuarum linguarum orientis*. Jena.

1705: *Horae samaritanae, hoc est, Excerpta Pentateuchi samaritanae versionis*. 2nd ed. Jena/Frankfurt-am-Main.

Kelso, J., 1948: *The ceramic vocabulary of the Old Testament*. New Haven.

Kena'ani, J., 1930–31: *Millon konkordanṣyoni li-lshon ha-piyyuṭim*. Jerusalem.

1932–33: 'Ḥiddushe lashon bi-tkufat ha-Haskalah', *Leshonenu* 5, 59–72.
Kenyon, K.M., 1966: *Amorites and Canaanites*. London.
Kesterson, J.C., 1984: 'Tense usage and verbal syntax in selected Qumran documents'. Doct. diss., University of Washington, D.C.
Kienast, B., 1960: 'Das Punktualthema "*japrus" und seine Modi', *Orientalia* 29, 151–67.
Kippenberg, H.G., 1971: *Garizim und Synagoge*. Berlin/New York.
Kirchheim, R., 1851: *Karme Shomeron. Introductio in librum talmudicum de Samaritanis*. Frankfurt-am-Main.
Klar, B.M., 1951: 'Le-toledot ha-mivṭa ha-'Ivri bi-yme ha-benayim', *Leshonenu* 17, 72–75.
1953–54: *Meḥkarim we-'iyyunim ba-lashon, ba-shirah, u-ba-sifrut*. Tel Aviv.
Klarberg, H., 1970–71: 'Stress patterns in spoken Israeli Hebrew', *Abr-Nahrain* 10, 129–33.
Klatzkin, J., 1928–33: *Thesaurus philosophicus linguae hebraicae*. 4 vols. Berlin.
Klausner, J., 1938: *Dikduk kaṣar shel ha-'Ivrit ha-ḥadashah*. 2nd ed. Tel-Aviv.
1939: *Eli'ezer ben-Yehudah: toledotaw u-mif'al ḥayyaw*. Tel-Aviv.
1949: *Ha-lashon ha-'Ivrit lashon ḥayyah*. Tel-Aviv.
1957: *Ha-'Ivrit he-ḥadashah u-ve'ayoteha*. Tel-Aviv.
Klopfenstein, M.A., 1972: *Scham und Schande nach dem Alten Testament. Eine begriffsgeschichtliche Untersuchung zu den hebräischen Wurzeln* bôš, klm *und* ḥpr. Zurich.
Klostermann, E., 1896: 'Die Mailänder Fragmente der Hexapla', *ZAW* 16, 334–37.
Knudtzon, J.A., 1907–15: *Die El-Amarna Tafeln*. 2 vols. Leipzig.
Kober, M., 1929: *Zum Machsor Jannai*. Frankfurt-am-Main.
Kochavi, M., 1977: 'An ostracon of the period of the Judges from 'Izbet Ṣarṭah', *TAJ* 4, 1–13.
1978: *Aphek-Antipatris 1974–1977. The inscriptions*. Tel-Aviv.
Kogut, S., 1969–70: 'Does the form "q^{e}ṭol" = "qoṭel" exist in the Bible?', *Leshonenu* 34, 20–25. H.
1984: 'The language of Sefer Ḥasidim, its linguistic background and methods of research', in I. Twersky (ed.), *Studies in medieval Jewish history and literature*, II, Cambridge, pp. 95–108.
Köhler, L., 1952–53: 'Syntactica, i–iv', *VT* 2, 374–77; 3, 84–87, 188–89, 299–305.
Kohn, S., 1865: *De Pentateucho samaritano eiusque cum versionibus antiquis nexu. Dissertatio inauguralis*. Leipzig.
1876: *Zur Sprache, Literatur und Dogmatik der Samaritaner*. Leipzig.
König, F.E., 1874: *Gedanke, Laut und Akzent als die drei Factoren der Sprachbildung comparativ und physiologisch am Hebräischen dargestellt*. Weimar.
1897: *Syntax der hebräischen Sprache*. Leipzig.
1902: 'Zur Syntax der Zahlwörter im Alten Testament', *AJSL* 18, 129–48.
1913: 'Über den Lautwert des hebräischen 'Ain', *ZDMG* 87, 65–66.
Könnecke, C., 1885: *Die Behandlung der hebräischen Namen in der Septuaginta*. Stargard.
Kopelovitch, Z., 1984: '"'^{a}ḇāl" and "'ællā'" conjunctions in Modern Hebrew', *HS* 25, 132–40.
Kopf, L., 1976: *Studies in Arabic and Hebrew lexicography*. Ed. by M.H. Goshen-Gottstein. Jerusalem.
Körner, J., 1969: 'Die Bedeutung der Wurzel "BR'" im Alten Testament', *OLZ* 64, 533–40.
Koskinen, K., 1964: 'Kompatibilität in den dreikonsonantigen hebräischen Wurzeln', *ZDMG* 114, 16–58.
Kosmala, H., 1965: 'The three nets of Belial. A study in the terminology of Qumran and the New Testament', *ASTI* 4, 91–113.
1969: 'The term "geber" in the Old Testament and in the Scrolls', *SVT* 17, 159–69.
Kraeling, G., 1953: *The Brooklyn Museum Aramaic papyri. New documents of the fifth century B.C. from the Jewish colony at Elephantine*. New Haven.
Krahmalkov, C.R., 1969: 'The Amorite enclitic particle "ta/i"', *JSS* 14, 201–04.
1970: 'Studies in Phoenician and Punic grammar', *JSS* 15, 181–88.
1970a: 'The enclitic particle "ta/i" in Hebrew', *JBL* 89, 218–19.
1976: 'An Ammonite lyric poem', *BASOR* 223, 55–57.
1979: 'On the third feminine singular of the perfect in Phoenician-Punic', *JSS* 24, 25–28.
Krauss, S., 1898–1900: *Griechische und lateinische Lehnwörter im Talmud, Midrasch und Targum*. 2 vols. Berlin.

1907: 'Die Kaufmann'sche Mischnah-Handschrift', *MGWJ* 15, 54–66, 142–63, 323–33, 445–61.

Kropat, A., 1909: *Die Syntax des Autors der Chronik verglichen mit der seiner Quellen. Ein Beitrag zur historischen Syntax des Hebräischen* (*BZAW* 16). Giessen.

Kuhnigk, W., 1974: *Nordwest-semitische Studien zum Hoseabuch*. Rome.

Kuhr, E., 1929: *Die Ausdrucksmittel der konjunktionslosen Hypotaxe in der ältesten hebräischen Prosa*. Leipzig.

Kuryłowicz, J., 1949: 'Le système verbal du sémitique', *BSLP* 45, 47–56.

1957–58: 'Esquisse d'une théorie de l'apophonie en sémitique', *BSLP* 53, 1–38.

1962: *L'Apophonie en sémitique*. The Hague.

1972: *Studies in Semitic grammar and metrics*. Wrocław.

1973: 'Verbal aspect in Semitic', *Orientalia* 42, 114–20.

Kustár, P., 1972: *Aspekt im Hebräischen*. Basle.

Kutsch, E., 1970: 'Sehen und bestimmen. Die Etymologie von "bᵉrit"', in A. Kuschke and E. Kutsch (eds.), *Archäologie und Altes Testament. Festschrift für Kurt Galling z. 8. Jan. 1970*, Tübingen, pp. 165–78.

Kutscher, E.Y., 1949–52: 'Studies in Galilean Aramaic', *Tarbiz* 21, 192–205; 22, 53–63, 185–192; 23, 36–60. Repr. in 1977, pp. *169–225. H.

1952: 'Bavu'a shel ha-lashon ha-'Ivrit bi-yme ha-Bayit ha-Sheni', *Haaretz*, 28 September; 17, 31 October.

1956: 'Inscriptions from Jerusalem of the First Temple period', in M. Avi-Yonah (ed.), *Sefer Yerushalayim*, I, Jerusalem, pp. 349–50. Repr. in 1977, pp. *10–26. H.

1956a: 'Hebrew and Aramaic inscriptions from Jerusalem of the Second Temple period', in M. Avi-Yonah (ed.), *Sefer Yerushalayim*, I, Jerusalem, pp. 349–50. Repr. in 1977, pp. *27–35. H.

1956b: 'Leshon ḥakhamim, mah ṭivah?', *Haaretz*, 22 June; 29 July.

1956c: 'Modern Hebrew and "Israeli" Hebrew', *Conservative Judaism* 10.3, 28–45.

1957: 'The language of the "Genesis Apocryphon": a preliminary study', *ScrHier* 4, 1–35. Repr. in 1977, pp. 3–36.

1960: 'Das zur Zeit Jesu gesprochene Aramäisch', *ZNW* 5, 146–54.

1961: *Millim we-toledotehen*. Jerusalem.

1961a: '"Mḥwz" = "harbour" in the Dead Sea Scrolls', *BIES* 25, 161–62. H.

1961–62: 'The Hebrew and Aramaic letters of Bar Koseba and his contemporaries', *Leshonenu* 25, 117–33; 26, 7–23. Repr. in 1977, pp. *36–70. H.

1963: 'Mishnaic Hebrew', in S. Lieberman (ed.), *Sefer Ḥanokh Yalon*, Jerusalem, pp. 246–80. Repr. in 1977, pp. *73–107. H.

1963–64: 'Aramaic calque in Hebrew', *Tarbiz* 33, 118–30. Repr. in 1977, pp. *394–406. H.

1964: 'Mišnisches Hebräisch', *Rocznik orientalistyczny* 28, 35–48.

1964–65: Review of Garbini 1960, *Leshonenu* 29, 47–58, 115–28. Repr. in 1977, pp. *279–90. H.

1965: 'Contemporary studies in North-Western Semitic', *JSS* 10, 21–51.

1966: Yemenite Hebrew and ancient pronunciation', *JSS* 11, 217–25.

1967: 'Mittelhebräisch und Jüdisch-Aramäisch im neuen Köhler-Baumgartner', *SVT* 16, 158–175. Repr. in 1977, pp. 156–73.

1967a: 'Ha-hashpa'at ha-Yawanit 'al ha-lashon ha-'Ivrit', *Maḥanayim* 112, 54–57.

1969: 'Articulation of the vowels "u", "i" in [Greek and Latin] transcriptions of Biblical Hebrew, in Galilean Aramaic and in Mishnaic Hebrew', in E.Z. Melamed (ed.), *Sefer Zikkaron la Benjamin de Vries*, Jerusalem, pp. 218–51. Repr. in 1977, pp. *135–68. H.

1969a: 'Studies in the grammar of Mishnaic Hebrew according to Ms. Kaufmann', in M.Z. Kaddari (ed.), *Sefer Bar-Ilan le-mada'e ha-ruaḥ we-ha-ḥevrah*, X.2, pp. 51–77. Repr. in 1977, pp. *108–34. H.

1969b: 'Words and their history', *Ariel* 25, 64–74.

1970: 'Aramaic', *EJ*, III, 259–87.

1970a: 'Aramaic', *LSWANA*, 347–412. Repr. in 1977, pp. 90–155.

1971: 'Hebrew language, the Dead Sea Scrolls', *EJ*, XVI, 1583–90.

1971a: 'Hebrew language, Mishnaic', *EJ*, XVI, 1590–1607.

1972: 'The present state of research into Mishnaic Hebrew (especially lexicography) and its tasks', *ANDRL*, I, 3–28. H.

1972a: 'Some problems of the lexicography of Mishnaic Hebrew and its comparisons with Biblical Hebrew', *ANDRL*, I, 29–82. H.

1972b: 'Addenda to the lexicographical section', *ANDRL*, I, 83–94. H.

1972c: 'Trivia', *ANDRL*, I, 5–105. H.

1974: *The language and linguistic background of the complete Isaiah Scroll (1QIsa[a])*. Leiden.

1977: *Hebrew and Aramaic studies*. Ed. by Z. Ben-Ḥayyim, A. Dotan, and G.B. Ṣarfatti. Jerusalem.

1982: *A history of the Hebrew language*. Ed. by R. Kutscher. Jerusalem.

Kutscher, R., 1972: 'A new inscription from 'Amman', *Qadmoniot* 5, 27–28. H.

Labuschagne, C.J., 1966: 'The emphasizing particle "gam" and its connotations', in W.C. van Unnik and A.S. van der Woude (eds.), *Studia biblica et semitica Theodoro Christiano Vriezen ... dedicata*, Wageningen, pp. 193–203.

1966a: '"Teraphim" – a new proposal for its etymology', *VT* 16, 115–17.

1973: 'The particles "hen" and "hinneh"', *OTS* 18, 1–14.

Lacau, P., 1970: *Les Noms des parties du corps en égyptien et en sémitique*. Paris.

de Lagarde, P., 1889: *Übersicht über die im Aramäischen, Arabischen und Hebräischen übliche Bildung der Nomina*. Göttingen.

Lambdin, T.O., 1953: 'Egyptian loan-words in the Old Testament', *JAOS* 73, 145–155.

1970: 'The junctural origin of the West Semitic definite article', in H. Goedicke (ed.), *Near Eastern studies in honor of William Foxwell Albright*, Baltimore/London, pp. 315–33.

Lambert, M., 1892: 'Remarques sur le pluriel des noms en hébreu', *REJ* 25, 99–111.

1893: 'Le vav conversif', *REJ* 26, 47–62.

1897: 'De la formation des racines trilitères fortes', in G.A. Kohut (ed.), *Semitic studies in memory of ... Alexander Kohut*, Berlin, pp. 354–62.

1897a: 'La trilitéralité des racines med. gem. et med. u', *REJ* 34, 203–12.

Lancellotti, A., 1983: 'Il vocalismo ebraico', *FrancLA* 33, 15–52.

Landau, J., 1822: *Geist und Sprache der Hebräer nach dem zweiten Tempelbau*. Prague.

Landau, R., 1967: 'The bound phrase in contemporary Hebrew: its character, sources and developmental trends'. Doct. diss., Bar-Ilan University. H.

Lande, I., 1949: *Formelhafte Wendungen der Umgangssprache im Alten Testament*. Leiden.

Landersdorfer, S., 1916: *Sumerisches Sprachgut im Alten Testament: eine biblisch-lexikalische Studie*. Leipzig.

Landes, G.M., 1962: 'Ammon, Ammonites', in *Interpreter's dictionary of the Bible*, I, New York, pp. 108–14.

Landsberger, B., 1926: 'Prinzipienfragen der semitischen, speziell der hebräischen, Grammatik', *OLZ* 29, 967–76.

1938: 'Die Gestalt der semitischen Wurzel', in *Atti del XIX Congresso Internazionale degli Orientalisti. Roma ... 1935*, Rome, pp. 450–52.

1954: 'Assyrische Königsliste und "dunkles Zeitalter"', *JCS* 8, 31–45, 47–73.

1967: 'Akkadisch-hebräische Wortgleichungen', *SVT* 16, 176–204.

de Langhe, R., 1948: 'Documents et témoignages nouveaux concernant l'origine et l'évolution de l'alphabet phénicien', *BibOr* 5, 73–83.

Lapide, P., 1972–75: 'Insights from Qumran into the languages of Jesus', *RQ* 8, 483–501.

Lapp, P.N., 1970: 'The Tell Deir 'Allā challenge to Palestinian archaeology', *VT* 20, 243–56.

Laroche, E., 1968: *Glossaire de la langue hourrite*. Paris.

LaSor, W.S., 1956: 'Secondary opening of syllables originally closed with gutturals', *JNES* 15, 246–50.

1958: *Bibliography of the Dead Sea Scrolls 1948–1957*. Pasadena.

Lavi, A., 1979: 'A comparative study of Al-Ḥariri's *maqamat* and their Hebrew translation by Al-Ḥarizi'. Doct. diss., University of Michigan.

Leahy, T.W., 1957: 'A study of the language of the Essene Manual of Discipline'. Doct. diss., Johns Hopkins University.

1960: 'Studies in the syntax of 1QS', *Biblica* 41, 135–57.

Leander, P., 1920: 'Einige hebräische Lautgesetze chronologisch geordnet', *ZDMG* 74, 61–77.
1928: *Laut- und Formenlehre des Ägyptisch-Aramäischen*. Gothenberg.
1936: 'Bemerkungen zur palästinischen Überlieferung des Hebräischen', *ZAW* 54, 91–99.
van Leeuwen, C., 1973: 'Die Partikel "'im"', *OTS* 18, 15–48.
Lehman, M.R., 1964–66: 'Identification of the Copper Scroll based on its technical terms', *RQ* 5, 97–105.
Lek'iašvili, A., 1971: 'Über die Kasusflexion in den semitischen Sprachen', *ZP* 24, 76–90.
Lemaire, A., 1973: 'L'ostracon "Ramat Négeb" et la topographie historique du Négeb', *Semitica* 23, 11–25.
1976: 'Prières en temps de crise: les inscriptions de Khirbet Beit Lei', *RB* 83, 558–68.
1977: 'Les inscriptions de Khirbet el-Qôm et l'ashérah de YHWH', *RB* 84, 595–608.
1977a: *Inscriptions hébraïques*. I: *Les Ostraca*. Paris.
1978: 'Les ostraca paléo-hébraïques des fouilles de l'Ophel', *Levant* 10, 156–61.
1979–84: 'La langue de l'inscription sur plâtre de Deir 'Alla', *GLECS* 24–28, 317–40.
1980: 'Notes d'épigraphie nord-ouest sémitique', *Semitica* 30, 17–32.
1981: "Classification des estampilles royales judéennes", *EI* 15, 54–60.
1981a: 'Une inscription paléo-hébraïque sur grenade en ivoire', *RB* 88, 236–39.
1984: 'Date et origine des inscriptions hébraïques et phéniciennes de Kuntillet 'Ajrud', *SEL* 1, 131–43.
1984a: 'Probable head of priestly scepter from Solomon's Temple surfaces in Jerusalem: inscription containing name of God incised on ivory pomegranate', *Biblical Archaeology Review* 10, 24–29.
1985: 'Les inscriptions de Deir 'Alla et la littérature araméenne antique', *Comptes Rendus de l'Académie des Inscriptions et Belles-Lettres*, 270–85.
1988: 'Recherches actuelles sur les sceaux nord-ouest sémitiques', *VT* 38, 220–30.
Lemaire, A. and Vernus, P., 1980: 'Les ostraca paléo-hébreux de Qadesh-Barnéa', *Orientalia* 49, 341–45.
1983: 'L'ostracon paléo-hébreu n° 6 de Tell Qudeirat (Qadesh-Barnéa)', in M. Görg (ed.), *Fontes atque pontes. Eine Festgabe für Hellmut Brunner*, Wiesbaden, pp. 302–26.
Leslau, W., 1943: 'South-East Semitic (Ethiopic and South-Arabic)', *JAOS* 63, 4–14.
1958: *Ethiopic and South Arabic contributions to the Hebrew lexicon*. Berkeley/Los Angeles.
1959: 'The position of Ethiopic in Semitic – Akkadian and Ethiopic', in H. Franke (ed.), *Akten des XXIV. Internationalen Orientalistenkongress (München 1957)*, Wiesbaden, pp. 251–53.
1962: 'Semitic and Egyptian comparisons', *JNES* 21, 44–49.
1969: *Hebrew cognates in Amharic*. Wiesbaden.
Levenston, E.A., 1965: 'The translation paradigm: a technique of contrastive syntax', *International review of applied linguistics in language teaching* 3, 221–25.
1966: 'A scale-category description of the syntax of Israeli Hebrew'. Doct. diss., University of London.
1966a: 'A classification of language differences', *International review of applied linguistics in language teaching* 4, 199–206.
1967–68: 'The structure of the Hebrew clause', *Leshonenu* 32, 389–98. H.
Levi della Vida, G., 1961 (ed.): *Linguistica semitica: presente e futuro*. Rome.
1968: 'The Shiloah inscription reconsidered', *BZAW* 103, 162–66.
Levias, C., 1898–99: 'The Palestinian vocalization', *AJSL* 15, 157–64.
Levin, I., 1962: '"Zᵉmān" we-"tēḇēl" be-shirat ha-ḥol ha-'Ivrit bi-Sfarad (bi-yme ha-benayim)', *OYS* 5, 68–79.
1986: *Mystical trends in the poetry of Solomon ibn Gabirol*. Lod. H.
Levin, S., 1971: *The Indo-European and Semitic languages: an exposition of structural similarities related to accent, chiefly in Greek, Sanscrit, and Hebrew*. New York.
1973: 'The accentual system of Hebrew in comparison with the ancient Indo-European languages', *P5WCJS*, IV, 71–77.
1981: 'The correspondence between Hebrew and Arabic pausal verb-forms', *ZDMG* 131, 229–33.

Levine, B.A., 1969: 'Notes on a Hebrew ostracon from Arad', *IEJ* 19, 49–51.
1981: 'The Deir 'Allā plaster inscriptions', *JAOS* 101, 195–205.
1983: 'Late language in the Priestly source: some literary and historical observations', in *P8WCJS*, Division A, 69–82.
Levy, J., 1924: *Wörterbuch über die* Talmudim *und* Midraschim. 2nd ed. Berlin/Vienna.
Levy, K., 1936: *Zur masoretischen Grammatik.* Stuttgart.
Levy, R., 1964: *Trésor de la langue des juifs français au moyen age.* Austin.
Lewin, B.M., 1932: 'Essa Meshali le-Rav Se'adyah Ga'on', *Tarbiz* 3, 147–60.
1943: 'Essa Meshali', in Y. Fishman (ed.), *Rav Se'adyah Ga'on. Koveṣ torani-mada'i*, Jerusalem, pp. 501–676.
Lexa, F., 1922: *Comment se révèlent les rapports entre les langues hamitiques, sémitiques et la langue égyptienne dans la grammaire des pronoms personnels, des verbes et dans les numéraux cardinaux 1–9*. Prague.
Licht, J., 1956–57: The term "gwrl" in the Dead Sea Scrolls', *BM* 1, 90–99. H.
Lidzbarski, M., 1898: *Handbuch der nordsemitischen Epigraphik nebst ausgewählte Inschriften.* 2 vols. Weimar.
1902–15: *Ephemeris für semitische Epigraphik.* 3 vols. Giessen.
1907: *Kanaanäische Inschriften (moabitisch, althebräisch, phönizisch, punisch).* Giessen.
Lidzbarski, M., Gray, G.B., and Pilcher, E.J., 1909: 'An old Hebrew calendar-inscription from Gezer', *PEFQS* 41, 26–34.
Lieberman, S., 1939: 'Ḥazzanut Yannai', *Sinai* 2, 221–50.
1942: *Greek in Jewish Palestine.* New York.
1950: *Hellenism in Jewish Palestine.* New York.
Lipiński, E., 1969: 'Trois hébraïsmes oubliés ou méconnus', *RSO* 44, 83–101.
1974: 'From Karatepe to Pyrgi. Middle Phoenician miscellanea', *RSF* 2, 45–61.
1980: 'Notes lexicographiques et stylistiques sur le Livre de Job', *FolOr* 21, 65–82.
Lipschütz, E.M., 1920: *Vom lebendigen Hebräisch: ein sprachgeschichtlicher Versuch.* Berlin.
Lipschütz, L., 1935: *Der Bibeltext der tiberischen Masoretenschulen: Ben Asher – Ben Naftali. Eine Abhandlung des Mischael ben Uzziel veröffentlicht und untersucht*. Bonn.
1962: 'Kitāb al-Khilaf. Mishael Ben Uzziel's treatise on the differences between Ben Asher and Ben Naftali', *Textus* 2, *1–58. H.
1964: 'Kitāb al-Khilaf, the Book of the Ḥillufim', *Textus* 4, 1–29.
Lisowsky, G., 1940: *Die Transkription der hebräischen Eigennamen des Pentateuch in der LXX*. Basle.
Livny, I.J., 1957: *Lashon ke-hilkhatah, perakim be-taḥbir u-ve-signon.* Jerusalem.
Loewenstamm, S.E., 1971: 'Grenzgebiete ugaritischer Sprach-und Stilvergleichung: Hebräisch des Zweitens Tempels, Mittelhebräisch, Griechisch', *UF* 3, 93–100.
1973–74: 'On the predicative use of the suffix joined to a subject-noun in Hebrew and Ugaritic', *Leshonenu* 38, 147–48. H.
Löhr, M., 1894: 'Der Sprach-Gebrauch des Buches der Klagelieder', *ZAW* 14, 31–50.
Loprieno, A., 1980: *The sequential forms in Late Egyptian and Biblical Hebrew: a parallel development of verbal systems.* Malibu.
Loretz, O., 1960: 'Die hebräische Nominalform "qattāl"', *Biblica* 41, 411–16.
1977: 'Die ammonitische Inschrift von Tell Siran', *UF* 9, 169–71.
1984: *Habiru-Hebräer. Eine sozio-linguistische Studie über die Herkunft des Gentiliziums* 'ibri *vom Apellativum* habiru (*BZAW* 160). Berlin/New York.
Loss, N.M., 1970: 'Il discorso indiretto nell'ebraico biblico', *RBI* 18, 195–202.
Löw, L., 1870–71: *Graphische Requisiten und Erzeugnisse bei den Juden*. Leipzig.
Löwinger, D.S., 1960: 'The Aleppo Codex and the Ben Asher tradition', *Textus* 1, 59–111.
1961: 'Remnants of a Hebrew dialect in 1QIsa[a]', in C. Rabin and Y. Yadin (eds.), *Essays on the Dead Sea Scrolls in memory of E.L. Sukenik*. Jerusalem, pp. 141–61. H.
1968–69 (ed.): 'Keter Aram Ṣovah o Dikduke ha-Ṭe'amim: mahadurah ḥadashah shel Dikduke Ṭe'amim', *Tarbiz* 38, 186–204.
1970 (ed.): *Torah, Nevi'im, u-Khetuvim, Ketav-yad Leningrad B19a.* Jerusalem.

1971 (ed.): *Torah, Nevi'im, u-Khetuvim, Ketav-yad Kahir.* Jerusalem.
Löwisohn, S., 1812: *Bet ha-'osef*. Prague.
Lundin, A.G., 1987: 'Ugaritic writing and the origin of the Semitic consonantal alphabet', *AuOr* 5, 91–99.
Luzzatto, S.D., 1846–47: 'Über die Sprache der Mischnah', *LBdOr* 7, 829–32; 8, 1–5, 46–48, 55–57.
Maag, V., 1953: 'Morphologie des hebräischen Narrativs', *ZAW* 65, 86–88.
Macalister, R.A.S., 1912: *The excavation of Gezer 1902–1905 and 1907–1909*. 2 vols. London.
McCarter, P.K., 1980: 'The Balaam texts from Deir 'Allā: the first combination', *BASOR* 239, 49–60.
McCarter, P.K. and Coote, R.B., 1973: 'The spatula inscription from Byblos', *BASOR* 212, 16–21.
McCarthy, C., 1981: *The* tiqqune sopherim *and other theological corrections in the Masoretic Text of the Old Testament*. Freiburg.
MacDonald, J., 1964 'The particle "'t" in Classical Hebrew: some new data on its use with the nominative', *VT* 14, 264–75.
1966: 'New thoughts on a biliteral origin for the Semitic verb', *ALUOS* 5, 63–85.
1975: 'Some distinctive characteristics of Israelite spoken Hebrew', *BO* 32, 162–75.
McFall, L., 1982: *The enigma of the Hebrew verbal system*. Sheffield.
Macuch, R., 1965: *Handbook of classical and modern Mandaic*. Berlin.
1969: *Grammatik des samaritanischen Hebräisch*. Berlin.
1970: 'Der liquide Apikal und die apikale Liquide des samaritanischen Hebräisch', in R. Stiehl and H.E. Stier (eds.), *Beiträge zur alten Geschichte und deren Nachleben*, II, Berlin, pp. 164–75.
1973: 'Zur Grammatik des samaritanischen Hebräisch', *ArOr* 41, 192–211.
1989: 'Samaritan Hebrew, Samaritan Aramaic', in A.D. Crown (ed.), *The Samaritans*, Tübingen, pp. 531–84.
Maisler (Mazar), B., 1948: 'The historical background of the Samaria ostraca', *JPOS* 22, 117–33.
1950–51: 'The excavations at Tell Qasîle: preliminary report', *IEJ* 1, 61–76, 125–40, 194–218.
1951: 'Two Hebrew ostraca from Tell Qasîle', *JNES* 10, 265–67.
Malamat, A., 1970: 'Northern Canaan and the Mari texts', in J.A. Sanders (ed.), *Near Eastern archaeology in the twentieth century. Essays in homage to N. Glueck*, Garden City, pp. 164–77.
Malone, J.L., 1971: 'Wave theory, rule ordering, and Hebrew-Aramaic segolation', *JAOS* 91, 44–66.
1972: 'A Hebrew flip-flop rule and its historical origins', *Lingua* 30, 422–48.
1979: 'Textually deviant forms as evidence for phonological analysis: a service of philology to linguistics', *JANES* 2, 37–40.
Mandel, G., 1981: 'She'elah Nikhbadah and the revival of Hebrew', in E. Silberschlag (ed.), *Eliezer Ben-Yehuda, a symposium in Oxford*, Oxford, pp. 25–29.
Mann, Y., 1932: 'Ha-ḥibbur ha-piyyuṭi 'Essa Meshali le-Rav Se'adyah Ga'on', *Tarbiz* 3, 380–92.
Mannes, S., 1899: *Über den Einfluss des Aramäischen auf den Wortschatz der Mischna*. I. Berlin.
Mansoor, M., 1958: 'Some linguistic aspects of the Qumran texts', *JSS* 3, 40–54.
Mansour, J., 1959–60: ''Al haṭ'amat mille'el ba-'Ivrit ha-medubberet', *LeshLA* 106–07, 99–105.
1965–66: "Al yiddu'o shel ha-ṣeruf "shemo shel shem" be-khitve S.Y. Agnon', *Leshonenu* 30, 113–35.
1968: *''Iyyunim bi-lshono shel S.Y. Agnon*. Tel-Aviv.
Marcel, J.J., 1819: *Leçons de langue samaritaine données au Collège Royal de France*. Paris.
Marcus, D., 1968: 'The three alephs in Ugaritic', *JANES* 1, 50–60.
1969: 'Studies in Ugaritic grammar, i', *JANES* 2, 55–62.
1969a: 'The stative and the waw consecutive', *JANES* 2, 37–40.
1970–71: 'The Qal passive in Ugaritic', *JANES* 3, 102–111.
Margain, J., 1973: 'Le "-ah de direction" en hébreu', *GLECS* 14, 1–17.
1973a: '"Yakhol" et l'expression de la modalité "pouvoir"', *GLECS* 14, 47–64.
1976: '"Abhâl" et l'expression de l'adversatif en hébreu ancien', *GLECS* 15, 17–38.
1976a: *Essais de sémantique sur l'hébreu ancien. Monèmes fonctionnels et autonomes. Modalités*. Paris.
Margaliot, E., 1958–59: 'Li-sh'elat sefat ha-dibbur bi-zman Bayit Sheni u-bi-tkufat ha-Mishnah we-ha-Talmud', *Leshonenu* 23, 49–54.

1960: ''Ivrit la-dibbur', *Leshonenu* 24, 238–41.
1962–63. ''Ivrit wa-'Aramit ba-Talmud u-ba-midrash', *Leshonenu* 27–28, 20–33.
1970: 'Ha-yeḥasim she-ben ha-'Ivrit ha-Talmudit we-ha-'Ivrit shel yamenu', in S. Abramsky (ed.), *Sefer Shemu'el Yeivin: meḥkarim ba-Mikra, arkhe'ologyah, lashon, we-toledot Yisra'el mugashim lo be-hagi'o le-sevah*, Jerusalem, pp. 440–59.
Margalit, B, 1989: 'Some observations on the inscriptions and drawings from Khirbet el-Qôm', *VT* 39, 371–75.
Margalith, O., 1983: '"Keleb": homonym or metaphor?', *VT* 33, 491–95.
Margoliouth, G., 1893: 'The supralinear punctuation, its origin, the different stages of its development and its relation to other Semitic systems of punctuation', *PSBA* 15, 164–205.
Margolis, M.L., 1909–10: 'The pronunciation of the šᵉwa' according to the Hexaplaric material', *AJSL* 26, 62–70.
1925–26: 'Transliterations in the Greek Old Testament', *JQR*, n.s., 16, 117–25.
Martin, M., 1957: 'The use of second person singular suffixes in 1QIsaᵃ', *Le Muséon* 70, 127–44.
1958: *The scribal character of the Dead Sea Scrolls*. 2 vols. Leuven.
1961: 'A preliminary report after re-examination of the Byblian inscriptions', *Orientalia* 30, 46–78.
1962: 'Revision and reclassification of the Proto-Byblian signs', *Orientalia* 31, 250–71, 339–83.
Martinet, A., 1953: 'Remarques sur le consonantisme sémitique', *BSLP* 49, 67–78.
Martínez, E.R., 1967: *Hebrew-Ugaritic index to the writings of Mitchell J. Dahood*. Rome.
Maschler, H., 1966: 'Ways of expressing modality in Modern Hebrew'. Doct. diss., Hebrew University, Jerusalem. H.
Masclef, F., 1743: *Grammatica Hebraica*. 2nd ed. Paris.
Masson, E., 1967: *Recherches sur les plus anciens emprunts sémitiques en grec*. Paris.
Masson, M., 1967–69: 'La composition en hébreu israélien', *GLECS* 12–13, 106–30.
1968: 'La dérivation dénominale en hébreu israélien'. Doct. diss., University of Paris.
1973: 'À propos de l'origin du suffix "-nik" en hébreu israélien', *GLECS* 14, 79–87.
1974: 'Remarques sur les diminutifs en hébreu israélien', *APCI*, 256–79.
1976: *Les Mots nouveaux en hébreu moderne*. Paris.
1976a: 'Remarques sur l'exploitation selective des schemes classiques en hébreu israélien', *GLECS* 15, 47–54.
1976b: 'Notes sur les adjectifs en "CaCiC" de l'hébreu israélien', *GLECS* 15, 111–15.
1989: *Langue et idéologie: les mots étrangers en hébreu moderne*. Paris.
Matmon-Cohen, Y., 1935–38: 'Ha-'Ivrit aḥare galut Bavel', *Leshonenu* 6, 172–88; 7, 136–44, 257–65; 8, 15–20, 122–30; 9, 65–75.
Mayer, L.A., 1964: *Bibliography of the Samaritans*. Ed. by D. Broadribb. Leiden.
Mayer, M.L., 1960: 'Ricerche sul problema dei rapporti fra lingue indoeuropee e lingue semitiche', *Acme* 13, 77–100.
Mazar, A., 1973: 'Excavations at Tell Qasîle, 1971–72', *IEJ* 23, 65–71.
Mazar (Maisler), B., 1970: 'The inscription on the floor of the synagogue in En-Gedi. Preliminary survey', *Tarbiz* 40, 18–23. H.
Mazar (Maisler), B. and Rabin, C., 1970: 'Mesha", *EB*, IV, 921–29.
Mazars, P., 1968: 'Sens et usage de l'Hitpael', *Divinitas* 12, 353–64.
Medan, M., 1951: 'Millonam ha-mikra'i shel ḥakhame-Yisra'el bi-Sfarad', *Leshonenu* 17, 110–14.
1969: 'The Academy of the Hebrew Language', *Ariel* 25, 40–47.
Meek, T.J., 1930–31: 'The co-ordinate adverbial clause in Hebrew', *AJSL* 47, 51–52.
1940: 'The Hebrew accusative of time and place', *JAOS* 60, 224–33.
1941: 'Again the accusative of time in Amos 1:1', *JAOS* 61, 190–91.
1945: 'The syntax of the sentence in Hebrew', *JBL* 64, 1–13.
1955–56: 'Result and purpose clauses in Hebrew', *JQR*, n.s., 46, 40–43.
Mehlmann, I., Rosén, H.B., and Shaked, J., 1960: *A foundation word list of Hebrew*. Jerusalem. H.
Meillet, A., 1921 (repr. 1958): *Linguistique historique et linguistique générale*. I. Paris.
Meinhof, C., 1912: *Die Sprachen der Hamiten*. Hamburg.
Mejía, J., 1963: 'El lamed enfático en nuevos textos del Antiguo Testamento', *EstBib* 22, 179–90.

Melamed, E.Z., 1982–83: 'Taboos in Mishnaic Hebrew', *Leshonenu* 47, 3–16. H.
de Menasce, J.P., 1956: 'Iranien "naxčīr"', *VT* 6, 213–14.
Mercati, G., 1895–96: 'D'un palimpsesto Ambrosiano contenente i Salmi esaplari', *Atti della Real Accademia delle Scienze di Torino* 31, 655–76.
1947: 'Il problema della IIa colonna dell'Esaplo', *Biblica* 28, 173–215.
1959: *Psalterii Hexapli reliquiae*. I. Rome.
Meshel, Z., 1977: 'Kuntilat 'Ajrud, 1975–1976', *IEJ* 27, 52–53.
1978: *Kuntillet 'Ajrud. A religious center from the time of the Judaean monarchy on the border of Sinai*. Jerusalem.
Meshel, Z. and Meyers, C., 1976: 'The name of God in the Wilderness of Zin', *BA* 39, 6–10.
Metmann, L., 1904: *Die hebräische Sprache ... seit Abschluss des Kanons*. Jerusalem.
Mettinger, T.N.D., 1971: 'The nominal pattern "qᵉtullā" in Biblical Hebrew', *JSS* 16, 2–14.
1974: 'The Hebrew verbal system: a survey of recent research', *ASTI* 9, 64–84.
Meyer, A., 1896: *Jesu Muttersprache*. Leipzig.
Meyer, R., 1950: 'Zur Sprache von 'Ain Feschcha', *TLZ* 75, 721–26.
1951: 'Probleme der hebräischen Grammatik', *ZAW* 63, 221–35.
1953: 'Zur Geschichte des hebräischen Verbums', *VT* 3, 225–35.
1953–54: 'Die Bedeutung der linearen Punktuation für die hebräische Sprachgeschichte', *Wissenschaftliche Zeitschrift der Karl-Marx-Universität, Leipzig*, Gesellschafts- und sprachwissenschaftliche Reihe, 3, 85–94.
1957: 'Sprache und Schriftzeichen des A.T.', in K. Galling (ed.), *Die Religion in Geschichte und Gegenwart: Handwörterbuch für Theologie und Religionswissenschaft*, 3rd rev. ed., I, Tübingen, pp. 1126–30.
1957a: 'Das Problem der Dialektmischung in den hebräischen Texten von Chirbet Qumran', *VT* 7, 139–48.
1957b: Review of Birkeland 1954, *OLZ* 52, 47–50.
1958: 'Bemerkungen zu den hebräischen Aussprachetraditionen von Chirbet Qumrān', *ZAW* 70, 39–48.
1960: 'Das hebräische Verbalsystem im Lichte der gegenwärtigen Forschung', *SVT* 7, 309–17.
1961: 'A. Sperber neueste Studien über das masoretische Hebräisch', *VT* 11, 475–86.
1961a: 'Spuren eines westsemitischen Präsens-Futur in den Texten von Chirbet Qumran', *BZAW* 77, 118–28.
1964: 'Aspekt und Tempus im althebräischen Verbalsystem', *OLZ* 59, 117–26.
1966–72: *Hebräische Grammatik*. 3rd rev. ed. 4 vols. Berlin.
Michaud, H., 1957: 'Les ostraca de Lakiš conservés à Londres', *Syria* 34, 39–60.
Michel, D., 1960: *Tempora und Satzstellung in den Psalmen*. Bonn.
1977: *Grundlegung einer hebräischen Syntax*. I. Neukirchen-Vluyn.
Milgrom, J., 1970: *Studies in Levitical terminology*. I. Berkeley/Los Angeles.
1978: 'The Temple Scroll', *BA* 41, 105–20.
Milik, J.T., 1953: 'Une lettre de Siméon Bar Kokheba', *RB* 60, 276–94.
1956: 'The copper document from Cave III, Qumran', *BA* 19, 60–64.
1957: *Dieci anni di scoperte nel deserto di Giuda*. Rome.
1957a: 'Deux documents inédits du désert de Juda', *Biblica* 38, 245–68.
1961: 'Textes hébreux et araméens', in P. Benoit, J.T. Milik, and R. de Vaux, *Les grottes de Murabba'ât* (Discoveries in the Judaean Desert; 2), Oxford, pp. 65–205.
1962: 'Commentaire et texte [du Rouleau de Cuivre]', in M. Baillet, J.T. Milik, and R. de Vaux, *Les "petites grottes" de Qumrân* (Discoveries in the Judaean Desert; 3), Oxford, pp. 201–302.
Milik, J.T. and Cross, F.M., 1954: 'Inscribed javelin heads from the period of the Judges: a recent discovery in Palestine', *BASOR* 134, 5–14.
Millard, A.R., 1962: 'Alphabetic inscriptions on ivories from Nimrud', *Iraq* 24, 41.
Millás, J.M., 1931: *D'epigrafia hebráico-catalana*. Barcelona.
1945: 'Epigrafía hebraico-española', *Sefarad* 5, 285–302.
1955: 'Un nuevo fragmento de lápida hebraica en Barcelona', *Sefarad* 15, 169–70.

1961: 'Un antiguo glosario hispanohebraico con transcripciones pretiberienses', *Sefarad* 21, 219–39.

Miller, C.H., 1970: 'The infinitive construct in the lawbooks of the Old Testament: a statistical study', *CBQ* 32, 222–26.

Miller, P.D., 1979: 'Vocative lamed in the Psalter: a reconsideration', *UF* 11, 617–38.

1981: 'Psalms and inscriptions', *SVT* 32, 311–32.

Mirkin, R., 1957–58: "Al shalosh tofa'ot morfologiyyot ba-'Ivrit ha-ḥadashah', *LeshLA* 92, 286–93.

1961–62: '"i" + shemot ha-pe'ulah ba-'Ivrit ha-sifrutit ha-ḥadashah', *Leshonenu* 26, 217–19.

1967–68: 'Mishkal "mefu'al"', *Leshonenu* 32, 140–52.

Mirsky, A., 1952–53: 'Li-fshutah shel leshon shirat yeme ha-benayim', *Leshonenu* 18, 97–103.

1961: *Itzhak ibn Khalfun. Poems*. Jerusalem. H.

1965: *Reshit ha-piyyuṭ*. Jerusalem.

1965–66: 'The roots of the language of the *piyyuṭ*', *Leshonenu* 30, 296–304. H.

1977 (ed.): *Yosse ben Yosse. Poems*. Jerusalem. H.

1985: *The origin of forms of early Hebrew poetry*. 2nd ed. Jerusalem. H.

Mishor, M., 1979–80: 'Le-habba'at ha-modaliyyut bi-lshon ḥakhamim', *Leshonenu* 44, 76–79.

1983: 'The tense system in Tannaitic Hebrew'. Doct. diss., Hebrew University, Jerusalem. H.

1983a: 'Ha-zeman ba-mashlim ha-pesuki bi-lshon ha-Tanna'im', in M. Bar-Asher, A. Dotan, G.B. Ṣarfatti, and D. Téné (eds.), *Hebrew language studies presented to Professor Zeev Ben-Ḥayyim*, Jerusalem, pp. 407–18.

Mitchell, T.C., 1969: 'The meaning of the noun "ḥtn" in the Old Testament', *VT* 19, 93–112.

Mittwoch, E., 1943: 'Some observations on the language of the prayers, the benedictions and the Mishnah', in I. Epstein, E. Levine, and C. Roth (eds.), *Essays in honour of J.H. Hertz*, London, pp. 325–30.

Möller, H., 1906: *Semitisch und Indogermanisch*. I. Copenhagen.

1911: *Vergleichendes indogermanisch-semitisches Wörterbuch*. Göttingen.

Mommsen, H., Perlman, I, and Yellin, J., 1984: 'The provenience of the "lmlk" jars', *IEJ* 34, 89–113.

Montgomery, J.A., 1907 (repr. 1968): *The Samaritans, the earliest Jewish sect. Their history, theology and literature*. Philadelphia.

de Moor, J.C., 1957: 'Lexical remarks concerning "yaḥad" and "yaḥdaw"', *VT* 7, 350–55.

Morag, S., 1954: 'The independent pronouns of the third person masculine and feminine in the Dead Sea Scrolls', *EI* 3, *166–69. H.

1955–57: 'The shewa in the traditional Yemenite pronunciation of Hebrew', *Leshonenu* 20, 10–29, 112–34; 21, 104–16. H.

1956–57: 'Le-meḥkar mesorot ha-'edot bi-lshon ḥakhamim', *Tarbiz* 26, 4–16.

1956–57a: 'The Pa'el and Nithpa'el verbal systems', *Tarbiz* 26, 349–56. H.

1957–58: 'More on the subject of Pa'el and Nithpa'el', *Tarbiz* 27, 556. H.

1959: 'The vocalization of Codex Reuchlinianus: is the "pre-Masoretic" Bible pre-Masoretic?', *JSS* 4, 216–37.

1959a: 'Planned and unplanned development in Modern Hebrew', *Lingua* 8, 247–63.

1959b: 'Mēša': a study of certain features of Old Hebrew dialects', *EI* 5, 138–44. H.

1960: 'The seven double letters "bgd kprt", in M. Haran and B.Z. Luria (eds.), *Sefer [N.H.] Ṭur-Sinai ... li-mle'ut lo shiv'im shanah*, Jerusalem, pp. 207–42. H.

1963: *The Hebrew language tradition of the Yemenite Jews*. Jerusalem. H.

1966–67: "Ad ematay dibberu 'Ivrit?', *LeshLA* 67–68, 3–10.

1968: 'Nikkud', *EB*, V, 837–57.

1969: 'Uniformity and diversity in a language: dialects and forms of speech in Modern Hebrew', in A. Graur (ed.), *Actes du 10e Congrès International des Linguistes, Bucarest, 28 août–2 septembre 1967*, Bucharest, pp. 639–44.

1969a: 'Oral tradition and dialects. Toward a methodology for evaluating the evidence of an oral tradition', *PICSS*, 180–89.

1969b: 'Oral tradition as a source of linguistic information', in J. Puhvel (ed.), *Substance and structure of language*, Berkeley/Los Angeles, pp. 127–46.

1970 (ed.): *The Mishnah tractates Neziqin, Qodashin, Teharoth. Codex Jerusalem Heb. 4° 1336.* Jerusalem.

1971: 'Pronunciations of Hebrew', *EJ*, XIII, 1120–45.

1972: *The vocalization systems of Arabic, Hebrew and Aramaic.* 2nd ed. The Hague.

1972a: 'Ha-masoret ha-Ṭavranit shel leshon ha-Mikra: homogeniyyut we-heṭerogeniyyut', *Perakim* 2, 105–44.

1972b: 'Some notes on the vowel system of spoken Hebrew', *Leshonenu* 37, 205–14. H.

1973: *The Book of Daniel. A Babylonian-Yemenite manuscript.* Jerusalem. H.

1973a: 'Semi-mobile šᵉwa', *P5WCJS*, IV, 173–81, 294–95.

1973–74: 'Some aspects of the methodology and terminology of the early Massoretes', *Leshonenu* 38, 49–77. H.

1974: 'On the historical validity of the vocalization of the Hebrew Bible', *JAOS* 94, 307–15.

1974a: 'On some terms of the Babylonian Massora', *MasSt* 1, 67–77.

1978: ''Iyyunim bi-yḥase mashma'ut', *EI* 14, *137–47.

1979: 'Some notes on "muṣawwitāt" in mediaeval Hebrew and Arabic literature', *JANES* 11, 85–90.

1980: 'Ben mizraḥ le-ma'arav. Le-parashat mesiratah shel ha-'Ivrit bi-yme ha-benayim', *P6WCJS*, Division D, 141–56.

1980a: ''Al lashon we-'esteṭikah we-ha-'Ivrit bat zemanenu', *Molad* 250, 81–90.

1980–81: '"Layers of antiquity" – some linguistic observations on the oracles of Balaam', *Tarbiz* 50, 1–24. H.

1982: 'Some notes on Šelomo Almoli's contributions to the linguistic science of Hebrew', in J.A. Emerton and S.C. Reif (eds.), *Interpreting the Hebrew Bible. Essays in honour of E.I.J. Rosenthal*, Cambridge, pp. 157–69.

1983: 'Motivation and methodology in reforming writing systems: on the emergence of the vocalization systems of Hebrew', in S. Hattori and K. Inoue (eds.), *Proceedings of the XIIIth International Congress of Linguists, August 29-September 4, 1982, Tokyo*, Tokyo, pp. 1094–97.

1983a: 'The Yemenite tradition of the Bible: the transition period', in E. Fernández Tejero (ed.), *Estudios Masoréticos (V Congreso de la IOMS) dedicados a Harry M. Orlinsky*, Madrid, pp. 137–149.

1983–84: 'On semantic and lexical features in the language of Hosea', *Tarbiz* 63, 489–511. H.

1985: 'The beginnings of Hebrew: some semantic considerations', in M. Bar-Asher (ed.), *Language studies*, I, Jerusalem, pp. 177–96. H.

1985a: 'Ha-'Ivrit ke-lashon 'illit shel tarbut. Tahalikh gibbush u-mesirah bi-yme ha-benayim be-'arṣot ha-Yam ha-Tikhon', *Pe'amim* 23, 9–21.

1986: 'Latent masorah', *Sefarad* 46, 333–44.

1988: 'Qumran Hebrew: some typological observations', *VT* 38, 148–64.

1988a (ed.): *Studies in contemporary Hebrew.* Jerusalem. H.

1990: 'Modern Hebrew: some sociolinguistic aspects', *Cathedra* 56, 70–92.

1991: 'The Tiberian tradition of Hebrew in the communities of Spain: the first period', in M.H. Goshen-Gottstein, S. Morag, and S. Kogut (eds.), *Studies on Hebrew and other Semitic languages presented to Prof. C. Rabin on the occasion of his seventy-fifth birthday*, Jerusalem, pp. 203–30. H

1992: 'Las comunidades judías de España y las tradiciones vivas del idioma hebreo', in H. Beinart (ed.), *Moreshet Sefarad*, Jerusalem, pp. 109–19.

Morag, S. and Sapan, R., 1966–67: 'Mi-leshon ha-dayyagim we-yorede ha-yam be-Yisra'el', *Leshonenu* 31, 289–98.

Moran, W.L., 1950: 'A syntactical study of the dialect of Byblos as reflected in the Amarna tablets'. Doct. diss., Johns Hopkins University.

1951: 'New evidence on Canaanite "taqtulu(na)"', *JCS* 5, 33–35.

1957: 'Mari notes on the Execration Texts', *Orientalia* 26, 339–45.

1960: 'Early Canaanite "yaqtula"', *Orientalia* 29, 1–19.

1961: 'The Hebrew language in its Northwest Semitic background', in G.E. Wright (ed.), *The Bible and the ancient Near East. Essays in honor of William Foxwell Albright*, Garden City, pp. 54–72.

1964: '"*taqtul" – third masculine singular?', *Biblica* 45, 80–82.

1975: 'The Syrian scribe of the Jerusalem Amarna letters', in H. Goedicke and J.J.M. Roberts (eds.), *Unity and diversity: essays in the history, literature, and religion of the ancient near east*, Baltimore/London, pp. 146–66.

Mordell, P., 1928–29: 'The discovery of a vowel point system based on the Sephardic pronunciation', *JQR*, n.s., 19, 479–88.

1933–34: 'The beginning and development of Hebrew punctuation', *JQR*, n.s., 24, 137–49.

Moreshet, M., 1966–67: 'The predicate preceding a compound subject in the biblical language', *Leshonenu* 31, 215–60. H.

1966–67a: 'Gilgule mashma'ut shel nivim we-shel ṣerufe lashon she-mekoram ba-Mikra', *LeshLA* 178–79.

1972: 'New and revived verbs in the *baraitot* of the Babylonian Talmud', *ANDRL*, I, 117–62. H.

1974: 'Further studies of the language of the Hebrew *baraitot* in the Babylonian and Palestinian Talmudim', *ANDRL*, II, 31–73. H.

1974a: 'Ha-baraitot ha-'Ivriyyot ba-Bavli 'enan leshon ḥakhamim', in E.Y. Kutscher, S. Liebermann, and M.Z. Kaddari (eds.), *Henoch Yalon memorial volume*, Ramat-Gan, pp. 275–314.

1976: 'Hif'il le-lo' hevdel min ha-Qal bi-lshon ḤaZaL (be-hashwa'ah li-lshon ha-Mikra)', *Bar-Ilan* 13, 249–81.

1980: *A lexicon of the new verbs in Tannaitic Hebrew*. Ramat-Gan. H.

1980a: 'On the Nuf'al stem in Post-Biblical Hebrew', in G.B. Ṣarfatti, P. Artzi, J.C. Greenfield, and M.Z. Kaddari (eds.), *Studies in Hebrew and Semitic languages dedicated to the memory of Prof. E.Y. Kutscher*, Ramat-Gan, pp. 126–39. H.

1981: 'Po'lel/Hitpo'lel in Mishnaic Hebrew and Aramaic dialects', *Bar-Ilan* 18–19, 248–69. H.

Morin, J., 1657: *Opuscula hebraeo-samaritana*. Paris.

Moscati, S., 1947: 'Il biconsonantismo nelle lingue semitiche', *Biblica* 28, 113–35.

1951: *L'epigrafia ebraica antica, 1935–1950*. Rome.

1954: *Il sistema consonantico delle lingue semitiche*. Rome.

1954a: 'The plural in Semitic', in D. Sinor (ed.), *Proceedings of the Twenty-Third International Congress of Orientalists, Cambridge, 21st–28th August 1954*, London, pp. 112–14.

1954b: *Preistoria e storia del consonantismo ebraico antico*. Rome.

1956: 'Il semitico di nord-ovest', in *Studi orientalistici in onore di Giorgio Levi della Vida*, II, Rome, pp. 202–21.

1956a: 'Sulla posizione linguistica del semitico nordoccidentale', *RSO* 31, 229–34.

1957: *Ancient Semitic civilisations*. London.

1957a: 'The Semites: a linguistic, ethnic and racial problem', *CBQ* 19, 421–34.

1958: *Le antiche divinitá semitiche*. Rome.

1960: 'Sulla ricostruzione del proto-semitico', *RSO* 35, 1–10.

1969 (ed.): *An introduction to the comparative grammar of the Semitic languages. Phonology and morphology*. 2nd ed. Wiesbaden.

Mowinckel, S., 1961: 'The verb "śiaḥ" and the nouns "śiaḥ", "śiḥā"', *Studia theologica* 15, 1–10.

Muilenburg, J., 1961: The linguistic and rhetorical usage of the particle "kî" in the Old Testament', *HUCA* 32, 135–60.

Mulder, M.J., 1973: 'Die Partikel "ya'an"', *OTS* 18, 49–83.

Müller, H.-P., 1969: 'Die hebräische Wurzel "ŚYḤ"', *VT* 19, 361–71.

1970: 'Notizen zu althebräischen Inschriften, i', *UF* 2, 229–42.

1971: 'Die Wurzeln "'YQ", "Y'Q", "'WQ"', *VT* 21, 556–64.

1978: 'Einige alttestamentliche Probleme zur aramäischen Inschrift von Dēr 'Allā', *ZDPV* 94, 56–67.

1982: 'Die aramäische Inschrift von Deir 'Allā' und die älteren Bileamsprüche', *ZAW* 94, 214–44.

1983: 'Zur Geschichte des hebräischen Verbs: Diachronie der Konjugationsthemen', *BZ*, n.s., 27, 34–57.
1984: 'Ebla und das althebräische Verbalsystem', *Biblica* 65, 145–67.
1984a: 'Neue Erwägungen zum eblaitischen Verbalsystem', in L. Cagni (ed.), pp. 167–204.
1984b: 'Wie alt ist das jungsemitische Perfekt? Zum semitisch-ägyptischen Sprachvergleich', in W. Helck, H. Altermüller, and D. Wildung (eds.), *Studien zur altägyptischen Kultur*, Hamburg, pp. 365–79.
1984c: 'Die Konjugation von Nomina im Althebräischen', *ZAW* 96, 245–63.
1985: 'Ergativelemente im akkadischen und althebräischen Verbalsystem', *Biblica* 66, 385–417.
Müller, W.W., 1975: 'Beiträge zur hamito-semitischen Wortvergleichung', in J. and T. Bynon (eds.), pp. 63–74.
Muntner, S., 1949: *Rabbi Shabbetai Donnolo*. Jerusalem H.
1971: 'Donnolo, Shabbetai', *EJ*, VI, 168–69.
Muraoka, T., 1969: *Emphasis in Biblical Hebrew*. Oxford.
1975: 'The *nun energicum* and the prefix conjugation in Biblical Hebrew', *AJBI* 1, 63–72.
1985: *Emphatic words and structures in Biblical Hebrew*. Jerusalem/Leiden.
Murphy, R.E., 1952: 'A fragment of an early Moabite inscription from Dibon', *BASOR* 125, 20–23.
1958: '"Šaḥat" in the Qumran literature', *Biblica* 39, 61–66.
1958a: '"Yeṣer" in the Qumran literature', *Biblica* 39, 334–44.
1959: '"Bśr" in the Qumran literature', in J. Coppens, A. Descamps, and E. Massaux (eds.), *Sacra pagina. Miscellanea biblica Congressus Internationalis Catholici de Re Biblica*, I, Paris/Gembloux, pp. 60–76.
1961: '"GBR" and "gbwrh" in the Qumran writings', in H. Gross and F. Mussner (eds.), *Lex tua veritas. Festschrift für Hubert Junker zur Vollendung des siebzigsten Lebensjahres am 8. August 1961*, Trier, pp. 137–43.
Murtonen, A., 1958: *Materials for a non-Masoretic Hebrew grammar*. I: Liturgical texts and psalm fragments provided with the so-called Palestinian punctuation. Helsinki.
1959: 'On the influence of the development of vocalization upon the form system in Samaritan Hebrew', in H. Franke (ed.), *Akten des XXIV. Internationalen Orientalistenkongress (München 1957)*, Wiesbaden, pp. 257–59.
1960–64: *Materials for a non-Masoretic Hebrew grammar*. II: An etymological vocabulary to the Samaritan Pentateuch; III: A grammar of the Samaritan dialect of Hebrew. Helsinki.
1961–62: 'Spoken Hebrew from the tenth century A.D.', *Abr-Nahrain* 3, 45–49.
1963–64: 'A historico-philological survey of the main Dead Sea Scrolls and related documents', *Abr-Nahrain* 4, 56–95.
1964: *Broken plurals: origin and development of the system*. Leiden.
1964a: 'Hebreo palestino, Gramática del', in *Enciclopedia de la Biblia*, III, pp. 1131–36.
1966: 'The Semitic sibilants', *JSS* 11, 135–95.
1967: *Early Semitic. A diachronic inquiry into the relationship of Ethiopic to the other so-called South-East Semitic languages*. Leiden.
1968: 'The pre-historic development of the Hebrew verbal system', *P4WCJS*, II, 29–33.
1968a: 'Prolegomena to a comparative description of non-Masoretic Hebrew dialects and traditions', *BZAW* 103, 180–87.
1973–74: 'On the interpretation of the *matres lectionis* in Biblical Hebrew', *Abr-Nahrain* 14, 66–121.
1974: 'Hebrew, Harari and Somali statistically compared', *APCI*, 68–75.
1981–82: 'Methodological preliminaries to a study of Greek (and Latin) transcriptions of Hebrew', *Abr-Nahrain* 20, 60–73.
1986: *Hebrew in its West Semitic setting*. I: A comparative lexicon. A: Proper names. Leiden.
Nahir, M, 1946–47: *'Ikkere torat ha-mishpaṭ*. Haifa.
1978: 'Normativism and educated speech in modern Hebrew', *International journal of the sociology of language* 18, 49–67.

Nathan, Ḥ., 1984: 'Did Mishnaic Hebrew lose the distinction between the pronominal suffixes of the third person feminine singular and plural?', in M. Bar-Asher (ed.), *Massorot: studies in language traditions*, I, Jerusalem, pp. 121–34. H.

Navarro, A., 1976: *Biblia babilónica. Proverbios. Edición crítica según manuscritos hebreos de puntuación babilónica.* Madrid.

Naveh, J., 1960: 'A Hebrew letter from the seventh century B.C.', *IEJ* 10, 129–39.

1961: 'A Hebrew letter from Meṣad Ḥashavyahu', *BIES* 25, 119–28. H.

1962: 'More Hebrew inscriptions from Meṣad Ḥashavyahu', *IEJ* 12, 27–32.

1963: 'Old Hebrew inscriptions in a burial cave', *IEJ* 13, 74–92.

1964: 'Some notes on the reading of the Meṣad Ḥashavyahu letter', *IEJ* 14, 158–59.

1966: 'The scripts of two ostraca from Elath', *BASOR* 183, 27–30.

1967: 'The date of the Deir 'Allā inscription in Aramaic script', *IEJ* 17, 256–58.

1970: 'The ossuary inscriptions from Giv'at ha-Mivtar', *IEJ* 20, 33–37.

1971: 'Hebrew texts in Aramaic script in the Persian period', *BASOR* 203, 27–32.

1971a: 'Alphabet, Hebrew', *EJ*, I, 674–89.

1973: 'Word division in West Semitic writing', *IEJ* 23, 206–08.

1978: *'Al pesefas we-'even. Ha-ketuvot ha-'Aramiyyot we-ha-'Ivriyyot mi-bate ha-keneset ha-'attikim.* Jerusalem.

1978a: 'Some considerations on the ostracon from 'Izbet Ṣarṭah', *IEJ* 28, 31–35.

1980: 'The ostracon from Nimrud: an Ammonite namelist', *Maarav* 2, 163–71.

1981 (ed.): *Likkutei* Tarbiz. *A Jewish epigraphy reader.* Jerusalem. H.

1981a: 'Ancient synagogue inscriptions', in L.I. Levine (ed.), *Ancient synagogues revealed*, Jerusalem, pp. 133–39.

1982: *Early history of the alphabet. An introduction to West Semitic epigraphy and palaeography.* Jerusalem/Leiden.

1982a: 'A fragment of an ancient Hebrew inscription from the Ophel', *IEJ* 32, 195–98.

Naveh, J. and Greenfield, J.C., 1984: 'Hebrew and Aramaic in the Persian period', in W.D. Davies and L. Finkelstein (eds.), *The Cambridge history of Judaism*, I, Cambridge, pp. 115–29.

Nebe, G.-W., 1972–75: 'Lexikalische Bemerkungen zu "'wšwn" "Fundament, Tiefe" in 4Q 184, Prov. 7, 9 und 20, 20', *RQ* 8, 97–104.

1972–75a: 'Der Gebrauch der sogenannten *Nota accusativi* "'et" in Damaskusschrift xv 5, 9 und 12', *RQ* 8, 257–64.

1972–75b: "'br" in 4Q 186', *RQ* 8, 265–67.

Nepper-Christensen, P., 1958: *Das Matthäusevangelium, ein judenchristliches Evangelium?* Aarhus.

Nestle, E., 1913: '"Mil'el" und "milra"', *ZAW* 33, 73–75.

Netan'el, E., 1972: 'Leshono shel Ketav-yad Anṭonin 262'. Master's diss., Hebrew University, Jerusalem.

Neubauer, A., 1894–95: 'The Hebrew Bible in shorthand writing', *JQR* 7, 361–64.

Netzer, N., 1983: 'Mishnaic Hebrew in the works of medieval Hebrew grammarians'. Doct. diss., Hebrew University, Jerusalem. H.

Neusner, J., 1964–66 '"Ḥbr" and "n'mn"', *RQ* 5, 119–22.

1973 (ed.): *The modern study of the Mishnah.* Leiden.

Niccacci, A, 1990: *The syntax of the verb in Classical Hebrew prose.* Sheffield.

Nichols, G.J., 1858: *A grammar of the Samaritan language with extracts and vocabulary.* London.

Nir, R., 1967: 'Hebrew idioms and their place in the linguistic education of the secondary-school pupil in Israel'. Doct. diss., Hebrew University, Jerusalem. H.

1975: 'The survival of obsolete Hebrew words in idiomatic expressions', *AAL* 2, 11–17.

1980: 'The semantic structure of nominal compounds in Modern Hebrew', *BSOAS* 43, 185–96.

Nöldeke, T., 1862: 'Über einige samaritanisch-arabische Schriften die hebräische Sprache betreffend', *Göttinger gelehrte Nachträge*, 337–52, 385–416.

1868: 'Über die Aussprache des Hebräischen bei den Samaritanern', *Göttinger gelehrte Nachträge*, 485–504.

1870: *Die Inschrift des Königs Mesa von Moab (9. Jahrhundert vor Christus).* Kiel.

1875 (repr. 1964): *Mandäische Grammatik*. Halle.
1899: *Die semitischen Sprachen*. 2nd ed. Leipzig.
1903: Review of Kautzsch 1902, *ZDMG* 57, 412–20.
1904: *Beiträge zur semitischen Sprachwissenschaft*. Strasbourg.
1910: *Neue Beiträge zur semitischen Sprachwissenschaft*. Strasbourg.
1912: 'Inkonsequenzen in der hebräischen Punktation', *ZA* 26, 1–15.
Noth, M., 1928 (repr. 1980): *Die israelitischen Personennamen im Rahmen der gemeinsemitischen Namengebung*. Stuttgart.
Nötscher, F., 1953: 'Zum emphatischen Lamed', *VT* 3, 372–80.
Novel, A., 1958–59: 'Loan-translations from Yiddish in Rabbinical Hebrew', *Leshonenu* 23, 172–84, 216–69. H.
Nyberg, H.S., 1920: 'Wortbildungen mit Präfixen in den semitischen Sprachen', *Le Monde oriental* 14, 177–288.
1931: 'Ein iranisches Wort im Buche Daniel', *Le monde oriental* 25, 178–204.
O'Callaghan, R.T., 1949: 'The great Phoenician portal inscription from Karatepe', *Orientalia* 18, 173–205.
1949a: 'The Phoenician inscription on the king's statue at Karatepe', *CBQ* 11, 233–48.
1954: 'Echoes of Canaanite literature in the Psalms', *VT* 4, 164–76.
O'Connor, M., 1987: 'The poetic inscription from Khirbet el-Qôm', *VT* 37, 224–29.
Oded, B., 1971: 'Egyptian references to the Edomite deity Qaus', *AUSS* 9, 47–50.
Ogden, G.S., 1971: 'Time, and the verb "HYH" in O.T. prose', *VT* 21, 451–69.
Olinder, G., 1934: *Zur Terminologie der semitischen Lautähnlichkeiten*. Lund.
del Olmo, G., 1984: *Interpretación de la mitología cananea. Estudios de semántica ugarítica*. Valencia.
1986: 'Fenicio y Ugarítico: correlación lingüística', *AuOr* 4, 31–49.
del Olmo, G. and Aubet, M.E. (eds.), 1986: *Los fenicios en la península ibérica*. Sabadell.
Oppenheim, A.L., 1967: *Letters from Mesopotamia*. Chicago/London.
Orlinsky, H.M., 1947: *Notes on the Qal infinitive construct and the verbal noun in Biblical Hebrew*. New Haven.
Ormann, G., 1934: *Das Sündenbekenntnis des Versöhnungstages*. Frankfurt-am-Main.
Ornan, U., 1958–59: 'Nittuaḥ mekhani we-hora'at ha-taḥbir', *Leshonenu* 23, 243–58.
1964: 'The Tiberian vocalisation system and the principles of linguistics', *JJS* 15, 109–23.
1964a: 'The nominal phrase in Modern Hebrew with special reference to the prose of C.N. Bialik'. Doct. diss., Hebrew University, Jerusalem. H.
1965: *Taḥbir ha-'Ivrit ha-ḥadashah, 'arekhah le-fi harṣa'ot S. Bittermann*. Jerusalem.
1967–68: 'Ka-zeh we-kha-zot', *Leshonenu* 32, 46–52.
1967–68a: 'Pirke yiḥud', *Ma'alot* 6, 46–59.
1971: 'Hebrew grammar', *EJ*, VIII, 77–175.
1973: 'Order rules and the so-called phonologization of ancient allophones in Israeli Hebrew', in L. Heilmann (ed.), *Proceedings of the Eleventh International Congress of Linguists, Bologna-Florence, Aug. 28-Sept. 2, 1972*, II, Bologna, pp. 1023–36.
1986: 'Hebrew in Palestine', *JSS* 29, 225–54.
Ott, H., 1967: 'Um die Muttersprache Jesu: Forschungen seit Gustaf Dalman', *Novum Testamentum* 9, 1–25.
Ouellette, J., 1980: 'An unnoticed device for expressing the future in Middle Hebrew', *HAR* 4, 127–29.
Pagis, D., 1976: *Change and tradition in the secular poetry: Spain and Italy*. Jerusalem. H.
Palache, J.L., 1959: *Semantic notes on the Hebrew lexicon*. Leiden.
Palmaitis, L., 1971: 'The first ancient Ammonite inscription from the I millennium B.C.', *Vestnik drevnej istorii* 118, 119–26. In Russian.
Pardee, D., 1978: 'The judicial plea from Meṣad Ḥashavyahu (Yavneh-Yam): a new philological study', *Maarav* 1, 33–66.
1978a: 'Letters from Tel Arad', *UF* 10, 289–336.
1982: *Handbook of ancient Hebrew letters*. Chico.
Parfitt, T.V., 1972: 'The use of Hebrew in Palestine 1800–1882', *JSS* 17, 237–52.

van Dyke Parunak, H., 1975: 'A semantic survey of "NḤM"', *Biblica* 56, 512–32.
1978: 'The orthography of the Arad ostraca', *BASOR* 230, 25–31.
Patai, R., 1953–54: 'The phonology of "Sabra" Hebrew', *JQR*, n.s., 44, 51–54.
Patterson, D., 1962: 'Some linguistic aspects of the nineteenth-century Hebrew novel', *JSS* 7, 309–24.
1981: 'Revival of literature and revival of language', in E. Silberschlag (ed.), *Eliezer Ben-Yehuda, a symposium in Oxford*, Oxford, pp. 13–24.
Patton, J.H., 1944: *Canaanite parallels in the Book of Psalms*. Baltimore.
Peladah, N., 1958–59: 'Shekhiḥut ha-hagayim be-'Ivrit', *Leshonenu* 23, 235–42.
Pelli, M., 1974: 'The attitude of the first *maśkilim* to the Hebrew language', *BIJS* 2, 83–97.
Penar, T., 1967: '"Lamedh vocativi", exempla biblico hebraica', *Verbum domini* 45, 32–46.
1975: *Northwest Semitic philology and the Hebrew fragments of Ben Sira*. Rome.
Penna, A., 1978: 'Scrittura e pronunzia dell'ebraico secondo S. Girolamo', *RBI* 26, 275–99.
Pennacchietti, F.A., 1968: *Studi sui pronomi determinativi semitici*. Naples.
Percikowitsch, (Pereṣ) A., 1932: *Al-Ḥarizi als Übersetzer der Makamen Al-Ḥariris*. Munich.
Pereṣ, I., 1943: *Taḥbir ha-lashon ha-'Ivrit*. Tel-Aviv.
1961–62: 'Le-darke ha-hadgashah ba-'Ivrit ha-ḥadashah', *Leshonenu* 26, 118–24.
1967: *Mishpaṭ ha-zikkah ba-lashon ha-'Ivrit le-khol tekufoteha*. Tel-Aviv.
1968: 'Shemidut shel shem peraṭi we-to'ar kavod', *P4WCJS*, II, 129–33.
Pérez Castro, F., 1948: 'Problemas de las fuentes de conocimiento del hebreo premasorético', *Sefarad* 8, 145–87.
1951–52: 'Los manuscritos del Mar Muerto', *Sefarad* 11, 115–53; 12, 167–97.
1953: 'El Séfer Abisha'. El antiguo y célebre rollo del Pentateuco samaritano de Nablus puede por fin ser objeto de investigación textual', *Sefarad* 13, 119–29.
1955: 'Bemerkungen zu zwei verschiedenen Entwicklungsstufen in der Überlieferung des hebräischen Bibeltextes', *ZDMG* 105, 45–46.
1955a: 'Corregido y correcto. El Ms. B19a de Leningrado frente al Ms. Or. 4445 (Londres) y al Códice de Profetas de El Cairo', *Sefarad* 15, 3–30.
1956: 'Ben Asher – Ben Naftalí? Números 13–15 en cinco manuscritos a la luz de Mišael ben 'Uzziel', in *Homenaje a Millás-Vallicrosa*, II, Barcelona, pp. 141–48.
1959 (ed.): *Séfer Abša'*. Madrid.
1961: 'Fragmento inédito del Séfer Abiša", *Sefarad* 21, 3–8.
1963: 'La *masora* del Códice de Profetas de El Cairo', *Sefarad* 23, 227–35.
1965: 'Estudios masoréticos', *Sefarad* 25, 289–317.
1970: 'Fragmentos de códices del Antiguo Testamento hebreo en el Archivo Histórico Nacional, i', *Sefarad* 30, 251–88.
1979–88 (ed.): *El Codice de Profetas de El Cairo*. I: *Josué-Jueces* (1980); II: *Samuel* (1983); III: *Reyes* (1984); IV: *Isaías* (1986); V: *Jeremías* (1987); VI: *Ezequiel* (1988); VII: *Profetas menores* (1979). Madrid.
Pérez Castro, F. and Azcárraga, M.J., 1968: 'The edition of the Kitāb al-Khilaf of Mišael ben 'Uzziel', *BZAW* 103, 188–200.
Petermann, J.H., 1868: *Versuch einer hebräischen Formenlehre nach der Aussprache der heutigen Samaritaner nebst einer darnach gebildeten Transkription der Genesis*. Leipzig.
1873: *Brevis linguae samaritanae grammatica, litteratura, chrestomathia cum glossario*. Berlin.
Petermann, J.H. and Vollers, K., 1872–91: *Pentateuchus samaritanus ad fidem librorum manuscriptorum apud nablusianos repertorum*. Berlin.
Petráček, K., 1956: 'Die Phonologie und ihre Verwendung in der Semitistik', *ArOr* 24, 631–34.
1960–64: 'Die innere Flexion in den semitischen Sprachen', *ArOr* 28, 547–606; 29, 513–45; 30, 361–408; 31, 577–624; 32, 185–222.
1974: 'À propos des limites du chamito-sémitique: les systèmes phonologiques des langues chamito-sémitiques et des langues du Sahara central', *APCI*, 27–29.
1984: 'Les catégories flexionnelles en Eblaite', in Fronzaroli (ed.), pp. 25–57.
Pettinato, G., 1975: 'Testi cuneiformi del 3. millennio in paleo-cananeo rinvenuti nella campagna di scavi 1974 a Tell Mardikh-Ebla, *Orientalia* 44, 361–74.

1981: *The archives of Ebla: an empire inscribed in clay*. Garden City.
Pfeiffer, R.H., 1926: 'Edomitic wisdom', *ZAW* 44, 13–25.
Philippi, F.W.M., 1871: *Wesen und Ursprung des* Status constructus *im Hebräischen*. Weimar.
1878: 'Das Zahlwort "zwei" im Semitischen', *ZDMG* 32, 21–98.
Pinner, E.M., 1845: *Prospectus der Odessaer Gesellschaft für Geschichte und Altherthumer gehörenden ältesten hebräischen und rabbinischen Manuscripte*. Odessa.
Pinsker, S., 1863: *Mavo 'el ha-nikkud ha-'Ashuri 'o ha-Bavli*. Vienna.
du Plessis, S.J., 1971: 'Aspects of morphological peculiarities of the language of Qoheleth', in I.H. Eybers (ed.), *De fructu oris sui. Essays in honour of Adrianus van Selms*, Leiden, pp. 164–80.
Plessner, M., 1931: 'Modernes Hebräisch', *OLZ* 34, 803–08.
van der Ploeg, J., 1957: 'L'usage du parfait et de l'imparfait comme moyen de datation dans le commentaire d'Habacuc', in *Les Manuscrits de la Mer Morte. Colloque de Strasbourg, 25–27 mai 1955*, Paris, pp. 25–35.
Podolsky, B., 1981: 'Stress as a morphological factor in Modern Hebrew', *Leshonenu* 45, 155–56. H.
Poebel, A., 1932: *Das appositionnell bestimmte Pronomen der 1. Pers. Sing. in den westsemitischen Inschriften und im Alten Testament*. Chicago.
1939: 'The antepenult stressing of Old Hebrew and its influence on the shaping of the vowels', *AJSL* 56, 225–30.
1939a: 'Penult stressing replacing ultimate stressing in pre-exilic Hebrew', *AJSL* 56, 384–87.
Polotsky, H.J., 1964: 'Semitics', in E.A. Speiser (ed.), *At the dawn of civilization* (The world history of the Jewish people, first series; I), London, pp. 99–111, 357–58.
Polzin, R., 1976: *Late Biblical Hebrew. Toward an historical typology of Biblical Hebrew prose*. Missoula.
Porat, A., 1936: 'Darke ha-leksikografyah le-sifrut ha-Haskalah', *Leshonenu* 7, 537.
Porath, E., 1938: *Mishnaic Hebrew as vocalized in the early manuscripts of the Babylonian Jews*. Jerusalem. H.
Posener, G., 1940: *Princes et pays d'Asie et de Nubie*. Brussels.
Poznanski, S., 1895: *Mose b. Samuel Hakkohen ibn Chiquitilla nebst den Fragmenten seiner Schriften*. Leipzig.
1912: 'Aus Mose ibn Chiquitilla's arabischen Psalmenkommentar', *ZA* 26, 38–60.
1916: 'Hebräisch-arabische Sprachvergleichung bei Yehuda ibn Bal'am', *ZDMG* 70, 449–76.
Praetorius, F., 1897: *Über den rückweichenden Accent im Hebräischen*. Halle.
1899: 'Über das babylonische Vokalisationssystem des Hebräischen', *ZDMG* 53, 181–96.
1901: *Über die Herkunft der hebräischen Accente*. Berlin.
Pretzl, O., 1932: 'Die Aussprache des Hebräischen nach der zweiten Kolumne der Hexapla des Origenes', *BZ* 20, 4–22.
Priebatsch, H.Y., 1977: 'Die amoritische Sprache Palästinas in ihren Beziehungen zu Mari und Syrien', *UF* 9, 249–58.
Prignaud, J., 1970: 'Notes d'épigraphie hébraïque', *RB* 77, 50–67.
Prijs, J., 1964: 'Ein "Waw der Bekräftigung"?', *BZ*, n.s., 8, 105–09.
Prijs, L., 1950: *Die grammatikalische Terminologie des Abraham ibn Ezra*. Basle.
1967: 'Ergänzungen zum talmudisch-aramäischen Wörterbuch', *ZDMG* 117, 266–86.
Pritchard, J.B., 1956: *Hebrew inscriptions and stamps from Gibeon*. Philadelphia.
Puech, E., 1971: 'Sur la racine "ŠLḤ" en hébreu et en araméen', *Semitica* 21, 5–19.
1974: 'L'inscription du Tunnel de Siloé', *RB* 81, 196–214.
1985: 'L'inscription de la statue d'Amman et la paléographie ammonite', *RB* 92, 5–24.
1986: 'Origine de l'alphabet. Documents en alphabet linéaire et cunéiforme du IIe millénaire', *RB* 93, 161–213.
1986a: Review of Hackett 1984, *RB* 93, 285–86.
Puech, E. and Rofé, A., 1973: 'L'inscription de la citadelle d'Amman', *RB* 80, 531–46.
Purvis, J.D., 1968: *The Samaritan Pentateuch and the origin of the Samaritan sect*. Cambridge, Mass.
Qimron, E., 1970–71: 'The Psalms Scroll of Qumran–a linguistic study', *Leshonenu* 35, 99–116. H.

1977: 'Nitpa'al benoni', *Leshonenu* 41, 144–57.
1977–78: 'Leshonah shel Megillat ha-Mikdash', *Leshonenu* 42, 83–98.
1978: 'Li-lshon Bet Sheni be-Sefer Tehillim', *BM* 23, 139–50.
1980: 'Leshono shel Sefer Yonah', *BM* 25, 181–82.
1980a: 'The vocabulary of the Temple Scroll', *Shenaton* 4, 239–61. H.
1986: *The Hebrew of the Dead Sea Scrolls*. Atlanta.
1988: 'The origins of the Nuf'al conjugation', *Leshonenu* 52, 178–79. H.
Qimron, E. and Strugnell, J., 1985: 'An unpublished halakhic letter from Qumran', *Israel Museum journal* 4, 9–12.
Qisṭar, M., 1982–83: 'Be-shule Sefer Ben Sira', *Leshonenu* 47, 125–46.
Rabin, C., 1938: 'Prolegomena to a phonetic description of Palestinian colloquial Hebrew'. Doct. diss., University of London.
1940: 'La chute de l'oclusive glottale en hébreu parlé et l'évolution d'une nouvelle classe de voyelles', *GLECS* 3, 77–79.
1943: 'Saadya Gaon's Hebrew prose style', in E.I.J. Rosenthal (ed.), *Saadya studies*, Manchester, pp. 127–38.
1943a: 'The development of the syntax of postbiblical Hebrew'. Doct. diss., University of Oxford.
1945: 'R. Abraham bar Ḥiyya u-teḥiyyat ha-'Ivrit ba-me'ah ha-XI', *Meṣudah* 3–4, 158–70.
1948: 'Archaic vocalisation in some Biblical Hebrew names', *JJS* 1, 22–26.
1948a: *Everyday Hebrew*. Rev. ed. London.
1957–58: 'Le-ḥeker ha-'Ivrit ha-sifrutit ha-ḥadashah', *Leshonenu* 22, 246–57.
1958: 'The historical background of Qumran Hebrew', *ScrHier* 4, 144–61.
1958a: *The revival of Hebrew*. Jerusalem.
1958b: 'Language revival: colloquialism or purism', *Jewish frontier*, Supplement, 11–15.
1959–60: 'Leshon ha-tefillot', *Maḥanayim* 40, 45–50.
1960: 'The Hebrew development of Proto-Semitic "ā"', *Tarbiz* 30, 99–111. H.
1960a: 'Ha-tenu'ot ha-keṭanot ba-'Ivrit ha-Ṭavranit', in M. Haran and B.Z. Luria (eds.), *Sefer [N.H.] Ṭur-Sinai ... li-mle'ut lo shiv'im shanah*, Jerusalem, pp. 169–206.
1961: 'Ḥiyyutah shel ha-'Ivrit bi-yme ha-benayim', *LeshLA* 123, 14–18.
1962: 'Millim bodedot', *EB*, IV, 1066–1070.
1962a: 'Millim zarot', *EB*, IV, 1070–1080.
1963: 'The origin of the subdivisions of Semitic', in D. Winton Thomas and W.D. McHardy (eds.), *Hebrew and Semitic studies presented to Godfrey Rolles Driver*, Oxford, pp. 104–15.
1963a: 'Hittite words in Hebrew', *Orientalia* 32, 113–39.
1963–64: *Taḥbir leshon ha-Mikra*. Jerusalem.
1963–66: 'Un phénomène d'alternance stylistique des constructions indéfinies en hébreu biblique', *GLECS* 10, 34–35.
1963–66a: 'L'argot des étudiants en hébreu moderne', *GLECS* 10, 60–63.
1967: 'Three Hebrew terms from the realm of social psychology', *SVT* 16, 219–30.
1967a: *Goremim soṣiologiyyim be-toledot ha-lashon ha-'Ivrit*. New York.
1967–68: 'The vocalization of the third singular perfect of Pi'el in Tiberian Hebrew', *Leshonenu* 32, 12–26. H.
1968: '"ל-" with imperative (Gen. xxiii)', *JSS* 13, 113–24.
1968a: 'Towards a descriptive semantics of Biblical Hebrew', in *Proceedings of the Twenty-Sixth International Congress of Orientalists, 1964*, New Delhi, pp. 51–52.
1968b: 'The tense and mood system of the Hebrew of Sepher Ḥasidim', *P4WCJS*, II, 113–16. H.
1969: 'The structure of the Semitic system of case endings', *PICSS*, 190–204.
1969a: 'The nature and origin of the Šaf'el in Hebrew and Aramaic', *EI* 9, *148–58. H.
1969b: 'The revival of the Hebrew language', *Ariel* 25, 25–34.
1970: 'Hebrew', *LSWANA*, 304–46.
1971: 'Semitic languages', *EJ*, XIV, 1149–57.
1971a: ''Ivrit', *EB*, VI, 51–73.

1971b: 'The language revival and the changes in the status and character of Hebrew', *Orot* 10, 61–77.
1973: *A short history of the Hebrew language*. Jerusalem.
1973a: 'Hebrew "baddîm" "power"', *JSS* 18, 57–58.
1974: 'On enlarging the basis of Hebrew etymology', *HA* 15, 25–28.
1975: 'Lexicostatistics and the internal divisions of Semitic', in J. and T. Bynon (eds.), pp. 85–102.
1976: 'Hebrew and Aramaic in the first century', in S. Safrai and M. Stern (eds.), *The Jewish people in the first century*, II, Assen/Amsterdam, pp. 1007–39.
1979: 'The emergence of Classical Hebrew', in A. Malamat (ed.), *The age of the monarchies*, II: *Culture and society* (The world history of the Jewish people, first series; V), Jerusalem, pp. 71–78.
1979a: 'Hebrew and Arabic in medieval Jewish philosophy', in S. Stein and R. Loewe (eds.), *Studies in Jewish religious and intellectual history presented to Alexander Altmann on the occasion of his seventieth birthday*, Alabama, pp. 235–45.
1979–80: 'Meh hayetah teḥiyyat ha-lashon?', in A. Even-Shoshan (ed.), *The book of [Shalom] Sivan*, Jerusalem, pp. 125–40.
1982: 'Safot Shemiyyot', *EB*, VIII, 337–86.
1985: 'The periodization of the Hebrew language', in M. Bar-Asher (ed.), *Language studies*, I, Jerusalem, pp. 27–35. H.
1985a: 'Biblical and Mishnaic elements in contemporary Hebrew', in M. Bar-Asher (ed.), *Language studies*, I, Jerusalem, pp. 273–85. H.
1986: 'Language revival and language death', in J.A. Fishman, A. Tabouret-Keller, M. Clyne, B. Krishnamurti, and M. Abdulaziz (eds.), *The Fergusonian impact: in honor of Charles A. Ferguson on the occasion of his 65th birthday*, II, The Hague, Paris, pp. 543–54.
Rabinovitz, Z.M., 1985: *The liturgical poems of Rabbi Yannai according to the triennial cycle of the Pentateuch and the holidays. Critical edition with introductions and commentary*. Jerusalem. H.
Rabinowitz, I., 1961: 'The Qumran authors' "spr hhgw/y"', *JNES* 20, 109–14.
1962: '"Be opened" = "effatha" (Mark 7, 34): did Jesus speak Hebrew?', *ZNW* 53, 229–38.
1971: 'The Qumran Hebrew original of Ben Sira's concluding acrostic on Wisdom', *HUCA* 42, 173–84.
1971a: '"Effatha" (Mark vii 34): certainly Hebrew, not Aramaic', *JSS* 16, 151–56.
Rabinowitz, S., 1947: *Sefer ha-mishkalim*. New York.
Radday, Y., 1970: 'Two computerized statistical-linguistic tests concerning the unity of Isaiah', *JBL* 89, 319–24.
Rahtjen, B.D., 1961: 'A note concerning the form of the Gezer tablet', *PEQ* 93, 70–72.
Rahmani, L.Y., 1971: 'Silver coins of the fourth century B.C. from Tel Gamma', *IEJ* 21, 158–60.
Rainey, A.F., 1962: 'Administration in Ugarit and the Samaria ostraca', *IEJ* 12, 62–63.
1966: 'Private seal-impressions: a note on semantics', *IEJ* 16, 187–90.
1967: 'The Samaria ostraca in the light of fresh evidence', *PEQ* 99, 32–41.
1970: 'Semantic parallels to the Samaria ostraca', *PEQ* 102, 45–51.
1971: 'A Hebrew "receipt" from Arad', *BASOR* 202, 23–29.
1971a: 'Verbal forms with infixed "-t" in the West Semitic El Amarna letters', *IOS* 1, 86–102.
1972: 'The word "day" in Ugaritic and Hebrew', *Leshonenu* 36, 186–89. H.
1973: 'Reflections on the suffix conjugation in West Semitized Amarna tablets', *UF* 5, 235–62.
1975: 'Morphology and the prefix-tenses of West Semitized El-'Amarna tablets', *UF* 7, 395–426.
1977: 'Three additional Hebrew ostraca from Tel Arad', *TAJ* 4, 97–102.
1978: *El -Amarna tablets 359–379*. Supplement to J.A. Knudtzon, *Die El-Amarna-Taffeln*. Neukirchen-Vluyn.
1982: 'Wine from the royal vineyard', *BASOR* 245, 57–62.
Ratzaby, Y., 1956–57: ''Iyyune lashon be-shirat Sefarad', *Leshonenu* 21, 22–32.
1959: ''Iyyune lashon be-fiyyuṭe R. Mosheh ben 'Ezra'', *LeshLA* 10, 9–16.
1965: ''Iyyunim be-shire R. Yehudah Halevy', *OYS* 8, 11–16. H.

1967: 'The language of Rabbi Shmuel Hannagid's Ben Mishle', *Bar-Ilan* 4–5, 160–80. H.
1968: 'Arabic influences on Hebrew literature of the Spanish period', *Bar-Ilan* 6, 314–38. H.
1969: ''Iyyune lashon be-shirat ha-tekufah ha-Sefardit', *LeshLA* 20, 67–75, 164–69.
1970: 'Religious elements in profane use in Arab and Spanish-Jewry poetry', *Bar-Ilan* 7–8, 178–203. H.
1972: 'The drinking-songs of Samuel ha-Nagid', *Bar-Ilan* 10, 423–74. H.
1972–73: 'On the Mishnaic language tradition in Spanish Hebrew poetry', *Leshonenu* 37, 311–12. H.
1973: 'Ancient pronunciations in the tradition of Hebrew rhyme', *Bar-Ilan* 11, 267–87. H.
1985: ''Iyyune lashon be-sifrut yeme ha-benayim', in B.Z. Luria (ed.), *Sefer Avraham Even-Shoshan*, Jerusalem, pp. 267–88.
Ravis, C., 1648–50: *A discourse of the oriental tongues together with a general grammar for the ready attaining of the Hebrew, Samaritan, Chaldaic, Syriac, Arabic and Ethiopic tongues*. London.
Reckendorf, H., 1897: 'Zur Karakteristik der semitischen Sprachen', in *Actes du dixième Congrès International des Orientalistes. Session de Genève, 1894*, III.2, Leiden, pp. 3–9.
1911: 'Der Bau der semitischen Zahlwörter', *ZDMG* 65, 550–59.
Reed, W.L. and Winnett, F.V., 1963: 'A fragment of an early Moabite inscription from Kerak', *BASOR* 172, 1–9.
Rehm, M., 1937: *Textkritische Untersuchungen zu den Parallelstellen der Samuel-Königsbücher und der Chronik*. Münster.
Reifenberg, A., 1952: *Ancient Hebrew seals*. London.
Reinisch, L., 1909: *Das persönliche Fürwort und die Verbalflexion in den chamito-semitischen Sprachen*. Vienna.
Reisner, G.A., Fisher, C.S. and Lyon, D.G., 1924: *Harvard excavations at Samaria, 1908–1910*. 2 vols. Cambridge, Mass.
Renan, E., 1855: *Histoire générale et système comparé des langues sémitiques*. Paris.
Rendsburg, G., 1980: Evidence for a spoken Hebrew in biblical times'. Doct. diss., New York University.
1980a: 'Late Biblical Hebrew and the date of "P"', *JANES* 12, 65–80.
1982: 'Dual personal pronouns and dual verbs in Hebrew', *JQR*, n.s., 73, 38–58.
Revell, E.J., 1961–62: 'The order of the elements in the verbal statement clause in 1Q Serek', *RQ* 3, 559–69.
1962: 'A structural analysis of the grammar of the Manual of Discipline'. Doct. diss., University of Toronto.
1964–66: 'Clause structure in the prose documents of Qumran Cave 1', *RQ* 5, 3–22.
1969: 'A new biblical fragment with Palestinian vocalization', *Textus* 7, 59–75.
1970: 'Studies in the Palestinian vocalization of Hebrew', in J.W. Wevers and D.B. Redford (eds.), *Essays on the ancient Semitic world*, Toronto, pp. 51–100.
1970a: *Hebrew texts with Palestinian vocalization*. Toronto.
1971: 'The oldest evidence for the Hebrew accent system', *BJRL* 54, 214–22.
1972: 'The placing of the accent signs in biblical texts with Palestinian pointing', in J.W. Wevers and D.B. Redford (eds.), *Studies on the ancient Palestinian world presented to Professor F.V. Winnett*, Toronto, pp. 34–45.
1973: 'A new subsystem of "Tibero-Palestinian" pointing', *P5WCJS*, IV, 91–107.
1974: 'The relation of the Palestinian to the Tiberian *masora*', *MasSt* 1, 87–97.
1976: 'Biblical punctuation and chant in the Second Temple period', *Journal for the study of Judaism in the Persian, Hellenistic, and Roman periods* 7, 181–98.
1977: *Biblical texts with Palestinian pointing and their accents*. Missoula.
1980: 'Pausal forms in Biblical Hebrew: their function, origin and significance', *JSS* 25, 60–80.
1984: 'Stress and the waw "consecutive" in Biblical Hebrew', *JAOS* 104, 437–44.
Richardson, H.N., 1968: 'A stamped handle from Khirbet Yarmuk', *BASOR* 192, 12–16.
Richter, A, 1925: *Das Neuhebräische in babylonischer Überlieferung*. I: *Handschriften und Akzente*. Giessen.

Rieger, E., 1935: *Oṣar millot ha-yesod shel ha-lashon ha-'Ivrit ha-shimmushit. Meḥkar be-'Ivrit. Tokhnit limmudim.* Jerusalem.
1953: *Modern Hebrew.* New York.
Riesener, I., 1979: *Der Stamm 'BD im Alten Testament* (*BZAW* 149). Berlin/New York.
Rin, S., 1961: '"-e" as an absolute plural ending', *BZ*, n.s., 5, 255–58.
Rinaldi, G., 1962–63: 'La particella "wbkn" in 1QSa 1, 11', *FrancLA* 13, 101–09.
Ringgren, H., 1977: 'Bileam och inskriften från Deir 'Allā', *Religion och Bibel* 36, 85–89.
Ritter, H. and Schaade, A., 1959: 'The pronunciation of Hebrew by the Samaritans as recorded at Nāblus in 1917', ed. by A. Murtonen, in Kahle, pp. 318–35.
Rivkai, I., 1938: *'Al sefat yeladenu ba-'Areṣ.* Tel-Aviv.
Roberts, A., 1877: 'That Christ spoke Greek', *The expositor*, first series, 6, 81–96, 161–76, 285–99, 367–83.
1878: 'That Christ spoke Greek–a reply', *The expositor*, first series, 7, 278–95.
Roberts, B.J., 1948: 'The evidence of the Tiberian Masoretic Text', *JTS* 49, 8–16.
Roberts, J.J.M., 1972: *The earliest Semitic pantheon.* Baltimore/London.
Robertson, D., 1969: 'The morphemes "-Y" ("-ī") and "-W" ("-ō") in Biblical Hebrew', *VT* 19, 211–23.
Robertson, J., 1758: *Grammatica linguae hebraeae ... de antiquitate quadrati et samaritani characteris.* Edinburgh.
Rofé, A., 1979: *The Book of Balaam (Numbers 22:2–24:25).* Jerusalem. H.
Röllig, W., 1974: 'Alte und neue Elfenbeininschriften', in Degen, W.W. Müller, and Röllig 1972–78, II, pp. 37–64.
van Rooy, H.F., 1986: 'Conditional sentences in Biblical Hebrew', *P9WCJS*, Division D, 9–16.
Rosén, H.B., 1949–50: 'Ḥiddushe lashon she-lo' mi-da'at', *LeshLA* 11, 17–20.
1952: 'Remarques descriptives sur le parler hébreu-israélien moderne', *GLECS* 6, 4–7.
1953: 'Remarques au sujet de la phonologie de l'hébreu biblique', *RB* 60, 30–40.
1953–54: *Siḥot 'al lashon we-hisṭoryah.* Tel-Aviv.
1954–55: 'Dikduk ha-'Ivrit ha-Yisre'elit', *Tarbiz* 24, 234–37.
1955: *Ha-'Ivrit shellanu: demutah be-'or shiṭṭot ha-balshanut.* Tel-Aviv.
1956: 'Aspect and tense in Biblical Hebrew (the status of the so-called "conversive wāw")', in *Sefer A. Biram*, II, Jerusalem, pp. 205–18. H.
1957: 'Sur quelques catégories à expression adnominale en hébreu-israélien', *BSLP* 53, 316–44.
1958: 'L'hébreu-israélien', *REJ*, n.s., 17, 59–90.
1959: 'Zur Vorgeschichte des Relativsatzes im Nordwestsemitischen', *ArOr* 27, 186–98.
1961: 'A marginal note on Biblical Hebrew phonology', *JNES* 20, 124–26.
1961a: 'Syntactical notes on Israeli Hebrew: determination, indetermination and the definite article', *JAOS* 81, 21–26.
1963: 'Palestinian *koinē* in rabbinic illustration', *JSS* 8, 55–72.
1963–66: 'Composition adjectivale et adjectifs composés en hébreu-israélien', *GLECS* 10, 126–35.
1969: *A textbook of Israeli Hebrew.* 2nd ed. Chicago/London.
1969a: 'Israel language policy, language teaching and linguistics', *Ariel* 25, 92–111.
1974: 'La position descriptive et comparative des formes contextuelles en hébreu', *APCI*, 246–55.
1977: *'Ivrit ṭovah.* 3rd ed. Tel-Aviv.
1977a: *Contemporary Hebrew.* The Hague/Paris.
1979: *L'Hébreu et ses rapports avec le monde classique. Essai d'évaluation culturelle.* Paris.
1985: 'Outlines of a history of Hebrew verbal tenses', in M. Bar-Asher (ed.), *Language studies*, I, Jerusalem, pp. 287–93. H.
1986: *La nature de l'hébreu médieval.* Tel-Aviv.
Rosenbaum, J. and Seger, J.D., 1986: 'Three unpublished ostraca from Gezer', *BASOR* 264, 51–60.
Rosenberg, J., 1901: *Lehrbuch der samaritanischen Sprache und Literatur.* Vienna.
Rosenthal, D., 1981: 'Mishnat 'Avodah Zarah. Mahadurah bikortit u-mavo'. Doct. diss., Hebrew University, Jerusalem.
Rosenthal, F., 1936: *Die Sprache der palmyrenischen Inschriften und ihre Stellung innerhalb des Aramäischen.* Leipzig.
1939 (repr. 1964): *Die aramäistische Forschung seit Th. Nöldeke's Veröffentlichungen.* Leiden.

1963: *A grammar of Biblical Aramaic*. 2nd ed. Wiesbaden.
1967: *An Aramaic handbook*. 4 vols. Wiesbaden.
Rössler, O., 1950: 'Verbalbau und Verbalflexion in den semito-hamitischen Sprachen', *ZDMG* 100, 461–514.
1951: 'Akkadisches und libysches Verbum', *Orientalia* 20, 101–07, 366–73.
1952: 'Der semitische Charakter der lybischen Sprache', *ZA* 50, 121–50.
1961: 'Eine bisher unbekannte Tempusform im Althebräischen', *ZDMG* 111, 445–51.
1962: 'Die Präfixconjugation Qal der Verba Iae Nûn im Althebräischen und das Problem der sogenannten Tempora', *ZAW* 74, 125–40.
1964: 'Lybisch – Hamitisch – Semitisch', *Oriens* 17, 199–216.
Rost, L., 1971: *Einleitung in die alttestamentlichen Apokryphen und Pseudepigraphen einschliesslich der grossen Qumran-Handschriften*. Heidelberg.
Roth, N., 1983: 'Jewish reactions to the 'Arabiyya and the renaissance of Hebrew in Spain', *JSS* 28, 62–84.
Rottenberg, M., 1967–68: 'The implicit construct phrase in the Bible', *Leshonenu* 32, 347–58. H.
Rowley, H.H., 1932: 'The bilingual problem of Daniel', *ZAW* 50, 256–68.
1933: 'Early Aramaic dialects and the Book of Daniel', *JRAS*, 777–805.
Rubinstein, A., 1952: 'A finite verb continued by an infinitive absolute in Biblical Hebrew', *VT* 2, 362–67.
1953: 'Notes on the use of the tenses in the variant readings of the Isaiah Scroll', *VT* 3, 92–95.
1955: 'Singularities in consecutive-tense constructions in the Isaiah Scroll', *VT* 5, 180–88.
1956: 'Conditional constructions in the Isaiah Scroll (DSIa)', *VT* 6, 69–79.
1957: 'Notes on some syntactical irregularities in Text B of the Zadokite Documents', *VT* 7, 356–61.
1963: 'The anomalous perfect with waw-conjunctive in Biblical Hebrew', *Biblica* 44, 62–69.
Rubinstein, E., 1965: 'The compound nominal clause in Modern Hebrew'. Doct. diss., Hebrew University, Jerusalem. H.
1968: *Ha-mishpaṭ ha-shemani*. Merḥavyah.
1970: *Ha-ṣeruf ha-po'oli*. Merḥavyah.
1970a: 'Sentence modifiers and verb modifiers and their position in the sentence', *Leshonenu* 35, 60–74. H.
1973–74: '"Šalaḥ" and "šillaḥ": a syntactic and semantic study in Biblical Hebrew', *Leshonenu* 38, 11–32. H.
1975: 'Double causation in a sentence: a syntactic-semantic study in Biblical Hebrew', *IOS* 5, 32–44.
1977: 'The verb "ṣiwwāh": a study in the syntax of Biblical Hebrew', *P6WCJS*, I, 207–12.
Rudolph, W., 1966: 'Eigentümlichkeiten der Sprache Hoseas', in W.C. van Unnik and A.S. van der Woude (eds.), *Studia biblica et semitica Theodoro Christiano Vriezen ... dedicata*, Wageningen, pp. 313–17.
Rüger, H.P., 1963: 'Ein neues Genesis-Fragment mit komplizierter babylonischer Punktation aus der Kairo-Geniza', *VT* 13, 235–37.
1966: 'Ein Fragment der bisher ältesten datierten hebräischen Bibelhandschriften mit babylonischen Punktation', *VT* 16, 65–73.
1970: *Text und Textform im hebräischen Sirach. Untersuchungen zur Textgeschichte und Textkritik der hebräischen Sirachfragmente aus der Kairoer Geniza*. Berlin.
Ruiz, G., 1975: 'Lamed y het enfáticos y lamed vocativo en Deuteroisaías', in L. Alvarez and E.J. Alonso (eds.), *Homenaje a Juan Prado. Miscelanea de estudios bíblicos y hebraicos*, Madrid, pp. 147–61.
Rundgren, F., 1955: *Über Bildungen mit* š- *und* n- t- *Demonstrativen im Semitischen*. Uppsala.
1959: *Intensiv und Aspektkorrelation: Studien zur äthiopischen und akkadischen Verbalstammbildung*. Uppsala/Wiesbaden.
1961: *Das althebräische Verbum. Abriss der Aspektlehre*. Stockholm.
1963: *Erneuerung des Verbalaspekts im Semitischen. Funktionell-diachronische Studien zur semitischen Verblehre*. Uppsala.

Russell, J.K., 1955–56: 'Did Jesus speak Greek?', *ET* 67, 246.
Růžička, R., 1908: 'Über die Existenz des Ghains in Hebräischen', *ZA* 21, 293–340.
1909: 'Konsonantische Dissimilation in den semitischen Sprachen', *BA* 6, 4.
Ryder, S.A., 1974: *The D-stem in Western Semitic*. The Hague/Paris.
Sabottka, L., 1972: *Zephanja*. Rome.
Sachs, H., 1897: *Die Partikeln der Mischna*. Berlin.
Sadaqa, A. & R., 1962–66: *Jewish and Samaritan version of the Pentateuch*. 5 vols. Tel-Aviv.
Sadka, Y., n.d.: *Taḥbir ha-mishpaṭ le-'or te'oryot ḥadashot*. Jerusalem.
1981: *Ha-taḥbir ha-'Ivrit be-yamenu*. Jerusalem.
Sáenz-Badillos, A., 1974: Review of M. Fraenkel 1970, *Sefarad* 34, 128–29.
1975: 'Semitistas' in *Gran Enciclopedia Rialp*, XXI, pp. 171–72.
1975a: 'El hebreo del s. II d.C. a la luz de las transcripciones griegas de Aquila, Símmaco y Teodoción', *Sefarad* 35, 107–30.
1976: 'En torno al Maḥberet de Menaḥem ben Saruq', *MEAH* 25.2, 11–50.
1980: 'El 'Anaq, poema lingüístico de Shelomoh ibn Gabirol', *MEAH* 29.2, 5–29.
1982: 'Linguistical components in Dunash ben Labraṭ's Teshuvot', *P8WCJS*, Division D, 1–5.
1985: 'Leshono shel Menaḥem ben Saruq', in Berit 'Ivrit 'Olamit, *Kenes Paris. Ve Congrès Européen d'Etudes Hébraïques, octobre 1982*, Jerusalem, pp. 69–75.
St. John, R., 1952: *Tongue of the prophets*. New York.
Sanday, W., 1878: 'The language spoken in Palestine at the time of Our Lord', *The Expositor*, first series, 7, 81–99.
1878: 'Did Christ speak Greek? – a rejoinder', *The Expositor*, first series, 7, 368–88.
Sanders, J.A., 1967: 'Palestine manuscripts 1947–1967', *JBL* 86, 431–40.
Sanmartín, J., 1971: 'Notizen zur ugaritischen Orthographie', *UF* 3, 173–80.
Sapan, R., 1963: *Darke ha-slang*. Jerusalem.
1965: *Millon ha-slang ha-Yisre'eli*. Jerusalem.
Sappir, J., 1866–74 (repr. 1969): *Even Sappir*. 2 vols. Lyck.
Sarauw, C., 1939: *Über Akzent und Silbenbildung*. Copenhagen.
Ṣarfatti, G.B, 1958–60: 'Munaḥe ha-matemaṭikah shel Mishnat ha-Middot', *Leshonenu* 23, 136–71; 24, 73–94.
1964–66: ''Iyyunim ba-semanṭikah shel leshon ḤaZaL u-bi-drashotehen', *Leshonenu* 29, 238–44; 30, 29–40.
1968: *Mathematical terminology in the Hebrew scientific literature of the Middle Ages*. Jerusalem. H.
1971–72: '"btkn 'ṣlm" – a riddle of the Copper Scroll', *Leshonenu* 36, 106–11. H.
1979–80: 'Ha-tafkid ha-prosodi shel he ha-yedi'ah bi-lshon ḥakhamim', *Leshonenu* 44, 185–201.
1980: "Al odot ha-yadua' shel ṣerufe ha-semikhut ha-kevulim bi-lshon ḥakhamim', in G.B. Ṣarfatti, P. Artzi, J.C. Greenfield, and M.Z. Kaddari (eds.), *Studies in Hebrew and Semitic languages dedicated to the memory of Prof. E.Y. Kutscher*, Ramat-Gan, pp. 140–54.
1982: 'Hebrew inscriptions of the First Temple period: a survey and some linguistic comments', *Maarav* 3, 55–83.
1983: 'Masoret leshon ḥakhamim – masoret shel "lashon sifrutit ḥayah"', in M. Bar-Asher, A. Dotan, G.B. Ṣarfatti, and D. Téné (eds.), *Hebrew language studies presented to Professor Zeev Ben-Ḥayyim*, Jerusalem, pp. 151–58
1984: 'L'uso dell'articolo determinativo in espressioni del tipo "keneset ha-gedolah"', *Annuario di studi ebraici* 10, 219–28.
1985: 'Ṣimmude millim be-seder kavua' bi-lishon ḥakhamim', in B.Z. Luria (ed.), *Sefer Avraham Even-Shoshan*, Jerusalem, pp. 301–13.
Sarna, N.M., 1959: 'The interchange of the prepositions "beth" and "min" in Biblical Hebrew', *JBL* 78, 310–16.
1963: 'The mythological background of Job 18', *JBL* 82, 315–18.
Sasson, V., 1979: 'The 'Ammān citadel inscription as an oracle promising divine protection: philological and literary comments', *PEQ* 111, 117–25.

1979a: 'Studies in the lexicon and linguistic usage of early Hebrew inscriptions'. Doct. diss., New York University.
1982: 'The meaning of "whbst" in the Arad inscription', *ZAW* 94, 105–11.
1984: 'A matter to be put right ...', *JNSL* 12, 115–20.
Saur, G., 1974: 'Die Ugaritistik und die Psalmenforschung', *UF* 6, 401–06.
Sawyer, J.F.A., 1967: 'Root-meanings in Hebrew', *JSS* 12, 37–50.
1972: *Semantics in biblical research. New methods of defining Hebrew words for salvation*. London.
1973: 'Hebrew words for the resurrection of the dead', *VT* 23, 218–34.
1975: 'A historical description of the Hebrew root "YŠ"' in J. and T. Bynon (eds.), pp. 75–84.
Saydon, P.P., 1959: *The use of the tenses in Deutero-Isaiah*. Rome.
1962: 'The conative imperfect in Hebrew', *VT* 12, 124–26.
1964: 'Meanings and uses of the particle "'t"', *VT* 14, 192–210.
Schaeder, H.H., 1930: *Iranische Beiträge*. I. Halle.
1930a: *Esra der Schreiber*. Tübingen.
Schaeffer, C.F.A., 1939: *The cuneiform texts of Ras Shamra-Ugarit*. Schweich Lectures, 1936. London.
Schatzmiller, Y., 1983: 'Terminologie politique en hébreu médiéval: jalons pour un glossaire', *REJ* 142, 133–40.
Schechter, S., 1902: 'Saadyana, i–iii', *JQR* 14, 37–63, 197–249, 449–516.
1903: *Saadyana: Genizah fragments of writings of R. Saadya Gaon and others*. Cambridge.
Scheftelowitz, J., 1901: *Arisches im Alten Testament*. Berlin.
Schick, C., 1880: 'Phoenician inscription in the Pool of Siloam', *PEFQS* 12, 238–39.
Schiffman, L., 1980: 'The Temple Scroll in literary and philological perspective', in W. Green (ed.), *Approaches to ancient Judaism*, II, Chico, pp. 143–55.
Schirmann, Ḥ. (J.), 1930: *Die hebräische Übersetzung der Maqamen des Hariri*. Frankfurt-am-Main.
1953: 'Hebrew liturgical poetry and Christian hymnology', *JQR*, n.s., 44, 123–61.
1954: *Ha-shirah ha-'Ivrit bi-Sfarad u-be-Provence*. Jerusalem.
1954a: 'The function of the Hebrew poet in mediaeval Spain', *Jewish social studies* 16, 235–52.
1965–66: *New Hebrew poems from the Genizah*. Jerusalem. H.
1979: *Studies in the history of Hebrew poetry and drama*. Jerusalem. H.
Schlatter, A., 1913 (repr. 1970): *Die hebräischen Namen bei Josephus*. Gütersloh.
Schmelz, U.O. and Bachi, R., 1972–73: 'Hebrew as the everyday language of the Jews in Israel. A statistical appraisal', *Leshonenu* 37, 50–68, 187–201. H.
Schmelczer, M., 1965: 'The poetic work of Isaac ibn Giyat'. Doct. diss., Jewish Theological Seminary of America, New York. H.
Schmuttermayr, G., 1971: 'Ambivalenz und Aspektdifferenz. Bemerkungen zu den hebräischen Präpositionen "bᵉ-", "lᵉ-" und "min"', *BZ*, n.s., 15, 29–51.
Schneider, M.B., 1930: 'Yaḥas ha-dikduk ha-Mishnati la-dikduk ha-mikra'i', *Leshonenu* 3, 15–28.
1935–36: 'Ha-lashon ha-'Ivrit ha-sifrutit', *Leshonenu* 6, 301–26; 7, 52–73.
Scholem, G., 1971: 'Zohar', *EJ*, XVI, 1193–1215.
Schoors, A., 1971: 'Literary phrases', in L.R. Fisher (ed.), *Ras Shamra parallels. The texts from Ugarit and the Hebrew Bible*, I, Rome, pp. 1–70.
Schramm, G.M., 1957: 'A reconstruction of the Biblical Hebrew waw consecutive', *General linguistics* 3, 1–8.
1964: *The graphemes of Tiberian Hebrew*. Berkeley.
1967: 'The correspondence of distinctive oppositions in distantly related languages', in *To honor Roman Jakobson: essays on the occasion of his seventieth birthday*, III, The Hague/Paris, pp. 1769–74.
Schreiden, J., 1957: 'Observations sur la prononciation antique de l'hébreu', *Le Muséon* 70, 349–52.
1959: 'Les caractéristiques linguistiques de l'hébreu qumranien et leur inférence sur le problème historique', *Le Muséon* 72, 153–57.
Schreiner, M., 1886: 'Zur Geschichte der Aussprache des Hebräischen', *ZAW* 6, 213–59.
Schulthess, F., 1917: *Das Problem der Sprache Jesu*. Zurich.

Schürmann, H., 1958: 'Die Sprache des Christus', *BZ*, n.s., 2, 54–84.

Schwab, M.M., 1898: *Transcription de mots grecs et latins en hébreu aux premiers siècles de J.C.* Paris.

Schwarzwald, O.R., 1973–74: 'Roots, patterns and the morpheme structure [in Modern Hebrew]', *Leshonenu* 38, 131–37. H.

1975–76: 'Concrete and abstract approaches in the analysis of "bgdkpt-bkp" in Hebrew', *Leshonenu* 40, 211–32. H.

1980: 'Parallel processes in Mishnaic and Modern Hebrew', in G.B. Ṣarfatti, P. Artzi, J.C. Greenfield, and M.Z. Kaddari (eds.), *Studies in Hebrew and Semitic languages dedicated to the memory of Prof. E.Y. Kutscher*, Ramat-Gan, pp. 174–88. H.

1981: 'The pronunciation of 'ayin in the East-Ladino-speaking communities', *Leshonenu* 46, 72–75. H.

1981a: 'Frequency factors as determinants in the *binyanim* meanings', *HS* 22, 131–37.

1981b: 'Grammaticality in Modern Hebrew', *Middle East studies* 13, 11–19.

1984: 'Markedness relations in the pronunciation of the prefixed particles in Modern Hebrew', *AAL* 9.2, 1–14.

Segal, J.B., 1957: 'An Aramaic ostracon from Nimrud', *Iraq* 19, 139–45.

1962: '"Yrḥ" in the Gezer "calendar"', *JSS* 7, 212–21.

Segal, M.H. (Z.), 1908–09: 'Mishnaic Hebrew and its relation to Biblical Hebrew and to Aramaic', *JQR* 20, 647–737.

1910: 'Hebrew in the period of the Second Temple', *International Journal of Apocrypha* 11, 79–82.

1927: *A grammar of Mishnaic Hebrew*. Oxford.

1928: *Yesode ha-foneṭikah ha-'Ivrit*. Jerusalem.

1936: *Dikduk leshon ha-Mishnah*. Tel-Aviv.

1936a: 'Meḥkarim ba-lashon', *Leshonenu* 7, 100–20.

1958: *Sefer Ben Sira ha-shalem*. 2nd rev. ed. Jerusalem.

Segert, S., 1957: 'Aramäische Studien, ii: Zur Verbreitung des Aramäischen in Palästina zur Zeit Jesu', *ArOr* 25, 21–37.

1960: 'Considerations on Semitic comparative lexicography', *ArOr* 28, 470–87.

1961: 'Die Sprache der moabitischen Königsinschrift', *ArOr* 29, 197–267.

1963: 'Die Sprachenfragen in der Qumran-Gemeinschaft', in H. Bardtke (ed.), *Qumran-Probleme: Vorträge des Leipziger Symposiums über Qumran-Probleme vom 9. bis 14. Oktober 1961*, Berlin, pp. 315–39.

1964: 'Zur Schrift und Orthographie der altaramäischen Stelen von Sfire', *ArOr* 32, 110–26.

1965: 'Aspekte des althebräischen Aspektsystems', *ArOr* 33, 93–104.

1968: 'Recent progress in Ugaritology', *ArOr* 36, 443–67.

1968a: 'Bedeutung der Handschriftenfunde am Toten Meer für die Aramaistik', in S. Wagner (ed.), *Bibel und Qumran. Beiträge zur Erforschung der Beziehungen zwischen Bibel- und Qumranwissenschaft. Hans Bardtke zum 22.9.1966*, Berlin, pp. 183–87.

1969: 'Versbau und Sprachbau in der althebräischen Poesie', *MIO* 15, 312–21.

1969a: 'Hebrew Bible and Semitic comparative lexicography', *SVT* 17, 204–11.

1975: *Altaramäische Grammatik*. Leipzig.

1976: *A grammar of Phoenician and Punic*. Munich.

1983: 'The last sign of the Ugaritic alphabet', *UF* 15, 201–18.

1984: *A basic grammar of the Ugaritic language*. Berkeley/Los Angeles.

Sekine, M., 1940–41: 'Das Wesen des althebräischen Verbalausdrucks', *ZAW* 58, 133–41.

1963: 'Erwägungen zur hebräischen Zeitauffassung', *SVT* 9, 66–82.

1973: 'The subdivisions of the North-West Semitic languages', *JSS* 18, 205–21.

van Selms, A., 1970: 'Some reflections on the formation of the feminine in Semitic Languages', in H. Goedicke (ed.), *Near Eastern studies in honor of William Foxwell Albright*, Baltimore/London, pp. 421–31.

1971–72: 'Motivated interrogative sentences in Biblical Hebrew', *Semitics* 2, 143–49.

1975: 'Some remarks on the 'Ammān citadel inscription', *BibOr* 32, 5–8.

Sethe, K., 1926: *Die Ächtung feindlicher Fürsten, Völker und Dinge auf altägyptischen Tongefässscherben des mittleren Reiches*. Berlin.

Sevenster, J.N., 1968: *Do you know Greek? How much Greek could the first Jewish Christians have known?* Leiden.

Sgherri, G., 1974: 'A proposito di Origine e la lingua ebraica', *Augustinianum* 14, 223–57.

Shapiro, M. and Shvika, Y., 1963–64: 'Nittuaḥ mekhanografi shel ha-morfologyah ha-'Ivrit', *Leshonenu* 27–28, 354–72.

Sharvit, S., 1966–67: ''Iyyunim be-millonah shel Megillat ha-Neḥoshet', *BM* 12, 127–35.

1974: 'Studies in the lexicography and grammar of Mishnaic Hebrew based on the *Introductions* of J.N. Epstein', *ANDRL*, II, pp. 112–24.

1980: 'Ma'arekhet ha-zemanim bi-lshon ha-Mishnah', in G.B. Ṣarfatti, P. Artzi, J.C. Greenfield, and M.Z. Kaddari (eds.), *Studies in Hebrew and Semitic languages dedicated to the memory of Prof. E.Y. Kutscher*, Ramat-Gan, pp. 110–25.

1981: 'The crystallization of Mishnaic Hebrew research', *Bar-Ilan* 18–19, 221–32. H.

1989: 'Gutturals in Rabbinic Hebrew', in M.Z. Kaddari and S. Sharvit (eds.), *Studies in the Hebrew language and the Talmudic literature dedicated to the memory of Dr. Menaḥem Moreshet*, Ramat-Gan, pp. 225–43.

Shea, W.H., 1977: 'The date and significance of the Samaria ostraca', *IEJ* 27, 16–27.

1977a: 'Ostracon ii from Heshbon', *AUSS* 15, 217–22.

1978: 'The Siran inscription: Amminadab's drinking song', *PEQ* 110, 107–12.

1979: 'Milkom as the architect of Rabbath-Ammon's natural defences in the Amman citadel inscription', *PEQ* 111, 17–25.

1981: 'The Amman citadel inscription again', *PEQ* 113, 105–10.

Sheehan, J.F.X., 1970: 'Conversive waw and accentual shift', *Biblica* 51, 545–48.

1971: 'Egypto-Semitic elucidation of the waw conversive', *Biblica* 52, 39–43.

Sherman, M.E., 1966: 'Systems of Hebrew and Aramaic orthography: an epigraphic history of the use of *matres lectionis* in non-biblical texts to *circa* A.D. 135'. Doct. diss., Harvard University.

Shiloh, Y., 1984: *Excavations at the City of David*. I: 1978–1982 (*Qedem* 19). Jerusalem.

1985: 'A hoard of Hebrew bullae from the City of David', *EI* 18, 73–87.

1986: 'A group of Hebrew bullae from the City of David', *IEJ* 36, 16–18.

Shiloh, Y. and Tarler, D., 1986: 'Bullae from the City of David. A hoard of seal impressions from the Israelite period', *BA* 49, 197–209.

Shivtiel, I., 1937–39: 'Mesorot ha-Temanim be-dikduk leshon ḥakhamim', in Yalon (ed.), I, pp. 8–15; II, pp. 61–69.

1963: 'Yemenite traditions relating to the grammar of the language of the Mishnah', in S. Lieberman (ed.), *Sefer Ḥanokh Yalon*, Jerusalem, pp. 338–59. H.

Shur, S., 1979: 'Language innovation and socio-political setting: the case of Modern Hebrew', *HCL* 15, 4–13.

Siedl, S.H., 1971: *Gedanken zum Tempussystem im Hebräischen und Akkadischen*. Wiesbaden.

Siegel, J.P., 1971: 'The employment of palaeo-Hebrew characters for the divine names at Qumran in the light of Tannaitic sources', *HUCA* 42, 159–72.

1972: 'The scribes of Qumran. Studies in the early history of Jewish scribal customs, with special reference to the Qumran biblical scrolls and to the Tannaitic traditions of Massekhet Soferim'. Doct. diss., Brandeis University.

1974: 'An orthographic convention of 1QIsa[a] and the origin of two Masoretic anomalies', *MasSt* 1, 99–110.

Siegfried, C., 1884: 'Die Aussprache des Hebräischen bei Hieronymus', *ZAW* 4, 34–83.

1897: 'Beiträge zur Lehre von den zusammengesetzten Satze im Neuhebräischen', in G.A. Kohut (ed.), *Semitic studies in memory of Rev. Dr. Alexander Kohut*, Berlin, pp. 543–56.

Siegfried, C. and Strack, H.L., 1884: *Lehrbuch der neuhebräischen Sprache und Literatur*. 2 vols. Karlsruhe/Leipzig.

Sievers, E., 1901: *Studien zur hebräischen Metrik*. I: Untersuchungen. Leipzig.

Silbermann, L.H., 1961–62: 'Unriddling the riddle. A study in the structure and language of the Habakkuk Pesher', *RQ* 3, 323–64.
Silva, M., 1983: *Biblical words and their meanings: an introduction to lexical semantics*. Grand Rapids.
Silverman, M.H., 1970: 'Hebrew name-types in the Elephantine documents', *Orientalia* 39, 465–91.
1973: 'Syntactic notes on the waw-consecutive', in H.A. Hoffner (ed.), *Orient and occident. Essays presented to Cyrus H. Gordon on the occasion of his sixty-fifth birthday*, Neukirchen-Vluyn, pp. 167–76.
Simon, H., 1970: *Lehrbuch der modernen hebräischen Sprache*. Munich.
Simons, J., 1937: *Handbook for the study of Egyptian topographical lists relating to western Asia*. Leiden.
Sirat, C., 1968: 'La paléographie hébraïque', *P4WCJS*, II, 173–74.
Sirat, R.S., 1966: 'Evolution sémantique de la racine "TQ" en hébreu', *RENLO* 3, 35–62.
1968–69: 'Brèves remarques sur l'évolution de la langue poétique en hébreu', *RENLO* 5, 27–48.
1974: 'Y a-t-il un élément "'ain-resh" commun à plusiers racines hébraïques?', *APCI*, 234–45.
Sister, M., 1937: *Probleme der Aussprache des Hebräischen*. Berlin.
Sivan, D., 1982: 'On the grammar and orthography of the Ammonite findings', *UF* 14, 219–34.
1983: 'Terumat ha-ṭeksṭim ha-'Akadiyyim me-'Ugarit le-ḥeker ha-'Ugaritit u-ba-'akifin le-ḥeker ha-'Ivrit ha-mikra'it, *Leshonenu* 47, 165–86.
1984: *Grammatical analysis and glossary of the Northwest Semitic vocables in Akkadian texts of the 15th–13th C.B.C. from Canaan and Syria*. Neukirchen-Vluyn.
Sivan, R., 1964–65: 'Ṣurot u-megammot be-ḥiddushe ha-lashon ha-'Ivrit bi-tkufat teḥiyyatah'. Doct. diss., Hebrew University, Jerusalem.
1968: *'Al ḥiddushe millim*. Jerusalem.
1969: 'Ben Yehudah and the revival of the Hebrew speech', *Ariel* 25, 35–39.
Skoss, S.L., 1942: 'A study on inflection in Hebrew from Saadia Gaon's grammatical work Kutub al-Lugah', *JQR*, n.s., 33, 171–212.
1952: 'A study of the Hebrew vowels from Saadia Gaon's grammatical work Kutub al-Lugah', *JQR*, n.s., 42, 283–317.
Snaith, N.H., 1962: 'The Ben Asher text', *Textus* 2, 8–13.
Snijders, L.A., 1953: *The meaning of* zār *in the Old Testament*. Leiden.
Sobelman, H., 1961: 'The Proto-Byblian inscriptions: a fresh approach', *JSS* 6, 226–45.
von Soden, W., 1952: *Grundriss der akkadischen Grammatik*. Rome.
1959: 'Tempus und Modus im Semitischen', in *Akten des XXIV. Internationalen Orientalistenkongress (München 1957)*, Wiesbaden, pp. 263–65.
1960: 'Zur Einteilung der semitischen Sprachen', *Wiener Zeitschrift für die Kunde des Morgenlandes* 56, 177–91.
1965: 'Zur Methode der semitisch-hamitischen Sprachvergleichung', *JSS* 10, 159–77.
1965–81: *Akkadisches Handwörterbuch*. 3 vols. Wiesbaden.
1968: '"N" als Wurzelaugment im Semitischen', *WZMLU* 17, 175–84.
1969a: 'Zur Herkunft von hebr. "'ebjōn" "arm"', *MIO* 15, 322–26.
1969b: 'Akkadisch "ḫâšum" I "sich sorgen" und hebräisch "ḥūš" II', *UF* 1, 197.
1974: Review of S. Levin 1971, *OLZ* 69, 126–31.
1984: 'Sprachfamilien und Einzelsprachen im Altsemitischen: Akkadisch und Eblaitisch', in Fronzaroli (ed.), pp. 11–24.
1985: *Einführung in die Altorientalistik*. Darmstadt.
Soggin, J.A., 1965: 'Tracce di antichi causativi in "š-" realizzati come radici autonome in ebraico biblico', *AION* 15, 17–30.
1968: 'Akkadisch "TAR berîti" und hebräisch "krt bryt"', *VT* 18, 210–15.
1972: '"KLH" – "KLL": osservazioni sull'uso di due radici in ebraico biblico', *AION* 32, 366–71.
1981: 'Bemerkungen zum Deboralied, Richter Kap. 5', *TLZ* 106, 625–39.
Soisalon-Soininen, I., 1972: 'Der *Infinitivus constructus* mit "l" im Hebräischen', *VT* 22, 82–90.
Sokolof, M., 1969: 'Ha-'Ivrit shel Bereshit Rabbah Ketav-yad Vatican 30', *Leshonenu* 33, 25–42, 135–49, 270–79.

Solá-Solé, J.M., 1953: 'Una tendencia lingüística en el manuscrito de Isaías (DSIa) de Khirbet Qumran', *Sefarad* 13, 61–71.
1961: *L'Infinitif sémitique*. Paris.
Spanier, A., 1927: *Die massoretischen Akzente*. Berlin.
1929: 'Über Reste der palästinischen Vokalization in Gebetsbüchern', *MGWJ* 73, 472–75.
Speiser, E.A., 1925–34: 'The pronunciation of Hebrew according to the transliterations in the Hexapla', *JQR*, n.s., 16, 343–83; 23, 233–65; 24, 9–46.
1936: 'Studies in Semitic formatives', *JAOS* 56, 22–46.
1942: 'The shibboleth incident (Judges 12:6)', *BASOR* 85, 10–13.
1952: 'The "elative" in West-Semitic and Akkadian', *JCS* 6, 81–92.
1954: 'The terminative-adverbial in Canaanite-Ugaritic and Akkadian', *IEJ* 4, 108–15.
1955: 'The durative Hithpa'el: a "tan"-form', *JAOS* 75, 118–21.
Sperber, A., 1929: 'Das Alphabet der Septuaginta-Vorlage', *OLZ* 32, 533–40.
1937–38: 'Hebrew based upon Greek and Latin transliterations', *HUCA* 12–13, 103–274.
1939: 'Hebrew based upon biblical passages in parallel transmission', *HUCA* 14, 153–249.
1941: 'Hebrew phonology', *HUCA* 16, 415–82.
1942–43: 'Problems of the Massora', *HUCA* 17, 293–394.
1956–59: *Corpus codicum hebraicorum medii aevi*. I: *Codex Reuchlinianus*; II: *The pre-Massoretic Bible*. Copenhagen.
1959: *A grammar of Masoretic Hebrew. A general introduction to the pre-Masoretic Bible*. Copenhagen.
1966: *A historical grammar of Biblical Hebrew*. Leiden.
1970: *The Hebrew Bible with pre-Masoretic vocalization. The Prophets*. Leiden.
Sperber, D., 1965: 'An early meaning of the word "šapud"', *REJ* 124, 179–84.
1974: 'Etymological studies in Rabbinic Hebrew', *ANDRL*, II, 102–111. H.
1975: 'Studies in Greek and Latin loan-words in rabbinic literature', *Scripta classica israelica* 2, 163–74.
1977–79: 'Greek and Latin words in rabbinic literature. Prolegomena to a new dictionary of classical words in rabbinic literature', *Bar-Ilan* 14–15, 9–60; 16–17, 9–30.
1982: *Essays on Greek and Latin in the Mishnah, Talmud and midrashic literature*. Jerusalem. H.
1984: *A dictionary of Greek and Latin legal terms in rabbinic literature*. Ramat-Gan.
1986: *Nautica talmudica*. Ramat-Gan.
Sperling, D., 1970–71: '"ḤGR" I and "ḤGR" II', *JANES* 3, 121–28.
1972: 'Akkdian "egerrû" and Hebrew "bt qwl"', *JANES* 4, 62–74.
1973: 'Late Hebrew "ḥzr" and Akkadian "saḫāru"', *JANES* 5, 397–404.
Spiegel, S., 1930 (repr. 1962): *Hebrew reborn*. Cleveland.
1963: 'Mi-leshon payyeṭanim', *Ha-do'ar* 42, 397–400.
1974: 'On medieval Hebrew poetry', in L. Finkelstein (ed.), *The Jews: their religion and culture*, II, 4th ed., New York, pp. 82–120.
Spitaler, A., 1938: *Grammatik des neuaramäischen Dialekts von Ma'lula*. Leipzig.
Spuler, B., 1954: 'Der semitische Sprachtypus', in *Handbuch der Orientalistik*, III, Leiden, pp. 3–25.
Stamm, J.J., 1965: 'Hebräische Ersatznamen', in H.G. Güterbock and T. Jacobsen (eds.), *Studies in honor of Benno Landsberger on his 75th Birthday*, Chicago, pp. 413–24.
1967: 'Hebräische Frauennamen', *SVT* 16, 301–39.
Staples, W.E., 1939: 'The second column of Origen's Hexapla', *JAOS* 59, 71–80.
Stefaniak, L.W., 1969: 'Old Hebrew inscriptions from Tel Arad', *FolOr* 11, 267–77.
Stein, S., 1888: *Das Verbum der Mischnahsprache*. Berlin.
Steiner, R.C, 1977: *The case for fricative laterals in Proto-Semitic*. New Haven.
1979: 'From Proto-Hebrew to Mishnaic Hebrew: the history of "-āḵ" and "-āh"', *HAR* 3, 157–74.
1982: *Affricated ṣade in the Semitic languages*. New York.
Steinschneider, M., 1893 (repr. 1956): *Die hebräischen Übersetzungen des Mittelalters und die Juden als Dolmetscher*. Berlin.
1897: *Vorlesungen über die Kunde hebräischer Handschriften*. Leipzig.

Stöhr, H., 1796: *Theoria et praxis linguarum sacrarum*. Vienna.
Strack, H.L., 1875: 'Die biblischen und die massoretischen Handschriften zu Tschufut-Kale in der Krim', *Zeitschrift für die gesammte lutherische Theologie und Kirche* 36, 585–624.
1876: *Prophetarum Posteriorum Codex Babylonicus Petropolitanus*. St. Petersburg.
1921: *Grammatik des Biblisch-Aramäischen*. 6th ed. Munich.
Strauss, D., 1900: *Sprachliche Studien in den hebräischen Sirach-Fragmenten*. Zurich.
Striedl, H., 1937: 'Untersuchungen zur Syntax und Stilistik des hebräischen Buches Esther', *ZAW* 55, 73–108.
Suder, R.W., 1984: *Hebrew inscriptions. A classified bibliography*. London/Toronto.
Sukenik, E.L., 1936: 'Note on a fragment of an Israelite stele found at Samaria', *PEFQS* 68, 156.
Sukenik (Yadin), Y., 1946–47: 'The Ophel ostracon', *BJES* 13, 115–18. H.
Sutcliffe, E.F., 1948: 'St. Jerome's pronunciation of Hebrew', *Biblica* 29, 112–25.
1955: 'A note on "'al", "lᵉ-", and "from"', *VT* 5, 436–39.
Suzuki, Y., 1982: 'A Hebrew ostracon from Meṣad Ḥashavyahu. A form-critical re-investigation', *AJBI* 8, 3–49.
Swiggers, P., 1981: 'The word "šibbolet" in Jud. xii 6', *JSS* 26, 205–07.
1982: 'The Moabite inscription of El-Kerak', *AION* 42, 521–25.
1984: 'Remarques sur la distinction des catégories nominale et verbale dans les langues sémitiques', *OLZ* 79, 325–27.
Sznycer, M., 1967: *Les passages puniques en transcription latine dans le Poenulus de Plaute*. Paris.
Talmon, S., 1951: 'The Samaritan Pentateuch', *JJS* 2, 144–50.
1959–60: 'Maḥzor ha-berakhot shel kat midbar Yehudah', *Tarbiz* 29, 1–20.
1963: 'The Gezer calendar and the seasonal cycle of ancient Canaan', *JAOS* 83, 177–87.
1964: 'The new Hebrew letter from the seventh century B.C. in historical perspective', *BASOR* 176, 29–38.
1970: 'The Old Testament text', in P.R. Ackroyd and C.F. Evans (eds.), *The Cambridge history of the Bible*, I, Cambridge, pp. 159–99.
Talshir, D., 1988: 'A reinvestigation of the linguistic relationship between Chronicles and Ezra-Nehemiah', *VT* 38, 165–93.
Targarona, J., 1986: 'Poemas de Se'adyah ibn Danan. Edición, traducción y notas', *Sefarad* 46, 449–61.
Taylor, R.O.P., 1944–45: 'Did Jesus speak Aramaic?', *ET* 56, 95–97.
Teicher, J.L., 1950–51: 'The Ben Asher manuscripts', *JJS* 2, 17–25.
Teixidor, J., 1986: *Bulletin d'épigraphie sémitique 1964–1980*. Paris.
Telegdi, S., 1935: 'Essai sur la phonétique des emprunts iraniens en araméen talmudique', *JA* 226, 177–256.
Téné, D., 1961: *La Phonologie de l'hébreu contemporain selon l'usage d'un unilingue*. Paris.
1961–62: 'Ha-meshekh ha-nimdad shel ha-tenu'ot be-'Ivrit', *Leshonenu* 26, 220–68.
1967–68: 'Is the Hebrew root content-structured?', *Leshonenu* 32, 173–207. H.
1968: 'L'hébreu contemporain', in A. Martinet (ed.), *Le Langage (Encyclopédie de la Pléiade*, XXV), Paris, pp. 975–1002.
1969: 'L'articulation du signifié de monème en hébreu contemporain', *Word* 25, 289–320.
1969a: 'Israeli Hebrew', *Ariel* 25, 48–63.
1971: 'Linguistic literature, Hebrew', *EJ*, XVI, 1352–90.
Thacker, T.W., 1954: *The relationship of the Semitic and the Egyptian verbal system*. Oxford.
Theis, J., 1912: *Sumerisches im Alten Testament*. Trier.
Thompson, H.O., 1973: 'The excavation of Tell Siran (1972)', *ADAJ* 18, 5–13.
Thompson, H.O. and Zayadine, F., 1974: 'The works of Amminadab', *BA* 37, 13–19.
Thorion, Y., 1982–84: 'Die Sprache der Tempelrolle und die Chronikbücher', *RQ* 11, 423–26.
1982–84a: 'Neue Bemerkungen über die Sprache der Qumran-Literatur', *RQ* 11, 579–82.
1984: *Studien zur klassischen hebräischen Syntax*. Berlin.
1985–86: 'Die Syntax der Präposition "b" in der Qumranliteratur', *RQ* 12, 17–64.
1985–86a: 'Beiträge zur Erforschung der Sprache der Kupfer-Rolle', *RQ* 12, 163–76.

Thorion-Vardi (Vardi), T., 1982–84: 'Die adversativen Konjunktionen in der Qumran-Literatur', *RQ* 11, 571–78.
1985–86: 'The use of the tenses in the Zadokite Documents', *RQ* 12, 65–88.
Throntveit, M.A., 1982: 'Linguistic analysis and the question of authorship in Chronicles, Ezra, and Nehemiah', *VT* 32, 201–16.
Thureau-Dangin, F., 1922: 'Nouvelles lettres d'El Amarna', *RA* 19, 91–108.
Tobin, Y., 1986: 'Aspectual markers in Modern Hebrew', *P9WCJS*, Division D, 53–60.
Toll, T., 1972: 'Die Wurzel "PRṢ" im Hebräischen', *OrSu* 21, 73–86.
Tomback, R.S., 1978: *A comparative lexicon of the Phoenician and Punic languages*. Missoula.
Torczyner, H. (Ṭur-Sinai, N.H.), 1916: *Entstehung des semitischen Sprachtypus*. I. Vienna.
1939: 'The Siloam inscription, the Gezer calendar and the Ophel ostracon', *BJES* 7, 4–6. H.
1946–47: 'A new interpretation of the Gezer calendar', *BJES* 13, 1–7. H.
1947: 'A Hebrew incantation against night-demons from biblical times', *JNES* 6, 18–29.
Torczyner, H. (Ṭur-Sinai, N.H.), Harding, L., Lewis, A., and Starkey, J.L., 1938: *Lachish I. The Lachish letters*. Oxford.
Torres, A., 1982: '"Aspecto verbal" y "tiempo" en la conjugación hebrea, a la luz de la reciente investigación, i', *MEAH* 31.2, 1–29.
Torrey, C.C., 1948–49: 'The question of the original language of Kohelet', *JQR*, n.s., 39, 151–60.
1950: 'The Hebrew of the Geniza Sirach', in S. Lieberman (ed.), *Alexander Marx jubilee volume on ... his seventieth birthday*, New York, pp. 585–602.
Ṭovi, Y., 1972–73: 'About the tradition of Mishnaic and Talmudic Hebrew in medieval Hebrew poetry', *Leshonenu* 37, 137–55. H.
1982: 'The liturgical poems of Rav Sa'adia Gaon. Critical edition [of the *yoṣerot*] with a general introduction to his poetic work'. Doct. diss., Hebrew University, Jerusalem. H.
Tromp, N.J., 1969: *Primitive conceptions of death and the nether world in the Old Testament*. Rome.
Tsevat, M., 1955: *A study of the language of the biblical Psalms*. Philadelphia.
Tubielewicz, W., 1956: 'Vom Einfluss europäischer Sprachen auf die Gestaltung des modernen Hebräisch', *Rocznik orientalistyczny* 20, 337–51.
Tucker, A.N., 1967: '"Fringe" Cushitic: an experiment in typological comparison', *BSOAS* 30, 655–80.
Tufnell, O., 1953: *Lachish III (Tell ed Duweir). The Iron Age*. Oxford.
Turner, W., 1876: 'The tenses of the Hebrew verb', in *Studies biblical and oriental*, Edinburgh, pp. 338–407.
Ṭur-Sinai, N.H. (Torczyner, H.), 1951–52: 'Some ideas on the place of Ugaritic among the Semitic languages', *Tarbiz* 23, 143–45. H.
1952: 'Modern Hebrew and its problems', *Civilisations* 2, 33–40.
1954–59: *Ha-lashon we-ha-sefer*. 3 vols. Jerusalem.
1960: *The revival of the Hebrew language*. Jerusalem.
Tyloch, W., 1980: 'Quelques remarques sur l'hébreu contemporain', *FolOr* 21, 175–77.
Tzori, N., 1961: 'A Hebrew ostracon from Beth-Shean', *BIES* 25, 145–46. H.
Uhlemann, F., 1837: *Institutiones linguae samaritanae*. Leipzig.
Ullendorff, E., 1956: 'The contribution of South Semitic to Hebrew lexicography', *VT* 6, 190–98.
1957: 'Modern Hebrew as a subject of linguistic investigation', *JSS* 2, 251–63.
1958: 'What is a Semitic language?: a problem of linguistic identification', *Orientalia* 27, 66–75.
1961: 'Comparative Semitics', in Levi della Vida (ed.), pp. 13–32.
1962: 'The knowledge of languages in the Old Testament', *BJRL* 44, 455–65.
1970: 'Comparative Semitics', *LSWANA*, 261–73.
1970a: Review of Macuch 1969, BSOAS 33, 689–70.
1971: 'Is Biblical Hebrew a language?', *BSOAS* 34, 241–55.
Ussishkin, D., 1968–69: 'On the short inscription from the tomb of "...yahu who is over the house"', *Leshonenu* 33, 297–303. H.
1969: 'On the shorter inscription from the "tomb of the royal steward"', *BASOR* 196, 16–22.
1978: 'Excavations at Tel Lachish, 1973–1977. Preliminary report', *TAJ* 5, 1–97.
1983: "Excavations at Tel Lachish, 1978–1983. Second preliminary report", *TAJ* 10, 97–175.

Vannutelli, P., 1931–34: *Libri synoptici Veteris Testamenti.* 2 vols. Rome.
Vardi (Thorion-Vardi), T., 1967: 'The concessive clause in Modern Hebrew'. Doct. diss., Hebrew University, Jerusalem.
Vattioni, F., 1969: 'I sigilli ebraici', *Biblica* 50, 357–88.
1971: 'I sigilli ebraici, ii', *Augustinianum* 11, 447–54.
1978: 'I sigilli ebraici, iii', *AION* 38, 227–54.
de Vaux, R., 1939: 'Les ostraca de Lachish', *RB* 48, 181–206.
1953: 'Quelques textes hébreux de Murabba'at', *RB* 60, 268–75.
Vawter, B., 1955: 'The Canaanite background of Genesis 49', *CBQ* 17, 1–18.
Veenhof, K.R., 1965: 'Nieuwe Palestijnse inscripties', *Phoenix* 11, 243–60.
1972: 'De Amman citadel inscriptie', *Phoenix* 18, 170–79.
1973: 'Een Ammonietische inscriptie', *Phoenix* 19, 299–300.
Vergote, J., 1974: 'Le rapport de l'égyptien avec les langues sémitiques: quelques aspects du problème', *APCI*, 49–54.
1975: 'La position intermédiaire de l'ancien égyptien entre l'hébreu et l'arabe', in J. and T. Bynon (eds.), pp. 193–99.
Vermes, G., 1982: *The Dead Sea Scrolls: Qumran in perspective.* 2nd ed. London.
1987: *The Dead Sea Scrolls in English.* 3rd ed. Sheffield.
Verreet, E., 1984–85: 'Beobachtungen zum ugaritischen Verbalsystem, i–ii', *UF* 16, 307–21; 17, 319–44.
Vincent, P., 1909: 'Un calendrier agricole israélite', *RB* 6, 243–69.
Virolleaud, C., 1931: 'Le déchiffrement des tablettes alphabétiques de Ras-Shamra', *Syria* 12, 15–23.
Vycichl, W., 1960: 'Gedanken zur ägyptisch-semitischen Sprachverwandtschaft', *Le Muséon* 73, 173–76.
Vogt, E., 1971: 'Zur Geschichte der hebräischen Sprache', *Biblica* 52, 72–78.
de Vries S.J., 1964–66: 'The syntax of tenses and interpretation in the Hodayoth', *RQ* 5, 375–414.
1965: 'Consecutive constructions in the 1Q sectarian scrolls', in I.T. Naamani (ed.), *Doron. Hebraic studies (essays in honor of Professor Abraham I. Katsh)*, New York, pp. 75–87.
Vriezen, T.C., 1961: 'Einige Notizen zur Übersetzung des Bindewortes "kī"', *BZAW* 77, 266–73.
Vriezen, T.C. and Hospers, J.H., 1951: *Palestine inscriptions.* Leiden.
Wächter, L., 1971: 'Reste von Šaf'el-Bildungen im Hebräischen', *ZAW* 83, 380–89.
Wagner, M., 1966: *Die lexikalischen und grammatikalischen Aramaismen im alttestamentlichen Hebräisch* (*BZAW* 96). Berlin.
1967: 'Beiträge zur Aramaismenfrage im alttestamentlichen Hebräisch', *SVT* 16, 355–71.
Wagner, S., 1968: '"YD"' in den Lobliedern von Qumran', in *Bibel und Qumran. Beiträge zur Erforschung der Beziehungen zwischen Bibel- und Qumranwissenschaft. Hans Bardtke zum 22.9.1966*, Berlin, pp. 232–52.
Wagner, V., 1968: 'Umfang und Inhalt der "mōt" – "jūmat" Reihe', *OLZ* 63, 325–28.
Waldman, N.M., 1973: 'Akkadian loanwords and parallels in Mishnaic Hebrew'. Doct. diss., Gratz College, Philadelphia.
1989: *The recent study of Hebrew: a survey of the literature with selected bibliography.* Cincinnati.
Walker, N., 1955. 'Concerning the function of "'ēth"', *VT* 5, 314–15.
Wallenstein, M., 1959: 'Some aspects of the vocabulary and morphology of the Hymns Scroll with special reference to the interpretation of related obscure passages', *VT* 9, 101–07.
Waltke, B.K., 1965: 'Prolegomena to the Samaritan Pentateuch'. Doct. diss., Harvard University.
Waltke, B.K. and O'Connor, M., 1990: *An introduction to Biblical Hebrew syntax.* Winona Lake.
Wambacq, B.N., 1959: 'Les prières de Baruch (i 15–v 19) et de Daniel (ix 5–19)', *Biblica* 40, 463–75.
Wartsky, I., 1970: *Leshon ha-midrashim.* Jerusalem.
Watson, W.G.E., 1969: 'Shared consonants in Northwest Semitic', *Biblica* 50, 525–33.
1972: 'Archaic elements in the language of Chronicles', *Biblica* 53, 191–207.
Watta, J.W., 1951 (repr. 1964): *A survey of syntax in the Hebrew Old Testament.* Nashville.
Wechter, P., 1964: *Ibn Barun's Arabic works on Hebrew grammar and lexicography.* Philadelphia.
Weerts, J., 1906: 'Über die babylonisch punktierte Handschrift Nr. 1546 der II. Firkowitschen Sammlung (Codex Tschufut-Kale Nr. 3)', *ZAW* 26, 49–84.

Wehmeyer, G., 1970: *Der Segen im Alten Testament. Eine semasiologische Untersuchung der Wurzel* BRK. Basle.
van der Weiden, W.A., 1970: *Le Livre des Proverbes: notes philologiques*. Rome.
Weil, G.E., 1961–62: 'Un fragment de Okhlah palestinienne', *ALUOS* 3, 68–80.
1963: 'Quatre fragments de la Massorah Magna babylonienne', *Textus* 3, 74–120.
1963a: 'La Bible de l'Université Hébraïque de Jérusalem', *RHPR* 43, 193–99.
1971: Massorah Gedolah *juxta Codicem Leningradensem B19a*. I: Catalogi. Rome.
1972: 'La massorah', *REJ* 131, 5–104.
1979: 'Trilitéralité fonctionelle ou bilitéralité fondamentale des racines verbales hébraïques: un essai d'analyse quantifiée', *RHPR* 59, 281–311.
Weiman, R.W., 1950: *Native and foreign elements in a language: a study in general linguistics applied to Modern Hebrew*. Philadelphia.
Weinberg, W., 1965: 'Special bibliography: spoken Israel Hebrew', *HA* 10, 18–32.
1966: 'Spoken Israeli Hebrew: trends in the departure from classical phonology', *JSS* 11, 40–68.
1969–70: 'Transliteration and transcription of Hebrew', *HUCA* 40–41, 1–32.
1971–72: 'The new publication of the "Rules for the unpointed scripts", *Leshonenu* 36, 203–11. H.
1973: 'Benötigt: eine Grammatik des gesprochenen Hebräisch', in W. Dietrich and H. Schreckenberg (eds.), *Festgabe für Karl Heinrich Rengstorf zum 70. Geburtstag*, II, Leiden, pp. 389–413.
1974: 'Biblical grammar/Israeli grammar: accepted and unacceptable changes', *HA* 15, 32–41.
1975–80: 'The history of Hebrew *plene* spelling', *HUCA* 46, 457–87; 47, 237–80; 48, 301–33; 49, 311–38; 50, 289–317.
1985: 'Observations about the pronunciation of Hebrew in rabbinic sources', *HUCA* 56, 117–43.
Weinfeld, M., 1981–82: 'The Balaam oracle and the Deir 'Allā inscription', *Shenaton* 5–6, 141–47.
1984: 'Kuntillet 'Ajrud inscriptions and their significance', *SEL* 1, 121–30.
Weingreen, J., 1954: 'The construct-genitive relation in Hebrew syntax', *VT* 4, 50–59.
Weinreich, M., 1954: 'Prehistory and early history of Yiddish', in U. Weinreich (ed.), *The field of Yiddish: studies in language, folklore, and literature*, II, The Hague, pp. 73–101.
1963–64: 'The origin of the Ashkenazic pronunciation with reference to related problems of Yiddish and Askenazic Hebrew', *Leshonenu* 27–28, 131–47, 230–51, 318–19. H.
Weinreich, U., 1953: *Languages in contact*. New York.
Weippert, H. and M., 1982: 'Die "Bileam"-Inschrift von Tell Dēr 'Allā', ZDPV 98, 75–103.
Weippert, M., 1964–66: 'Archäologischer Jahresbericht', *ZDPV* 80, 169–72; 82, 328–30.
1971: 'Edom. Studien und Materialien zur Geschichte der Edomiter auf Grund schriftlicher und archäologischer Quellen'. Inauguration-Dissertation, Eberhard-Karls-Universität, Tübingen.
Weisberg, D., 1968: 'Some observations on late Babylonian texts and rabbinic literature', *HUCA* 39, 71–80.
Weiss, J.H., 1867: *Mishpaṭ leshon ha-Mishnah*. Vienna.
Weiss, R., 1965–66: 'Bibliyyografyah shel ha-Shomronim', *Tarbiz* 35, 400–03.
Welten, P., 1969: *Die Königs-Stempel*. Wiesbaden.
Wensinck, A.J., 1909: *Het oudste Arameesch*. Utrecht.
Wernberg-Møller, P., 1957: 'Pronouns and suffixes in the Scrolls and the Masoretic Text', *JBL* 76, 44–49.
1958: '"Pleonastic" waw in Classical Hebrew', *JSS* 3, 321–26.
1958a: 'Studies in the defective spellings in the Isaiah-Scroll of St. Mark's Monastery', *JSS* 3, 244–64.
1959: 'Observations on the Hebrew participle', *ZAW* 71, 54–67.
1959–60: 'The noun of the "qṭwl" class in the Massoretic Text', *RQ* 2, 448–50.
Werner, A., 1979: 'Leshono shel Sefer Yonah ke-midah li-kvi'at zeman ḥibburo', *BM* 24, 396–405.
Werner, F., 1983: *Die Wortbildung der hebräischen Adjektiva*. Wiesbaden.
Wertheimer, Y., 1975–76: 'On "'omnam" and its compounds as concessive particles', *Leshonenu* 40, 233–49. H.
Wevers, J.W., 1961: 'Semitic bound structures', *Canadian journal of linguistics* 7, 9–14.

1970: 'Ḥeth in Classical Hebrew', in J.W. Wevers and D.B. Redford (eds.), *Essays on the ancient Semitic world*, Toronto, pp. 101–12.
Wexler, P., 1990: *The schizoid nature of Modern Hebrew: a Slavic language in search of a Semitic past*. Wiesbaden.
Wheeler, S.B., 1970–71: 'The infixed "-t-" in Biblical Hebrew', *JANES* 3, 21–31.
Whitaker, R.E., 1971: *A concordance to the Ugaritic literature*. Cambridge, Mass.
Whitley, C.F., 1972: 'Some functions of the Hebrew particles "beth" and "lamedh"', *JQR*, n.s., 72, 199–206.
1972a: 'The positive force of the Hebrew particle "bal"', *ZAW* 84, 213–19.
1974: 'Has the particle "šām" an asseverative force?', *Biblica* 55, 394–98.
1975: 'Some aspects of Hebrew poetic diction', *UF* 7, 493–502.
1975a: 'The Hebrew emphatic particle "lᵉ-" with pronominal suffixs, *JQR*, n.s., 65, 225–28.
Wickes, W., 1970: *Two treatises on the accentuation of the Old Testament*. With a Prolegomenon by A. Dotan. New York.
Wiesenberg, E.J., 1976: 'Rabbinic Hebrew as an aid in the study of Biblical Hebrew, illustrated in the exposition of the rare words "rḥt" and "mzrh"', *HUCA* 47, 143–80.
Wilch, J.R., 1969: *Time and event. An exegetical study of the use of* 'eth *in the Old Testament*. Leiden.
Wildberger, H., 1967: '"Glauben": Erwägungen zu "h'myn"', *SVT* 16, 372–86.
Wilensky, M., 1978: *Meḥkarim be-lashon u-ve-sifrut*. Ed. by S. Abramson, Jerusalem.
Williams, R.J., 1967: *Hebrew syntax: an outline*. Toronto.
1970: 'The passive Qal theme in Hebrew', in J.W. Wevers and D.B. Redford (eds.), *Essays on the ancient Semitic world*, Toronto, pp. 43–50.
Williamson, H.G.M., 1977: *Israel in the Books of Chronicles*. Cambridge, pp. 37–59.
Wilson, R.M., 1956–57: 'Did Jesus speak Greek?', *ET* 68, 121–22.
Winton Thomas, D., 1938: 'The language of the Old Testament', in H. Wheeler Robinson (ed.), *Record and revelation*, Oxford, pp. 374–402.
1939: *The recovery of the ancient Hebrew language*. Cambridge.
1953: 'A consideration of some unusual ways of expressing the superlative in Hebrew', *VT* 3, 209–24.
1956: 'The use of "neṣaḥ" as a superlative in Hebrew', *JSS* 1, 106–09.
1968: 'Some further remarks on unusual ways of expressing the superlative in Hebrew', *VT* 18, 120–24.
1974: Review of Macuch 1969, in P.R. Ackroyd (ed.), *Bible bibliography 1967–1973: Old Testament. The Book Lists of the Society for Old Testament Study 1967–73*, Oxford, pp. 273–74.
Wiseman, D.J., 1953: *The Alalakh tablets*. London.
Woolley, C.L., 1955: *Alalakh. An account of the excavations at Tell Atchana in the Hatary, 1937–1949*. Oxford.
van der Woude, A.S., 1964: 'Das hebräische *Pronomen demonstrativum* als hinweisende Interjektion', *JEOL* 18, 307–13.
Wright, W., 1890: *Lectures on the comparative grammar of the Semitic languages*. Cambridge.
Wunderlich, C., 1978: 'An outline of the grammar of selected Hebrew ostraca from Arad'. Doct. diss., Harvard University.
Würthwein, E., 1979: *The text of the Old Testament: an introduction to the Biblia Hebraica*. Grand Rapids.
Wutz, F.X., 1925: 'Ist der hebräische Urtext wieder erreichbar?', *ZAW* 43, 115–19.
1925–53: *Die Transkriptionen von der Septuaginta bis zu Hieronymus*. 2 vols. Stuttgart.
1933: 'Abweichende Vokalisationsüberlieferung im hebräischen Text', *BZ* 21, 9–21.
1937: *Systematische Wege von der Septuaginta zum hebräischen Urtext*. Stuttgart.
Xella, P., 1981: *I testi rituali di Ugarit*. I: Testi. Rome.
Yadin (Sukenik), Y., 1959: 'Recipients or owners: a note on the Samaria ostraca', *IEJ* 9, 184–87.
1960: *Hazor II. An account of the second season of excavations*. Jerusalem.
1961: 'Ancient Judaean weights and the date of the Samaria ostraca', *ScrHier* 3, 9–25.
1961a: 'The expedition to the Judean Desert 1960. Expedition D', *IEJ* 11, 36–52.

1962: 'A further note on the Samaria ostraca', *IEJ* 12, 64–66.
1965: *The Ben Sira Scroll from Masada*. Jerusalem.
1968: 'A further note on the lamed in the Samaria ostraca', *IEJ* 18, 50–51.
1983: *The Temple Scroll*. 3 vols. Jerusalem.
Yahalom, Y., 1969–70: 'The Palestinian vocalization in Hedwata's *kedushtot* and the language tradition it reflects', *Leshonenu* 34, 25–60. H.
1974: 'The syntax of the ancient *piyyuṭ* (including Yannai) as a basis for its style'. Doct. diss., Hebrew University, Jerusalem. H.
1977: 'Rishme tarbut Yawan ba-piyyuṭ ha-'Ivri ha-kadum', *P6WCJS*, III, 203–13.
1978: *Kiṭ'e ha-Genizah shel piyyuṭe Yannay*. Jerusalem.
1980–81: 'Ha-pasiv ba-piyyuṭ: leshon ha-shir u-leshon ha-prozah u-binyane ha-po'al', *Leshonenu* 45, 17–31.
1981: '"Aṣ koṣeṣ" (gishot we-'emdot bi-sh'elot signon ha-piyyuṭ u-leshono)', *Jerusalem studies in Hebrew literature* 1, 167–81.
1985: *Poetic language in the early* piyyuṭ. Jerusalem. H.
1988: 'Ha-nikkud ha-'Ereṣ-Yisre'eli – ha-meḥkar we-hesegaw', *Leshonenu* 52, 112–43.
Yahuda, A.S., 1933: *The language of the Pentateuch in its relation to Egyptian*. I. London.
Yalon, Ḥ., 1937–39 (ed.): *Kunṭeresim le-'inyene ha-lashon ha-'Ivrit*. 2 vols. Jerusalem.
1959–60: 'Nimmukim le-mishnayot menukkadot', *Leshonenu* 24, 15–39, 157–66, 253.
1960–61: 'Mishnahs and their pointing', *Sinai* 48, 89–105. H.
1960–61a: 'Versions and forms of language in various Mishnahs', *Sinai* 48, 254–60. H.
1963–64: *Mavo le-nikkud ha-Mishnah*. Jerusalem.
1963–64a: 'The kameṣ in Babylonian phonetics and in Yemen', *Tarbiz* 33, 97–108. H.
1964–65: 'He'arot we-tikkunim', *Leshonenu* 29, 59–62.
1966–67: 'Linguistic notes to Yannay's *piyyuṭim*', *Leshonenu* 31, 118–22. H.
1967: *Studies in the Dead Sea Scrolls. Philological essays 1949–1952*. Jerusalem. H.
1967–68: 'Gleanings on Mishnaic Hebrew', *Tarbiz* 37, 133–34. H.
1971: *Pirke lashon*. Jerusalem.
Yannay, I., 1973–74: 'Multiradical verbs in the Hebrew language', *Leshonenu* 38, 118–30. H.
Yarden, D., 1958–62: 'Mi-millono ha-mikra'i shel R. Shemu'el ha-Nagid', *LeshLA* 87, 135–49; 90, 215–25; 129, 174–78.
1964: 'Mi-millono ha-mikra'i shel R. Shemu'el ha-Nagid', *Biṣaron* 29, 188–91.
1966: *Diwan Shemu'el ha-Nagid: Ben Tehillim*. Jerusalem.
1967–75: 'Mi-leshono shel R. Shelomoh ibn Gabirol', *LeshLA* 19, 218–20; 20, 12–16; 21, 28–36; 26, 233–36.
1977–79: *The liturgical poetry of Rabbi Solomon ibn Gabirol*. 2 vols. Jerusalem. H.
1986: 'Mi-millono ha-mikra'i shel Rabbi Shelomoh ibn Gabirol', *Sinai* 50, 97–98.
Yassine, K. and Teixidor, J., 1986: 'Ammonite and Aramaic inscriptions from Tell El-Mazār in Jordan', *BASOR* 264, 45–50.
Yeivin, I., 1959–60: 'A biblical fragment with Tiberian non-Masoretic vocalization', *Tarbiz* 29, 345–56. H.
1962: 'A Babylonian fragment of the Bible in the abbreviated system', *Textus* 2, 120–39.
1962a: 'Biblical fragments from Yemen written on vellum', *KirSef* 37, 267–71. H.
1963: 'A Palestinian fragment of *hafṭaroth* and other mss. with mixed pointing', *Textus* 3, 121–27.
1964: 'New Babylonian-Yemenite Bible-fragments in the Jewish National Library', *KirSef* 39, 563–72. H.
1965: 'Babylonian-Yemenite Bible-fragments from the collection of Mr. Yehudah Levi Naḥum, Ḥolon', *KirSef* 40, 560–68. H.
1968: 'The Babylonian vocalization and the linguistic tradition it reflects'. Typescript, Jerusalem. H.
1968a: *The Aleppo Codex of the Bible. A study of its vocalization and accentuation*. Jerusalem. H.
1972: 'Mivḥar kitve-yad be-nikkud Bavli'. Typescript, Jerusalem.
1972a: 'Ṣurot "yqṭwlnw", "yqwṭlnw" bi-Mgillot Yehudah le-'or masoret ha-nikkud ha-Bavli', in B. Uffenheimer (ed.), *Ha-Mikra we-toledot Yisra'el*, Tel-Aviv, pp. 256–76.
1974 (ed.): *Osef kiṭ'e ha-Genizah shel ha-Mishnah be-nikkud Bavli*. Jerusalem.

1978: 'The dageshed alephs in the Bible', in Y. Avishur and J. Blau (eds.), *Studies in Bible and the ancient Near East presented to Samuel E. Loewenstamm on his 70th birthday*, II, Jerusalem, pp. 223–27. H.

1979–80: 'Millim 'aḥadot we-nikkudan be-masoret ha-lashon ha-Bavlit', *LeshLA* 31, 148–55.

1980: *Introduction to the Tiberian Masorah*. Trans. and ed. by E.J. Revell. Missoula.

1980a: 'Nikkude millim we-ṣurotehen be-kitve-yad we-terumatan la-millon we-la-dikduk', *P6WCJS*, Division D, 215–22.

1981–82: 'The *ga'yot* and their function', *Leshonenu* 46, 39–56. H.

1985: *The Hebrew language tradition as reflected in the Babylonian vocalization*. 2 vols. Jerusalem. H.

Yeivin, S., 1969: 'Ostracon A1/382 from Hazor and its implications', *EI* 9, *86–87. H.

Yellin, D., 1905: *Ha-mivṭa we-ha-ketiv be-'Ivrit*. Jerusalem.

1923: 'Ben-Yehudah and the revival of the Hebrew language', *JPOS* 3, 93–109.

1925–26: 'Ben Kohelet of Samuel ha-Nagid', *JQR*, n.s., 16, 267–78.

1935–36: 'Mosheh ben 'Ezra' we-shirato', *Tarbiz* 7, 319–34.

1975: *Hebrew poetry in Spain*. Jerusalem. H.

Yitshaki, Y., 1969–71: 'The Hebrew authors of the *Haskala*: their views on the Hebrew language', *Leshonenu* 34, 287–305; 35, 39–59. H.

Yo'eli, M., 1953–54: *Taḥbir 'Ivri*. Tel-Aviv.

Young, G.D., 1951–52: 'The present status of Ugaritic studies', *JKF* 2, 225–45.

1956: *Concordance of Ugaritic*. Rome.

Zaborski, A., 1969: 'Root determinatives and the problem of biconsonantal roots in Semitic', *FolOr* 11, 307–13.

1971: 'Biconsonantal verbal roots in Semitic', *Zeszyty naukowe Uniwersitetu Jagiellońskiego* 269, 51–98.

Zadok, R., 1978: '[Review of M.D. Coogan] West Semitic personal names in the Murašû documents [Missoula, 1976]', *BASOR* 231, 73–78.

1982: 'Remarks on the inscriptions of "HD YS'Y" from Tall Fakhariya', *TAJ* 9, 117–29.

Zafrani, Ḥ., 1963–66: 'La lecture traditionnelle de l'hébreu chez les juifs arabophones de Tiznit (Maroc)', *GLECS* 10, 29–31.

Zayadine, F. and Thompson, H.O., 1973: 'The Ammonite inscription from Tell Siran', *Berytus* 22, 115–40.

1973a: 'The Tell Siran inscription', *BASOR* 212, 5–11.

Zeidmann, Y.A., 1943: 'Signon Mishneh Torah la-RaMBaM', *Sinai* 6, 428–38; 7, 96–101.

1955: ''Al leshono shel ha-RaMBaM', *LeshLA* 6, 3–10.

Zeldner, E., 1966: 'And it's all in Hebrew', *Modern language journal* 40, 71–75.

Zevit, Z., 1980: Matres lectionis *in ancient Hebrew epigraphs*. Cambridge, Mass.

1984: 'The Khirbet el-Qôm inscription mentioning a goddess', *BASOR* 255, 39–47.

Zimmerli, W., 1971: '"Ḥsd" im Schriftum von Qumran', in *Hommages à André Dupont-Sommer*, Paris, pp. 439–49.

Zimmermann, F., 1938: 'The Aramaic origin of Daniel viii–xiii', *JBL* 57, 255–72.

1939: 'Some verses in Daniel in the light of a translation hypothesis', *JBL* 58, 349–54.

1948–49: 'The Aramaic provenance of Qohelet', *JQR*, n.s., 39, 17–45.

1949–50: 'The question of Hebrew in Qohelet', *JQR*, n.s., 40, 79–102.

1951–52: 'Chronicles as a partially translated book', *JQR*, n.s., 42, 265–82, 387–412.

1960–61: 'Hebrew translation in Daniel', *JQR*, n.s., 51, 198–208.

Zimmern, H., 1917: *Akkadische Fremdwörter als Beweis für babylonischen Kultureinfluss*. 2nd ed. Leipzig.

Zuber, B., 1986: *Das Tempussystem des biblischen Hebräisch. Eine Untersuchung am Text*. Berlin/New York.

Zucker, M., 1964: 'Berurim be-'Essa Meshali le-Rav Se'adyah Ga'on', *Tarbiz* 33, 40–57.

Zulay, M, 1933: *Zur Liturgie der babylonischen Juden. Geniza Texte herausgegeben, übersetzt und bearbeitet sowie auf ihre Punktation hinuntersucht*. Stuttgart.

1936: 'Meḥkare Yannay', *YMḤSI* 2, 213–391.
1942–43: 'Nishkaḥot bi-lshon ha-payyeṭanim', *'Inyene lashon* 1, 1–6; 2, 1–4.
1943: 'Leshon payyeṭanim', *Moznayim* 16, 217–23.
1944: 'Li-dmutah shel leshon ha-payyeṭanim', *Melilah* 1, 69–80.
1945–46: ''Iyyune lashon be-fiyyuṭe Yannay', *YMḤSI* 6, 161–248.
1964: *Ha-'askolah ha payyeṭanit shel Rav Se'adyah Ga'on*. Jerusalem.
Zuntz, G., 1956: 'Greek words in the Talmud', *JSS* 1, 129–40.
Zunz, L., 1865: *Literaturgeschichte der synagogalen Poesie*. Berlin.
1920: *Die synagogale Poesie des Mittelalters*. 2nd ed. Frankfurt-am-Main.
Zurawel, T., 1984: 'The Qal conjugation in Samaritan Hebrew', in M. Bar-Asher (ed.), *Massorot: studies in language traditions*, I, Jerusalem, pp. 135–51. H.

용어 색인[1)]

1) 영문판의 용어 색인을 재구성했다-역자 주.